数字人文与语言文学研究

Digital Humanities in Linguistics and Literary Studies

主　编
刘　颖　姜文涛　陆晓芳
Liu Ying　Jiang Wentao　Lu Xiaofang

译 林 出 版 社

图书在版编目（CIP）数据

数字人文与语言文学研究 / 刘颖，姜文涛，陆晓芳主编．— 南京：译林出版社，2022.10
ISBN 978-7-5447-9278-3

Ⅰ．①数… Ⅱ．①刘… ②姜… ③陆… Ⅲ．①数字技术－应用－人文科学－研究②语言学－研究－中国③中国文学－研究 Ⅳ．①C39②H004.2-53③I2-53

中国版本图书馆CIP数据核字（2022）第117371号

数字人文与语言文学研究　刘　颖　姜文涛　陆晓芳／主编

责任编辑　金　薇
特约编辑　竺文治
装帧设计　杨昶贺
校　　对　孙玉兰
责任印制　颜　亮

出版发行　译林出版社
地　　址　南京市湖南路1号A楼
邮　　箱　yilin@yilin.com
网　　址　www.yilin.com
市场热线　025-86633278
排　　版　南京展望文化发展有限公司
印　　刷　江苏凤凰新华印务集团有限公司
开　　本　652毫米×960毫米　1/16
印　　张　33
插　　页　2
版　　次　2022年10月第1版
印　　次　2022年10月第1次印刷
书　　号　ISBN 978-7-5447-9278-3
定　　价　128.00元

目录

引言

本书缘起于2017年6月在清华大学中文系召开的"数字人文与文学研究国际工作坊"。这是国内首次举办的以"文学研究"为主题的数字人文领域国际会议,对于推动国内数字人文文学研究的发展意义深远。

作为一种研究方法,数字人文针对文本现象进行量化分析,大致起源于19世纪的计量文献学、20世纪20年代的俄罗斯形式主义,以及法国的年鉴学派。随着20世纪90年代以来信息技术的发展,计算的方法逐渐深入人文学科领域并在改变着其研究方法,各种数字资料库和数据库的建立以及阅览检索方式的改变,使对于信息与技术、媒介之间关系的研究日渐重要。

在这个背景下,数字人文的崛起会促使人们更加注意知识形成及流传方式的变化,会对传统意义上的以纸质媒体为主要对象、细读为主要方法的人文学科研究产生一定程度的影响。这引起了许多的争论。许多数字人文研究者宣称数字人文研究方法的出现会取代传统的人文研究方法,并很快改变以往的知识生产学科体制。反对者则畏之如洪水猛兽,认为这种方法是新自由主义思潮在高等教育领域里面的体现,并不会对人文学科长期存在的危机状态起到纾缓的作用,反而会进一步扼杀人文学科和人文精神在大学体制里面的生存。我们对于数字人文抱着审慎乐观的态度。一方面,我们认为数字人文并不能改变一切,它的发生发展必然会在当前的学科体制的范围之下,这与18世纪以来形成的人文学科研究传统形成错综复杂的关系。这也就是为什么虽然数字人文研究是发生在多个学科之中的,但是我们在编选这本论文集的时候，并没有收录数字人文在图书馆学、历史学和艺术学等领域的研究，而只包括了数字人文语言文学研究方面的论文。[1]另一方面，我们也意识到人文学科本身的历史性，认为并不存在超越社会历史之上的人文知识和人文精神，它是近代大学学科生产体制中的一个部分，与世界的近代化过程密切相关。我们需要知往鉴今，从语言文学文化研究的学科历史中寻找一定的学科发展规律，从而更清楚地认识目前正在发生的人文学研究方向和知识生产方式的改变。人文学科知识生产的确有其当代性，需要在当前时代提出有价值的问题，以证明其学科知识的合法性。从这个意义上来说，这本体现了数字人文发生发展一个阶段的论文集是人文学在当代历史的一个部分，希望能为当前的人文学科的发展，具体来讲是数字媒体时代的文学研究起到积极的推动作用。

我们将论文集分为四个部分：国内外研究和现状分析、研究案例、学者访谈、历史分析与反思。

第一部分是国内外研究和现状分析，主要介绍数字人文在西方和中国的整体情况，包括其在学科史上的历史渊源、发展现状以及其可以拓展的、传统的研究方法不太容易处理的学术研究问题。除此之外，本部分还介绍了数字媒介时代与印刷文化中阅读实践的比较，以及印刷时代所塑造的现代文学文化研究方法和机构在数字媒介时代所产生的调整和变化。

第二部分是研究案例。这些研究涵盖了使用不同的数字人文方法进行的语言文学文化研究。我们在编选这些案例的时候，考虑到了其所使用方法和所讨论学术问题的典型性。比如机器学习、文类分析、文

1 当然，数字人文的方法会促进一定程度的学科融合。事实上，这也是许多数字人文学术期刊追求的目标，包括由清华大学中文系和中华书局合作创办的《数字人文》。我们承认，数字人文方法在其他学科领域的发展对于其在文学领域的研究会起到一定程度的推动和借鉴作用。但是，这种融合会在多大程度上改变文学研究领域里的学术研究主题，它是否能帮助我们发现传统人文研究路径在传统学科范畴之内所发现不了的问题，这些还需要进一步的观察。

本聚类、社会网络分析等。其中也包含了在研究方法上并不那么繁复的文章,以期起到引导学者进入数字人文研究领域的作用。

第三部分是对数字人文研究学者的访谈,以期达到对数字人文"祛魅"的效果。数字人文研究方法因其涉及计算模式、统计模型等与传统人文研究不一样的方法,常常使得传统人文研究者望而却步,甚至引来诟病和责难。我们希望通过这些访谈,使得更多学者更为容易地进入到数字人文研究的领域中来。事实上,访谈的对象除了会使用数字人文方法之外,也都在进行传统意义上的语言文学文化研究。这些学者对自己研究经历的回溯和对数字人文与传统人文研究关系上的看法,应该会对许多的研究者有所助益。

第四部分,在我们现在已经习以为常的人文学研究方法建立之初,人文学在19世纪末和20世纪初就与量化有着各种各样的关系,为此本书纳入了从学科史的角度讨论数字人文"前史"的文章。同时,我们意识到学术研究方法并非是自然的、中立的、客观的,方法本身即是问题。为此,我们选编了一篇文章(即《缺席的图像:档案沉默、数据视觉化和詹姆斯·赫明斯》),专门讨论数据库和数字人文方法的社会性和政治性。

希望此书的出版会引起更多关于数字人文的讨论,会引导更多的学者走向数字人文研究之路,并为推动人文学在数字媒介时代的发展发挥一定的作用。

第一部分
国内外研究和现状分析

数字人文作为一种方法：西方研究现状及展望

戴安德（Anatoly Detwyler） 姜文涛*

赵 薇 译

摘　要：“数字人文”是最近一二十年以来人文社会学术发展的一股新潮流，但是数字与人文社会之间的关系却是由来已久的问题。本篇“引言”较为简要地介绍了数字人文20世纪以来的简短历史，及其与近代知识生产之间的关系，回顾了“数字人文”作为一种跨学科方法的机构史、作为文学研究方法的可能性，及其为人文社会研究带来的潜在的方向性的改变。作为一种新的学术生产潮流，它必然会改变人文社会研究的某些层面，引发我们对人文社会研究意义的重新思考，同时它也会面临新的问题和挑战。

关键词：数字人文；文学研究；人文计算；远读；跨学科

导　论

大约一个世纪前，梁启超在东南大学发表的演讲中向人们汇报了

---

* **作者简介：**戴安德（Anatoly Detwyler），美国威斯康星大学麦迪逊校区亚洲语言与文化系助理教授，主要研究方向为中国现代文学和数字人文；姜文涛，美国纽约州立大学石溪校区哲学博士，北京大学人文社会科学研究院邀访学者（2021）。研究方向为英国长18世纪情感研究与印刷文化、比较文学、文艺理论和数字人文。自2016年起与戴安德（Anatoly Detwyler）主持《山东社会科学》“数字人文：观其大较”学术专栏。发表专著《情感美学与近代文本文化的兴起》（浙大社，2018）及论文多篇；另编著（与张春田）《情感何为：情感研究的历史、理论与视野》（北大社，2022）。

译者简介：赵薇，中国社会科学研究院文学所助理研究员。

他正潜心钻研的一种新式学术方法："历史统计学"[1]。正如其名称所表示的，这一方法源于将统计学原理用于历史数据的处理，以便从中辨认出宏观历史趋势，继而生产新型的知识。这一方法的发明既受到了统计学——这一在后来的中国文化和中国史学中大量增殖的现代科学的影响，同时也受到了清代文献学者的影响，特别是顾栋高所作的《春秋大事表》的重要启发。顾氏在这部有里程碑意义的晚近著作中，把一部《春秋》拆碎，重组为一系列表格，从而将文本中提到的各类事件、人物、地点完全系统化。与其相类，梁启超所提出的"历史统计学"也欲探索中国历史文献中的海量细节，以表格和集积数据的方式来生产新的历史事实，或者重述过去，"是用统计学的法则，拿数目字来整理史料推论史迹"。他强调道：

> 欲知历史真相，决不能单看台面上几个大人物几桩大事件便算完结；重要的是看出全个社会的活动变化。全个社会的活动变化，要集积起来比较一番才能看见。往往有很小的事，平常人绝不注意者，一旦把它同类的全搜集起来，分别部居一研究，便可以发见出极新奇的现象而且发明出极有价值的原则。……统计学的作用，是要"观其大较"。换句话说，是专要看各种事物的平均状态，拉匀了算总账。

这篇被人们淡忘已久的演讲，在今天看来却显得格外亲切。梁启超对使用全新的标准和分析方法来研究历史学怀有如此浓厚的兴趣，想来他也一定会拥抱今日诸如个人电脑、高级统计软件之类的数字工具。他甚至会对今日西方历史、文化、文学研究中的数据和量化方法产生热情。在今天，这些新动向被归到各种名目之下，诸如"人文计算"（humanities computing）、"文化分析"（cultural analytics）、"大分析"（macroanalysis）等。对于这一复杂趋势最流行的命名毫无疑问是"数字人文"（digital humanities，常简写为DH）。这一术语的命名方式饱受争议，这一点我们在下文也会再次谈到。也许可以说，"数字人文"这个

1 梁启超：《历史统计学》，杨刚、王相宜主编：《梁启超选集》，北京：北京出版社，1999年，第4045—4050页。此处引文出现在第4045页。

命名所遮蔽的问题和它所能表示的一样多。无可置疑的是，将量化导向与传统的质化研究相结合的数字人文，在最大程度上与梁启超当年的理想达成了一致。

数字人文在西方早已不再是其最起初阶段的样子，为数可观的研究项目依赖它而存在，专业期刊因它而建，美国重要的大学里纷纷开辟有关数字人文的新教职和博士后岗位。也有许多大学课程施行了教学课程改革，教改后的目的是为了训练本科生、研究生们能够使用数字工具来思考人文问题。有学者早在几年前就已经注意到，数字人文势不可当，已经迅速变成了宽泛的文学研究的一部分，甚至还给了人文学一块全新的"招牌"[1]。数字人文在西方已经成为相当活跃的研究和讨论领域，然而，在中国大陆，它却仍处在起步阶段。这很可能是因为迄今为止，很多数字工具仍然不能适用于非字母书写的文件[2]；或者，开放的中文数据库仍然相对稀少；又或者，中国与西方的人文学者感兴趣的问题并不一样。不管情况如何，我们认为，将西方数字人文研究中前沿性的工作介绍给中国读者的时机已经成熟了。这之所以重要，并不仅仅因为数字人文自身在西方学界的崛起，更因为这种方法以及与其相关的重要研究倾向，将会为中国的人文研究提供许多助益。梁启超先生以自身独特的知识探索欲和世界主义精神，在1920年代即开始倡导数字化研究历史的方法。[3]需要说明的是，我们并不鼓励对数字人文方法无批判性地接受和拥护。事实上，我们无法预料它会占据什么样的知识

1 Alan Liu, "The State of the Digital Humanities: A Report and a Critique," in *Arts & Humanities in Higher Education*, Vol. 11. 1–2, 2012, p.9.

2 此处可参见本书中对芝加哥大学东亚系霍伊特·朗（Hoyt Long）教授的访谈。

3 梁启超对"历史统计学"方法的提倡是20世纪上半叶中国历史学社会科学化的一部分，可参见仲伟民和张铭雨最近的文章《20世纪上半叶中国历史学的社会科学化——以清华学人为中心的考察》（《北京师范大学学报》社会科学版，2016年第2期，总第254期，第132—139页）。同时参见王学典刊于《清华大学学报》2016年第5期上的文章《中国新史学的摇篮——为清华大学历史系创建90周年而作》。无独有偶，从另一方面来讲，目前西方文学研究也正在经历一种社会科学化的过程。从学科史方面来看，数字人文与文学研究的结合也许可以看成是这种社会科学化的一个方面。参见James F. English, "Everywhere and Nowhere: The Sociology of Literature After the Sociology of Literature," in *New Literary History*, Vol. 41, No. 2, Spring 2010, pp.v–xxiii。

空间，又或者，它会产生什么样的问题。但我们坚信，数字人文最终能够赓续和增补中国人文学术的伟大传统。

在这里，我们首先对数字人文进行简单的历史回顾和现状介绍。这在所涵盖的范围上谈不上广泛全面，事实上，鉴于数字人文迅猛、快速的发展，“什么是数字人文”这一类的题目已经成为一种写作的题材了，每年都会有这方面的学术专著出版[1]。但我们会为读者提供进一步探索的参考文献，也会为将要刊出的系列文章和访谈提供一个简单的背景。

一、2000年之前的历史：计算时代前后的“数据与文本”

和谈任何学术领域一样，克制住那种急切地要为数字人文确认一个清晰“起源”的心态在此尤为重要。一般来说，以计算机为基础的文本分析可以追溯到意大利耶稣会罗伯特·布萨（Roberto Busa）神父始于1949年的伟大工作。布萨神父意欲创建一个数据库，里面包括了圣徒托马斯·阿奎纳（Thomas Acquinas，1225—1274）著作所使用的全部词汇（大约一千一百万拉丁文词）。尽管布萨神父有可能是最早使用计算机技术和统计方法来促进诠释学的人，他却并非实验大规模文本分析的第一人。例如，早在19世纪末，托马斯·门登霍尔（Thomas Corwin Mendenhall，1841—1924），一位美国物理学家，便开始测量文本中所使用词汇的平均长度，或者作者的整个语料库，以便于能够确定在该作者的写作中，他/她的用词是否体现出了与其习惯相一致的分布，这种科学性的实验最终发展为了计量文体学[2]。另一个例子是1920年代的俄国形式主义，像文学理论家什克洛夫斯基（Viktor Borisovich Shklovsky，1893—1984）和研究民间故事的普洛普（Vladimir Yakovlevich Propp，1895—1970）这样的批评家，他们都致力于在文学和文化研究方面发展出来一套科学的研究方法。第三个例子，当然是1920年代的梁启超，以

1 参见Matthew G. Kirschenbaum, “What Is Digital Humanities and What’s It Doing in English Departments,” in *ADE Bulletin*, No. 150, 2010, pp.1–7。

2 C. B. Williams, “Studies in the history of Probability and Statistics: IV. A Note on an Early Statistical Study of Literary Style,” in *Biometrika*, Vol. 43, No. 3/4, 1956, pp.248–256.

及他所受到的来自历史学和哲学研究的影响，这也与20世纪前半叶中国历史学的社会科学化运动密切相关[1]。反过来看，梁启超的工作在布罗代尔的统计历史地理学和其后几十年的年鉴学派中找到了回声[2]。这些例子，尽管零散，却形成了一种模式。它可以说明，早在数字计算机到来之前，人们便想要通过计算和查找大规模数据来分析问题。文学和历史学者们为了更好地定位我们现在的时代，开始重新来审视这段历史。由此，这段数字人文的前史才变得可以理解起来[3]。这一回顾是真正必要的，因为它将数字人文与生俱来的魅力和它在人文研究学者之中所引起的那些挥之不去的焦虑重新历史化了。早在1938年，海德格尔深刻地描述过现代研究者们对量化知识的沉迷。海德格尔描述的"研究者"，正体现了量化分析向人文学的迅速渗透和一种新的跨学科研究的兴起。同时，海德格尔对近代研究者的批评，也预示了今天一些学者对数字人文的批评，这些批评将数字人文视为技术拜物教乃至大学向新自由主义转变的征象[4]。

1 参见仲伟民、张铭雨：《20世纪上半叶中国历史学的社会科学化——以清华学人为中心的考察》，《北京师范大学学报：社会科学版》2016年第2期。

2 参看Braudel, "History and Sociology," in *On History*, trans. Sarah Matthews, Chicago: University of Chicago Press, 1980, pp.64–82。

3 计算作为一种批评的早期例子，还可以参照英国的情况。参看David Masson, *British Novelists and Their Styles*, Boston: D. Lothrop & Co., 1875。Masson列举了诸多小说和小说家的例子来展现文学场，在这个过程中，他明确地对这些例子进行统计学式的数据化批评。参见Jonathan Farina, "'The New Science of Literary Mensuration': Accounting for Reading, Then and Now," in *Victorians Institute Journal*, Vol. 38 (2010); Anatoly Detwyler, "The Aesthetics of Information in Modern Chinese Literary Culture, 1919–1949" (PhD dissertation, Columbia University, 2015); Yohei Igarashi, "Statistical Analysis at the Birth of Close Reading," in *New Literary History*, Vol. 46, No. 3, 2015, pp.485–504。

4 "一种以研究所方式活动的历史学或考古学的研究，本质上比它自己的还处于单纯博学中的精神科学院系里的科学，更接近于相应地建立起来的物理学研究。"参见Martin Heidegger, "The Age of the World Picture," in *The Question Concerning Technology and Other Essays*, trans. William Lovitt, New York: Harper & Row, 1977, p.125。中文译文参见孙周兴译《林中路》(马丁·海德格尔著，上海世纪出版集团2008年第1版，第84页)。

让布萨神父的工作与众不同的是，他早在那个时代已经明确地围绕计算机技术来考虑这项工作了，也就是说，将文本编码为穿孔卡片，可以用于分析，也可以用来再转化为其他形式的数据。布萨神父在IBM公司的协助下，懂得了如何将圣托马斯的大量文本编码为穿孔卡片。这里的关键在于制作一种“字母索引”，也就是出现在某个文本中的词汇表，按字母表顺序排序而成，这个词汇表征引了这些词汇每一次出现在文本中的例子。需要注意的是，“字母索引”本身并非一种新形式，而且在计算机发明很早之前就诞生了，比如第一个拉丁文版《圣经》的字母索引表是由多明我会修道士于1230年发明的。但是，电子计算机所具备的搜索和组织功能，却使得电子索引表成为十分强大的工具：例如，它能够提供一种交互式的“超文本”环境。这种通过将文本转化为数据的方法，激发了有意于用计算机研究文本的学者的想象力。

到了1960年代，一些研究小组开始为其他语种和语料库制作电子索引表，比如早期中高地德语文本、爱尔兰现代主义诗人叶芝（1865—1939）的诗歌等。这些索引适用于高效的量化文本分析，例如计算多个作者语料库中作者使用两字母词汇的数量。这也激发出一种“作者身份研究”的新研究领域，也就是利用词出现的频率，或者词的计数，去分类作者文本，因为通常会认为每位作者对普通词汇的使用有着独特的——然而非常微妙的——风格差异。这方面一个著名的例子是对《联邦党人文集》（1787—1788）的研究。这85份档案由三位美国国父，即亚历山大·汉米尔顿（Alexander Hamilton，1755—1804）、詹姆逊·麦迪逊（James Madison，1751—1836），以及约翰·杰伊（John Jay，1745—1829）起草。其中十二份档案的作者身份，一百五十年来一直存在疑问。1964年，两位学者运用统计学的方法分析了这十二份档案，认为他们很可能出自麦迪逊之手，这便解决了长期存在于历史学界的涉及美国立国问题的一项思想史方面的争议[1]。

1960年代也同样见证了数字人文学者群体和期刊杂志的崛起，研究者们开始为解决相似的问题而聚集到一起。例如，1964年IBM公司组织了一场会议，他们的活动于第二年以《文学数据处理会议议程》

1 Frederic Mosteller and David L. Wallace, *Inference and Disputed Authorship: The Federalist*, Addison-Wesley, 1964.

（*Literary Data Processing Conference Proceedings*）为题发表。1966年，一个全新的杂志《计算机与人文科学》（*Computers and the Humanities*）诞生了。在1970年代，“文学与语言计算协会”（The Association for Literary and Linguistic Computing）与“计算机与人文研究协会”（The Association for Computers and the Humanities）双双成立。这些信息交流和出版讨论了一些业内的常见问题，诸如如何将不同的文本形式或语言编码、文体量化研究的可能性，以及编程的问题等等。这一趋势自1970年代一直延续到1980年代中期，例如牛津大学和宾夕法尼亚大学创设了人文计算的专门研究中心，而且文本数据库也在慢慢扩展。同时，软件程序也变得标准化，为更广范围的研究者们所共享。从方法论上说，这一时期的研究并没有进步很多，依然聚焦于如何使用词频统计的手段来进行文体分析。

1980年代中期以降，随着个人电脑和因特网的发展，越来越多的人开始使用计算机和软件。人文计算快速传播开来，继而产生了一种标准化实践的新需求，以及由此而来的对于普及性协议（common protocols）的发展，后者以标准通用标记语言（Standard Generalized Markup Language，SGML）和文本编码计划（Text Encoding Initiative，TEI）为代表。文本编码计划被认为是“为了归类和界定学者们可能会感兴趣的人文文本，而做的第一次系统性尝试”[1]，它创造了一种全球通用的处理和标记文本的结构，成为当今时代图书馆数码化项目的通行标准。个人电脑最重要的功效可能是，它将信息技术推到了日常生活的最前沿，将“使用机器”迅速归化为学术研究、互相合作的必要部分，最终预示了“信息时代”的来临和今日被称为“天生数字化”的年轻一代学者的出现。

二、2000年以后：从“人文计算”到“数字人文”和“远读”

现在看来，在“人文计算”以及不久之后出现的“数字人文”之间，2000年是较为重要的过渡的一年。这一年里，斯坦福大学英文系

1 Susan Hockey, “The History of Humanities Computing,” in Schreibman, Siemens, and Unsworth (eds.), *A Companion to Digital Literary Studies*, Oxford: Blackwell, 2008, p.8.

教授、美籍意大利裔学者弗朗科·莫瑞蒂(Franco Moretti)在《新左派评论》(*New Left Review*)上发表了后来成为经典的《世界文学的猜想》(“Conjectures on World Literature”)一文。莫瑞蒂教授作为一名现代小说研究专家和马克思主义者,因为其学术工作及其在斯坦福建立起来的传奇性的“文学实验室”(“Literary Lab”)[1],很可能成为数字人文最能言的代表人,他的工作已成为无论是支持量化分析还是对此持怀疑态度的人都关注的焦点。意味深长的是,在《世界文学的猜想》这篇文章中,莫瑞蒂并没有明确地提到要使用计算机去研究小说。他批评了比较文学研究空间的局限性,并提出一项研究“世界文学”的更有雄心的方法,他设想了什么终将成为数字人文最重要的“原初场景”(“primal scene”),以及最终会有什么简便的方法来促进大规模的、计算机辅助下的文本分析。为了说明当一个人想要思考世界文学问题时,需要将多少文学考虑在内,莫瑞蒂写道:

> 文学如今已经明白无误地成了一个行星体系……当然,很多人比我阅读得多而且好,然而我们谈论的是百来种语言和文学。“更多的”阅读似乎并非解决问题的办法。尤其是因为我们刚开始重新发现玛格丽特·科恩(Margaret Cohen)称之为“伟大的不为阅读的部分”。(我可以声称:)“我是从事西方欧洲叙事学研究的,等等……”(然而实际上)并非如此,我从事的只是它经典化了的一小部分作品,它们甚至占不到(这个历史时期和欧洲此地)已出版文学的百分之一。而且,有些人读得比我更多,但关键在于有三万种英国19世纪小说还并不在这个范围内,或者是四万、五万、六万,没有人真正知道到底是多少,没有人真正阅读过它们,也不会有人去读遍它们。而除此之外,我们尚有法国小说、中国小说、阿根廷小说、美国小说等等。读的“更多”总是一桩好事,但,却并非解决之道。

1 这个实验室最近进行了一系列的调整,正在成为具有全球影响力的数字人文和文学研究机构,其最新的主任是斯坦福大学英文系的Mark Algee-Hewitt教授。

作为一名普通读者，去读完民族文学的极小一部分都不过蜻蜓点水，更不要说世界文学了。这一数量上的门槛也体现为质上的不同：阅读多了便会产生不同的感受和观察。在莫瑞蒂看来，解决的办法是远离"细读"传统，发展出一种新的"远读"(distant reading)模式，通过量化的方法，对庞大的文本体系中的类别因素和形式元素做出解释。莫瑞蒂的远读概念直接来源于法国年鉴学派，特别是费尔南德·布罗代尔(Ferdnand Braudel)，这与梁启超关于"历史统计学"的提议惊人地不谋而合。也许正是由于莫瑞蒂的文章出现在由互联网带来的新一轮全球性理想主义的巅峰时期，或者，由于莫瑞蒂已经是一名文学研究界的杰出批评家，又或者，由于他方法范围上的激进色彩，"远读"的概念成为某种信号，唤起了人文学界思考大问题的雄心。这篇文章预言了以计算机和"大数据"来考察文化体系的做法。对此，更为清晰的描述体现在他的《地图、图表、树形图——文学史的抽象模型》(*Graphs, Maps, Trees: Abstract Models for Literary History*, 2007)一书中。在现今西方，此书已是任何一位预备成为比较文学和世界文学学者之人的必读书了。

"远读"概念的关键在于对文学研究中"证据"之本质的理解。正如马修·约克斯(Matthew Jockers)，一位爱尔兰文学学者和数字人文界的领先者所说的：

> 在数字图书馆和海量图书数字化的时代，"证据"的本质已经大大地改变了。这并不是说我们不再读书去搜集和记录它里面的随机性的"事实"，而是在强调，大量数字语料库提供给我们前所未有的文献记录，也要求一种新形式的证据搜集方式与意义生成过程。21世纪的文学学者不能再满足于轶闻式的证据，不能再从那些少量的、即使可以称为"代表性"的文本得到随机的"事实"。我们发现的那些有意思的东西，我们必须努力将它们放置在文本的上下文中去理解，这些上下文包括大量"不那么有意思"的文本[1]。

1 Jockers, *Macroanalysis: Digital Methods and Literary History*, Urbana: University of Illinois Press, 2013, p.8. 与细读相对，杰克将他的"远读"称为"大分析"，正如宏观经济学与微观经济学相对一样。

一个人如果要就长篇小说、某种文类，或一个文学主题做一个论断的话，就需要读多于一小部分样本的文本，我们通常将这一小部分样本文本称为文学经典，然后以此出发，对整体范围上的文学档案做出一项判断。然而，莫瑞蒂、约克斯，以及其他“远读”的提倡者们强调的是，远读并非是为了替代细读，而是为了更好地补充或增多细读[1]。这两种方法可能互相补充，也许有时候并不那么明显，但已经很大程度上促进了计算机分析在人文学中的传播了。事实上，与“人文计算”对文学研究的微小影响相比，“数字人文”被转换为更容易为人所习惯接受的“远读”概念。尽管(或者说也许正是因为如此)“数字人文”自身界定模糊，且对于人文学本质的实际影响仍不甚清晰，这在很多文学和历史学系，几乎已成为主流[2]。

如果我们将数字人文置于“人文计算”的谱系中，会更明显地看到一次根本性的范式改变。人文计算处理的是“假设测试与材料证实”，在数字人文中，人与计算机是“共同负责解释行为的，包括提出假设、观察、发现、分析、测试，再次提出假设等。材料证实(已经经历了)从测试或证实到开始正式使用的阶段”[3]。第二种形式的使用数据，更接近于传统文学研究的创造性活动、相对自由的分析及其思索性的本质。如此说来，便到了将目光转向数字人文研究成果的时候了。

三、研究领域现状：扩张和多样化

数字人文领域迅疾地变化着，变得更具整合性和扩展性，但是它的边界却并非总是那么清晰：除了历史学和文学史，它看起来还肯定包括书籍史、文学社会学、传播学，以及社会网络理论。但有时，数字人

1 Ted Underwood教授也指出了这一点，参见Ted Underwood, *Why Literary Periods Mattered: Historical Contrast and the Prestige of English Studies*, Stanford: Stanford University Press, 2013, p.166。

2 Alan Liu, “The State of the Digital Humanities: A Report and a Critique,” in *Arts & Humanities in Higher Education*, Vol. 11 (1–2), p.9.

3 Ibid., 21.

文也包括了新的研究路径，诸如更宽泛意义上的“平台研究”、“软件研究”、“媒介研究”，以及新型的信息管理，像文本编码、数据挖掘和其他形式的数据分析等。它也从其他发展成熟的领域，诸如语言学、计算机科学、统计学、社会学、政治科学那里吸取了相当多的经验，在较少程度上也与遗传学与生物学相关。总体上说，针对数字人文的定义或范围，学者们很少有统一的意见——很多从事数字人文的研究者们也倾向于完全避免回答数字人文是什么的问题。在一篇题为《数字人文的意义》（“The Meaning of the Digital Humanities”）的文章中[1]，加州大学圣芭芭拉分校英语文学学者艾伦·刘（Alan Liu）教授分析了斯坦福大学“文学实验室”最近出版的一篇“小册子”，以此来指出今日数字人文工作的四种共同的特征：1）使用已经存在的数字语料库。“这意味着，（这种工作）并不属于以往常规意义上的数字化、文本编码、出版或存档……，而是处理和分析已经建设好的数据库”（411）；2）使用量化或模型的方式来规划人文研究领域中的问题；3）选择一个特定的学科去设计项目：正如艾伦·刘教授指出的，数字人文的方法在从历史学到文学研究不同的学科中使用，产生不同的结果；4）技能的结合，诸如对编程与批评分析的同时运用。这最后一点也许是最重要的，因为这对真正富有革新性的数字人文项目提出了新的技能要求，诸如学习像Python或R语言等编程方面的知识，或者对统计学的高阶掌握。技术问题也是核心问题，我们在将来的几期中也会再多次回到这个问题上来。这一点也说明了数字人文本质上是一项互相协作性质的、跨学科的事业。今天，大多数数字人文项目在某种程度上可以说是协作完成的，而且其中一些项目甚至是由专家合作的复杂网络组成，其中包括了图书馆员、计算机科学家、统计学家、文学或历史学者。

不管多么准确地界定数字人文，有两种趋势正日益明显。第一种趋势是从小型手动输入的数据库向真正的“大数据”项目转化，大数据库中通常包括了几十万——如果不是几百万的话——的文本量，[2]而且

1 Alan Liu, “The Meaning of the Digital Humanities,” in *PMLA*, Vol. 128, No. 2, 2013, pp. 409–423.

2 这些主要的数据库有：Chadwyck-Healey, Project Gutenberg, Internet Archive, HathiTrust, 以及Google Books。

计算机分析要求超级计算机的能力。这一类“按比例激增”的数字人文为人文研究带来了新的挑战，诸如一个大型专家团队中劳动的分工与合作，更不要说所涉及的主要的机构性资源和财政来源问题了，这也为证明这种研究工作的合法性带来了新的压力。第二种趋势是降低使用电脑分析文本的技术门槛。之前以电脑分析为基础的准备工作令人生畏，为了分析文本，需要处理数据库，然后为其编写代码。在今天，人们可以使用一系列已经发展成熟的分析工具。一些工具可以从源网站上下载，诸如Text Analysis Portal for Research (TAPoR)，或者Software Environment for the Advancement of Scholarly Research (SEASR)以及一些免费但十分强大的应用，诸如主题建模，Machine Learning for LanguagE Toolkit (MALLET)，以及那些神奇的网络可视化应用，Gephi，等等。这些工具让人们对数据库的使用大大超出了基础的“搜索”功能，它们正日渐成熟并可以植入使用者的界面中去。

那么，数字人文的方法究竟为文学或文化研究带来了什么？马修·约克斯教授曾经简洁地勾画出数字人文为文学研究带来的可能贡献或洞见，包括对以下材料的分析能力：

1）单个文本、作者或作品体裁在更宏观的文学语境中的历史地位。

2）一定历史时期内、一定地理区域内或一定人群中，文学生产的增加或衰落。

3）一定历史时期内、跨历史阶段的、一定区域内或者人群群体内文学模式以及所使用的词汇。

4）影响文学文体及其演化的文化与社会力量。

5）文化、历史以及社会的联系，这些联系使得单个的作者、文本以及文体结合成一个集中的文学文化，或者相反。

6）文学主题的此消彼长。

7）文坛精英的品位与喜好，这些喜好是否与一般大众的品位喜好相一致。[1]

1 Jockers, p.27.

这个单子并不全面，却给出了数字人文的某种可能性。

那么，按以上所列出来的可能性来看，数字人文的前景应该会看涨。就专门期刊和书籍的出版情况来看，这显而易见[1]。此外，学者的博客和线上“社区”那里有更活跃的新的想法的出版，以及作者与读者之间就有关问题的互动。在那里研究者们不仅可以交流想法，还能共享软件代码和相关数据。这种线上空间，以比较受欢迎的博客诸如美国西北大学马特·施密特（Matt Schmidt）教授的“吸引注意力”（“Sapping Attention”），麦吉尔大学安德鲁·派博教授的“文本实验室”（“Textlab”），或者研究者们的个人网站，如美国鹿特丹大学英语系马修·威尔肯斯教授（Matt Wilkens）或斯坦福大学英文系马克·阿尔吉–休伊特教授（Mark Algee-Hewitt）经常更新的个人网站，这些与社会网络站点上的交流相辅，创造了一个充满动力的空间。在这里，知识生产通常是协作型的，也不同于通常的方式，这样的空间常常赶超了期刊和书籍等的传统出版渠道。除了印刷品和线上交流之外，一些主要的年会，如“数字人文会议”，也吸引了成百的参与者。而许多大学也专门设立了新的学位，或改革了他们原先的课程规划，这其中既有本科生课程也有研究生课程。这都是为了迎合新增长的对数字技能的需要。

最后，数字人文的一个重要指向，是越来越多的学者利用它去研究文学与社会问题之间的关系。长久以来，针对数字人文的一个批评是数字人文总是聚焦于“非政治”的问题，比如经典作品的形成、作者身份认证问题，以及文学形式问题。然而近来学者们开始用数字人文的方法去探索与政治相关的问题，这和自后殖民主义、性别研究以来的文

1 专门的期刊杂志有：*Journal of Digital Humanities*; *Literary and Linguistic Computing*; *Digital Humanities Quarterly*; *Literary and Linguistic Computing*; *New Literary History*。书籍方面则有：Burdic, Drucker, Lunenfeld, Presner, and Schanpp (eds.), *Digital Humanities*, Cambridge, MA: MIT P, 2012; Gold (ed.), *Debates in the Digital Humanities*, Minneapolis: University of Minnesota Press, 2012; Goldberg and Svensson (ed.), *Humanities and the Digital*, Cambrdige, MA: MIT Press, 2015; Matthew L. Jockers, *Macroanalysis*; McCarty, *Humanities Computing*, Basingstoke: Palgrave, 2005; Schreibman, Siemens, and Unsworth (ed.), *A Companion to Digital Literary Studies*; 当然也包括Moretti, *Maps, Graphs, Trees: Abstract Models for Literary History*, London: Verso, 2007。

学研究方式相近似。这一更富有批判精神的转向，通常以有效的方式揭发不平等的权力关系，讨论传统上被忽视的人群，例如女性和有色人种。这一工作渐渐被认为是继续走多样化路线的数字人文的一个必要方向。

这一多样化探索也延伸到了北美有关中国文学史与历史学的领域。尽管这一领域仍然处于它的婴儿期，但成长迅速，在亚洲和西方的研究中国的学者的努力下，数据库和分析工具已经发展起来。在此，有必要提及几项最新的进展，以展示中国研究方面数字人文的成长。在数据库方面，一系列激动人心的新项目已经在建，特别是关于前现代中国历史的。例如，哈佛的中国历代人物传记资料数据库（CBDB），记录了7至19世纪将近四十万名历史人物的传记资料，小一些的项目，则如魏希德（Hilde De Weerdt）教授的宋代笔记数据库，由莱顿大学发起。数字人文的发展也体现在一些会议的举行上，诸如亚洲研究年会（AAS），台湾的数位典藏与数位人文国际研讨会，以及斯坦福大学的亚洲数位人文论坛系列。目前，像哈佛大学费正清中心保罗·维尔德勒（Paul Vierthaler）等学者正在开发十分强大的中文文本分析工具。这些都只是当前发展的一小部分，可以肯定地说，在未来的十年里，中文世界的数字人文必将经历与英语世界里的研究相同甚至更大的扩张。

结　语

我们预设我们的读者对于数字人文只有最基本的认识和朴素的概念，并以此为出发点，勾勒出了数字人文的历史背景及其目前快速发展的现状。自然，作为一种新的学术潮流和研究方法，数字人文自身不无问题，学者们就其意义和重要性进行的辩论很激烈。具体地讲，它提出了许多政治方面的问题，挑战了传统意义上的学者身份认同，招致了不同学者阵营的攻击。这些学者或者是想要保护批判性细读这一实践，使其免于实证主义侵害；或者担心将计算机带入阅读的实践之中，这会是“后人类”（posthuman）阶段历史出现的另一个症候，而“后人类”是由技术和资本主义所控制的。另外，甚至也有学者怀疑，数字人文研究的结果远远没有达到其最初的许诺。至目前为止，数字人文研究的大多数项目确实没有推翻传统意义上的预设，也没有产生完全新的叙述，只是在量化方面确认了我们已经知道的内容。甚至数字人文最坚决的拥护者，比如莫瑞蒂教授，都表达了某些怀疑。这些怀疑和批判性的评价集中起来，形成了一个小小的领域，叫作“批判数字人文研究”（“critical DH studies”）。最终，它们提供了很重要的谨慎和反思的声音。而同时，许多教育和研究机构纷纷投资数字人文教学和研究，以努力使传统的人文研究来习惯当今白领“知识工人”的工作实践和意识形态。

而无论是支持还是拒绝数字人文，是自己来加入这股学术潮流之中，还是将之留予他人，我们是没有办法忽视数字人文日渐发展的存在的，这个新的学术潮流会接着向前发展。尽管目前在传统人文学术和数字人文之间存在着强烈的不同意见，我们相信在将来，会有越来越多的学者发现这两种学术方法之间的分界线并不是那么严格。也就是说，将来并不会以是“数字人文”还是“非数字人文”来划分研究方法的不同，数字人文的方法将会成为一种很自然的人文研究方法，就如目前大家习以为常的细读研究方法一样。将来也会出现新类型的混合型工作，在量化和质化的阅读之间产生富有成效的对话。事实上，文学和文化研究所遇到的量化研究与质化研究之间截然对立的局面，也发生在其他的学术研究领域，比如政治科学、社会学、心理学，甚至是历史学。那么，作为文学研究者，我们所面临的挑战即是认识这种新的研究方法方向，知其优势和缺点。

当下中国“数字人文”的境遇及意义反思

陈　静[*]

摘　要: 2009年以来,“数字人文”作为一个舶来概念进入中国学界。如果说“数字人文”是一套提出、重新定义和回答学术问题的更智能办法,用以回答已经存在的人文议题或提出新的议题,那么在“数字人文”概念被翻译到中国之前,中国早已有了数字人文,主要出现在计算语言学、历史地理信息系统、学术专题数据库、图书馆或者商业主导的数据库/档案库等。在当下数字人文的意义则体现在:为人文研究提供新的数字研究路径与方法,从“基础数据”的层面实现真正的跨学科协同,以“实践性”的方式塑造新的一代数字人文学者,等等。

关键词: 数字人文;知识生产转型;数字人文学者;实践性

作为一个舶来概念,“数字人文”真正进入中国学界,受到广泛关注,是近十年间。2009年,武汉大学的王晓光教授在“2009年教育部人文社会科学研究方法创新论坛”上发表了名为《“数字人文”的产生、发展与前沿》的论文。此文随后发表在“科学网”(2009年12月3日),获得了上万的在线点击及多次学术引用。同一年,台湾大学举办了第一届“数位典藏和数位人文”会议,提出将数字人文与数位典藏放在同样重要的地位。2011年以后,越来越多的以“数字人文”为主题的论文出现在学术期刊上。但这并不能意味着,在2009年之前中国就没有数字人文。我们将“数字人文”定义为一套提出、重新定义和回答学术问题的办法,即,人文学者可以利用数字技术(尤其是电脑数据库)作为外在

* **作者简介:** 陈静,南京大学文学博士,南京大学艺术学院副教授、硕士生导师,主要研究方向为文化与媒介研究、数字人文。

的工具，来回答他们过去已经提出的学术问题，或者是受到数字技术和思维的影响，而提出的新课题，甚至产生新的研究范式[1]。实际上，在“数字人文”概念被翻译到中国之前，中国早已有了数字人文实践。那么，我们在当下强调“数字人文”的意义在哪里？中国的数字人文在已有的学术图景中又遭遇到了什么样的挑战？本文以2009年为中国数字人文的一个分水岭，称在此前为前史，此后为当下，展开关于中国数字人文当代意义的讨论。

中国大陆第一篇有据可查且被广泛接受的介绍数字人文的文章是由武汉大学的王晓光教授在2009年发表的。在台湾地区，2009年同样是一个起点。据台湾数字人文博士邱伟云观察，“台湾的数字人文学则应以2009年台湾大学所举办的第一届数字典藏与数字人文国际研讨会为起点。观察第一届及其之后历届的会议主旨、征稿议题、发表篇目等，可以看见2009—2012这四年乃是台湾数字人文学发展的奠基期，这一时期最大的特色，即是有一从数字典藏到数字人文学发展的转向”[2]。中国大陆和台湾学者在2009年的不谋而合，看似偶然，但也是顺势而为[3]。王晓光教授就提到“中国的与西方的人文研究相比，大陆的人文学者对计算机技术的应用研究并不算落后”，但存在不足，研究方法和教学手段较为陈旧，“面对人文社会科学研究方法创新的需要，将国外数字人文研究的内容、方向和前沿集中介绍给国内的人文社会学者以加快我国人文学科研究范式的升级和转型已经显得十分必要”[4]。王晓光教授将“数字人文”介绍到中国学界，出于基于内在需求的自觉和一种对国外数字人文的借鉴意愿。台湾数字人文先驱、资讯工程系特聘教

1 徐力恒、陈静：《“数字人文”浪潮来袭，倡导之余仍要警惕过分乐观》，《社会科学报》2017年8月26日。

2 邱伟云：《台湾数字人文研究综述（2009—2017）》，《图书馆论坛》2020年。

3 2007年6月，台湾中正大学人文研究中心协同台湾“中央研究院”人文中心GIS专题组和中正大学历史学系举办了地理资讯系统与人文研究研讨会。2009年1月，国立政治大学文学院身体与文明研究中心、历史学系和地政学系联合召开了2009人文地理资讯系统研讨会。

4 王晓光：《“数字人文”的产生、发展与前沿》，《方法创新与哲学社会科学发展》，武汉大学出版社，2010年。

授项洁就曾经描述过类似的想法：

> 1995年我开始规划并执行台湾大学的台湾史料与藏品的数位典藏工作，这也是在技术上，将新的科技媒体与传统类型史料结合的开始。这项工作进行十年后，我们累积了相当数量的高品质的数位史料，但是我的不安也越来越深。我开始思考，到底如何才能运用资讯科技，在庞大的数位史料基础上从事历史学的学术研究。闭门造车一年多后，才发现在国际已经隐隐约约有一个类似的学问浮现，这就是"数位人文"。近十多年来，我找到了越来越多志同道合的朋友，大家均是被数位人文所隐含的可能性深深吸引，也做了不少相关的研究工作[1]。

可见，"数字人文"被翻译、介绍到中国，并不能证明数字人文是一个由西方发展起来、被引进到中国的学科。相反，是在一个历史趋势下，从自身的研究需求出发，意识到在数字时代的一种学术研究转型。这场转型恰恰呼应了西方语境中"数字人文"浪潮的兴起。

过去几年间，数字人文浪潮在大中华地区势头的发展迅速，台湾连续每年举办"数字典藏和数字人文"会议，大陆有关数字人文的会议越来越多，更有小型研讨会和工作坊，相关论文也在学术期刊和大众媒体上频频发表。数字人文研究在非西方语境中发展的特殊意义、学术价值和面临的挑战也成为学者们越来越关注的问题。如果要展开讨论当下语境中的数字人文，有必要进行一个回顾性说明，以探讨作为一种知识生产转型的数字人文。这并非仅仅是名称上的创新，更是一种在新的数字语境中的自觉选择。

一、前期中国数字人文实践

在"数字人文"这个概念进入中国之前，国家机构、高校、图书馆、研究者及商业公司已经在关注数字转向过程中所带来的知识生产问

1 项洁：《一个台湾数位人文学者的贺词》，"零壹Lab"，2016年10月10日。

题。但在学术研究中，数字化资料和数据库依然还是被认为是一种资料的提供方式而非知识生产本身。

最早以数字方式来处理中文文本的，是计算语言学。中国在20世纪下半期开展了相关的研究，例如1976年武汉大学语言自动处理研究组利用计算机统计老舍《骆驼祥子》字频。从1979年到1983年，有四个大型的现代汉语语料库项目在中国大陆发展成型：武汉大学的汉语现代文学作品语料库（1979年，527万字）、北京航空航天大学的现代汉语语料库（1983年，2 000万字）、北京师范大学的中学语文教材语料库（1983年，106万8 000字）和北京语言学院的现代汉语词频统计语料库（1983年，182万字）。这些项目以高校为依托，以现代汉语语料为对象。1991年，国家语言文字工作委员会启动了国家语料库，推动包括语法、句法、语义和语用在内的现代汉语语法的研究。2003年，由国家973项目经费资助，中国中文信息学会语言资源建设和管理工作委员会发起了“中文语言资源联盟”（Chinese Linguistic Data Consortium，CLDC），推动中文信息处理。

除计算语言学外，另一个常常与人文研究结合、被认为是“数字人文”的技术和领域是地理信息系统与历史地理信息系统（Historical/Geographical Information System）。其中可以为例的是复旦大学与哈佛大学合作的“禹贡”（CHGIS），中南民族大学文学与新闻传播学院王兆鹏与“搜韵网”合作的“唐宋文学编年地图平台”。这些项目以地理系统为依托，人文学家参与其中，试图以地理框架来落实历史文本信息，从而以新的时空观来审视中国历史与文化。

此外，还有一些研究型的学术数据库，提供全文数据库和基本的搜索功能，以便学者能开展相关的研究。比如：北京大学中文系开发的全唐（宋）诗分析系统（the Tang-Song Poem Project）、先在香港中文大学后迁至台湾政治大学的“中国近现代思想史研究专业数据库（1830—1930）”。它们的出现体现了学者在研究中的需求，也隐含着对当时已有的数据库的一种补充性批判。这种自觉性可以从金观涛、刘青峰两位老师自1997年以来在香港中文大学建立的“中国近现代思想史研究专业数据库（1830—1930）”及基于该数据库开展的研究中略见一斑。1997年，金、刘尚未接触到数字人文概念，启动了一个名为“特定现代中文政治概念形式的量化研究”的项目，意图对新文化运动期间最具代表性的十二个中文期刊杂志中的文章进行量化统计和分析。在这个过程中，金、刘两位老师意识到现代重要政治观念的研究开展是可以通过对更大范围内的文本进行检索和分析来进行的，由此开展了持续二十年的数据库开发和研究工作，在2008年出版了《观念史研究：中国现代重要政治术语的形成》。他们在台湾政治大学开始使用数字人文方法，开展以关键词列句为中心的观念史研究，明确地与“量化历史”划清了关系。

从1990年代开始，国家各大图书馆，以及一些商业公司开展了大量以数字化为基础的档案库/数据库建设。比如，上海图书馆的晚清期刊全文数据库（1833—1911）和民国时期期刊全文数据库（1911—1949，1—10辑）。它们利用上海图书馆的民国文献资料，建立了两个具有影响力的数据库。资料库建设更多是从图书馆的角度出发，建立数据库，遵循档案原真性原则，呈现给读者的还是以编目为框架的结构化数据。在这个数字化和编目的过程中，文字识别并没有做到覆盖全文，只是有限地从数字图像中提取了文献信息数据。对于该数据库的用户而言，数据库本身提供的检索能力有限，其最重要的意义在于作为一种可在线浏览的文献呈现方式，使用户得以看到作为证据的文献的存在，而非深入地利用文本进行数据挖掘。这造成了早期图书馆数据库与研究导向的数据库之间的差别。

商业数据库在近二十年的发展丰富了数据库的数量和种类。其中堪举为例的是两项中国古籍数字化工程：“四库全书”和“中国基本古籍库”。文渊阁四库全书的电子版由香港迪志文化出版公司推出。在传统中国的大型丛书中，《四库全书》是第一套被数字化的。但就研究者而言，其编辑过程经过审查，内容有被删除或者修改的现象发生，这造成了研究者在使用上的障碍。自2001年开始，由北京大学等校与北京爱如生公司合作建立“中国基本古籍库”。它号称囊括上万本中国古籍，超过17亿字的全文。这些大型商业数据库在数字化方面起到了基础性的作用，但因为各自商业利益的需求和数字版权的缺陷，商业型数据库存在着发展无规划、内容重复、数据不规范、数据质量参差不齐、文本数据挖掘不够、用户使用体验差的问题。就中国近现代报纸而言，广告基本数字资源的获取并不便利。这一方面是因为中国近现代报纸的数量非常庞大，其保存地也相对比较分散，这就造成了学者在研究的时候，获取相应的资源不方便；另一方面是因为，尽管中国及国外很多机构，比如图书馆和一些商业公司对报纸进行了商业化，但这些数据库大部分是收费的。这些数据库的建设主要针对的是报刊上的新闻及评论文章，对广告的内容加工和信息提炼不很充分，大部分都只有广告中的一行字，没有对具有研究价值的图像等进行进一步的分析。

二、数字人文机构建设及研究发展

2011年，武汉大学成立了大陆第一家数字人文研究中心。2012年，在台湾大学前图书馆馆长项洁教授的带领下，台湾大学正式成立“数位人文研究中心”，并陆续建立了11个数据库，包含超600万笔元数据、近3 000万张影像、近4亿字全文及数百小时影音资料。台湾大学发起的“数位典藏与数位人文”召集亚洲地区及至全世界对中文数字人文研究感兴趣的学者，每年在台湾相聚，成为亚洲地区最大的数字人文国际会议。此后两岸三地包括武汉大学、台湾政治大学文学院、香港公开大学、南京大学等纷纷成立相关的数字人文研究机构。尽管各个机构有大有小，有实有虚，但从体制上予以数字人文以认可，确是推广数字人文最切实的举措。

相应的是，在近十年间，有关中文文本的数字人文研究项目纷纷凸显出来。比如由哈佛大学、台湾“中央研究院”和北京大学共同开发的“中国历代人物传记资料库”（CBDB）。这是一个已经运作超过十年的国际合作项目，它的目标在于系统地收录中国历史上所有重要的传记资料，并将数据开放供学术研究之用。截至2016年，它共收录超过37万人的自7到19世纪的传记资料。它的数据既可在线查询，又可以下载，供用户离线使用。研究者可以利用其中提供的大数据，进行相对复杂的查询和分析。除了用作研究历史人物的参考资料之外，还可作统计分析、地理空间分析与社会网络分析之用，为中国史研究引入新视角。从2016年起,这个数据库项目在中国连续举办了不少推广活动,向学界介绍其资料特点和用法。

此外,还有为数不少的研究和电子化项目,许多国家社科基金项目资助学者建设各种专题数据库。然而,不少学者还是觉得无从入手学习数字人文的最新动态,认为各个学术机构还可以投放更多资源,让研究者学会如何在研究中利用新的数字化工具。比如,人文学者通常都熟悉在全文数据库进行关键词检索,但对于其他可以用于研究的计算机工具,一般还是很陌生。例如,要把自己搜集到的数据以GIS方法画一张电子地图,就不是很多人能够做到的。所以,推动数字人文的发展,与其停留在讨论数字人文的理念,或介绍众多数据库和电子资源,不如注重实践更有意义,例如培养制作可视化的技能,或传授对数据进行分析、操作、解读等技能。

数据的获取和开放程度也是中国数字人文面临的另一大挑战。以中国古代典籍为例,电子化材料的获得远远不是开放的。各类古籍数据库有许多,但数据共享的做法仍然非常罕见。许多数据库都以商业模式运营,必须得到学术机构和研究者订购,才能生存。这样,它们的数据肯定不会完全开放。这对不同数字资源之间的协作造成一定障碍。对于费用高昂的数据库,不少学校不能负担,也是另一难题。

虽然如此,还是有一些机构希望推动开放数据的做法。例如上海图书馆建立了开放数据平台,以关联数据(linked data)的方式发布一些各个机构、项目都可调用的数据。同时,又创办了应用开发竞赛,开放了其馆藏家谱文献信息和内容信息,鼓励参加者有创意地利用数据,从而发挥资源的最大价值。类似活动无疑有利于推广数字项目,让更多人了解数字人文的理念和成果。

三、我们为什么需要数字人文?

伴随数字人文在国内的日益热门,也有不少学者提出疑问:数字图书馆、数字档案馆、数字标准化、计算语言学、GIS、HGIS,这些国内已经有学者做了很多年了，现在提“数字人文”专门的提法有什么意义？“数字人文”强调的是面对尚未完成的数字革命中的知识生产方式转型，推动面向未来的知识体系及方法的建构，其回应的是大数据时代基于学者导向（research oriented）的研究需求与基于资源共享的网络基础设施建设（cyber infrastructure），其建设的是面向数字原生代人类的认知方式系统与路径。

首先，数字人文提供了数字时代的新的研究路径与方法。比如，目前被使用最为广泛的“词频分析”。从技术处理上看，中文与英文的词频统计是同一模式：列出所有文章中出现的词汇，再统计其次数。但进行实际操作时，就有很多不同，英文需要处理同一词汇的语法变形，而中文需要处理“断词”，可以运用自然语言处理（Natural Language Processing）和统计学方法进行断词。而依据词频统计所做的研究，不仅仅可以做风格研究，而且可以从更大的范围内开展思想史的研究。另外存在一种数字人文研究方法的可能性。它是关于系统性发现大量资料内隐含的内部关系的，是比分词更进一步的数据挖掘或者文本挖掘技术。这类技术在商业应用中已经较为多见，比如用以分析顾客的消费行为来进行购买推送。在中文的文本研究中，项洁教授开展的“类书”研究是比较具有代表性的案例。除此之外，数位人文研究中还较为普及的研究就是人际网络研究。前文提到的CBDB近年来基于历史文献数据，开展了大量的社交网络研究。

其次，数字人文从“基础数据”的层面，实现真正的跨学科协同合作，并从方法和路径的层面打通自然科学、应用工程、社会科学、人文科学和艺术的综合研究，使得研究者从自身的学科立场出发，得以扩展到其他领域，并能以“问题导向”出发，与其他学者协同研究，实现研究层面的资源最大共享化、分析方法的最大通约化和知识内容的最大综合性。近年来基于互联网的数字人文社群讨论和传播，显得非常融洽且富有活力。许多关于数字人文的学术交流和讨论已经通过非传统的渠道进行，并受到众多学者的关注，逐渐形成一种跨领域、跨专业、跨地区和跨平台的学术共同体。

第三，数字人文将科学的严格的系统性、明晰性和方法的规范性带到人文研究领域。这是在不可逆的数字技术所构成的人文研究的基础条件和环境中所做出的必然回应。数字人文近年来的“数据/算法驱动”尽管存在“技术黑箱化”支配下的盲目乐观/悲观主义，即简单地将数字人文等同于算法或者数据，并从而批评其不具人文研究价值，或者将数字技术的能力夸大到可以迅速地、高效的解决一切人类世界问题。然而，数字技术的高度渗入化和大数据的发展确实已经为人文研究提出了新的挑战，而这需要一种新的知识生产范式的介入。

第四，数字人文以“实践性”的方式塑造了新一代数字人文学者。比如西方学者拉姆齐（Stephen Ramsay）提出数字人文学者必须具备写代码的能力（即使是在数字人文界，实际上也不是所有人都具备编码能力）。他所提出的广义数字人文实践者的概念，也值得我们借鉴[1]。这样，就泛化了“数字”所指涉的范围，使得它不仅包括XML、XSLT、GIS、R、CSS 和C这样的编程语言，也包括利用软件开展相关研究，甚至开发软件。这就将使用软件来进行研究的学者等、以软件来进行知识传播与管理（图书馆员等）以及发明软件的人（工程师）等都纳入了数字人文群体之内。这就为在更大范围内重新塑造新一代数字人文学者提供一个很好的参考框架。尤其考虑到西方乃至中国大学近年来高度专业化、体制化和企业化的特点，强调具有“实践性”的数字人文群体有利于扩大学术生产的原动力、提升学术的多样性和促进学术研究的协作性。这也将促进新一代人文社科研究生的培养。我们不能被动地认为数字原生代一定或者自然而然地具备数字思维。事实上，他们也是需要培训和引导的。而这也正是数字人文具有广阔而光明的未来的可能性所在，我们必须相信青年一代将会比我们更加了解未来的数字社会，也更加需要掌握数字知识生产的基本思维、理论反思以及研究方法与工具。

1 Stephen Ramsay, Geoffrey Rockwell, “Developing Things: Notes toward an Epistemology of Building in the Digital Humanities”, *Debates in Digital Humanities*, University Of Minnesota Press.

北美与西欧的数字人文中国研究状况论析

李友仁(Paul Vierthaler)*

宋迎春　译

摘　要：作为西方区域研究的中国研究在数字人文方面正值繁荣期，许多新的项目在开发之中。总体来说，西方数字人文中国研究的发展经历了几个分明的阶段。早期是基础建设，出现了包括“中国传记数据库”“中国历史地理信息系统”“中文文本项目”“明清女性写作”等主题的文献数据库。在这些基础上，数字技术和统计方法使得学者们可以通过系统的方式展开社会文化历史分析。基本的方法比如GIS和社会网络分析在数字人文中国研究中的历史悠久，而目前随着学者们开始学习编程或使用他人不断开发的新工具，文本挖掘正变得越来越流行。这方面的学术活动和学术组织也蓬勃发展起来。西方中国研究正处于一个激动人心的时刻，而我们将不断从新的数字人文方法和模型中促成关于中国历史和文化方面新的知识生产增长。

关键词：数字人文；中国研究；基础建设；CText；字符编码；CBDB

过去5—10年间，在西方的中国研究中，数字人文的应用有了长足的进步。这一领域快速发展，从研究生到教授等各个层次的学者都对之产生兴趣。以人们所致力领域的不断扩张为标志，数字人文中国研究(Digital Chinese Studies)经历了几个分明的阶段。早年间，大部分

* **作者简介：**李友仁(Paul Vierthaler)，荷兰莱顿大学数字人文副教授，耶鲁大学博士，并曾任哈佛大学博士后研究员。研究方向为明清文学与数字人文，主要集中在晚明和清朝早期关于当时历史事件的文学表现，以及明清时期的印刷文化和历史、文类分析和作者身份研究。

译者简介：宋迎春，四川大学外国语学院，讲师。

工作主要是基础建设性的，集中于数据库发展、平台构建和数字化等方面。近年来，新的实践群体已经涌现，学者们也开始利用过去30年中建立起来的重要基础。在中国历史和中国文学研究中，研究者们已经开始取得真正的进展。

关于研究中国的学者们运用数字方法所开展的工作，有众多不同的分类方式。一部分人继续构造并完善大规模的基础建设项目，而一些研究历史、文学和艺术的个体学者如今则使用包括地理、网络、文本和图像分析在内的各种方法。在这篇短文中，我将简单地介绍北美和欧洲的数字人文中国研究中的几种主要潮流，还将介绍一些主要的研究者。要在这些众多分类中划出清晰的边界是困难的（数据、基础结构和研究工作往往会相互生成），不过我仍会首先简要概述几个主要的数字基础建设项目（其中既有老的，也有新的）；接下来我会讨论当下研究中的各种潮流，最后以对正在出现的数字人文中国研究新研究中心的讨论作结。需要留意的是，这篇文章并非涵盖一切，而只是意在描述我对这一领域当下状况的看法。

一、创造数据与基础结构

西方的中国研究中最早的数字人文项目主要致力于数据库建设与数字化。这些数据库项目中，最为著名，使用者也最为广泛的，也许是由郝若贝（Robert Hartwell）[1]的工作所开创的“中国传记数据库”（CBDB）。CBDB是一个关系数据库，包含了众多重要历史人物的传记，其结构方式则有助于大规模分析。CBDB可以被用作一种简单的参考文献来源，也是一种查询个体人物信息的快捷方式，但其真正价值在于它所支持的新的分析类型。例如，CBDB包含了库中许多人物之间的互动数据，这让学者们得以通过系统的方式展开历史社会结构研究。

CBDB的设计用途是一个可下载数据库，使用微软Access来支持其众多特色。它也可以被当作一项单纯的在线服务来访问，这也正是

1 赫若贝（1932—1996）是一位研究宋代中国的经济和社会历史学家。

许多人利用它的方式。其最新迭代最初由傅君劢(Michael Fuller)设计，并由陈松加以扩展。[1]哈佛大学、台湾“中央研究院”历史语言研究所以及北京大学的一批学者至今仍在维护和扩充这一数据库。[2]截至2017年4月发布的内容，CBDB包含了有关约37万个历史人物的大量群体传记信息。[3]

与CBDB十分类似，中国历史地理信息系统(CHGIS)是另一个由郝若贝创建的数据库。[4]它一直位于哈佛大学(合作方为复旦大学)，其维护受葛剑雄、包弼德(Peter Bol)和莱克斯·伯曼(Lex Berman)的指导。这一数据库包含了有关历史中国的详尽图形文件。

诸如CBDB和CHGIS等项目的主要推动者是历史学家们，而图书馆学家们同样出现在数字研究发展浪潮的前沿，并在我们当前的数字研究生态系统的建设中发挥了关键作用。令人遗憾的是，一个曾在这一领域有过卓越贡献的重要早期项目在数年前就停止了运行。至少在西方的大学里，这个项目是停止了。中文善本图书项目(Chinese Rare Book Project)曾为善本中文图书开发了一套联合目录。[5]该项目由普林斯顿大学的艾思仁(Soren Edgren)牵头。尽管如今项目已经结束，其数据却并未流失。幸运的是，大部分数据被整合到了WorldCat在线目录中，而项目本身也在2011年被转移到了北京的中国国家图书馆。[6]在创建这一联合目录的过程中，莎拉·艾尔曼(Sarah Elman)、陈智华(音译，Chi-wah Chan)和团队中的其他学者共同制定并发表了一套准则，用以指引一种能够将这些书以机器可识别的格式进行归目，又能反映传统文献研究的系统性方法。这套准则初次发表于2000年，并在2009

1 “History of CBDB,” Harvard University.

2 Harvard University, Academia Sinica, and Peking University, “China Biographical Database,” 最后修订于2018年1月1日。

3 Harvard University, Academia Sinica, and Peking University, “China Biographical Database.”

4 “Project History,” Harvard University.

5 “Chinese Rare Books in a Union Catalog,” OCLC.

6 “Soren Edgren,” Rare Book School.

年得到修订。[1]这份资料的制定发挥了关键作用，让更多人得以接触这些善本图书。不仅如此，它也为我本人关于中国印刷潮流的量化分析奠定了基础。[2]

尽管各有完全不同的目标，但以上各个项目都着眼于发展结构化的数据集。对于我们中那些致力于文本挖掘的人而言，因中文语言文献的数字化及其被纳入语料库的过程而诞生的未结构化的数据集也同样重要。在这一方面，亚洲学者们已经取得了重大成果，西方的进展也不逊色。截至2018年2月，这些项目中最大的一个是"中文文本项目"CText（*Chinese Text Project*），其创立者和负责人是唐纳德·斯特金（Donald Sturgeon）。[3]这一项目从早期中文经典著作开始，已经成长为全球最大的开源中文数字文本库。[4]"中文文本项目"如今包含的经过数字化转录的中文文本超过50亿字，其中许多文本都经由CText社区成员的细心编辑。2016年，CText开始收录哈佛-燕京图书馆所藏众多中文善本图书的扫描件（扫描图片超过500万页）。[5]斯特金运用光学字符识别技术（OCR），为这些图片创建了可以完全由机器识别的版本。[6]

CText没有局限于其最初致力收录的古代文本的范围，而是纳入了来自中国帝国历史上所有时期、种类极为广泛的文献。其他项目则更特别着眼于某些特定类别的文本。例如，马克斯·普朗克科学史研究所（Max Planck Institute for the History of Science）的地方志数据库项目就创建了一个数据库和分析平台，旨在让研究者能够直接访问地方志的数字版本。这些文献出自地方上的重要人物之手，往往包含着有关当地环境的广泛信息（既有政治的，也有生态、语言及更多方面的）。项

1 *Cataloging Guidelines for Creating Chinese Rare Book Records in Machine-Readable Form*, Mountain View: Research Library Group, 2009.

2 Paul Vierthaler, "Analyzing Printing Trends in Late Imperial China Using Large Bibliometric Datasets," in *Harvard Journal of Asiatic Studies*, Vol. 76, No. 1/2, 2016, pp. 87–133.

3 Donald Sturgeon, *Chinese Text Project*.

4 Sturgeon, "Introduction," *Chinese Text Project*.

5 Sturgeon, "Latest Addition," *Chinese Text Project*.

6 Sturgeon, "Optical Character Recognition," *Chinese Text Project*.

目的主要开发者——薛凤(Dagmar Schäfer)教授和陈诗沛博士——希望他们提供的材料和分析工具能促进对地方历史的分析。这一项目"着眼于探索尺度的改变(地方记录从个别的地方志转入单一的全球数据库)会如何重塑中国历史研究的面貌"。[1]

在这种专为某个特定类别的写作创建文本库的努力中,另一个例子是"明清女性写作"(Ming-Qing Women's Writings)项目。该项目由麦吉尔大学的方秀洁(Grace Fong)教授负责,始于2003年,至今仍在扩充之中。如今,它收录的明清时代女性著作的扫描版共有342个不同类别,纳入了超过5 000名女性作者的作品。[2]

满族研究领域的学者们同样开发了他们的平台和文本库。Manc.hu就是一个收录了众多满语文献的阅读平台,由莱顿大学的京以宬(Fresco Sam-Sin)和利昂·罗登伯格(Léon Rodenburg)开发。

在创建上述种种数据的过程中,一些项目还开发了旨在让学者们可以高效地浏览和分析数据的工具。CBDB的Access版本就包含了众多能让使用者查阅数据库并迅速建立关系网络的工具。CText也整合了各种工具(如词典、索引工具,以及平行段落识别工具),能帮助使用者对CText文本库所收录的著作进行细读,并执行基本文本挖掘任务,而这些工具的数量还在不断增长。[3]"明清女性写作"项目所构建的数据库则包含了大量有关这些作品的元数据(从作者的姓名,到个体诗歌的格律)。

在那些将大量精力投注于数据创建的项目之外,独立于内容扩充的工具开发也出现了。在过去大约5年时间里,众多旨在帮助学者阅读和标记源文本的平台得以问世。由莱顿大学的魏希德(Hilde De Weerdt)和何浩洋(Brent Ho)创建的古籍半自动标示平台MARKUS即为一例。它允许使用者上传前现代的中文文本,并可以自动为之加上人物、地点以及使用者定制概念等种种标签。MARKUS还拥有其他特点,能让使用者自动创建GIS视觉化数据(即地图),并将标记后的结果

1 "Local Gazeteers," Max Planck Institute for the History of Science.

2 Grace Fong, "Introduction to the Digital Archive of Ming-Qing Women's Writings," McGill University.

3 Sturgeon, "Tools," *Chinese Text Project.*

数据输出，以便在其他平台上进行分析。[1]

近年出现的这种工具开发的繁荣局面有赖于数字人文研究中一个重要的新潮流。这一潮流与数字人文领域对开源精神的接受紧密相关（并且部分有赖于后者），而后者又表现为汉学研究数据库及工具的主要开发者们对应用编程接口（APIs）的广泛创建。应用编程接口使得软件开发者可以直接从他人的服务器上提取信息（在某些情况下也可以整合某种特定工具的功能）。CText、CBDB以及其他项目全都包含了此类访问功能。这有助于创建一种项目之间彼此衍生、紧密关联的生态系统。在这方面，MARKUS堪称典范：使用者可以通过CText插件直接输入文本，并使用CBDB、汉典ZDIC以及其他数据源的信息来自动标注文本。

让MARKUS（以及其他类似项目）得以成为一种可变研究平台的，是完全转化为数字版本的文本数量的增加。学者们如今能够以过去不可想象的方式来处理文本，以揭示陈旧的研究方法难以辨识的信息和倾向。然而，其他一些重要的努力则致力于利用互联网的社区属性，构建起以技术方式对数千年来一直发挥重要作用的研究方法（诸如注释和翻译等）加以组织的平台。耶鲁大学的"广厦千万间"项目（Ten Thousand Rooms Project）便是这种努力的典范之一。该项目由梅隆基金会（Andrew W. Mellon Foundation）资助，由吕立亭（Tina Lu）和米克・亨特（Mick Hunter）负责，自我描述为"前现代文本研究协作空间"。[2]使用者可以通过斯坦福大学开发的、符合国际图像互操作框架（IIIF）的Mirador浏览器，向"广厦千万间"平台上传文献的扫描图像，并围绕它们来构建研究项目。[3]任何感兴趣的人都可以加入并创建项目。"广厦千万间"被设计为一个允许学者们就公版文献展开协作研究的平台，其核心创造性就在于这一平台旨在支持的研究工作的众包和协作属性。这种做法具有研究和教学两方面的意义。由于多人能够对同一文本进行研究，世界任何角落的学者群体都可以轻易

1 Brent Hou Ieong Ho and Hilde De Weerdt, *MARKUS. Text Analysis and Reading Platform*.

2 "The Ten Thousand Rooms Project," Yale University.

3 "The Ten Thousand Rooms Project," Yale University.

地展开协作，为某部唐诗集创建一个注释版本。此外，大学里的课程也可以对某部明清小说进行转录、翻译和评注。最重要的是，这些工作无须是文本性的。学者们也可以上传艺术作品图像，并直接注释它们。“广厦千万间”项目的运行基于“知识共享”（Creative Commons）的署名非商业用途许可，因此是对公众开放的；任何人都可以阅览这些协作项目的成果。已经有近50个研究和课程项目出现在这一平台上。

欧洲和北美的中文数字人文研究的工具开发领域正值繁荣期；许多新的项目在开发之中。这些项目数量太多，我难以一一给予恰当介绍。不过，其中有几个项目尤为重要，略过它们将是我的疏忽。以Intertext项目为例：有不少项目旨在开发出某种软件，用以识别不同文献中出现的文本重复，Intertext便是其中之一。[1]其目的在于帮助那些不会编程的人使用远程阅读工具。另一个项目是“汉典古籍的主题模型化”（Topic Modeling the Handian Ancient Classics），其目标与此类似。它使用主题模型方法，对早期中文文献之间的关系加以视觉化。这一项目（由美国国家人文基金会提供资助）的设计者是美国印第安纳大学的一个学者团体，而他们的合作学者则来自中国西安交通大学。这个团队开发了一种“主题浏览器”，以帮助学者视觉化他们得到的结果。[2]

二、研　究

此时应当已经很明显了：许多这样的数字化项目和基础建设项目与

1 “Intertext (beta 0.8),” University of Chicago. Intertext是芝加哥大学的一个项目，主要由Jeff Tharsen 开发（我曾有限地参考过该项目）。在这一领域中努力的也有其他人，例如Donald Sturgeon, “Unsupervised identification of text reuse in early Chinese literature,” in *Digital Scholarship in the Humanities*, November 2017。我也曾开发一种类似的实验性算法，在文本库水平执行，对上千种文献进行比较。

2 Colin Allen, et al., “Topic Modeling the *Handian* Ancient Classics（汉典古籍），” in *The Journal of Cultural Analytics*, October 2017.

研究领域之间存在着一种共生关系（并且理当如此）。研究生成数据；数据生成基础结构；这一生成循环有时是一种自然的发展，其他时候则是出自设计（设计方案诞生于基金申请的写作阶段）。由莱顿大学的佛教学者乔纳森・斯科（Jonathan Silk）教授所主持、目前正处于初创之中的“开放语文学”（Open Philology）项目就是这类项目的一个例子。这一项目由欧洲研究委员会资助，旨在设计一种平台，自动将用中文与藏文书写的佛经加以排列。[1]致力于这一项目的学者团队将为《大宝积经》（*Mahāratnakūta Collection*）的文本创造出评注版本，而该团队将要开发的平台则可以让学者们更有效率地探索某一给定文本的众多校订版本之间的文献学联系。

在诸多例子中，当下欧洲和北美数字人文中国研究领域所开展的研究都应当感谢这些从事数字基础建设的先行者，他们在亚洲和西方都进行了数字化和开发工作。数字人文中国研究领域的一些学者过去就曾为这些项目工作。陈松就是其中之一。他曾为哈佛大学的CBDB项目工作，并曾将GIS和基于CBDB信息的网络分析结合起来，以研究宋朝官员之间的网络关系。[2]其他一些学者并没有这种与某个基础建设项目的历史联系；他们的研究工作大部分独立于这些项目。有许多学者如今在数字空间中展开研究，并利用这些开发成果；此外，尽管GIS和社会网络分析在数字人文中国研究中的历史更长，但随着学者们开始学习编程或是开始使用他人不断开发的新工具，文本挖掘正变得越发流行。几乎所有涉及我此前提到的各个项目的学者都积极参与到数字研究中，然而也有许多其他学者并未与这些较大的项目发生直接联系。与其他任何迅猛发展中的分支学科一样，北美和欧洲有太多学者投身这一领域，多到我无法一一直接提及。不过我将在此聊举几例，以展示这一领域中的学者人物和研究主题的多样性：陈威（Jack Chen，唐诗与《世说新语》的文本挖掘）、马瑞诗（Ruth Mostern，

1 这个问题在计算意义上相当复杂。该团队聘请了一名博士后研究员，专门负责解决这一问题。作为一名顾问，我也参与了这一项目。

2 Song Chen, “Native Incumbency and Elite Networks in Song Dynasty Sichuan: Evidence of the Turn of the Mid-Eleventh Century from China Biographical Database (CBDB),” in *Song, Yuan, and Conquest Dynasties Studies,* 2008.

宋朝的GIS与地方志)、伊安·米勒(Ian M. Miller,对明朝历史进行文本挖掘以研究环境变化)、戴史翠(Maura Dykstra,明清法律文献的文本挖掘)、包美歌(Margaret Wan,明朝小说的文本挖掘与GIS研究)、詹森·普罗塔斯(Jason Protass,对宋朝佛教诗人的GIS/网络分析)、康森杰(Jeff Tharsen,对早期中文文本的语音学分析/文本挖掘)、文欣(唐、宋及中亚历史的文本挖掘/GIS)和韩瑞亚(Rania Huntington,志怪小说中的社会网络);他们只是运用数字工具来理解中国历史和文学的学者群体中的一小部分。还有一些学者在西方接受训练,如今在亚洲工作,如刘晨(音译,Chen Liu,宋朝书信的文本挖掘)。此外,全球各地的大学中还有众多研究生使用数字方法,即将创造出优秀的研究成果。

传统学术领域中也出现了与此并行的发展,开始发表基于数字方法的学术成果。因此,这些学者的研究成果并非仅仅出现在专注于数字人文的期刊上,如《文化分析期刊》(*Journal of Cultural Analytics*)或《人文学科中的数字学术》(*Digital Scholarship in the Humanities*),也出现在《早期近代中国》(*Early Medieval China*)[1]和《哈佛亚洲研究》(*Harvard Journal of Asiatic Studies*)[2]等历史悠久的中文研究期刊上。

三、组织与会议

随着研究的繁荣,致力于数字人文的团体也蓬勃发展起来。在过去几年中,已经有了一系列重要的组织发展,为西方汉学研究领域的数字研究提供了助力。其中一个重要组织便是脸书(Facebook)上的数字汉学研究群。该群由阿琳娜(Elena Valussi)、迈克·以基维斯

1 参见Jack Chen, Zoe Borovsky, Yoh Kawano, and Ray Chen, "The *Shishuo xinyu* as Data Visualization," in *Early Medieval China*, Vol. 20, 2014, pp. 22–38。

2 在其2016年刊中,*HJAS* 发表了该期刊第一篇数字研究领域的作品,即我关于大规模文献分析的文章,参见David Howell, "Editorial Preface," in *Harvard Journal of Asiatic Studies*, Vol. 76, No. 1/2, 2016, vii。

(Mikael Ikivesi)和维习安(Christian Wittern)于2015年5月创建。截至2018年2月6日,它已经有了超过1 000名成员,并成为中文数字人文讨论的活跃站点。学者们在群中分享会议消息、文章、职位列表,并征集文章。

此外,人们也在努力组织专为支持数字人文中国研究的长期计划。斯坦福大学的穆兰尼(Tom Mullaney)教授创建的DHAsia计划就是此类努力的重要范例。尽管该计划着眼于更广泛意义上的亚洲研究,但有许多中国研究学者参与其中。这个计划始于2016年,当时正有一群演讲者在斯坦福参加一次为期一周的短期驻校活动,其间他们发表演讲,为学生提供咨询,并为社区成员举办了一场研讨会。2018年,将有来自世界各地的近40名学者向DHAsia主办的一场会议提交论文(其中半数都是从事中国或中文材料研究的学者)。[1]

该领域还有一些更小规模的会议。美国霍普金斯大学的梅尔清(Tobie Meyer-Fong)教授在2017年10月组织了一场会议,名为"丰富的焦虑:数字时代清史研究的文献与方法",讨论学者们如何面对浩如烟海的清史材料这一问题。[2]加州大学圣芭芭拉分校的余泰明(Tom Mazanec)教授在2018年2月也组织了一次会议,名为"中国古典文学中的模式与网络:来自数字前沿的笔记"。[3]然而,就在几年之前,数字汉学研究会议的层出不穷在北美还是闻所未闻的事。

尽管西方中国研究领域中数字人文的发展势头迅猛,但它仍然落后于其他领域。主要障碍之一在于正规培训的缺乏。关于更广泛的数字人文,已经有了一些培训项目(例如伦敦的国王学院便设有数字人文的硕士学位项目)。但相对而言,中文研究者的选择仍然十分有限。2016年,莱顿大学举办了一次数字人文暑期班,提供数据库设计、GIS、网络分析和文本挖掘方面的培训,吸引了来自全球的学生。哈佛

1 "DHAsia 2018 Schedule Released," DHAsia.

2 *Late Imperial China*的2017年12月刊上出现了一条关于此次会议的笔记:Emily Mokros, "Conference Note: Anxieties of Abundance: Sources and Methods for Qing Studies in the Digital Age," in *Late Imperial China*, Vol. 38, No. 2, 2017, pp. 153–156。

3 "Conference: Patterns and Networks in Classical Chinese Literature: Notes From the Digital Frontier," University of California, Santa Barbara.

大学也向研究生提供一些课程训练。斯特金就开设了一门名为“中国研究之数字方法”的课，以数学家安东尼·罗齐（Anthony Ruozzi）和我在2015年开设的实验性的“数字中国实验室”讲座为基础。[1]然而此类课程的数量还远远不够广泛。除开这种非常设的项目，大部分数字人文中国研究的学者仍然只能依靠自学，或是从那些专长不在中国研究的学者那里接受培训。这种情况意味着许多人需要经历一个复杂的过程，学会如何将那些为西方研究设计的工具和方法转入一个新的文化与语言空间。

这一语言转换正是西方的数字人文中国研究发展较慢的主要原因之一。大部分西方数字人文学者的研究对象都是西方。这意味着大量工具的设计工作语言都是英语、法语或其他欧洲语言，并非总能轻易地应用于中文作品。最大的困难之一在于词的分割，即在中文语境中如何将文本分割为词语（我在与本文配合的那篇文章中深入讨论了这一问题）。就在不久之前，字符编码还是一个主要问题。尽管unicode编码标准已经存在了许多年，大量计算机工具仍未完全兼容它，或是兼容其他任何中文字符编码标准，如GB18030。幸运的是，随着计算机生态系统开始原生支持unicode，这种情况已经不再那么普遍了。编程语言Python的最新迭代Python 3已将unicode作为其默认的字符串格式，与使用bytecode的前一迭代Python 2不同。

要理解数字人文中国研究的当前状况，关键在于认识到开发数字工具的学者和机构不断增加的开放性。这些工具越来越易于掌握，为学者们提供的结果也越来越令人鼓舞。随着各大学开始提供更广泛的培训，以及更多材料得以数字化，这一潮流还会加速。当下，数字人文研究者在某种程度上仍然隔绝在自己的小天地里，但这些方法将会逐渐成为学者工具箱中的标准配置。并非所有学者都需要在工作中使用量化分析或文本挖掘，但他们需要熟悉这些方法，并能够评价它们，正如他们面对那些更广为接受的方法时一样。中国研究正处于一个激动人心的时刻，而我们将不断从新的方法和模型中了解到关于中国历史和文化中的有趣内容。

---

1 “Digital China,” Harvard University.

结 语

本文完全着眼于西方数字人文汉学研究中以20世纪20年代前的材料为对象的部分。主要原因之一在于我本人的专长领域,但更迫切的理由是:数字方法有赖于使用数字化研究材料,而对那些研究更现代材料的学者来说,做到这一点要困难得多。这主要是因为版权上的限制:公版材料的入手更加容易,而要取得1925年之后出现的材料的使用许可,难度远大于前者。尽管如此,数字人文现代中国研究领域中仍然出现了一些重要的成果,包括但不限于弗莱堡大学的毛泽东遗产项目正在开展的工作(Daniel Leese、Wang Baigulahu、Amanda Schuman等)、戴安德(Anatoly Detwyler,关于20世纪20年代的科学与文学的研究)、苏真(Richard Jean So,现代中国文学)、郭旭光(Arunabh Ghosh,关于中华人民共和国初期的文献计量分析/文本挖掘)以及其他许多人的研究。

印刷文化与数字人文文学文化研究
——北美英美文学文化研究学科史视野中的技术媒体与知识生产转型

姜文涛*

摘　要：本文并非简单地描述数字人文学术研究领域发生了什么，而是从几十年以来北美英美近代文学研究模式发生的变化的角度，来理解“数字人文”出现的大的学科环境，并将其放置在由印刷文化引发的西方近代文学以及作为近代大学学科体制文学研究的历史生成语境中，以期引起关于数字媒体时代文学研究和教育方式方法的反思，希望这会有助于我们汉语环境中的文学研究和教育。鉴于这个题目所包含的内容远远超出了一篇文章的限度，而且数字人文也远远超出了文学和文化研究学科的范围，本文集中讨论与数字人文在北美的兴起关系较为密切的美国弗吉尼亚大学英文系，所涉及的领域也是在笔者较为熟悉的文学和文化研究方面。[1]

关键词：数字人文；印刷文化；学科体制；近代文学；英文系

* **作者简介：**姜文涛，美国纽约州立大学石溪校区哲学博士，清华大学中文系博士后，北京大学人文社会科学研究院邀访学者。研究方向为英国长18世纪情感研究与印刷文化、比较文学、文艺理论和数字人文。

1 这样做的局限性是明显的。许多数字人文研究者宣称数字人文研究方法的出现会直接地取代传统的人文和文化研究方法，会很快改变以往的知识生产学科体制。与这些乐观主义派不同，笔者对于数字人文抱着审慎的乐观的态度，从总体意义上认为数字人文并不能改变一切，它的发生发展必然会在当前的学科体制的范围之下，与西方18世纪以来形成的人文学科研究传统形成错综复杂的关系。我们需要知往鉴今，从文学文化研究的学科历史中寻找一定的学科发展规律，从而更清楚地认识目前正在发生的人文学研究方向和知识生产方式的改变。

一、印刷文化与数字媒体时代的遭遇：阅读与知识生产转型

在2017年4月出版的《在蜂群中——数字前景》(*In the Swarm: Digital Prospects*)英文版首页，韩裔德籍理论家韩秉珠(Byung-Chul Han)写道："在观察到电子媒体飞速的崛起之后，马歇尔·麦克卢汉于1964年写道：'电子技术已经破门而入，进入到我们的生活结构之中，而我们对其与古登堡以来印刷技术的遭遇却是麻木的、眼睛看不见的、耳朵听不到的，也不去讨论。'今天在跟数字媒体的关系方面，我们几乎依然如此。这个新的媒介正在重新编程(reprogramming)我们，而我们却不能理解正在发生的范式大转变。正是这个媒介在我们意识还朦胧的时候，在改变我们行为、感知、感觉、思考以及群体生活的方式。我们为之迷狂，却不能全面估量我们如此疯癫的原因。目前我们面临的危机是因为我们对这种媒体还没有清醒的认识，我们还处于昏迷的状态之中。"[1]这位长期在德语学术思想世界活跃、近几年在英美学术界迅速崛起的明星理论家的话也许有些危言耸听，现在毕竟距离麦克卢汉预言性断言的时刻半个世纪了，我们对于电子媒体也并非一无所知了。然而从另外一方面讲，麦克卢汉所提到的数字媒体与印刷媒体的遭遇对当前媒体社会环境下文学研究模式的转型来说，确实依然是一个很有意义的问题。历史上的印刷媒体是促成近代意义上文学兴起的很重要的物质技术因素。就本文所关心的英国文学而言，古登堡的印刷技术虽然在15世纪即由威廉·卡可斯顿(William Caxton)从欧洲大陆携带到英格兰，印刷文化是到了18世纪才逐步影响到社会日常生活，并从而促进小说、诗歌、散文等多种写作文体的近代化发生发展，包括18世纪晚期19世纪早期英国浪漫主义运动的全面展开。[2]当然，20世纪数字媒体文化时代的来临并不必然会全面代替印

1 Byung-Chul Han, *In the Swarm: Digital Prospects*, trans. Erik Butler, Cambridge, MA: The MIT Press, 2017, Kindle Edition, Kindle Locations 58–64.

2 关于英国18世纪印刷文化与近代文学兴起之间关系方面的研究很多，(转下页)

刷文化时代，包括其所塑造的社会形态、意义形式和生活空间。印刷文化与数字媒体文化之间的关系并非简单的线性历史发展，毋宁说数字媒体的到来“重新媒介化（remediate）”了印刷文化所塑造的社会形态，从而形成一种非常复杂的局面。[1]

文学从物质形态上来说，必然与书写及其传播和社会化等相关。关于作为知识传递方式的书写与口语以及彼此所代表的社会形态的关系，柏拉图在其作为西方最早期的文本之一《斐多篇》中，认为书写是人类记忆的帮助，但同时也会导致人类记忆的萎缩。在柏拉图看来，书写是一种新的技术，会带来对已有社会秩序的挑战，“书写戏仿了在场；它是非人性的，缺乏内在性，破坏了本真性的对话，是非个人化的，不承认对话双方的个体性；并且，书写内容在流传时是混乱的、超出了所能管理范围的。”[2]也就是说，在柏拉图使用书写技术记录下来的苏格拉底对话中，两名对话者充满对哲学和知识的爱，互相之间充满情感，彼此注意聆听，关注的是灵魂的事情。而一旦诉诸书写，对话对象是谁则变得无关紧要，交流的过程也无所谓情感的投入了。对古人如柏拉图来说，如果仅仅注意到知识流传的物质形式，那就没有注意到真知识本身也是一件思考的实践，就忽略了知识之中人性的层面。如果仅注意到知识的物质形式，会使得知识流传的物质技术成为知识的主体，而这个主体本该是人类的灵魂才对，自此之后，这一直是传统人文主义者反对

（接上页）最为基础性的文献可以参考比如James Raven “Publishing and Bookselling 1660–1780,” in John Richetti (ed.), *The Cambridge History of English Literature 1660–1780*, Cambridge: Cambridge University Press, 2008, pp.11–36，以及Paul Keen (ed.), *Revolution in Romantic Literature: An Anthology of Print Culture, 1780–1832*, Peterborough: Broadview Press, 2004，还有Paul Keen, Ina Ferris (eds.), *Bookish Histories: Books, Literature, and Commercial Modernity, 1700–1900*, London: Palgrave Macmillan, 2009。事实上，这是近来的研究热点，更多内容及其与电子媒体时代及数字人文研究的关系，参见本文之后的内容。

1 关于“再度媒介化（remediation）”这个概念的详细展开，参见Jay David Bolter and Richard Grusin, *Remediation: Understanding New Media*, Cambridge: MIT Press, 2000。

2 John Durham Peters, *Speaking into the Air: A History of the Idea of Communication*, Chicago: University of Chicago Press, 1999, p.47. Quoted from Chad Wellmon, *Organizing Enlightenment: Information Overload and the Invention of the Modern Research University*, Baltimore, Maryland: The Johns Hopkins University Press, 2015, p.23.

知识生产和传播中技术和媒介力量的原因。[1]

在柏拉图之后的西方人文传统中，与本文正题相关的另外一个断面是17世纪早期近代的历史时刻。这来自麦克卢汉的学生瓦尔特·翁（Walter J. Ong）发表于1956年的一篇研究文章《系统，空间，与文艺复兴象征主义中的智性》（"System, Space, and Intellect in Renaissance Symbolism"）中的观察。[2]瓦尔特·翁注意到西方在早期近代的历史阶段，发生了"从古代到近代想象知识方式最大的转换"。他论证说，知识从"话语及听觉及个人"置换为"观察和视觉和物事"。这从而开启了思想方式转向"视觉，而非听觉的类比"，知识发展的模式是从个体对事情的观察活动那里获得结论，而不再是聆听教师的教导和参加什么对话。根据翁的考察，与这种"知识论的视觉方法（epistemological visualism）"同时发生的，还有两件事情：一是"从亚里士多德空间观到哥白尼空间观的转换"，一是"活版印刷的使用"（Ong 232，228）。就跟本文相关的印刷文化而言，翁认为它通过将语词推到印刷纸页的空间上，使得语词的声音沉寂下来。这样，作为印刷产品的书籍纸页成为意义和知识的载具，书籍的名称方式也由先前向读者致辞的形式，转换为"标签，就像是盒子上的标签一样"（Ong 228–229）。这种知识流传方式的变化必然也会影响到知识本身的性质。如果书本可以"容载（contain）"知识，那人的大脑呢？"人的头脑可以'容载'知识，尤其考虑到人文与科学知识一个一个的区隔，它们也可以彼此'容载'，它们都'容载'语词。话语容载句子，句子容载短语，短语容载字词，而最后字词容载观念。"（Ong 229）[3]知识发展的模式更多地与视觉阅读活动相关，而非之前的聆听对话。

瓦尔特·翁在其成名作《拉米斯：方法与对话体的衰落》（*Ramus: Method and the Decay of Dialogue*）中说，早期近代的欧洲，书籍不再仅

1 关于这个观察，参见Chad Wellmon, *Organizing Enlightenment*, p.24。

2 Walter J. Ong, "System, Space, and Intellect in Renaissance Symbolism," in *Bibliothèque d'Humanisme et Renaissance*, Vol. 18, No. 2, 1956, pp. 222–239.

3 关于Ong的这些观点，引自Clifford Siskin, *System: The Shaping of Modern Knowledge*, Cambridge: The MIT Press, 2017, pp.27–29。

仅指向或重述事实，而是可能“像盒子一样封闭事实”。[1]学者查德·威尔蒙（Chad Wellmon）也观察到：

> 随着人文主义和现代学术批评事件的兴起，文本开始被视为意义需要被固定和被探索的物质对象，甚至被视为完全脱离了神圣的（或人类的）意图。学者们开始关注如何确定作者的意图和意思，以及如何确定文本的可靠性……追随彼特拉克的人文主义者将西塞罗的著作和其他古代经典看作“被阴影笼罩的窗户，需要恰当的处理才能重新变得透明，才能让它们的写作者显现出来”。[2]

人文主义的兴起、语文学校勘技术的提高，这使得“对古代手稿、注释和评论进行细心研究”成为可能，从而能更好地理解古代世界，“而这样的理解又能帮助读者与古代的道德典范相遇”。而从另外一方面来讲，“这样的研究同时也会削弱古代文本的权威性”。某种意义上来说，这就是“印刷传播文化造成的去稳定化效果”。[3]随着印刷技术的普及，文本的生产逐步进入工业化的状态之中，语文校勘学技术的提高使得古典语文学者们开始为古代文本的权威性焦虑。另一方面，近代文学即是在这样的情形之下产生出来的。查德·威尔蒙教授所描述的德国情形颇能代表其时整个西欧社会：

> 1803年，德国浪漫主义者、最早的纯粹意义上的文学学者之一威

1 Walter J. Ong, *Ramus: Method and the Decay of Dialogue*, Cambridge: Harvard University Press, 1983, p.313. Cf. Chad Wellmon, “Sacred Reading: From Augustine to the Digital Humanists,” in *The Hedgehog Review*, Vol. 17, No. 3, Fall 2015.

2 Chad Wellmon, “Sacred Reading: From Augustine to the Digital Humanists,” in *The Hedgehog Review*, Vol. 17, No. 3, Fall 2015.其中文译文信息为：查德·魏尔蒙，《神圣阅读：从奥古斯丁到数字人文者》，曾毅（译），《山东社会科学》2017年第9期，第38–45页。参见 Anthony Grafton, *Defenders of the Text: The Traditions of Scholarship in an Age of Science, 1450–1800*, Cambridge: Harvard University Press, 1991, p.8; Grafton, “The Humanist as Reader,” in Guglielmo Cavallo and Roger Chartier (eds.), *A History of Reading in the West*, Amherst: The University of Massachusetts Press, 1999, pp.179–212。

3 参见 Wellmon, “Sacred Reading”。

> 廉·施勒格尔（Wilhelm Schlegel）就曾哀叹德国阅读和写作的可悲状况，并提到了被他称为“纯文学”的范畴。由于能轻易得到印刷的文本，德国读者们在阅读时“不再专注，却轻率地分散注意力”。为了改善这样的状况，施勒格尔将文学区别为一种独特的写作，一种从过量的印刷文本中过滤出来、拣选出来的写作。在他看来，文学不仅仅是“粗糙的书本堆积”，而是对某种Geist（精神）的显明表达，对某种共同生活状态的表达。正是这种共同的精神赋予文学整体性，使之成为“作为一个系统而完备自足的作品集合”。[1]

当然，这是个远为复杂的历史过程。[2]但是，我们从瓦尔特·翁及麦克卢汉的历史及理论分析中，能够看出来自早期近代开始，印刷文化成为知识生产和意义创造一个很重要的“容载”，而近代文学的产生及其带来的一系列社会性质的变化都是这个历史过程的一部分。这包括近代的美学和感受形式、个体性、公共空间、民主政治生活方式等方面。[3]我们可以很有理由地相信，麦克卢汉对于数字媒体与古登堡以来印刷技术遭遇的学术兴趣，是他对于媒体与社会、美学、技术之间关系的迷恋。对他来讲，媒体是与人类感官、物理世界、社会生活领域互动的技术。[4]而正是从这个意义上，我们也许可以说，当代发生的数字技术媒体环境的变化，必然会影响到印刷时代产生的近代文学及其研究模式，也必

1 参见 Wellmon, “Sacred Reading.”。

2 参见Clifford Siskin, *System: The Shaping of Modern Knowledge*, Chapter one “Past and Present—from the ‘System of the World’ to a World Full of Systems,” pp.15–77。有关英国文学的情形，可以参见Clifford Siskin, *The Work of Writing: Literature and Social Change in Britain 1700–1830*, Baltimore, Maryland: The Johns Hopkins University Press, 1999。

3 有关这一转型最为经典的论述是德国哲学家哈贝马斯发表于1962年的《公共空间的结构转型》，其英文版1989年出版，中文版本见曹卫东翻译、学林出版社1999年版。

4 也是因此，他常常被简单地批评为一个“技术决定论者”，而实际情况远为复杂。关于麦克卢汉对当代媒体和技术研究可能带来的灵感，参见“Introduction,” in W.J.T.Mitchell and Mark B.N.Hansen(eds.), *Critical Terms for Media Studies*, Chicago: The University of Chicago Press, 2010。

然会影响到由印刷时代以来形成的知识生产机制以及知识的性质本身。[1]

其中一个有趣的例子就是阅读行为，它在当前数字媒体时代不同于印刷文化时期，模式更为广泛，涉及更多种媒介，所参与的感觉也更为密集。正如挪威国家阅读研究中心（National Center for Reading Research in Norway）的安妮·曼桢（Anne Mangen）所言："我们也许应该将阅读重新定义为一种对于固定或者动态显示的多个感官的互动参与，是通过具体的感觉运动、人体环境和自解释性（affordances）所实现的，涉及不同的感官认知过程。"[2]具体到文学研究，著名理论家N. 凯瑟琳·海勒（N. Katherine Hayles）写道：

> 文学研究教授一系列媒体形式中的阅读素养，包括印刷和数字媒体，通过文本细读、超阅读[hyper reading，指与电脑相关的阅读活动]和机器阅读实践，集中在模式、意义和语境的阐释和分析上。阅读总是由复杂而多样的时间活动构成的。在由字词、图片、声音、动漫、图像和字母构成的21世纪阅读素养环境中，我们需要重新思考何为阅读，以及它是如何操作的。[3]

自然，即使是印刷文化时代的阅读活动也并非我们常常想当然认为的那样自然，比如我们现在习以为常的"默读"这件事情，当它首次在18世纪的英国发生的时候，其实对当时的人们来说就不是一件普通的事情。[4]

1 关于印刷文化与近代研究型大学兴起在德国的历史，参见Chad Wellmon *Organizing Enlightenment*一书。

2 Anne Mangen, "The Role of the Hardware," in Mieke Gerritzen, et al. (eds.), *I Read Where I Am*, Amsterdam: Valiz, 2011, p.106。引自纽约大学Mara Mills "What Should We Call Reading" 一文。

3 N. Katherine Hayles, *How We Think: Digital Media and Contemporary Technogenesis*, Chicago: The University of Chicago Press, 2012, pp.78–79. 引自Mara Mills, "What Should We Call Reading?"。

4 在这一方面较为经典的研究，参见William St Clair, *The Reading Nation in the Romantic Period*, The Cambridge University Press, 2007; 关于阅读之中性别角色的讨论，参见Paula McDowell, "Why Fanny Can't Read: Joseph Andrews and the (Ir)relevance of Literacy," in Paula R. Backscheider, Catherine Ingrassia (eds.), *The Blackwell Companion to the Eighteenth Century English Novel*, Oxford: Blackwell, 2005。

实际上，不仅仅是阅读的形式发生了变化，阅读的内容也发生了变化，欧美学术界1980年代发生的有关文学经典问题的讨论其实是这个问题的一个反映。由于受1960年代以来平权运动身份政治的影响，以前公众所共同承认的经典受到了质疑。由于其作者常常是“死去的盎格鲁-撒克逊白人男性”，这些经典被认为是充满了文化殖民话语权的。出于“多元性”（diversity）和“混杂性”（hybridity）的文化政治诉求，许多女性、后殖民、少数族裔、非主流性活动者的文学作品进入大学课堂，以便实现所谓的文化多元性和身份政治平等。这股潮流在北美人文学科内部引发了许多的讨论。比如，纽约大学英文系从事英国早期近代文学文化研究的名教授约翰·盖尔利（John Guillory）认为：“对于文学经典问题最好的理解，是将其作为文化资本形成和分配的问题来看待。更为具体地说，就是一个是否拥有文学生产和消费方式的权利问题。”[1]他在另一处也指出文学经典形成的问题更多是关于“文学素养的支配和一直在进行的文学课程设置的现代化”，而非有些人认为的“文学作者的社会身份问题”。[2]这个问题较为复杂，也涉及美国社会的身份政治问题以及美国人文学术界内部作为一种研究方法的文化研究的兴起，这会在后文中再次讨论到。就目前而言，对盖尔利教授来说，我们需要认识到的，是文学作为一个范畴的不稳定性。尤其当文学研究的对象会涉及非文字的人类艺术品的时候，文学研究与文学之间的必然联系会发生变化。作为书写的文学概念主要被确定为欧洲通俗写作（vernacular writing），而这必然与民族问题密切相关，这是一个历史的过程。[3]如果我们考虑到媒介所涉及的政治、技术和美学方面的社会变化，那么并不难推断说数字媒体环境的到来必然会引起由印刷文化时代文学及文学研究模式的改变，以及更为宽泛意义上的近代以来所形成的各种学科体制和知识生产方式的改变。这也许就是为什么这位英国早期近代文学研究的名学者决定将其发表于美国现代语文协会（The

1 John Guillory, *Cultural Capital: The Problem of Literary Canon Formation*, Chicago: The University of Chicago Press, 1995, p. ix. 引自斯坦福大学文学实验室出版的*LiteraryLabPamphlet* 11。

2 John Guillory, “The Period of Literature,” in *PMLA,* Vol. 115, No. 7, Special Millennium Issue, Dec., 2000, p.1972.

3 Ibid., 1973.

Modern Language Association）会刊千禧年特期上的短文命名为《文学的时代》，这个命名不无伤感地蕴含着一个时代的终结之意。

过去十几年以来，“数字人文”将阐释学和计算机科学结合在一起，风靡美国各个大学，许多与之有关的新的学术项目建立起来。这股学术研究潮流的支持者认为，这种方法强调开放性和团队协作性，比传统的人文研究更注重当前社会发展趋势。严肃的人文学者应注重建设性的思考和实践，熟练数据的管理和人文研究的可视化，文学研究和新技术之间可以互相促进。在它的反对者看来，数字人文是文学研究中的一项保守势力，不注重阐释，不鼓励知识上的怀疑，只注重管理和以实验室（lab）为主的实践。较有代表性的批评意见来自一篇刊登于2016年5月1日《洛杉矶书评》的题为《新自由主义工具（及档案）：数字人文的政治史》[“Neoliberal Tools (and Archives): A Political History of Digital Humanities”]的文章。它的作者们甚至认为，“数字人文”并不是它所号称的使用数字或量化方法来回答人文领域中的研究问题，它将技术方面的知识重新定义为一种人文知识，并认为这种知识会高于其他形式的知识，推行以计划和lab为中心的学习和研究，以取代阅读和写作。[1]美国威斯康星大学密尔沃基（Milwaukee）分校“21世纪研究中心”的理论家理查德·格鲁辛（Richard Grusin）教授甚至认为，数字人文的出现和迅猛发展使得传统人文学科中的种族、阶级和性别等政治和社会问题研究让位于代码、界面设计和脚本语言，这是新自由主义理念在大学校园中的实现，会激化美国高等教育中已经存在的人文学科的危机。[2]文学批评家、任教于哥伦比亚大学美国研究中心的亚当·基尔施（Adam Kirsch）在一篇发表于《新共和》的题为《技术正在占领英语系：数字人文的虚假允诺》的文章中，也认为数字人文的问题就在于它是与“人文研究的本质”背道而驰的：

1 Daniel Allington, Sarah Brouillette, David Golumbia, “Neoliberal Tools (and Archives): A Political History of Digital Humanities”.

2 Richard Grusin, “The Dark Side of Digital Humanities: Dispatches from Two Recent MLA Conventions,” in *Differences: A Journal of Feminist Cultural Studies*, Vol. 25, No. 1, p.81.

人文研究思考方式并不是起自产生结果的实验；它是一项思考的经历，起因于与艺术品或者社会历史的遭遇，会扩展一个人理解力和同情力的范围……这能解释为什么人文性质的学术富于创造性，比起化学和物理来说更像是诗歌和小说：它并不仅仅有赖于一定量的知识，虽然知识为必不可少，更多有赖于学者的想象力和现实感。[1]

这些批评，尤其是基尔施的观点，具有一定程度的代表性。

二、数字人文，及其组织机构和简单起源：人文计算，校勘学

“数字人文”范围之广、变化之快、涉及内容之多，是难以简单地界定的。斯坦福大学英语系弗兰克·莫雷蒂教授（Franco Moretti）针对文学研究中居于统治地位数十年的“细读（close reading）”方法，在2000年提出了一个叫作“远读（distant reading）”的方法，[2]这被认为是“数字人文”文学研究在新世纪发生发展的一个转折点，莫雷蒂也由此而常常被认为是数字人文的代表人物。然而，他在《洛杉矶书评》（*LARB*）“数字人文”栏目的访谈中甚至认为，这个名字本身也许已经概括不了目前的实际情势了，“‘数字人文’这个短语没有任何内涵”。[3]事实确乎如

1 Adam Kirsch, “Technology Is Taking over English Departments: The False Promise of the Digital Humanities,” in *New Republic*, 2 May 2014. 引自Chad Wellmon, “Loyal Workers and Distinguished Scholars: Big Humanities and the Ethics of Knowledge,” in *Modern Intellectual History*, published online, June 2017 pp.1–40, p.3。

2 Franco Moretti, “Conjectures on World Literature,” in *New Left Review*, January-February 2000. 有学者认为，关于“远读”的文本阅读实践实际上远远早于莫雷蒂提出这个概念的时候，其实可以追溯到20世纪中期，包括文化研究学者雷蒙德·威廉斯（Raymond Williams）的文学文化的长时段历史研究。参见Ted Underwood, “A Genealogy of Distant Reading,” in *Digital Humanities Quarterly*, Vol. 11, Nov. 2, 2017。

3 这个栏目的主持者是美国圣母大学（University of Notre Dame）的博士后研究者Melissa Dinsman。

此。马里兰大学英文系的马修·克申鲍姆(Matthew Kirschenbaum)教授在他发表于2010年的《什么是数字人文,及其在英文系的任务》一文中认为,"什么是数字人文"这个题目本身已经成了一种写作文类,评论者们针对该问题有很不同的看法,甚至是同一作者在不同的时间也会有不同的观点。[1]数字人文的起源问题也很复杂。有些学者认为它的前身是"人文学计算应用(Humanities Computing)"。[2]南京大学历史系的学者王涛就追溯到伦敦大学国王学院1991年成立的"人文学科的电脑应用中心"(Center for Computing in the Humanities)。[3]

如果说"数字人文"这个术语及其学术组织机构等的诞生是最近二十年左右的事情,那么,人文研究中对于计算机的使用,则要久远得多。比如:许多谈"数字人文"历史的学者都会提到耶稣会士罗伯特·布萨(Roberto Busa)神父。他从1949年开始,在IBM公司的帮助之下,为西方中世纪神学家托马斯·阿奎纳的著作编制索引。这件事情持续了三十多年。1980年代,计算的方法开始成为词典编纂工作中必不可少的工具,这对柯林斯(Collins)公司的词典产品及牛津英语词典第二版20卷本的编纂都发挥了很大作用。[4]自此之后,这种人文学计算(Humanities Computing)的方法由图书馆及其他附属人员来做,主要是来帮助学校的教授们使用计算机。这些工作人员并非学校的研究人员,这也使得这种人文计算的工作,与正式的教学和研究工作相比,感觉上更像是二等的工作。[5]这种情况会在20世纪末得到某种程度的改变,也许可以以2005年"数字人文研

1 Matthew Kirschenbaum, "What Is Digital Humanities and What's It Doing in English Departments," in *ADE Bulletin*, No. 150, 2010, p.1.

2 Susan Hockey, "The History of Humanities Computing," in Schreibman, et al. (eds.), *A Companion to Digital Literary Studies*, Oxford: Blackwell, 2008.

3 参见王涛:《机遇与挑战:数字史学与历史研究》《全球史评论》2015年第1期,第184—360页,第185页。

4 参见戴安德、姜文涛:《数字人文作为一种方法:西方研究现状及展望》,载于《山东社会科学》(2016年第11期),第26—33页。

5 参见Daniel Allington, Sarah Brouillette, David Golumbia, "Neoliberal Tools (and Archives): A Political History of Digital Humanities."。

究组织联盟”(Alliance of Digital Humanities Organizations)的成立为标识。[1]

在这个脉络下，弗吉尼亚大学英文系教授兼大学图书馆主任约翰·安斯沃斯(John Unsworth)被认为是数字人文研究的初始者之一。安斯沃斯从名字起源的角度回忆说：

> 这个术语[“数字人文”(digital humanities)]真正起源于和安德鲁·麦克内利(Andrew McNeillie)的谈话中，他是最初为布莱克韦尔(Blackwell)出版社出版《数字人文指南》(*Companion to Digital Humanities*)的征稿编辑。我们从2001年4月份开始跟他讲这本书，到11月底我们已经列好了这本书的写稿人，当时正在讨论书的名称，以便跟出版社定下出版合同。雷蒙德·西门斯(Raymond Siemens)想用《人文学计算指南》(*A Companion to Humanities Computing*)作为书名，因为这正是当时普遍使用的术语；布莱克韦尔出版社的编辑人员和销售人员想使用《数字化的人文研究指南》(*Companion to Digitized Humanities*)作为书名。我建议使用《数字人文指南》，这样就使得重点不再是简单的数字化。[2]

数字人文在组织机构、刊物、出版物发行方面，大致有如下的情况。成立于2005年的“数字人文研究组织联盟”每年组织一次“数字人文”的国际会议，组织机构下面包括比如欧洲、澳大利亚、加拿大、日本等地区的数字人文协会；学术界有名的布莱克韦尔出版社曾出版《数字人文指南》；麦克米伦出版公司曾出版《认识数字人文》；美国明尼苏达大学出版社曾出版《数字人文争论集》；伊利诺伊大学出版社在出版一个苏珊·施雷伯曼(Susan Schreibman)和雷蒙德·西门斯(Raymond Siemens)主持的“数字人文专题(Topics in the Digital Humanities)”

1 参见王涛：《机遇与挑战：数字史学与历史研究》，第185页。

2 Quoted from Matthew Kirschenbaum, “What Is Digital Humanities and What's It Doing in English Departments?”, in *ADE Bulletin*, No. 150, 2010, p.3.

的书系。[1]正在刊出的数字人文期刊包括《数字人文季刊》(*Digital Humanities Quarterly*)、创刊于2011年的《数字人文杂志》(*Journal of Digital Humanities*)、加拿大数字人文学会赞助的《数字研究/数字空间》(*Digital Studies/Le champ numérique*),以及2016年创刊的以加拿大麦吉尔大学德国和欧洲文学教授安德鲁·派博(Andrew Piper)为主编的《文化分析学刊》(*The Journal of Cultural Analytics*)。加拿大维多利亚大学每年主办"数字人文暑期研讨班"以训练新的学者。需要说明的是,这里只是一个简单的介绍,且仅限于北美地区和英文世界。[2]考虑到"数字人文"研究方法的性质及其迅猛发展的现状,可以预料实际运行的出版、学术组织和活动远远超出这些,也一定远远超出英语世界国家。[3]

本文讨论的重点是文学和文化研究学科的历史性生成及其与印刷文化和数字媒体的关系,与这个主题更为相关的是数字人文研究兴起的另外一个背景。这就是文学文化和历史研究中的"校勘学"(textual studies)。[4]"校勘学"也是较为宽泛的一种说法,可以指研究文本物质史的"书籍史"研究,比如书籍的流传、阅读及产生的社会影响和个人审美意义;也可以指"文本评论"或者传统意义上的"版本目录校勘学",即文本的整理、校订和出版。从学术传统上来讲,校勘学属于语文学(philology)的一部分。任教于弗吉尼亚大学的查德·威尔蒙教授的研究认为"人文主义者关于阅读和书籍的怀疑与假设在18世纪晚期的德国古典语文学中达到了某种意义上的顶峰"。[5]这与当时文本可以在技术上较为容易地印刷生产关系密切。印刷和流传的文本增多了,就

1 Susan Schreibman, Ray Siemens and John Unsworth (eds.), *Companion to Digital Humanities*, Oxford: Wiley-Blackwell, 2005, 2008; David M. Berry (ed.), *Understanding Digital Humanities*, London: Palgrave Macmillan, 2012; Matthew K. Gold (ed.), *Debates in the Digital Humanities*, Minneapolis: The University of Minnesota Press, 2012.

2 参见Matthew G. Kirschenbaum, "What Is Digital Humanities and What's It Doing in English Departments?"。

3 比如台湾大学项洁教授领导的团队研究成果及其主编的一系列数字人文集刊。

4 参见Daniel Allington, Sarah Brouillette, David Golumbia, "Neoliberal Tools (and Archives): A Political History of Digital Humanities."。

5 Chad Wellmon, "Sacred Reading."

产生了“辨章学术，考竟源流”的必要性。事实上，威尔蒙教授在另外一篇文章中谈到如今数字时代数据信息之多会产生新的研究方法以及知识论意义上的改变，这与德国19世纪晚期历史学家、当时任普鲁士科学院秘书（secretary of the Prussian Academy of Sciences）西奥多·蒙森（Theodor Mommsen）所施行的“大人文（big humanities）”有许多相似之处。“大人文”主要涉及组织上百名学者对古希腊拉丁铭文等的收集、整理和校订。蒙森的同时代人称这样大规模的、类似于工厂形式的学术活动为“工业化”的学术模式。这种模式促成了现代化学者形象的产生，也产生了现代的知识伦理。在这种普鲁士国家及科学院资金资助的大型校勘学学术项目中，个体学者的重要性减弱了，他并不再能把握具体的历史事实与知识总体之间的关系；这样的学术项目需要参与的学者有意识地限制自己的知识和情感欲望，学者需要规范自我的主观意志，投入到历史纪实材料的收集整理之中，学者不再是牧师一样的意义的掌握者和解释者，而更多是单调乏味的机械性收集整理工作；这类学术项目的规模越大，个体参与学者的辛勤和才智也会更不重要，就越需要学术机构的稳定性，这样才能保障项目的最后完成；它所培养的学术品质和技能更多与组织管理相关，项目组织者替换了阐释和批判的大师。[1]

校勘目录学和数字人文学术研究之间的确存在着某种相似性。其中的新目录学（New Bibliography）中，文本的本初意思被认为与文本作者的意思是一致的。在这方面不能不提到任教于弗吉尼亚大学英文系的研究英国浪漫主义文学的杰罗米·麦根（Jerome McGann）教授。麦根教授是英国浪漫主义文学研究一流的学者，他认为文学研究要吸收目录校勘学有关作者意图观念的讨论，也认为目录校勘学研究同时也需要吸收文学理论方面成熟的研究。他提出不仅仅文本的意义是不确定的，就连

1 Chad Wellmon, “Loyal Workers and Distinguished Scholars: Big Humanities and the Ethics of Knowledge,” pp.19–23. 有关这种从学术史的角度来寻找数字人文前史的研究路径，也参见Benjamin Morgan, “Critical Empathy: Vernon Lee’s Aesthetics and the Origins of Close Reading,” in *Victorian Studies*, Vol. 55, No. 1, Autumn 2012, pp.31–56; Yohei Igarashi, “Statistical Analysis at the Birth of Close Reading,” in *New Literary History*, Vol. 46, No. 3, Summer 2015, pp.485–504。

文本本身的物质性存在也是不确定的，从而将这些研究往前推进了一步。1990年，麦根教授开始建立一个有关英国19世纪诗人和画家但丁·加布里埃尔·罗塞蒂（Dante Gabriel Rossetti）的网上数据库，将罗塞蒂所有的手稿、素描、绘画等整理出来，并放置在互联网络上。

为了解决罗塞蒂学术计划中的许多技术问题，本来是属于辅助性工作的"数字人文"在弗吉尼亚大学学院内部的地位得到了提升，逐步脱离之前人文学计算这样的二等工作属性。[1]弗吉尼亚大学分别于1999年和2002年举办了"人文学计算是大学学科吗？"（"Is Humanities Computing an Academic Discipline?"）和"数字人文课程研讨班"（"Digital Humanities Curriculum Seminar"）两个重要的学术研讨会，正式地将人文计算塑造为"数字人文"，并将目录校勘等有关文本的学术工作定义为它主要的内容。这些研讨会主要由三位学者组织，包括英文系的麦根教授、人文计算的先驱性人物约翰·安斯沃斯（John Unsworth）及加州大学洛杉矶分校信息研究系的约翰娜·德鲁克（Johanna Drucker）教授。参加这些研讨会的人员中，有许多后来成为数字人文研究方法最重要的代表人物，比如史蒂文·拉姆塞（Steven Ramsay）、马修·克申鲍姆（Matthew Kirschenbaum）、本特尼·诺维斯基（Benthany Nowviskie）。这些研讨会认同了科学和技术中历史、社会和理论方法的重要性，同时确认技术和管理方面的才能也属于人文知识的范畴，这改变了传统意义上人文知识的定义。[2]事实上，在西欧的近代史上，文化管理人员自19世纪下半期开始，就已经是知识生产者的一部分了。[3]一个半世纪之后，在21世纪的转折期，在数字媒体深入日常社会生活及成为研究型大学学术研究必要的一部分的历史时刻，弗吉尼亚大学的这些学术会议及其所推动的人文知识生产的方向性转型，如今看起来具有历史性的意义。

1 参见Daniel Allington, Sarah Brouillette, David Golumbia, "Neoliberal Tools (and Archives): A Political History of Digital Humanities."。

2 同上。

3 参见Jon Klancher, *Transfiguring the Arts and Sciences: Knowledge and Cultural Institutions in the Romantic Age*, Cambridge: Cambridge University Press, 2016。

就人文学科生产内部以及广义上的社会文化政治而言，“数字人文”研究的背景也与弗吉尼亚大学英文系的传统密切相关。这要追溯到民权运动兴起的20世纪60年代了。在弗吉尼亚大学英语系任教的保罗·康托尔（Paul Cantor）教授谈道，理论批评在美国各个大学英语系60年代的教学和研究中很流行，当时“新批评”（New Criticism）学派的“作者意图谬误”（Intentional Fallacy）观念早已深入人心。这是“新批评”阵营的健将威廉姆·维姆萨特（William K. Wimsatt）和门罗·比尔兹利（Monroe Beardsley）在1946年提出的。他们认为在阐释文学作品的时候，作者本来的意图不相关，文学文本才是重要的，文本之外的一切（包括作者意图）都只会对阐释活动造成干扰。[1]作者对于所创造的文本意义没有唯一的解释权，每个人都可以根据自己的理解参与文本意义的创造。这与当时民权运动中所普遍主张的平等、颠覆权威等社会文化主张不谋而合。而正是在这样的文化和政治语境中，弗吉尼亚大学居然邀请了著名的阐释学家E.D.赫施（E.D.Hirsch）教授来校任教。赫施教授坚持传统的阐释学研究路向，坚持强调作者原意的权威，与当时流行的新批评观念和理论文本批评格格不入。对作者本意的强调有意批评当时文本阐释的随意性和相对性，抵制文学和现当代社会问题的关联性研究，与20世纪60年代以来流行的文学和文化研究的政治化方向是相反的，是一种政治上保守的研究方法。赫施教授1987年出版了《文化素养：每个美国人都需要了解》（*Cultural Literacy: What Every American Needs to Know*）一书，在美国社会上影响很大，针对流行的多元文化论，坚持认为存在一个每个美国人都需要阅读的“经典文本”。这是对60年代以来流行的女性主义文学、后殖民文学、文化研究等方法的一次系统性反驳。可以毫不夸张地说，赫施教授及其所主张的传统阐释学使得弗吉尼亚大学英文系成为抵抗抽象的法国文学理论的重镇。[2]这些与下文所要谈到的文化研究之后数字人文的兴起不无关系，其中弗吉尼亚大学英文系所培养的、之后

1 参见W. K. Wimsatt Jr., and Monroe C. Beardsley, *The Verbal Icon: Studies in the Meaning of Poetry*, Lexington: The University of Kentucky Press, 1954。

2 参见Daniel Allington, Sarah Brouillette, David Golumbia, “Neoliberal Tools (and Archives): A Political History of Digital Humanities.”。

在美国大学重要英文系任教的博士学生在其中发挥了相当有意义的作用。

三、数字人文与文化研究的关系

美国人文学科研究中有关种族、阶级和性别等身份政治的文学文化研究，无论在方法论上还是研究对象上，都与1960年代兴起的英国伯明翰文化研究学派关系密切。以雷蒙德·威廉斯（Raymond Williams）、E.P.汤普森（E.P. Thompson）、理查德·霍加特（Richard Hoggart）、斯特亚特·霍尔（Stuart Hall）为代表的英国伯明翰文化研究学派初步产生于60年代，与英国新左派的形成有着密切的关系，而新左派的目的“是在英国重新确立社会主义的理论与实践，创造一种民主社会主义的政治”。[1]伯明翰文化研究学派作为一种有着政治理念的学术潮流，注重研究当代文化、大众文化、边缘文化和亚文化，提倡跨学科的研究方法，对于精英文化和主流文化提倡反思和批判的态度。[2] 20世纪八九十年代文化研究之风吹遍美国大学校园，许多大学还纷纷建立了文化研究的学术项目，与美国的多元文化主义（multiculturalism）和后现代主义（postmodernism）讨论汇合在一起，造成文化研究中对于身份政治的过度强调，而忽视了伯明翰学派之中原有的马克思主义脉络及其从阶级的概念入手对资本主义的批判性。正如青年学者谢俊所观察到的：“实际上客观地讲，伯明翰学派的亚文化研究在美国是以‘身份政治’的方式获得接受的，美国的文化氛围整体上不可能接受马克思主义，但是它固有的多元文化主义为少数族裔、边缘社群争取身份认同留下了空间。”[3]针对这种英国文化研究转移到美国以后被体制收编的情形，伯明翰学派的斯图亚特·霍尔是有清醒的认识的，他认为美国的文化

1 罗钢、刘象愚：《前言：文化研究的历史、理论与方法》，《文化研究读本》，罗钢、刘象愚主编，北京：中国社会科学出版社，2003年，第2页。

2 同上，第1页。

3 谢俊：《大众文化读解如何可能——从英美文化研究困境看批判介入的可能性》，《文艺理论与批评》2016年第1期，第45页。

研究“快速职业化和体制化”，甚至沦为一种口技一样的语言技能展示，从而有失去对社会现实批判能力的危险。[1]美国的马克思主义学者弗雷德里克·詹姆逊（Fredric Jameson）也对此表示了充分的忧虑和理论的反思。[2]

赫施所坚持的较为传统的校勘学路径和文学文化研究方向是从文化政治的理论角度对美国人文及社会学科中这种文化研究转向的一种批评。这种政治化和泛文本化的研究路径尤其体现在美国大学中的比较文学系。[3]而跟本文主题更相关的，是来自传统人文学科内部文学研究的反应。纽约大学英文系研究英国浪漫主义文学的克里夫·希斯金（Clifford Siskin）教授和加州大学圣巴巴拉分校英文系研究英国18世纪小说的威廉姆·沃纳（William B. Warner）教授合作写作发表《停止文化研究》（“Stopping Cultural Studies”）一文，此文刊载于较有影响的美国现代语文协会会刊（The Modern Language Association）《职业》（*Profession*）杂志上。[4]这篇文章针对文化研究提出来的观点较有代表性，在美国大学英美文学研究领域影响广泛。在希斯金和沃纳看来，文学研究中出现的文化研究倾向体现为：一、使用法国理论文本对文学文本进行分析，且所使用的理论家们来自不同的学科：罗兰·巴特是文学批评家，德里达是哲学家，福柯更多是历史，拉康是精神分析，等等。二、从种族、阶级和性别角度进行知识工作的政治化：女性主义、性别政治和酷儿理论、赛义德的东方学后殖民研究和詹姆逊的政治无意识等方法和问题意识的泛滥。三、新历史主义的出现，这以斯蒂芬·格林布拉特（Stephen Greenblatt）教授《文艺复兴时期的自我塑造》一书的

1 斯图亚特·霍尔：《文化研究及其理论遗产》，孟登迎（译），《上海文化》2015年第2期，第58页。

2 弗雷德里克·詹姆逊：《论“文化研究”》，载王逢振主编《文化研究和政治意识（詹姆逊文集第三卷）》，北京：中国人民大学出版社，2004年，第1—51页。

3 参见苏源熙编：《全球化时代的比较文学》，任一鸣、陈琛译，北京：北京大学出版社，2015年。

4 William B. Warner and Clifford Siskin, “Stopping Cultural Studies,” in *Profession*, 2008, pp.94-107.

出版和《表征》(*Representations*)杂志的建立为标志[1]：新历史主义研究使用20世纪后半期出现的种族、性别和权力等理论话语体系，将不同类型的档案材料和经典文学材料放在一起讨论，使得对历史和文学文本的分析政治化；其最显著的特征是在研究的文本对象上超越文学研究，将文学作品和历史及社会材料一起阅读分析，甚或根本不分析文学作品。[2]

希斯金和沃纳教授是北美英国18和19世纪文学研究方面有影响的学者，在美国很重要的大学英语系任教，在学术界享有很高的学术声誉。他们对于文化研究的批评起自对何为“文化”的语义学的界定。他们认为，“文化研究”的问题在于这里的“文化”有双重的意思：一重是总体意义上的，指的是“所有”“人类活动和思想的全体”(Siskin & Warner, 103)；一重指的是这总体性之下的某个类别的人类活动，体现为人文、美术专门性质的题材方面。这使得“文化研究”的实践像是一种蹦极运动，其学科性始终成为一个问题。他们将这个“文化”的双重涵义从语义学方面追溯到18世纪晚期的西欧。这两位教授对于文化研究之后的其他各种学术潮流(比如，“理论之后”、“新纯文学”、“新传记”及“文学与其他”等)也充满了批评。对他们来说，“文学(literature)”这个词在18世纪英文中语义上发生的变化与“文化”两重涵义的发生较为相似：一方面是指“学识或知识修养”，另一方面是指近代意义上的某些写作文类之内的、文学研究范围所要包括的书写(Siskin & Warner, 104)。他们认为，这种双重语义的历史性出现是一种称为“印刷文化(print culture)”的近代媒体技术革命引发的。19世纪初期英文系作为大学学科和知识生产范畴的产生就是为了在这种书写

1 Stephen Greenblatt, *Renaissance Self-Fashioning: from More to Shakespeare*, The University of Chicago Press, 1983; *Representations* 杂志创刊于1983年，编辑委员会成员大多任教于加州大学伯克利分校，创刊编辑为任教于加州大学伯克利分校英文系的研究英国19世纪文学的学者凯瑟琳・加拉格尔(Catherine Gallagher)教授。

2 这方面，希斯金和沃纳给出的例子是唐纳・哈洛维(Donna Haraway)对赛博格(cyborg)主体性的分析和朱迪斯・巴特勒(Judith Butler)“酷儿表演性(queer performativity)”的概念。

技术的革命和已经为其充满的日常社会之间建立某种媒介关系。[1]他们认为21世纪英文系的制度发展方向应该依然是在技术书写（包括宽泛意义上的涉及各种媒体和感官的阅读）与社会之间起到媒介的作用。18世纪以来的印刷文化主导的社会时代已经渐进尾声，已经被电子、数字及算法（algorithmic）媒体等再度媒介化了（Siskin & Warner, 105）。对他们来说，如果之前英文系以及文学研究注重的是印刷文本及其引发的种种社会机制，那么现在的方向就应该是研究多样媒体之间的关系、数字媒体算法的应用及其带来的相应的社会机制的转变。也就是说，他们首先所关注的并不是文化研究学派所特意强调的文化生产和流传过程中的政治、阶层或者身份的问题，而是技术及其引起的文化与社会的改变问题，尤其体现在整个近代化社会历史过程中所形成的学科、机构等社会机制问题方面。如果自18世纪以来我们所具有的文化与社会机制都是形成于印刷文化蓬勃发展的历史时期的话，那如今数字媒体自20世纪90年代充满了社会生活的各个方面，这就势必会引起这些机制重新发生变动。从这一点来说，作为近代文学研究者，他们所关心的问题与本文开始所提到的麦克卢汉、瓦尔特·翁以及韩秉珠等所关心的是一样的。在这里，近代文学及大学中作为一门学科的文学研究并不仅仅涉及想象性与虚构性等这样通常情况下人们认为它们所具有的属性，而是更多地涉及因为技术的发生发展而生成的某种近代化学科知识的生产和流传。[2]而这些技术物质前提在我们这个时代里经历着新的嬗变。值得注意的是，希斯金教授是弗吉尼亚大学英文系拉尔夫·科恩（Ralph Cohen）教授的学生，后者是北美英美文学领域重要

1 关于西方英文系以及英语文学的学科和制度史，已经有许多的研究了。参见Lionel Gossman, *Between History and Literature*, Cambridge: Harvard University Press, 1990; Franklin E. Court, *Institutionalizing English Literature: The Culture and Politics of Literary Study, 1750–1900*, Stanford: Stanford University Press, 1992。

2 关于英国背景下近代学科的形成，以及学科性（disciplinarity）和专业性（professionalism）之间的历史性关联，参见Clifford Siskin, *The Work of Writing: Literature and Social Change in Britain, 1700–1830*, Baltimore, Maryland: The Johns Hopkins University Press, 1998。

的学术期刊《新文学史》的创刊编辑。[1]这也许可以部分地解释希斯金对知识形式及其流传方式（mediation）的重视和对政治化的文学文化研究方法的谨慎，因为正如上文所提到的，20世纪60年代以来弗吉尼亚大学英文系重视传统的阐释学路径，对民主化文化政治较为警惕。

希斯金和沃纳从学科制度史的意识出发，与来自纽约市立图书馆、剑桥大学、伦敦大学、格拉斯哥大学及大英博物馆等多家学术研究机构及图书馆的多名学者合作，自2006年开启一项合作性质的学术研究项目。他们将其命名为“回启启蒙运动计划（The Re: Enlightenment Project）”，其中的“Re:”部分颇富有数字媒体时代的特色，表明他们是从数字媒体时代的问题和框架出发，重新关联启蒙时代和自那之后一直在发生的启蒙运动。在这项跨越大西洋两岸的大型学术研究项目中，学者们所关心的问题包括：历史上发生于18世纪的启蒙运动与当前时代启蒙思潮可能性之间的关系，如何将发生于启蒙运动之后的各类近代学科、职业和机构重新关联起来，如何重新想象当前世界下知识生产的结构和工具。[2]这项明显带有希斯金和沃纳教授个人风格色彩的学术项目已经持续长达十余年，活力十足，举办了多个学术会议、演讲、讨论，这包括比如在北美浪漫主义研究学会（The North American Society for the Study of Romanticism）上举办各种活动，在北美和欧洲的人文学术界影响深远。它的重点在于“媒介启蒙”（“Mediating Enlightenment”）（Siskin & Warner, 2010 xi），这是他们在出版于2010年的阶段性印刷品成果里面所宣称的。[3]这本题为《此即启蒙》（*This Is Enlightenment*）的论文集是这个学术项目目前为止最成形

1《新文学史》期刊的英文名称为*New Literary History*，现任主编为Rita Felski，同样任教于弗吉尼亚大学英文系，同样关注不同媒体技术条件中的文本和文本性问题，其最近的著作为*The Limits of Critique*, Chicago: The University of Chicago Press, 2015。这份刊物如今登载大量与数字人文研究相关的学术文章。

2 网址：http://www.reenlightenment.org/reenlightenment-project。

3 Clifford Siskin and William Warner (eds.), *This Is Enlightenment*, Chicago: The University of Chicago Press, 2010. 关于针对这本书的具有建设性意见的评论，参见Alan Bewell, Jon Klancher, Christina Lupton and Ted Underwood, “This is Enlightenment,” in *Studies in Romanticism*, Vol. 50, No. 3, 2011, pp.531–543。

的印刷品。希斯金和沃纳在其合写的、发表于该论文集卷首的《此即启蒙：引玉之论》（"This Is Enlightenment: An Invitation in the Form of an Argument"）一文，从对英国文艺复兴时期哲学家弗朗西斯·培根（Francis Bacon，1561—1626）的《新工具论》（*Great Instauration: The New Organon*）的讨论出发，将之联系到康德于1784年发表在报纸上的文章《什么是启蒙？》（"Answer to the Question: What Is Enlightenment?"），讨论近代以来知识和工具、理论与实践之间"媒介化"（mediation）的重要性。[1]他们主张将主要发生在18世纪的"启蒙运动"看作是这种"媒介化"历史（history of mediation）中的一项事件。这本他们主编的文集所收录文章探讨的历史时期从1450年的西欧到20世纪的印度，其作者阵容强大：既包括研究早期近代英国的约翰·吉尔利（John Guillory）、18世纪英国文化研究的彼得·德·波拉（Peter de Bolla）、早期近代西欧书籍史的安·布莱尔（Ann Blair）、早期近代以来物质文化史研究的彼得·斯塔利布拉斯（Peter Stallybrass）、18世纪英国文学文化研究的约翰·本德（John Bender）、19世纪英国文学文化的玛丽·普维（Mary Poovey）、英国小说史研究的麦克尔·麦基翁（Michael McKeon）等这些已经享有很高学术声誉的、较老一代的学者，也包括比如英国浪漫主义和印刷文化研究方面的毛琳·麦克兰（Maureen McLane）、18世纪英国小说与印刷文化研究的保拉·麦克道维尔（Paula McDowell）、美国书籍史及新媒体研究的丽莎·吉特曼（Lisa Gitelman）等在学术界地位正在日趋上升的较为年轻的学者。当然，也正如这本论文集的书评人阿兰·毕维尔（Alan Bewell，英国浪漫主义学者）、乔恩·克兰肖（Jon Klancher，英国浪漫主义和19世纪文学文化研究）、克里斯蒂娜·勒普顿（Christina Lupton，英国18世纪和浪漫主义研究）和泰德·安德伍德（Ted Underwood，英国19世纪文学文化研究和数字人文）所指出的，这本书也只是以希斯金和沃纳教授所发起的庞大学术计划之中很小的一部分。[2]参与这项"回启启蒙运动计划"学术项目的还有许多更为年轻的学者，他/她们既从事较为传统的英国18世纪或者19世纪文学文

1 Siskin and Warner, *This Is Enlightenment*, 5, 7, 9.

2 Bewell et al., "Enlightenment," 3–31.

化研究，同时也在目前的数字人文文学研究界非常活跃。这些青年学者或者是希斯金教授的学生，或者至少修过希斯金教授在纽约大学英文系和哥伦比亚大学英文系所开的博士研讨班课程。毫不夸张地讲，这些学者的职业生涯起自希斯金教授有关近代技术媒体、社会与文学研究思维的启发。而他们所从事的研究，除了各自的特色外，也都多多少少体现出是这种思维的延展。这些学者中较为典型的是目前任职于斯坦福大学英文系并指导斯坦福大学著名的数字人文研究机构文学实验室（Stanford Literary Lab）的马克·阿尔吉-休伊特（Mark Algee-Hewitt）教授。阿尔吉-休伊特教授主要的研究是用数字人文的方法来讨论漫长的18世纪中（the long eighteenth century）一万一千多个文本中所出现的有关崇高历史（the history of the sublime）的话语模式。这样受希斯金教授启发的学者还有许多并不参与这项大型学术项目、活跃在数字人文文学研究领域。比如芝加哥大学英文系的苏真（Richard Jean So）教授、芝加哥大学东亚系的霍伊特·朗（Hoyt Long）教授、加拿大麦吉尔大学（McGill University）德语文学研究教授及数字人文学术期刊《文化分析期刊》（*The Journal of Cultural Analytics*）主编安德鲁·派博（Andrew Piper）等。

四、技艺，知识流传与新的研究范式

这样的大型学术研究项目并非是希斯金和沃纳凭空臆想出来的，而是他们对于文化研究的批判以及对于人文学科发展与当前社会现实之间关系认真思考的结果。正如《此即启蒙》一书书评人之一的阿兰·毕维尔教授所指出的，这本书可以帮助我们更清楚地认识到所谓的“媒体转向（media turn）”能如何转变文学研究和文化研究。[1]这样理解的话，在大约同时期，美国人文研究方面出现了多个类似的研究项目和主题，这也就不让人惊奇了。比如2004年美国人文研究顶级期刊《批评探索》（*Critical Inquiry*）杂志上刊登了由芝加哥大学多位著名

1 Bewell et al., “Enlightenment,” 532.

学者主编的“知识流传的技艺”（“Arts of Transmission”）专刊，[1]美国近代语文协会会刊（*PMLA*）2006年刊发了“书籍史和文学观念”（“The History of the Book and the Idea of Literature”）专期[2]，以及由杰弗里·威廉姆斯（Jeffrey Williams）和马修·克申鲍姆分别提出的量化转向（quantitative turn）和数字人文转向（digital-humanities turn）等，[3]这些都是新的媒体技术文化环境下人文学科研究整体上转型的一个体现。

知名学者、芝加哥大学教授詹姆斯·钱德勒（James Chandler，英文系，英国浪漫主义文学研究），阿诺德·戴维森（Arnold I. Davidson，哲学系，福柯研究专家）和安德里安·约翰斯（Adrian Johns，历史系，英国及西欧书籍史研究）在他们合写的《批评探索》（*Critical Inquiry*）杂志“知识流传的技艺”（“Arts of Transmission”）专刊的前言中，承认“知识流传的技艺”（“Arts of Transmission”）这个专刊名字来自于弗朗西斯·培根，以此来强调“我们所知取决于知识传播到我们时代的具体流通实践”。[4]培根意义上的技艺既包括基本的身体活动比如聆听和言语，也包括较为复杂的逻辑和辩证法，还包括我们“今天认为的媒体和交流方式，如口语性、书写和印刷”。[5]他们看起来会很赞同希斯金和沃纳教授所表达的观点，即正如培根所察知的早期近代历史时期“知识流传的技艺”出现了很大的问题需要发明新的方法论一样，我们也处于这样一个新时代的开端，需要发明新的“技艺”来创造、传播和保留知识。这不仅仅是比如印刷技术和互联网这样的物理装置，也包括可以通过

1 都引用了弗朗西斯·培根（1561—1626），参见The Re: Enlightenment学术计划的“牛津协议”中对“Stuckness”“Mediation”“Protocol”“Platform”“Fiction”等几个关键词的界定。

2 *PMLA*, Vol. 121, No. 1, Special Topic: The History of the Book and the Idea of Literature.

3 Matthew Kirschenbaum, “What Is Digital Humanities and What's It Doing in English Departments?” ; Jeffrey J. Williams, “The Statistical Turn in Literary Studies,” *The Chronicle of Higher Education*, Vol. 7, 2011: B14-15.

4 参见James Chandler, Arnold I. Davidson, Adrian Johns, “Arts of Transmission: An Introduction,” in *Critical Inquiry*, Vol. 31, 2004, p.1。

5 同上。

学习掌握到的或者是前代人传下来的技术或者手艺。[1]钱德勒、戴维森和约翰斯教授也注意到了不同的流通文化(比如印刷文化、口语文化、手稿文化、数字或信息文化)并非完全独立的,它们之间存在着复杂的历史过程。他们呼吁在研究媒体、实践以及思维的时候需要一方面注意到不同的历史时期有不同的情况,一方面注意到知识论层面上恒久不变的属性("epistemological constancy")。[2]

同样也是在2006年,哈佛大学英文系研究英国维多利亚时期文学的利耶·普莱斯(Leah Price)教授在美国近代语文协会的会刊上组织了一期"书籍史和文学观(The History of the Book and the Idea of Literature)"的特刊。她在其写于卷首的《引言:阅读事务》("Introduction: Reading Matter")中,承认虽然书籍史、印刷文化、媒体研究及版本目录研究(textual scholarship)各自早就存在了,但最近这几十年以来这些研究之间出现了某种联合。文学只是印刷品之中很小的一部分,书籍也同样只是印刷品之中很小的一部分。这份较有影响的特刊中的作者们对抽象意义上的"文学"以及"文学性"做了一定程度上的反思,认为这是早期近代的笛卡尔思想("Cartesianism")使得我们不去注意印刷品的外相、手感甚至是味道等物质性的一个反映。在各种媒体融合(digital convergence)时代的今天,我们需要具有一种"新物质性"的眼光,以书籍史、印刷文化和媒体研究的角度反观作为一种抽象理念的文学。

也即是说,以希斯金和沃纳教授为代表的、来自美国大学英文系内部的、对以理论和文本为中心的文学文化研究批评的泛政治化倾向的反思在整个学科内部是具有一定代表意义的,他们所提出的文学研究的新方向方法以近代历史上的印刷文化为参照(或者说他们以当代数字媒体文化为参照反观历史上的印刷文化),体现了对我们所处时代知识生产形态的历史性思考。以计算机为首的数字媒体极大地改变了人们的日常生活,这是一个时代性的变革,这与18世纪中期之后印刷媒体在西方社会日常生活中的作用具有某种程度的历史可比性。近代意义上的文学和文学文化研究机制及知识形态产生于18世纪,它在19世纪

1 Chandler et al., 2.

2 Ibid., 2–3.

前半期成为大学教育之中的一个学科，从而完成了文学知识生产的机构化，这与印刷文化这种技术媒体的历史发展关系密切。我们如今所面临的媒体环境提供了一个很有参照意义的历史框架，在这个框架下，重新回到历史上发生类似媒体技术变革的历史时代（即18世纪的印刷文化），并以此为出发点反观现实。这是希斯金和沃纳教授所主持的这项规模庞大的“The Re: Enlightenment”的学术意义。这样的学术思路并非毫无问题。多位学者（比如阿兰·毕维尔、乔恩·克兰肖等）在承认其学术意义的前提下，也对他们所主编出版的《此即启蒙》一书提出了许多有建设意义的批评。[1]这一点已超出了本文的范围。

结　语

与本文更为相关的有两点。其一是“数字人文”研究方法产生的媒体背景。如果说印刷文化的历史发展与文学知识生产的机构化具有某种因果联系，那么也许我们这个时代数字媒体技术的变革会产生不同于以往的知识和知识生产方式，作为一种方法的“数字人文”也许会改变由传统印刷文化所产生的文学知识生产和流传。这样看来，希斯金和沃纳教授的学术史思考不无未来学的影子，这一点与“数字人文”学者的感觉是一致的。

其二，与本文有关美国英美文学研究几十年以来的学科史考察相关的，是上文已经提到的希斯金教授弗吉尼亚大学英文系博士毕业的背景，他是弗吉尼亚大学英文系拉尔夫·科恩（Ralph Cohen）教授1970年代的学生。在其为《新文学史》（*New Literary History*）2009年纪念科恩教授荣休的特刊上写的《科恩教授之理念的再传播》（“Re-mediating Ralph”）一文中[2]，希斯金回忆了科恩教授职业生涯中对“历史与文类”（history and genre）研究方向的强调。科恩教授自1967年任教于弗吉尼亚大学英文系，于1969年创办了具有世界声誉的学术期刊

1 参见Bewell et al., “Enlightenment,” 531–543。

2 Clifford Siskin, “Re-mediating Ralph,” in *New Literary History*, Vol. 40, No. 4, 2009, pp.719–727.

《新文学史》。在希斯金教授的记述中，一方面，科恩教授对于电子媒体（electronic media）的到来对于写作技艺的影响具有清醒的认识。科恩认为，“也许，写作会成为一项历史的技艺”（Siskin, 2009 721）。而另一方面，科恩教授从来并不特别在意新奇的事物，他所在意的更是如何去界定何为新、何为旧。[1]在希斯金教授看来，科恩教授将“历史”与“文类”并置，这是一个方法，可以帮助我们通过分类法来理解变化，甚至去理解分类的方法是怎样在历史中发生变化的。[2]在英语文学研究处于危机的时刻（“a discipline under pressure”），这种方法尤其有用，可以帮助我们重返两百年前由于印刷文化的爆发而产生英文系的历史时刻，并勾勒出一种有关“媒介化”（mediation）的历史。[3]希斯金认为，科恩所强调的“文类”即是“媒介化”的形式。观念从来都是通过形式流传，也就是说，观念流传的形式即是“文类”，而不同“文类”的划分、归类即是“媒介化”的行为，这种行为“产生了同一和差异的等级系统”（Siskin, 2009 725）。“媒介化”行为发生的具体时间和地方，比起抽象的观念来，是可以较为容易地得到确定的，这样的研究也是可施行、可操作（operationable）的。“媒介化的历史”（“a history of mediation”）（Siskin, 2009 725）即可以提供一种新的方法，来思考科恩教授一直敦促我们关心的变化。这些变化可以包括“大范围内的物体、形式、技术、机构、互动等”（Siskin, 2009 725），而并不仅仅局限于非常传统的诗歌、喜剧、小说、散文等具体的文类划分。

科恩教授对于“文类”考察的强调通过希斯金教授的“传播”，也成为数字人文与文学研究学者所关心的一个重点。芝加哥大学苏真（Richard Jean So）和霍伊特·朗（Hoyt Long）教授通过“细读”和“机器习得”的方法，对“英语俳句”（English Haiku）这一北美与东亚跨文化文学文体的辨识及其流传进行了考察；加拿大麦吉尔大学安德鲁·派博（Andrew Piper）教授以奥古斯丁的《忏悔录》对卢梭之后自传体写作的影响为出发点，通过数据模型分析，界定了19世纪欧洲小说

1 Clifford Siskin, “Re-mediating Ralph,” in *New Literary History*, Vol. 40, No. 4, 2009, p.721.

2 Ibid., 722.

3 Ibid.

史及小说阅读中一种“信念转变小说”（“conversional novel”）的文体，并由此试图建立一种计算阅读（computational reading）的“奇怪的阐释学”（“strange hermeneutics”）。[1]这些对新的文类的界定和考察是建立在计算模型以及文本细读的基础之上的，这些“新文类”的出现将会影响到对文学文本和文学知识的重新划分，必然会对传统意义上的文学研究造成冲击。

文化研究对美国大学中的文学研究造成了相当的冲击，以纽约大学英文系希斯金教授和加州大学沃纳教授对这股学术潮流进行了反思，并以当代的媒体环境出发，提出了自己对于文学研究和人文研究方向性的思考。也许是出于偶然，这些思考及其引发的人文学科研究方向、方法和对象的转换，与弗吉尼亚大学英文系又不无关联。他们对于当代数字媒体环境和近代印刷文化与近代文学及其研究发生学的历史相仿性思考，也许能说明许多较为传统的浪漫主义文学学者纷纷转身投向媒体研究及数字人文研究的新方向。比如研究英国浪漫主义的加州大学学者杰罗米·克里斯滕森（Jerome Christensen）教授转向了好莱坞电影研究，英国浪漫主义华兹华斯研究学者、加州大学学者艾伦·刘（Alan Liu）教授转向了数字人文及“跨媒体识读”（transliteracies），研究英国浪漫主义的芝加哥大学学者詹姆斯·钱德勒（James Chandler）教授也在从事早期好莱坞电影的研究，等等。[2]这些人文研究职业转型

1 Hoyt Long and Richard Jean So, “Literary Pattern Recognition: Modernism between Close Reading and Machine Learning,” in *Critical Inquiry*, Vol. 42, No. 2, Winter 2016, pp.235–267; Andrew Piper, “Novel Devotions: Conversional Reading, Computational Modeling and the Modern Novel,” in *New Literary History* 46.1, 2015, pp.63–98. 这两篇文章的中文译文已经刊发于由姜文涛、戴安德（Anatoly Detwyler）在《山东社会科学》杂志上主持的“数字人文：观其大较”学术专栏中。参见霍伊特·朗、苏真：《文学模式识别：文本细读与机器学习之间的现代主义》，林懿译，《山东社会科学》2016年第11期，第34—53页；安德鲁·派博：《小说信仰：皈依阅读、计算建模及现代小说》，陈先梅译，《山东社会科学》2016年第11期，第54—71页。

2 Jerome Christensen, *Coleridge's Blessed Machine of Language*, Ithaca: Cornell University Press, 1981; Jerome Christensen, *Practicing Enlightenment: Hume and the Formation of a Literary Career*, Madison: The University of Wisconsin Press, 1987; Jerome Christensen, *Lord Byron's Strength: Romantic Writing and Commercial Society*, （转下页）

的例子除了能说明这两个时代之间确实存在着某种历史相仿性之外，也可能是我们这个时代人文学科研究大转型的一个症状。而“数字人文”这股学术潮流也许是这其中的、目前最为引人注目的一个方法。这种学术潮流也正在进入北美的人文学传统之中。除了以上提到的研究之外，还有比如詹姆斯·英格利希（James English）和泰德·安德伍德（Ted Underwood）合编的《近代语文季刊》（*MLQ*）2016年以“数值范围和价值：新的与数字的文学史研究方法（Scale and Value: New and Digital Approaches to Literary History）”特刊，由安德鲁·派博（Andrew Piper）、约翰娜·德鲁克（Johanna Drucker）、苏真（Richard Jean So）、安德鲁·戈德斯通（Andrew Goldstone）、弗兰克·莫雷蒂（Franco Moretti）等正在共同主编的《美国现代语文学会会刊》（*PMLA*）特刊，等等。从这个意义上来说，本文算是从学科史的角度提供了一个简单的“数字人文”在文学文化研究方面的前史。

（接上页）Baltimore, Maryland: The Johns Hopkins University Press, 1992; Jerome Christensen, *Romanticism at the End of History*, Baltimore, Maryland: The Johns Hopkins University Press, 2000; Jerome Christensen, *America's Corporate Art: The Studio Authorship of Hollywood Motion Pictures*, Stanford: Stanford University Press, 2012. Alan Liu, *Wordsworth: The Sense of History*, Stanford: Stanford University Press, 1989; Alan Liu, *The Laws of Cool: Knowledge Work and the Culture of Information*, Chicago: The University of Chicago Press, 2004; Alan Liu, *Local Transcendence: Essays on Postmodern Historicism and the Database*, Chicago: The University of Chicago Press, 2008. James Chandler, *Wordsworth's Second Nature: A Study of the Poetry and Politics*, Chicago: The University of Chicago Press, 1984; James Chandler, *England in 1819: The Politics of Literary Culture and the Case of Romantic Historicism*, Chicago: The University of Chicago Press, 1998; James Chandler, *An Archaeology of Sympathy: The Sentimental Mode in Literature and Cinema*, Chicago: The University of Chicago Press, 2013.

平台重构与交流复兴
——媒介变革为学术期刊带来新契机

桑　海*

摘　要：作为机器印刷时代重要的学术平台，学术期刊体现了印刷媒介的优势，同时也受到了这种媒介的局限，比如对学术研究至关重要的交流功能就未能充分展开。新新媒介的兴起，在技术层面突破了印刷媒介的固有限制，为学术平台重构以及学术交流功能的回归带来了新契机。随着媒介的变革与融合，学术出版乃至学术生产、传播和评价等诸多领域都将发生深刻的改变。学术期刊人应当深入思考和理解媒介变革带来的新变化，积极投入构建新型学术平台的实践，优化学术出版环境，进而对学术生态产生正向的影响。

关键词：新新媒介；学术传播；学术期刊；学术平台；域出版

媒介是一种启发思维的制度，[1]不但塑造着人们的世界观，也改变着社会文化的脉络和结构。与社会文化的其他领域一样，随着新的媒介兴起并与传统媒介相融合，学术传播乃至学术生产、传播和评价等诸多领域或许都将发生深刻的改变。包括学术期刊在内的现代学术出版业，其发展历程与机器印刷相伴随，印刷媒介在为学术交流提供极大便利的同时，也有其与生俱来的局限，难以充分满足学术交流的需要。近年来，随着数字技术的普及，特别是互联网和移动互联网的应用，媒介领域出现了一些重要的新变化。学术期刊从业人士往往倾向于从职业遭遇挑战甚至危机的角度去看待。然而，抛开媒介变革对固有利益格局和思维模式的冲击，我们会发现，新型媒介呈现出的许多新特征，

* **作者简介**：桑海，澳门理工学院讲师，《澳门理工学报》编辑，博士。

1 参见M. Douglas, *How Institutions Think*, London: Routledge, 1987。

或许更契合学术发展内在的逻辑。若能对这些新特征加以分析和整合，或许有助于推动新型学术平台的建构，乃至为学术生态带来新的生机。

一、印刷媒介与学术期刊的局限

媒介的历史和人类的历史一样漫长，因为人的身体本身就是一种媒介，人们以对话、手势、表情等即可建立面对面的交流。而按彼得斯（John Durham Peters）的考证，现代意义上的媒介，即作为一种艺术的形式、物质、技术或作为大众传播渠道的媒介，源于17世纪中叶，"交流"（Communication）的现代意义——"精神上的互动与分享"也在此时开始形成。[1]有趣的是，这恰好也是学术期刊诞生的时间，英国皇家学会《哲学会刊》等最早的学术期刊就出现在1665年。《哲学会刊》的创办初衷就是"给科学家们提供一个交流平台，以取代原来靠书信往来建立的学术联系"。[2]作为一种周期性的出版物，学术期刊在作者与读者间建立了一种定期"会面"的特殊关系，而且从"一对一"的线状联系，拓展为"一对多"的网状联系。这无疑大大促进了学术传播，对于推动学术发展和学术共同体的形成起到了重要的作用。然而，作为一种印刷媒介，学术期刊从一开始就受到了媒介自身特性的局限。

（一）学术交流功能被展示功能超越

在学术期刊发展中遇到的一些问题，虽然往往被归结于体制等因素，但从媒介的视角来考察，或许也会有所启示。比如，学术期刊的展示功能逐渐增强，而更基本的学术交流功能反而被忽视了。原祖杰

1 彼得斯：《交流的无奈——传播思想史》，何道宽译，北京：华夏出版社，2003年，第70页。

2 法国的《学者杂志》和英国的皇家学会《哲学会刊》均诞生于1665年，通常被视为学术期刊诞生的标志。参见原祖杰：《交流与对话：学术期刊一个被忽视的基本功能》，《澳门理工学报》2016年第2期。

指出，“学术期刊出现以后，随着其专业程度越来越高，作为一个发表平台，其展示功能很快超越了其交流的功能。与彼此交流相比，学者们更注重如何展示他们的学术发现”。[1]这与本雅明所说的在机械复制时代的艺术作品传统的“仪式”价值逐渐被“展示”价值所压倒，[2]有着异曲同工之妙。因为机器印刷媒介易于复制、保存和查阅，所以自诞生起就成为一种客观的、公共的、大众的传播平台。在学术期刊上发表有点类似于登报声明和登记注册，不但可以宣示对知识产权的占有，也逐渐成为人们了解学者学术成果、评价学者学术水平的主要依据。学术发表的“展示”作用本来无可厚非，但由于印刷媒介时间上的异步性与交流上的非实时性，从学术期刊诞生后不久，学者们就越来越注重用期刊展示成果而忽视交流。于是学术期刊越来越像学者展示自我的秀台，甚至被作为扬名立万的工具，最初所承载的学术交流功能反倒被边缘化了。从中国学术期刊发展的历史和现状来看，随着学术评价制度和期刊评价制度的建立和固化，很多学术期刊越来越受到利益的影响，追求量化指标，逐渐偏离了作为学术交流平台的初衷。

（二）异步传播的迟滞性

按哈罗德·英尼斯（Harold Innis）的“媒介偏向论”，媒介按其偏向大致可分为克服时间和克服空间两类，印刷媒介是偏于克服时间的媒介，容易长久保存，但不便于跨越空间传播。[3]这一观点有一定的启示性，同时也有值得讨论之处。按英尼斯的观点，印刷媒介在克服时间方面的优势，主要体现在可以长久保存，赢得更长久的关注和反响。但学术期刊是一种周期性很强的出版物，与学术图书不同，很少有人会收藏过期的学术期刊，其影响的长久性或许主要体现在“被引用半衰期”之类的指标上。当期刊数据库出现后，纸质期刊可以长久保存的优势也

1 原祖杰：《交流与对话：学术期刊一个被忽视的基本功能》，《澳门理工学报》2016年第2期。

2 参见本雅明：《机械复制时代的艺术作品》，王才勇译，杭州：浙江摄影出版社，2002年。

3 参见H. A. Innis, *The Bias of Communication*, Toronto: University of Toronto Press, 1951。

转移到了数字版本上，沉重且占用空间的纸质期刊，已经越来越成为食之无味、弃之可惜的“鸡肋”。从时间角度看，还可以发现印刷品的另一个特性，即它是一种“异步传播”的媒介。期刊使人们可以跨越物理时空进行交流，但其依附的物质载体——纸张比较笨重，并不容易快速获得，因而借助学术期刊进行的互动并不具有实时性。由于要经历构思、撰写、审稿、排期、编辑、排版、印刷、发行等诸多环节，学术期刊往往有着严重的迟滞性。这种迟滞性不但妨碍了学术期刊成为良好学术交流的平台，甚至连“展示”的功能都大打折扣。中国知网近年推出“优先出版”，就是因为期刊发表迟滞已经严重到相当程度，以至于影响了学术新知的传播和作者研究成果首发权的认定。

（三）“面对面”交流的丧失

印刷媒介是书写媒介的延伸，柏拉图对话录《斐德若篇》里苏格拉底对文字书写的抱怨也完全适用于印刷媒介——比如依赖符号而削弱记忆力、会被辗转传播到看不懂和无关的人那里、容易被人曲解却无力自辩、无法回答问题和进一步解释等等。苏格拉底想要的是那种灵魂之间的交流，他认为真正有知识的人不会“把那些知识写在水上，用笔墨做播种的工具”，而是会“找到一个相契合的心灵”仔细播种，它们不是华而不实的，而是可以结果传种，在旁的心灵中生出许多文章，生生不息。[1]苏格拉底的这番话引起了传播学者对“交流”观念的反思，对于学术交流和传播而言，这种反思尤为重要。苏格拉底提醒我们，真正的学术交流不是蜻蜓点水式的浅层交流，而是触及灵魂的深层互动。如前文所述，学术交流深深地嵌入学术研究的中心，而那种面对面的学术交流，比如高质量的课堂互动或学术研讨会，对于学术的发展和学者的成长又至关重要。印刷媒介的局限使得学术期刊难以胜任这种深层交流的平台，很多学术期刊往往因为定位不准确、传播不畅通等原因，与理想的读者失之交臂；许多文章发表后就如石沉大海，作者在孤独中继续撰写；许多文章被误解和曲解，甚至以讹传讹；许多文章虽然符合学术规范，但却生硬刻板，没有血肉和灵魂……总而言之，以机械复制和

1 参见《柏拉图文艺对话集》，朱光潜译，北京：人民文学出版社，1963年，第170—172页。

大众传播为主要特征的印刷媒介，在扩大了传播空间范围的同时，也丧失了许多面对面交流具有的优点。

（四）受众狭窄导致地位边缘化

印刷媒介本质上是一种大众媒介，而学术期刊一般都比较小众，这让学术期刊从一开始就在受众问题上有一种游移，或者说“面临着大众化与专业化之间的二难选择”。[1]例如，《自然》(*Nature*)杂志在创立之初定位为科学与大众之间的桥梁，既要服务于大众又要照顾科学家这样的小众。然而，随着学术共同体的形成以及合法性的建立，大部分科学家不再有耐心面向社会介绍自己的科研成果，他们更愿意在学术共同体内部展开对话。随着学术的专业化发展，绝大部分学术期刊放弃了大众，走上了精英化的道路。对于许多学术期刊而言，作者和读者群体其实是高度重合的，无论是综合性期刊还是专业性期刊，无论办刊学术水平高低，发行量都无法与时政类、生活类等期刊相比，近年来更是明显呈下滑趋势。学术期刊面向专业群体，使之很难拥有大量订户，做到自给自足颇为不易，大多都需要依赖各种类型的资助才能生存，因而从经济角度来看，在各类期刊中处于弱势地位。在前些年的学术期刊体制改革中，一些高校学术期刊被并入本校的出版社，由于出版社以经济效益为主要考核指标，学术期刊往往都处于比较尴尬的边缘位置，甚至被认为拖了后腿。

二、当学术遇到新新媒介

“媒介”是一个相当年轻的术语，直到1960年代初期才用来描述实现跨时空社会交往的不同技术和机构。或许正是当时新兴的电子媒介推动人们去发现和理解媒介。从1960年代到1990年代，马歇尔·麦克卢汉(Marshall McLuhan)和约书亚·梅罗维茨(Joshua Meyrowitz)等重量级媒介理论家都把媒介的历史划分为口头、手抄、印刷、电子四个

1 原祖杰：《交流与对话：学术期刊一个被忽视的基本功能》，《澳门理工学报》2016年第2期。

阶段。[1]然而，1990年代中期互联网技术的突飞猛进，很快就让这种划分方式显得过时了，本文着重介绍和讨论以下三种关于新型媒介的界定方式。

（一）元媒介

克劳斯·布鲁恩·延森（Klaus Bruhn Jensen）按照三类不同的物质载体，区分了三个维度的媒介：第一维度的媒介是人的身体及其在工具中的延伸，主要包括口语和书写，其基本传播模式是"一对一"；第二维度的媒介依仗各种各样的模拟技术，包括印刷书籍、报刊、电影、广播、电视等，实现了对特定文本的复制，使得人类可以跨越时空获取信息，其基本传播模式是"一对多"；第三维度的媒介则是基于元技术，其典型例子是网络化的计算机和手机等可以接入互联网的便携设备，这类媒介"整合了一对一、一对多以及多对多的传播形态"，"不仅复制了先前所有的表征与交流媒介的特征，而且将它们重新整合于一个统一的软硬件物理平台上"。[2]例如，手机的普及使得人们的交谈、书写、阅读、视听等媒介功能集于一身，成为日常生活的重要内容。延森所强调的"元技术"，与艾伦·凯（Alan Kay）和阿黛尔·戈德堡（Adele Goldberg）1970年代提出的"元媒介"（mata-media）概念，[3]以及保罗·莱文森（Paul Levinson）在他1999年出版的《数字麦克卢汉》（*Digital McLuhan*）一书中所说的"媒介之媒介"（medium of media），可谓英雄所见略同。这一概念特别值得重视，因为在元技术的影响下，传播再次拥有了人际传播中的互动与多元化的交流模式，这使得一些古老的媒介形式有了复兴的可能。

---

1 参见Marshall McLuhan, *Understanding Media: the Extensions of Man*, New York: McGraw-Hill, 1964; Joshua Meyrowitz, "Medium Theory," in D.Crowley & D.Mitchell (eds.), *Communication Theory Today*, Cambridge: Polity Press, 1994。

2 克劳斯·布鲁恩·延森：《媒介融合：网络传播、大众传播和人际传播的三重维度》，刘君译，上海：复旦大学出版社，2015年，第73、55、119页。

3 Alan Kay & Adele Goldberg, "Personal Dynamic Media," in P. A. Mayer (ed.), *Computer Media and Communication: A Reader*, Oxford: Oxford University Press, pp.111–119.

（二）社交媒介

还有一个常被使用的媒介类型概念是“社交媒介”（Social Media）。2007年，安东尼·梅菲尔德（Antony May field）在一本名为《什么是社交媒介》的电子书里，将社交媒介定义为一种给予用户极大参与空间的新型在线媒体，具有参与、公开、交流、对话、社区化、连通性等特征。[1]根据维基百科的定义，社交媒介“是人们用来创作、分享、交流意见、观点及经验的虚拟社区和网络平台。社交媒体和一般的社会大众媒体最显著的不同是，让用户享有更多的选择权利和编辑能力，自行集结成某种阅听社群”。有的定义还明确把社交媒介界定为一种基于WEB2.0或WEB3.0思维和技术平台，并允许用户生产内容（UGC）的互联网应用。[2]在社交媒介上面，人们通过多种互动模式自发地分享信息和讨论问题，通过不断地交互和提炼，能够有效地对某个主题达成共识，其影响速度、广度和深度都超越了传统媒体，而且几乎不用任何花费。

（三）新新媒介

保罗·莱文森在2009年出版的《新新媒介》（*New New Media*）中提出了媒介“三分法”：旧媒介、新媒介、新新媒介。他把互联网以前的报纸、期刊、广播、电视、电影等统统归入旧媒介。旧媒介有确定的时空定位，比如报纸每天出一期，月刊每月出一期，我们要耐心地等待出版，而且通常由专业人士生产和传播，有一种自上而下的控制。新媒介是指互联网的第一代媒介，发端于1990年代，譬如电子邮件、搜索引擎等，其特征是信息一旦上传到互联网上，人们就可以按照自己方便的时间使用。新新媒介是指互联网的第二代媒介，兴起于世纪之交，譬如博客、Youtube、Twitter、维基百科、微信等，其主要特征是没有自上而下的控制，信息的消费者也是其生产者，内容多由非专业人士生产，人人都可以根据自己的才能和兴趣去表达和出版，使用这种媒介通常是

1 Antony Mayfield, “What is Social Media,” icrossing.co.uk/ebooks.

2 Andreas M. Kaplan, Haenlein Michael, “Users of the World, Unite! The Challenges and Opportunities of Social Media,” in *Business Horizons*, Vol. 53, No. 1, 2010, p.61.

免费的。

很显然，"元媒介"、"社交媒介"和"新新媒介"，所指的基本上是同一类媒体，只是命名的角度不同。"元媒介"的重点在于，旧的媒介形式在新的技术平台上可以复现与重新整合；"社交媒介"更强调"互动"以及"社群"的形成；"新新媒介"则突出媒体代际更迭，可以容纳更多的新特性。莱文森对"社交媒介"这一命名方式不大满意，因为社交的概念不足以涵括这种媒介的多重特性。他认为"新新媒介"一词有着更强的包容性。事实上，我们也可以把"元媒介""社交媒介"看成是"新新媒介"的不同面向。"新新媒介"的内涵可以随着媒介技术的发展不断丰富，甚至为尚未出现的要素也预留了空间。这个概念的价值就在于此。为叙述方便起见，本文将此类新型互联网媒介称为新新媒介。

不论如何界定和命名，新型媒介的诞生和迅速发展，都为新型学术平台的建构带来了前所未有的机遇。这固然是因为这种媒介建立在更新更强的技术之上，克服了印刷媒介的某些缺陷，更重要的是，其特性和逻辑与学术自身的特点有一些微妙的契合之处。那么，媒介变革究竟带来了哪些新的可能性？在新新媒介的环境下，学术期刊如何可能"进化"为更适合学术发展需要的新型学术平台呢？

三、学术交流应当重返学术活动的中心

学术期刊具有确定的周期、规范的体例、整齐的纸张、标准的文字，一旦印成就难以修改，甚至有着官方赋权的刊号和名声显赫的主管主办单位，看起来似乎有一种不容置疑的确定性和权威性，这也是其"展示"作用的基础。然而，我们也可以用斯坦利·费什（Stanley Fish）的方式提出质问："学术期刊里有文本吗？"[1]在费什看来，文本——即有意义的话语——并不存在于任何具体空间，而是以一种虚拟形式存在

1 文学理论家斯坦利·费什有一本书的名字就叫作《课堂里有文本吗？》，参见 S.Fish, *Is There a Text in This Class? The Authority of Interpretive Communities*, Cambridge: Harvard University Press, 1979。

于读者的头脑中，以及读者彼此交往而形成的诠释社群（interpretive communities）中。文本是短暂而不稳定的，学术论文经由印刷媒介发表所获得的确定性，或许只是一种幻觉。真正意义上的学术论文的文本，只能存在于学术主体间的对话和交往之中，其价值的大小也要从学术交流的角度去理解和评判。

皮尔士（Charles Sanders Santiago Peirce）富有启发性的符号学，或许有助于我们理解学术交流对于学术研究的重要性。与索绪尔（Ferdinand de Saussure）"能指/所指"的二元符号模式不同，皮尔士对符号的界定采取了三元模式："符号，或称'代表项'（representamen），它是某种条件下所指之物的代表。通过向人们言说，符号使解释者在其头脑中产生一个对等的或更加深刻的符号。对于产生的这个符号，我称其为原初符号的解释项（interpretant）。"[1]这一符号解释过程大致是：符号在解释者心中引发的连续的思想形成一个解释项，解释项又成为需要进一步解释的二级符号，解释者既要面对直接呈现的实在，又要面对基于不同经验产生的解释项，在与其他主体与客体互动之中努力探寻共同的解释项。皮尔士将人类的认知活动设想为一种社群活动和交往活动，他乐观地相信，通过共同努力有可能达成某种确信的共识："一根由无数纤维所拧成的缆绳——尽管每一根纤维都是纤细的，但只要这些纤维的数量足够多且连接足够紧密，这根缆绳就是牢不可断的。"[2]从学术期刊的角度看，一篇真正有价值的学术论文应该就是一个解释项，构成无数心智对某个问题认知链条上的一个环节。皮尔士的符号理论凸显了人际交流与互动对认知的重要作用，因而学术研究活动就转变为一种带有现实意涵的交流与传播活动。卡尔·波普尔（Karl Raimund Popper）也提出了与皮尔士类似的观念，他认为存在三个世界，第一世界是外在的物质领域，第二世界是内在的意识和精神状态的领域，第三世界则是衔接上述内外两个世界的中介，包含了所有的交流活动。[3]波

1 C. S. Peirce, *Collected Papers(2)*, Cambridge: Harvard University Press, 1931–1958, p.228.

2 C. S. Peirce, *Collected Papers(5)*, p.265.

3 参见 K. R. Popper, *Objective Knowledge: An Evolutionary Approach*, London: Oxford University Press, 1972, p.106。

普尔和皮尔士都意识到，正是借助交流与传播活动，不同人的内在世界才有了彼此接触和融合的可能。

主体间性（Intersubjectivity）最早由哲学家胡塞尔（Edmund Husserl）提出，但在其先验现象学框架之下，“主体间性”仍未摆脱自我中心的色彩。尤尔根·哈贝马斯（Jürgen Habermas）的“交往行为理论”和“商谈伦理学”，把主体与主体之间的交流和对话提高到了极其重要的位置，可谓名副其实的“主体间性”。哈贝马斯区分了四种社会行为：目的行为（旨在实现某种目的的行为）、规范调节行为（社会集团成员以共同价值观为取向的行为）、戏剧行为（有意显露其主观性从而塑造本人形象的行为）和交往行为（主体之间通过对话协商实现理解和共识）。前三种行为分别揭示了语言的一种功能，都有着某种片面性，“只有交往行为把语言看作是一种达成全面沟通的媒介”。[1]哈贝马斯也谈到了社会行为与“三个世界”之间的关系：目的行为着重于行为者与“客观世界”的联系，规范调节行为着重于行为者与“客观世界”和“社会世界”的联系，戏剧行为着重于行为者与“主观世界”和“客观世界”的联系，只有交往行为同时和三个世界都发生联系，兼具前三种行为分别侧重的真实性、正确性和真诚性。

学术交流并非外在于学术研究，也不是学术研究的副产品，而是深深嵌入学术研究的中心。很多优秀的学术期刊都很重视学术交流，通过组织笔谈、发起讨论等形式，就重大问题或学术热点进行学术对话甚至学术交锋，这样的交流推动了学术的发展，也造就了纸媒时代的一流期刊。然而，印刷媒介时代的学术期刊受到媒介的局限，难以充分承载学术交流的需要。学术期刊若要恢复在学术研究中的枢纽地位，最根本的办法就是强化交流功能，成为真正意义上的学术平台。在与互动交流相伴而生的新新媒介中，有望重构展示与交流并重的新型学术平台，使学术交流得以复兴。

1 尤尔根·哈贝马斯：《交往行为理论》第一卷，曹卫东译，上海：上海人民出版社，2004年。

四、互访性与互文性的实现

学者之间的互相访问和彼此问答，是古典时期形成的一种学术传统，其本身就是重要的知识生产方式，比如《论语》和《柏拉图对话录》都是这种对话传统的遗产。巴赫金（Mikhail Bakhtin）把对话性（dialogism）发展成一个哲学问题，“单一的声音，什么也结束不了，什么也解决不了。两个声音才是生命的最低条件，生存的最低条件”。[1]与印刷媒介独白式传播不同，新新媒介可以让人们更容易接触到信息的提供者，即传播者与接受者之间有一种“互访性”。在印刷媒介时代，与图书或论文的作者直接接触，不但有联系方式上的障碍，还存在很多操作和心理层面的困难，做到“互访”并不容易。而在新新媒介时代，互访变成了日常生活的一部分，在手机上就可以轻松地完成。在这种互访之中，学术明星变得平易近人，学术讨论不再高深莫测，这让年轻人和基层学者也有了更多参与学术生产的勇气。如延森所说，“网络化的媒介让大量的社会成员成为传播者——他们既可以提出问题，也可以回答问题；可以通过一对一的形式，也可以通过集体的形式；可以以同步的方式，也可以以异步的方式，从而成为彼此间互相关注的客体”。[2]

巴赫金的对话性概念被克里斯蒂娃（Julia Kristeva）翻译为互文性（intertextuality），强调符号是根据与其他符号的关系而界定，[3]也就是说，文本总是作为文本网络的一部分而获得其意义。其实，互文性在学术论文中比在文学作品中更容易理解，因为学术研究的新发现，几乎都建立在前人研究的基础上，学术论文的引证就是这种互文性的典型体现。尤为值得注意的是，约翰·费斯克（John Fiske）区别了互文性的两个方

1 巴赫金：《诗学与访谈》，石家庄：河北教育出版社，1998年，第340页。

2 克劳斯·布鲁恩·延森：《媒介融合：网络传播、大众传播和人际传播的三重维度》，刘君译，上海：复旦大学出版社，2015 年，第73、55、119页。

3 参见Julia Kristeva, *Revolution in Poetic Language*, NewYork: Columbia University Press, 1984。

面，即横向的互文性与纵向的互文性。横向的互文性是一般意义上的，即跨越历史的文本联系；而纵向的互文性则包括了受众，侧重于较短时间内受众对文本的反馈。就学术期刊而言，如果说横向的互文性主要体现在引证之中，那么纵向的互文性则体现在读者阅读之后的笔记、评论和交谈等。[1]遗憾的是，以往由于媒介的局限，这些对于学术交流很有价值的纵向互文文本，几乎都在时间中随风飘散了。

互联网为互文性的实现提供了非常便利的工具，一切分离的文本都借由网络联系起来，无论是横向的互文性还是纵向的互文性，都变得清晰而直观。如今的互文性已经不是潜藏在文本中等待学者去发现的东西，而是变成了明显可见的事实。在数字化和互联网技术的影响下，互文性获得了一系列明确的、可操作的结构——超文本性（Hypertextuality），其典型代表就是将各种文本和应用程序联系在一起的超链接。传统文本是以线性方式组织的、纸质期刊上的论文，在线性叙述的同时，通过引证注释的方式体现其横向互文性，但查阅相关的文献并不方便；而互联网的超文本是以非线性方式组织的，一篇超文本论文中遇到的相关文本内容，不论是文字、图像、声音还是其他形式的媒介，都通过超链接组织在一起，使用者轻轻一点鼠标就可以很方便地浏览。

由于学术期刊具有重视引证的传统，在新型学术平台的构想中，横向的互文性是一个很重要的因素。依靠后台规模庞大并且不设阅读门槛的期刊、图书数据库和其他网络资源，读者仅凭一部手机就可以在互文本的网络中自由地穿梭。与最常用的互文本资源工具——搜索引擎不同，新型学术平台上的互文性结构和内容更加专业化和精英化，因而更符合学者们积累知识和从事研究的需要。目前，在中国知网等数据库中，"知网结"一类的技术已经渐渐编织起互文性的知识网络，为新平台的构建打下了基础。

纵向互文性，或者说那些随性而零碎的评论，被新新媒介从时间和空间中拯救回来，成为重要的信息来源和互动手段，并且可以长久保存。在古典时代，文本是稀缺资源，而且人们习惯于谦逊地用注释的方式表达自我，因此围绕经典文本的注释和评论非常发达，例如中国儒家

1 参见J. Fiske, *Television Culture*, London: Methuen, 1987。

经典的注疏和西方的《圣经》诠释。我们今天再次进入一个评论的时代的原因却刚好相反，因为文本无限地增殖而过剩，需要借评论帮助彼此在信息洪流中选择判断，同时人们也更愿意通过评论自我表达和互动交往。在新新媒介时代的互动变得非常便捷，我们发送评论的能力被大大拓展了，逐渐形成了关注评论的习惯，互文性也就不断地生产出来。比如，人们会在“大众点评网”看看哪家咖啡店好评最多，点开“豆瓣”的评论看看哪部新片最值得观赏，在网上商城购物后也常会点赞或吐槽。在新型学术平台上，评论的复兴显得尤为可贵。读者阅读一篇论文后可以发表或长或短、或严谨或随性、或专业或非专业的评论，从而在读者与作者之间、读者与读者之间形成密切的互动。由于学术平台的专业特性，同行会在同一个专域中汇集，这种互动评论往往有较强的针对性，可以提高作者的自我价值感或帮助作者对自己的研究进行反思。一篇高质量的评论有可能成为一篇新论文的引子，一次激烈的论争则有可能激活一个学术生长点。

五、面对面交流的复兴

面对面交流的优势在于交流的深度和现场感，而劣势则是其影响范围和持久性有限，那么，有没有可能找到一种兼具面对面交流与现代传播优势的交流方式呢？幸运的是，新新媒介的出现提供了这种可能性。前文已述，新新媒介的特征之一就是超强的整合功能，复制了先前所有媒介的特征，而且将它们重新整合于一个统一的软硬件物理平台上，支撑这一平台的是服务器近乎无限的运算和储存能力。这种整合也可以称作媒介融合，体现在不同的维度上：随着一切媒介都已经数字化或正在数字化，越来越多设备接入互联网，各种媒介被连接起来；以往曾出现过的旧媒介或新媒介形式，都可以在具有“元媒介”特征的新平台上复现，比如微电影和微期刊；文本、图像和声音被整合于许多既有表达类型之中，同时也产生了一些新的表达类型，大多源自大众传媒与面对面交流；可以根据语境灵活运用一对一、一对多以及多对多的传播形态。新型学术平台就是这样一种集成和整合的平台，具有多屏互动、实时评论、文献分享、学者音视频、学术社区等功能。随着包括虚拟现实在内的新技术增多和成熟，新新媒介的多元互动性会不断增强，新平台有可能给用户带来更接近“面对面交流”的新型体验。

值得注意的是，纽科姆（Newcomb）和赫斯基（Hirsch）提出了一种文化论坛模式（a cultural forum model of communication）。他们认为可以把影响广泛的媒介看作是一个论坛，亦即古典意义上对于共同关注的事情发表意见与开展讨论的场所。[1]与此类似，哈贝马斯也曾将公共领域设想为一种理想形式的论坛。尽管不是一种大众传媒，新型学术平台同样可以成为一个专业性的在线学术论坛。在这个论坛中，人们如何参与到讨论之中，在讨论中信息是如何传递的，都饶有意味。同行专家围绕共同关心的话题不断汇集，他们都会更加容易地接触到此前零散的问题和关注这些问题的人，“在网络化的公共空间中，这种彼此之间的联系通过比较的议程和模式得以强化”。[2]如果能够借助在线交流、视频对话，甚至人工智能领域的虚拟现实（VR）、增强现实（AR）、混合现实（MR）等新型互动手段，形成类似于“面对面”的学术交流空间，形成一个个永不落幕的学术论坛，则有可能对学术生态发生积极的影响，甚或促进学术共同体的形成。

六、生产者与消费者合体

在印刷媒介时代，学术期刊由于受众面狭窄，甚至因读者群与作者群高度重合，而被嘲讽为自娱自乐，在本身具有大众媒介倾向的印刷媒介中处境尴尬。然而，在新新媒介时代，学术期刊这种边缘化的尴尬处境反而有了翻转的希望。在印刷媒介时代，“读者就是作者”似乎暗含着一种传播上的失败，在市场化的媒介竞争中难免被边缘化甚至被淘汰。但对新新媒介而言，“读者就是作者”恰恰与新型平台“生产者又

1 H. Newcomb & P. Hirsch, “Television as a Cultural Forum: Implications for Research,” in *Quarterly Review of Film Studies*, Vol. 8, No. 3, 1983, pp.45–55.

2 克劳斯·布鲁恩·延森：《媒介融合：网络传播、大众传播和人际传播的三重维度》，刘君译，上海：复旦大学出版社，2015 年，第73、55、119页。

是消费者”的逻辑相吻合，似乎不再是一种劣势，而是赶上了新潮流，作者、读者和编者，在新平台上可以各尽所能，各安其所。

“平台”如今已经成为人们频频使用的字眼，似乎已经无须解释就可以理解。在工业化时代的流水线模式中，企业负责生产有价值的产品，然后通过各种渠道送到消费者那里；印刷媒介的传播也是采取同样的线性模式。互联网时代，传统的商品和意义的生产、传播、消费模式发生了重大的变化，这为平台提供了前所未有的契机，逐渐成为互联网时代的主导模式。所谓平台，通常是指为合作者和用户提供的交流与合作的环境，平台本身不生产产品，但可以促进参与者的生产和交易。大多数网站其实都不是平台，而Facebook、Youtube、Wechat是平台。网络时代的平台有很多新的特性，如：平台并不生产具体的产品，而是负责提供一种由软硬件支撑的虚拟环境，使得不在同一空间位置的人们可以在这里彼此交流、合作、创造和分享；原本在交易中起到关键作用的中间环节被平台的功能性设计所代替，供需双方可以直接交易；在内容的生成方式上，UGC（使用者生成内容）成为趋势。

麦克卢汉曾经预言：“在电速条件下，消费者变成生产者，因为公众成了参与式角色的游戏人。”[1]早在1980年，托夫勒（Alvin Toffler）就在《第三次浪潮》（*The Third Wave*）中描述了“生产消费者”（prosumer）。[2]生产者与消费者合一，使用者生成内容，这些互联网时代的新特征，恰恰与学术自身的逻辑不谋而合。一般而言，学者都是身兼知识生产者和知识消费者两种角色，而学术的生产和消费倾向于在学术界内部形成循环。在今天的许多网络平台上，消费者与生产者合一已经成为事实。尽管还存在UGC和PGC（专业生产内容）、OGC（职业生产内容）哪个更重要的论争，但UGC在平台上的主流地位已经越来越清晰。PGC和OGC的分野在于是否领取报酬，OGC属于职务行为，而PGC是出于“爱好”而贡献知识形成内容。目前，各大新闻网站主要采用OGC方式，由雇员创造或从外部购买内容；而平台一般采用UGC和PGC方

1 罗伯特·洛根：《理解新媒介——延伸麦克卢汉》，何道宽译，上海：复旦大学出版社，2012年，第37页。

2 A. Toffler, *The Third Wave*, New York: Bantam, 1981, p.11.

式，较少采用OGC方式。PGC和UGC都是义务性地制造内容，其区别在于，PGC在该领域具有一定的知识和资历，能创造高质量的内容。从根本上来看，PGC也是UGC中的一部分，只是他们凭借其专业性而获得了主流话语权。

新型学术平台上的学者，既是PGC也是UGC，既专业又不吝于分享，他们创造的内容不仅是在线发表的论文，还包括评论与互动中的吉光片羽。开放、自由、协作、分享等互联网精神，其实也是学术应有的品格。学术期刊编辑部因为过于分散而很难形成共同的规则和标准，在新学术平台上，将建立一套公正透明的投审稿和评价监督机制，这既可以给作者发表作品带来极大的便利，又能避免中介与个别编辑部的暗箱操作，或许可以对学术出版环境起到优化的作用。

期刊编辑部是传统学术出版的中间环节，中间环节最小化是互联网发展的趋势，以往学者要经由编辑们的认证才能逐渐获取专家的地位，而今后的在线平台上或许有越来越多UGC可以绕过编辑，凭作品的质量直接取得话语权，这也是对编辑这一职业的挑战。但学术编辑在新平台上仍然有着特别的价值，在信息过剩的学术平台上，他们将继续扮演学术守门人的传统角色。这其实也是一种PGC，其创造体现在对内容的筛选、排列和挖掘之中。新新媒介将一切信息渠道整合并开放，信息过载也成了严重的问题，因而“在今天的媒介环境中，筛选几乎就是一种生存技能”。[1]总而言之，笔者对于编辑这一职业的未来前景保持谨慎乐观的态度，但未来究竟会怎样，还要靠编辑们的主观努力。[2]

结　语

新新媒介的兴起，在思维和技术上给新型学术平台的构建带来了

1 库尔德利：《媒介、社会与世界：社会理论与数字媒介实践》，何道宽译，上海：复旦大学出版社，2014年，第56页。

2 参见桑海：《学术编辑：学术传播新模式的灵魂——以“中国高校系列专业期刊”和“域出版学术平台”为例》，《传媒》2016年第19期。

启示和契机。一些在印刷媒介时代失落的价值，在媒介变革中又有了复兴的希望，特别是学术交流这一被学术期刊忽视的功能，有可能借助新平台的推动重返学术活动的中心，并显现出新的生机与活力。笔者并非技术决定论者，因为社会、经济、文化等力量都有可能改变技术发展的进路，不能脱离人的因素孤立地看待技术。媒介变革为学术出版和学术研究带来了种种可能性，但要经过许多人为的选择、努力乃至博弈，才有可能构建一个良性的新型学术平台，并对整个学术生态产生正向的作用。

早在2011年，部分高校学报就联合创办了在中国知网在线开放获取的"中国高校系列专业期刊"，目前已经创办了12个专业期刊和7个专题期刊，加盟的学术期刊约有140家。2015年初，在"中国高校系列专业期刊"数年实践的基础上，中国学术期刊界提出了一种新的期刊数字化思路，即在开放互动的平台上进行以"专栏"为基本单元的学术传播，并着手与数字服务商合作开发基于这一理念的"域出版"学术平台。[1]按照设计者的描述，在"域出版"平台上，全球各地的学术用户可以开放地发表或获取学术论文，彼此间自由地进行交流互动；学术期刊编辑则对进入平台的学术论文进行筛选、分类、推送，并分析学术趋势、物色作者、组织稿件、策划专题和学术活动。如果说"中国高校系列专业期刊"是中国学术期刊界从期刊数字化角度发起的一场自救运动，"域出版"则是从新新媒介的特点出发，对于新型学术平台的重新规划。

"中国高校系列专业期刊"和"域出版"在期刊界的认知度越来越高，但实践层面的推进则相对滞缓。新型学术平台的建构仍是一项未竟的工程，需要各方共同努力来成就。令人欣慰的是，最近"中国高校系列专业期刊"已经着手开发升级版和移动端，向新型学术平台的方向

1 参见朱剑：《构建互联网时代学术传播的新秩序——以高校学术期刊发展战略为中心》，《武汉大学学报》2016年第2期；朱剑：《域出版：传播秩序的重构》，《澳门理工学报》2017年第1期；仲伟民：《域出版助学术期刊走向真正的媒体融合之路》，《澳门理工学报》2017年第1期；桑海：《我们需要什么样的在线学术平台——"中国高校系列专业期刊"之未来构想》，《南京大学学报》2015年第3期；桑海：《新新媒介时代的学术平台——以域出版为中心》，《澳门理工学报》2017年第1期。

迈进，“域出版”的合作方也表现出更为积极的姿态。在这样一个学术平台转型的重要时刻，期刊界同仁应当从媒介变革的高度作更深入的思考和讨论，积极推进新型学术平台的实践，为学术出版争取更美好的未来。

朝向“数字人文”的文学批评实践：进路与反思

但汉松*

摘　要：在“数字人文”的研究浪潮进入欧美人文学科之后，如何将文学批评与数字人文进行有益结合，是一个亟待思考的议题。本文回顾了在近几十年来自然语言处理和基于语料库和话语/叙事分析的文学文体学的发展，指出面向文学研究的数字人文应该继承但有别于这些领域已经做出的跨学科尝试。在大数据时代，数字化的文学批评可以充分借助人工智能中机器学习的方法，并在一种弗朗西斯·培根式“新工具”的思维下，开展对于海量文本内部与外部模式的勘察。这样的文学批评最后并非是彻底走向“远读”，或者将阐释的任务交给“自动化”的学习算法来完成，而是让机器阅读成为对传统阅读的一种激发与挑战。构建一种具有独特的数字化思维，但又根植于传统文学批评观念和认知模式的新型文学批评，是本文无法给予回答但却迫切希望能展开讨论的议题。

关键词：数字人文；文学批评；算法；文体学

一

20世纪60年代初，一个来自南非的年轻人游荡在昔日帝国的首都伦敦。虽然他暗地里憧憬成为一个艺术家，但凭着不赖的智商还是在IBM公司谋到了编程的差事。他工作的对象是全英国当时只有四台的Atlas计算机。工作之余，他琢磨着用计算机来统计聂鲁达（Pablo

* **作者简介：**但汉松，南京大学外国语学院教授，英美文学博士，主要研究方向为美国现当代小说和批评理论。

Neruda）诗歌中的高频词，然后将这些词打散后重新排列组合，最后再连缀成“诗”。这些聂鲁达伪作被署上假名，然后投稿到南非的文学期刊，其中几首甚至得到了发表。他在想，或许有一天这个笨拙的机器能凭借着“非此即彼”（either-or）的计算逻辑，写出伟大作品打败莎士比亚。[1]这个年轻人后来去美国得克萨斯大学奥斯丁分校留学，并在那里完成了一篇关于萨缪尔·贝克特（Samuel Beckett）小说文体分析的博士论文。后来，这个人成了职业作家，拿到了诺贝尔文学奖，成了那个叫库切（J. M. Coetzee）的人，并把这段往事写在了自传体小说《青春》（*Youth*）里。

如果我们将库切与Atlas计算机的这段遭遇，定义为“数字人文”（Digital Humanities）前史中计算与文学相遇的某个象征事件[2]，或许并不为过，因为在六十年代库切的这段经历中体现了数字人文两条主要的隐线：自然语言处理（NLP）和文学文体学（Literary Stylistics）。前者发轫于1950年计算机科学之父阿兰·图灵（Alan Turing）所提出的“图灵测试”（Turing Test），他将机器智能的判定标准定义为人与机器交流的无差别性，这实际指向了机器是否能获得与人类一样的自然语言处理能力。然而，在自然语言处理研究的前三十年，计算机专家和语言学家的合作走了很大弯路。当时普遍的认识是，可以借助传统语言学研究，将自然语言的语法规则一网打尽，并在此基础上人类学习语言的知识全部以符号、代码的方式教给计算机，从而实现用电脑模拟人脑来处理自然语言。但事实上，基于乔姆斯基形式语言的编译器技术很快遇到了瓶颈。首先，自然语言真实词句的形态是极其庞杂的，仅仅依靠知识工程的方式由人工来穷尽文法规则是不现实的；其次，即使这样的规则集合可以写出来，那么它们必然是与语境相关的语法（context dependent grammar），而人工设计的计算机程序语言使用的是与上下文无关的语法（context independent grammar）。如果考虑自然语言的上下

1 J. M. 库切：《青春》，王家湘译，杭州：浙江文艺出版社，2004年，第178—179页。

2 作为数字人文的起点，另一个更广为人知的象征事件是1949年罗伯特·布萨（Roberto Busa）神父和IBM合作的“阿奎那项目”，内容是使用穿孔卡和磁带存储的计算机对阿奎那的神学著作进行词语索引、作者身份界定等文本计算分析工作。

文，那么“计算复杂度基本上是语句长度的六次方”，以当时IBM公司大型计算机的运算能力都无法完成这样的计算量。[1]

七十年代统计语言学的出现改变了自然语言处理的窘境，也为数字人文的出现奠定了方法论基础。从规则到统计的变化，让计算机科学家不再执迷于对自然语言进行深层研究，而是利用统计模型在语料中寻找自然语言的浅层规律。这其中的一个核心模型就是隐含马尔可夫模型，它被证明能有效计算出句子内相邻词同时出现的概率。[2]于是，计算机面对自然语言需要做的不是根据人工规则来挖掘出语义，而只是按照训练数据后得出的统计经验，去预测出哪一种词与词的连缀组合方式具有最大可能性。随着计算机运算能力的飞跃发展，以及互联网技术下自动抓取的自然语言数据量的激增，这种基于统计的自然语言处理技术已经成为当下的主流。“大数据”时代下，自然语言处理的人工智能技术为计算机去进行数字人文中的文本挖掘——无论是词语共现（concurrence）的规律，还是文本的情感分析（sentiment analysis）——提供了前所未有的便利。

但是，这一条隐线是以计算机科学为主导的，同时辅之以统计学方法，并未向文学批评伸出橄榄枝。换言之，转向统计思维的自然语言处理技术无意去探索文学文本这种更加复杂的自然语言形式，它服务于特定的日常生活情境（如语音识别、输入法、垃圾邮件分类、网络舆情监控等等），仅满足于在普通的语言质料中寻找人类语言使用的近似规律与模式。真正矢志于将计算与文学相结合的，其实是另一条更重要的隐线，那就是以应用语言学家为主导的文体学研究。1958年在美国印第安纳大学召开的“文体学研讨会”被视为是语言学与文学之间的交叉学科在英美诞生的标志。所谓的文体学，按照辛普森（Paul Simpson）的定义，是“一种将语言置于主要位置的文本阐释方法”[3]。库切在60年代初对贝克特小说的文体分析，就是这个新兴学科的产物。而更早期

1 吴军：《数学之美》，北京：人民邮电出版社，2012年，第22页。关于自然语言处理发展历史的详细介绍，可参考该书的第2章“自然语言处理——从规则到统计”，第15—26页。

2 同上，第27—39页。

3 Paul Simpson, *Stylistics: A Resource Book for Students*, London: Routledge, 2004, p.2.

的"新批评"(New Criticism)的先驱瑞恰兹(I.A. Richards)等在提出Basic English的时候，其实也是在对英语文学的文体特征做一种定量的统计计算。

作为一种将文学和语言学相结合的跨学科研究，文学文体学在最近五十年已经有了非常迅猛的发展。尤其是英国和美国，这两个国家是西方文体研究事实上的中心。我们甚至可以这样说：远在最近关于"数字人文"的概念被炒热之前，应用语言学的学者们早已跨越文学和语言学的鸿沟，在文学的人文计算领域耕耘了半个多世纪。然而，和自然语言处理一样，文学文体学的发展同样经历了曲折道路。当六七十年代"新批评"在美国逐渐式微时，文学文体学曾短暂接过了其衣钵，因为两者都关注文学语言的形式。但在后来解构主义、后结构主义的冲击下，这种过分依赖传统语言学去定量分析文学的形式文体学好景不长，很快被视为是一种保守的、孤立的、机械的文学研究方法。美国重要的文体学杂志要么停刊，要么转而刊登叙事学(Narratology)方面的论文。[1]面对瓶颈，文体学几乎与自然语言处理同时在八九十年代出现了重大转向，不过后者是得益于统计与概率，而前者则是因为英国语言学家韩礼德(M.A.K. Halliday)带来的系统功能语法(systemic functional grammar)。

文体学的这种功能转向，对我们之后理解数字人文与文体学的异同颇为关键。韩礼德最大的理论贡献，是不再像索绪尔、乔姆斯基那样将语言视为一个符号系统，而是将语言作为一个社会的、文化的现象，转而去关注语言具体情境下的使用。韩礼德将意义理解为一个在语境中生成的复杂系统，进而区分了三种意义：概念意义(ideational)、人际意义(interpersonal)和语篇意义(textual)。[2]同时值得注意的是，韩礼德用于阐述这种功能文体学具体实践的，正是依靠他一篇经典的文学文体学论文，个案就是戈尔丁(William Golding)的短篇小说《继承

1 英国的情况不太一样，文体学受到的冲击较小。申丹认为，主要是因为英国比美国保守，而且叙事学在英国始终未成气候，减少了对文体学的另一种冲击。参见申丹：《关于西方文体学新发展的思考》，《外国语》2005年第3期。

2 Nina Nørgaard, Rocío Montoro and Beatrix Busse, *Key Terms in Stylistics*, London: Continuum, 2010, p.184.

者》(*The Inheritors*)。通过对该小说中两类人(分别是尼安德特人和智人)语言的及物性过程(transitivity)做定量统计与分析,韩礼德以可视化图表的方式展现了小说语言是如何形塑世界和世界观的。[1]随着功能文体学的日益蓬勃发展,文体学家从分析语气、情态、语调、人称、自由间接引语、及物性、表达情感色彩与态度的形容词和副词入手,探讨文学文本中反映的作者/叙述者与人物、读者之间的关系以及由此产生的文本意义。

然而,韩礼德及其追随者的这种功能文体学分析较为精细,更适合篇幅较短的文学作品分析,如诗歌和中短篇小说等。将文体学进一步推向"人文计算"方向的,则是80年代进入研究视野的语料库语言学(corpus linguistics),其中最具代表性的人物要算辛克莱尔(John Sinclair)。辛克莱尔代表了英国"伯明翰学派"所走的话语分析(discourse analysis)之路,而以文学文本为语料库来驱动自然语言中的话语研究,这对未来的数字人文发展具有重要的方法论启示。辛克莱尔早期研究以文学文体学为主,分析过拉金、华兹华斯和莎士比亚等人的诗歌,后期则倾向于将文学作为一个数据库,因为他相信"只有通过亲近文学,才能找到一种系统化工具来描述语言"[2]。不难想象,辛克莱尔选择了从语料库语言学发展出一种适合文学的语料库文体学(corpus stylistics)。用现在的时髦术语来说,它比中规中矩的文学文体学研究更像"大数据",毕竟前者可以介入对长篇小说的分析,甚至包括相关性高的多部小说的聚类分析(cluster analysis)。

必须特别指出的是,语料库文体学并不等同于文体测量学(stylemetics)和文体统计学(statistical stylistics)。后面两种研究虽然听上去更强调计算,也像是严格意义上的纯实证研究,但它们往往并不关注文本阐释,而是"通常以词频为研究变量来判断语篇的统一性、作者

1 M. A. K. Halliday, "Linguistic Function and Literary Style: An Enquiry into the Language of William Golding's 'The Inheritors'," in Seymor Chatman (ed.), *Literary Style: A Symposium*, New York: Oxford University Press, 1971.

2 John Sinclair, *Trust the Text: Language, Corpus and Discourse*, London: Routledge, 2004, p.51.

的身份和语篇产生的年代”。[1]它们最重要的应用，是对所谓“莎士比亚伪作”（Shakespeare Apocrypha）的文体测量，比如确定《爱德华三世》（*The Reign of Edward III*）和《托马斯·摩尔爵士》（*Sir Thomas Moore*）等争议作品的归属。但我们很难说这种以文本“指纹”来推断作者身份的研究是一种文学阐释方法，而在面向文学的语料库文体学中，阐释应为研究的题中之义。研究者对语料库的使用，比如“在对语料进行加工标注的基础上，通过词频统计、主题词检索、索引、词类分布以及特殊结构的人工标注与检索统计等手段”，目的是为了阐释“文学作品的主题、人物形象的塑造、叙事的发展以及作家风格等”。[2]辛克莱尔的一句名言是，“当你同时看大量的语言时，它就会显得不一样。”[3]这句话自然也适用于对文学文本做语料库驱动的话语分析。正是因为对很多作品同时进行分析，批评家才能发现那些在传统方法的阅读下无法找到的意义模式。一个经典的例子，就是辛克莱尔在语料库词汇搭配（collocation）研究中特别强调的“语义韵”（semantic prosody）[4]。

将韩礼德和辛克莱尔结合得最好的，或许当属英国文体学家图兰（Michael Toolan）。一方面，他像韩礼德那样拓宽了文体学研究的对象，将“文体”和“话语”视为写作技巧的一体两面，从而将文体学与叙事学糅为一体，使之成为“叙事文体学”（narrative stylistics）。在研究“文体”时，他聚焦于语言成分，包括“词语选择、小句模式、[文字]节奏[如韵律、词语或句子的长短]、语调、对话含义、句间衔接方式、语气、眼光、小句的及物性等等”；而在探讨“话语”时，图兰关心的是“讲故事的人选定创造事件的特定顺序，选定用多少时间和空间来表达这

1 卢卫中、夏云：《语料库文体学：文学文体学研究的新途径》，《外国语》2010年第1期，第48页。

2 同上。

3 John Sinclair, *Corpus, Concordance, Collocation*, Oxford: Oxford University Press, 1991, p. xvii.

4 辛克莱尔被称为“语义韵之父”，他发现“许多词倾向于出现在某一特定的语义环境下”，并将语义韵定义为“这是一种联接意义和目的的功能性选择，选择的所有词项都构成某种韵律”。参见John Sinclair, *Corpus, Concordance, Collocation*, Oxford: Oxford University Press, 1991。

些事件，选定话语中（变换的）节奏和速度［究竟是快速简要概述还是慢慢地详细描述］。此外，还需要选择用什么细节、什么顺序来表现不同人物的个性”等等。[1]另一方面，图兰又续接了辛克莱尔的语料库文体学，尤其是近年来，开始将研究方向转向如何通过语料库的文体研究方法，来探究短篇小说的叙事进程（narrative progression）和叙事性（narrativity）。图兰的语料库中涵盖了20世纪短篇小说的代表作，使用了一些经典的统计语言学分析工具（如Word-Smith Tools，Wmatrix）以及特别的软件程序，追踪文本中高频词和新词汇的分布规律，并以此来揭示短篇小说文本叙事进程的规律。[2]

二

此时，我们可能已对所谓“数字人文”框架下的文学批评产生了疑问：“数字人文”作为一种新鲜术语进入欧美人文学科的场域不过是近十年的事情，但文学研究是否已经在应用语言学的文学文体学中被“数字人文化”几十年了？韩礼德、辛克莱尔和图兰这些学者对文学的研究，不就是一种定性的、计算的研究吗？这种命名的滞后，很像图书馆学、地理信息学、计量史学圈子很多学者的抱怨：早在DH被作为一个学术概念炒热之前很久，他们其实早已开始走数字人文之路了。果真如此的话，那么当前数字人文的文学研究进路，是否仅仅需要在现有的文体学研究框架下，用“文学文体学+语料库+更多的计算、统计方法”这样的配方就足够了？

然而，问题绝没有那么简单。笔者认为，“数字人文”旗帜下的文学研究并非简单地在研究文学的过程中运用计算机软件、统计工具或数据库/语料库，也不是应用语言学框架内文学文体学某种“顺水推舟”的发展。作为学科融合的概念，“数字人文”产生于这个以互联网、大

1 申丹：《关于西方文体学新发展的思考》，《外国语》2005年第3期，第59页。另外值得注意的是，申丹反对图兰将文体和话语混为一谈的做法。

2 参见Michael Toolan, *Narrative Progression in the Short Story: A Corpus Stylistic Approach*, Amsterdam and Philadelphia: John Benjamins, 2009。

数据、人工智能/机器学习为特点的信息时代，它也作为一个“伞状概念”(umbrella concept)被不同学科、不同机构用来指代不同的方法与理念。[1]但我最认可的，是安斯沃斯(John Unsworth)在那篇颇具争议的《什么是人文计算？(什么不是？)》中谈及的观点：“人文计算是一种再现的实践(practice of representation)，是一种建模(modeling)或模仿(mimicry)形式。它是一种论证(reasoning)方式，是一套本体论的许诺(ontological commitments)，它的再现实践一方面由其所需要的有效计算决定，一方面则取决于人的交流。”[2]换句话说，安斯沃斯认为“人文计算”本质的要素不是使用了什么工具，而是人作为研究问题的提出者，在处理问题过程中和这个工具处于一种怎样的关系中。为了正本清源，他指出了那些被称为“江湖骗术”(charlatanism)的人文计算，它们的共有特征就是将原本复杂、庞大的再现实践变成一种“拙劣而浅显的模仿”(quick-and-dirty simulacrum)，仅仅是为了追求计算的浅层效果。[3]那么，检验这种人文计算含金量的指标到底是什么呢？安斯沃斯认为，判断依据就是制定研究问题的用户与人文计算之间的“相互作用性”(interactivity)。[4]如果完全没有相互作用发生，只是借人文计算的皮相，那就是“江湖骗术”；如果运用到了关键词搜索、组合检索等，这属于较为初级的；如果在计算过程中有可以改变的变量和参数，并引入了新的算法，那么这就是相当好的人文计算。

这里，笔者想借用海尔斯(N. Catherine Hayles)的术语对“相互作用性”做进一步的引申。在数字化文学批评中，应该存在着两种意识载体在活动：一个是批评家的人脑，它是具有认知能力的意识主体；另

1 Matthew Kirschenbaum认为“数字人文”这个词已经成了一个“自由漂浮的能指”(a free-floating signifier)。关于“数字人文”概念的定义、演变、争鸣等，参见Matthew Kirschenbaum, “What is Digital Humanities and What’s It Doing in English Departments?”, in Matthew K. Gold (ed.), *Debates in the Digital Humanities*, Minneapolis and London: University of Minnesota Press, 2012, pp.3–10.

2 John Unsworth, “What Is Humanities Computing and What Is Not?”, *Illinois Informatics Institute*, University of Illinois, Urbana, November 8, 2002.

3 Ibid.

4 Ibid.

一个则是来自机器与算法，它被海尔斯称为“认知的非意识”（cognitive nonconscious）。[1]海尔斯创造这个概念的本意，其实是想说明数字人文中计算机虽然不具备意识能力，但却和人一样可以有认知，同时人类也不必为机器无法效仿的意识能力过于傲慢，因为这种意识在认知活动中具有无法克服的偏见与负面代价。[2]本文进一步认为，理想的数字化文学批评，应该是这两种批评认知力量的“战争”（*agon*），两者保持一种紧张对峙状态，并不仅仅用于相互印证或否定，而是相互启发和批判。同时，人类读者（human reader）是作为这个“战争”的主角（protagonist）存在的，而机器读者（machine reader）是敌人（antagonist），两者关系既不可等同，也不可互换。这不是一种简单的折衷主义立场，而更像是一种元批评（meta-criticism），即不对结论做先入为主的预设，而且对批评方法、模型本身也保持暂定性。一切都有待对数据计算中揭示出的令人意外的“20%”去进行反思式、生产性的解读。

芝加哥大学“文本实验室”（Text Lab）的霍伊特·朗（Hoyt Long）和苏真（Richard Jean So）近年来合作的一系列数字人文方面的论文，为机器与人的这种竞争式阅读做出了绝好的示范。在《文学模式识别：文本细读与机器学习之间的现代主义》中，两位作者试图以日本俳句（Haiku）在美国现代主义中的接受和改编为个案，让计算机用朴素贝叶斯算法构建的分类器去学习识别哪些英文短诗是属于俳句，并将机器学习后的识别结果与文学史对这个独特体裁的认识进行比较对照。然而有趣的是，这种对比并不是为了证明机器可以具备“鉴诗”的人工智能，而是要让文本细读、机器学习和历史主义批评这三种阅读阐释“模型”产生一种安斯沃斯所说的“相互作用性”。进一步说，两位作者认为三种读法都内化了某种关于文本的本体论认识（或用安斯沃斯的术语，“本体论的许诺”），他们的做法“并非要偏重某一种模型而贬低另一种模型，而是要主张通过这类人力阅读和机器阅读的交互作用，凸现出一种关于俳句这种文学事物

1 N. Katherine Hayles, “Cognition Everywhere: The Rise of the Cognitive Nonconscious and the Costs of Consciousness,” in *New Literary History*, Vol. 45, No. 2, 2014, p.199.

2 Ibid., 204.

的新的批评视角。通过将这些文学分析模型理解为按其自身视域具有理据，而在更广阔的模式识别阐释学中可相互对照，一种关于俳句——以及广义地关于现代主义文本——的新的本体观出现在人们视野中”。[1]

另一个范例是莫莱蒂（Franco Moretti）在斯坦福大学“文学实验室”（Literary Lab）用“网络理论”（Network Theory）重读《哈姆雷特》的尝试。和霍伊特·朗与苏真不同的是，莫莱蒂的研究并未凸显大数据和人工智能的技术维度，他甚至坦言这是基于人物网络的极为原始的研究，剧中人物关系拓扑图完全由人工绘制而成，全然没有当下主流社会网络分析工具Ucinet和Gephi的“复杂气质”。但即使在这样看似“低端”的数字人文实践中，我们依然感到莫莱蒂强烈的问题意识，他始终强调自己是在操练一种“再现的实践”，并对其“模型”运用了一种批判性解读。具体地说，《哈姆雷特》的人物关系网链有三个关键人物，即哈姆雷特、好友霍拉旭（Horatio）和继任国王克劳狄斯（Claudius），经由他们三个人全剧所有人物获得了联结。莫莱蒂惊奇地发现，如果将克劳狄斯拿掉，剧中人物的网络结构不受太大影响；但如果将原本在剧中分量轻微的边缘人物霍拉旭拿掉，剧本的关系网络就会坍塌。[2]

莫莱蒂以一种极富思辨性的解读，首先追问了这种将剧中人物关系做可视化建模到底有何意义。他的答案是：这种阅读模型可以将时间性的情节，变为一种将“过去”与“现在”并置的抽象关系，这是传统的阅读所不能给予我们的观察角度。[3]正是在这个“网络理论”的驱动下，莫莱蒂发现了霍拉旭对关系网络的奇特意义——他虽然看似在剧中无足轻重，但帮助哈姆雷特联结了宫廷之外那些游走于戏剧中心的

1 霍伊特·朗、苏真：《文学模式识别：文本细读与机器学习之间的现代主义》，林懿译，《山东社会科学》2016年第11期，第35页。另参见Hoyt Long and Richard Jean So, “Literary Pattern Recognition: Modernism between Close Reading and Machine Learning,” in *Critical Inquiry*, Vol. 42, No. 2, 2016, pp.235–267。

2 Franco Moretti, “Network Theory, Plot Analysis,” in *New Left Review*, Vol. 68, 2010, pp.87–88.

3 Ibid., 84.

"小人物"。[1]该研究最大的方法论意义，实际上是莫莱蒂试图打通"风格"与"情节"的野心。他认为，自己的研究可以指向一个更具普遍性的数字人文文学研究方法："风格嵌入情节，变成情节的功能。这可能会是一个突破，不仅仅针对文学分析——（文学分析）目前还无法创造出一种将情节与风格统一的理论——而且适用于更广泛意义上的文化分析……情节-风格这个连续体所能提供的，是基于我们的行动和我们如何思考这种行动之间的一种关系模型。"[2]虽然我并不认为莫莱蒂的这个研究已经达到突破的奇点，但他对于不同阅读模型的"元批评"意识无疑是和霍伊特·朗、苏真等人的研究殊途同归的，也彰显了安斯沃斯所心仪的那种"人文计算"。

那么，文学文体学是否已完成了朝向数字人文的范式转换呢？答案是否定的。一方面，虽然文学文体学比语言文体学更关注文学语言，但文体学总体上依然是以语言、语言学为导向，其价值归宿是如何借助文学来更好地完善语言（包括话语与风格）分析模型。如果仅仅将简·奥斯汀、麦尔维尔、乔伊斯的文学作品作为"风格化"的语言质料加以统计处理，那么，这样的数字化文学批评很容易会沦为验证某种语言学理论（如系统功能语法）或特定语言分析方法（如认知心理学）的酸碱试纸。然而，文学批评作为一种主观、直觉的阐释活动，它探讨的是文本意义及其背后的深层含义。艾布拉姆斯（M. H. Abrams）在《镜与灯》中认为，批评理论考察的是四个要素，即作品、作者、世界和读者。[3]无论是将文本作为客体，还是强调作者主观意图（authorial intent），或是关注"读者反应"（reader-response），文学批评都是在文学的复杂系统中探究不同要素之间的关联和意义的生成，其价值取向是基于艺术审美的，关注的是信仰、伦理、天赋等"非功利主义的、非经济的、非物质的、内在的领域，而且在本质上，它是不变的、

1 Franco Moretti, "Network Theory, Plot Analysis," in *New Left Review*, Vol. 68, 2010, p.99. 莫莱蒂进而将这种建模方式推及小说阅读，在《红楼梦》中发现了一个与霍拉旭具有同样关系功能的配角"周瑞家的（媳妇）"。

2 Moretti, "Network Theory," 94.

3 See M. H. Abrams, *The Mirror and the Lamp: Romantic Theory and the Critical Tradition*, New York: Oxford University Press, 1973, p.6.

超验的”。[1]显然，这与语言学的功能主义、工具主义、物质主义的取向有着深刻差异。

另一方面，文学文体学的一些最新领域（如女性主义文体学、认知文体学、叙事文体学）虽然在做“去语言学化”的尝试，但与人文计算的大数据、自动化、智能化方向却渐行渐远。如前所述，自然语言处理面对文学最大的困境，在于后者是高语境的（high-contextual）。韩礼德对于文体学的改造，正是向语境的一次进军，人际意义和语篇意义都是在上下文中生成的。辛克莱尔强烈反对语料库文体学中对于人工标注（tagging）的过度使用，并认为“计算机能够被训练用来识别标签，而且标记式语言（mark-up language）可以帮助文本在机器之间输出……文本中的语言和内容等会有越来越多的方面可以被（计算机）标注出来”。[2]然而，依然有众多语料库文体学家认为，“一些复杂的话语现象，比如话语陈述，它们并非基于词汇，是无法被计算机程序系统地、定量地检索，也无法在上下文中被阐释。”[3]图兰对于人文计算的自动化过程也持保留态度，譬如他就反对将文学文本做数字化处理后的特征结果与参考语料库（reference corpora）直接进行比较的做法，因为对文本叙事元素的究查应该离开语言的束缚，而更多地转向心理学、社会史和文化。[4]换言之，图兰认为意义的生成不是在一个标准语料库中观察比较得到的，而是应该考虑读者个体化的认知过程，这其中涉及一时一地的读者主体带入阅读过程中的推理、图式（schema）、文类期待和自身的文化背景。[5]这样的研究是基于叙事认知的细微过程，同样也是高

1 Barbara Herrnstein Smith, “Value,” in Michael Kelly (ed.), *The Encyclopedia of Aesthetics*, 2nd ed., Oxford: Oxford University Press, 2014.

2 John Sinclair, *Trust the Text: Language, Corpus and Discourse*, London and New York: Routledge, 2004, pp.190–191.

3 Nina Nørgaard, Rocío Montoro and Beatrix Busse, *Key Terms in Stylistics*, London: Continuum, 2010, p.204.

4 这个意义上，女性主义文体学等批判文体学更加看重的是话语背后的意识形态操纵，这更加远离数字人文中机器阅读所擅长的“浅层阅读”（surface reading）和“远读”（distant reading）。

5 Michael Toolan, *Narrative Progression in the Short Story: A Corpus Stylistic Approach*, Amsterdam and Philadelphia: John Benjamins, 2009, pp.25–28.

度语境化的，很难被目前的计算机建模（modeling）或模拟（mimicry）出来。

简言之，文学文体学自身在其发展中就存在"重语言"还是"重语境"、"重文化"的分裂争议，它的发展转化面临着来自学科内部自身的危机，既与文学批评传统中的"细读"模式存在抵牾，同时也依然对是否应该进入数字人文的算法批评心存疑虑。诚如拉姆齐（Stephen Ramsay）所言，尽管"数字化的文学研究"（digital literary studies）在自然语言处理、统计语言学、语料库文体学等领域早已展开了几十年，但真正的"算法批评"（algorithmic criticism）其实还未出现（或者说，仅有一些雏形），它远未渗入文学批评的核心区域。[1]

三

到底什么是"算法批评"呢？按照拉姆齐的定义，它是"一种源自对文本进行算法处理（algorithmic manipulation）的批评"[2]。这种数字化的文学研究绝不只是单纯在文学分析活动中使用统计模型、计算机软件等，而是让"算法"以人工智能的方式嵌入文本阐释的过程中，使之成为一种前文所述的"认知的非意识"，并与传统批评范式或意识产生互动。拉姆齐格外强调，算法批评在其发展之肇始，就应该考虑到"科学的方法如何在人文计算自身中被使用（used）和滥用（abused）"[3]。这种对于人工智能技术在文学批评活动中的批判性接受，也恰恰是安斯沃斯对人文计算的那种理想性规划。芝加哥大学"文本实验室"借助机器学习来分析英文俳句的个案，或许只是贝叶斯算法在文学批评中的一次初级应用，但或许称得上拉姆齐所言的"算法批评"的雏形。

那么，我们该如何进一步走向这种"算法批评"呢？或者更具体地

1 Stephen Ramsay, *Reading Machines: Toward an Algorithmic Criticism*, Urbana, Chicago and Springfield: University of Illinois Press, p.2.

2 Ibid.

3 Ibid., x.

说，我们如何能利用人工智能领域的飞速发展，将机器学习（甚至深度学习）[1]引入文学批评的实践中，让这种批评帮助我们进一步解析已经被确立为文学正典的那些作品，同时还借助计算机的超强运算能力和学习算法的自我完善能力，去观察更大的文学数据中人类读者无法觉察到的模式与规律？

要迈出的第一步，或许是文学批评家对于机器学习的破冰之旅。时下，机器学习的发展令人应接不暇，已经深入我们日常生活的方方面面，那个依靠深度学习飞速提高棋艺的AlphaGo不过是最近引起媒体关注效应的案例之一。机器学习已经分化为五种主要流派：符号学派、联结学派、进化学派、贝叶斯学派和类推学派。来自英文系、中文系、比较文学系或东亚系的专业文学研究者最应该去关心的，应该是机器学习中有哪些具体的方法、模型、规律、算法等可以用于帮助解读莎士比亚、托马斯·品钦（Thomas Pynchon）和大卫·福斯特·华莱士（David Forster Wallace）。以谷歌、IBM、百度、腾讯等为代表的科技公司巨头固然有强大的盈利驱动力和技术资源去推动人工智能的急速进步，但文学研究者恐怕不能指望商业机构能慨然为人文计算提供现成的算法工具或软件。[2]毕竟，以商业为导向的自然语言处理技术并不关注精微的文本意义，它们更愿意去实现的，恐怕是如何从电商网站的客户评价中自动提取情感反馈，如何实验自动翻译并让准确率达到日常交际的基本需求，如何从社交媒体每日发布的亿万条信息推送中发现舆情变化，或如何监测网页中动态生成的语码信号以帮助华尔街完成股票高频交易。而另一方面，在现实的人文计算中，研究者对文学文本所提出的研究问题往往是个性化的，对文本语料库的特征标注和分类需求千奇百怪，显然无法以某一种或几种通用工具来完满对接该课题的全部计算需求。未来的数字人文研究者跨出自己的专业区域，去学习Python或R语言的基础知识，或许将成为一种必要的入门

1 机器学习（machine learning）是当下人工智能领域的一个热门分支，而深度学习（deep learning）是借助神经网络（neural network）的一种机器学习方式。

2 “谷歌图书”中的Ngram Viewer可能是一个例外，它能向用户免费提供1500年到2008年图书语料库中的任意关键词的词频变化曲线的检索服务。

条件。

另一方面，我们也必须承认，除了极少数像控制论之父维纳（Norbert Wiener）那样的文艺复兴式天才，绝大多数文科学者都很难深入机器学习的技术内核和细节层面。在“AI浅水区”，我们可能了解一下自然语言处理、知识库、数据挖掘、深度学习、神经网络、熵、分词、贝叶斯定律、聚类和分类等概念就够了；可如果想进入“AI深水区”，我们需要弄懂的将是正则表达式、感知器、马尔可夫链、支持矢量机、BP网络、K最近邻算法等令文科学者眼花缭乱的术语以及背后复杂的数学公式。如果未接受过起码的统计学、离散数学训练，就贸然宣称要在文学研究中植入人文计算的方法，那么即使不是有意去“装神弄鬼”，恐怕也只能是一次堂吉诃德式的冲锋。当然，采取跨学科合作的方式也是当前数字人文研究的重要策略，但在这种与统计学家、人工智能专家的分工中，如何让文学批评保持自身独立性，却是一个非常棘手的问题。毕竟，文学研究的知识生产在本质上有别于科学，甚至与物理这类硬科学（hard science）恰好南辕北辙，因为前者的特点是“任务的高度不确定性”，同时习惯于单兵作战、以单一作者署名的文学研究者又“具有极低的相互依赖性”。[1]所以，未来的人文学者选择拥抱人工智能，却又无法真正深入并成为技术层面的主导者，这恐怕是知识爆炸时代下学科壁垒和专业分工带给人文学者的一种宿命，也是我们作为自然人的必然局限。

要迈出的第二步，是对学习算法、文本挖掘、概率统计、可视化结果等科学方法的“祛魅”（disenchantment）。当然，这种“祛魅”不是对科学内部细节的敬而远之，而恰恰是要求人文学者在认识人文计算的原理、方法的基本属性之后，获得一种祛魅化的智识立场，即对科

1 Wolfgang Kaltenbrunner, “Scholarly Labour and Digital Colloboration in Literary Studies,” in *Social Epistemology*, Vol. 29, No. 2, p.209. 值得一提的是，Kaltenbrunner的论文是基于一个有趣的案例，即欧洲科学基金会资助的数字人文项目“Women Writers in History”。该研究旨在建立文学研究者、统计学家和计算机科学家的合作平台，通过大规模数据库来调查1700年至1900年间欧洲所有边缘女作家的接受史。然而，作者通过自己的亲身经历指出，这类合作研究有文理科之间难以协调的学术生产范式的差异，譬如文学研究者和信息技术人员无法就“文类”（genre）和如何定义“接受”（reception）这样的关键问题达成一致。

学本身的局限性、暂定性保持一种学理上的警惕和反思，不以“科学主义”（scientism）来取代文学研究传统中基于意义含混、悖论、反讽等要素的诗学价值观。事实上，统计科学中存在着各种各样的陷阱，譬如著名的“辛普森悖论”（Simpson's Paradox）就提醒我们：在分组比较中出现的变量趋势，在合并组的统计计算中可能会获得相反的结果。[1]如果不了解统计数据在分组与合并中可能带来的截然相反的结果，我们可能就会掉入陷阱而不自知。同样，而在机器学习中也会出现“过拟合”（over-fitting）的问题，这往往意味着算法在数据中找到了现实世界里并不存在的虚假模型，它不过是数据带给我们的幻觉。[2]甚至有一种说法是，数据挖掘意味着“折磨数据，直到数据妥协”，而在学习算法中又特别容易出现“过拟合”问题，“因为它们拥有从数据中发现模型、近乎无限制的能力”。[3]如果在数字人文范式下的文学研究中进一步引入读者心理认知的维度，我们还需要提防在心理学研究中早已为人诟病的“重复危机”（reproducibility crisis），[4]不要

1 关于“辛普森悖论”的一个经典例子是：某法学院的女生录取比例高于男生，某商学院的女生录取比例也高于男生，看似不存在性别歧视的问题，但实际上将两个学院录取人数合并起来，会发现女生录取率实际上低于男生录取率。出现这种有悖“常理”的统计结果的原因，是因为每个分组的基数可能存在较大差异，两个向量分别的斜率差异和合并后的情形不一定相同。

2 譬如，最近上海交通大学做的“基于面部图像的自动犯罪概率分析”就极具争议，被认为是缺乏科学伦理的一种变相的“颅相学”。Richard Tynan认为，该研究之所以会有这么荒谬的“准确”预测，是因为在“小数据集上，算法、人工智能和机器学习可能会建立起专断荒唐的相关性。这不是机器的错，把复杂系统运用在不合适的地方是很危险的”。

3 佩德罗·多明戈斯：《终极算法：机器学习和人工智能如何重塑世界》，黄芳萍译，北京：中信出版集团，2017年，第91—92页。

4 2015年《科学》杂志刊登的一个调查显示，对2008年顶级心理学期刊发表的100项研究进行重复，仅有36%的实验结果得到了重现，而且83%的重复试验的效应量都小于原研究。参见Open Science Collaboration, “Estimating the Reproducibility of Psychological Science,” in *Science*, 349.625 (Aug. 2015), p.943。另一个极端的例子，是荷兰心理学家Diederik Stapelz在五十多篇论文中编造数据的特大丑闻，详细讨论见英国《卫报》的长篇报道《针对科学造假的高科技战争》(The High-Tech War on Science Fraud)，February 1, 2017。

过分相信在中小规模的受试读者中以调查问卷方式获得的统计分布规律。

如果上述"祛魅"是在科学方法范畴中进行的,那么还有另一种人文学者需要正视的认识论迷信,它某种程度上源于我们在图像时代对于研究结果的可视化图形的"返魅"(re-enchantment)。从艺术批评的角度看,中世纪的宗教绘画中隐藏着人类对于神圣力量的圣像崇拜。而在文艺复兴之后,当"圣像破坏运动"(iconoclasm)已经成为强大的世俗共识之后很多年,信息时代的我们却被重新带入另一种对于图像的崇拜。此刻,我们顶礼膜拜却不自知的,不再是教堂壁画中的圣母或耶稣,而是计算机通过程序生成并呈现在我们面前的各种图表(graphs)——曲线图、柱状图、圆饼图、点状分布图、网络关系图等等。它们不仅是图像化的数据,而且在人类潜意识中构成了机器的一种"绘画",它似乎表征着某种真理的显形。然而,格金姆(Anna Marazuela Kim)一针见血地指出,这些图像尽管看似无所不能,但其实不过是"对那个由人、物体和人际关系所构成的无比复杂的物质世界的一种苍白反映"[1]。因此,习惯以纯文字来进行学术生产的人文学者应该本能地警惕自己对于"图表"的敬畏感。对于莫莱蒂在《图表、地图、树状图:文学史的抽象模型》(*Graphs, Maps, Trees: Abstract Models for Literary History*)所倡议的制图方法,我们既要保持开放的学习态度,但同时也要小心这些图表背后每一个数据的可检验性(retrievability)、制图方式的任意性(arbitrariness),以及对于文学复杂系统进行制图所造成的简化主义(reductionism)弊端。

这样的"祛魅"不仅不是反科学的卢德主义(Ludditism),反而是真正科学的理性态度。早在1620年,培根(Francis Bacon)在《新工具》(*Novum Organum*)中就对科学的方法论提出了一个变革性描述:科学应该从演绎走向归纳。这并不是说用归纳法取代演绎法,而是实现两者的有机结合,即"从感官和特殊的东西引出一些原理,经由逐步而无间断地上升,直至最后才达到最普遍的原理"。[2]不难看出,培根心仪的这种归纳方法反对由特殊材料一劳永逸地飞抵"最普遍的原理",而是

1 Anna Marazuela Kim, "Re-enchantment and Iconoclasm in an Age of Images," in *The Hedgehog Review*, 2015, p.53.

2 培根:《新工具》,许宝骙译,北京:商务印书馆,1986年,第12页。

以一种“三步走”的流程循环渐进：首先要求尽可能多地运用观察获得经验数据，接着对这些数据“观其大较”并做客观地整列、类编与分析，在此基础上“捕获原理，然后再由业经确立的原理进至新的实验”[1]，如此往复。有当代学者认为，培根的描述不仅构成了西方现代科学实验的方法基石，而且已经颇具远见地将“科学发现从本质上视为一个算法的过程”[2]。在这种图景下，新的观察结果不断充实数据库，而称为“科学”的一般性假设随时等待被证伪，并被新的一般性假设来取代。

波普尔（Karl Popper）对科学命题有一个著名的划界，那就是“可证伪性”（falsifiability），而库恩则进一步将科学革命定义为一种来自科学家社群内部的“范式转换”（paradigm shifts）。无论怎样评价波普尔和库恩的立场异同，至少我们可以确知在科学哲学圈子内部，早已放弃了“科学即亘古不变真理”的幼稚想法，转而强调科学方法、科学知识的暂时性与相对性。既然如此，我们恐怕更没有理由去将人文计算引入文学研究不加甄别地视为一种“进步”；至少在库恩那里，这种“范式转换”的后果往往喜忧参半，甚至还有倒退的可能。[3]进一步说，我们从一开始就不必认为人文计算是所有文学研究中必须引入的批评工具[4]，或将人工智能、机器学习带来的算法视为具有玄奥力量的神秘之物。事实上，它们随时可能犯错，有着自身的边界，但强于人脑之处在于它持久的、高速的计算能力，它们还可以在不断重复中自我学习和优化。批评家期待它们会“撞大运”般在文本挖掘中找到有趣的“原理”，从而帮助我们抵达文学阐释的某个奇点；但同时我们也应该做好心理准备，那就是它会在不断运算中一无所获。

1 培根：《新工具》，许宝骙译，北京：商务印书馆，1986年，第60页。

2 Ahmed Alkhateeb, “Science has outgrown the human mind and its limited capacities,” *Aeon*, 24 April, 2017.

3 Barbara Herrnstein Smith, “Scientizing the Humanities: Shifts, Collisions, Negotions,” in *Common Knowledge*, Vol. 22, No. 3, 2016, p.355.

4 数字人文圈子里有一种“不追随我就得死”（follow-us-or-die）的偏激论调，参见 Jon Saklofske, Estelle Clements, and Richard Cunningham, “They Have Come, Why Won’t We Build It?: On the Digital Future of the Humanities,” in Brett D. Hirsch et al. (eds.), *Digital Humanities Pedagogy: Practices, Principles and Politics*, Cambridge, UK: Open Book Publishers, 2012。

我之所以不特别强调人文计算和算法对整个文学研究的必然意义，是因为正如伽达默尔所言，"阐释在本质上并不是一个方法的问题"[1]。阐释，不是一种可以像其他经验客体那样拿来进行科学调查并达到理解目的的方法。但尽管它有别于科学的方法论，阐释仍然是关乎知识和真理，只是这种知识和真理有别于科学家追求的对象，它关乎直觉和信仰，是我们和AI（那种被认为可以像人一样去思考的东西）最大的区别所在。同时，基于大数据的机器学习在目前的主要应用是寻找相关性，并在此基础上作某种预测。然而，除非我们要做的只是单纯对文学文本进行风格测量，否则对真正的文学研究而言，需要实现的是阐释，而非预测。事实上，文学批评家之所以需要一个具有人工智能的分类器算法，并不是指望它用87%的准确率告诉我们一首诗到底是不是俳句，或者一部戏到底是悲剧还是喜剧；算法批评的意义恰恰是利用它的人工智能，促使批评家发现之前使用别的方法未曾觉察的问题，帮助批评家分析和阐释文本并解析出新的意义。唯有这样的数字化文学研究，才会真正吸引我们扬帆驶向数字人文的"比特海"。

最后，让我们再回到库切，以《青春》中主人公面对计算机那段遐想作为结语："逻辑其实是人类的一种创造，而不是生命的一个构成部分……计算机只是一些家伙为别的家伙娱乐而发明的玩具而已。他相信还有许多别的逻辑（但是还有多少呢？），每种都和'非此即彼'的逻辑一样好。他赖以生存的这个玩具构成的威胁是它会把'非此即彼'的途径深深地印进它的使用者的大脑中，因而将它们无可挽回地拴在了它的二元逻辑上，这就使它不仅仅是个玩具了。"[2]

1 Hans-Georg Gadamer, *Truth and Method*, trans. Joel Weinsheimer and Donald G. Marshall, London: Bloomsbury, 1975. p.xx.

2 J. M. 库切：《青春》，王家湘译，浙江文艺出版社，2004年，第176—177页。

忠实的工人和杰出的学者：大人文学科与知识伦理

查得·韦尔蒙(Chad Wellmon)*
林太平 译

摘 要：过去二十年里，关于人文探索目的与实践的长期争论焦点已重置，成为一场有关数字年代人文学科未卜命运的争论。现在，随着数字和计算人文的出现，学者们正怀着新的紧迫感讨论人文学科意义何在，做此研究意味为何。许多人提出，数字数据过量前所未见，并呼吁新的措施、实践及认识论。本文在罗琳·达斯顿(Lorraine Daston)称为“纲要实践”(practice of compendia)——收集、校勘、阐释大量资料的做法——的较长历史背景下考察了这些主张。文章特别关注19世纪晚期德国历史学家特奥尔多·蒙森(Theodor Mommsen)以及他担任普鲁士科学院院长(secretary)时发起并领导的项目的范围。蒙森发明了“大人文学科”(big humanities)以及其同时代人称为“工业化”模式的学术研究(industrial model of scholarship)，一种有助于创造新的现代学术人格(scholarly persona)和明显现代的知识伦理的模式。

关键词：数字人文；大人文；蒙森；尼采；学者人格

---

* **作者简介：**查得·韦尔蒙(Chad Wellmon)，美国弗吉尼亚大学德语系，教授，博士。研究领域包括欧洲思想及技术、媒介和社会理论研究史、知识生成历史等，著作包括(with Paul Reitter) Permanent Crisis: Humanities in a Disenchanted Age (University of Chicago Press, 2021), Organizing Enlightenment: Information Overload and the Invention of the Modern Research University (Johns Hopkins University Press, 2015), Becoming Human: Romantic Anthropology and the Embodiment of Freedom (Penn State University Press, 2010)等。

译者简介：林太平，自由译者。

一、数字时代的知识

过去二十年里，关于人文探索目的与实践的长期争论焦点已重置，成为一场关于数字年代中人文学科未卜命运的争论。现在，随着数字和计算人文的出现，学者们正怀着新的紧迫感讨论人文学科意义何在，做此研究意味为何。数字的和人文学科都是内涵丰富的概念，有复杂难解的历史。数字人文如果想要有任何相关性，则需要根据这两种历史来理解。

历史学家大卫·阿米蒂奇(David Armitage)和乔·古尔迪(Jo Guldi)最近在《历史宣言》里赞颂"大数据"的出现是一种机遇，可以复兴大问题、大历史和长时段(longue durée)，并因此令历史再次变得重要。[1]但并非所有历史学家都对数字增强的历史充满信心。其宣言至少在历史学家中反弹强烈。德博拉·科恩(Deborah Cohen)和彼得·曼德勒(Peter Mandler)称阿米蒂奇和古尔迪"不负责的概括"相当于未经证实便断言"长期"和更多数据必然涉及更重大、更有意义的历史。[2]阿米蒂奇和古尔迪之后的回应则贬其为学术界"特有的制度性短期主义"。如果没有更多数据，没有收集数据所需的实践活动，就没有"长时段"。尽管对"大数据"的认识论前景意见不一，阿米蒂奇和古尔迪同其批评者一样，对"大数据"欢呼或质疑，好像这是一种没有历史的现象。

围绕《历史宣言》的争论回响着文学学者中类似的辩论。辩论的一方，内布拉斯加大学英文系教授、《宏观分析：数字方法和文学史》的作者马修·L.乔克斯的主张与阿米蒂奇和古尔迪类似，认为随着大量数字文本集的改进，包括Hathi Trust这样的非商业合作伙伴和ECCO这样的供应商运营的盈利机构资料库，人文学者如今能够提出前所未有的问题并发展新的实践活动。这迫在眉睫的人文探索的"革命"将要

1 David Armitage and Jo Guldi, *The History Manifesto*, Cambridge: Cambridge University Press, 2015.

2 关于科恩和曼德勒的评论及阿米蒂奇和古尔迪的回复，参见*American Historical Review*, Vol. 120, No. 2, 2015, pp.527–554。

求“新的方法，对研究对象的新思考方式”——一种全新的认识论。乔克斯鼓励仅以“高度轶事风格的主观方法”武装的人文学者采纳科学的现成方法和认识论。

但乔克斯对科学的理解是有限的：“科学的目的……是对某些现象形成尽可能好的解释。这是通过小心、全面地搜集证据而做到的。我们认为，达到的结论和收集的证据水平一致。”[1]科学，而非个体的科学家，根据事先形成的假设全面搜集证据从而给出解释。[2]

辩论的另一方嘲弄了传言中数字人文对数据、图表和数字的痴迷，这些东西要么并未告诉我们任何我们尚未了解之事，要么更过分，将思考任务委托给计算机及其算法。但是，数字人文的多数批评者没有讨论学者实际用数字工具做了什么——汇编、编辑、标记、注释、构思，以及简单将印刷内容转换为数字档案。相反，他们关注斯坦福大学文学实验室创始人弗朗哥·莫莱蒂（Franco Moretti）等学者的浮华主张，还有他所称的“远程阅读”（distant reading），即利用计算和定量方法研究大量文本。评论家、哥伦比亚大学教授亚当·基尔希（Adam Kirsch）最近在论述数字人文对英文系的毒害作用时认为，莫莱蒂等学者“对人文学科和科学做了错误类比”。

不过基尔希的论文《科技正在接管英文系》并非真正关于数字人文。而是有关更广泛意义上的人文学科，是评论家对人文学科应该是何面貌的看法。他写道，数字人文的问题在于他们背离“人文主义工作的本质”：

> 人文主义思维并非通过会产生结果的实验而进行；它事关思维实验，由艺术和历史作品引发，扩展人之理解与同情的范围……这

1 Matthew L. Jockers, *Macroanalysis*, Urbana: The University of Illinois Press, 2013, PP.3–4, 5–6.

2 例如，乔克斯的夸张描述对比保罗·费耶本德（Paul Feyerabend）的说法，见Paul Feyerabend, *Against Method: Outline of an Anarchist Theory of Knowledge*, New York: New Left Books, 2010; Barbara Hernnstein Smith, *Scandalous Knowledge: Science, Truth and the Human*, Durham, NC: Duke University Press, 2006; 对乔克斯的特别讨论另见Barbara Hernnstein Smith, “What Was Close Reading? A Century of Method in Literary Studies,” 这是2015年5月6日在哥伦比亚大学做的一次讲座。

就是为何最好的人文主义学术研究是创造性的，同诗歌和小说更亲近，而非化学或物理：它依赖的并非一套知识，虽然知识不可或缺，——而是学者的想象力和现实感。[1]

基尔希在主观性和客观性之间建立了清晰的边界，他笔下的人文学科诞生于创造性的、并无科技装饰的主观意志，而科学则束缚于一种机械的、程序化的客观方法，权威正来自其控制主观性的能力。[2]但基尔希的人文学科和乔克斯的科学同样单一。

目前正在发动对数字时代人文学科的论战，而从有写作之日起至今的海量文本已经可以作为数字文献供人使用。人文学科和自然科学、物理学、社会科学一样，数据丰富。面对过量的材料，学者已经开始反思或担忧人文探索的实践和目的。如果人文学者眼下并没有就自己的未卜前途而争论，基尔希等评论家对数字人文的担忧就极有可能不会获得这样的吸引力。数据泛滥的体验通常伴随学术焦虑。正如安·布莱尔（Ann Blair）形容的，部分焦虑在于光是要知道的事儿就太多了。[3]数字化只是恶化了这个问题，加剧了随之而来的焦虑。

但正如罗琳·达斯顿最近所言，数字化“只是让数据有形、可见、可得、可复制的一系列方法中最近的一种”。[4]收集、汇编、保存、阐释大批数据是有历史的，即达斯顿所称的“纲要实践”。数世纪以来，这种收集数据和证据的实践活动对人文学科至关重要。就算所谓的“大数据”时代带来了新的规模和速度，但并不必然引入全新的认识论或实践活动。

1 Adam Kirsch, “Technology Is Taking over English Departments: The False Promise of the Digital Humanites,” in *New Republic*, Vol. 2, 2014.

2 关于“客观性”在科学中的历史及其与主观性的复杂关系，参见 Lorraine Daston and Peter Galison, *Objectivity*, New York: Zone Books, 2010.

3 Ann Blair, *Too Much to Know: Managing Scholarly Information before the Modern Age*, New Haven: Yale University Press, 2010.

4 Lorrain Daston, “The Sciences of the Archive,” in *Osiris*, Vol. 27, No. 1, 2012, pp. 156–187; 另，参见下述论文的最后部分，“Observing Together: Communities,” in Lorraine Daston and Elizabeth Lunbeck(eds.), *Histories of Scientific Observation*, Chicago: University of Chicago Press, 2011, pp.369–444.

人文学者对数据感到不适，部分原因是人文学科的历史基本上被描述为阿布莱希特·丢勒的版画《书房里的圣杰罗姆》(1514)中的场景：一个孤独的学者的故事，埋首书籍独自劳作，除了偶有狮狗相伴。但是，人文学科在集体项目上也有很长的历史。18世纪早期(1731—1754)的德国，约翰·泽德勒(Johann Zedler)编辑出版了欧洲历史上最大、涵盖最广的百科全书之一(68卷)，从数百位未具名学者处收集文章(超过28.4万篇)；1751年到1772年间，德尼·狄德罗和让·勒朗·达朗贝尔(Jean le Rond d'Alembert)编辑了一个"绅士团体"的著作，出版了超过7.1万篇文章、共28卷的《百科全书》；那个世纪最后几十年里，一系列德国百科全书项目协调了数十人的学术工作。[1]这些启蒙年代的本国语项目扩展了早期现代百科全书编纂者、目录学家、词典编纂者的学术实践和种类，例如康拉德·格斯勒(Conrad Gesner)和约翰·H.阿尔斯台德(Johann H. Alsted)，他们依靠的是安·布莱尔最近称为"自愿帮手"的松散网络。[2]人文学科的历史并非只是孤单的阐释行为，也是合作实践的历史。

鲁迪格·冯·布鲁赫(Rüdiger von Bruch)和达斯顿指出，在德国，至少直到19世纪后三分之一，自然科学和物理学模仿了语文学等学科的许多方法和实践，语文学在数据发掘、观测者协调以及信息收集与编纂方面都有领先技术。19世纪晚期，普鲁士科学院在以项目为基础的、大规模合作性学术研究中开创了新形式。这些项目不仅挑战了方法、证据和阐释的范式，也挑战了有关人文科学应如何进行合法的学术探索的认知和伦理规范。在历史学家兼古典学者、诺贝尔奖获得者和社会主义政治家特奥尔多·蒙森的领导下(1873年到1895年他担任学院常务院长)，学院将一种学术研究制度化，围绕着跨越数十年收集海量材料、管理数千名学者和工人、脑力劳动分工组织起来，蒙森及其同

1 参见 Chad Wellmon, "Touching Books: Diderot, Novalis and the Encyclopedia of the Future," in *Representations*, Vol. 114, No. 1, 2011, pp. 65–102.

2 Ann Blair, "Hidden Hands: Amanueses and Authorship in Early Modern Europe," talk delivered at the Ohio State, 8 Oct. 2015; 另见 Blair, *Too Much to Know*。

时代人称之为“学术大工厂”(*Großbetrieb der Wissenschaft*)。[1]在出现“大科学”和“大数据”之前就有了大人文学科。[2]

蒙森的工业化学术模式成了尖刻批评的目标，在许多19世纪晚期的德国学者看来也是人文主义知识危机迫在眉睫的信号。围绕“大人文学科”的争论令统治德国学术界近一个世纪的认识论和伦理预设清晰可见，也预见了种种分界，文化和社会科学在一边，自然和物理科学在另一边：个体探索vs合作探索，阐释探索vs描述性或解释性探索。

19世纪晚期大人文学科在德国的出现只是收集和编纂实践史上的一章。过去十年里，各种学者已对此进行了详尽论述。尽管达斯顿、史蒂芬·瑞本里希和冯·布鲁赫等学者已经对这些实践的认识论预设做了概述，尤其是涉及蒙森的方面，但我的关注点在其伦理理念。“大人文学科”的出现不只是牵涉对学者如何建立权威知识的不同理解——关于证据、事实、批判和论点的看法——还涉及对学者应是怎样的人的不同看法。[3]

1 关于蒙森及其作为大科学先驱的工作，参见Stefan Rebenich, *Theodor Mommsen und Adolf Harnack: Wissenschaft und Politik im Berlin des ausgehenden 19. Jahrhunderts. Mit einem Anhang und Kommentierung des Briefwechsels*, Berlin, 1997; Rüdiger vom Bruch, “Mommsen and Harnack: Die Geburt von *Big Science* aus den Geisteswissenschaften,” in Alexander Demandt, Andreas Goltz, and Heinrich Schlange-Schöningen (eds.), *Theodor Mommsen: Wissenschaft und Politik im 19. Jahrhundert*, Berlin: De Gruyter, 2005, pp. 121–141.

2 Bruch, “Mommsen and Harnack.” 关于“大科学”的历史参见Steve Shapin, *The Scientific Life: A Moral History of a Late Modern Vocation*, Chicago, 2008, esp.80–87 and 169–173. 关于大科学和大人文之间的区别，参见Torsten Kahlert, “Große Projekts: Mommsens Traum und der Diskurs um Big Science und Großforshung,” in Harald Müller and Florian Eßer (eds.), *Wissenskulturen: Bedingungen wissenschaftlicher Innovation*, Kassel, 2012, pp. 67–86; Carlos Spoerhase, “*Big Humanities*: ‘Größe’ und ‘Großforschung’ als Kategorien geisteswissenschaftlicher Selbstbeobachtung,” in *Geschichte der Germanistik*, Vol. 37, No. 38, 2010, pp. 9–27.

3 本文极大地受益于达斯顿和她未发表的2013年于密尔沃基召开的日耳曼研究协会年会主旨演说“Science, Humanities, Wissen, Wissenschaft: Remapping Knowledge”。随后，达斯顿发表了另一篇关于蒙森的论文，“Authenticity, Autopsia, and Theodor Mommsen’s *Corpus Inscriptionum Latinarum*,” in A. Blair and A. S. Goeing (eds.), *For the Sake of Learning: Essays in Honor of Anthony Grafton*, Vol. 2, Leiden: Brill, 2016, pp.955–973。我的文章只是更宽泛地扩展了她关于蒙森和知识史的研究。

在组织历时数十年的罗马铭文编纂时，蒙森制度化了一种新型的现代学术研究，对人文探索有深远的认识论、政治和伦理影响。“大人文学科”的出现挑战了一百多年来对德国学术和思想史至关重要的理念。[1]这场已被忘怀的辩论强烈的道德本质——关于知识的合法目的及学者的品格——与我们关于数字时代知识的状况与目的的辩论产生了共鸣。在我们这样的时代，当学者和知识分子体验到数据过量，遭遇新的证据形式，他们往往会回到有关学术实践状况的问题上——其规范、精神和目的。因此，考虑到收集并组织数据以彰显其意义的历史实践，我们目前的讨论可以看作是一段更久远历史的一部分：支配人文主义探索和学术研究的伦理及认识论规范的历史。在这些历史条件下考虑数字有助于我们将实践理论化——例如搜索技术、数据库建立，或综合处理实践——即文学学者泰德·安德伍德（Ted Underwood）所说的，我们20年前“忘了”理论化的那些实践活动。[2]

更宽泛而言，19世纪晚期德国关于“大数据”的争论也是1900年前后有关现代学术研究（*Wissenschaft*）的更大范围论争的一部分，到20世纪初，马克斯·韦伯认为学术已“达到了空前专业化的阶段，而且这

1 有关“大人文学科”出现的更宽泛的研究见Spoerhase, “Big Humanities”；及 Stefan Rebenich, “Vom Nutzen und Nachteil der Grosswissenschaft: Alterthumliche Unternehnumgen an der Berliner Akademie,” in Annette M. Baertschl and Colin Guthrie King(eds.), *Die Modernen Väter der Antike: Die Entwicklung der Altertumswissenschaften an Akademie und Universität im Berlin des 19. Jahrhundets*, Berlin, 2005, pp.397–421。关于人文学科史的作品体系日益庞大。本文又加以扩展，更多地关注人文主义工作的实践和技巧，我希望表明，它们同人们普遍理解的“科学”有大量共同之处。一些最新的相关研究，见下述三卷著作：Rens Bod and Jaap Maat (eds.), *The Making of the Humanities*, Vol. 1, *Early Modern Europe*, Amsterdam: Amsterdam University Press, 2011; *The Making of the Humanities*, Vol. 2, *From Early Modern to Modern Disciplines*, Amsterdam: Amsterdam University Press, 2013; *The Making of the Humanities*, Vol. 3, *The Modern Humanities*, Amsterdam: Amsterdam University Press, 2015。

2 Ted Underwood, “Theorizing Practices We Forgot to Theorize Twenty Years Ago,” in *Representations*, Vol. 127, No. 1, 2014, pp. 64–72.

种局面会一直继续下去”。[1]韦伯的声明标志了统一的学术研究之梦的终结。而蒙森尽管在传言中对知识持现代倾向，却依然坚持这个梦，并以其立场促进了人文学科和现代学者伦理人格的重新发明。

二、集体的学术研究

1844年到1845年，特奥尔多·蒙森靠着研究奖金在意大利旅行时只是一名青年学者，没有稳定的学术职位，每天早晨在图书馆、博物馆或档案馆研读罗马手稿。在离开德国前往意大利之前，他已计划编辑一部克里斯蒂安·豪博德（Christian Haubold）首版于1830年的关于罗马法律渊源的著作的新版本。[2]然而在1844年末抵达罗马之前蒙森就改了主意，决定搜集“法律碑文（monumenta legalia），编为史上最详尽、严谨的集子”。[3]

在基尔大学学法律时，蒙森就专注于古罗马法，受到德国历史法学派（German historical school of jurisprudence）训练，该学派的基本教条认为，理解现代德国法律的唯一方法是通过研习其罗马先例。德国历史法学派先驱弗雷德里希·冯·萨维尼（Friedrich von Savigny）曾言，所有法律“都首先通过道德和共同信仰，然后通过法学产生”，而非通过“立法者的意愿”。[4]法律和艺术一样，是一种历史和文化现象，因此必须以历史的和语文学的方法学习。蒙森身为法学生，早已熟谙德国语文学家的方法和文本考据，如奥古斯特·伯克（August Boeckh）、卡尔·拉赫曼（Karl Lachmann）、戈特弗里德·赫曼（Gottfried Hermann）。

1 Max Weber, “Wissenschaft als Beruf,” in Kaesler (ed.), *Max Weber: Schriften 1894–1922*, Stuttgart: Kröner Verlag, 2002, pp. 474–511.

2 *Antiquitatis Romanae Monumenta Legalia extra Libros Juris Romani sparsa* (Berlin, 1830). 见蒙森1844年4月18日写给语文学家Otto Jahn的信，Lothar Wickert (ed.), *Briefwechsel: Theodor Mommsen, Otto Jahn*, Frankfurt am Main: Vittorio Klostermann, 1962, p. 5。

3 雅恩的话引自Adolf Harnack, *Geschichte der Königlich Preussischen Akademie der Wissenschaften zu Berlin*, Vol. 1(2), Berlin:Reichsdruckerei, 1900, p. 901。

4 Friedrich Savigny, *Vom Beruf unserer Zeit für Gesetzgebung und Rechtswissenschaft*, Heidelberg: Mohr, 1828, p. 14.

在罗马时他开始将这些德国文本考据方法同样用到手稿和铭文上。[1]

在罗马的图书馆和档案馆待了仅仅几个月后蒙森就意识到，他计划要找到、汇编、校勘、编辑并最终出版罗马帝国所有拉丁铭文，这需要一种不同的学术研究。他对在他之前也曾尝试类似研究的那一长串学者及其失败的项目名单有着敏锐的意识。最初，他同自己的朋友和前教师奥托·雅恩一起，向普鲁士学院要求2万塔勒银币做一个铭文合作项目。[2]1847年，蒙森向学院提交了一份可被视为首个"大人文学科"项目申请书的文件："《〈拉丁铭文全集〉(*Corupus Inscriptionum Latinarum*)/CIL备忘录》"。[3]尽管已经和雅恩一起在之前的建议书中要求了一笔前所未见的大数目，蒙森在《备忘录》里清楚表明，本项目会较之前设想的更为"影响广泛、花费高昂"。[4]雅恩和蒙森同科学院的谈判持续数年，因为有几位领导成员，尤其是柏林的语文学家奥古斯特·伯克，担心"项目的巨大规模"，疑心是否有任何一位学者能够保持"整体视野"。[5]

蒙森的铭文项目并非首个此类项目。从1825年到1877年，伯克领导编纂《希腊铭文全集(CIG)》，汇编了公开的希腊铭文，从而促进了金石学——对铭文的系统研究——成为古代文化研究的决定性方法。[6]虽然伯克最初提议收集之前未出版的铭文，但为监督项目而设立的委员会否决了派出学者从石头上收集新铭文的意见。[7]相反，委员会决定只派学者编纂那些从手稿或印刷书籍中零星收集的铭文，并按照"连贯

1 关于蒙森受益于德国文本考据传统以及他对批判(*Kritik*)的观点，Daston提供了最有帮助的陈述，见"Authenticity, Autopsia, and Theodor Mommsen's *Corpus Inscriptionum Latinarum.*"。

2 见Harnack, *Geschichte*, 906–908. 在学院成员内部争论后，雅恩和蒙森的款项请求被减到约8 000塔勒。

3 我引自下述书籍的重印本，*Theodor Mommsen: Tagebuch der französischitalienischen Reise 1844/45*, Frankfurt: Herbert LangBern, 1976。

4 蒙森的话引自Harnack, *Geschichte*, 908。

5 Otto Hirschfeld, *Gedächtniss Rede auf Theodor Mommsen*, Berlin: Verlag der Königlichen Akademie der Wissenschaften, 1904, p. 16.

6 Christian Emden, *Friedrich Nietzsche and the Politics of History*, Cambridge: Cambridge University Press, 2008, p.157.

7 Harnack, *Geschichte,* 671.

的”计划组织他们。[1]

伯克和蒙森的项目都有大规模视野和合作性人文主义学术研究。在伯克1815年最初的CIG意见书里，他力图收集数千份“散落各处”“残缺不全”的铭文并使之可以使用。[2]他认识到，这样的全面收集需要不同类型的脑力劳动，这种劳动对研究院比对大学更为合宜，前者专心搞研究，后者则有研究与教学的双重任务。他宣称，语文学家有“职责”面对并组织这项“复杂工作”(*Mannigfaltigen*)。但他也不得不承认，随着“材料规模持续扩大”，“劳动分工”的需求也会增加。他接着说道，先进的学院不应仅仅是个让学者私下凑在一起闲聊各自学术工作的场所。它们应该支持和组织那些“由于学者能力不足或本就不能单独完成而令个体[学者]无法独自承担的”项目。[3]这样的项目需要有国家支持的“团体”(*Verein*)。[4]大学是个体学者的机构，学院则是学者集体的机构，他们为“整体的”的项目协力工作。

学院资助CIG，做了一件同大学截然不同的事，引进了组织学术实践的新方式。这需要其成员，即传统上单独授课、提交个人报告并写作自己的论文的人，作为整体一起工作。[5]学院设立了委员会监督CIG，历史-语文学领域的所有五位成员都为之服务。根据委员会规定，要求成员每周碰头，提交书面报告，说明为“共同工作”而达成的进展。[6]CIG委员会为围绕着“集体经验主义”(collective empiricism)而组织起来的新型学院学术铺平了道路，这种类型的探索协调、汇编、整合来自“跨时

1 Harnack, *Geschichte,* 671.

2 August Boeckh, “Antrag auf ein Corpus Inscriptionum,” in Harnack, *Geschichte*, 374–378, at 377.

3 Harnack, *Geschichte*, 669.

4 Boeckh, “Antrag,” 378. 哈尔纳克认为这种学院观念——一种个体学者无法承担的集体和合作项目的制度——是语文学—历史领域的“指导思想”。Harnack, *Geschichte*, 670.

5 Petra Hoffmann, *Weibliche Arbeitswelten in der Wissenschaft: Frauen an der Preußischen Akademie der Wissenschaften zu Berlin 1890–1945*, Bielefeld: Transcript, 2011, p. 61.

6 Harnack, *Geschichte*, 379–382; 另见 Conrad Grau, *Die preußische Akademie der Wissenschaften zu Berlin: Eine deutsche Gelehrtengesellschaft in drei Jahrhunderten*, Berlin: Springer Spektrum, 1993, p. 154.

空分布”的观察者的稿件和材料。[1]

三、档案的认识论与集体伦理

蒙森1847年的建议书是对伯克项目的起诉书。[2]不过许多学者也已详细说明，它也清楚陈述了将指导他数十年CIL工作的认识论原则：批判（critique）、整体和真实：“CIL的目的是将所有拉丁铭文纳入一个文集，以便利的顺序汇集，在剔除不真实的石碑后，批判地、精确地复制于文本中，并有大量的各种选集（*varietas lectionis*）和精确索引以便使用。”[3]蒙森将提议的项目熔铸在拉赫曼等语文学家的“批判”语言中，后者试图提供系统性方法将文本传输标准化。伯克的CIG受限于文学传统，而蒙森寻求将CIL建立在解剖（autopsy）和肉眼检查上。越来越精确的材料将成为更好的证据。[4]

学院一边同蒙森和雅恩谈判，一边将铭文项目委托给了德国古典学者A.W.祖普特（A.W. Zumpt）。但祖普特几乎立刻就被——按他自己说的——“铭文的庞大”[5]弄得应接不暇。因此，他辞了职。1852年蒙森出版了《那不勒斯王国的拉丁铭文》（*Latin Inscriptions of the Kingdom of Naples*），如教会史家和普鲁士学院成员阿道夫·哈尔纳克（Adolf Harnack）所言，

1 Galison and Daston, *Objectivity*, 19–27; 另见Lorraine Daston, “The Sciences of the Archive,” in *Osiris*, Vol. 27, No. 1, pp. 156—187; 论文最后部分, “Observing Together: Communities,” in Lorraine Daston and Elizabeth Lunbeck (eds.), *Histories of Scientific Observation*, Chicago: University of Chicago Press, 2011, pp. 369—444。

2 Daston, “Authenticity, Autopsia, and Theodor Mommsen's *Corpus Inscriptionum Latinarum*,” 可见关于蒙森的项目如何与伯克项目不同的详细说明。

3 Mommsen, “Plan,” 225.

4 Wilfried Nippel, “New Paths of Antiquarianism: Mommsen and Weber,” in Peter N. Miller, (ed.), *Momigliano and Antiquarianism: Foundations of the Modern Cultural Sciences*, Toronto: University of Toronto Press, 2007, pp. 207–228; Stefan Rebenich, *Theodor Mommsen: Eine Biographie*, Munich, 2002, pp. 50–55.

5 引自Lothar Wickert, *Theodor Mommsen: Eine Biographie*, Vol. 3, Frankfurt am Main: Vittorio Klostermann, 1969, p. 264。

这书让哪怕最“迟钝”的观察者也信服蒙森的项目可行且有价值，因此在1854年，普鲁士国王威廉四世同意六年共资助总计1.2万塔勒。

1858年，蒙森提交最初的CIL建议书11年、开始此项工作4年后，他被邀请加入学院，并获得了项目的唯一领导权。在就职演讲中，蒙森将CIL的原则更广泛地扩展到学院中。他说，建立“过去的档案”(archive of the past)并不只是历史-语文学领域的目标，而是整个学院的目标。[1]所有科学都与档案有关(archival)。

重要的是，蒙森的“过去的档案”并非理想化的知识统一，并非作为理性的理念(idea of reason)的康德式整体观念，不对应任何现实。蒙森要学者们收集得到的一切，并将其塑造为经过细致组织、编辑和索引的印刷本，他要让历史数据可见、可得、可浏览。过去的统一不能被认定为一种观念行为；必须汇编为档案。这档案是现在的基础设施，最终意在面向未来的学者。它是个数据库。

这样的档案是必要的，蒙森宣称，因为“所有未经深思的传统【已然】沉默”。[2]蒙森追随其导师格奥尔格·巴特霍尔德·尼布尔(Georg Barthhold Niebuhr)对文学传统不可靠性的批判，而大多数古代史基于此传统，蒙森认为承袭的传统(inherited tradition)——也就是从过去手把手“移交下来”——是“伪历史”(*Scheinüberlieferung*)。[3]此种状况下，现代历史学家和语文学家的任务是对“历史的不完整情况”进行“编纂和分类”。[4]他们必须将过去的“确定无疑的遗迹”整编为可以信赖的形式。[5]

蒙森重申自己最初的CIL建议书的意见，认为这样的档案应有三

1 Theodor Mommsen, “Akademische Antrittsrede,” in Mommsen, *Reden und Aufsätze*, Berlin: Weidmannsche Buchhandlung, 1905, pp. 35–38, p. 37, p. 38.

2 Theodor Mommsen, *Römische Geschichte: Vollständige Ausgabe in acht Bänden*, Vol. 1, Munich: Deutscher Taschenbuch Verlag, 1976, p. 30.

3 Otto Seeck, “Zur Charakteristik Mommsens,” in *Deutsche Rundschau*, Vol. 118, 1904, pp. 75–108, p. 87.

4 Mommsen, “Akademische Antrittsrede,” 37; and Mommsen, “Über die Königliche Bibliothek,” in Mommsen, *Reden und Aufsätze*, 225.

5 Seeck, “Zur Charakteristik Mommsens,” 88.

个基本特征：应建立在分立的事实，而非连贯的故事之上；如他所说，应是真实可靠的；应是全面的。蒙森并未将此档案限于古代铭文，但CIL示范了他认为能够实现上述要求的学术实践。这是学院全面投入的首个，也是最为典范的大型“汇编项目”。[1]

四、何为史实

蒙森写道，真正的“过去的档案”必须建立在“事实的逻辑”之上，而非古代作者的文学记述，后者如李维（Livy）和亚历山大城的阿庇安(Appian)及其现代译者。[2]尼布尔这样的学者在关于源本批判的开创性工作中只依赖文学或文本来源，例如信件、演讲和叙述。

但是“书”，蒙森写道，“不是充分的”证据形式。[3]其叙述的形式赋予阐释性插入和作者介入以太多价值。随着时间的流逝，文学证据不可避免地被文本传输中的遗漏、前后矛盾和错误所损害。早在1851年，蒙森就因卓越的巴塞尔语文学家约翰·巴霍芬（Johann Bachofen）未能分辨什么是古罗马语言、习俗、宗教和法律制度中“确实”能了解的部分，什么是“后来学者和诗人对愚蠢传奇的唠叨”而严厉斥责他。[4]

对蒙森而言，“传统是通过矿石还是大理石、羊皮卷还是纸张传播”，[5]并无分别。他把传统文学来源的叙述的、历时的特点同过去“古迹”所具有的共时的、物体（object-like）的特质并置，后者如达斯顿所说，是其时代更“即时”（immediate）的证人。[6]“事实”（*Tatsachen*）所具有的实体性——刻在石头上的铭文或金属压制的硬币——更即时地将

1 引自Harnack, *Geschichte*, 1004。

2 Theodor Mommsen, “Antwort an Nitzsch, 3. Juli 1879,” in Mommsen, *Reden und Aufsätze*, 199.

3 Mommsen, “Plan,” 230.

4 Theodor Mommsen, review of *Geschichte der Römer* (1851) in Mommsen, *Gesammelte Schriften*, Vol. 6, Berlin: Weidmann, 1910, 653. Mommsen, “Plan,” 230.

5 Mommsen, “Otto Jahn,” in Mommsen, *Reden und Aufsätze*, p. 459.

6 Daston, “Authenticity, Autopsia, and Theodor Mommsen’s *Corpus Inscriptionum Latinarum*.”

物品置于过去之中并赋予其指示性的品质。[1]他相信它们直接指向古罗马文化，蒙森认为，相比希腊城邦（*polis*），其共和国历史对现代自由主义国家而言是更好的范例。[2]根据完整和真实原则汇编组合，这些独立的“事实”就成为一致的、权威的档案。

蒙森关于共时性索引证据形式的理念部分吸收了古文物学研究的较早形式，后者从文艺复兴和18世纪起就指导学者编纂罗马物品的大型目录。但蒙森认为任何真实的档案必须是完整的。例如，他设计CIL不只是为了便利任何单个铭文的阐释，更要紧的是帮学者们发现和揭示数万铭文之间的关系。铭文的证据力量和潜在意义的前提是一组全面的事实的可能性。在此意义上，蒙森在CIL里部分实现的“档案”观念从基础上损坏了传统文学档案的线性。蒙森并没有采取线性阅读的句法来组织证据，即一行行或一句句以文本为基础的阅读进程，而是想象了一个多维度的、更具空间感而非时间性的档案。他和编辑同事们据此安排铭文。CIL的每一卷都是根据发现铭文的地区按地理位置组织的。

五、何为真实?

蒙森设计了一套体系，将金石学发展为一门有着自身精细实践的科学。无法从原本得到纸质拓本（squeeze）时，它会依靠现代语文学批评方法来比较铭文的各种版本。[3]语料的“真实性”建立在三个因素之上，按可靠性高低顺序排列：石碑本身，手稿集，文学传统。[4]铭文的收

1 Seeck, “Zur Charakteristik Mommsens,” 89.

2 蒙森的创新同有关古迹作为证据的观念关系不大，而跟这些证据在罗马法制度史上的应用关系更大。18世纪，这种明确区分文学证据和古文物证据的学术研究在德国和意大利都迅速繁荣。见Arnaldo Momigliano, “Ancient History and the Antiquarian,” in *Journal of the Warburg and the Courtauld Institutes* Vol. 13, 1950, pp. 295-304。

3 Mommsen, “Plan,” 239.

4 引自Rebenich, *Theodor Mommsen: Eine Biographie*, 50. 关于蒙森“真实性”更详细的记述参见Daston, “Authenticity, Autopsia, and Theodor Mommsen’s *Corpus Inscriptionum Latinarum*.”。

集者和编辑已经同伪造品或来源不明的铭文斗争了几个世纪。[1]CIL的编辑甚至开发出了一个特别的记号“*”添加到铭文有问题的条目上。如果石碑上还有铭文，蒙森坚持要有一位见证人用拓片或者石膏模型做拓本（imprint），并充分记述周围环境。这种尸检法是应该用以检验铭文真实性的标准。[2]19世纪以前，这种解剖传统主要同个体学者相关联，但蒙森将这做法扩大到集体观测事业，规模的变化要求必须执行一系列步骤和程序。[3]由学者、学生和合作者组成的大型人员网络踏遍欧洲，收集过去的“可见证物”。[4]

蒙森因自己不知疲倦的编辑工作而声名狼藉，他也监督着自愿助手网络在欧洲的图书馆和档案馆里搜索铭文。如果铭文只有文本形式、手稿或印刷文集，或在传统叙事中被引用，那么蒙森坚持这些文本形式的证据必须接受和其他文学文本同样水准的现代语言文献学的彻底审查。蒙森对铭文的“批判性”收集的榜样是19世纪德国语文学家的评论版本，如拉赫曼，后者从不同手稿编辑了一部中世纪《尼伯龙根传奇》集。拉赫曼认为，一部“评论”文集是“原始的”和“真实的”文本，剔除了所有舛误和抄写错误。[5]这些“评论”项目，不论是有关尼伯龙根手稿页或是古代拉丁铭文，都必须面对前所未见的浩瀚文本，因此要求复杂的方法“处理图书馆里堆积如山的海量资料”，蒙森的同事奥托·赫施菲尔德如是说。[6]

1 关于这些历史的挑战，见Marco Buonocore, “Epigraphic Research since Its Inception: The Contribution of Manuscripts,” in Christer Bruun and Jonathan Edmundsun(eds.), *The Oxford Handbook of Epigraphy*, Oxford: Oxford University Press, 2015, pp. 21–41。

2 Mommsen, “Plan,” 230–231. 对蒙森尸检观点更详细的记述参见Daston, “Authenticity, Autopsia, and Theodor Mommsen’s *Corpus Inscriptionum Latinarum*.”。

3 关于解剖和其他集体经验论形式，见Daniela Bleichmar, “The Geography of Observation: Distance and Visibility in Eighteenth-Century Botanical Travel,” in Lorraine Daston and Elizabeth Lunbeck(eds.), *Histories of Scientific Observation*, Chicago: University of Chicago Press, 2011, pp. 373–395。

4 Seeck, “Zur Charakteristik Mommsens,” 93.

5 Lachmann, *Über die ursprüngliche Gestalt des Gedichts von den Nibelungen*, Berlin: Dümmler, 1816 Band 1, p. 163.

6 Otto Hirschfeld, *Gedächtnisrede auf Theodor Mommsen*, Berlin: Abhandlungen der Königlich Preußischen Akademie der Wissenschaften, 1904, p. 21.

传统的铭文集无法信任，因为文集编纂者的方法和实践都不可靠。蒙森用“匆忙”和“粗心”形容他们，所指并非文集本身，而是文集产生的方式以及编制文集的学者。[1]档案的真实性与道德伦理不可分。*Wissenschaftlichkeit*（学术性，科学性）这个词指涉的是理想的现代学者的素质、德行和品格。

蒙森承认，像档案这种“所有铭文的集合”要求“彻底穷尽的研究”。[2]他写道，优秀的语文学家或历史学家不应该问这个或那个文件或某个物品是否“值得”保留；相反，他应该直接收集证据档案，成为“富饶的土地”，未来的学者可以“开垦为可耕地”。相比韦伯和他后来对现代学术的命运以及目的和因果性观念的担忧，蒙森不同，他极少考虑档案的最终目的。并非只是如诸多学者声称的因为内在的实证主义。蒙森对档案的投入是种理论投入，有原则的折衷主义。一件“事实”和另一件的潜在价值是一样的。蒙森提出，原始材料的组织必须和阐释分开，他赞同拉赫曼坚持的语文学家“能够而且必须不阐释地编辑”。[3]另外，和拉赫曼一样，他也承认编纂也意味着挑选。蒙森坚持学者只收集真实的事物，这就要求他们辨别真伪。就像批评者会指出的，这也要求判断行为，甚至要求阐释。1903年他去世时，蒙森已经监督出版了15卷、13万份CIL铭文。学院至今仍然继续着这个项目，又出版了17卷，分70个不同部分，包含超过18万份铭文。

六、大人文学科的长时段

在普鲁士学院最初资助蒙森的CIL，甚或伯克的CIG之前很久，就有了大型学术项目的悠久历史，很多时候还是集体项目，包括17世纪晚期和18世纪早期的文学史（*historia literaria*），以及百科全书项目：策特勒的《通用词典》（*Universal Lexicon*）、狄德罗和特朗贝尔的《百科

1 Mommsen, “Plan.”

2 Mommsen, “Akademische Antrittsrede.”

3 引自 Sebastiano Timpanaro, *The Genesis of Lachmann’s Method*, trans. Glenn W. Most, Chicago: University of Chicago Press, 2005, p. 88。

全书》和18世纪晚期涌现的一批面向“完整性”（Völlstandigkeit）的德国百科全书项目，由多位作者和编辑共同收集，有时达数十人。[1]其中许多项目，尤其是18世纪早期的那些，收录了大量目录学信息——历史（*historia*）数据。这些启蒙时代的项目反过来也是通常作为历史出版的早期现代项目的延伸，并与培根的努力有关，他要观测、收集、组织从手稿和印刷本到植物和昆虫的一切事物——事实、数据、观测的集合。安·布莱尔等学者重述了这段历史，彼时阅读、摘录、汇编和做笔记的实践活动横贯人文与科学领域。[2]

所有项目的共同之处在于一种基本张力，存在于对时间和集体资源的密集需求和持续的互不关联（irrevelvance）的隐患之间。共同而持续的焦虑在于，有组织项目不可避免会导致资料数量庞大，本身就会让项目不知所措。然而这些现代早期和启蒙项目同蒙森的CIL项目之间存在着关键区别。早期的学者收集、校勘，出于对知识毁灭的恐惧——就像410年罗马陷落后那样失去各种文本和传统，而蒙森表面关注过去，实则为了未来而收集。

单纯就所需工作量和收集的资料数量而言，蒙森的CIL媲美或超越上述许多项目。更重要的是，CIL预示了类似项目在制度、认识论和伦理上的模样都将改变。作为学院为基础的项目，CIL主要由国家资助，组织以广泛的劳动分工。蒙森在组织CIL时也将“学术大工厂”模式引进到脑力劳动中，按哈尔纳克的话说，焦点聚集在“对工作【*Arbeit*】的功能性组织”上。[3]项目的一切因素和所有人员都被协调和管理起来，以产出精心编辑的古代铭文印刷卷册。这种模式及规模的学术研究有一个目标——制造一个产品。

到19世纪末，蒙森的CIL已接受超过40万马克，相当于1894年的9.4万美元，来自学院得到的国家资助。蒙森做院长的头几年，学院预算获得三倍增长，之后他支持了一系列大型汇编项目，改变了德国学术

1 关于其中一些项目的延伸讨论，参见Chad Wellmon, *Organizing Enlightenment: Information Overload and the Invention of the Modern Research University*, Baltimore: Johns Hopkins University Press, 2015。

2 参见Blair, *Too Much to Know*。

3 Harnack, *Geschichte*, 659, 658.

的国际地位和状况。这些项目在认识论的设定上与CIL一致，哈尔纳克认为有助于开创“团体劳动分工的时代”，不过到了19世纪末，这些项目会成为自然科学和物理学的“方法和组织范式”。[1]

最初，这些项目归类为历史–语文学学术范围，包括始于1894年的古代硬币编辑集《色雷斯硬币收藏集》（*Corpus Nummorum Thracorum*），学院资助了2.5万马克；《拉丁语词典》（*Thesaurus linguae Latinae*），一部纪念碑式的拉丁语词典，始于1894年，目前出到“N”卷，预计2050年完成；《埃及语词典》（*Wörterbuch der ägyptischen Sprache*），始于1894年，80多位埃及古物学家参与工作，收集了150多万条证据记录；哈尔纳克编辑的早期希腊神父和“【他们】所有的文学遗迹”开始于1892年，本来计划出版45卷，授予7.5万马克，预计需要至少15年。[2]

就合作者数量、任务范围及花费而言，这些项目前无古人。有些人能意识到自己最初的目标，但大多数人未能做到。例如硬币集就崩溃了，因为蒙森坚持项目不仅要如最初计划的那样收集希腊北部的硬币，还要收集小亚细亚的硬币。[3]《罗马帝国名人生平（一，二，三）》（*Prosopographia Imperii Romani Saeculorum I.II.III*）按时间顺序，记录从奥古斯都统治时期到公元3世纪的政治人物，出版于1897年和1898年。原计划是作为给CIL做的“名人录”类型的附录。到1915年，在已投入10万马克、校勘了7.5万多条笔记后，学院决定，不断涌入的新材料已经令最初几卷过时，因此又从头开始。第一卷（A–B）于1933年面世，第二卷（C）出版于1936年，第三卷（D–F）1943年出版；接着被战争和德国分裂打断。20世纪90年代德国重新统一后项目又迎来新生，最

1 Harnack, *Geschichte*, 659, 982.

2 哈尔纳克的话引自Kurt von Nowack (ed.), *Adolf Harnack als Zeitgenosse: Reden und Schriften aus den Jahren des Kaiserreichs und der Weimarer Republik*, 2 Vols., Berlin, 1996, 1: 48。类似的大规模考古项目的讨论，例如Ernst Curtius领导的奥林匹亚的发掘（1875—1881），见Suzanne J. Marchand, *Down from Olympus: Archaeology and Phillhellenism in Germany, 1750–1970*, Princeton: Princeton University Press, 1996, pp. 75–115。

3 见Hans-Markus von Kaenel, “Arbeitsteilung und international Kooperation in der antiken Numismatik,” in Ulrike Peter (ed.), *Stephanos Numismatikos: Edith Schönert-Geiss zum 65. Geburtstag*, Berlin: Akademie-Verlag, 1998, pp. 321–332。

后一卷（UV-Z）出版于2015年。

这些项目因为代表了学术的超级专业化而遭到批评，但蒙森辩说它们其实是专业化的解毒药，也是对专业化给真正的知识带来的“不可估量的威胁”的解毒药。蒙森和他同时代的大多数德国学者一样，依然忠于学术统一和他所称的“普遍性”（universality）。[1]但是，尽管其先行者，如伯克，还在德国唯心主义的形而上学及其整体论和有机整体概念的影响下，蒙森已转向“科学的组织”，他认为这能把学者从现代大学特有的“任意和无意义的”专业化中“解放”出来。[2]制度化组织的科学加入进来，满足对统一的、完整的（unified, total）知识的欲望。[3]如果学者在研究对象中无法找到统一，甚至在关于研究对象的理念中也找不到，那就不得不一起工作来找到它。

对知识的统一的这个新概念在1881年修订学院章程时典章化了，章程称，学院会“特别”支持“必须多位学者合作活动的、在范围、期限或开支上需要学院支持的”项目。[4]因此，蒙森的工业化学术模式并非简单拒绝学术理想和知识统一，而是在官僚和制度的形式里抢救一个形而上的理想。在此意义上，这是新人文主义项目的继续，但在蒙森看来，亦是处在现代性的境况下。保护学术及其人文主义目标的唯一方式不是压倒现代性，而是适应其压力和需求。

这样的制度统一要求项目有表述更清楚的设计和更清晰的问题，以及容易沟通和共享的方法论。大多数学院支持的项目都有明确的目标，例如制作新版本、编一本词典，或宽泛而言，做一个档案；而且一开始就清楚表明，这与那种目的逐渐被揭开或自己慢慢显露的其他类型的学术研究相反。学院将每个项目置于“委员会”的指导和权威之下，委员会由几位学院成员构成。1815年到1918年间有40多个委员会，但1871年之前只有5个。19世纪80和90年代，德国政府开始更普遍地增加对学术的支持后，委员会和项目的数量爆炸式增长。蒙森促进了人文学术的革命，主要不是通过研究方法，而是通过将之与系统知识（学

1 蒙森的话引自Harnack, *Geschichte*, 1004。

2 Mommsen, *Reden und Aufsätze*, 37, 36.

3 Ibid., 44.

4 28 March 1881, paragraph 40, in Harnack, *Geschichte*, 1006.

术研究）作为合作性和分布式项目的理念结合。

七、档案伦理

对蒙森来说，理论驱动的学术探索形式有过分的主观倾向，学术作为工厂——劳动分配、工作的合作本质、方法的集中——可以对其施加客观的控制。但是，哈尔纳克写道，这同时也是对整体知识“丧失”的赔偿。[1]在此意义上，蒙森的“工业化学术研究”不仅挑战了对证据和方法的认识论观念和19世纪学术研究的组织机构，还削弱了学者借以理解其学术研究、理解自己的那些理念。收集“过去的档案”有助于创造不同的学术人格。

首先，学术的工业化模式将个体学者的重要性相对化了，如果不是降低的话。蒙森作为院长在不同的讲话里都提醒同事们，学院的创建者戈特弗里德·莱布尼茨（Gottfried Leibniz）以一己之身代表了知识的统一，学院依然忠于这一点。作为数学家、哲学家、历史学家和图书馆员，莱布尼茨既非专业人员也非业余爱好者。但他是最后一位全能学者。然而，蒙森在一篇悼词里响应同时代人的看法，认为现代学术专业化已令知识碎片化，令莱布尼茨成为属于过去的人物。现代学者遭遇了太多信息。“科学，”蒙森写道，“继续无情而有力地前进。但个体劳动者与不断向上的巨型结构【也就是科学】相比显得越来越渺小和无关紧要。”[2]无论个体学者如何努力去接受——还说不上理解——不断膨胀的研究领域，能理解的却更少，他发现自己越来越与作为整体的科学疏离、断裂，无法解释特定事实如何与知识整体相关联。莱布尼茨式的预设的和谐以及合理有序的宇宙或统一的学术所剩下的是理性方法、共有的实践和维持它们的制度。

于是，在这高度管理的学术劳动体系内劳作的理想学者并非莱布尼茨，并非那个沉思的、孤独的身影，而是个脑力工人，要么管理着时间、资金和人，要么自己被管理。这种模式里，学者生产知识，但自己并不被它转变（transform），至少并不会根据教育（*Bildung*）的人文主义传

1 28 March 1881, paragraph 40, in Harnack, *Geschichte*, 983.

2 Mommsen, “Ansprache am Leibnizschen Gedächtnistage,” 196.

统规范和目的转变，后者是强调个人和道德转化的。作为工厂的学术代表了极为不同的伦理理想。

此类大人文学科项目牵涉对阅读的不同概念。蒙森及其同事们从未想过要学者们在CIL里一行行浸入式阅读；相反，他们纳入了复杂的数据库索引，利于不连贯的非线性阅读方式。例如1862年的第一卷，有三个不同的索引："词汇索引"（Index Vocubularum）、"语法索引"（Index Grammaticus）、"物品索引"（Index Rerum）。索引中每一条目都对应一个特别编号的铭文。有无尽的路径浏览CIL。唯一无意义的路径就是以为这是读者会在其中通过认同过程逐渐转变的叙事性项目。

蒙森以学院为基础、项目为导向的学术研究同时也背离了大学模式，德国从19世纪初开始，大学模式就围绕研讨会组织。研讨会吸取并改进了18世纪初的研讨会，其中教师与学生并肩工作，研讨会的设计不只是为了生产知识或完成特定项目，主要是为了转变学生。[1]语文学研讨会造就语文学家，数学研讨会造就数学家，物理研讨会造就物理学家。威廉·冯·洪堡（Wilhelm von Humboldt）大学改革的指导思想就是学术作为一种教育形式；专业化学术研究造就特定类型的人。19世纪大多数时候，学者和知识分子都认为教育是个学习和研究的过程，通过与文本的阐释性互动转变个体。[2]洪堡的预计（或者制度信仰）在于，能够通过学术带来并保持这样的转变过程；也就是通过专业化学术研究及其制度。教育意识形态的核心是统一和完整，不只是关于知识，也是关于人——学术即教育。这是个伦理工程。蒙森作为工厂的学术观点也同意这些理念。不过，大学研讨会造就专门学者，而学院则造就"忠实的工人"，哈尔纳克说。[3]

1 William Clark, "On the Dialectical Origins of the Research Seminar," in *History of Science*, Vol. 27, 1989, pp. 111–154.

2 Frtiz Ringer, *Fields of Knowledge: Academic Culture in Comparative Perspective*, Cambridge, MA: Cambridge University Press, 1992, p. 2.

3 Adolf Harnack, "Sitzungsbericht," in Harnack, *Geschichte*, I, 234. 哈尔纳克和蒙森都认为现代学术专业化是大学独特的问题，是其"偶然的边界"和"正统院系"的作用人为分离各学科。参见"Antrittsrede in der Akademie der Wissenschaften" (1890), in Nowack, *Harnack als Zeitgenosse*, Vol. 2, No. 981。

第二，作为工业化工作的学术实践要求个体学者具有某种特定形式的禁欲主义。[1]蒙森的工业学术对从业者有伦理要求。学院项目的规模本身就使得大多数合作者不可能全面阐释。合作者被要求献身于项目，但不能保证他们个人能见证或完全领会工作的全部领域。[2]有些项目持续数十年，跨越几个国家，涉及数十位学者。蒙森不像其唯心主义的前任们主张通过理智获得整体，蒙森从未声称可获得如此回报。在此意义上，项目要求某种对自己实际欲望和智识欲望的克制，将自己从属于作为项目和方法、超越并规训主观意志的科学。蒙森写道，"学者自己的讨论总是倾向于谬误，通过收集文件材料则能更好地满足" 学者体验到的对科学的"责任感"。[3]

1845年，他们还在勾勒拉丁铭文项目的想法时，蒙森就同雅恩吐露心迹，表示这么一个项目，大部分都将"只是机械工作"。但这是必要的，他向雅恩保证，因为"我们仅仅是科学的仆人；被召唤【*Ruf*】时，我不能说不"。[4]蒙森重复了宗教使命和召唤献身的语言，他早期与科学间关系的建立是典型的韦伯在《新教伦理与资本主义精神》(1905)中定义的"入世的禁欲"(inner-worldly asceticism)：一种为了维持和组织个人在世上生活的理性体系，与僧侣和隐士"出世的禁欲"(other-worldly asceticism)相对，后者寻求通过实行律己逃离凡世诱惑。[5]在1901年献给蒙森的一篇颂词中，哈尔纳克赞颂蒙森特别的学术美德：勤勉尽责。"您教我们如何工作，" 哈尔纳克写道，"在实际意义和更高

1 参见 W. Hardtwig, "Wissenschaft als Macht oder Askese: Jacob Burkhardt," in Hardtwig (ed.), *Geschichtskultur und Wissenschaft*, Munich: Deutscher Taschenbuch Verlag, 1990, pp. 161–188。

2 Adolf Harnack, "Rede für Mommsen, 10.31.1901," in Stefan Rebenich (ed.), *Theodo Mommsen und Adolf Harnack: Wissenschaft und Politik im Berlin des ausgehenden 19. Jahrhunderts*, Berlin: De Gruyter, 1997, p. 831.

3 蒙森的话引自 Seeck, "Zur Charakteristik Mommsens," 95。

4 蒙森致雅恩, 16 May 1845, in LotharWicker (ed.), *Mommsen-Jahn Briefwechsel 1842–1868,* Frankfurt am Main: Vittorio Klostermann, 1962, p. 25。奥托・赫希菲尔德是蒙森的学生，得到了CIL的编辑职位。他赞颂老师为了学术而"英雄般地"牺牲了个人欲望，参见 *Gedächtnisrede*, 34。

5 参见 Max Weber, *The Protestant Ethic and the Spirit of Capitalism*, London: Routledge, 1992, pp. 49–55。

意义上。您教我们如何通过工作将生命提升至更高力量，以及必要时如何通过工作与之搏斗。”[1]对蒙森来说，合作性的大规模学术研究是一种超越自我的方式。[2]

哈尔纳克比较了新型工业学者与19世纪早期学者，后者希望通过研究宏大历史概念和观念提升自己并因此“直面特异之事”。[3]相比之下，现代工业化学者研究学术编纂的“更低形式”，其信念在于特定之物会揭示“崇高之物”(the sublime)。他们收集整理越来越多的材料时，意识到对历史现象的“完整理解”只能在新的“学术倾向”的基础上实现，此种倾向致力于“事实材料”、“最审慎的批判”和“对大量材料观测”【*Massenbeobachtung*】的完整性。

当然，大学科研人员和学者长期以来就因其迂腐不化或深思风格被中伤或颂扬，但蒙森的现代学术禁欲主义却不同。[4]他理想中的学者不是与过去交流的祭司，而是现代工人，在当下劳作，为了他无法参与的未来。学者由他在其中工作的现代劳动结构所定义。在最初申请CIL项目时，蒙森并不称合作者为研究人员或学者，而是工人。学术研究是智力劳动(*geistige Arbeite*)，并非19世纪大多数时候人所赞颂的神父之天职。同其他形式的工作一样，学术研究是种社会道德。学者在作为整体的社会中有特定的角色。如蒙森所言，将独特的德国科学与所有其他国家和学者区分来开的是，“我们的勤勉尽责或德国式勤勉尽责的系统化精神”。学术不是天才的产物，而是努力工作的结果，是对方法的坚持，对细节的忠诚——马克斯·韦伯在1917年称之为“努力工作的土壤”(soil of hard work)。[5]

第三，蒙森项目面向未来的特点意味着随着研究工作规模越来越大，“个体工人的勤勉和才能”将会越来越不够用。“组织工作”将要求

---

1 引自Rebenich, *Mommsen und Harnack*, 832。

2 蒙森认为其学术研究“至为神圣”。见letter of 7 Jan. 1877 quoted in Alfred Heuss, *Theodor Mommsen und das 19. Jahrhundert*, Kiel: Ferdinand Hirt, 1956, p. 113。

3 Adolf Harnack, “Die Königlich Preussische Akademie der Wissenschaften” (1900), in Nowack, *Adolf Harnack als Zeitgenosse*, Vol. 2, p. 1004.

4 Heuss, *Theodor Mommsen*, 108–111. 下一段引自Heuss。

5 Weber, “Wissenschaft als Beruf.”

越来越多的“制度性稳定”和能够在项目创始人离世之后很久仍维持项目的结构。[1]

最后，蒙森的“大科学”要求并培育了独特的品德和技术。对它参与造就的人格而言，组织和管理技巧及对细节越来越精细的关注是最重要的。在蒙森领导或参与的项目内，管理决策者的光芒逐渐掩盖了阐释大师或有直觉力的评论家；组织者代替了天才。

八、社会问题与档案

大都市或大工业的出现会随之带来各种挑战。蒙森承认，作为工业的学术也会面临类似的社会转变问题。[2]尤其是19世纪后30年，关于语文学和历史未来的内部学术争论变得与搅动迟来的德国工业化的社会、文化和政治争论不可分割。“即使是科学，”蒙森哀悼说，“也有其社会问题。”

和大工业一样，“大科学”要求持续的“企业资金”（*Betriebskapital*）。[3]蒙森是高超的谈判者，作为学院院长，蒙森为学院预算获得了稳步增长的国家资助。[4]19世纪90年代，蒙森还开始提高私人赞助，1894年，他在创立伊丽莎白·赫克曼-文策尔（Elizabeth Heckmann-Wentzel）基金会时起了关键作用，基金会的初始遗赠为150万马克。

蒙森的工业模式还需求其他的、非资金的国家支持。[5]1847年，身为青年学者在梵蒂冈图书馆做研究时，他曾抱怨一位萨尔蒂（Sarti）教授，该教授从教皇处获得了“特许权（Privativa），垄断了教皇博物馆和图书馆的全部铭文宝藏”。[6]不幸的是萨尔蒂“无意于任何工作，尤其无

1 Mommsen, *Reden und Aufsätze*, 160.

2 Theodor Mommsen, “Antwort auf Harnack,” in Mommsen, *Reden und Aufsätze*, 209.

3 引自 Rebenich, *Mommsen und Harnack*, 81 n。

4 例如，参见蒙森致阿尔多夫，Stefan Rebenich and Gisa Franke (eds.), *Theodor Mommsen und Friedrich Althoff: Briefwechsel 1882–1903*, Munich: Oldenbourg, 2012。

5 蒙森也成功获得诸多项目的私人资助，参见Stefan Rebenich, *Mommsen und Harnack*, 55–93。

6 Mommsen, “Plan,” 227.

意完成任何事”。蒙森认为，唯一的解决办法是“外交斡旋”，或更直白地说，需要“普鲁士政府的干预”为他出头。

久而久之，“大”学术研究对资金和政府支持的权威的依赖招致了更多政府和官僚对学术的控制。政府，尤其是正在成为现代欧洲权力中心的普鲁士政府，对支持并更直接控制学术有着自己的兴趣。这些兴趣在阿尔托夫体系（Althoff System）中显露得最为明显，这是成型于19世纪后几十年中对德国教育和学术的官僚控制及资助体系。[1]围绕普鲁士政府高等教育部长弗雷德里希·阿尔托夫（Friedrich Althoff）展开并由他领导。1872年起，阿尔托夫就是这个有关“宗教、教育和医疗事务”的部门的关键人物，并最终成为其领导。阿尔托夫深深地影响了威廉二世时期德国高等教育系统和科学的扩张，包括更深的高等教育专业化，政府官僚体系对高等教育所有方面影响力的增强，全国性和国际研究院所和项目的快速扩大，对特定大学特定项目和专业的明确支持等。[2]阿尔托夫结合个人和机构关系组织、管理、发展了一个文化国家，或学术国家（*Kulturstaat* or *Wissenschaftsstaat*）。[3]教育和专业学术研究赋予了德国政府一种全面合法性，它不仅支持可能带来经济效益的实验室和自然科学研究，还支持蒙森启动的大规模人文项目。“科学与国家之间有深刻的内在结合，”蒙森写道，这种结合某种程度上也是造就“普鲁士的伟大和德国在全球地位”的原因。[4]在批评者看来，学院的“大科学”是普鲁士

1 马克斯·韦伯同阿尔托夫进行了独特的斗争。见Arthur Mitzman, *The Iron Cage: An Historical Interpretation of Max Weber*, New York: Knopf, 1970, chapter 5, “Althoff, Weber Sr., and Marriage.”。

2 参见Hartwin Spenkuch, “Die Politik des Kultusministeriums gegenüber den Wissenschaften und den Hochschulen,” in Wolfgang Neugebauer (ed.), *Acta Borussica: Preussen als Kulturstaat*, Berlin: De Gruyter, 2010, pp. 165–238。

3 同上。

4 Mommsen, *Reden und Aufsätze*, 197; 蒙森致信Wilamowitz, letter 393, 25 Feb. 1894 in Rebenich and Franke, *Mommsen und Althoff Briefwechsel*。蒙森与阿尔托夫的通信显示二者如何维持甚至利用社会和政治网络获取研究资金、教员、学术职位和推荐。但是到了19世纪90年代，蒙森越来越专心于在几个国家和国际学院间协作项目。见Ulrich von Wilamowitz, *Geschichte der Philologie*, Stuttgart: B. G. Teubner 1998, p. 71。

帝国主义和民族主义的延伸。[1]之前德国很大程度上未能通过殖民扩张获取的财富和内部地位，现在通过学术研究得到了。

同一批批评家还指出，国家想要扩张科学而学院有意追随，这对科学实践有害。学术组织的工业化方法，如蒙森自己写的，其中“一人领导、多人劳动”，会导致学术工人体验异化和淡漠。[2]面对材料过量和为管理材料设计的劳动分工，学者们“不知道他们归档的这件东西后来如何”，生理学家、学院成员埃米尔·杜波伊斯-雷蒙德（Emil du Bois-Reymond）在1882年写道。[3]他们对于“整体的命运”（*Bestimmung des Ganzen*）一无所知。项目的规模要求前所未见的大量不同类型的人，大批自愿的助手，从经过严格训练、领导团队并监督整个项目的语文学家和历史学家，到基本没受过金石学训练的由办公室工人和——CIL的情况里——本地人组成的学术大军。

就像林奈监管全球博物学家往乌普萨拉邮寄标本，蒙森管理着一个协作者网络，他称之为“雇员（Mitarbeiter）”，这些人一心投入不同的专门工作：收集、节选、注释、目录工作、编辑，以及其他一系列任务。学术研究工业化组织的每个位置都有不同地位，分工结构保证了学者们彼此隔开，也许除了极少数人，他们几乎没有项目整体感。蒙森和少数挑选出来的同事担任委员会成员，从柏林监督材料的汇编。

19世纪90年代，蒙森和哈尔纳克试图为某些合作者设立更永久的职位——学术官员（*Beamten*），以进一步将这些劳动结构制度化。这样的永久职位提升了那些教育程度很高、已在领导团队和项目的学者的地位。[4]学术官员介于学院委员会和更普通的合作者和助手团队之间。他们监督日常通信，领导材料收集和校勘的具体工作，协调并编辑过程

1 Lionel Gossman, *Orpheus Philologicus: Bachofen versusMommsen on the Study of Antiquity*, Philadelphia: American Philosophical Society, 1983, pp. 21–42.

2 Mommsen, *Reden und Aufsätze*, 69.

3 “Wissenschaftliche Zustände der Gegenwart,” in *Mathematische und Naturwissenschaftliche Mittheilungen aus den Sitzungsberichte der Königlich Preussischen Akademie der Wissenschaften zu Berlin,* Berlin: Verlag der Königlichen Akademie der Wissenschaften, 1882, p. 183.

4 关于这些发展情况，参见Hoffmann, *Weibliche Arbeitswelten*, 100。

中的手稿并向委员会报告项目的状况。蒙森和哈尔纳克指出，需要这些学术劳动新形式，因为研究型大学的结构无法支持这些项目的规模。大学是教授们和学生们的机构，教授被要求授课并进行研究，而学生结束学业后便会离开。大学无法保证蒙森的项目那些“乏味地学会的工作”（tediously acquired work）不会迷失。[1]

最后，蒙森的“大科学”使得方法成了人文和文化科学学术实践的首要因素。考虑到工作的巨大规模和集体性质，研究方法、实践和技术必须制度化，保证其稳定超过“个人生命的长度，以保障工作的进展”。[2]两种基本方法可以实现这一点：无穷尽地积累资料，以及同样重要的，训练“工友”（*Arbeitsgenossen*）。对方法的依赖体现了科学概念本身更广泛、更漫长的转变，其中知识的统一逐渐不再体现于科学的学术主体中，而是在知识的处理过程（process）中。[3]

个体学者只能看到下一步、下一个任务，因此他对过程的信心、对方法的信心是关键。没有对方法的坚持，他就没有动力或激励因素完成其日常的碎片任务。“不论谁参与学术活动，”蒙森写道，“都能怀着希望慰藉自己，当他放下工作时，另一人将会顶替他，也许不如他，也许胜过他。但相比别人，他总有特权以自己的工作产生超过自身生命的影响。”[4]就像学院的制度，方法替代了知识的统一，对方法的坚持替代了求知欲。

其他学者也指出，到世纪末，蒙森的大项目不仅成了语文学和历史学学术研究的模式，也成了物理学和自然科学的模范。[5]例如，

1 Nowack, *Harnack als Zeitgenosse*, 58. 蒙森与赫尔曼·德骚之间的信件可更详细地窥见这平凡单调但艰辛的工作情景，信件主要讨论钱、预算和新近发现（或确认）的铭文的详细报告。例如Manfred G. Schmidt, ed., *Herman Dessau (1856–1931): Zum 150. Geburtstag des Berliner Althistorikers und Epigraphikers*, Berlin: De Gruyter, 2009。

2 Mommsen, *Reden und Aufsätze*, 160.

3 Hans Blumenberg, “Philosophischer Ursprung und philosophische Kritik des Begriffs der wissenschaftliche Methode,” in *Studium Generale*, Vol. 5, No. 5, 1952, pp. 133–142.

4 蒙森的话引自Heuss, *Theodor Mommsen*, 118–119。

5 德国动物学会启动了一个类似项目，收集各种动物类型，并于1912年编为*Nomenclatur animalium generum et subgenerum*。关于此类人文项目在学院内的示范作用，见Conrad Grau, *Die Preußische Akademie der Wissenschaften zu Berlin*, Berlin: Spektrum Akademischer Verlag, 1993, p. 195。

德国天文学家兼学院成员阿杜尔·奥威尔士(Arthur Auwers)被蒙森的组织实践所鼓舞,提交了一个大型项目,要系统性地收集、组织并比较1750年到1900年间全欧洲记录过的所有恒星观测(*Fixsternbeobachtung*)。1900年奥威尔士首次向学院提出《恒星位置库附录》(*Thesaurus positionum stellarum affixarum*)时,并未以讨论现代天文学开头,而是大段追忆莱布尼茨试图收集、编目并编制那些令18世纪学者困扰的过量印刷材料。奥威尔士认为,19世纪后期的天文学家面临类似问题:他们有海量数据,但没有体系去弄懂它们。如果20世纪的天文学家不会继承"混乱无序的一堆"观测资料,那么他和他的项目就必须"将1750年到1900年之间包含全部恒星中天观测位置的资料进行校勘,编为一致的、普遍适用的目录"。[1]这个项目将汇编所有书面观测记录,翻译为"普遍能懂的语言,"并最终确定某时段内某颗星的位置。在项目描述中,奥威尔士不断提到语文学收集、组织大量材料的技术和概念。如果学院支持这一创建恒星位置通用目录的努力,学院最终将为自然和物理科学领域提供它长期以来提供给语文学-历史学领域的"关怀"。自然科学和物理学也就终于能够进入学术大工厂"时代"。[2]从蒙森的CIL到奥威尔士的恒星目录,让这些项目结合在一起的并非形而上的洞察力,而是往往世俗的、有时还看不见的学院体制化的收集、汇编和观测实践。[3]

九、尼采对大人文学科的批判

但所有这些汇编和管理目的何在?在学院的许多最大的项目开始之前,蒙森及其"普鲁士学术"——一些批评者的蔑称——就面临对其新型学术实践会动摇人文主义探索根基的忧虑。首先,批评者质疑只是为未来学术收集"事实"的知识价值。批评者还怀疑档案收集和编

1 *Sitzungsberichte der Preußischen Akademie der Wissenschaften* 1, 1900, p. 667.

2 Ibid., 669. 奥威尔士的《恒星》目录在1922年到1965年之间出版了48卷,共有超过100万条目,450个不同目录。

3 Daston, "Science, Humanities, Wissen, Wissenschaft."

纂工作是否能够这么清爽地同理论和阐释问题分离开。第二，批评者认为，作为“大工厂”的学术研究前所未有地将非学术利益危险地卷入了学术目的中。最后，批评者担心“大学术”将专业学术研究从个人成长中分离，后者被认为是人文主义学术研究的真正目的。青年学者开始做研究时怀着对生活的真诚的问题和一种感觉——不管有多模糊，觉得专业学术研究能帮助自己解决有关意义的问题，但这些关切被现代学术“工厂式的状况”逐渐转移并最终彻底根绝。关于学术研究目的的争论预示了韦伯在1917年的挽歌般的评论，关于“世界的意义”（*Sinn der Welt*），学术研究已经没什么可教的了。蒙森促使了科学和学术同生活的割裂。

这些评论和焦虑通常被扯平为一种简化的、往往是笼统的对现代学术研究及其对失落理想背叛的攻击。威廉·冯·洪堡和其他唯心主义者，包括谢林、费希特和施莱尔马赫，在世纪初列出了现代研究型大学的规范和理念，将“学术研究”标榜为新知识制度的伦理基础。他们认为现代大学并非建立在与国家或教会的关系上，而在于和理性探索或学术研究的关系上，有其自身的美德、事实（goods）和制度。研究型大学里，尤其是在研讨会当中制度化的学术研究是一种个体完善甚至自我超越的实践活动。19世纪多数时候，学术研究代表知识的统一，人们会以近乎崇敬的口吻提起。与法国和英国学者不同，经过古典高级中学及其新人文主义理念培养的德国学者至少在19世纪后三分之一的时间里都忠于这个观念，认为仍有统一的学术研究，尽管他们也会就构成其多样的、更为专业的形式的方法、实践和理想而争论。[1]

但是，19世纪中，大学的批评者和辩护者越来越怀疑学术研究在日益官僚化、高度专业化的现代形式里还能否维持独特而有意义的生活形式。[2]对学术研究统一性日益丧失的信心在不同领域和学者团体中显现出来，但最为显明的也许是语文学和相关领域。数十载的考据和高

1 See Lorraine Daston, “Die Akademien und die Einheit der Wissenschaft: Die Disziplinierung der Disziplinen,” in Jürgen Kocka (ed.), *Die Königlich Preußische Akademie der Wissenschaften zu Berlin im Kaiserreich*, Berlin: Akademie Verlag, 1999, pp. 61–84.

2 典型的忧虑参见 August Boeckh, “ Über das Verhältnis der Wissenschaft zum Leben,” in *Gesammelte Kleine Schriften*, Vol. 2, Leipzig, 1859, p. 14。

等批判——从E.G.艾希霍恩（E. G. Eichhorn）的《旧约导论》（*Einleitung ins Alte Testament*）（1780—1783）和F.A.沃尔夫（F. A. Wolf）的《荷马导论》（*Prolegomena ad Homerum*）（1795）到卡尔·拉赫曼的《对荷马〈伊利亚特〉的思考》（*Betrachtungen über Homers Illiad*）（1837—1841）和巴特霍尔德·尼布尔的《罗马史》（*Römische Geschichte*）（3卷，1811—1832）——已经腐蚀了学者和学生对古代文本和文化改变生活的潜力的信心。在19世纪语文学的琐细和论战之中，学术研究和教育似乎彼此“矛盾”。[1]

蒙森的“大学术”尽管继续了新人文主义的学术研究形式，但对其19世纪晚期的批评者来说却是学术研究几十年衰落的最低点。像蒙森那样把学术研究和学术生活用“工作”和“工厂”来描述，将学者及其志业（vocation）简化为日常的合理化的现代性，被剥夺了任何道德特质。如费希特形容的，学术生涯被贬低为只是平常工作，而不再是天职（*Bestimmung*）。[2]

蒙森“大学术”最重要的劳动分工非常令人不安，因为它被认为将个体学者同研究对象切割开，而几代语文学家和历史学家都认为研究对象是作为整体的古代，不仅仅是特定的物品。古代长期以来都是19世纪普鲁士文化人文主义和学术自我认识的主要资源。威廉·狄尔泰（Wilhelm Dilthey）1883年最初参与辩论的稿件认为，历史研究的基本任务是理解，不只是解释。这需要同理心和想象力，但脑力劳动分工使之几乎无法实现。[3]

弗雷德里希·尼采是德国学术研究大范围变动最早的批评者之

1 Anthony Grafton, “Polyhistor into Pilolog: Notes on the Transformation of German Classical Scholarship,” in *History of Universities*, Vol. 3, 1983, pp. 159–192.

2 Fichte, *Einige Vorlesungen Über die Bestimmung des Gelehrten*, Part I, Vol. 3, in *J. G. Fichte Gesamtausgabe der Bayerischen Akademie der Wissenschaften* (ed.), Reinhard Lauth, Hans Jacob, and Hans Gliwitsky, Stuttgart and Bad Canstatt: Frommann-Holzboog Verlag, 1964, I, 3:55.

3 Wilhelm Dilthey, *Einleitung in die Geisteswissenschaften*, in *Wilhelm Diltheys Gesammelte Schriften*, Vol. 1, Leipzig, 1922. 关于辩论的更多论述，参见Ringer, *Weber's Methodology*, p. 9。

一。尼采在伯恩和莱比锡在备受尊崇的语文学家弗雷德里希·里敕尔（Friedrich Ritschl）门下受训，后者也是蒙森的CIL合作者。1869年，24岁的尼采被任命为巴塞尔大学古典学（classical antiquity）教授。蒙森正忙于收集“过去的档案”时，尼采开始诊断正在遭受“学院知识”，或者“学术研究”损害的现代文化，且不提他本人亦是如此。虽然有些本领域的巨人，例如F.A.沃尔夫、弗斯（Voss）和伯克，几十年前就对语文学对超级专门化的偏好而忧虑，尼采却是将语文学病症置于学术研究更大范围衰落之中的第一人，尤其是将语文学的厄运与现代语文学家本人联系起来。1873年到1874年冬季他开了古典语文学讲座课程，“在古代，”他写道，学术（*philologia*）不是指具体某种科学（学术研究），而是“对所有种类知识的普遍渴望，一种特性”。[1]尼采认为，19世纪语文学家没完没了地争论方法，模糊了基础的、即使是被遗忘了的真理：语文学是种生活方式，语文学家是个伦理人格。[2]

1872年冬天，抵达巴塞尔三年后，尼采在一系列公开讲座上对现代德国大学和学术研究发出猛烈控告，讲座名为《论我们教育机构的未来》。他的怒火主要针对语文学家同事们，指控他们忽视了自己的职责，未能让同时代人将古代文化作为伦理资源。相反，他们收集、剖析并最终令古代失去了生命力。“语文学家，”尼采在讲座中写道，“因为希腊人而毁灭并降为尘埃——这损失我们能忍受——但古代本身因为语文学家而被粉碎！”[3]古代研究的个人价值——伦理转变的潜力——屈从于被剥夺了意义的无穷信息的堆积。

尽管对语文学的“显微学”尖锐批评，尼采却发展了自己的专业化学术研究。1871年到1872年的冬天，他甚至在巴塞尔教了一门拉丁

---

1 Friedrich Nietzsche, “Encyclopädie der klassichen Philologie,” in Fritz Bornmann and Mario Carpitella (eds.), *Nietzsche Kritische Gesamtausgabe: Vorlesungsaufzeichungen (SS 1870–SS 1871)*, Berlin: De Gruyter, 1993, p. 343.

2 对这一差距的更多讨论参见Marchand, *Down from Olympus*; Anthony J. La Vopa, “Specialists against specialization: Hellenism as Professional Ideology in German Classical Studies,” in Geoffrey Cocks and Konrad H. Jarausch (eds.), *German Professions, 1800–1950*, New York: Oxford University Press, 1990, 65–74。

3 Nietzsche, “Encyclopädie,” 343.

文金石学的讲座课。[1]他为这些讲座写道，铭文"比所有手稿都更确定地""揭示"古代的语言、私人和公共生活以及文化。[2]尼采是一位自觉的现代——因此也是批判性的——语文学家，具备专业技能和兴趣，献身于语文学的严谨(rigor)。[3]他赞扬老师里敕尔的《古代拉丁铭文录》(*Priscae Latinitatis monumenta epigraphica*)(1862—1864)，称之为金石学"最伟大的榜样"，奚落伯克的CIG缺乏"必要的严谨"。[4]尼采说里敕尔是他的"学术英雄"之一，将细致的文本研究与更广阔的文化史相结合。[5]

尼采和蒙森一样，也担心承袭的传统的真实性和合法性。他警告他巴塞尔的学生说，印刷文本给人一种幻象：古代文本就是现代文本。其形式本身模糊了将现代和古代分开的根本不同和距离。"我们必须，"他因此得到结论，"学着再次学习在印刷的超级力量下忘记(unlearned)的一切。"[6]尽管尼采通常的形象是个自我憎恨的语文学家，他对德国古籍考据的基本工作却很投入：文本转换问题、试图追溯时间带来的变化。[7]但是，尼采评论道，19世纪最后三分之一的时间内，可获得的材料数量"爆炸性增长"，这挑战了语文学的信心：自己能够筛选所有这些

1 Nietzsche, *Vorlesungsaufzeichnungen (WS 1871/72–WS 1874/75)*, Fritz Bornmann and Mario Carpitella (eds.), in Giorgio Colli and Mazzino Montinari (eds.), *Nietzsche Werke Kritische Gesamtausgabe*, Vol. 2, pt 4, Berlin: De Gruyter, 1995, pp. 89–206.

2 Ibid., 192.

3 关于作为语文学家的尼采，参见James I. Porter, *Nietzsche and the Philology of the Future*, Stanford: Stanford University, 1992; Christian Emden, "Learning to Read Again: Nietzsche in Leipzig," in *Oxford German Studies*, Vol. 35, Vo. 2, 2006, pp. 177—190; Christian Benne, *Nietzsche und die historisch-kritische Philologie*, Berlin: De Gruyter, 2005。

4 Nietzsche, *Vorlesungsaufzeichnungen (WS 1871/72–WS 1874/75)*, 192.

5 Friedrich Nietzsche, *Briefwechsel: Kritische Gesamtausgabe*, Part I, Vol. 2, eds. Giorgio Colli and Mazzino Montinari, Berlin: De Gruyter, 1975, p. 18.

6 Nietzsche, "Encyclopädie der klassichen Philologie," 373.

7 例如，参见尼采在巴塞尔的就职演说"Homer und die klassische Philologie" (1869), 他在其中将学术研究的大体量归功于荷马。参见See Emden, "Nietzsche in Leipzig," 181–182。

"事实"并赋予其意义。[1]要做到这一点，现代批评方法和同样重要的体现于语文学家本身及其"严谨"之中的现代批评倾向是必要的。

但正是这种对比和区别历史资料的考据传统本身的力量取消了、也可能毁掉语文学。如果语文学和历史局限于批判，可能冒更大风险，演变为尼采在《历史对生命的利与弊》(*Vom Nutzen und Nachteil der Historie für das Leben*)中所称的学术研究的古籍模式，其中"小的、受限的、衰朽的和过时的东西获取了自己的尊严和可侵犯性(violability)"。古物研究面临着所有的19世纪德国历史论面临的相同问题：它将过去和现在分隔得如此彻底，使得真正的历史任务——当下的伦理转变——变得不可能。

1875年春，巴塞尔讲座后几年，维拉莫维茨(Wilamowitz)激烈抨击《悲剧的诞生》(1872)后三年，尼采对语文学的批判在《我们语文学家》(" We Philologists")中达到顶点，这是为一本从未出版的书所做的笔记集。虽然尼采依然自认语文学家(毕竟，是"我们"语文学家)，但他抨击同行"没有能力"从事有意义的学术研究。他们用"错误标准"和掐头去尾的想象力毁掉了真正的学术研究，并因此毁掉了本来会受人敬仰的学术文化和可持续的实践。[2]"100个语文学家里大概有99个，"他写道，"不应该做语文学家。"[3]

尼采抱怨说大多数年轻的语文学学者对待自己的学术研究就好像它只是个现代工作。[4]他们盲目下功夫，误以为勤奋、留意细节、严格的禁欲主义——都是蒙森颂扬的品质——必定会带来古代的重整，完整而全新的。

1 Nietzsche, "Encyclopädie der klassischen Philologie," 344.

2 Friedrich Nietzsche, *Unzeitgemäße Betrachtungen: Vom Nutzen und Nachteil der Historie für das Leben*, in *Friedrich Nietzsche: Sämtliche Werke: Kritische Studienausgabe*, 15 Vols., eds. Giorgio Colli and Mazzino Montinari, Munich: Deutscher Taschenbuch Verlag, 1999, Vol. 1, p. 265. Friedrich Nietzsche, *Friedrich Nietzsche Nachlaß 1875–1879*, in ibid., 21.

3 Ibid., 20.

4 下列段落直接取自Chad Wellmon and Paul Reitter, "How a Philologist Became a Physician of Modernity: Nietzsche's Lectures on German Education." in *Representations* Vol. 131, No. 4, 2015, pp. 68–104。

这一新的现代类型，“学术人”（*der wissenschaftliche Mensch*），尼采写道，“是真正的悖论”。[1]现代性的灾难正在他身边展开，他却只是摘花、数“花瓣”。他一行行校勘、修订、编辑手稿，但未能关注意义和方向的迫切需要。他的无知无识并非出于愚蠢，而是出于自己与知识之间不健康的关系。现代学者辛勤劳作，仿佛大学是座工厂，“每浪费一分钟都会被惩罚。”[2]但他对于为何如此、有何目的却并无了解：

> 有种办法可以让自己从事语文学，而且非常普遍：某人无知地投身于，或者被掷入某个领域。在那里他左看右看，发现了一些新颖的好东西。但在某个时刻，没人盯着他，他问自己：这些同我究竟有什么关系？但到了这时候，他已经老了、习惯了一切。于是就和婚姻一样，继续下去。[3]

面对现代性的压力和困惑，语文学家只是转向了档案。

虽然从未提名道姓，蒙森和他代表的普鲁士语文学和工业风格的学术实践一直存在于他的巴塞尔讲座、信件和其他讲座和笔记里。[4]亚里士多德以来，尼采写道，语文学家就一直收集、组织“大堆实证材料”。[5]和仅仅是“从自身创造”的哲学家不同，语文学家“从书中创造”、从手稿和物质材料中创造。[6]但是，尼采在1782年告诉自己年轻的学生们，实际成为真正的语文学家“更多依赖的不是大堆【材料】而是如何去做”——学者如何联系并阐释材料，他拿材料做什么。数据和材料的收集和编纂必须结合阐释实践。[7]否则，他在一节名为《如何成为语文学家》的文章里警告

1 Nietzsche, *Nachlaß 1869–1874*, in *Friedrich Nietzsche Kritische Studienausgabe*, 7: 613.

2 Ibid., 614.

3 Nietzsche, “Notizen zu Wir Philologen,” in *Friedrich Nietzsche Kritische Studienausgabe*, 8: 53.

4 尼采在信中只简单提及“柏林语文学”。见Benne, *Nietzsche und die historisch-kritische Philologie*, 292–293。

5 Nietzsche, “Encyclopädie der klassischen Philologie,” 342.

6 Ibid.

7 Ibid., 392.

说，学者知识利用古代来满足他“对研究的渴望”或者对“知识”的渴望，与“工厂工人”并无区别，每日在自己小小的“零部件”上劳作。[1]大学及其相关机构，高等中学和学院，教学生和学者为学术研究牺牲自己。但是为什么？尼采问道，什么才是今日“学术研究对我们的价值”？[2]

19世纪八九十年代，德国学者和知识分子开始越来越恐惧自己的制度和文化已经被官僚制和工业化的现代性所扭曲。[3]尼采并非第一个表达这一意见的人，但他和其他一些人最早提出德国对学术研究的信仰已变成被败坏的事业（corrupted commitment），更是一种意识形态而非真正的伦理资源。尼采对当代语文学和历史的批判预见了历史学家约翰·古斯塔夫·德罗伊森（Johann Gustav Droysen）的忧虑，他哀悼青年学者正被训练成仅仅是“工厂工作”的“专业人员”。[4]

尼采的批评还回应了巴塞尔同事雅克布·布克哈特（Jacob Burckhardt）和约翰·巴霍芬更为具体的关切。布克哈特嘲讽地惊叹为何蒙森这样的历史学家和语文学家还未能意识到“各种透彻研究的真实事实汇编仍然并非真理，【而且】没有真正的历史意义”。巴霍芬也认为，蒙森的语文学形式亵渎了古代的神圣统一、抛弃了语文学家介于过去和现在之间、神圣与凡俗之间祭司般的调停人角色。[5]

那么，19世纪这些关于语文学的辩论不只是关于方法。它们事关语文学学术研究的目的和语文学家本人。一方面，尼采这样的学者、他在巴塞尔的同事以及越来越多德国学者将古代文本理解为值得仿效的生活形式的提供者和传输者。语文学家或历史学家的任务是批判地阅读，为了能够道德地阅读。至少对尼采而言，古代学者要培养这些文本

1 Nietzsche, “Encyclopädie der klassischen Philologie,” 366–367.

2 Nietzsche, *Unzeitgemässe Betrachtungen*, 202–203.

3 Ringer, *Fields of Knowledge*, 200.

4 *Johann Gustav Droysen, Briefwechsel*, *1851–1884*, Vol. 2, Stuttgart, 1926, p. 941 ff. 德罗伊森此处论述的是*Monumenta Germaniae Historia*，一部大型的德国史一手史料集。蒙森于1874年成为其委员会成员，领导了本项目的彻底重组，包括将项目转移到柏林。参见Rebenich, *Mommsen und Harnach*, 63–65。

5 布克哈特的话引自W. Hardtwig, “Wissenschaft als Macht oder Askese: Jacob Burkhardt,” in Hardtwig, *Geschichtskultur und Wissenschaft*, Munich: Deutscher Taschenbuch Verlag, 1990, pp. 161–188。巴霍芬的话引自Gossman, *Orpheus Philologicus*, 23。

传统，将其作为现代性本身所缺乏的伦理资源而固守。尽管尼采有风格化的偶像破坏行为，但某些方面他依然是传统的仰慕希腊(Grecophile)的德国人，对他而言，希腊式的古代是道德的乌托邦——他是F.A.沃尔夫和威廉·冯·洪堡这一路传统的人文主义者。[1]他关心文本在当下的意义——古代文本和传统如何有助面对"我如何最好地生活"这一问题。尼采的古典主义由一种坚定的现时主义(presentism)驱动。

另一方面，对蒙森和哈尔纳克等学者而言，语文学家和历史学家在目前的任务是收集并维护档案，为了一个未知的未来，那时学者或许能够再次投入阐释和显示意义的人文主义天职。但是在塞满事实的档案成就之前，这一未来不得不延迟。[2]人文主义天职的延迟对现在的学者是个损失，但是必要的损失，而且要求牺牲。

十、祛魅的知识

尼采和蒙森都尽力理解并配合他们认为的知识的新时代，定义这个时代的是文化物品爆炸、智识专业化、劳动分工，以及学者疏离自己的传统、学术研究和意义。他们都以学术的名义行事，对学术的传统、迫切任务和未来理解不同。尼采拥抱阐释的任务，蒙森则从未动摇其对汇编的执着。尼采理想中的学者是不畏艰难的释经者(hermeneut)，正揭示一个被过去的错误缠绕不放的当下。蒙森的理想学者是位谦逊之人，正重建由同样的错误导致的四分五裂的过往。尽管他们就学者应为何意见相左——他的目标、倾向、自我认识——但两人都支持基本的语文学原则：思想需要材料，对跨越时光传播思想的传统保持恰当怀疑。[3]二人都忠于知识或者学术统一的理念。对尼采来说，这个统一只

1 但尼采憎恶对更传统的洪堡式教育观念的自由主义式执着。

2 关于19世纪德国哲学的道德特质，参见Klaus Weimar, *Geschichte der deutschen Literaturwissenschaft bis zum Ende des 19. Jahrhunderts*, Munich: Brill, 1989, pp. 226–228。

3 蒙森致信阿尔托夫，1893年8月6日，见 6 August 1893, Stefan Rebenich (ed.), *TheodorMommsen und Friedrich Althoff: Briefwechsel 1882–1903*, Munich: Oldenbourg, 2012, p. 693。

有通过伦理的自我转变才有可能；蒙森则认为，如果还有可能，那么只有通过无限延迟的合作项目。

19世纪晚期，德国学者和知识分子发展出了一系列转义词（tropes）来描述对现代的年代里学者的命运和知识的未来的越来越普遍的焦虑。哀伤的现代人，从尼采（生活与学术）和韦伯（天职与工厂）到赫尔穆特·普莱斯那（Helmut Plesner）（大学与大型研究中心）和格奥尔格·齐美尔（Georg Simmel）（主观的和客观的），将真实的、有意义的与虚假的、机械的并列。[1]任何未来的知识都不得不跨越他们所认为的不可避免的现代性的衰落。

蒙森所做的对比可能最为突出，哀伤又坦白。他区分了学院的“忠实的工人”和大学的“天才学者”。[2]前者被不知疲倦地组织起来，极少参与真正的“学术创造”。他们只是为未来可能出现的天才预备材料。蒙森的“忠实的工人”和天才代表了两种不同的学术主体或知识人格，其基础是各自与自己学术客体的关系即他们究竟创造了什么。“天才学者”的智识客体，不管是一本书或一段思维体验，属于创造它的个体，而学院学者的智识客体属于一个学术团体并最终属于现代人称之为科学的永恒的、错位的抽象。学院学者分配、培育、照顾知识的“种子”，希望能够“在奇异的花园结出果实”。

关于语文学未来的争论预示了，甚至回应了19世纪90年代和20世纪初许多更为著名的“对方法的争论（Methodenstreit）”，尤其是马克斯·韦伯试图与价值和历史知识危机妥协的尝试。[3]和蒙森和尼采一样，韦伯等学者力争理解在面临弗里茨·林格（Fritz Ringer）所谓“无

1 Spoerhase, “*Big Humanities*,” 16; and Kahlert, “Große Projekte” ; see Weber, “Wissenschaft als Beruf” ; Helmut Plesner, “Zur Soziologie der modernen Forschung und ihrer Organisation in der detuschen Universität,” in Max Scheler (ed.), *Versuche zu einer Soziologie der Wissenschaft*, Munich: Duncker & Humblot, 1924, pp. 407–425.

2 参见Harnack, *Geschichte*, 1003。

3 特别参见Max Weber, “Die Objektivität sozialwissenschaftlicher und sozialpolitischer Erkenntnis” ; Weber, “Kritische Studien auf dem Gebiet der kulturwissenschaftlichen Logik” , 1906; Weber, “Der Sinn der Wertfreiheit der soziologischen und ökonomischen Wissenschaften” , 1914; Weber, “Wissenschaft als Beruf” , 1917, 全部内容参见 Max Weber, *Schriften zur Wissenschaftslehre*, Stuttgart: Reclam, 1991。

限多的物体堆积”时，文化和社会科学如何能够分辨其重要性。[1]自称的实证主义批评家追随尼采的怀疑主义，不仅对编纂如此多资料是否有价值提出了问题，更特别提出更多材料（或数据）是否必然意味着新的科学认识论（学术研究）。数据收集能否与知识的制造截然分开？这些基本的关切对学术研究中的价值、主体性、客体性、方法和意义的状况提出问题，这些问题最终会引发人们更鲜明地区分文化和社会科学与自然和物理科学。

1905年回头看学术大工厂的出现时，哈尔纳克承认了其社会和伦理效应：脑力和学术劳动的分工，工作机械化，与精神上吃透资料相反的过度强调收集和处理资料，以及“学者变得荒谬可笑”。蒙森视学术研究为大工厂的观点动摇了19世纪各领域德国学者长期信奉且亲切怀抱的观念：正确实践的学术研究能实现“成长（*Bildung*）”。

1917年，韦伯发表了演说《以学术为业》，[2]可看作某种评注，评论尼采对蒙森的批判，以及大人文作为理性化的、祛魅的知识的最高形式。对尼采等批评家而言，“以学术为工厂”代表了对“以学术培养**成长**”的最终、最彻底的疏离——材料（客观的）对个人（主观的）的威胁。韦伯把学术对个人意义的疏离同大学的“美国化”相联系。但是蒙森、阿尔多夫和哈尔纳克已经使学院——如果不是大学——变成了一座现代工厂，在其中，工人与生产方式隔离，少数明星学者的功能如同知识工厂的经理。

十一、数字时代的人文学科和知识的未来

尼采vs蒙森的故事是大科学对小科学、合作对独自研究、编纂对阐释、档案收集对理论思考、重组的训练对道德的转化。都是认识论的和伦理的甚至道德的区别。尼采和巴霍芬指控蒙森发动了机械化科学（Dampfmaschinenewissenschaft），他们宣称他缺乏对古代的合宜的尊

1 Fritz Ringer, *Weber's Methodology*, Cambridge, MA: Harvard University Press, 1997, p. 46.

2 Fritz Ringer, *Decline of the German Mandarins: The German Academic Community*, Hannover: University Press of New England, 1990, pp. 253–258.

崇。现代语文学既是古代祛魅的媒介，也是其无意的结果。因为语文学是19世纪德国最完善的学科，它的命运代表了更广泛意义上的科学和人文学科。

对某些当代评论家来说，数字人文很可能是大人文学科悠久历史的发展顶峰（apotheosis）。我们数字年代的人文学科目前正被实证主义的幽灵缠绕。文学学者尤其明显地表达了对实证主义转移的焦虑和对“远读”的恐惧。但是，我之前说过，对实证主义的控诉的历史几乎无法与汇编实践的历史分开。在语文学的情况里，蒙森从没说过阐释并不需要——或事实能为自己说话。他只是表示，档案的收集可以部分地继续，与其阐释区别开。

在蒙森看来，文件材料的好处在于“可与理论保持中立”，并无人为意向。[1]当他求助于古代罗马铭文的实物性质，其石质存在的沉重、永久和位置性，他祈求的是现代事实资料的顽固及其设想中的能力：克制主观阐释、推测和意向。这些事实并非仅仅为了眼下的目的而使用。也是为了吸引超越自身的学者，成就与异域思想和文化的交融，实现尼采看作语文学核心任务的比较。[2]

模型、实践和理论令数据可见并可得。[3]有人认为当代的数据实践是史无前例的，这就忽略了这样的模型、实践和理论的历史，模糊了这个事实。数据——不论是18万份铭文还是数百本数字小说——都无法自己说话。它总是被收集、组织、编辑、成为可获得的并被赋予意义，无论是19世纪印刷卷册还是21世纪的图表。但如蒙森所说，汇编与阐释并不等同，它们可能是非常不同的活动。

19世纪后期关于什么构成了人文主义探索，尤其是语文学的争论，从未以倾向哪一种实践或方法而尘埃落定。人文学科以无数形式繁荣发展，而且是在不断应用日新月异的新方法、实践和技术安排的同

1 Lorraine Daston, “Marvelous Facts and Miraculous Evidence in Early Modern Europe,” in *Critical Inquiry*, Vol. 18, 1991, pp. 93–124. 另见 Daston, “Reviews on Artifact and Experiment,” in *Isis*, Vol. 79, No. 3, 1988, pp. 452–467。

2 Nietzsche, “Encyclopädie der klassischen Philologie.”

3 Chris Anderson, “The End of Theory: The Data Deluge Makes Scientific Method Obsolete,” *Wired*, 23 June 2008, at www.wired.com/2008/06/pb-theory.

时实现的。不管数字或计算人文可能是别的什么，就像广义的人文学科那样，它都是多样的，不能简化为文本挖掘或“远程”阅读。数字人文包含的工作、方法和目的多到令人头晕。[1]弗朗哥·莫雷蒂及其“远阅”的特别版本只是一个例子。不过方法论的不拘一格并不是个借口，可以借以忽视目前实践活动在面对新证据和材料种类时真正的无力和局限。

尽管人文主义学科或人文学科不限于某种方法或证据观念，但也有共同的倾向，即执着于培育和从事奥古斯特·伯克所说的“关于现在和曾经了解的知识”。[2]语文学代表一个共同的学术方案；它是文化科学的基础。蒙森或尼采都不怀疑语文学的前景。他们所争论的只是最佳的实施方式和应达成的目标。蒙森的“大学术研究”，尼采要将语文学再发明为谱系学，都致力于孜孜以求、细致严格的培养和考虑“传统”——也就是时间过去后文本和文化的传播和编纂。[3]两人都认识到，没有档案，就没什么可阐释，没有材料可赋予其意义。

我们的档案正逐渐从印刷转为电子档案，很大一部分并没有人文学者的输入，因此语文学的未来是数字时代人文学科遭遇的最重要的议题之一。杰罗姆·麦甘（Jerome McGann）和伯达尼·诺维斯基（Bethany Nowviskie）这样说，我们“正面对我们多样而共同的文化遗产被大量、几乎是全部转化”。[4]参照蒙森的努力来考虑我们当代的努力，有助于我们看到，创建档案，不论是铭文收集还是数字数据集，从来都不只是堆积事实。[5]收集、组织、过滤，对档案的创建和传统的维护不可分割，并依赖于独特的、有自身历史的实践、工具和技术。当人文学者

1 参见 Patrik Svensson and David Theo Goldberg (eds.), *Between Humanities and the Digital*, Cambridge, MA: MIT Press, 2015。

2 August Boeckh, in E. Brautuscheck (ed.), *Enzyklopädie und Methodologie der philologischen Wissenschaften*, Leipzig, 1877, p. 10.

3 Spoerhase, “Big Humanities,” 15.

4 Bethany Nowviskie, “Toward a New Deal,” ; Jerome McGann, *New Republic of Letters*, Cambridge, MA: Harvard University Press, 2014, pp. 1–3.

5 Jerome McGann, “Philosophy in a New Key,” in *Critical Inquiry* Vol. 39, No. 2, 2013, pp. 327–346.

再次反思收集和阐释资料之间的区别，我们最好能记住，我们是在争论类似问题的传统之中做这些事。

“大人文”的较长的历史能帮我们理解，规模和方法的变化从历史上就总是包含人文学者实际如何做学术研究、如何与研究工作发生联系等方面的最基本方式的变化。并非每个人都会阐释数据或者构想宏大的由资金驱动的思想。有些学者或研究助理会收集并在管理大师设计的基础上对之编码。[1]许多自认的数字人文学者赞美合作性的学术研究，认为是绝对的好事，但大人文学科项目的历史表明，合作性或集体劳作可能有负面后果，例如特别的等级制度，其中“一人领导而多人劳作”。

我们还需要考虑资金需求可能要求大人文对行政程序更清晰可见。所有那些大人文学科资金的申请书——从国家人文基金会的数字人文办公室、梅隆基金会的学术交流与技术项目、美国学术团体数字创新与协作研究委员会津贴、SSRC（Social Science Research Council）的数字人文津贴，到德国科学基金会资助大型项目的悠久历史——都有资助所要求的不同范畴和协议。这些行政范畴的要求和规则如何塑造学者所提问题和所做工作的种类？[2]所有知识实践，人文学科或其他，都能用以各种目的，如果以为一种形式的人文主义探索（例如孤独的、阐释类型的）是纯洁的而其他的（例如合作的、数字的）不纯洁，就失之天真。[3]

最后，大人文学科的历史有助于我们更好地理解，当代关于方法的顽固争论也是关于当代学者人格和知识伦理的争论。学术研究的目的

1 关于数字人文中劳动与等级间的动力学，以及对官僚化不会完全占领数字人文的希望，参见Rita Raley, “Digital Humanities for the Next Five Minutes,” in *differences* Vol. 25, No. 1, 2014, pp. 26–45; Wendy Hui Kynong Chun and Lisa Marie Rhody, “Working the Digital Humanities: Uncovering Shadows between the Dark and Light,” in *differences* Vol. 25, No. 1, 2014, pp. 1–25。

2 参见Richard Grusin, “The Dark Side of the Digital Humanities,” in *differences* Vol. 25, No. 1, 2014, pp. 79–92。我认为此处对这些问题的描述比较夸张。

3 关于数字人文和认为它们必然与“新自由主义”大学同谋的说法的深刻讨论，参见https://lareviewofbooks.org/article/digital-humanities-interview-bethany-nowviskie。

是否仅仅是新知识、伦理转化，或二者皆有？蒙森和尼采的论点，关于如何及为何从事人文主义探索是一个宽谱的两端。只取一端则限制了人文学科能带来的好处。最近作者间的论战，例如乔克斯和基尔希之间这种，是更早期争论的夸张版本，一个认为只用搜罗证据就能启发我们，甚至令我们自由；另一个认为尼采式的阐释意愿也能做到。但是，在考虑人文学科悠久历史时，最有启发的在于一直以来它们有多么复杂多样。

批评的共情：弗农·李的美学及细读的起源

本杰明·摩根（Benjamin Morgan）*
杨　晗　译

摘　要：弗农·李的生理共情理论近来重新受到了关注。这种理论认为艺术作品在激起身体运动感觉时是令人愉悦的。大部分对李的研究主要将她的共情理论视为一种视觉理论，但我认为李的目的在于理解语言是如何协调身体经验的。李关于隐喻之生理根源的不寻常看法和量化文学分析指出的前景共同构成一种共情式细读方法的基础。这种方法既是身体的，也是系统化的。我将证明这种阅读方法乃是新批评派的反情感修辞的一个重要批判对象。就这一点而论，李的“批评的共情”也提供了细读实践这一传统之外另一种引人思考的阅读方式。

关键词：量化文学分析；细读；共情；美学；新批评

维多利亚时代的人们用身体阅读。当然，他们经常大声读出声来，不过身体阅读也有更微妙的方式。阿瑟·西蒙斯（Arthur Symons）曾回忆起自己用手抚触沃尔特·佩特（Walter Pater）的《文艺复兴历史研究》（*Studies in the History of the Renaissance*）那带棱纹的书页。斯蒂芬·阿拉塔（Stephen Arata）认为：最能欣赏威廉·莫里斯（William Morris）的诗作的，是那些一边工作一边阅读的手艺人。奇情小说对神经的作用则是众所周知。有一种理路认为它的作用原理

* **作者简介**：本杰明·摩根（Benjamin Morgan），芝加哥大学英文系副教授，著有 *The Outward Mind: Materialist Aesthetics in Victorian Science and Literature* (University of Chicago Press, 2017)一书。研究兴趣包括英国维多利亚及20世纪早期时期的文学、科学和美学。

译者简介：杨晗，自由译者。

类似某种现代技术，能带来与火车旅行的喧嚣和速度一样多的物理冲击。这也并非仅仅是我们的理论——维多利亚时代的人们清楚地知道他们的阅读实践有赖于某种身体结构。尼古拉斯·达姆斯（Nicholas Dames）已经发现维多利亚时代小说的批评家们对文体的“情感力学”（affective mechanics）相当熟悉。[1]而且，那个世纪中最臭名昭著的一些诗歌——不论是来自痉挛派还是唯美派——之所以臭名昭著，正因为它们对读者身体的不当刺激。[2]

然而，到了20世纪早期，文学批评不再过多注意文学中的动觉因素，似乎将它视为其美学的一个不光彩的对立面。最为著名的一个例子是：美国文学批评家威廉·K. 维姆萨特（William K. Wimsatt）和门罗·比尔兹利（Monroe Beardsley）在《情感谬见》（“The Affective Fallacy”）一文中将意义与感受隔离开来，并将“起鸡皮疙瘩的体验”、“脊柱的震颤”[3]和“眼泪、刺痛或其他生理症状”[4]等读者情绪归入病理范畴。他们这篇文章的题辞是一位德国音乐理论家的评论“那还不如以醉酒的方式来研究酒的性质呢”[5]。这句话也许最能体现他们将意义与读者的身体隔离开来的激进努力。在阅读文学时过分激动就好比在品酒时喝个大醉，而负责任的读者应该能将她的感受放在一边，冷静地体会作品中的讽刺与意象。维姆萨特和比尔兹利的文章是对一种去个人化批评实践的激烈表达。这种实践起源于I. A. 理查兹（I. A. Richards）在20世纪20年代的美学理论，并在新批评主义教育的成功中得以流传。

1 Nicholas Dames, *The Physiology of the Novel: Reading, Neural Science, and the Form of Victorian Fiction*, New York: Oxford University Press, 2007, p. 56.

2 关于此类具身化的阅读形式，可参阅Arthur Symons, “Walter Pater,” in *Figures of Several Centuries*. London: Constable, 1917, p. 322; Stephen Arata, “On Not Paying Attention,” in *Victorian Studies*, Vol. 46, No. 2, 2004, pp. 193–205; Nicholas Daly, *Literature, Technology, and Modernity, 1860–2000*, New York: Cambridge University Press, 2004, pp. 34–55; Nicholas Dames, *The Physiology of the Novel: Reading, Neural Science, and the Form of Victorian Fiction*, New York: Oxford University Press, 2007, pp. 25–70。

3 William K. Wimsatt and Monroe C. Beardsley, “The Affective Fallacy,” in *The Sewanee Review*, Vol. 57, No. 1, 1949, p. 43.

4 Ibid., 47.

5 Ibid., 31.

为何具身化的阅读变得如此令人厌弃？要回答这个问题，我认为我们需要对共情展开思考。共情美学经历过的转变与英美文学批评界发生过的转变是相似的，也是相关的。“共情”这个术语最初被用来指一种对某对象产生的无意识生理反应。这种反应涉及的要么是自我在对象中的投射，要么是对对象的物理模拟。然而，如众多历史学家所见，“共情”一词在20世纪上半叶失去了其身体含义，转而被用来表示一种心理过程，而这种心理过程与在18、19世纪会被人们称为“同情”的那种反应相似。[1]在过去20年中，人文学科和社会科学中再次出现了对共情的兴趣，而人们仍将这一概念理解为与同情紧密相关：同情与共情描述的是个体何以能够分享并理解另一个体的感受。[2]因此，人们普遍认为文学与共情之间的联系的重要性在哲学上就体现于伦理，在心理学上就体现于利他主义。在他们从美德伦理角度出发的写作中，玛莎 · 努斯鲍姆（Martha Nussbaum）和迈克尔 · 斯娄特（Michael Slote）提出了一种自由人文主义版本的共情概念。这一点在努斯鲍姆的作品中体现得尤为突出：她认为小说是培养共情的重要场所，因为它将读者放在了“强烈关注他人的苦难和厄运的人”的位置上。[3]苏珊娜 · 基恩（Suzanne Keen）则发现真实读者

1 关于共情的历史及共情与同情之间的关系，参见Carolyn Burdett, “‘The Subjective inside us can turn into the objective outside’: Vernon Lee’s Psychological Aesthetics,” in *19: Interdisciplinary Studies in the Long Nineteenth Century*; D. Rae Greiner, “Thinking of Me Thinking of You: Sympathy Versus Empathy in the Realist Novel,” in *Victorian Studies*, Vol. 53, No. 3, 2011, pp. 417–426; Gustav Jahoda, “Theodor Lipps and the Shift from ‘Sympathy’ to ‘Empathy,’ ” in *Journal of the History of the Behavioral Sciences*, Vol. 41, No. 2, 2005, pp. 151–163; Samuel Moyn, “Empathy in History, Empathizing with Humanity,” in *History and Theory*, Vol. 45, No. 3, 2006, pp. 397–415; George W Pigman, “Freud and the History of Empathy,” in *International Journal of Psycho-analysis*, Vol. 76, 1995, pp. 237–256。

2 心理学家Nancy Eisenberg指出：共情是“对另一个体的情感状态的理解……并与另一个体所感受到的情绪相似”；同情则“与另一个体所感受到的情绪并不相同……而是由哀伤或关切等情绪构成”，参见Nancy Eisenberg, “Emotion, Regulation, and Moral Development,” in *Annual Review of Psychology*, Vol. 51, 2000, p.671, 672。

3 Martha Nussbaum, *Poetic Justice: The Literary Imagination and Public life*, Boston: Beacon, 1995, p. 66.

的共情方式总是出人意料，因而在其关于共情与文学的著作中对前一种看法提出了质疑。[1]对在道德上值得同情的人物的现实主义描述并不总是能激发出最强烈的共情反应；事实上，人物并非是共情心理的唯一对象。[2]

这种做法将文学中的共情主要当作一种与同情相联系的伦理模式来加以强调，因而未能回答一些有趣的问题。这些问题与早期那种生理共情何以能够帮助我们重新想象身体与文本之间的联系有关。在本文中，我将为一种主要关注身体经验而非伦理经验的共情阅读理论找到一些历史基础。为了做到这一点，我对一种共情进行了考察。要对这种共情做出解释，最好的办法莫过于对它的理论先驱——散文家和批评家弗农·李（Vernon Lee）——所提出的例子加以利用。在《美好之物：心理美学导论》（*The Beautiful: An Introduction to Psychological Aesthetics*）一书中，李提出了这样的观点：在观看一座山峰时，我们将其视为一个运动中的三角形来加以体验——"它在**上升**……它上升，而且不断上升，从不停止，直到**我们**不再观看它"[3]。李将这种上升的感觉描述为一种"共情运动"[4]，表示眼球的真实上升过程与对过去的上升感的身体记忆的结合。这种运动解释了"形体所具有的神秘重要性，以及它们对我们的吸引力或排斥力。根据它们的共情性质，这些形体既是可视的，也是可听的"[5]。在对这个例子的阐释中，李强调了一个呼吸中的、正在保持平衡的肉体的内部运动与其感受到的三角形的运动——这个三角形的线条正在为了"**抵达**"某个点而"**努力**"——之间的相关性。[6]李并未否认这种反应可能与对他人的感受有关——此处的"他人"，指

1 参见 Suzanne keen, *Empathy and the Novel*, New York: Oxford University Press, 2007, pp. 65–99。

2 参见 Suzanne Keen, "Empathetic Hardy," in *Poetics Today*, Vol. 32, No. 2, 2011, pp. 349–389。

3 Vernon Lee, *The Beautiful: An Introduction to Psychological Aesthetics*, Cambridge: Cambridge University Press, 1913, p. 72.

4 Ibid., 73.

5 Ibid., 74.

6 Ibid., 72.

的是身为物质实体、像山峰一样被我们遇见的人。然而，鉴于本文的目的，我将使用“运动共情”（motional empathy）的说法，以凸显李的理论中强调形式的和形体导向反应的那些方面。这些方面也是李的关注焦点。

较之伦理关系或利他主义关系关涉情感的方式，运动共情关涉情感的方式是更为自我指涉的。在其影响深远的文章“情感的自治”（“The Autonomy of Affect”）中，文化理论家布莱恩·马苏米（Brian Massumi）对情感（affect）与情绪（emotion）进行了区别，认为情绪（emotion）一词暗示了某种经验在“社会语言学层面的意义固化”，而情感（affect）则暗示一种“直接具身化的”“完全自治的”反应。[1]马苏米的批评者因为他假设了一个身体经验的前语义领域而感到困扰，在这一点上我也同意他们，不过他的这种区分有助于我们厘清李对共情的理论化中的不同层次。[2]的确，如果觉察到“上升的”三角形的形式运动，就可能引起诸如兴奋、活力和收缩等感受，而这些感受似乎都可能是情绪（emotion）。然而，在李的理解中，我们在为一座山峰感到振奋时，无须将它人格化为某种有感受的事物，甚至无须如此想象。这样一来，她的著作便主张了一种颇为奇特的共情，也就是我称之为运动共情的那一种。它的主要定位并非指向社会领域。如果我们借用马苏米的说法，那么运动共情就是尚未发生社会语言学固化的。构成这种共情的是各种自我指涉的情感（affect，如“我感到自己充满活力”），而非那些主体间的情绪（emotion，如“我能体会到你的悲伤”）。

在本文的第一部分中，我将指出李对运动共情与语言之间关系的慎重态度将她的著作与她之前的心理美学区别开来。在第二部分中，我将指出李的共情理论在文学批评史中有着重要地位，却遭到忽视。李的共情理论是一个更广大的构想的组成部分，而这一构想的目的就在于严肃地对待范围甚广的各种具身化审美反应。作

1 Brian Massumi, “The Autonomy of Affect.” In *Parables of the Virtual: Movement, Affect, Sensation*, Durham: Duke University Press, 2002, p. 25.

2 关于对马苏米的这种批评，参见Ruth Leys, “The Turn to Affect: A Critique,” in *Critical Inquiry*, Vol. 37, No. 3, 2011, pp. 434–472。

为对这一构想的贡献，李就阅读的身体感受这一主题写了一系列文章。这些文章可以与她关于绘画、雕塑和音乐的那些文章比肩而列。李的共情阅读挑战了一种我们业已接受的历史：在维多利亚时代的生理美学与后来的文学形式主义——尤其是新批评派——之间存在着断裂。简言之，李将动觉反应（kinaesthetic responses）赋予散文文体节奏，同时又预示了以新批评派为代表的系统化形式主义方法的出现。我提出这一系列主张的目的部分在于将李的文学批评语境化，不过我的论证中更重要的部分在于：李的生理共情理论何以能够构成一种挑战，让我们对历史和当代的细读方法进行重新审视。

一、共情（*Einfühlung*）与美学

就其起源而言，共情并非一种与文学或语言相关的经验。德语中的*Einfühlung*在后来被译为“共情”，但它最早是出现在哲学家罗伯特·菲舍尔（Robert Vischer）的论文《论形式视觉》（*On the Optical Sense of Form*）中。这篇文章认为人类会本能地将自我投射于他们所看见的东西。菲舍尔在一个重要的段落中指出：做梦者的身体会“无意识地将其自身的身体形式——连同灵魂——投射于对象的形式”。“从这一点出发，”他继续写道，“我得出了我将之命名为‘共情’（*Einfühlung*）的概念。”[1] *Einfühlung*并非只是一种梦中状态。我们日常生活中基本的视觉感受——例如曲线、光和互补色等带来的愉悦刺激——都可以激发它。更为复杂的*Einfühlung*具有两种形式：第一种是“外形式的”（physiognomic），与静态的物理形式有关，比如一朵带来压缩感的小花；第二种是“模仿式的”（mimicking），与运动有关，比如令观者觉得其正在伸展肢体的树枝。[2]

1 Robert Vischer, *On the Optical Sense of Form. Empathy, Form, and Space: Problems in German Aesthetics*, ed. and trans. Henry Francis Malgrave and Eleftherios Ikonomou, Santa Monica: Getty Center for the History of Art and the Humanities, 1994, p. 97.

2 Ibid., 104, 105.

心理学家特奥多尔·利普斯(Theodor Lipps)发展了菲舍尔的观念。他抛弃了其中形而上学的成分，对实在的物理模仿概念提出了挑战，并在对物体的*Einfühlung*之外提出了对他人的*Einfühlung*的可能性。与菲舍尔所理解的*Einfühlung*一样，利普斯的*Einfühlung*概念也是指向视觉感知的。利普斯对共情的研究始于他对视觉幻象的兴趣；他的早期著作曾经对这样一场争论展开论述：让视觉幻象欺骗心智的，是一种认知缺陷还是一种感知缺陷？于是，这个关于心智与视觉官能如何互动的问题在他对*Einfühlung*的描述中占据了中心位置。在其著作《美学：关于美与艺术之心理学》(*Ästhetik: Psychologie des Schönen und der Kunst*)中，利普斯提出：当我们看到一根线条时，我们是在用自己的身体跟随它从一端移动到另一端，以此“创造”出这根线条。因此，通过对线条某种程度上的执行，我们的身体也对这根线条的存在做出了贡献。利普斯强调说他描述的并非仅仅是心灵内部的一种思考过程[“我从反思中所知道的”(was mir die Reflexion sagt)]，而是一种与线条归于同一的感觉[“我感到自己**身处**那线条之中，努力行动”(ich fühle mich fortstrebend und tätig *in* der Linie)]。“如我们所知，”利普斯写道，“这就是*Einfühlung*的含义。”[1]根据利普斯的看法，当我们观看一根多立克石柱时，也会发生同样的事情；石柱会亲切地“在我们体内树立起一幅需要类似努力来创造的图像(*Bild*)”。[2]

这种对努力创造出的“图像”的强调将利普斯的理论与他的对手之一卡尔·格罗斯(Karl Groos)的观点区别开来。格罗斯认为：在美学体验出现的时刻，发生的事情是对视觉形式的物理模仿[“内在模仿”(innere Nachahmung)]，而不仅仅是一幅运动的图像。在格罗斯看来，美的对象能够激发“运动与姿态的感觉(尤其是平衡感)、轻微的肌肉动觉，还有视觉上与呼吸上的运动”。[3]与上述观点形成对比的是：其他

1 Theodor Lipps, *Ästhetik: Psychologie des Schönen und der Kunst*. 2 Vols, Hamburg: Leopold Voss, 1903, Vol. 1, pp. 236–237.

2 Theodor Lipps, *Raumästhetik und Geometrisch-Optische Täuschungen*, Leipzig: Johann Ambrosius Barth, 1897, p. 7.

3 Karl Groos, *The Play of Man*, trans. Elizabeth L. Baldwin, New York: Appleton, 1901, p. 328.

一些人认为*Einfühlung*根本不存在。1903年,心理学家奥斯瓦尔德·屈尔珀(Oswald Külpe)将研究对象置于暗室中,并在暗室的墙上播放了28张希腊建筑和雕塑画片,每张停留时间为3秒。他发现没有哪根柱子——无论是多立克式的还是别的——能让观看者感到自己似乎在动。[1]

最终被李理论化为共情的东西还处于另一种主要语境之中,那就是始于埃德蒙·伯克(Edmund Burke)的《关于崇高与美的观念起源的哲学探究》(*Philosophical Enquiry*)的一种英国传统。这种传统将美学视为一种感知的科学。正如德国心理学理论主要关注感官知觉问题,英国这一派美学审视的也是对象中愉悦感官的性质,而非它们身上更复杂的、由人创造的意义。一种新的关于自我的生理模型在19世纪20年代和30年代发展起来。紧随这种发展,包括乔治·菲尔德(George Field)、亚历山大·贝恩(Alexander Bain)和戴维·拉姆齐·海伊(David Ramsay Hay)在内的理论家们认为:对审美愉悦的最佳理解方式就是将它理解为身体对形状、色彩和声音的反应。例如,海伊曾经对基本几何形状的比例之美展开研究,并在多部著作中声称建筑、音乐、色彩和女性之美可以用一种关于和谐的普遍数学来解释。与此类似,贝恩同样将美学视为关于令人愉悦的感官知觉的科学,并在其出版于19世纪中叶的心理学教材中声称曲线比角更令人愉悦,因为它们允许眼睛以更自然的方式移动,而音乐的和谐则以令人愉悦的方式刺激人的神经。[2]

有时被称为“美学”的这门学科有一台时间性的、定量的天平。赫伯特·斯宾塞(Herbert Spencer)和查尔斯·达尔文(Charles Darwin)在19世纪50年代晚期提出的发展与进化理论让这台天平发生了偏转:从离散的感知时刻转向深远的进化论时间,从个体转向种群。在达尔文和斯宾塞之后,一个中心问题出现了:审美愉悦之中是否包含了某种种群性的效果?如果没有,那审美愉悦何以能够存在?如乔纳

1 Oswald Külpe, “Ein Beitrag zur Experimentellen Aesthetik,” in *American Journal of Psychology*, Vol. 14, 1903, p. 231.

2 参见Alexander Bain, *The Emotions and the Will*, London: John W. Parker, 1859; Alexander Bain, *The Senses and the Intellect*, London: John W. Parker, 1855。

森·史密斯(Jonathan Smith)所指出，达尔文将动物对美的感知这种观念作为其《人类的由来》(*The Descent of Man*)中的一个重要部分。[1]与达尔文类似，斯宾塞从进化论时间的角度对审美愉悦展开探索，并在其《心理学原则》(*Principles of Psychology*)中宣称：艺术让受到压抑的能量得到释放，而在一个不那么悠闲的社会中，这种能量只能消耗在勉强维持生存上。尽管二人用以审视美学的时间之镜要宽广得多，但这一派的著作仍旧将关注点放在由能量、本能和减压阀构成的身体愉悦经济学上。科学作家格兰特·艾伦(Grant Allen)在其《生理美学》(*Physiological Aesthetics*)中对此类生理与进化美学理论进行了综述。这本书在维多利亚时代的知识分子中颇受好评。弗农·李便是这些知识分子中的一员。她在1880年就已经持有这样的立场：艺术是一种"有机的物理–精神实体"。[2]艾伦的著作正好问世于心理学逐渐成长为一门稳固而独立的学科之际，成为职业心理学家们对审美经验的研究的先声。在英国第一种心理学期刊《心智》(*Mind*)较早的各期中，包括詹姆斯·萨利(James Sully)、亨利·拉特格斯·马歇尔(Henry Rutgers Marshall)和詹姆斯·H. 塔夫茨(James H. Tufts)在内的杰出思想家们曾就美的科学展开争论。到了19世纪末，美学已经被广泛承认为一门学科，而*Einfühlung*则是它的一个主要分支领域。

二、共情的语言

在19世纪90年代，李与她的爱人克莱门蒂娜·安斯特拉瑟–汤姆森(Clementina Anstruther-Thomson)将大量时间用于在博物馆中观看希腊艺术品，以进行对艺术所激发的感受的研究——李将之称为一种"客观的"研究。[3]在刚开始发展她的这种具身美学时，李还不知道格

1 Jonathan Smith, *Charles Darwin and Victorian Visual Culture*, New York: Cambridge University Press, 2006, pp. 27–28.

2 Grant Allen, *Physiological Aesthetics*, London: H. S. King, 1877, p. 306.

3 Vernon Lee, *Beauty and Ugliness*, London: John Lane, 1912, p. 276.

罗斯、利普斯和菲舍尔等人的理论，但她并不缺乏科学判断力：众多李的研究者已经证明她借助英国的生理美学研究构建出了自己的艺术理论。[1]李的观点也受益于与她关系密切的沃尔特·佩特。后者在《文艺复兴》(*The Renaissance*)的结尾中拒斥了形而上学，并在前言中提出了这样的问题："**对我而言**……这首歌或这幅画意味着什么？它到底在我身上造成了什么样的效果？……我的本质如何因它的在场而改变？如何受到它的影响？"[2]1897年，李与安斯特拉瑟-汤姆森在一篇关于心理美学的文章——"美与丑"("Beauty and Ugliness")——中将这些问题向前推进了一步。这篇文章使用生理美学的语言，以一种天才的、近乎讽刺的直率对佩特的问题做出了回答。在文章中颇具代表性的一段里，安斯特拉瑟-汤姆森审视了新圣母玛利亚教堂(Santa Maria Novella)的正面，并指出："对(这座建筑)中间部分的感知……会引起一种调整；这种调整会阻止观者的胸腔在呼气时如常收缩"，从而制造出一种扩张感。[3]在此，艺术的在场确乎造成了佩特式的"效果"与"改变"。

然而，正如李对客观性的坚持所示，她的研究与佩特的"我"这种内省式的立场分道扬镳了。新圣母玛利亚教堂并未引起幻想的迸发，也没有打开一扇想象中通往过去的大门——众所周知，那正是《瑶公特》(*La Gioconda*)对佩特产生的效果。新圣母玛利亚教堂仅仅让观者改变了身体的平衡，呼吸得更深了。艺术效果在一具身体中引起了肌肉和肺的共鸣，而不是唤起了某种抽象的主题。在发现德国的心理学研究之后，李意识到：能够解释她与安斯特拉瑟-汤姆森对美产生的反应的，是共情(*Einfühlung*)而不是唯美主义。在接下来的15年中，她就这一主题发表了许多文章，其中一些收录在《美与丑》这本沉闷

1 参见Carolyn Burdett, "'The Subjective inside us can turn into the objective outside': Vernon Lee's Psychological Aesthetics," in *19: Interdisciplinary Studies in the Long Nineteenth Century*; Susan Lanzoni, "Practicing Psychology in the Art gallery: Vernon Lee's Aesthetics of Empathy," in *Journal of the History of the Behavioral Sciences*, Vol. 45, No. 4, 2009, pp. 330–354。

2 Walter Pater, *The Renaissance: Studies in Art and Poetry: The 1893 Text*, ed. Donald L. Hill, Berkeley: University of California Press, 1980, pp. xix–xx.

3 Vernon Lee, *Beauty and Ugliness*, London: John Lane, 1912, p. 560.

松散得令人遗憾的书中。尽管这本书在写作风格上不乏缺陷，在英美美学界表现出对共情的广泛兴趣之时，它仍是一部引领潮流之作。

李与安斯特拉瑟–汤姆森在两个方向上发展了生理美学。我将这两个方向分别表述为“过程的”和“理论的”。这两种发展都指向语言。在过程方向，他们将共情从一种抽象的理论转变为一种涉及对感受的书写的批评实践。从半清醒的身体反应向叙事的转录是共情研究的隐性要求。在李的著作中有一点与前人的生理美学截然不同：共情更多地与书写和表达而非沉默的反应联系在一起。在理论方向，李关于共情的论证有许多都立足于语言——要么是日常话语中使用的隐喻，要么是其他共情理论家用以描述“深入体察”（feeling-into，或 *Einfühlung*）时刻的修辞。李的论证不仅是就哲学术语展开的表面论争，而是发自一种深刻的信念：共情现象与语言不可分离；它可以解释我们是如何使用和理解隐喻的。

在造成这次语言转向的原因中，必然性起到的作用很可能与知识分子责任感所起到的作用一样多。李并不具备成为主流生理美学家所需要的训练，而身为女性的她要想得到这种训练也并不容易。她与安斯特拉瑟–汤姆森所拥有的，是她们大量真实的艺术审视经验。李花在观看艺术作品上的时间可能比其他任何生理美学领域的作者都要多，甚至可能比佩特和约翰·罗斯金（John Ruskin）还要多——后者在欧洲游历的广泛程度也及不上李。李居住在意大利，大量时间都花在参观教堂和博物馆上。她经常在伦敦过冬，那时她就会整天泡在大英博物馆、维多利亚 & 阿尔伯特博物馆和国家美术馆里。在往返于英格兰和意大利之间时，她会参观卢浮宫和法国北部的那些教堂。[1]她的这些游历在19世纪90年代得到安斯特拉瑟–汤姆森的陪同。在参观博物馆的同时，李还一直用日记详细记录她观看艺术品时的身体状态——身体的“震颤”、脑中挥之不去的音乐旋律，以及自己是否感到疲劳或厌倦。李与安斯特拉瑟–汤姆森的研究以得自美术馆和博物馆的鲜活经验为基础，对美学反应数据展开系统化的搜集，以期通过归纳的方式建立起一种普遍的美学理论。李在后来将这种方法描述为一个不断追问自己

1 Peter Gunn, *Vernon Lee: Violet Paget, 1856–1935*, New York: Arno, 1975, p. 148.

的过程："'我今天是如何体察并感受我与某件艺术品之间的联系的？'日复一日，我终于发现自己已经掌握了如此之多可以用来验证和比较的内省数据，以至于一个成熟的系统已经从这些数据中产生出来。"[1]她将词汇描述为"数据"，用意明显在于将不起眼的日记提升为一种合适的科学对象。然而这种做法同时——如果并非有意的话——也将运动共情转化为一种语言学现象。

为了更贴近地分析共情的这种叙事介入，我转向了安斯特拉瑟-汤姆森的第一人称陈述。她的这种陈述在"美与丑"一文中占据了大量篇幅。此外，安斯特拉瑟-汤姆森去世之后，她的大量笔记由李在《艺术与人》(*Art and Man*)一书中发表。研究李的学者们注意到：安斯特拉瑟-汤姆森的身体可以被视为李的共情理论的来源之一，然而安斯特拉瑟-汤姆森的写作却通常被解读为李的理论产生的语境，而非因其自身得到解读。[2]然而，在其看似天真的文章、演说和留下的残篇中(这些作品讨论的主题既涉及艺术品修复，也涉及关于马人的神话)，安斯特拉瑟-汤姆森描述了自己对艺术的反应，而其描述的方式反过来将这样一个问题理论化了：一种对艺术直接的、事先不知情的反应何以可能适用于超出个体观赏者的范围。

安斯特拉瑟-汤姆森有一篇颇具启发性的演讲——"图案对我们的作用"("What Patterns Can Do to Us")。在这篇演讲中，她解释了花瓶上的二维图案通过何种精确的形式机制弥补了花瓶本身的三维形态的不完美(参见图1)。安斯特拉瑟-汤姆森没有将图案看作视觉幻象，而是将之视为在观者身体与物理的花瓶之间挑起复杂互动的因素。换言之，花瓶上的图案不会欺骗那被视为独立于身体的心智，而是直接对身

1 Vernon Lee, *Beauty and Ugliness*, London: John Lane, 1912, p. 242.

2 参见Diana Maltz, "Engaging 'Delicate Brains': From Working-Class Enculturation to Upper-Class Lesbian Liberation in Vernon Lee and Kit Anstruther-Thomson's Psychological Aesthetics," in Talia Schaffer and Kathy Alexis Psomiades (eds.), *Women and British Aestheticism*, Charlottesville: University of Virginia Press, 1999. 211–229; Kathy Psomiades, "'Still Burning from This Strangling Embrace': Vernon Lee on Desire and Aesthetics," in Richard Dellamora (ed.), *Victorian Sexual Dissidence*, Chicago: University of Chicago Press, 1999. pp. 21–42。

图1　克莱门蒂娜 · 安斯特拉瑟-汤姆森，“一件希腊双耳细颈瓶（amphora）的三张略图，由C. A.-T. 出于实验目的重绘”，Clementina Anstruther-Thomson, *Art and Man: Essays & Fragments*, edited by Vernon Lee (London: John Lane, 1924): 138

体和心智同时产生影响。审美愉悦就是这种影响在我们的意识中的残留。在描述被李定义为“共情”的现象时，安斯特拉瑟-汤姆森列举了那些将花瓶与她的身体联结起来的力量和运动：

> 我们身体的其他部分也会坚持向我们告知花瓶的形象。事实上，它们会在我们身体内部以某种原始的方式复现形状，让我们能感觉它几乎就是我们自己身体形状的某种真实变形，以此来帮助我们的眼睛。于是，如果在花瓶基底上添加一个上升感的图案，就会让我们觉得那是对花瓶本身形状的一种极为真实的改变。这是因为这个图案会猛然将一种上升感掷入我们的身体，让我们无法不意识到它。每一种添加的图案都以这样强烈的方式被灌进我们的身体，让我们不得不相信它的证词，而非我们亲眼看到的东西。[1]

这段话比表面上看起来要更为艰深。动作与力量既是视觉形体的形式特征，也是人体的物理特征（花瓶上的“上升”图案对安斯特拉瑟-汤姆森的身体产生了上升作用）。安斯特拉瑟-汤姆森将审美经验变成这种动作与力量的结果，从而破除了主观性与客观性之间的壁垒。这

1 Clementina Anstruther-Thomson, “What Patterns Can Do to Us,” in Vernon Lee (ed.), *Art and Man: Essays & Fragments*, London: John Lane, 1924, p. 140.

种审美反应与沉思或认知基本无关，从而与唯心主义的美学形成了对比。安斯特拉瑟-汤姆森放弃了内心的意识，认为能动性并不仅限于作为观者的人。她认为艺术品比遭遇它的观者更为积极：一种给定的图案会将上升感"掷向"观者，从而让观者成为被动的接受者。

在安斯特拉瑟-汤姆森那里，语言让身体与言说者本身产生了疏离。这种疏离既是修辞意义上的，也是生理意义上的。身体会"灌输"，也会"在我们内部……复现形状"，但它同时也在"告知"和提供"证词"这样的语言学范畴内起作用。因此，身体便有了一种自己的主体性，独立于栖居于身体之内那个主体之外：她的身体的行动和言说并不与安斯特拉瑟-汤姆森的行动和思维一致。身体发生了移位，成为一种由演讲者与其听者所共享的集体所有物——"我们的身体""我们自己的身体"。通过第一人称复数代词的修辞包容性，安斯特拉瑟-汤姆森呈现了一个想象中共享的物理自我的形象。与心智不可分离的身体变成了重要的知识、意识与信息来源：这是一种不以心智/身体之二分为前提的批评实践。我们可能在一个人与一件被人格化的事物之间看到一种主体间的、由感受（feelings）与情感（sentiment）构成的**情绪**机体（*emotional* economy），然而她的演讲并不指向这种情绪机体。相反，我们在细读时很容易就会发现，这是一种客体间的、由力量与能量构成的**运动**机体（*motional* economy），有着灌输、掷入、称量和提升等种种行为。在这篇演讲以及她的其他著作中，安斯特拉瑟-汤姆森关于共情要说的话与她说出这些话的方式同等重要。她的写作风格是劝诫式的，通过语言的运用这种潜移默化的方式来实现理论化，而非使用显明的逻辑推理。这个例子解释了李与安斯特拉瑟-汤姆森在改变共情概念时所使用的一种方法：她们让演说和画廊日记这样的副文学（paraliterary）写作形式成为共情经验的关键。

第二种重要的转型与隐喻有关，也与这种方法转向联系在一起。在其1904年发表于《季度评论》（*Quarterly Review*）的一篇文章中，李指出了共情的一种"奇异特质"，即它与比喻语言的紧密联系：

> *Einfühlung*……沉于无数词语和表达的水底。对这些词语和表达的日常运用让我们忽视了这种奇异特质。例如，我们会说山丘**起**

伏(roll)，会说山峰**高耸**(rise)……我们将运动赋予那些静止的线与面；它们会**运动**、会**延展**、会**流动**、会**弯曲**、会**扭结**等等。请让我用M. 苏里奥(M. Souriau)创造性地提出的那条法则来表述：只要我们置身于它们内部，它们就会做出我们本应感觉自己会做出的那些动作。因为我们**身处**它们内部，我们感受到自身，并将自己的经验投射到它们上面。[1]

在此，李接受了一种我们会以罗斯金的方式称为“共情谬见”的理论。罗斯金发现蹩脚的诗人的做法正与李所描述的做法一致：被情绪(emotion)淹没的人很可能会不准确地感受到大海“爬动”，而他或她如果恰好又是一位糟糕的诗人的话，就会简单地将这种感受转化成诗行。然而，在李看来，这种描述中包含了高度的**准确性**。在诗中写出大海(the foam)“爬行”可能是对大海的动作的拙劣描述，但这种描述对我们在看到大海时所感受到的东西来说却是精准的。普通的“词语和表达”从而令我们得以洞察共情的作用机制。根据这段陈述，这是因为比喻性的语言是自然的、生理的，而非任意的、文化的。我们也许可以据此认为：李关于比喻话语的理论在部分意义上预示了乔治 · 拉科夫(George Lakoff)和马克 · 约翰逊(Mark Johnson)提出的“隐喻概念”理论。[2]与李类似，他们认为像“finishing up”这样被无意识使用的隐喻与物理上和文化上的“垂直性”是密不可分的。[3]李在进行这样的推论时则将生理意义上的身体视为隐喻的源头。正如拉科夫与约翰逊通过文化中的隐喻来解码文化，李则依赖隐喻来解码人的精神生理。

李对用于描述共情的比喻的关注并不限于这一例。在将自己关于共情的文章集录于《美与丑》之后一年，李又出版了《美好之物》。剑桥大学出版社邀请各界专家向受过教育的非专业读者介绍各自的研究领域，出版了一套丛书，《美好之物》便是其中之一。这本书远较《美与

1 Vernon Lee, “Recent Aesthetics,” in *Quarterly Review*, Vol. 199, No. 398, 1904, p. 433.

2 George Lakoff and Mark Johnson, *Metaphors We Live By*, Chicago: University of Chicago Press, 2003, p. 6.

3 Ibid., 19.

丑》易读，成功地在英美美学界播下了共情概念的种子。李在这本书里自始至终都使用日常语言来解释审美体验心理学中的技术论点（例如，全书的第一章讨论的便是"'美'之为形容词"）。书中有一段文字旨在让读者对共情理论的新奇性感到适应，因为她接下来就要解释这样的观点：我们与一座山峰的三角形状产生共情的方式是与它一同上升。李在这段文字中指出语言会背叛我们与视觉环境之间原初的共情关系，然而要想**避开**语言其实并不容易：

> 这当然是众所周知的——读者会这样抗议——而且当然没有人会想象山峰上的土石在上升，也没有人会认为山峰在向上运动或是在变高！我们要说的只是：山峰"**看**"起来是在上升（the mountain *looks* as if it were rising）。
>
> 山峰"**看**"（The mountain *looks*）！这无疑正是一个本末倒置的样板。不，我们并不能用山峰的"看"来解释山峰的"上升"，因为在整个过程中唯一发生的"看"是"我们"看山峰。如果读者再次抗议说这统统都是"比喻"而已，我会回答说：我们之所以会使用比喻，之所以会在清楚地知道自己选择的比喻所表达的内容与客观事实正好相反时——正如这座上升的山峰所示——仍然会不时使用比喻，原因正在于**共情**。[1]

李在此解释了所谓共情在熟悉的表达中"沉于水底"的意思。[2]这并非仅仅因为某些隐喻碰巧基于具身的经验，而是因为比喻的可能性本身正由我们与外在环境之间的视觉联系造成。李留意到动词"看"既可以归于山峰，也可以归于观者，于是她创造出一种语言学比喻和视觉比喻之间的复写关系。这种复写映射了李的理论将语言书写于视觉感知领域上的方式。山峰的三角形态是对其自身的生理化表达——表达为观者无意识的上升倾向；同时这种三角形态也是对其自身的语言学表达——表达为观者口头将施动属性赋予山峰的行为。（在安斯特拉

1 Vernon Lee, *The Beautiful: An Introduction to Psychological Aesthetics*, Cambridge: Cambridge University Press, 1913, pp. 61–62.

2 "Recent Aesthetics," in *Quarterly Review*, Vol. 199, No. 398, 1904, p. 433.

瑟-汤姆森那只既能声言，也能灌输的花瓶上也存在着类似的词语与力量的复制现象。）对李而言，这样的双重关系便是比喻性语言的根源。利普斯邀请他的读者通过观看一根线条来发现共情，李则请求她的读者思考——当我们说某样东西“看”上去如何时，我们的话到底意味着什么——并由此了解共情。

这种对语言的强调看起来只不过是一种启发式教育法。毕竟，在《美好之物》中，李的写作面对的是那些对心理学的专业语言并不熟悉的读者。她对语言的关切可能来自使用日常词汇解释艰深概念的愿望。然而，即使是在讨论共情理论最艰深晦涩的方面时，李仍然将注意力转向了单词和习语。她有一篇更具专业性的、原本为法语期刊《哲学评论》（*Revue Philosophique*）而写的文章。在这篇文章中，李通过质疑利普斯所使用的隐喻，对他关于人在体验共情时其自我意识会发生什么的主张提出了反对。在其著作《美学》（*Ästhetik*）中，利普斯几乎只是顺便提到共情中的自我意识“栖居于其所沉思的事物当中”（“es lebt in der betrachteten Sache”），意思是说自我经由向外部审美客体的灌注而“超越”个体本身[1]——此处的“超越”在字面上的意思是“被提升到（个体）之上”（“hinausgehoben”）。李抓住了他的这一表达，追问自我意识“栖居”于别处的图景是否意味着：

> 脱离（在某种意义上被想象为二维空间的）现实的范畴，在“艺术作品”中寻得栖居之所，以融入艺术品的生命，并脱离其自身的生命，就好像某个天主教徒在大斋节中远离世俗，在修道院生活中净化自身？这样的隐喻也许可以使用，但它并不会让我们忘记这样的事实：**自我意识**并非某种分离在外的实体。[2]

正如她通过对日常语言中的隐喻的检视而发现了关于*Einfühlung*的作用机制，李也通过追问利普斯使用的比喻语言，揭示出他对独立自我意识这种观念的依赖。

1 Theodor Lipps, *Ästhetik: Psychologie des Schönen und der Kunst*. 2 Vols, Hamburg: Leopold Voss, 1903, Vol. 2, p. 87.

2 Vernon Lee, *Beauty and Ugliness*, London: John Lane, 1912, p. 59.

鉴于共情理论从一开始就受困于语言与具身感知之间的张力，也许比喻表达对李而言正是用武之地。在《论形式视觉》中，菲舍尔在*Einfühlung*之外还提出了众多新名词，用以描述种种不寻常的感知（perception）模式。他创造出*Anfühlung*（关注感）、*Ausfühlung*（外感）、*Nachfühlung*（反应感）、*Zufühlung*（即感）和*Zusammenfühlung*（共同感）等说法；他还使用后缀*-empfindung*［即感觉（sensation）］来制造这些术语（因此*Einempfindung*就表示"向内感觉"）。这让人觉得：这样的术语增生的目的在于纯粹的增加数量，以弥补人在对客体的具身反应中对语言的拒斥。在李看来，这种拒斥意味着共情体验通常是在无意识中通过隐喻获得的。共情是一种必须用语言学分析工具才能挖掘的经验；它排斥科学公式，转而欢迎隐喻的含混和第一人称叙事的偏见。

三、"生命节奏"（Vital Tempo）

如果说对李的美学的细读证明了她对共情语言的深入研究，那么她同一时期的其他写作则证明：对语言产生共情意味着什么同样让她感兴趣。人们通常将李的文学批评与她的美学分开来讨论。这部分是因为她的文学批评著作《对词语的操弄》（*The Handling of Words*）的出版时间远晚于她关于共情的写作。然而，这本书中收录的大部分文章与她那些关于审美共情的文章实际上是在同一时期写作和发表的。如果我们对李的文学批评理论和她的共情理论同时展开阅读，就能意识到贯穿在李的批评构想中的一致性，也能理解她的工作是如何预示并挑战了20世纪的文学形式主义。

在开始关于视觉共情的写作之前，李已经探索过读者可能对语言模式产生何种身体反应的问题。从19世纪90年代开始，她的注意力便集中在作为一种心理媒介的文学上。在"关于作者与读者"（"Of Writers and Reader"）一文中，李这样写道：一本书就是"从一个头脑传输到另一个头脑的一定数量物件，以及一种特定的传输模式"。[1]文学由此被设想为一种传输方式，从而引出了一批围绕语言的认知机制的

1 Vernon Lee, "Of Writers and Readers," in *New Review*, Vol. 5, 1891, p. 529.

问题：对语言的何种使用最能精准地传达意义？拥有不同心智的读者何以从同一首诗中提取相似的含义？让这种“传输”令人愉悦的特质有哪些？

在1903年和1904年间，李在《当代评论》(*Contemporary Review*)上发表了由3个部分组成的系列文章，统称为“文学心理学研究”(“Studies in Literary Psychology”)，对上述问题做出了回答。读者从这些文章的标题就可以看出李的关注点是文本式乃至语言学式的：“德·昆西的句法”[“The Syntax of De Quincy”(原文如此)]、“兰多的修辞”(“The Rhetoric of Landor”)和“卡莱尔与现在时态”(“Carlyle and the Present Tense”)。李在第一篇文章中使用的散文文体评价方法最初是她在匈牙利历史学家埃米尔·赖希(Emil Reich)的作品中见到的；此后20年中她还将继续发展这种方法。[1]这种方法所依据的逻辑如下。首先，李提出文体可以被设想为一种身体特征——一种以症候的形式揭示作者性情的“姿势或步态”。如果这种设想站得住脚，那么批评家就可以像心理学家那样对语言进行解码，以揭示作者的“无意识习惯”。[2]要做到这一点，需要一种将词性加以量化的数学式批评实践。因此，李将作者使用的动词、副词和主动分词累加起来，并将累加的结果与名词及形容词的总数进行比较。

比较的结果显示：托马斯·德·昆西(Thomas De Quincey)使用后一类词性(静态的)的次数较前一类(动态的)更多。单看这一结论的话，似乎并不能说明什么。然而，当我们让它与其他作者发生联系时，这些结果就变得有趣起来：以同样的方法对丹尼尔·笛福(Daniel Defoe)和罗伯特·路易斯·史蒂文森(Robert Louis Stevenson)的散文文体进行量化，得到了“截然相反的结果”。受到这一发现的启发，李这样写道：“在我看来，我似乎找到了两类文体：一种大部分时候都在表达行动，例如笛福与史蒂文森；而在另一种文体中，可以说**单纯的存**

1 David Seed, Editor's Introduction. *The Handling of Words*. By Vernon Lee, Lewiston: Edwin Mellen, 1992, p. xiii.

2 Vernon Lee, “The Syntax of De Quincy,” in *Contemporary Review*, Vol. 84, 1903, p. 713.

在……更为优先。"[1]李对德·昆西的《勒瓦娜》(*Levana*)中的一段进行了词性量化分析,并得出结论:"静态的名词和形容词占据多数"产生了"某种滞重的诘屈"和"行动的缺失";"直到这些挤成一团的代词……过去之后,这段文章的优雅动态似乎才开始显现"。[2]

以令人信服的方式,尼古拉斯·达姆斯(Nicholas Dames)将这种数目阅读方法的起源回溯到19世纪的心理物理学(psychophysics)以及维多利亚时代文学批评所使用的生理学语言:李的计算模型将散文分解为"最小的单位",正如实验生理学家将感知视为"恰好能觉察到的差异"的累加。[3]然而李的结论有可能会显得武断,除非我们能参照她的视觉共情理论来阅读她的计算式文学批评。要怎样才能合理地解释这种从量化观察(名词占据多数)到某种特定身体经验(如"滞重的诘屈")的跳跃呢?要回答这个问题,我们可以留意李的文学理论与美学理论之间那种互构型的联系:两者都是对一种更大的身体审美反应模型的部分表达,而在李看来,这种更大的模型的作用范围涵盖所有艺术——从散文、绘画、雕塑、建筑直到音乐。太多代词会造成诘屈感,其中的作用机制正与三角形会造成上升感和乐句会带来前进感相同。

李在其1894年发表于《新评论》的文章《词语的技艺》("The Craft of Words")中对这种联系进行了阐述——尽管方式含蓄。她并未使用"共情"这一术语,却描述了一种类似共情的现象。不过在此这种现象更多地来自文学而非视觉形态:

> 有一些词语让读者缓慢地思考、感受,甚至在某种程度上——**生活**;另一些词语则让读者快速地思考、感受和生活,根据情况的不同,或是快而平滑,或是快而诘屈。在此之上,还有词语的配置——词与词之间的作用与反作用的组合。这种配置或是打开种种视野,或是将它们关闭,以此让读者的头脑或是悠闲,或是匆促,或是费力忙个不停。由于我们的心智构成法则,无论一幅画、一首

1 Vernon Lee, "The Syntax of De Quincy," in *Contemporary Review*, Vol. 84, 1903, p. 713.

2 Ibid., 717.

3 Nicholas Dames, *The Physiology of the Novel: Reading, Neural Science, and the Form of Victorian Fiction*, New York: Oxford University Press, 2007, p. 189.

乐曲或是一页文章在我们头脑里造成何种运动，我们都会将这种特定的运动归因于那幅画、那首乐曲或那页文章所呈现或暗示的客体；将一个短暂的时刻描述得冗长或是将某个严肃的事实描述得诘屈聱牙的做法会令我们感到厌恶，而这种厌恶的原因并非无意义的造作，也不仅仅是让事物两两搭配的习惯性欲望。[1]

李在此描述的"心智构成法则"与最终将在《美与丑》中以"共情"之名出现的现象有着惊人的相似。正如安斯特拉瑟-汤姆森在希腊花瓶上的形式运动中发现了一种生机与活力感，李在语言的种种模式中找到了生命体验的节奏。

李的理论认为我们在无意识中从最初的共情体验那里获取隐喻，而上述将感受到的运动归于语言的做法正是这种理论的对应。与其他审美形式类似，散文文体也会产生强烈的时间效果。如果这种效果不能得到有效的分配，就会干扰读者的认知步伐。在其于1923年写给《泰晤士报》的一封信中，李将这种感受描述为一种跨艺术的"生命节奏"："在我看来，对应音乐家的旋律与和声模式和画家的线条与色彩模式的，不是（小说家）向我们讲述的事件与情感……而是词汇的模式、动词时态的协调……作者用它们来唤起我们的反应感受和想象。"[2] 当李对文学产生共情时，她感受到的是句法的运动。运动共情明确地排除了构成叙事的"事件与情感"。

考虑到李的文学批评中的审美性（其关注的是阅读之为感知体验那一面），也考虑她的美学中的文学性（其将视觉形态转变为语言的倾向），我们不应该将李关于文学的写作仅仅视为文学批评，而是将之视为某种主张共情本身就是一种批评模式的跨媒介构想的一部分。运动共情并不局限于视觉领域；它可以被用来解释对艺术、文学和音乐产生的多种反应。身体是一个节点。各种艺术的形式性质——无论是色彩、声音、深度还是句法——在此交汇。早期的生理美学将复杂的艺术作品分解为线条、曲线和角，而李的做法则与之相反：她关注的是身体如何将各种形式性质统合为感受。这种统合行为就是一种**批评**，因为

1 Vernon Lee, "The Craft of Words," in *New Review*, Vol. 11, 1894, p. 577.

2 Vernon Lee, "Vital Tempo: Art and Human Life," in *The Times*, 1924, p. 8.

身体并非形式刺激的无声接收器；事实上，对形式的身体接受引发了表达——这种表达在无意识状态下形成隐喻，在有意识状态下便形成画廊日记或是演说。共情式批评反应的运作是跨艺术的，也是在艺术之间的，而且不会抹去艺术之间的差异。

这种生理形式主义令我们重新审视文学批评史上一次关键转变，让我在本文开篇提到的那种具身感受与剥离身体的形式主义之间的对立变得更复杂了。李的《对词语的操弄》问世比I. A. 理查兹的《文学批评原理》(*Principles of Literary Criticism*)早一年，而后者通常被我们视为现代文学分析的肇始。由于其对语言与形式的细致关切，李的作品有时也会被承认为《文学批评原理》的先声。如维内塔·科尔比(Vineta Colby)在其传记中所言：李的著作的一位编辑在《对词语的操弄》中发现了证据，证明李走在了"I. A. 理查兹、俄国形式主义者、米哈伊尔·巴赫金(Mikhail Bakhtin)、沃尔夫冈·伊瑟尔(Wolfgang Iser)和罗兰·巴尔特(Roland Barthes)"等明星人物之前。[1]我的主张没有这样雄心勃勃，但更为严格：李的共情理论之所以对理查兹这样的批评家没有吸引力，正是因为它声称要调和维多利亚时代的生理美学与被新批评派视为核心的那些理论和实践。

理查兹将《文学批评原理》设想为对李所追求的那种美学的颠覆，而非对其的发展。理查兹这本书开篇两章的标题就鲜明地传达了这种斗争式的拒斥："批评理论之混乱"和"虚幻的审美状态"这两章——展示了各种情感美学理论，以对它们的谬误进行驳斥。李的共情理论不幸在两章中都出现了：第一次是作为一种解释艺术价值的失败努力，第二次是被当成一种误入歧途的假设的例子——这种假设认为我们可以找出某种像"数学计算之不同于吃樱桃"那样与日常生活截然不同的、可以被称为"审美体验"的东西。[2]部分意义上，这一在日后被视为新批评派奠基性实践的姿态正始于将李的构想斥为混乱和误入歧途。

如果在理查兹的智识门徒中间追索共情的命运，我们会找到各种无视李的开创性成果的理由。维姆萨特和比尔兹利在"情感谬见"一

1 Vineta Colby, *Vernon Lee: A Literary Biography*, Charlottesville: University of Virginia Press, 2003, p. 200.

2 I. A. Richards, *Principles of Literary Criticism*, New York: Harcourt, 1961, p. 14.

文中拒斥了共情这一概念："利普斯的*Einfühlung*或曰共情以及与之相关的种种愉悦理论"[1]皆是过时的批评形式，将艺术的情绪效果与艺术本身混为一谈，因此根本算不上批评——"文学层次上的一般情感理论中……几乎没有产生真正的批评……。在应用批评中，没有多少可供综感（synaesthesis）或那些构成综感的琐碎的过敏态度容身的空间"。[2]几年之后，在维姆萨特与克林斯·布鲁克斯（Cleanth Brooks）那本影响广泛的《文学批评简史》（*Literary Criticism: A Short History*）中，李起初似乎简单地被作者从介绍佩特之唯美主义的22章和介绍贝内德托·克罗齐（Benedetto Croce）之表现主义的第23章之间抹去了。不过她在关于理查兹的一章中得到了迟到的亮相——作为一种衬托，代表着将美视为客体的一种积极性质的谬见。根据维姆萨特和布鲁克斯的说法，李的共情理论"太过模糊，难以代表任何对寻常的享乐主义艺术表述的真正超越"。[3]在其发表于1966年的一篇文章中，勒内·韦勒克（René Wellek）罕见地提到了李的文学批评和文体研究——"它们往往显得太过基本，却又充斥着在它们问世那个年代（19世纪90年代）并不寻常的敏锐见识"，不过这只是为了指出李对共情的科学式研究遭到了"取代"，以及取代她的伯纳德·贝伦森（Bernard Berenson，李的对手之一）更经得起时间考验。[4]尽管我们不时会见到尝试复活李的理论的努力——比如理查德·福格尔（Richard Fogle）的《济慈与雪莱的意象》（*The Imagery of Keats and Shelley*，1949）中关于"共情意象"的一章——但李的批评构想总体而言无法抗衡这样的批判。

如果我们将李的共情当做某种无法证实的艺术感受反应，那么它被整整一代看不惯那种对诗歌的随意个人化解读——理查兹在《实用

1 William K. Wimsatt and Monroe C. Beardsley, "The Affective Fallacy," in *The Sewanee Review*, Vol. 57, No. 1, 1949, p. 28.

2 Ibid., 45.

3 William K. Wimsatt and Cleanth Brooks, *Literary Criticism: A Short History*, New York: Knopf, 1964, p. 615.

4 René Wellek, "Vernon Lee, Bernard Berenson, and Aesthetics," in *Discriminations: Further Concepts of Criticism*, New Haven: Yale University Press, 1970, p. 185.

文艺批评》(*Practical Criticism*)中便批判了这种解读方式——的批评家弃若敝屣也就不奇怪了。在李的作品发表之后的几十年中，英美文艺批评界的目标并不是培植个人的感受力，而是建立一套原则，以尽力防止诗歌意义与个人感受的混淆。面对安斯特拉瑟-汤姆森关于一只希腊花瓶如何让她的身体感到上升的演说，这些批评家无疑会将它理解为理查兹的学生在总结一首诗时所表现出的那种无能在视觉领域会产生的结果。在《实用文艺批评》中，反应的主观性正是应该被诊断为诸如"陈腐的反应"或"不当的联系"并在教学中加以解决的问题。[1]

然而，如果将李的共情理论解读为一种基于数据的、对审美和文学反应的陈述，我们就能发现新批评派对李的美学的拒斥是为某种文学史服务的一个策略：这种文学史希望在维多利亚时代那种基于道德-审美的评价式批评与现代的分析式、描述式的批评之间划出一道截然分明的鸿沟。在她的文学批评中，李与理查兹一样，致力于建立一种系统化的和独立的方法。事实上，这种方法隐含着一种相当高的教学性，以至于《对词语的操弄》的一位格外聪明的评论者将这种方法用在了李自己的作品上。这位评论者发现：根据她自己的标准，李"完全算不上是特别严谨的作者"(《词语》，"Words")。就其最高程度而言，李的方法涉及对语言从词性角度进行量化，以系统性地解释散文问题的效果——这并不是维姆萨特和比尔兹利所谓的"琐碎的过敏态度"或是享乐主义。[2]从这个角度进行审视，我们就能发现理查兹并非是在尝试解决李通过纵容极端的主观主义共情而制造出来的问题。相反，李与理查兹都是在追求一种客观的文学批评实践。只不过，理查兹版本的客观性拒绝将身体视为语言学意义的场所，而是转向头脑；李则将身体经验保留在她的阅读理论的中心。

为了进一步阐述这一主张，我要在此处分析一个例子——李的文学共情在这个例子中为我们提供了一些抵抗理查兹式批评史的工具。理查兹的《文学批评原理》的核心内容中有一长段揭示了这样一个事

1 I. A. Richards, *Practical Criticism*, New York: Harcourt, 1957, p. 223.

2 William K. Wimsatt and Monroe C. Beardsley, "The Affective Fallacy," in *The Sewanee Review*, Vol. 57, No. 1, 1949, p. 43.

实：他与李之间存在一种共鸣，而这种共鸣却在他的介绍章节中被模糊掉了。他从"心理学概要"开始，途经他那张以扭曲难辨著称的关于读者反应的图解，一直说到罗伯特·勃朗宁的《潘神与月神》("Pan and Luna")，最终以将这种心理理论应用于雕塑和音乐作结，由此为这本书中那些影响深远的主张——艺术何以发挥"微调"作用[1]，"增进能力与明智"[2]并扩大"冲动系统的范围与复杂性"[3]——奠定了技术基础。在其关于心理反应机制的中间一章里，理查兹紧紧追随了李对散文文体作用机制的观察。为了对语言节奏进行生理维度的分析，理查兹选择的作者与李在1903年为其"随机分析"所选择的第一个对象是同一人——浪漫派诗人和散文家沃尔特·萨维奇·兰多[4]。他引用了兰多，并提出了几个韵律方面的问题："在'晦昧的绿'之后，(撇开意义不谈，)是否有可能出现'深沉的黑暗'或'不可穿透的幽暗'呢？不谈意义的话，为何这样寥寥几个音节能在元音、重音、音长或其他方面产生变化，同时又不致破坏整体效果呢？"在从他这种替代性的细读方法中得出结论时，理查兹比李更加谨慎，然而他的答案同样关注着读者在散文叙事中感受到的节奏："如同对待所有这类有关感官形式及其效果的问题一样，我们只能给出一个并不完整的回答。那种由之前的内容引起的期待必须被视为某种极为复杂神经组合态势——它降低了某些类别刺激的阈值，同时又提高了其他一些类别刺激的阈值。这种期待，以及实际出现的刺激的特性，各自都发挥了作用。"[5]

"神经组合"的起伏将李在1903年对兰多的分析中辨识为身体效应的那种反应归于大脑。对李而言，兰多的伟大之处在于他的句法和用语不会让读者昏昏欲睡，也不会让他们头痛欲裂。这听起来可不是什么像样的赞美，然而李却是真诚的：

> 举例说，他的句子结构在音乐性和语法上都堪称惊人的杰作。

1 I. A. Richards, *Principles of Literary Criticism*, New York: Harcourt, 1961, p. 234.

2 Ibid., 235.

3 Ibid., 237.

4 Vernon Lee, "The Rhetoric of Landor," in *Contemporary Review*, Vol. 84, 1903, p. 856.

5 I. A. Richards, *Principles of Literary Criticism*, New York: Harcourt, 1961, p. 135.

看……他是如何变换名词、动词、形容词乃至形容词/分词的吧……你的头脑会为那美妙而变动不居的韵律所激发，开始轻柔却又充满生命力的活动；这种韵律决不会用某种重复来让你昏昏欲睡，也不会用另一种重复来让你头痛欲裂。[1]

理查兹与李都认为散文文体可以刺激身体以造成“活动”(李的说法)或带来“明智”。然而，在李看来，这种刺激与19世纪从海伊到艾伦的那套生理美学话语是一致的，而在理查兹的设想中，《文学批评原理》已经推翻了这套话语。“充满生命力的活动”更近似于安斯特拉瑟-汤姆森的上升身体反应和斯宾塞的进化能量，而非近似于理查兹所言的头脑对“发音言语形象”(articulatory verbal image)、“听觉言语形象”(auditory verbal image)和“关联意象”(tied imagery)的处理。[2]李的文学批评延伸了19世纪关于艺术令身体活动的观念，却又提出一种现代的计算分析方法来展示这种活动何以能够发生。

四、阅读感受

鉴于文学研究领域再次掀起了对其核心实践的重估，谨慎对待那些曾经被新批评派视为失败的方法在此时就格外有价值了。关于文本细读是研究文学的必经之路的观点曾经看似不可置疑，然而细读这种由理查兹的早年著作开启，并且可以说挺过了解构和新历史主义浪潮的长期统治地位近来却受到学界的挑战。《新文学史》(*New Literary History*)和《表征》(*Representations*)的特刊最近都曾发出疑问：细读的那些共同方法和目标——揭示文本的政治责任、历史化文本的意义、绘制文本的语境网络——是否已经变得僵化了？[3]人们已经提出

1 Vernon Lee, “The Rhetoric of Landor,” in *Contemporary Review*, Vol. 84, 1903, p. 859.

2 I. A. Richards, *Principles of Literary Criticism*, New York: Harcourt, 1961, p. 116.

3 参见Stephen Best and Sharon Marcus (eds.), *The Way We Read Now*. Spec. issue of Representations, Vol. 108, No. 1, 2009; Rita Felski and Herbert F. Tucker (eds.), *Context?* In Spec. issue of *New Literary History*, Vol. 42, No. 4, 2011。

了一系列富有创意的阅读方法来取代它们。那些被提议用来替代令人产生幽闭恐惧的“细”(close)字的形容词成为了这些方法的标记，如“表面的”(surface)、“字面的”(literal)、“远距离的”(distant)、“认知的”(cognitive)、“非批评的”(uncritical)，乃至异想天开的“伴奏的”(obbligato)。[1]在这片杂驳的、由各种替代细读的方法组成的场域中，一些文学批评家为了超越新批评派和后结构主义的去身化(disembodied)文本，转向了读者的身体。查尔斯·阿尔蒂耶里(Charles Altieri)就曾呼吁人们更加关注“文学体验中的感官维度”[2]；蕾切尔·阿卜娄(Rachel Ablow)在讨论“阅读感受”时则曾指出：在描述自己与文本的互动时，我们只有“数量相当有限的可用术语”。[3]

只有在了解20世纪初的批评家们如何排除了生理美学这一选项之后，我们才能明白为何我们的文学身体学(literary somatics)感受力如此贫乏。从这个意义上说，李对批评共情的阐述能为寻找细读替代选项的我们提供一些重要的东西。正如她对兰多的解读所表明的那样，李的批评共情理论问题化(problematizes)了那种将可靠的认知普遍性与不可靠的感知个体性对立起来的新批评式做法，同时提出了一种将阅读感受纳入解读实践的模式。这是一种二元模式，看起来似乎会让

---

1 关于“表面”阅读，参见Stephen Best and Sharon Marcus, “Surface Reading: An Introduction.” *The Way We Read Now*. eds. Best and Marcus. Spec. issue of *Representations*, Vol. 108, No. 1, 2009, pp. 1–21; 关于“字面”阅读，参见Emily Apter and Elaine Freedgood, Afterword. *The Way We Read Now*. eds. Stephen Best and Sharon Marcus. Spec. issue of *Representations*, Vol. 108, No. 1, 2009, pp. 139–146; 关于“远距离”阅读，参见Franco Moretti, “Conjectures on World Literature,” in *New Left Review*, Vol. 1, 2000, pp. 54–68; 关于“认知”阅读，参见Lisa Zunshine, *Why We Read Fiction: Theory of Mind and the Novel*. Columbus: The Ohio State University Press, 2006; 关于“非批评”阅读，参见Michael Warner, “Uncritical Reading.” *Polemic: Critical or Uncritical*. ed. Jane Gallop, New York: Routledge, 2004, pp. 13–38; 关于“伴奏”阅读，参见Peter Schwenger, “The Obbligato Effect,” in *New Literary History*, Vol. 42, No. 1, 2011, pp. 115–128。

2 Charles Altieri, “The Sensuous Dimension of Literary Experience: An Alternative to Materialist Theory,” in *New Literary History* , Vol. 38, No. 1, 2007, p. 71.

3 Rachel Ablow, “Introduction: the Feeling of Reading,” in Ablow (ed.), *The Feeling of Reading*, Ann Arbor: University of Michigan Press, 2010, p. 9.

一些关于阅读的新实验发生分化。例如，与施文格尔（Schwenger）所采用的现象学方法比起来，莫雷蒂的“远距离”阅读就可能显得是一种冰冷的分析——前者曾如此讲述自己在阅读某些篇章时的体验：各种毫不相干的联系，以及其他。李则安然地在两边同时扎下营寨，以对抗这种二元对立。在《对词语的操弄》里的一页中，李曾幻想自己可以——

> 分析足够多的书页——比如说他写过的所有书页……从而实现一种对每个被作为比较对象的作者用过的全部词汇的平均分类。“**应用于文学的统计学测试**”……请允许我推荐那些急切想要成为普通评论者的年轻先生和女士采用这种研究方法。[1]

早在“远距离阅读”（distant reading）这个词被发明出来之前，李就已经是一位远距离读者——她缺少的仅仅是合适的软件。然而，几页之后，李又希望批评家们利用对词语的统计分析来探索读者“如何”思考：“‘如何’的意思是——这种思考是**轻易**还是**费力**？是**迅速**还是**缓慢**？是**平顺**还是**坎坷**？……它也是马的步伐意义上的‘如何’（即：步子是缓还是疾？），或人的姿态和动作上的‘如何’——是斜倚还是支撑？是跳跃还是踉跄？”[2]李提出了一种带有挑战意味的图景——即假如新批评派转而拥抱身体性而非认知，同时又继续发展一种系统化的文学分析，它可能会变成什么样。

在为现代式的动觉阅读提供原点的同时，李的批评共情还突出了阅读感受、观看感受和聆听感受之间的联系。因此，李的研究工作要求我们不仅思考量化批评与身体批评之间如何兼容的问题，还要思考阅读感受何以成为众多对艺术的身体反应中的一种。阅读往往显得像是一种特别的审美体验，因为它完全依赖于在认知中对概念进行现实化。我们不可能像目睹一种颜色或听见一种声音那样，不依赖任何介质就看见一种诗歌意象；较之芭蕾舞和绘画，小说进入感知的方式并没有那么直接。李的形式共情理论拒绝这种区分，坚持认为艺术与文学共享

1 Vernon Lee, *The Handling of Words, and Other Studies in Literary Psychology*, London: John Lane, 1923, pp. 188–189.

2 Ibid., 191.

一种影响身体的目标，因而彼此关联——并且不仅是《白衣女人》(*The Woman in White*)这种因令人激动而闻名的小说才是如此。就连《享乐主义者马留斯》(*Marius the Epicurean*)——李在她去世前发表的最后一篇文章中写道——也是读者可以感受到的文本，并且每个读过佩特这本小说的人在发现它传达出一种“不充分的运动感”时都不会感到惊讶。[1]尽管维姆萨特和比尔兹利将这种身体体验视为一种副作用而排除在外的做法颇有影响，李仍让我们意识到：这些感受的重要性正如酒能醉人的重要性。新批评派的排斥姿态的对象并非一种对意义与效果的简单混淆，而是一种高度发达的理论，一种关于身体如何协调形状——如三角形、如句子、如乐句——以创造意义的理论。

1 Vernon Lee, “The Handling of Words: A Page of Walter Pater,” in *Life and Letters* 9.50, 1933, p. 303.

第二部分

研究案例

文学模式识别：文本细读与机器学习之间的现代主义

霍伊特·朗（Hoyt Long）　苏真（Richard Jean So）[*]
林　懿　译

本文的标题即宣告了它的核心目标：提出一种可以整合常见的人文主义手法和电脑计算手法的文学文本阅读形式。近年来，运用计算机来阐释文学引发了激烈的争论。一方面，弗朗科·莫瑞狄（Franco Moretti）、马修·乔克斯（Matthew Jockers）、马修·威尔肯斯（Matthew Wilkens）和安德烈·派珀（Andrew Piper）等学者支持运用主题建模、网络分析等精密机器技术来揭示从海量数字化文学资料库中挑选出的语言与形式的宏观模式。[1]另一方面，亚历山大·加洛韦（Alexander

* **作者简介**：霍伊特·朗（Hoyt Long），芝加哥大学东亚语言与文化系副教授。著有*On Uneven Ground: Miyazawa Kenji and the Making of Place in Modern Japan*（2012）。他的研究兴趣包括现代日本文学、媒体历史、文学社会学与数字人文。他目前的著书计划包括现代日本的传播史和对世界现代文学（聚焦于日本）的计算机研究。他与Richard So教授一起合作负责芝加哥文本实验室；苏真（Richard Jean So），芝加哥大学英文系副教授。著有*Transpacific Community: America, China and the Rise and Fall of a Global Cultural Network*（2016）。他目前正参与几个结合了文化历史、文本批评和计算机手法的项目。其中一个是种族形成与现代美国小说的新历史，追溯种族话语在20世纪的演变分隔过程中的符码和网络；另一个是关于大萧条与对财富的再现的转变。

译者简介：林懿，南京大学英语系。

原文信息说明：Hoyt Long, and Richard Jean So, “Literary Pattern Recognition: Modernism between Close Reading and Machine Learning,” in *Critical Inquiry*, 42:2 (2016), pp.235–267. The University of Chicago Press. Translated and reprinted with permission of The University of Chicago Press.

1 Franco Moretti, *Distant Reading*, London: Verso, 2013; Matthew L. Jockers, （转下页）

Galloway)、大卫·科伦比亚(David Golumbia)、塔拉·麦克弗森(Tara McPherson) 和艾伦·刘(Alan Liu)等新媒体研究领域的学者则批评机器技术,认为此类技术将文学文本的复杂性化约成纯粹的“数据”,或它们与批评理论的目标无法匹配。[1]这里我们要通过创建一个不将一种阅读模型与另一种模型对立,而是把人文主义方法和电脑计算方法整合进一种我们称为文学模式识别的文学分析方式,来超越这一僵局。

这一整合的动机是双重的。首先,当下多数人文主义学者已经参与了某些形式的电脑计算批评。正如泰德·安德伍德(Ted Underwood)指出的,任何计算机辅助的信息搜索,不管是通过谷歌还是更正式的诸如JSTOR这样的学术数据库,都是一种由机器学习算法所支持的“数据挖掘”。[2]每次我们在谷歌图书或其他数字化资料库中输入一个搜索词条,我们都在与这些算法互动。安德伍德补充道,人文主义研究者们倾向于忽略这种互动而不进行理论研究,他们认为搜索引擎仅仅是帮助我们通达真正阐释工作的工具,同时还往往坚称这些工具背后的科学是非人性的、僵硬的、机械的。甚至在我们批评这些工具与我们作为人性读者所参与的细致分析和批判性思考相比的“黑

(接上页) *Macroanalysis: Digital Methods and Literary History*, Urbana: The University of Illinois Press, 2013; Matthew Wilkens, “The Geographic Imagination of Civil War-Era American Fiction,” in *American Literary History* 25, 2013, pp.803–840; and Andrew Piper and Mark Algee-Hewitt, “The Werther Effect I: Goethe, Objecthoods, and the Handling of Knowledge,” in Matt Erlin and Lynn Tatlock (eds.), *Distant Readings: Topologies of German Culture in the Long Nineteenth Century*, Rochester: Camden House, 2014, pp.155–184.

1 有关加洛韦、科伦比亚与麦克弗森的近期批评,参见期刊*Differences*关于“在数字人文的阴影下”主题的特别话题。他们的论文包括:Alexander Galloway, “The Cybernetic Hypothesis,” in *Differences*, Vol. 25, No.1, 2014, pp.107–131; David Golumbia, “Death of a Discipline,” in *Differences*, Vol. 25, No. 1, 2014, pp.156–176; Tara McPherson, “Designing for Difference,” in *Differences*, Vol. 25, No. 1, 2014, pp.177–188。同时参见Alan Liu, “Where is Cultural Criticism in the Digital Humanities?” in *Debates in the Digital Humanities*, Matthew K. Gold (ed.), Minneapolis: University of Minnesota Press, 2012, pp.490–509。

2 Ted Underwood, “Theorizing Research Practices We Forgot to Theorize Twenty Years Ago,” in *Representations*, Vol. 127, 2014, p.65.

箱”性质时，我们还是在自己的研究中把这些工具黑箱化。[1]运用更复杂数据挖掘工具的文学研究学者更是加倍地受到指责，理由是他们通过冰冷而不知变通的机器逻辑来扭曲了文学文本。然而，随着我们与文本（以及信息）的互动越来越多地受到数字格式和大数据库的影响，这一立场变得愈发站不住脚。我们无法在继续忽视机器算法如何“阅读”文学信息的同时，又盲目地依赖它们来强化我们自身的阅读与阐释实践。

与此同时，主张批评家们必须学习这些计算程序如何操作并不表示这些程序是毫无问题的人力阅读模式的替代品——也不意味着对机器技术正当性的评判可以由更复杂的计算模型和更大容量的数据库来满足，尽管斯坦福文学实验室的莫瑞狄、马克·阿尔及-休伊特（Mark Algee-Hewitt）与莱恩·霍伊泽尔（Ryan Heuser）已在这些方面做了杰出的工作。[2]我们必须严肃对待刘的观点，即计算机辅助阅读得益于STS（科学与技术研究）视角所提供的反思性批判，它使我们得以在一个更为广阔的“权力、经济及其他支配协议”[3]的框架下思考我们的工具。我们也需要听取科伦比亚的建议，即计算机批评必须更深入地思考在当下数字人文中正不加批判地激发研究工作的技术“权威”精神。[4]如果说眼下机器算法正充斥于我们的研究和写作中——并且还在日益泛滥——它带来的挑战和任何其他新的阐释工具一样，在于我们既要掌控它们，又能批判性地运用它们。

以上正是我们这里通过一个对文学现代主义、特别是英语俳句的案例分析所试图达到的目标。从什么定义了现代英语俳句这一基本问题开始，我们同时运用常见批评模型（文本细读与历史主义批评）和计算机手段（机器学习）来给出三种相异的答案。也就是说，我们将通过三种文本分析模型来考察一个实质为文体辨认的问题。这种做法意在表明每一种模型都暗含了其自身的文本本体观，且每种模型都揭示了

1 “黑箱”是理工类程序中的常见概念，指某程序的机制无法被人完全掌控或观测，只能知道输入和输出的结果。——译者注

2 参见这一团队在斯坦福文学实验室印发的一系列出色的手册，*Pamphlets*.

3 Liu, “Where is Cultural Criticism in the Digital Humanities?” 501.

4 Golumbia, “Death of a Discipline,” 172.

与它的本体观相连的对文学模式和文体学影响的理解。不过，我们并非要偏重某一模型而贬低另一模型，而是要主张通过这类人力阅读与机器阅读的交互作用，凸现出一种关于俳句这种文学事物的新的批评视角。通过将这些文学分析模型理解为按其自身视域具有理据，而在更广阔的模式识别阐释学中可相互对照，一种关于俳句——以及广义地关于现代主义文本——的新的本体观出现在人们视野中。

本论文由四部分组成。第一部分通过文本细读来详述俳句的特点；第二部分将俳句作为社会历史事物来阅读；第三部分则通过机器学习的框架来阐释俳句。在以上各部分中，我们将分析每一种批评手法提供的特有而自发的关于俳句的观念，并且揭示这些观念如何架构起相应手法辨别俳句——作为一种特殊且可重复的文体或文学模式——的能力。在最后一部分中，我们使各批评手法直接对话，以表明尽管它们遵循的对俳句的本体论认识各不相同，不同的识别文学*模式*(*pattern*)的方式却可以补充各自的不足。综合起来考察，这些批评手法提供了作为社会与文化氛围的英语俳句的更全面的图景——它是更广阔的流行于20世纪初的东方主义风格的一部分。[1]由此，本论文最终通过展示我们如何能够把美国现代主义时期的东方主义历史重新理解为不同本体论范畴所表达的一套相互重叠的文本模式，为现代主义时期的东方主义研究做出贡献。

一、作为现代主义文本的英语俳句

首先，什么决定了一首诗是否是英语俳句？一种判定诗歌属于某种创作体裁的方法是将它当作一个单独的文本来研究，并仔细分析它的内容与形式特点。这种方法就是我们认为的典型的文本细读。假设我们面对埃兹拉·庞德的《四月》这首诗。我们将怎样决定它是否是英语俳句？

三个幽灵向我走来

1 结语部分将阐明我们运用这一术语的准确意义。

撕裂我
引我走向橄榄树枝
赤裸躺卧之地；
光亮雾霭下的苍白尸体。[1]

由于这首诗不具备日本俳句"五七五"的传统音节模式，我们可以首先总结出，就最严格的形式定义而言，这首诗不是俳句。然而一些纵然天真却是直觉性的观察却能够支持该诗借用了日本俳句的其他文体特点这一看法。首先，这是首短诗，特别短。其次，这首诗不关注叙事而突出了一系列生动的意象——诗里没有故事，也没有"人物"——并且这些意象取自自然。在这些方面，《四月》与浅表观点中的俳句特点相吻合。更深刻更投入的读法则可以把该文本视为某种哲学声明来考察。在开头两行中，我们发现说话的自我或诗中的"我"实际上被文本撕裂且迅速被一个具体意象所取代：橄榄树枝。主体性，该文本暗示道，是栖居于外部事物而非人的身体或心灵中。是"树枝"赤裸躺卧在地，它替换了之前被撕裂的身体或意识。最后一行则通过与其他意象的重叠而强调了这一意象，树枝被转移为"光亮雾霭"下的"苍白尸体"。主体性回归了（与"树枝"的纯粹物性不同，"苍白尸体"这一意象暗示了情绪与感情），但此时是经由一个以并置方式运作的生动意象的中介。一半是取自自然的物质（"雾霭"），另一半则蕴含情绪（"苍白尸体"），诗句成功地将主体与客体融合起来。

基于这样的阅读，我们可以认为《四月》代表了一例英语俳句，因为它满足了我们赋予其他这一类型的诗歌的某些标准。我们又是怎样获得这些标准的呢？部分靠直觉。作为文学作品的读者，我们继承了关于用英文写成的俳句是何模样普遍直感：它应该是短的，包含自然意象，并在表达上是含蓄的。更严密地说，我们用以判断一首诗是否是英语俳句的标准源自其他文学研究者的论著。例如，厄尔·迈纳（Earl Miner）提出英语俳句通常具有以下特征：对精简与准确的倚重，对常常将具体却不相称的意象并置的视觉语言的运用，以及由这些意象的运

1 Ezra Pound, "April," in *Personae: Collected Shorter Poems of Ezra Pound*, London: Faber & Faber, 1952, p.101.

用产生的具有暗示性而非刻意或外显的意义。[1]我们可以将这些特征视为英语俳句普遍遵循的一套规则。

运用这些标准，我们还可以开始通过判断诗歌甲或诗歌乙是否具备与《四月》相似的美学特征来辨别出这一时期的其他英语俳句。试思考威廉·卡洛斯·威廉斯的《婚姻》：

如此不同，这男人
和这女人：
田里流动的
一条小溪。[2]

直觉再一次暗示了这是一首受到俳句启发的诗。这首诗简短、基于意象，并以取自自然的事物结尾。更为重要的是，它也满足了迈纳提出的基本标准。在内容与排印两个方面看，它都聚焦于呈现而非再现，并且将男人女人与自然景物相重叠，明显地使用了并置法。然而，将它与《四月》对比时又出现一些区别。诗中确实有并置（或叠加）发生，但这一技巧却没有那般牢固地基于意象。诗歌虽然也有从主体性的到客体性的转换和二者最终的相互融合，却不似前诗那般专注于将这一现象凝结为视觉观感。学术界也肯定了以上粗略的比较。查尔斯·阿尔提艾瑞（Charles Altieri）写道，“总体而言，威廉斯拒绝庞德那种关于形式的抽象话语，并强调对地点与寻常话语的敏感性就已足够使事实更加生动。”[3]如此一来，要把两首诗都辨识为俳句，我们必须进行妥协，承认二者虽都体现了俳句的风格影响，但个体诗人的性情和身处环境各自不同。事实上，这正是当我们试图分析某一文体跨作家和跨语境的丰

1 参见 Earl Miner, *The Japanese Tradition in British and American Literature*, Princeton: Princeton University Press, 1958, p.125; 下文简称 *JT*。

2 William Carlos William, “Marriage,” in A. Walton Litz and Christopher MacGowan (eds.), *The Collected Poems of William Carlos William*, 2 Vols., New York: New Directions, 1986–1988, 1:56.

3 Charles Altieri, *The Art of Twentieth-Century American Poetry: Modernism and After*, Malden: Blackwell, 2006, p.41.

产性和流变过程时，文本细读常常使我们处在的分析立场：探查不同艺术家如何不同程度地加入了这一文体。正如此处所演示的，这些分析步骤的实施预设了英语俳句具有某种理想模式，将某首诗与它进行比对即可根据其近似或偏离的程度来评估该诗的“俳句性”。

这些分析步骤在现代主义诗歌研究中无疑是很常见的。阿尔提艾瑞、玛乔瑞·帕洛夫（Marjorie Perloff）与海伦·文德勒（Helen Vendler）等重要学者在描述某文体与某一特定诗人或诗人圈的关联时，常常运用与形式有关的语言。例如，阿尔提艾瑞认为意象主义诗人追求一种关于“感知”的“与众不同的形式，”[1]而文德勒则肯定了一种华莱士·史蒂文斯形式的存在，它运作起来就像“一种代数式的陈述，每个读者都能用自己的价值来取代其中的x或y”。[2]这类批评思路试图辨明现代主义诗人是如何将语言的整个范畴改造成某种文体或写作形式——帕洛夫称之为诗歌的“模式”（pattern），在她的理解中它与语义和排印均有关。[3]

然而，在其他案例中，现代主义学者们运用对比性的文本细读来达成相反的目标。他们倾向于关注各文本“活生生的独一性”而非它们共享的对某一“形式”或“模式”的继承。[4]在这些例子中，学者们会关注一首诗通过它被写就，以及它通过语言而获得形式的过程而获得的意义的深浅。意义产生于物质性的语言和文本自身的显现。不但诗歌表达的力量来自它自身的语言，而且诗歌阅读也是关乎将诗歌本身视为一起正在发展的事件。这些观点被处于庞德、威廉斯与史蒂文斯等作家的经典阐释领域中的权威学者们着重肯定。例如，彼得·尼科尔（Peter Nicoll）认为每个现代主义文本都揭示了“某一语言的纹理内的

1 Charles Altieri, *The Art of Twentieth-Century American Poetry: Modernism and After*, Malden: Blackwell, 2006, p.23.

2 Helen Vendler, *Wallace Stevens: Words chosen out of Desire*, Knoxville: University of Tennessee Press, 1984, p.8.

3 参见Marjorie Perloff, *The Dance of the Intellect: Studies in the Poetry of the Pound Tradition*, Evanston: Northwestern University Press, 1996。

4 Peter Nicholls, “The Poetics of Modernism,” in Alex Davis and Lee M. Jenkins (eds.), *The Cambridge Companion to Modernist Poetry*, New York: Cambridge University Press, 2007, p.61.

一个崭新和'别样的现实'",并"创建了它自己的世界"。[1]在这些描述中,一首诗就是一个表达之独一性的例子;它只属于其被创造出来的那种语言。潜藏在此处的是这样一种信仰,即每一个文本,它作为在读者眼前展开的一个语言世界,只能是且只将其自身呈现为某一独特类别的诗歌。

如果放在一起考察,这两种文本细读的阐释倾向留给我们一种多少有些油滑的现代主义文本本体观。一方面,文本被视为不同程度地隶属于更普遍的文学风格形式,如"史蒂文斯形式"。另一方面,文本又作为一个"活生生的独一性"而存在,或是作为一个自我建构的现实,其美学价值取决于它对一切成规的背离。在现代主义诗歌研究中,第二种观点往往获得胜利。对个体文本进行精深细读并说明它们的独特性质在这些研究中成为主流,而将诗歌根据普遍化的风格形式或模式来分类则受到较少关注。这自然与相关领域盛行的某些批评倾向有关,不过,我们也可以将之部分归因于文本细读这一方法自身的限制。根据一个共享的风格模式来不断筛选诗歌的计划在数十篇诗歌的层面似乎还可行,但到数百篇的层面该怎么办呢?如果人们偏向于认为每个阅读行动本质都是主观的,且文本的风格也取决于仅对那一特定例子适用的一干因素,那么将文本细读当作一种模式辨认的方式就变得十分难以操作了。详述某文本的独特方面或描述它如何偏离了预设的规范模型会比试图界定该模型更有回报。如果某一形式在每次阅读新文本时都需要进行更改或调整,要设想它有任何可确证的一致性就变得更困难了,因此放弃形式或仅仅将之假定为一个模糊的概念会更容易些。

我们本来或可接受这种不稳定的文学模式概念,然而英语俳句却给我们呈现了一个特殊的例子。作为文本细读的对象,英语俳句往往在学术批评中同时横跨两个方面。也就是说,它被一些人理解为遵循一个明显可辨的模式,又被另一些人解读为一个极度开放且模糊的美学形式。例如,杰弗瑞·约翰逊(Jeffrey Johnson)坚持认为存在一个明确的"俳句形式",并同迈纳一样勾勒出一套规则来描述这一形式的特

1 Peter Nicholls, "The Poetics of Modernism," in Alex Davis and Lee M. Jenkins (eds.), *The Cambridge Companion to Modernist Poetry*, New York: Cambridge University Press, 2007, p.6, p.61.

征。这些规则包括“以名词为主宰的诗句”和“无评论的意象”等例，而一首英语俳句中总会呈现这些规则的某些组合。[1]但另一些学者却认为这些规则达成的是一个宽松得多的对形式与风格的限定，甚至只是一个模糊的美学倾向。例如，当文德勒提及“史蒂文斯形式”时，她所想的是这些诗歌共有的一种普遍特质或**感觉**，而不是一个形式准则清单。[2]英语俳句既像“五七五”格律一般易于辨认，又变幻不定得只是一种共有的感觉。

这种双面特征在劳拉·赖丁(Laura Riding)和罗伯特·格雷夫斯(Robert Graves)的经典专著《现代主义诗歌考察》(*A Survey of Modernist Poetry*)中被很好地体现出来。在两位作者为创造性活动的自治性辩护时，他们用俳句作为反面例子来表达这种自治性。在他们看来，俳句在现代主义诗歌中到处泛滥寄生，它已成为一种模仿性的、更像社会建制而非个体行动的诗歌范例。身为杰出的文本细读读者，两位作者用几例代表性诗歌就诊断出问题所在(图1)，并进而“绘制一幅文学图示”来追索英语俳句的起源和出问题之处：[3]

> 是谁发明了前两首诗的文体，奥尔丁顿先生还是威廉斯先生？抑或H. D.或弗林特(F. S. Flint)？……在后两首诗中谁为其形式负责？是谁首先想到模仿日本俳句的形式？或者应该说是谁首先想到模仿法国人对俳句形式的模仿？是奥尔丁顿先生向史蒂文斯先生或庞德先生建议了短一些的诗歌，或是庞德先生向奥尔丁顿先生建议了长些的诗歌等等，或者是庞德先生、史蒂文斯先生和奥尔丁顿先生、威廉斯先生两队伙伴决定作为一个学派团队共同工作；又或者是威廉斯先生、史蒂文斯先生和奥尔丁顿先生、庞德先生两相结合，鉴于从国别上这样配对更合适？[4]

1 Jeffrey Johnson, *Haiku Poetics in Twentieth Century Avant-Garde Poetry*, Lanham: Lexington Books, 2011, p.69, p.68.

2 Vendler, *Wallace Stevens*, 57.

3 Laura Riding and Robert Graves, *A Survey of Modernist Poetry*, London: Heinemann, 1927, p.216, p.217, p.218.

4 Ibid., 217.

山毛榉树叶是银色的
因为缺少树的血液

你在我唇上的吻
变得像这秋天的山毛榉树叶。

一颗空心老柳树
轻摇他稀疏的鲜艳触须
吟唱道：

爱是一株年轻绿柳
在空荡的树林边缘闪闪发光

冰冷如苍白潮湿的铃兰花瓣
清晨她躺在我身旁。

在二十座雪山之中
唯一活动的东西
是黑鸟的眼睛

图1　以上赖丁和格雷夫斯引用的四首诗表现了俳句的寄生特性。这几首诗也是引文中所指的诗。

然而，在尝试将俳句形式的兴起和传播独立出来的问题上，赖丁和格雷夫斯就走到这儿，剩下的只能留待猜测。他们面对的僵局正是一个偏向于将诗歌视为自我实现的活生生的独一体的研究手法所面临的僵局。他们将俳句视为典型性的文学模式，认为俳句激起了一种共有的*感觉*，它又形成了一种更广泛的、被过度复制的风格。但是谁首先开始的？谁是传播它的罪魁祸首？这些诗歌是如何相像的？坚决忠于一种阅读模型和一种对诗文的看法，赖丁和格雷夫斯只能戏拟出一串文学批评问题，既不相信也不愿意找到令人信服的答案。对他们来说，英语俳句既是一种传统文学模式的典型，同时又是一种他们乐于仅仅通过指认就辨出来的东西。

二、作为社会历史事件的英语俳句

一种在更大数量的诗歌之中发现文体模式的办法是选择一种不同的英语俳句文本本体观。这里我们可以求助于新现代主义研究（New Modernist Studies）。它以新历史主义为指导，为现代主义学者拓展了研究手法与材料。丽贝卡·沃克维奇（Rebecca Walkowitz）与道格拉斯·毛（Douglas Mao）提出，现代主义研究的对象一度只狭隘地聚焦于一类小众经典的、精英的、大半为英语的文本，但现在正朝着新的“时间、空间和深度方向”发展。[1]这意味着现代主义的时间范畴在向前向后都有扩展；其空间范畴含括了表面上与英美地理中心相距遥远的地方；其文化范畴也伸向了小圈子精英创作之外的各种文本和体制环境。伴随这些扩展而来的是对现代主义文本的看法变化：它是体制与媒体环境的产物，并同样根植于历史话语体系。[2]这些看法改变了我们阅读文本的方式，并将文本视为更广阔的美学与社会学模式的一部分。

根据这种看法，英语俳句开始看起来不那么像一个自治独立的诗歌艺术品，而更像美国作家们借鉴外国诗歌体裁的集体尝试。这里俳句成了流行体裁和历史事件——一个陷在特定社会物质流通模式中的美学关注对象。很大一部分在现代主义和东方主义名义下的研究（如克里斯托弗·布什、罗伯特·科恩、埃里克·海奥、史蒂文·姚[3]和钱兆

1 Douglas Mao and Rebecca L. Walkowitz, “The New Modernist Studies,” *PMLA*, Vol. 123, 2008, p.737.

2 如参见Lawrence Rainey, *Institutions of Modernism: Literary Elites and Public Culture*, New Haven: Yale University Press, 1999, 以及Andrew Goldstone, *Fictions of Autonomy: Modernism from Wilde to de Man*, New York, 2013。关于体制环境，还可参见Mark Wollaeger, *Modernism, Media, and Propaganda: British Narrative from 1900 to 1945*, Princeton: Princeton University Press, 2008和Mark Goble, *Beautiful Circuits: Modernism and the Mediated Life*, New York: Columbia University Press, 2010中关于现代主义与现代媒体形式的关系。

3 上述学者英文名分别为Christopher Bush, Robert Kern, Eric Hayot, Steven Yao。

明等学者的研究）已经提供了一个以浓厚历史主义为支持的框架，意在将亚洲美学文本在英语中的出现理解为20世纪早中期西方艺术家对东亚文化广泛痴迷的一部分。[1]这种痴迷已经超出了纯粹的美学兴趣；受更大政治力量影响的异域情调和帝国主义等话题激起了西方世界对中国和日本艺术的兴趣。科恩就这一课题提出了精辟的总结："我们面临的问题可被称为'囚禁于西方的中国诗歌'，以及翻译实践自身被某些具有优先权的事物征用与引导的程度，这些事物试图扰乱并改变中国诗歌接触西方读者的本来过程。"[2]

在新的现代主义框架内，关注焦点由之转向决定俳句如何接触到英语读者的历史要素，以及这些要素对俳句接受的影响。整个过程可分为三个阶段来描述。第一阶段称为发现阶段，开始于20世纪之初并主要由收集行动或样本采集行动所决定。这时的目标是为了在东方文学的陈列柜里再添珍品。当时，随着日本在地理政治舞台出场增多，东方文学的陈列品也在扩大。威廉·乔治·阿斯顿（William George Aston）和巴兹尔·霍尔·张伯伦（Basil Hall Chamberlain）两位日本研究学者在世纪之初搜集了部分最早的俳句学术翻译。[3]他们还提出了一些关于俳句音节结构和文学谱系的最早的形式描述。然而，在努力把俳句介绍给英语读者时，两位学者倾向于以典型东方主义话语的方式

1 参见Christopher Bush, "Modernism, Orientalism, and East Asia," in Jean-Michel Rabaté (ed.), *A Handbook of Modernism Studies*, Malden: Blackwell, 2013, pp.193–208; Robert Kern, *Orientalism, Modernism, and the American Poem*, New York: Cambridge University Press, 1996; Eric Hayot, *Chinese Dreams: Pound, Brecht, Tel Quel*, Ann Arbor: Michigan University Press, 2004; Steven G. Yao, *Translation and the Languages of Modernism: Gender, Politics, Language*, New York: Palgrave Macmilan, 2002; and Zhaoming Qian, *Orientalism and Modernism: The Legacy of China in Pound and Williams*, Durham: Duke University Press, 1995。

2 Kern, *Orientalism, Modernism, and the American Poem*, p.175.

3 当时更常用"hokku"和"haikai"两词来指称这一文体。两个词虽然与"haiku"同义，但严格说来它们仍有区别。"Hokku"指具有五七五音节的开放序列，在历史上它是长得多的系列相连诗歌。"Haikai"则专指这种相连诗歌的特定传统，它可以追溯到17世纪早期。"Haiku"则是诗人正冈子规在19世纪90年代新造的词，用以将这些诗歌分离出来作为各自独立的诗歌单元。

来对待俳句——把它作为异域的新奇事物和国家民族特点的标志。如此一来，这许多“极小的情感迸发”[1]和“微观创作”[2]——他们这样称呼俳句——就被归统于类型学的描述，以便理解这一文类何以如此奇怪和特别。例如，阿斯顿就认为他们珍藏的是“微小却珍贵的真实情感与美丽幻想之珠”，它“最突出的品质就是暗示性”。[3]与此相似，张伯伦也把俳句形容为“最微小的文本”，它在最好的情况下是“一个为自然中的小事和日常生活的偶然事件而开启的孔洞”。[4]拉芙卡迪奥·赫恩（Lafcadio Hearn）则以更流行方法的对待该形式，声称“短诗的创作者努力通过运用一些精选的词汇……来激发某个意象或某种情绪”，其造诣深浅“完全取决于**暗示**的能力”。[5]

这批珍奇搜寻者虽急于搜集归档这一异国文学品种，最终却对培养本土特点没什么兴趣。不过他们对俳句翻译的选择——以及这些译作日后的流行——可以说为一套美学考虑要素和“精选词汇”提供了示例，这些都在下一阶段的俳句接受中继续被表达出来。[6]我们称这下一阶段为试验阶段，此时诗人们变得更愿意激活运用起上一代人积累下来的范例。这是现代主义学者们最为关注的阶段，他们往往将其发源追溯到1913年前后一个文学家们组成的小圈子。不过谁和谁说话、在什么时候这样的细节则较为模糊不清。实际上，把这一阶段界定为一个高度活跃于早期接受者和“本土”信息提供者中的“议论”阶段或许最为合适。参与其中的主要是英美两国的与意象主义运动有关的诗

1 W. G. Aston, *A History of Japanese Literature*, New York: D. Appleton & Co., 1899, p.294.

2 Basil Hall Chamberlain, “Bashô and the Japanese Poetical Epigram,” in *Transactions of the Asiatic Society of Japan*, Vol. 30, No. 2, 1902, p.243.

3 Aston, *A History of Japanese Literature*, p.294.

4 Chamberlain, “Bashô and the Japanese Poetical Epigram,” 245, 305.

5 Lafcadio Hearn, *In Ghostly Japan*, Boston: Little, Brown and Co., 1899, p.154.

6 例如，有些人运用俳句译作的语言（尤其是像庙钟、小花、盘旋的昆虫等短语）来描述俳句带给读者的理想效果；参见同上，以及Chamberlain, “Bashô and the Japanese Poetical Epigram,” p.309。与之类似，保罗-路易·库苏1906年在一篇有影响的文章中写道，一首俳句的意义“像屏风背后的竖琴之声或穿过雾霭而来的梨花香气那样”向我们飘来。[Paul-Louis Couchoud, “The Lyric Epigrams of Japan,” in Frances Rumsey (trans.), *Japanese Impressions: With a Note on Confucius*, London,1921, p.38.]

人，他们在俳句中发现了各种美学创新的可能性。正如其中一位诗人弗林特于1915年提到的，意象主义运动的起源可追溯到一批伦敦艺术家，他们对英语诗歌不满，并“在不同时刻提倡用纯粹的自由体诗（vers libre）来替换它，用日本的*tanka*（**短歌**）和*haikai*（**俳谐**）；我们都写了数十首日本俳谐以资娱乐”。[1]某些人视为娱乐的东西对另一些人则是严肃的事，俳句在先锋杂志与意象主义文选中激起了一阵改编为英语语言的热潮。这些现象自然产生了一套关于什么使俳句如此与众不同的新依据。

庞德与伦敦团体意趣相投，他于1912年开始尝试这一文体，并在1914年的论文《漩涡主义》中达到顶峰。他在该文中强调了日本诗歌的简洁、意象和叠加（“一个想法在另一想法之上”），认为这些特征是造出他的名诗《在地铁站》（1913）那样的“形似俳句的句子”的根本。同年庞德协助结集了第一部意象主义文选，其中奥尔丁顿（Richard Aldington）、洛威尔（Amy Lowell）和之后的弗莱彻（Fletcher）都尝试了受発句（hokku）启发的诗歌。[2]值得注意的是，洛威尔和弗莱彻欣赏俳句的原因与第一阶段批评家指出的某些俳句特征相吻合，即它的简洁性、暗示性，以及情感与自然世界的明确连接。[3]事实上，**暗示性**已成为批评话语中的支柱，以至于到了1913年，日本诗人野口米次郎（Yone Noguchi）（他也是所有这些议论的关键贡献者）宣称“没有哪一个词像暗示性那样被西方批评者们这样泛滥地使用，它造成的损害大于启迪”。[4]然而野口在把“内在广阔而外在模糊”的俳句语言比作“沾满夏日露水的蛛丝，像空气中的隐形幽灵一般在树枝间

1 F. S. Flint, “The History of Imagism,” in *The Egoist*, Vol. 2, 1915, p.71. 诗人把短歌和俳谐与自由体诗联系在一起，体现出他并不知晓这些形式的音节结构在创作实践中有多么严苛。这也暗示了模糊两者区别的广泛倾向，我们会在下个部分中考察这一论点。

2 一位批评家甚至声称“日本発句诗歌无疑就是组成首部意象主义文选的参照模本，尤其是其中庞德先生的贡献”。（George Lane, “Some Imagist Poets,” in *The Little Review*, Vol. 2, 1915, p.27.）

3 洛威尔力图在她的改编诗歌中“保持発句的简洁与暗示，并将它维持在自然的空间中”（引自*JT*, p.165）。弗莱彻欣赏俳句对“源自自然事物的普世情感”的运用，以及它“用最少的词语”来表达这种情感（引自*JT*, p.177）。

4 Yone Noguchi, “What is a Hokku Poem?” in *Rhythm*, Vol. 2, 1913, p.355.

摇摆，保持着完美平衡”[1]时，同样渲染了这一批评话语中的东方主义意味。

虽然表面上对俳句的新颖之处已有共识，但学者们也展示了庞德、威廉斯、野口以及其他诗人在俳句的运用上如何各具不同。不过正如上文指出的，这些学者同样坚持认为俳句有一套吸引诗人们的共同特征：“[俳句的]短小与简练：它的直接性，它的呈现模式，它的暗示，以及它对并置的具体细节的运用。”[2]正是这些前后衔接的观点推动俳句进入了第三个接受的阶段：模仿的狂潮绕之而兴起，超出了原先意象主义诗人及其友人的小圈子。这一最为平民化的阶段可由改编诗作的数量上升、俳句在诗歌领域的更广泛分布和当时的批评评论所印证。实际上，这后一点暗示了俳句到1920年已达到了一个饱和点。此时俳句无处不在。在某些人看来，这一现象值得庆祝，因为它显示了东西方艺术“出人意料的紧密修好”，以及日本诗歌和美国诗歌前所未有的根本性融合。[3]但在其他人看来，现在有理由对这场狂热叫停了。一位研究洛威尔和其他“用英语写発句（*hokku*）”的诗人的评论家把俳句贬斥为一个“远远被高估的形式，它只适合于传达情感的最微小面相”。[4]哈佛的一位学者虽承认発句的“灵敏和精确”是“诗歌珍贵价值的重要部分”，但也将它视为诗歌形式由长到短的普遍消极转向的症候。“人们对某些人称为‘水洼中的星星的迷你素描’会很快感到厌倦。”[5]中西部讽刺杂志《塞壬》则更不友善地戏仿起発句与高眉艺术的关联，并以如下“五七五”形式的嘲讽副歌结尾：“你觉得発

1 Noguchi, *The Spirit of Japanese Poetry*, London, 1914, pp.42–43, p.51. 关于野口对庞德等早期接受者的影响，参见Edward Marx, “A Slightly Open Door: Yone Noguchi and the Invention of English Haiku,” in *Genre*, Vol. 39, 2006, pp.107–126.

2 Johnson, *Haiku Poetics in Twentieth Century Avant-Garde Poetry*, p.45.

3 Royall Snow, “Marriage with the East,” in *The New Republic*, Vol. 29, 1921, p.138. 另参阅Torao Taketomo, “American Imitations of Japanese Poetry,” in *The Nation*, Vol. 17, 1920, p.70。

4 Marjorie Allen Seiffert, “The Floating World,” review of *Pictures of the Floating World* by Amy Lowell, in *Poetry*, Vol. 15, 1920, p.334.

5 John Livingston Lowes, *Convention and Revolt in Poetry*, Boston: Houghton Mifflin, 1919, p.166, p.309.

句这玩意儿里有什么名堂吗？ /我也觉不出来。”[1]英语俳句终于真正到来了。

随着英语俳句的到来而出现的大批改编诗作对我们来说比意象主义者的诗歌要更陌生。据迈纳的说法，这些诗作给读者呈现了一个“由混杂的形式、无意义的技巧模仿和异域风情组成的杂乱丛林”（*JT*, p.184）。不过，不论在个体诗歌层面扩散得多广，在将俳句当作批评话语的研究对象方面则一直保持着令人吃惊的连贯性。日本批评家武友寅夫（Taketomo Torao）声称“発句的诗学优点……完全取决于暗示性的力量”，并认为美国的俳句诗人“倾向于使用最少的词，偏好运用意象与象征而非解释来展示事物的本来面目”。[2]罗亚尔·斯诺（Royall Snow）在为《新共和》撰文时则更进一步声称俳句让“西方人的心灵”如此着迷的原因在于“它能够在有限空间内创造出来的效果”。他指出“亚洲诗歌”两个最主要且有影响力的特征是“集中，还有和它的客观性神秘相连的暗示性特征”；斯诺只需援引意象主义者们自己的宣告，即可认定这些特征与俳句具有如此根本的他异性和如此明确的东方感的原因是何等紧密相关。[3]正是这类关于俳句美学影响的概括性说法决定了俳句接受第三阶段的批评话语。[4]然而，伴随这些说法而来的是一个客体化模式，它像前期阶段一样，忽略俳句的具体细节而去关注一套与明显东方主义话语相结合的模糊的美学理想。这一模式在一篇关于野口诗歌的评论文章中被最为简明地体现出来，该文评论道：“这首诗以発句形式写成，三行诗里包含十七个音节。但形式并不构成発句。一些最优秀的発句并不以该形式写成。那种决定発句本质的、精

1 “Hoch der Hokku!” in *Siren*, 1921, p.10.

2 Taketomo, “American Imitations of Japanese Poetry,” p.71.

3 Snow, “Marriage with the East,” p.138. 斯诺援引了庞德1914年的一篇文章，其中写道，“我们在接下来的世纪里躲不开……东方思想的强烈敏锐感和凝练的东方文学形式给我们的既定标准造成的越来越大的改变。” 艾米·洛威尔也被提及，特别是她这句“暗示是我们从东方学到的重要的东西之一”（p.138）。

4 杰伊·哈贝尔和约翰·比蒂将俳句视为“亚洲诗歌对当代诗歌产生的巨大且还在日益增大的影响”的一部分，“[这一影响]带来了更大的简洁性和润色度”（Jay Hubbell and John O. Beaty, *An Introduction to Poetry*, New York: MacMillan, 1922, p.360）。

细而梦幻般的情感足以启示宇宙的无限，它藏在哪儿呢？”[1]

在把俳句文本视为社会历史事物来研究时，我们发现一般体认的俳句本质特点——简短、暗示性和自然意象——不断被众多评论者积极肯定。现在，我们可以把这些特点视为观察判断的历史积累的一部分。不过我们也可以将其视为一套更广阔的、如今被简单称为东方主义的政治文化形态的一部分。如果说有关俳句的话语和创作尝试在其第三阶段在美国社会中逐渐形成了一个广为流行的模式，那么应该说这一模式是源自美国在众多领域对东亚进行异域化处理这一更大的模式中。最后，此处的简史还揭示出一些对俳句的流行与繁盛十分关键的重要社会偶然性。弗林特需与庞德交流，庞德又需与野口交流才使得他对俳句产生兴趣，接着庞德又使其他人也产生了兴趣。与货币类似，俳句在诗人、编辑和读者组成的社会物质网络中流通，而其中的许多人对俳句价值何在的问题抱着同一套优先考虑因素和同样的认识。这些力量——既有美国东方主义又有艺术网络——结合起来，将俳句文本的现实标记为一个社会历史事件，它反映并也激活了艺术家群体中更广阔的文化话语与社会行为模式。

不过，我们在试图辨明这些模式时又留下了一些新的问题。尤其是：这些模式与它们表面上帮助生成的“混杂形式的丛林”有什么样的关系？如果将俳句文本视为更广阔的社会活动的一部分，那么在文本自身的层面又发生了什么？这些俳句文本经过从外国译作到先锋试验作品到亲民流行形式的转变，它们是否体现出相似性？这里历史文化的研究方法就没有多少用处了，因为它只能说明我们之所以能提出这些问题的背景。而文本细读，就其独重个体文本的“活生生的独一性”而言，也无法满足需求。我们希望找到一种比文化历史批评更精细，但又开阔到能考虑一个比文本细读所提供的文本模式定义更宽松的阅读模型——一个不把文本当作个体美学效应的纽带或者社会话语的产物，而是将其视为上百个例子共同分享的一套种属特征。我们需要一个新的关于英语俳句的本体观，以帮助我们将俳句视为大于某种意象

1 Jun Fujita, “A Japanese Cosmopolite,” review of *Seen and Unseen: Or Monologues of a Hmeless Snail and Selected Poems of Yone Noguchi* by Noguchi, in *Poetry*, Vol. 20, 1922, p.164.

类型和含蓄语言的编排，又小于松散联系在东方主义概念中的杂乱模仿性形式的东西。简洁与暗示性或许是比严格的形式模仿更微妙，同时又比印象主义的美学直觉更具体的文本模式带来的效果。

三、作为统计模式的英语俳句

自20世纪90年代初，机器学习以及它在文本自动分类中的应用成为发现大量文本中的模式的一个流行方法。机器学习是指一套完整的统计算法，它们把每个文本视为一个特定的可量化特征的混合体，并认为这些特征跨文本分布的方式有助于识别文本之间的差异。这些统计算法试图"学习"这些特征，以便就某文本可能所属的类别或组群进行分类或预测。举例说明，这样的算法可以根据它们学到的与每个类型的信息相关联的特征，来帮助决定一封电子邮件是否有可能是垃圾邮件。[1]在文学研究中，使用机器学习来完成类似的对文学或其他美学文本的信息筛选已有十年的历史。学者们试图用这种方法在戏剧叙事结构、政治隐喻、剧场对话以及小说体裁中识别诸如词汇的、语义的或其他文本差异上的模式。[2]近来，机器学习已经在高度复杂的分类任务，如

1 这种筛选是机器学习自20世纪90年代初崛起后最常见的用途之一。它比旧的文本分类方法更为有效和高效，因为旧的分类方法要依靠人类专家以人力来设定与他们分析的任何文本都密切联系的分类规则。随着机器学习的发展，专家们可以放手让机器来推导出规则，他们则把关注点集中在识别类别本身。法布瑞尔·塞巴斯蒂阿尼（Fabrizio Sebastiani）在《文本自动分类中的机器学习》一文里全面介绍了信息系统领域内机器学习的历史。见"Machine Learning in Automated Text Categorization," in *ACM Computing Surveys*, Vol. 34, 2002, pp.1–47。

2 参见Stephen Ramsay, "In Praise of Pattern," in *TEXT Technology*, Vol. 14, No. 2, 2005, pp.177–190; Bradley Pasanek and D. Sculley, "Meaning and Mining: The Impact of Implicit Assumptions in Data Mining for the Humanities," in *Literary and Linguistic Computing*, Vol. 23, 2008, pp.409–424; Shlomo Argamon et al., "Gender, Race, and Nationality in Black Drama, 1950–2006: Mining Differences in Language Use in Authors and Their Characters," in *Digital Humanities Quarterly*, Vol. 3, No. 2, 2009; Matthew Jockers, *Macroanalysis: Digital Methods and Literary History*, Urbana: The University of Illinois, 2013, chap.6。

小说体裁检测和人物类型识别中发挥了不可或缺的作用。[1]这里我们将该方法应用到英语俳句中有两个目的。首先，我们要尝试根据机器学习特有的认识论来识别俳句；也就是说，将俳句视为一种统计模式，它在一定程度上不同于其他诗歌文本中发现的模式。其次，我们要弄清这种模式识别的模型怎样能与文本细读和文化历史的模型相协调。

机器学习作为一种方法由四项关键任务构成，每项任务都促使俳句以迥异于其他阅读方式的文本对象而存在。这些任务是分类（categorization）、表示（representation）、学习（learning）和归类（classification）。分类指按照文本所归属的系列类别或纲目来给它们分配标签。表示指分离出文本的各具体特征，并采取机器学习算法可以解释的方式来量化这些特征。紧随其后的是学习，此处机器需要把关联着每个文本的各种特征提取出来，并评估它们使该文本属于它被分配的类别的区分程度。最后一步是归类的任务，即运用学习阶段获得的信息，仅依靠某一文本的特征（也就是说，标签是未知的）来预测它的类别。接下来，我们将循序经历这些任务，并突出每一个阶段中的阐释决策以及这些决策是如何最终塑造了过程中出现的俳句文本本体观。

分类是根据不同的类别来为文本设定标签的看似简单的行为。这些类别在最常见的情况下都是二元制的（如垃圾邮件和非垃圾邮件），但也可以是多元的。[2]更重要的是，类别“不能被确凿无疑地决定”，它们取决于“专家的主观判断”，是专家在阅读一批文献后根据他/她所感兴趣的特质而进行的分类。[3]这就叫机器学习的“监督学习方法”。[4]这一步虽然听起来简单，但它从根本上决定了分析的结果，并且要求一套内在不

---

1 Ted Underwood, et al., “Mapping Mutable Genres in Structurally Complex Volumes,” 该文是2013年“IEEE大数据国际会议”发言论文（未发表）。Santa Clara, Calif., 6–9。Oct. 2013; David Bamman, Underwood & Noah Smith, “A Bayesian Mixed Effects Model of Literary Character,” Baltimore, 22–27 June 2014。

2 对多类型文本分类的解释与示范，参见Jockers, *Macroanalysis*, chap.6。

3 Sebastiani, “Machine Learning in Automated Text Categorization,” 3.

4 与之相对，“无监督方法”允许机器首先根据某些特定的特点决定文件可以如何聚集；这些聚类是否能与有意义的类型相对应则留待使用者决定。对此较有帮助的解释见Jockers, *Macroanalysis*, 70–71。

同的文本需要在表面上被归档到有限数量的类别中去。对我们来说，这意味着要找到一大批符合20世纪初对英语俳句的期待的诗歌，以及一大批不符合期待的诗歌。在分别标记它们为“俳句”和“非俳句”后，我们就可以将两类文本进行对照划分。不过，这并不是要强化我们最初所做的区分，而是要检验它的界限，并确定什么样的文本模式才是每一组文本所特有的。也就是说，我们想要知道机器是能否识别出俳句和非俳句文本，如果可以识别，它又是用什么样的统计证据来得出结论的。

为了确定我们的两个语料库，我们首先使用原始档案和次级资源来寻找符合以下基本条件的俳句诗歌：它们必须是来自发现阶段的重要学术文献中的译作；或者在标题中指认自身为俳句；又或者是由诗人或评论家明确认定受到日本短诗形式的影响。这样就产生了一个包含400个文本的语料库；我们又将其分为两个类别，即翻译作品和改编作品。翻译作品代表了最初被英美读者所接受的、更紧密地遵循“五七五”格律这样严格形式限制的经典俳句。改编作品则代表了一组更为多样化的诗歌，它们虽偏离了这一形式惯例，但至少诗人和批评家们认为它们在内容或审美意向的层面仍遵从俳句。这其中包括了对日本短歌（tanka）的明确改编作品——短歌是一个由三十一个音节组成的形式，批评家经常把它与俳句放在一起，作为日本短诗这一更普遍的类型的一部分（见图2）。[1]图示中20世纪头十年末期和20年代早期出现的高峰段包括了洛威尔、弗莱彻、野口等人受俳句启发而创作的大批诗歌，以及一批与意象派无关的大小诗人的翻译和改编作品。

为了搜集一个非俳句语料库，我们需要找到一大批不属于英语俳句运动，却又有可能从中发现该运动痕迹的诗歌。因此，我们在俳句接受第二阶段和第三阶段的诗集和其他重要杂志中收集了1900多首短诗；这些杂志包括诸如《诗歌杂志》、《小评论》和《他者们》之类的小杂志，诸如《哈泼斯杂志》、《斯克里布纳杂志》和《国家》这样的综合刊物，包括《危机报》和《机遇报》在内的哈莱姆文艺复兴的关键期刊，

1 在日本，俳句与短歌天然与截然不同的审美取向、艺术谱系以及风格和社会标记相连。传统上俳句专门描述自然世界或给出哲学与社会方面的评论；短歌则与情绪和感情表达相关。不过这些精细的区别通常被美国的诗人和评论家忽视，结果二者往往被混在一起，都作为一个单一的日本诗歌传统的一部分。

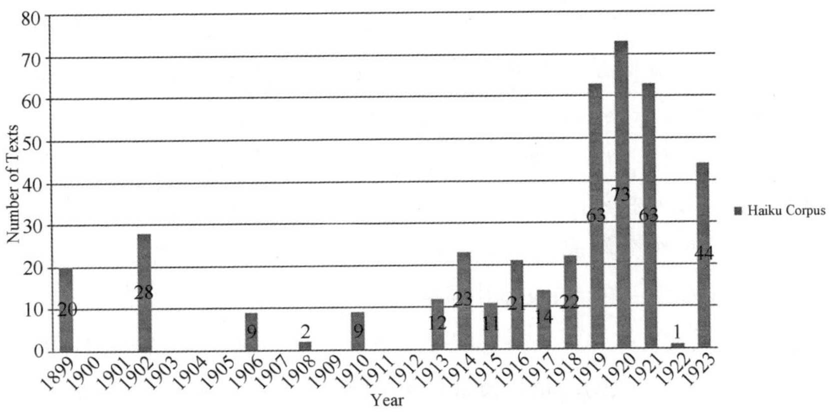

图2　所选俳句文本随时间的分布图

Magazine Corpora	Dates	Number of Short Poems
Poetry Magazine (Early)	1912-1917	222
Poetry Magazine (Late)	1918-1922	317
Masses	1911-1917	113
Little Review	1914-1922	119
Others	1915-1919	138
Smart Set	1915-1922	92
Midland	1915-1922	58
Contemporary Verse	1916-1922	256
Lyric West	1921-1922	106
Harlem Renaissance Magazines (*Crisis*, *Opportunity*)	1911-1929	268
Generalist Magazines (*Bookman*, *Century Magazine*, *Harper's Magazine*, *The Nation*, *New Republic*, and *Scribner's Magazine*)	1915-1922	230

图3　从当代杂志汇编的短诗语料库列表。这些短诗来自大约11 000首在给定的日期中从表中出处发表的诗。

以及像俄亥俄州的《中部地区》和加利福尼亚的《抒情西部》这样的地区杂志（见图3）。[1]这里的“短”是指长度低于300个单词的任何文字，略高于我们语料库中俳句的平均长度。我们要尝试对照着这些属于其

1　这些诗歌是从哈蒂信托数字图书馆（Hathi Trust Digital Library）和现代期刊项目中收集来的。由于这些资料集仅限于公共领域的作品，我们只能收集在时间限制上早于1923年发表的诗歌。对于哈莱姆文艺复兴的期刊，我们是根据原版的内容手动输入诗歌。

他文本类别的诗歌来分析两组俳句之间的界限。

接下来，我们必须确定这些文本的表示（representation），以便它们可以被归类算法读取和解释。在这一步骤中，文本的本体观真正变为机器自身所有。由于归类依赖于文本的统一索引，所以这些文本必须被看作某（几）种较小单元（单词、短语、话语片段）的集合体。文本一旦被选中，便被分解成这些单元的简单列表，以显示单元的存在与否或相对频率（即某一单元在文本中是否出现或出现的次数）。每个单元都被看作是其所在文本的一个"特征"（feature）——一种辨识特点——而该文本则成为这些特点的向量（vector）。但是机器表示往往不考虑这些个体单元的结合规律，这也佐证了贾斯丁·格里默尔（Justin Grimmer）和布兰登·斯图尔特（Brandon Steward）的观察："自动化的内容分析方法使用有见地的，但却是错误的……文本模型，来帮助研究者从他们的数据中做推论。"[1]"错误"是因为它们没有抓住文本如何通过语言而产生的复杂过程，但"有见地"是因为这些"不正确"的模型可以在大量丰富的数据库之间探测出文本单元的模式。

机器学习中一个最常见、也最简单的表示法就是"词包"（bag-of-words）模型，它将文本视为包含于其内的单词的集合。我们就以这一模型入手。上图显示了单独一首俳句被转化成词包表示时的样子（图4）。当然，这一表示还可以进一步细化，这取决于我们决定由什么来构成一个有意义的区分特征。结果表明并不是每一个词对检测我们所感兴趣的语义模式都是有用的。由此，我们删除了譬如语法功能词（或停顿词），因为这些词不适用于区分内容层面上的模式。我们也没有记录诗歌中单词的出现频率，因为这对于小词汇量的语料库来说效果不大。[2]

1 Justin Grimmer and Brandon Stewart, "Text as Data: The Promise and Pitfalls of Automated Content Analysis Methods for Political Texts," in *Political Analysis*, Vol. 21, 2013, p.270.

2 在一个二元制词包方法中，单词由它的存在或缺席来表示；关于它的优点，参见Pasanek and Sculley, "Meaning and Mining," p.413；以及Bei Yu, "An Evaluation of Text Classification Methods for Literary Study," in *Literary and Linguistic Computing*, Vol. 23, 2008, pp.329–330。二人都探讨了何时应该包括功能词的问题。功能词可能有助于识别作者风格。另见Jockers, *Macroanalysis*, p.64。我们也没有考虑字母大写，并且去除了所有标点符号，仅保留俳句文本中经常出现的感叹号和长破折号。

<u>Poem as Raw Text</u>

So cold I cannot sleep; and as
I cannot sleep, I'm colder still.

Author Unknown; A 1902 translation by Basil Hall Chamberlain

<u>Poem as a tokenized "bag-of-words"</u>

['so', 'cold', 'i', 'can', 'not', 'sleep', 'and', 'as', 'i', 'can', 'not', 'sleep', 'i'm', 'colder', 'still']

<u>Poem as "bag-of-words" without stopwords (i.e., function words)</u>

['so', 'cold', 'sleep', 'colder', 'still']

<u>Poem as labeled feature set (note that word-order is irrelevant)</u>

[{'cold': True, 'colder': True, 'less_than_20_syl': True, 'sleep': True, 'still': True, 'so': True}, 'haiku']

图4　单一俳句文本的机器解读的表示。注意在最后的表示中，每个特征被分配到"True"这一参数值（value），表示它在原文本中的存在。"haiku"（俳句）则是分配给该特征向量的标签。

此外，我们把所有的名词按屈折变化进行合并，像"群山"和"山"这样的词被看作是同一个单元，又排除了在受分析文本中只出现一次的单词。[1]最后，除词汇层面的特征外，我们还可以把更复杂的形式特征囊括进表示中，简单记录这些特征在文本中存在还是不存在。考虑到在俳句早期接受中音节数对认知俳句的重要性，我们把音节数这个特征也包括了进去。[2]得出的结果是出现在图4底部的文字：一个被标记的特征向量，现在它就是所有文本的模板。现在，我们做出的关于如何表示这两类诗的选择使我们能够去测试这样一个假设，即俳句可以通过共有的措词和音节数模式来区别于非俳句。

要做到这一点，接下来我们就要选定一个归类算法（也叫**学习**方法），它会根据向量的各特征对辨别向量标签（俳句或非俳句）的影响大小来对它

1　后一种任务通常被称为特征选择（feature selection），它有助于减少由大量的低频特征产生的统计噪音。我们还可以略去在两种文本类别中都多次出现的词，这样也可以减少其他方向上的特征。

2　诗歌的音节数取自用户输入并参照卡耐基梅隆大学（CMU）美式英语发音词典。随后，我们查看了翻译和改编两种俳句语料库音节数的分布，并使用该结果来创建截点。这样在翻译作品中我们使用18个音节作为阈值，每个文本被表示为或多于或少于这个数量。

们进行衡量。有许多种这样的算法可以执行该任务,但是每个算法对于“影响”的理解各不相同,也往往不可通约。一些算法将特征看作高维直角坐标空间的坐标,并尝试画出一条线来将某一类别的独特特征最好地与另一类别的特征划分开来。另一些算法则采取符号化的、非数字化的方法,将某一特征的出现或缺席看作是一套逻辑关联结果(即这个特征的出现是由先于它出现的其他特征所造成的)。还有其他算法认为有一个概率的过程来驱动这些特征的出现,并试图确定某特征与某一特定类别相关联的可能性。[1]

朴素贝叶斯分类器是最后一组算法广泛使用的基准方法,也是我们要使用的方法。在给定一个俳句和非俳句向量的随机样本后,分类器就对其中的一个部分(训练集)进行训练,并学习两个类别间特征的分布情况。随后,它会给每个特征分配一个概率评分,以显示该特征分别属于两种类别的概率大小(图5)。一旦训练完成,分类器就利用计算出的概率评分对样本中的其余向量(测试集)进行分析,试图根据它所看到的特征对每一个向量所属的类别进行预测。亦即,它得出每个特征属于俳句或非俳句的概率大小后,将这些概率分别按这两个类别相加,并根据哪一参数值更高来预测向量的类别。[2]根据朴素贝叶斯算法,一个“文本”是否是俳句只需看它分析出的特征有多大可能是属于某一类文本而不是另一类。这些特征对于每个类别越是特有的,就越容易做出判断。虽然有文学学者指出贝叶斯分类器不适用于在美学文本间作出某些区分,但它却擅长识别那些独特的、频率较低的特征(和单词),这些特征(和单词)又标记了类别间的差异。[3]这些长处使贝叶斯分类器在我们

1 该观点见Pasanek and Sculley, “Meaning and Mining,” p.412。第一组方法包括支持向量机(SVM)和逻辑回归等基于线性的模型;第二组方法包括朴素贝叶斯算法和隐马尔科夫模型;最后一组方法包括决策树分类器。对上述所有方法的详细描述,参见Sebastiani, “Machine Learning in Automated Text Categorization.”。

2 对该分类器更全面的介绍,参见Grimmer and Stewart, “Text as Data,” p.11。它的“朴素”特征与其核心统计学假设有关,即在一个特定类别的文本中,各单词都是相互独立地生成的。这显然是错误的,因为在一组类似的文本中,单词的使用通常高度相关。但是,在某些种类的文本归类中,这种简单的方法仍然被证明是非常有效的。

3 参见Yu, “An Evaluation of Text Classification Methods for Literary Study,” p.336。在利用机器学习分析文学文本时,朴素贝叶斯算法经常被拿来与支持向量机(SVM)相对比。参见Argamon et al., “Gender, Race, and Nationality in Black Drama, (转下页)

Word	Label	Probability
sky = True	not-ha : haiku =	5.7 : 1.0
shall = True	not-ha : haiku =	5.0 : 1.0
sea = True	not-ha : haiku =	5.0 : 1.0
man = True	not-ha : haiku =	4.3 : 1.0
last = True	not-ha : haiku =	3.7 : 1.0
snow = True	haiku : not-ha =	3.7 : 1.0
earth = True	not-ha : haiku =	3.7 : 1.0
blue = True	not-ha : haiku =	3.7 : 1.0
pass = True	not-ha : haiku =	3.7 : 1.0
voice = True	haiku : not-ha =	3.7 : 1.0
white = True	not-ha : haiku =	3.0 : 1.0
house = True	haiku : not-ha =	3.0 : 1.0
child = True	not-ha : haiku =	3.0 : 1.0
give = True	not-ha : haiku =	3.0 : 1.0
lo = True	haiku : not-ha =	3.0 : 1.0
sun = True	not-ha : haiku =	3.0 : 1.0
life = True	not-ha : haiku =	2.3 : 1.0
full = True	haiku : not-ha =	2.3 : 1.0
things = True	haiku : not-ha =	2.3 : 1.0
morning = True	haiku : not-ha =	2.3 : 1.0

图5　从单个归类测试中产生的概率列表样本。在这个例子中，单词“天空”与非俳句相连的概率是与俳句相连的5.7倍。相反，单词“雪”与俳句相连的概率是与非俳句相连的3.7倍。

探索某些初始问题的时候特别有用，如翻译和改编的俳句作品与这个期间的其他短诗有何不同、能否在其他这些诗歌中也检测到体现在措词和音节数上的“俳句性”模式等。

带着这些问题，我们把俳句的翻译和改编作品分别与来自每一种（或一套）期刊的短诗进行对比归类。同时我们还包括进一个控制案例，以便验证朴素贝叶斯算法能识别出我们已知的文本差异。该控制组由长度为300单词的片段组成。这些片段取自卡尔·桑德堡（Carl Sandburg）的诗，他早期的自由体诗歌描绘了芝加哥和周边城镇粗粝的街景以及居住在那里的人，包括工人阶级的劳动者、腐败的政治家、贫穷的移民和妓女。与来自诗歌刊物里的短诗不同，我们事先已经知道桑德

（接上页）1950–2006”; Pasanek and Sculley, “Meaning and Mining”; Yu, “An Evaluation of Text Classification Methods for Literary Study.”。支持向量机往往分离出较高频次的单词隔离，将其作为有影响力的特征。

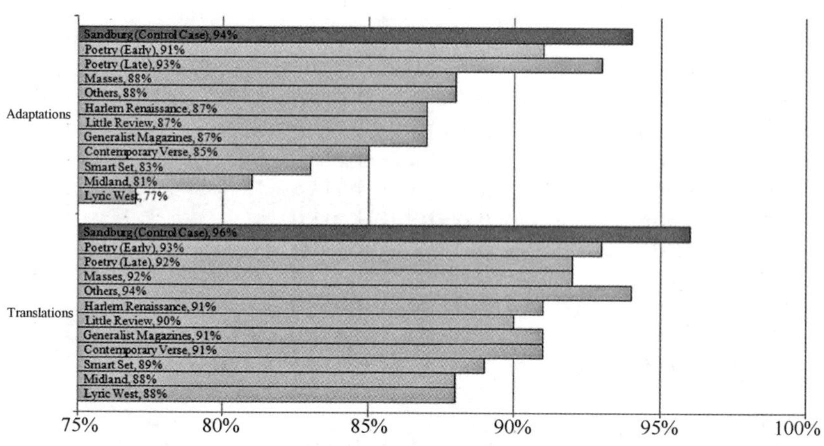

图6 一百次归类测试后得出的平均准确度分数。图表上半部分是对俳句改编作品与各短诗语料库对比的归类得分。下半部分是对俳句翻译作品的归类得分。

堡的这些诗歌表现出的措词和音节数模式完全不同于俳句。[1]我们从两类文本中抽出相同大小的样品并分为训练集和测试集，并为每个归类测试（俳句译作与《诗歌杂志》作品对比、俳句译作与桑德堡作品对比等等）进行了一百次测试。这一过程被称为交叉验证，是为确保得出的结果不偏向某一小个文本子集的特征。[2]最后，我们从这些测试中计算出平均准确度得分，该分数显示了机器按文本标签将文本正确归类的次数比例（图6）。

这些准确度分数表明，朴素贝叶斯算法能够特别精确地从各种短诗语料库中区分出俳句来。平均而言，它猜对俳句翻译作品的概率是91%，猜对俳句改编作品的概率是86%。与预期相同，桑德堡的诗歌在这两种情况下都是最容易区分的。[3]翻译作品的得分稍高，这证明了它们作为一个依赖于更受限的词汇量的类别，具有自身的特殊性。相比

1 所有诗歌片段都均取自Carl Sandburg, *Chicago Poems*, New York: Henry Holt & Co., 1916。我们只选取那些明确表现城市主题或描写城市居民的诗歌。

2 具体说来，我们执行了四重交叉验证，使用四分之三的组合样本作为训练数据，其余四分之一作为测试数据。

3 所有这些准确度得分基于对每组归类做的随机测试，具有高度统计学意义。得分范围在54%到64%之间，而这种测试的理想分数是50%，这意味着该机器正确猜测的能力与抛硬币决定相差无几。

之下，改编作品的准确度得分稍低则暗示了其特征所具有的多样性。由于这些分数可以反映出不同的潜在结果，所以有必要看看发生分类错误的地方。对于一些期刊，尤其是《诗歌》和哈莱姆文艺复兴的杂志，分类器不能准确识别非俳句文本，出现了更多把它们误判为俳句的情况。也就是说，它在更多的这些短诗中发现了与俳句相关联的特征。对于其他的期刊，尤其是图中那些频谱低下的，分类器识别俳句的能力不敏感，把更多的俳句误判为非俳句。这可能意味着俳句的特征具有更小的内部统一性，或某些常见于两个类别的特征，如“春天”“寒冷”这些通用词，使分类器偏向了某一类别。[1]因此，举例说明，如果“春天”出现在非俳句文本中的次数要多得多（这增加了它与这个类别的可能联系），当被发现在俳句中的时候，它对分类器决策的影响就可能要高过其他的词。

这类归类错误揭示出朴素贝叶斯预测文本类别时所做的假设。特别是：文本的类别是由在每个类中按特定比例使用的特征所组成的，这个比例决定了某一特征与该文本的类别相关联的可能性大小。在分析两种具有非常独特特征的类别，且这些特征在每个类别中的分布差异鲜明时，这个假设是有用的。但是，如果类别之间重叠得越多，或类别表现出的内部差异越大，该假设就可能导致问题。就是说，如果要断言两个类别间的绝对类别差异，可能会有问题。但如果是要像我们这样寻找重叠点与融合点，那么这些问题实际上是长处。事实上，我们希望看到更多类似的问题。若把音节数和仅仅出现最频繁的单词算入考虑范围，这样得出的文本差异模型就太过死板，遮蔽了有些诗人不考虑音节数，或某些低频词与“春天”和“冷”这些词结合起来表现俳句美学（或更广泛的东方主义美学）的情况。要揭示这些潜在的重叠的情况，我们需要一个更为灵活的方式来表示文本。

因此，我们在不使用音节数作为特征的前提下重做了一遍测试，这一次还包括了除功能词外的所有单词（图7）。我们发现机器的准确

1 在机器学习中，“查准率”（precision）衡量的是分类器的准确度，并显示分类器正确分辨给定文本所属类别的频度。高查准率意味着在某个文本类别中发现了高度独特的特征。“查全率”（recall）衡量的是分类器的全面性或敏感性，并显示分类器猜对某一特定类型的文本的数量。低查全率意味着该类别的文本更经常地省略能辨识其所属类型的特征。

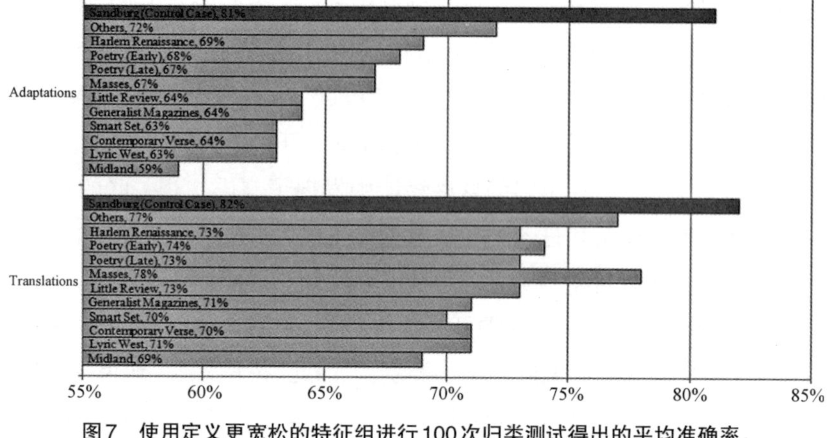

图7　使用定义更宽松的特征组进行100次归类测试得出的平均准确率。

度得分大幅下降，翻译作品的准确度平均为73%，改编作品为65%。控制案例的得分虽然相比之下仍是高的，不过就连它也有明显下跌，降至82%。一些期刊比其他期刊的独特性稍高，例如《诗歌》、《他者们》以及《小评论》，但总体来说对文本可兼性更高的表示显示出极多的重叠。但是，与早先的测试一样，如果不分析错误发生在什么地方，准确度得分会带来误导。分析结果发现，对许多期刊来说，分数下降的很大一部分原因是分类器把更多的短诗误归类为俳句了。[1]通过扩展朴素贝叶斯用以辨识文本模式的特征集，我们得到了更多的归类错误，也因此得到了更多有关俳句和非俳句语料库重叠之处的证据。如果说以更为宽松的方式表示语料库间的区别会让机器产生混乱，它也为观察机器概率逻辑下的文本模式创造了更多的机会。

四、东方主义氛围

听起来或许有些矛盾：通过迷惑机器，我们可以更好地评估它是如

1 某些期刊出现了相反的情况，即准确率下降是由于更多的俳句被误判为非俳句了。虽然对这些错误的分析不在本文范畴内，但是我们需要注意到，这些结果告诉我们一些关于这些期刊短诗的创作的重要信息。完全基于这些诗的发表出处，我们暂且把它们视为不同于俳句的一个统一类别，尽管事实上这些诗以各自独特的方式具有内在多样性。

何做出决定的。这其中的含义在我们分析迷惑机器所导致的某些结果时，会变得更加清晰。首先，简要回顾一下机器学习告诉我们的关于英语俳句的知识会有所帮助。对朴素贝叶斯分类器而言，俳句文本只是一些特征的组合，这些特征通常在某类文本中比在其他文本中出现得更多。如果一首诗包含了更多与分派为俳句的诗歌相关联的特征，如包含“雪”或“寒冷”等词，它就更可能被辨认为俳句，反之亦然。在我们的初步测试中，朴素贝叶斯很擅长以强化我们自己标记俳句或非俳句的方式来进行辨认。测试确认了俳句在措词和韵律上与同时期的其他短诗不同。机器学习告诉我们的，本质上就是，在把英语俳句中出现的特征视为一个整体时，这些特征就组成了一个统计模式，它与流行于其他短诗中的统计模式区别开来，这一区别具有重要的意义。

不过，能否做出这样清晰的区别，最终取决于我们指示朴素贝叶斯考察什么样的具体特征。朴素贝叶斯之所以表现出色，是因为我们只选择最有可能把俳句从其他文本中区分出来的特征放入我们对文本的表示中。根据机器学习的传统目标，这是一个完全合理的手段。在人们试图从私人电邮账户中过滤垃圾邮件这样的例子中，更高的准确率是受期待的。如果一个机器学习算法老是把朋友的信息误判为垃圾邮件，数据科学家就会把这种情况看作是个错误，并且寻找方法来改进他/她的模型，以提高该算法的准确率。但是对于我们来说，错误却引发了一个阐释性的问题：是什么让朋友的邮件这么像垃圾邮件？如果我们不是去纠正错误，而是思考该错误如何挑战了植入程序中的初始类型区别呢？或者更好的选择是，如果我们尝试去制造类似的错误来模糊这种区别呢？这就是我们扩大朴素贝叶斯用以从非俳句中辨识出俳句的特征集的目的。正是通过放松对英语俳句这一统计模式的限定，我们扩大了该算法发现具有俳句风格的诗歌的能力。

如此一来，被文学机器学习视为归类错误的地方，我们却将其视为阐释的契机。在这最后一部分中，我们就以两种办法进行阐释。首先，每首被错误归类的俳句（标签为非俳句，却被分辨为可能是俳句的文本）对我们来说都是一个了解机器如何阅读文本模式的窗口。它促使我们思考机器在该诗中发现了什么更能表示俳句而不是非俳句的特征，该特征是否又在多例错误中出现。通过重视俳句作为统计模式的观念，这些被误判的文本证明了俳句在现代主义内的影响分布得多么广泛，也证明了俳句在构成更广泛的美国东方主义氛围中的重要角色。不过，它们能作为证据的原因并不仅仅基于机器的本体观，而是因为这些误判的俳句为考察机器识别出的模式如何跟文本细读和文化历史识别出的模式相协调提供了二次机会。这些误判不仅使我们得以解释机器如何理解模式，还提示我们分析如何把机器的理解与人类阅读模式中所固有的理解进行对比。其结果就是一种新的文学模式识别方法，它因为包含阐释的多种本体视野间的汇聚点而格外充实。

在我们进行的几百个归类测试中，有585首短诗（来自总计大约1 900首诗）被误判为俳句，其中一些测试的归类错误比别的测试要多得多。[1]在这个组群中，一首诗被误判的平均次数为六次。如果仅考虑达到或超过这一阈值的诗歌，我们就会有202首额外的俳句添加到我们的语料库中（图8）。这是一批相当可观的新材料，可以用于重新想象英语俳句的历史；但遗留的问题是这些新材料如何（或是否）应包含进俳句的历史中。我们可以简单地接受机器的判断，但一个更能产生批评成果的方法，则是去调查机器识别的模式与人类识别的模式在何处相交或不相交。

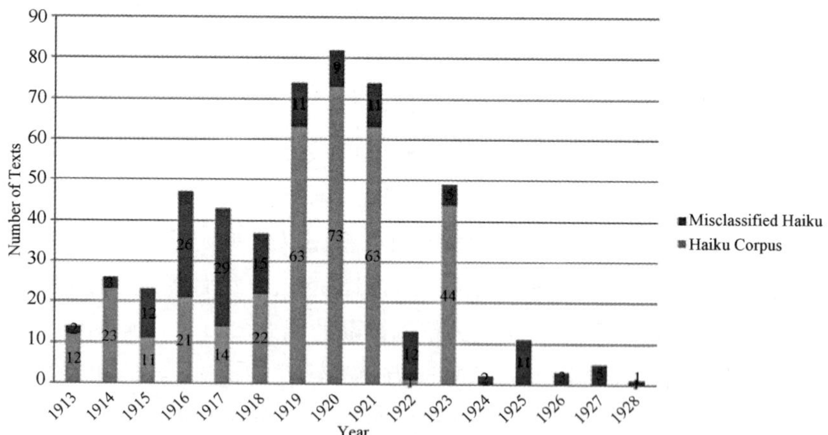

图8　归类错误的俳句分布与初始俳句语料库分布的对照图。大部分诗歌发表于1916年至1918年间。1922年之后的诗来自哈莱姆文艺复兴期刊。

1　相比之下，当我们采用更精确的俳句模型时，仅出现45首分类错误的诗歌。

这些误判的文本分为三组。第一组我们称为候补俳句。其中不但包括庞德和Richard Aldington等著名俳句承袭者的诗歌，还包括了通常不与意象派相联系的人物，如路易丝·布莱恩特（Louise Bryant）、伊丽莎白·科茨沃斯（Elizabeth Coatsworth）和哈莱姆文艺复兴诗人刘易斯·亚力山大（Lewis Alexander）等人的作品。这些诗之所以是候补俳句，是因为从文本细读和文化史的角度来看，它们和被纳入俳句语料库的诗歌之间具有相似性。这些诗虽是被机器发现的，但若用更传统的方式，它们也会很容易地被认定为英语俳句。一个代表性的例子是奥尔丁顿的《隽语》，该诗发表于1916年的《小评论》：

雨铃在池塘上摔破
芦苇有白色的雨滴下
她颤抖着喃呢曲身；
风摇荡着紫藤掉落。

水鸟有红色的喙
在百合的叶子下畏缩；
一只灰色蜜蜂，震惊于狂风暴雨，
紧紧附着我的衣袖。[1]

这首诗既充满恰当的自然意象，又得益于一个动静并置的重叠技巧，客观的凝视与淡淡的诗意内省相结合。它的作者和发表出处也符合对俳句影响最为普遍之处的预期。机器在“滴水”、“叶子”和“依附”等词汇的索引下发现的模式，与文本细读的读者或文化历史学家辨认的俳句风格相一致。可以肯定，机器是用不同的方式来辨认风格，但它暗示了仅靠措词和简短性就可以同样好地指示出人类读者所阐明的，更加严格但也更加模糊的风格定义。有时候，似乎一种难以言喻的对俳句性质的感觉着实可以化约为词语选择的统计模式。在一些

1 Richard Aldington, “Epigram,” in *The Little Review*, Vol. 3, 1916, p.29.

情况下，暗示性这个被众多评论家吟诵的隐晦概念，只不过是选对正确词汇的事。

第二组误判的俳句文本则不那么符合文本细读读者或文化史家的批评直觉。我们把这些文本称为机器俳句。其中的一个极端例子是乔治·布里格斯（George Briggs）的《伊芙林》（1917）：

当她把头转向一边；
她下巴和喉咙的连线
延伸到颈肩之下
雅致如孔雀脖子起伏；
又如玫瑰花瓣的柔嫩。
而她的嗓音
听来如汉子，
把锅炉的铁锈清除。[1]

这首诗发表在《聪明人》（*The Smart Set*）上，与当时人们对仿俳句诗的预期背道而驰。它不仅出现在不符合期待的地方——一个以小说和讽刺笑话闻名的纽约文学杂志，其材料本身也有所欠缺；没有自然意象，也没有任何指向更大的存在洞见的暗示性语言。结尾幽默的并置手法把诗人和读者从他们空灵的幻梦中摇醒，这在日本俳句传统里绝不陌生，而人们也能够在英语中找到戏仿的讽刺作品。机器只根据措词就发现了戏仿作品，这肯定是巧合，不过它也促使我们去进一步研究措词是如何可能与更复杂的文体特征相关联的。来自这份期刊的另一首误判诗歌，题为《自然诗》，1916年发表，就肯定了这种冲动："一只松鼠顺墙而跑。仅此而已。"[2]我们承认，朴素贝叶斯算法在俳句风格的识别上比文本细读或文化历史所允许的要慷慨得多。在《伊芙林》中，"玫瑰"这类频繁出现在俳句语料库中的词引导它把该诗也归类为俳句，而"锅炉"这类远为少见的词却被忽略

1 George Briggs, "Evelyn," in *The Smart Set*, Vol. 52, 1917, p.28.

2 Sarsfield Young, "Poem of Nature," in *The Smart Set*, Vol. 50, 1916, p.104.

了。[1]一个仅基于措词和简洁度的模型，似乎是把网撒得太大了。如果我们决定把这首诗都叫作俳句，我们不就打开大门允许任何一首短诗被判断为俳句了吗？然而，我们仍然不得不承认，机器的模式识别方法是具有内在逻辑的——它捕捉到的一些关于英语俳句的东西，可能在个别文本的层面上觉得不协调，但在数百文本的层面却能体现出来。《伊芙林》被误判十九次，这迫使我们重新考虑我们自身对俳句的阐释偏见。

最后一组误判文本给文本细读和文化历史方法施加了更大的压力，同时也指出了一个更普遍的东方主义氛围。这些诗介于候补俳句和机器俳句之间。这里我们发现朴素贝叶斯也是一个风格上的敏锐"读者"，能揭示出不同语言模式相交叉的含糊地带。我们来考察《山间刺柏》("A Sierra Juniper")，这首诗由安娜·波特(Anna Porter)所作，刊于洛杉矶的《抒情西部》期刊：

> 我从花岗岩里夺取生命；
> 抗击风暴，我强炼肢体与根茎，
> 蹲伏，我抓握住危崖的边缘，
> 一如我英勇搏斗几千年。[2]

作为潜在的俳句，这首颂扬一株嶙峋山木的诗兼具两方面特征。它给出一个高度集中的自然事物意象，但又让人觉得受了韵律编排和重复动词(夺取、抗击、蹲伏)的拖累；它融合了诗性主体和客体，但拟人的感觉又太过外显。把它称为一首严格受俳句影响的诗是走得太远了，但我们又完全可以说它加入了更大范围的对东亚文化的热衷，而英语俳句则是其中不可分割的一部分。正是在这儿，机器学习宽松的本体

1 这是被施罗姆·阿加门和马克·奥尔森称为"最小公分母"的问题。分类算法往往会倚重所有特征里的一小部分，这样既没有足够突出，也没有在思辨上公正地对待文学作品的复杂性。(见 Shlomo Argamon and Mark Olsen, "Words, Patterns and Documents: Experiments in Machine Learning and Text Analysis," in *Digital Humanities Quarterly*, Vol. 3, No.2, 2009。

2 Anna Porter, "A Sierra Juniper," in *Lyric West*, Vol. 1, No. 4, 1921, p.18.

观被证明极富价值，尽管它关于诗歌文本的概念相对贫乏。机器学习不仅将我们寻找文本模式的能力拓展到较低知名度以及边缘诗人的作品，还涵盖了原本在我们视野之外的文化历史语境。《抒情西部》，一份立足于加利福尼亚、远离小杂志文化和意象主义的传统中心（纽约和芝加哥）的期刊，过去从未成为那个故事的一部分。但机器学习却表明它可以。这份期刊中的其他诗歌，如乔治·罗尔斯（George Rowles）受俳句启发的短文或斯诺·兰利（Snow Langley）对庄周梦蝶的影射——这些同样作为误判俳句而被发现的诗歌——看来也参与了那个时代更普遍的东方主义争鸣。[1]

《山间刺柏》这首诗是一个令人信服的例子，它说明，一个多元化的文学模式识别模型有助于重绘文学影响的边界。仅从文本细读的角度，这首诗并未严格满足迈纳等学者给出的某些标准，也没有证据支持它受到俳句风格的影响。作为文化历史学家，我们很难将这首诗定位在现代主义学者所划定的已知传播范围之中，特别是由于波特并不知名。文本细读和历史研究限定了一套文学以及社会模式，其中文本却被轻易排除出来。另一方面，机器学习则表明在统计模式的层面存在着与俳句的某些关联——一个微妙却始终存在的关于单词和单词配置的模式。这里“影响”是作为一种统计上的可能性，其中词汇和其他文体特征被认为是各自独特地分布在不同文本类型之间。这些潜在的、非显明的影响痕迹正是机器最擅长检测的，而个体读者却无法在一个大的规模中对其进行识别。

在一些情况下，这些痕迹汇成一首符合对俳句文体的既定期望（基于自然意象、暗示性、简洁）的诗。在另一些情况下得出来的诗与俳句文体的关系却似乎是完全任意的，或顶多是通过定义得更宽松的东方主义话语和俳句才勉强相关。但需要记住的是，即使机器关于影响上的看法与文本细读或文化历史告诉我们的有时不一致，在这些情况中，后两种的方法也是从一开始就给机器的判断提供了信息。毕竟，它们

1 罗尔斯有好几首诗是归类错误，其中包括《致武士》、《日落》和《艺伎与古筝》，均发表于1922年。对庄子的指涉出自兰利的《四月幻觉》，同样发表于1922年。在调查了所有误判诗歌后，我们发现大约20%属于候补俳句，40%属于机器俳句，剩下的40%属于居中的俳句。

是我们一开始用来选定俳句语料库的依据。机器揭示了存在于这些俳句和误判文本之间明确的现实关系，虽然这一关系与我们作为文学批评者往往侧重的那类关系在本体论上完全不同。在个别诗歌的层面这一关系看似偶然，但在散落于数十家期刊的上百首诗歌的层面，却出现了一个共享着俳句文体特定要素的文本集合。俳句译作和改编作中的文本模式似乎渗透进一系列更广泛的诗作之中，汇成了一个既与俳句文体相关，同时又属于某些更广泛的事物的东方主义氛围。我们可以把这一氛围想象为一种流传中的文本模式，由于与其他模式不同，它可能与某些类型而非另一些类型的美学要更加亲近。这样一来，机器就有助于把俳句的接受历史延长到其最直接和明显的影响节点之外，使我们得以在一个更广泛的诗学话语中考察它的影响和地位。

最后这部分仅指出我们可以如何开始追索这一东方主义氛围的形成和发展，但我们要强调的是，这需要一个在人力解释与机器解释之间交替或连接二者的阅读方法，其中的每一方在批评家从文本中提取意义的努力中都向另一方提供反馈。这样一来，文学模式识别就把文本细读、文化历史和机器学习汇集在一起，使它们相互补充。我们对这些方法的记录体现了每种方法不可避免的局限性，但也表明每种方法都具有一种模式发现的方式。模式（pattern）这一概念是在各种方法间进行调节的控制条件，更重要的是，它还使各种关于文本（以及文本关系）的本体观相对化。我们坚持认为，这种结合导致的碰撞可以产生关于英语俳句，以及广泛意义上的现代主义的新历史。

必须承认，我们的方法得益于这样一个事实，即俳句以及现代主义诗歌本身的某些看法总是已经有一些模式似的和计算式的东西。这正是十九世纪后期日本文学评论家正冈子规（Masaoka Shiki）试图给出的结论。他写道："从排列的理论来看，俳句明显具有数值上的阈限……，它被局限于仅二十到三十个音节。"[1]达达主义者特里斯唐·查拉（Tristan Tzara）也间接提出了这一观点，他说诗人从新闻文章中精心地裁剪出单词，"把它们都放在一个袋子里"，轻轻摇晃，然后将剪下的

1 转引自 Janine Beichman, *Masaoka Shiki: His Life and Works*, Boston: Cheng & Tsui Co., 2002, p.35。正冈子规这里借自"'一名精通数学的当代学者'"来支持俳句即将走到尽头的论点（p.35）。

文字一张张地抽出来，这样就写成了诗。[1]还有马里内蒂（Marinetti），他认为“语言作为一个系统，根本上是机械的，并能够被分割成可再组合的元素”。[2]由此看来，提出人力与机器阅读的融合是一次挑战，但不是对文学文本及我们作为文学评论家所做工作的异化或是倒退。这里是要使文学对象返回到曾经属于它自身，且目前也越发属于它自身的本体观——我们如今通过数据和计算语言塑造这一本体观，而前几代人则通过频率、公式和模仿的语言来塑造。我们一直知道有一些关系模式在文学体裁的创造和传播之中运作，但直到现在我们仍受限于自己的识别能力。机器学习能够帮助我们发现这些模式。

1 Tristan Tzara, “To Make a Dadaist Poem” (1920); *Seven Dada Manifestos*, in Barbara Wright (trans.) *“Seven Dada Manifestos” and “Lampisteries,”*, London: John Calder, 1977, p.39.

2 Johanna Drucker, *The Visible Word: Experimental Typography and Modern Art:1909–1923*, Chicago: University of Chicago Press, 1994, p.114.

小说信仰：
皈依阅读、计算建模及现代小说

安德鲁·派博（Andrew Piper）*
陈先梅　译

最终，我们其实总是要掉转方向。
——特奥多尔·冯塔纳《混乱与迷惘》

我们在翻动一部小说的书页的同时也被其翻动，这意味着什么？在小说的指示结构和情感结构的双重指引下，我们是如何不仅被简单地感动，而是被改造——被扭转？换言之，作为一种文学类别的小说在深刻的个人层面上能够对我们具有意义，我们应该如何据此来思考小说所使用的技巧和修辞之间的关系。

* **作者简介**：安德鲁·派博（Andrew Piper），美国哥伦比亚大学博士，加拿大麦吉尔大学德语及欧洲文学教授。他的研究兴趣是自18世纪以来欧美文学及其阅读技术，集中在文学拓扑学与网络的历史、文本流传及跨文本实践、文学量化。其著作包括多次获奖的《书中梦：浪漫主义时代文献想象力的形成》（Dreaming in Books: The Making of the Bibliographic Imagination in the Romantic Age, University of Chicago Press, 2009），以及《曾经为书：电子时代的阅读》（Book Was There: Reading in Electronic Times, University of Chicago Press, 2012）。派博教授是大型学术项目"小说文本数据库挖掘"（NovelTM）的主任，这是历史上第一次大规模以量化的方法研究小说史的学术项目。他还是2016年北美新成立的数字人文研究期刊《文化分析刊物》（CA: Journal of Cultural Analytics）的主任编辑。

译者简介：陈先梅，香港中文大学英文系。

原文信息说明：Piper, Andrew, "Novel Devotions: Conversional Reading, Computational Modeling, and the Modern Novel," in *New Literary History*, Vol. 46, No. 1, 2015, pp. 63–98.

小说的历史，正如汉斯·布卢门贝格（Hans Blumenberg）所言，常被理解为一种扩大化的表决，针对的则是柏拉图所持的诗人说谎的观点。[1]小说的各种主要研究方法——从奥尔巴赫（Erich Auerbach）的模仿论（mimesis）到巴特（Roland Barthes）的真实效果（reality effect），再到詹明信（Fredric Jameson）的政治无意识，以及其他理论——无一例外始于小说对陌生化现实的表现：这种表现被视为小说首要的内在特征。[2]在小说里，我们体会到疏离，从而感知我们对社会化世界合宜的政治或批评方向。但是，更近的研究开始强调我们与小说阅读之间的情感关系。[3]丽塔·费尔斯基（Rita Felski）写道："我们解释喜爱之谜的方式是着眼于隐藏的确定性及社会兴趣，却很少注意到文本可能引发我们的好感，讨好我们的感情，满足我们的迷恋的方式。"[4]小说还是非常有效的载体，引发个人喜爱，而不是仅表达社会疏离。从这一点来说，小说的历史不应被视为是研究**已知性**（das Gegebene），即卢卡奇（Georg Lukacs）所谓"世界之立即的不可打碎的已知性"。[5]它还意味着我们对

1 Hans Blumenberg, "Wirklichkeitsbegriff und Möglichkeit des Romans," in Hans Robert Jauss (Hg.), *Nachahmung und Illusion,* München: Fink, 1969, pp. 9–27.

2 托马斯·帕维尔在他关于小说史的文章中有很好的总结："通过在角色与他们身处的环境之间强加一个裂口，小说成为第一个反思个人的起源以及公共道德的建立问题的文学类别。"参见Thomas Pavel, "The Novel in Search of Itself: A Historical Morphology," in Franco Moretti (ed.), *The Novel*, Vol. 2, Princeton: Princeton University Press, 2006, p. 3。还可参见一些小说家新近的意见——他们强调小说的现实主义诉求。这些小说家包括乔纳森·弗兰岑（Jonathan Franzen, "Why bother?" in *How To Be Alone: Essays*, New York: Picador, 2002）和奥尔罕·帕慕克（Orhan Pamuk, *The Naïve and Sentimental Novelist*, New York: Vintage, 2011）。

3 参见 Deidre Shauna Lynch, *Loving Literature: A Cultural History*, Chicago: University of Chicago Press, 2014; Rita Felski, "Enchantment," in *The Uses of Literature*, Oxford: Blackwell, 2008, pp. 51–76; Helen Deutsch, *Loving Dr. Johnson*, Chicago: University of Chicago Press, 2005和 Rüdiger Campe, *Affekt und Ausdruck. Zur Umwandlung der literarischen Rede im 17. und 18. Jahrundert*, Tübingen: Niemeyer, 1990。

4 Rita Felski, "Context Stinks," in *New Literary History*, Vol. 42, 2011, p. 582.

5 Georg Lukacs, *Die Theorie des Romans*, München: Deutscher Taschenbuch Verlag, 1994, p. 51.

小说在可被我们称作投入性（或*Ergebenheit*）——即其让我们投入**其中**的方式——方面的表现历史的理解。在此意义上，小说变成了一种可以让我们体验到深刻内在差异的文学类别——并非疏离于世界［卢卡奇所称的一种原始的思乡病（*Heimweh*）］，而是一种与**某个**世界之间已完成的认同体验。这种关于小说的皈依力量的历史应该是什么样的？

在过去的两年里我一直在探究计算模型的发展，以求了解小说与深层次转变叙事的关系是如何引发个人的情感依附，也就是小说表现以及让我们投入感情的方式。我也曾问过我自己及其他相同研究领域的同仁：小说是否有什么内在的特质使得我们如此投入。如果有的话，是否跟它内部较大的语言流有关——不是某一个单一的行、段，或角色，也不是诸如"文体"之类——而是在小说的发展过程中较大的语言转变所能引起的情感状态，例如忠诚，信念或信仰？换句话说，语言转变可以成为令读者投入的有效载体吗？

从其历史渊源来说，思考文本的改造性力量当然是有浓浓的奥古斯丁式意味。奥古斯丁的《忏悔录》被认为是在叙事技巧、抄本技术及个人皈依之间建立连接的奠基之作——形式和媒质互相作用以产生一个全新的自我认知。[1]根据热奈特（Gérard Genette）和托多洛夫（Tzvetan Todorov）等理论家的说法，在更基本的连续性叙事结构中，叙事的目的是表现事件之间的因果序连关系（首先如此，接着如此如此）。[2]皈依说则与此不同：在它引入的结构中，叙事具有一种明显的先后特征，但这仅仅是因为时间上的差异感。[3]据一种奥古斯丁式的皈

1 关于奥古斯丁与书籍的关系，参见 Andrew Piper, "Take it and read," in *Book Was There: Reading in Electronic Times*, Chicago: University of Chicago Press, 2012。

2 关于叙事与因果之间的关系，参见 Gérard Genette, *Narrative Discourse: An Essay in Method*, Ithaca: Cornell University Press, 1980, p. 26, and Tzvetan Todorov, *Introduction to Poetics*, Minneapolis: Minnesota University Press, 1981, p. 41。

3 关于奥古斯丁式皈依，参见 Dong Young Kim, *Understanding Religious Conversion: The Case of Saint Augustine*, Eugene, Oreg.: Pickwick Publications, 2012。如果这样理解的话，皈依叙述就违背了格雷马斯关于叙事均衡是一切叙事的基础的理论。参见 A.J. Greimas, "Narrative Grammar," in *MLN*, Vol. 86, 1971, pp. 793–806。关于叙述的功能在于标记差异的观点，参见 Tzvetan Todorov, *Genres in Discourse*, Cambridge: Cambridge University Press, 1990, p. 30。据此皈依将被理解为叙事的极端化，而非叙事的消解。

依理论，生命不再被理解为由一连串有限的、一件接着另一件的事件组成，而是被视为一个整体，以某一个转折为特点，这个转折点既是离开（从原来的自我出发），也是回归（到真正的自我）。决裂不仅是回归的媒介，是皈依（*conversio*）的"皈"（con-），也是信仰和承诺的媒介，是要朝着一个终点的转折。文本强烈的二元形式，即其先后特征，是奥古斯丁设计的让主角和读者双方产生某种信仰姿态的方式。

我在这些问题上所做研究的最初定位是探讨奥古斯丁对卢梭以后的现代自传体的影响。我很想知道，在现代日益商业化的传记写作环境中，这种自白的原型还剩下多少痕迹？尽管文学学者们为卢梭的《忏悔录》之后奥古斯丁对现代自传体还有多大影响争论不休，我们还未超出几个经常探讨的作品范围，还未将这一问题置于更广泛的作品范围内来考察，也未在更广的语言学范畴内探讨过影响的概念——我们仅仅讨论过少数精选的文本相似性案例。再者，我们也未曾探寻奥古斯丁式皈依还有没有别的源泉。然而，让我惊讶的是，我在建的模型揭示：奥古斯丁式皈依并非主要依赖自传体裁——在这方面更多只是名义上的——而是主要依赖于小说体裁。看起来，小说才是19世纪以来读者们为获取这种不断的"掉转"（"turning around"）体验而做出的选择。我所说的"掉转"指的是语言学上先前和然后的鲜明的对比，以及伴随的一种强烈的投入感——将自己与某种事物融为一体（*com-mitto*）之感。

这种观点与已经被普遍接受的学说对比强烈：后者认为小说身为媒介，它的定性是规范化、中庸，以及平凡。用弗兰科·莫雷蒂（Franco Moretti）的话说，小说就是"资产阶级生活的规范化"[1]的一面镜子。相反地，小说（以及这种体裁中的某个次范畴）在19世纪即以一种极不规范的形式出现，其标志便是明显的二元性以及语言变化。在莫雷蒂提出"小说的节奏充满了理性化的逻辑"的同时（同书第82页），我的模型显示起作用的是另一种全然不同的节奏。19世纪小说远非要让读者适应现代生活的繁重不堪与一成不变——即文本上的韦伯式理性化。相反，它看上去更专注于让深层次的语言转变得以实现，从而为个人参

1 Franco Moretti, *The Bourgeois: Between History and Literature*, London: Verso, 2013, p. 81. 关于小说和平庸的问题，参见Paul Fleming, *Exemplarity and Mediocrity: The Art of the Average from Bourgeois Tragedy to Realism*, Stanford: Stanford University Press, 2009。

与感奠定基础。此类转变刚好发生于小说被体制化为民族之声和深刻教导工具的时间框架之内，这在此种情境下也是合乎情理的。小说具有使我们疏离于世界已知性的批判性力量，也有让我们接受超理性化的现代性的能力，但我们不应将这两点视为其历久不衰的合理性的主要原因。我们应该看到小说的这类情感维度使之变成了一种有效的体制化媒介，使之能够在爱国和教化这两种背景下都能被成功利用。

此项目因而着眼于追溯某一特定的、可以作为引发读者投入的重要载体的奥古斯丁式叙事转变模型的谱系。[1]它假定也许有别的方式思考奥古斯丁与叙事的关系，或者叙事与皈依的关系。对我的目的至关重要的不是对某单一对象的多种模型展示，这一对象指的是我们可以思考如何捕捉奥古斯丁式皈依这一复杂现象，或者就是广义上的皈依的多种方式——它们即使不比奥古斯丁式的皈依可靠，但是却能起到补充的作用。我的目的是去理解某一特定的文本模型是怎样历经时间的洗礼，且在此过程中获得新的意义和社会目的。研究某种特定的、历时的皈依模型就是研究连续性内的差异性以及差异性内的连续性，这是对历史谱系性理解的基础。[2]如福柯（Michel Foucault）写道："它必须对[事件的]再现敏感，不是意图画出其进化的曲线，而是要分离出它扮演不同角色时的不同场景。"[3]

以这种方式思考皈依，且坚持认为即使在面对世俗文学体裁时我

1 大量对皈依的研究都将之视为主要是一种宗教现象。要了解皈依研究领域的概况，参见Karl Frederick Morrison, *Understanding Conversion*, Charlottesville: Virginia University Press, 1992以及Lewis R. Rambo, *Understanding Religious Conversion*, New Haven: Yale University Press, 1993。要了解最近在更广泛的文化范畴和心理学范畴对皈依进行的思考工作，参见Matthew William Maguire, *The Conversion of Imagination: From Pascal through Rousseau to Tocqueville*, Cambridge, MA: Harvard University Press, 2006以及Dana Anderson, *Identity's Strategy: Rhetorical Selves in Conversion*, Columbia, S.C.: University of South Carolina Press, 2007。

2 关于尼采式的将历史视为谱系学的研究，参见Michel Foucault, "Nieztsche, Genealogy, History," in Bouchard (ed.), *Language, Counter-Memory, Practice*, Ithaca: Cornell University Press, 1977 pp. 139–164。关于情感和文学史跨时间段模型之间的关系，参见Rita Felski, "Enchantment," 51–76。

3 Michel Foucault, "Nieztsche, Genealogy, History," 140.

们仍然是在谈论某种形式的皈依，使得我们可以更全面地了解概念变化以及文化过程，其实就是将文化理解为一个谱系性过程。这种做法与其说是寻找一个字面上鲜明的叫作宗教皈依的种类，不如说是试图发现细微的语义和叙述上的循环建构。这种结构已经不再是它原始的意思，而是在新的使用目的环境下，获得了新的形式和地位。这样寻找文化残留就是将文化理解为被历史掩埋的形式重新开始起作用了。

以这种方式来研究小说的历史问题，让我们可以全局理解这一文学体裁，最终提出一段历史时间之内各种文类成型之前的作品、新文类形式之间的混杂，以及新文类的功能。我们同时也能洞察小说体裁内部的类属，以不同于我们已接受的批评叙事的方式对文本进行归类。写给儿童的成长小说，讲星际逃离的科幻小说，双重婚姻情节，卡夫卡的不可能完成的求索——在我们看来，所有这些都是典型地体现了奥古斯丁的叙事皈依模式的小说。但是这些小说通常都不会被归到一类，在课程表上也不会被放到一起。计算机阅读将一些我们不曾注意到的小说之间的相似性呈现出来。这种相似性有赖于大规模的语言转换。这在过去我们的批判阅读模式中没有体现出来，但是可能对通常意义上的小说阅读体验非常重要。

我们将看到，量化特征的统一性为探究现代小说的皈依问题——即何为在阅读中被扭转——提供了各种不同的语义学和形式方法支持。量化模型为主题多样化提供了语言学基础。就我们传统的文本归类的方法而言，这些小说也许大相径庭。但是每一部小说都以不同的方式和不同的结果为深度转换这一问题提供了参照。因此，计算机阅读为我们思考“皈依”这一问题提供了新的途径——既在较大的结构模式方面，也包括它所带来的多样化的体验方面。综合起来，这些小说为我们提供了后奥古斯丁式的皈依阅读的基本分类，将告诉我们什么才是读者被感动。这不是一张模版，而是颜色丰富的画布，包含了多种刺激个人转变的方式，同时还包含着读者投入感，即小说让读者沉浸其中的不同方式。

在调查转变式的阅读历史时，本项目还有一种对支撑今天阅读行为媒介的当代转型的自觉。我的目的是开启早应出现的对计算机模型的思考过程——将之视为一种调节我们与文本之间关系的假想结构的构建过程——并对这些模型本身何以具有循环和转化性质进行考察。[1]一个模型的应用始于这样的假设，即语言及其意义的量化维度之间并非等同的关系。在有些情况下也许可以合理假设单个的词或短语可以代表它们所指的那个事物（如地名之于“地方”，日期之于“时间”）。在其他情况下，比如“皈依”，在指称和意义之间我们就需要一种介质。为了解决模型的这个问题，我会在“细读”与“远读”之间游移，结合这两种方法而不是将它们对立（见图1）。我要识别的是模型化和意义生成之间的往复过程，这是由于“细读”和“远读”的相互作用方式是螺旋式的，接近于某一分析目标（在此即“皈依小说”），但它们的分析目标不会完全一致。

下一节，我会从计算机模型的建立入手。模型本身基于对某一特定文本模式（奥古斯丁）的理解。接着，我会描述模型的应用：方法是对450部从18世纪晚期到20世纪初的德语、法语及英语小说和150部同时期的德语自传文本进行比较。这些文本共计包含60 094 905个单词。我在这一节的目的是了解这些来源广泛的叙事体裁在何种程度上呈现出与奥古斯丁式模型相关的不同趋势。自传与小说在各自叙事过程中与语言的二元分布、与对皈依前后的戏剧化之间的关系会呈现出显著的不同吗？在第三节里，我将通过“验证”模型来得出结论。这是计算机研究的传统步骤，其中包含对小说特征明显的特定小说子集进行仔细分析，以求确认模型是否捕捉到了我认为自己在寻找的东西的性质。这些小说是“皈依性”的吗？如果是，那何以如此？

我将提出，“验证”一词在这里不应理解为计算机科学意义上的建立某种形式的“基础事实”，不是模型有效性的证据，而是某种形式上在两个方面的进一步发现。由于模型提供了一个能让文本获得新意义的阐释视野，我们得以深入了解此模型识别的文本子集。此外，通过详细

1 关于科学建模的文献非常多，但是仍应被视为今后数字人文研究的一个重要参考。关于这方面的介绍性著作，参见Mary S. Morgan and Margaret Morrison(eds.), *Models as Mediators: Perspectives on Natural and Social Science*, Cambridge: Cambridge University Press, 1999; Roman Frigg, “Models and Fiction,” in *Synthese*, Vol. 172, No. 2, 2010, pp. 251–268; and Matthew C. Hunter, “Experiment, Theory, Representation: Robery Hooke’s Material Models,” in Roman Frigg and Matthew Hunter (eds.), *Beyond Mimesis and Nominalism: Representation in Art and Science*, Berlin and New York: Springer, 2010, pp. 97–138。

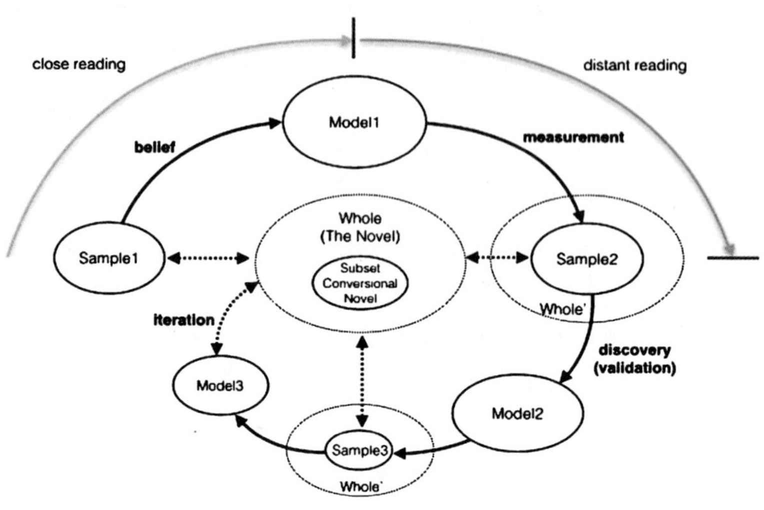

图1　计算解释学。此表显示了计算机阅读的不同阶段以及每一阶段所需要进行的操作。传统的"细读"法(close reading)包含第一个阶段"相信"(belief)。当下对"远读"(distant reading)的理解则将我们带往"量度"(measurement)。这一模型要求处理过程以振荡的方式持续,在细读与远读之间游移,以求接近想象中的概念中心。初始样本(这里指奥古斯丁的《忏悔录》)的选择和理解都以更大的类别(这里指"小说")为参照。根据模型找到的具有显著量化意义的新文本样本也同样如此[即sample 2("样本2")]。"样本2"还受其所来自的更大的样本影响(即"整体",这里指我选取的、包含450篇小说的子集,用以作为"小说"的代表)。阐释"样本2"的过程既是一个实证过程(模型是否有效?),也是一个完善过程(我们还可以用其他何种方式来理解并进而量度这组文本?)。总体的过程呈螺旋状,不会回到初始样本,而是逐渐地,尽管并不完全地,聚合于一个想象的类别中心。

地分析模型识别的文本,我们对这一计算模型本身的深入了解也不断增多。"细读"不能作为证实——另一尺度上的重复计算——的工具,也不能被当做是反对的方法、用以说明计算是会有所疏漏的。相反,它本身就被理解为一种模型建构,内嵌于一个更大尺度的循环发现过程之中,这一循环过程的目的在于祛除计算之后的猜测范围(这些大规模结果向我们透露了特定文本的哪些信息?),也在于祛除细读之前的猜测范围(某个文本样本想当然地所具有的可以完美代替一个想象的、从未具体化的整体的能力)。远读之后的细读只是进一步进行远读和细读的开端。

我写作此文的目的在于向"要么/或者"阵营提出一种方法论上的挑战。这些阵营认为我们必须在细读和远读中二选其一,必须在浅读和深读中二选其一。这种态度今天在我们的批判话语内部已经流播开来。我希望我们能认识到，在试图构建适用于一定规模的文学论题时，在这几种极端的方法论之间选择其中一种往返回复，而不是只选择其中一种，这是怎样地不可避免（尽管何时发生这种方法论上变化出现的时间尚不清楚，需要根据具体情况决定）。我尤其想让我们看到：定性的和定量的分析有必要合二为一。正如我将展示的，这种整合基本上是循环的，因而带有解释学的性质。当我们从少量的文本样本转向更多、更有代表性的文本样本，然后再回到少量但此时已产生关键性**差异**的文本样本时，这种循环能够带来新的知识、新的洞见。它将一种皈依式阅读付诸实践。其目的（*telos*）不是一个单一的、极端化的洞见，而是一个重复性的、循环性的过程，这一过程可以作为概念转换的载体。正如维克多·特纳（Victor Turner）所言，朝圣之行的循环特点大体上总是呈椭圆形。[1]我们回来的路和出发时不同。这就是计算机阅读的皈依本质（conversional nature）。

我认为，在定量的和定性的分析（这一皈依过程的核心）之间移动的过程中，我们将越来越清晰地发现一种批判疏离（critical estrangement）也在起作用。这种疏离与书目附录或“怀疑解释学”不同，后两者长期以来伴随着我们与文本之间的职业和私人关系。[2]在建立模型的过程中，我们在对文本分析的过程中产生了与文本的关系，我们需要对此做出解释，这与对我们文本产生的直接的情感和怀疑的解释同等重要［这是因为，模型在解释的过程中变成了一个准主体（quasi-subject）］。我怀疑：阅读的革命——即奥古斯丁所展示的、与书本这一介质紧密相关的顿悟式洞察，将不可避免地被阅读的解析所取代。所谓阅读解析，就是一种重复性的计算过程。我们通过它无限接近某个文本组成的整体——无论是以细读还是远读的方式。这个过程永无终结。计算环境对文本的引入和转译可以产生出新的和未曾料想到的文本分类想象方式，也可以产生出那些我们极为熟悉的方式——它们的奇异性恰恰是因为它们是如此的寻常可见。这就是我所谓的计算机阅读的“奇特解释学”（strange hermeneutics）。我们并非用计算机揭示了

1 Edith Turner and Victor Turner, *Image and Pilgrimage in Christian Culture*, New York: Columbia University Press, 1978.

2 Rita Felski, “Suspicious Minds.”

秘密——更多时候是要么想不明白量化事实的意义，要么因其不能告诉我们任何新东西而变得厌倦。对这一奇特和寻常的混合物的思考将成为我们在学术机构内可持续发展的前提——学术机构已经越来越需要一个以“新知识”和“可重复的知识”为必要前提的科学体系。然而，这也将向一个职业立场发出挑战。这一立场往往未能将其未明示的、却深深感受到的依恋投入书本之中，因而逼迫我们重新思考读者式投入的技术条件——既包括过去的也包括现在的。

一、模型建构（远读）

此模式以一种信念开始。读了奥古斯丁的《忏悔录》以后，我感到皈依这一经历需要不同的语体来捕捉皈依前后一个人的自我意识。皈依所带来的新生活需要一套新的词汇，或一种基于现有词汇的强度变化。根据我在生平叙事（life narratives）的历史语境中对奥古斯丁进行的阅读，语言和形式密切相关。

为了验证这种信念，我使用了在思考文档间大规模关系时最普遍使用的技巧之一——向量空间模型（vector-space model）。这种方法将文本表现为多维度客体，每一维度对应于文档内某词的出现频率。向量空间模型不把文本看作是句子的线性排列，也不把句子看作词语的线性排列。相反，这种模型认为文本是由词语的相对重复所定义的，继而利用这些数值来对文本进行空间定位。根据这种观点，文本含义就是语言重复的一种功能。[1]假如我们只考虑某一词乃至某两个词，这种模型将不可避免地显得琐细和过于简化，因为我们牺牲了许多关于这些词语的上下文提供的信息（即文本的大部分内容）。然而，当我们开始思考上百个词，甚至成千上万的词的时候，我们对文本的语言布置方式的理解就会复杂得多。这就是计算解释学（computational hermeneutics）的第一法则：**简化是在较大尺度上理解复杂性需要付出**

1 如需更全面地了解这种思考文本的方式，参见Andrew Piper, “Reading’s Refrain: From Bibliography to Topology,” in *ELH*, Vol. 80, No. 2, Joseph Slaughter (ed.), Special Issue on “Reading.” 2013, pp. 373–399。

的代价。我们不应把这点视作失去语言的结构体维度——即一个词的含义的一部分是它的句法上下文的功能——的方式，而是应当把向量空间模型看作重建一种新句法的途径——只不过是在贯穿整部著作这一更大尺度上的句法。一个词的上下文不再指那些与之紧邻、发生了句法变形的词，而是指整部著作中发生了量化变形的那些词。这种模型能将让更多文档中只基于人力就无法处理的大量语言变得彼此相关，以至于文本间的空间联系变得近似于语言学的相似性和差异性。[1]两个文本相似的词语越多，这些词语的频率（即它们的"坐标"）越相近，它们在这种多维度文本空间中就会更接近。

为了验证《忏悔录》是否真的具有组成部分之间的大规模语言转换这一特征，我首先将整本书分为不同章节［奥古斯丁将之称为"卷"（book）］，然后建立一个章节间关系的向量空间模型。[2]你们在下面看到的这个图表中，它用多维尺度（MDS）再现了《忏悔录》的13卷相互之间的词汇相似性（图2）。多维尺度（MDS）类似于主要成分分析法，它尝试将多维数据的维度尽可能减少（在这里是减少到两个），同时保留数据内部尽可能多的信息。[3]两个章节具有相似频率的词越多，它们在图上就更接近。那些相近的文本共同拥有这种大尺度的句法——我们可能将之称之为"话语"，因为找不到更恰当的名称。"话语"指的是对某一特殊类型或子集的语言的反复使用，即福柯所谓"规则性场域"（field of regularity）。[4]

1 互文性的传统模型要么适用于仅仅几个基于语言上的复杂联系的文本，要么适用于大量基于非常简单的联系——比如某一引用或关键词——的文本。向量空间模型则可以在大量文本间建立基于大量词汇的联系。对这些模型适用或偏离互文性文学理论历史的程度的理解仍是一个开放的问题，而且急需进一步的研究。

2 这一过程通过使用R中的TM包来完成。我去掉了停用词（stopwords，指在自然语言中出现频率非常高，但是对文章或页面的意义没有实质影响的那类词，因而在处理自然语言数据之前或之后被过滤的字或词。如英文中的"the""and""of"等，中文中的"的""也""啊"等——译者注），用欧式距离测量法。

3 关于多维尺度（MDS）的介绍，参见Ingwer Borg, Patrick J.F. Groenen, and Patrick Mair, *Applied Multidimensional Scaling*, Berlin: Springer 2013。

4 Michel Foucault, *The Archeaology of Knowledge*, New York: Pantheon, 1972, p. 55. 这些计算方法向文学分析语言的转化本身就是个难题，有待进一步探索。（转下页）

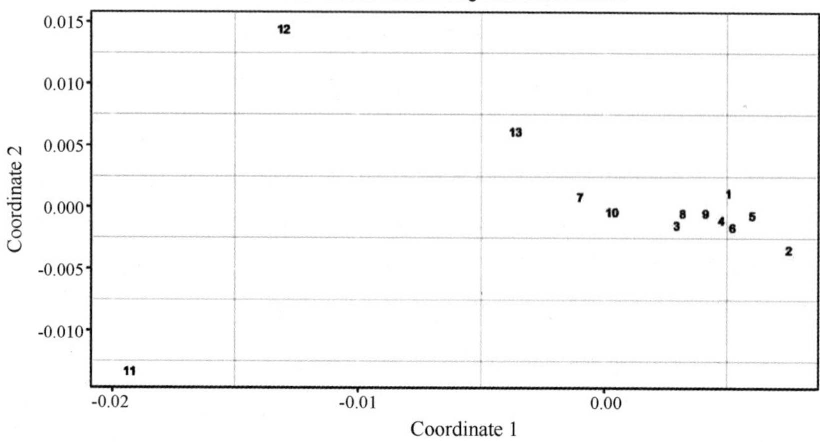

图2　奥古斯丁《忏悔录》，总共13卷。此图使用多维尺度，表现了奥古斯丁《忏悔录》的十三卷之间的语言相似性。两卷彼此越靠近，就越倾向于以相似的强度共同使用一种语言。

此图使我注意到两个特征，我随后将它们加入了我的模型。第一是《忏悔录》中奥古斯丁本人皈依前与皈依后文本间的距离。奥古斯丁的皈依发生在第8卷的末尾。我们可以看到1—10卷的聚类与11—13卷的聚类之间存在显著的不同。[1]11—13卷似乎从其他各卷中脱离了出来，尽管在第13卷又出现了某种有趣的转折——它似乎以一种循

(接上页)这些语言的多维配置的本性如何，以及它们怎样与我们现有的分析框架相关，都有许多尚需要理解的地方。

1 我很清楚关于奥古斯丁作品完整性的争议，尤其是关于10—13卷是应该被当作对皈依前诸卷的“补充”，还是全书的一个独立组成部分的问题。在许多方面，关于《忏悔录》统一性的关键不确定性恰恰反映了属于皈依叙事，并由多维模型测量得出的语义发散性和多样性。对于我的目标而言更重要的是，这本著作**在历史上**从来都是被作为一个整体呈现给读者的。正如詹姆斯·奥唐奈在他对此书全面的评论中写道：“没有证据表明这部著作曾以我们所见形式以外的形式流通过。”参见James O’Donnell, *The Confessions of Augustine: An Electronic Edition* (1992)。因此，考虑到手抄和印刷这两种复制方式，《忏悔录》的复制绝大多数时候都是整体进行的，也因此一直以来就被理解为一个整体。关于《忏悔录》文本的完整性的争论，可特别参考J.J. O’Meara, *The Young Augustine*, London, 1954以及Pierre Courcelle, *Les Confessions de Saint Augustin dans la tradition littéraire*, Paris, 1963。

环的方式回归到最初10卷的群集当中。(类似k-均值的标准聚类测试表明：11—12卷自成一组，而13卷归入1—10卷那一组。)研究奥古斯丁的学者詹姆斯·奥唐奈(James O'Donnell)在论述皈依后的诸卷时写道："奥古斯丁在写作这篇文本时将他在奥斯提亚所领悟到的付诸实践。这不再是一篇对从前某个时间发生在别的某处的事情的记述；文本自身就成为了上升的过程。它不再讲述神秘的经验，而是变成了神秘经验本身。"[1]根据这张图，皈依前和皈依后的叙述之间存在语言上的显著不同。这种差异在叙述结束之际又开始与它自身汇聚。

此图让我注意到的第二个特征是聚类内部各卷之间的相对距离较短。我们可以看出，皈依前各卷的聚类比皈依后各卷聚类要紧密得多。后期数卷不仅距离前期数卷较远，**彼此之间**的距离也比较大。事实上，把11—13卷称为一个聚类甚至有点不合适，不如将之视为从前10卷发散出去的一系列独立点。在对皈依前后的生活叙事之间存在着一种强烈的内部-话语(intra-discursive)差异。换言之，皈依后的语言比皈依前远为异质化。奥古斯丁在皈依前和皈依后所使用的语汇不仅非常不同，而且越来越不同。根据这张图，皈依成为奥古斯丁语言高度离散性的开端。

从这张图出发，我建立了一个模型。模型由两种不同的测量方式组成，其目的是捕捉叙事皈依的两种显著特征。从这种意义上说，这张图不是一个结果，而是模型建造过程中的一个探索工具。空间和概念在建模的过程中密切相关。我试图捕捉的两大特征是基于"类平均聚类"的概念，且由以下因素组成：a. 早期各卷和晚期各卷之间的距离[我将称之为"半间距离"(cross-half distance)](图3a)；b. 早期各卷**彼此间**的距离和晚期各卷**彼此间**距离之间的差异[我将称之为"半内距离"(in-half distance)](图3b)。这两种距离越大，一本书就更能够被称为拥有与奥古斯丁的《忏悔录》相似的叙事结构，因而可以被认为更具有"皈依性"。此处附上对此模型的详细描述。[2]

---

1 James O'Donnell, *The Confessions of Augustine: An Electronic Edition*, 1992.

2 第一步，将每部小说都分成20等份。这一过程并不遵循章节划分的不规则性——这种不规则性在一部作品内部和作品之间都会发生变化，而是创建了标准的分析单位。通过在R中使用TM包，我接下来利用依据作品长度的词频统计创建了每一作品的文档术语矩阵。这样，词汇得以根据它们在作品内部的相对重要性而被标准化。(转下页)

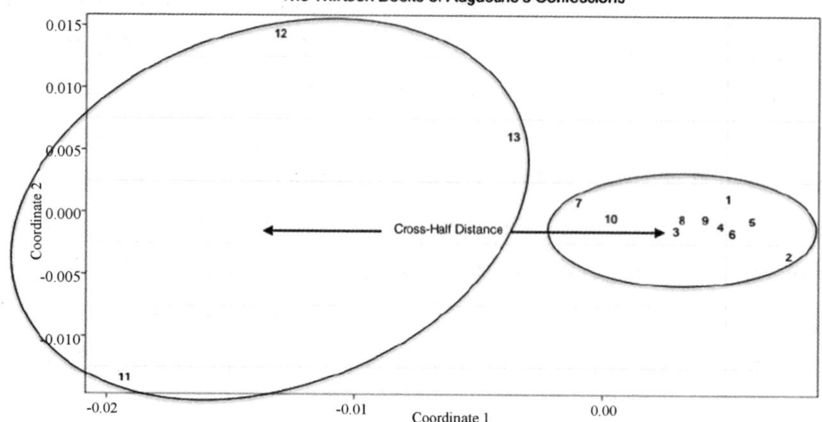

3a　奥古斯丁《忏悔录》全13卷的半间距离

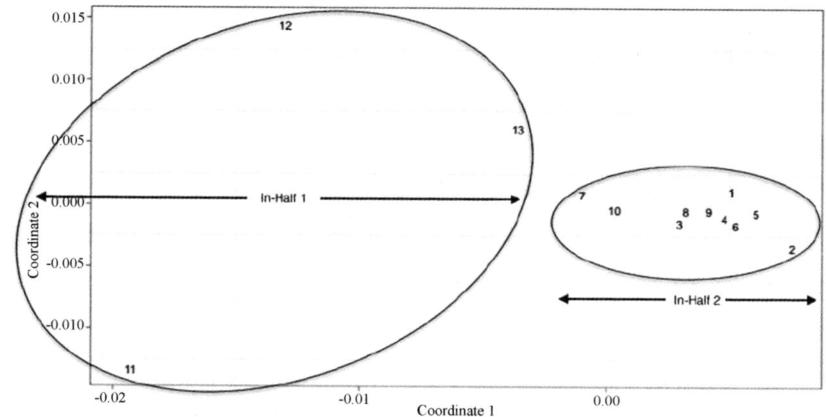

3b　奥古斯丁《忏悔录》全13卷的半内距离

图3a和3b　半间距离（a）采集《忏悔录》皈依前和皈依后的部分之间的平均距离。半内距离（b）采集皈依前各卷间距和皈依后各卷间距之间的差异（即半内1－半内2）。在以下讨论的模型中，这些测量将对每一部小说第一部分和第二部分之间的距离进行采集。

（接上页）我去掉了停用词，仅保留了那些至少在60%（20部分中的12个部分）的文档中出现过的词。我的问题是，出现在一部作品中大部分地方的词汇在全文中有怎样的变化？接着，基于剩下词语的频率，我计算了这20部分的每两部分之间的欧氏距离，并将计算结果存储进一个对称距离表中。最后，对每一部作品我都得到一张各部分两两之间距离的20×20距离表，其中距离被视为一部作品各组成部分之间语言相似性的（转下页）

当我使用此模型来处理我的数据时，发现两点值得注意。首先，奥古斯丁在两种测量表上比大多数小说得分都高，并在半内得分表上超越了所有被测小说。[1]换句话说，此模型非常擅长于识别它赖以建立的文本范例。这不奇怪，但是也很重要。接下来我用此模型比较了我的两个样本组。我的目标是弄清楚这两种不同的叙事体裁——自传和小说——在漫长的19世纪（the long nineteenth century）的发展过程中，随着它们各自数量的和形式的巩固，在与这两种语言转换的关系上是否呈现出显著的不同。

我发现，在所有三种语言中，小说在两个量表上的得分都远高于自

（接上页）量度。为计算我的两组得分，半内距离我取一部作品前半部的每部分与同一半部内其余每一部分之间的平均距离，减掉第二半部内每一部分与同一半部内其余每一部分之间的平均距离。半间距离我取一部作品前10部分与后10部分之间的平均距离，过程类似于组平均聚类的算法。

因此，如果D表示n! × n!坐标的距离表，D_{ij}表示i列和j行的距离表，半内距离即为：

$$\frac{\sum_{i=1}^{\frac{n}{2}-1}\sum_{j=i+1}^{\frac{n}{2}} D_{ij}-\sum_{i=\frac{n}{2}+1}^{n-1}\sum_{j=i+1}^{n} D_{ij}}{\frac{n\times(n-1)}{2}}$$

半间距离即为：

$$\frac{\sum_{i=1}^{\frac{n}{2}}\sum_{j=\frac{n}{2}+1}^{n} D_{ij}}{\left(\frac{n}{2}\right)^2}$$

设计此模型是为了检测文本是否**普遍地**受到大规模语言转换的影响。这种转换表明了一种更加二元性的结构（而非识别转换发生的准确点）。另一种可行的方法是对组内方差进行比较，而不是测量点间的平均距离。重要的不是对定量方法的完善，而是某一特定方法是否捕捉了那些的确显示了主题与皈依有关的小说。这一点有赖于下一步的验证-发现过程。

1 奥古斯丁的得分结果：半间距离（cross-half）=0.021 597 377，z得分（z-score）=2.589 914 978 5，半内距离（in-half）=0.006 791 687 4，z得分z-score=5.162 108 633。通常具有统计意义的界点为距离平均值有1.96个标准方差。鉴于半间得分对长度的敏感（见下一条注释），这些得分尤其显著，因为奥古斯丁的文本在5个总体长度最大的组中排第3位。

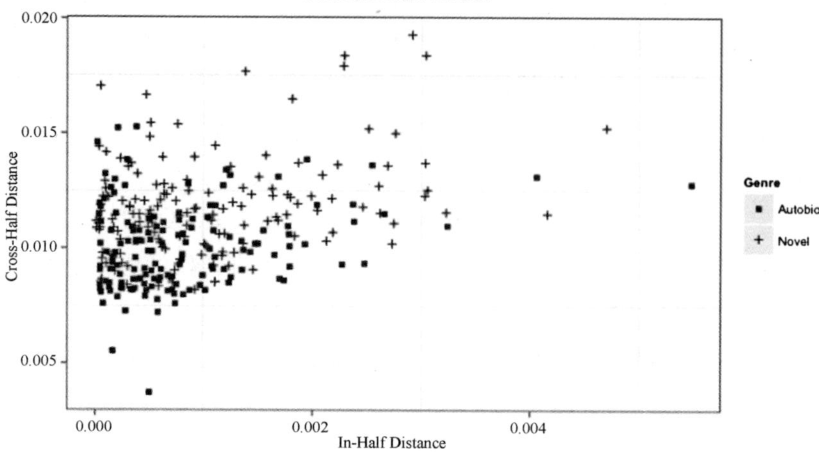

图4　皈依模型，根据两种皈依得分得到德语中自传和小说双变量图。尽管有重叠的地方，但是大体来说小说的分布呈现出向上和向右的趋势，表明小说在两种量度上的得分都更高。

传（图4）。[1]根据此模型，自传叙事的极化或断裂程度较低，这表明了自传具有更强的稳定性或一致性，甚至是连续性。在对这一体裁在19世纪的崛起以及它与小说的关系的思考中，这一点相当有趣［假如我们从卢曼（Niklas Luhmann）的形式社会分化（social differentiation of forms）这个角度来思考］。自传具有一种对一个人的连续性的关注，与小说的散漫型变化特征显著不同，这向我们暗示了两种题材在这一时期起到

1　以下结果基于小说和自传的比较。我纳入了t测试结果和威尔卡森等级总和检定的结果。后者修正了数据内的非正态分布。两个结果都低于$p < 0.05$这个通常的临界点。

半间距离	小说平均	自传平均	p值（t测试）	p值（威尔卡森）
	0.013 847 732	0.009 992 367	2.2e–16	2.2e–16
半内距离	小说平均	自传平均	p值（t测试）	p值（威尔卡森）
	0.001 141 110	0.000 797 757	4.03e–05	0.000 301 7

这些结果表明语言，性别，或视角（第一人称叙事对第三人称叙事）都不是决定性的因素（这一结论基于对方差检验的分析，其结果没有在此展示）。然而，长度必定是半间距离测量中的一个因素（但在半内距离中则并非如此）。较长作品在这项数据上（半间距离）得到高分的机会明显较低。总而言之，测量结果对长度敏感，得高分的概率偏向较短的小说或者至少不那么长的小说。

的不同社会功能。[1]

为在任何给定作品内部找到聚类的最大数量而进行进一步测试，我们将之称为“轮廓测试”(silhouette test)，这为小说的普遍二元性提供了新的证据。如我们在表中所见，超过三分之二的德语小说的最佳归类仅有两个聚类(图5)。[2]与之相反，自传中可归入两个聚类的百分比要低得多(更接近50%)，而且拥有更大数量聚类的自传作品要比小说更多。这表明生平叙事中二元性的缺乏为作品在更高的程度上表达微小差异留出了余地。为进一步检验这一发现的显著性，我将我的小说样本与一系列由散文和哲学文献组成的非叙述性文本进行了比较。在这种情况下，小说在两种测量表里都**没有**得到显著的高分，表明此模型仅适用于叙事体裁内部的差异。这可能与叙事体裁具有较强的语言连续性有关。当然这一点需要进一步验证。[3]所以，此模型不仅能够识别体裁间的显著差异，也能识别此种差异的极限情况——即它们何时不再有效。

1 这些发现应该让我们放慢脚步，不要太轻易地接受一些关于自传研究的老生常谈，认为这是一个为变化而生的体裁。如卡罗琳·巴罗斯写道：“自传是关于变化的，它讲述一系列转变。这是我们对任何自传性文本的期望。” Carolyn A. Barros, *Autobiography: Narrative of Transformation*, Ann Arbor: University of Michigan Press, 1998, p. 1。詹姆斯·奥尔尼在他关于从奥古斯丁到卢梭的自传与记忆的著作中也有相似的主张：James Olney, *Memory and Narrative: The Weave of Life-Writing*, Chicago: University of Chicago Press, 1998。

2 轮廓测试(silhouette test)度量的是在一个任意可能大小的给定聚类中，任何给定点到其他所有点之间的平均距离，并将此结果与它和所有其他给定聚类中任意点的关系相比较。理想的场景是每个点到同聚类中其他点的距离最近，且与另一聚类中的所有点距离最远。这项测试结果来自在R语言包中使用pam( )聚类方法操作。进一步阅读，参见P.J. Rousseeuw, “Silhouettes: A graphical aid to the interpretation and validation of cluster analysis,” *Computational Applied Mathematics* 20 (1987): 53–65。

3 以下结果基于对小说和自传的比较：

半间距离	小说平均	非叙事平均	p值(t测试)	p值(威尔卡森)
	0.013 847 732	0.014 586 04	0.158	0.282 4
半内距离	小说平均	非叙事平均	p值(t测试)	p值(威尔卡森)
	0.001 141 110	0.002 164 255	0.000 346 5	2.572e–05

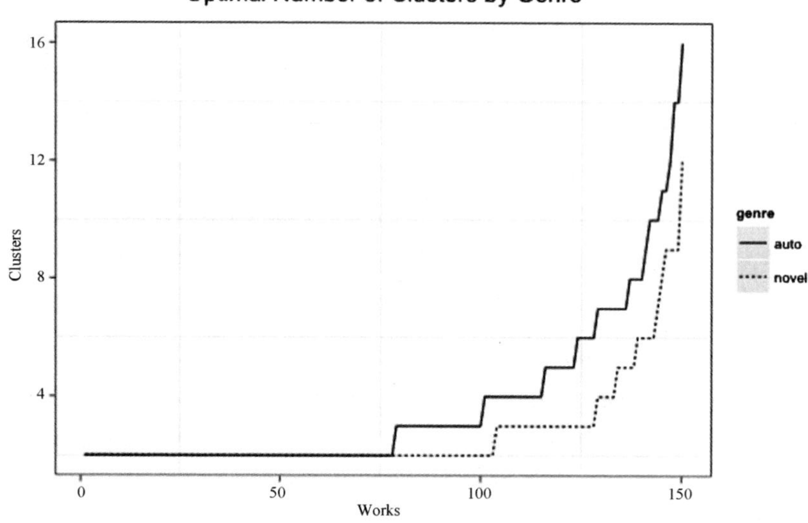

图5　对不同体裁的聚类最大数量进行的轮廓测试结果。最常见的聚类数量是两类，在两种体裁中都常见，但在小说中比在自传中明显地更常见。此外，我们能看到在可以分为更多聚类的作品中，自传比小说的数量要多。只有21部小说可以被分为3个以上的聚类，而可分为7个或更多聚类的自传就有21部。我在比较中只使用了德语小说，以求保持语料库的对等。

当今的远读实践通常就在这里结束了（见图1）。有了一个统计性显著的大范围结果后，实行远读分析的研究者会花一点时间来设想这个结果的文化意义（正如我刚刚做的），然后就谈别的。然而，这正是我们需要回到定性方法的时候。定性方法本身不是目的，但它是优化我们的量化模型的方式，可以降低所谓的猜想程度（正如图1中指向图表想象中心“小说”的那些虚线所示）。

如此一来问题可能就会是：这些量化尺度对应的是什么样的叙事内容？如果我们不是在群体之间进行泛泛的观察（如将小说与自传或别的叙事体裁进行对比），而是对那些在测量表上得到显著高分的小说进行**体裁内部**的审视呢？假设一部小说被识别为“皈依性”的，它一定跟皈依有关吗？如果是，以何种方式有关？小说进程中以量化方式显示的明显语言转换与皈依的**语义学**概念是否对应？

这就是计算机科学中所说的验证过程，即证明所使用的测量方法与其所测量的主题内容相符合。而我更愿意将之视为一种发现的过程。识别小说表现"皈依性"的不同方式可以帮助我们在定性方向上理解小说中皈依叙事的本质。此外，它还能帮助我们识别那些可以加入模型的特征。对这些特征的进一步验证可以让我们对皈依叙事的本质有更多了解(见图1中的"模型2")。假如我从一个事先已被贴上"皈依"标签的小说子集开始这个过程，以检验模型的精确度，即：这个模型能在何种程度上捕捉到我已知的事实?那么我很不可能把我的小说样本进行这样的归类(更别提这样做是多么的不现实——我得从哪里开始?)。事实上，一百多年来的小说研究从未以这样的方式成功过。同时，一旦我创建了这个模型且付诸实践，那么我**极有可能**在细读时发现自己寻找的目标。这就是细读确认我们的想法的方式。在这个意义上，验证过程不应该被视为目的本身，而是一个提出进一步假设进行验证的过程。这是计算解释学的第二条法则：**验证并非证实，而是为进一步检验提供手段**。正如细读可以检验远读的可靠性，远读也应该能检验细读的可靠性。在下一节里我将从"验证-发现"这一过程开始，进行二次建模。

二、发现(验证)

首先，我根据以上两组皈依数据对我的小说样本进行了排序，结果以降序排列如下，并仅保留了那些至少在一项得分中有统计意义的作品(表格1)。这些小说在这两项特征中的至少一项上显示出明显高的得分。根据我的模型，这种现象应该说明某种类型的皈依体验的存在，也就表明了深层次的语言和/或时间转变的存在。与奥古斯丁的作品一样，这里应该有一种清楚的二元性(皈依前后的自我)，还要有合并的过程——将自我纳入某种自我之外的存在。接下来，我会提供一个初步的小说皈依分类法(taxonomy of novelistic conversion)，以及一份需要进一步检验的假设清单。阅读小说为我们提供了一种方法，让我们得以识别和描述那些能让我们进一步理解这种特殊子体裁(sub-genre)性质的可能性特征。

作　　品	半间距离	z得分	排名	半内距离	Z得分	排名	综合得分
德语							
保罗·施尔巴特《勒撒本迪欧》(1913)	0.018 3	+3.07	2	0.003 0	+2.15	5	3.5
约翰娜·斯比里《海蒂学以致用》(1881)	0.019 3	+3.49	1	0.002 9	+2.01	8	4.5
特奥多尔·冯塔纳《混乱与迷惘》(1887)*	0.015 2	+1.59	11	0.004 7	+3.95	1	6
约翰娜·斯比里《海蒂的学徒和旅行年代》(1880)*	0.018 3	+3.06	3	0.002 2	+1.34	17	10
弗兰兹·卡夫卡《城堡》(1922)**	0.015 0	+1.48	13	0.002 7	+1.84	9	11
法语							
儒勒·列那尔《胡萝卜须》(1894)	0.025 1	+3.72	1	0.004 7	+3.40	3	2
古斯塔夫·福楼拜《斯玛》(1839)	0.024 2	+3.38	2	0.005 5	+4.15	2	2
伊莎贝尔·夏何耶《三个女人》(1795)	0.021 2	+2.23	4	0.004 0	+2.73	4	4
儒勒·凡尔纳《从地球到月球》(1865)*	0.017 4	+0.79	27	0.005 8	+4.46	1	14
苏菲·塞居尔《苏菲的烦恼》(1864)*	0.023 3	+3.01	3	0.001 8	+0.63	26	14.5
英语							
托马斯·洛夫·皮考克《梦魇寺》(1818)	0.022 4	+2.78	2	0.005 1	+3.46	3	2.5
玛丽·威尔金斯·弗里曼《彭布罗克》(1894)	0.020 9	+2.29	6	0.004 2	+2.65	6	6
杰克·伦敦《白牙》(1906)	0.019 8	+1.90	8	0.004 2	+2.66	5	6.5
托马斯·洛夫·皮考克《黑德朗大厅》(1815)*	0.018 6	+1.47	12	0.005 4	+3.74	1	6.5
玛利亚·埃奇沃思《拉克伦特堡》(1800)*	0.019 8	+1.88	9	0.003 4	+2.01	10	9.5

（续表）

作　　品	半间距离	z得分	排名	半内距离	Z得分	排名	综合得分
H. G. 维尔斯《时间机器》(1895)*	0.016 8	+0.85	23	0.005 1	+3.46	4	13.5
F. 斯科特·菲茨杰拉德《人间天堂》(1920)*	0.015 1	+0.27	48	0.005 3	+3.61	2	25

表格1　此表列出了各种语言中每一测量里得分最高的小说。这里只考虑了那些在至少一项测量中表现出统计显著性的小说。它们的排序根据各自在两种测量中的综合评分。星标表示该小说只在一项测量中呈现出统计显著性。其中一部——卡夫卡的《城堡》——有两个星标，在两种测量中都分别低于阈值，尽管它的综合排位仍进入了前五。某些小说——比如施尔巴特和列那尔的作品——在两种测量中得分都相当高。其余小说的两种结果之间则呈现明显不同，如菲茨杰拉德或儒勒·凡尔纳的作品所示：两人作品的半内得分都很高，但是半间得分则低得多。

自然—文化，或神性的回归

高度皈依性小说的主要特征之一就是它对自然/文化的二元性的强烈关注。这一点并非是结构主义的，并非等于将自然/文化二元视为小说（或者在更普遍的意义上的现代文化）的决定性二元。反之，它是一种让与宗教相关的经验变得戏剧化的有用模型。斯比里（Johanna Spyri）的海蒂系列小说（*Heidi* novels）、杰克·伦敦（Jack London）的《白牙》（*White Fang*），以及福楼拜（Gustav Flaubert）的《斯玛》（*Smarh*）基本是关于世界二分结构的小说，宗教和自然则是这种二分结构的编码语言。在斯比里的小说中，住在阿尔卑斯山高处的祖父在故事结尾将经历向基督教的皈依（在这位瑞士野蛮人被拯救之时）；在杰克·伦敦的小说中，离开野外世界的半狼将人类视为“诸神”，而它将再度进入的世界正是人类的世界；在福楼拜的《斯玛》里，对皈依的渴望就是对其后来的哲理作品《圣安东尼的诱惑》的预演——这种渴望被描述为从无限开始，坠落到怪异文明的可怕深渊［书中的恶魔化身“于克”（Yuk）正是这一深渊的象征］。正如斯玛在与撒旦对话时的宣言：“哦！我的心变大，我的灵魂打开了，我的头脑开始不清楚了；我感觉我要变了”，然而仅仅过了几页他就改变了决定：“哦，不！将我带回人间，让我回到我的陋室。"[1]或如艾默里·布莱恩——菲茨杰拉德晚期关于幻灭的成长小说的主人公,该小说也是半内距离测量表上得分第二高的作品——所言:"我们**想要**相信。年轻的学生们试着相信老一辈的作家,选民们试着相信他们的议员……但是他们**没法相信**。太多的声音,太多分散、不合逻辑、欠缺考虑的批评。"[2]对信仰无法完成的追求是皈依小说的重要主题之一。

斯比里的小说就是一个非常好的例证。这些作品在儿童文学领域影响深远,很少有小说能像它们一样将宗教皈依表达得如此清晰。[3]她系列作品中的第一部题为《海蒂的学徒和旅行年代》(*Heidi's Apprenticeship and Journeyman Years*),借取了歌德的威廉·迈斯特系列的成长教育小说原型,讲述一个年轻的瑞士孤女海蒂的故事。海蒂被她的姑姑交给她的祖父,因为姑姑已无力照顾她。[4]我们会看到,借来的模版通常看起来像皈依小说的背景,有着突出的二元性[如皮考克(Peacock)的哥特戏仿小说、福楼拜的浮士德式改写,或者成长小说体裁的诸多蹩脚模仿作品所示]。在她避世僻居的祖父那座位于阿尔卑斯山高处的小屋里,海蒂度过了三年田园牧歌式的时光。三年以后她被她姑姑带走,寄放在法兰克福一个有钱人家里。将一个瑞士野蛮人引入德国文化的家庭空间,这即是从神性空间"堕落"(descent)一词的精准注释。海蒂越来越讨厌她身处的这个文明新环境。在憔悴将死的边缘,她突然又被送回了阿尔卑斯山区。小说的戏剧性就在于她的祖父母是否还健在,以及她从文明世界带回了两种突出经验的事实:她学会

1 Gustav Flaubert, *Smar. Vieux mystère. Oeuvres complètes*, ed. Claudine GothotMersch et Guy Sagnes, Vol. 1, Paris: Gallimard, 2013, p. 548; p. 559.

2 F. Scott Fitzgerald, *This Side of Paradise*, New York: Scribner, 1920, p. 215.

3 如贝蒂娜·胡热曼写道:"宗教导向在她的所有作品中都留下了印记,无论是写给儿童的还是写给成人的。"参见 Bettina Hurrelman, "Mignons erlöste Schwester: Johanna Spyris 'Heidi.' " in Bettina Hurrelmann (ed.), *Klassiker der Kinder-und Jugendliteratur*, Frankfurt/Main: Fischer, 1995, p. 192; Regine Schindler, "Form und Funktion religiöser Elemente in Johanna Spyris Werken," *Nebenan: Der Anteil der Schweiz an der deutschsprachigen Kinder-und Jugendliteratur*, Zürich: Chronos, 1999, pp. 173–199。

4 胡热曼认为歌德对海蒂系列小说产生了许多影响,但是我们应该注意到:威廉·麦斯特小说在两项测试中得分都是中低水平(半间距离得分137/140,半内距离得分57/76)。这表明模仿作品可以比原型具有更强的特征。

了读书和祈祷(尽管搞反了顺序)。在小说结尾,她的祖父皈依了基督教,放弃了先前对神的弃绝态度。海蒂曾被要求顺服于法兰克福的社会习俗。这种顺服在小说的结尾又被表现为向上帝以及《圣经》投降。

正如在这一简述所示,奥古斯丁式的皈依模版和海蒂故事的主题内容之间存在一种显著的对应。实际上,在一项针对奥古斯丁式的词汇在一般小说中的残留度的单独测试中,海蒂系列是得分最高的两部作品。[1]在这一测试中,海蒂小说表现出了它的时代特征:不仅平均而言奥古斯丁式的词汇在小说中的存留更显著,而且这种现象在19世纪的发展过程中似乎还有稍微的增长(图5)。[2]至少在德语中,小说随着时间的发展变得越来越奥古斯丁化,而不是相反。此外,女性比男性更倾向于使用奥古斯丁式的词汇。这意味着关于女性小说在德语中的发展的一项重大发现。[3]

《海蒂的学徒和旅行年代》不仅明显地讲述了一次宗教皈依的经历——这次皈依发生在祖父身上,带有清晰的奥古斯丁意味——还充满了一系列二元结构,如瑞士和法兰克福之间的自然/文化分界、祖父与孙女之间的代际分界,以及阅读与不阅读之间的发展分界。最后一点对于这部小说似乎最为重要。事实上,就整个德语小说的语料库而言,“阅读”一词在这部小说中的显著性排在第6位。[4]海蒂学会阅读标

1 为创建我的词典(仅限于德语小说部分),我从《忏悔录》第8卷第12节皈依场景中提取了一套词汇,且仅保留从18世纪到20世纪中叶的5个德语译本中都出现了的词语。这个时间线正对应了我的主要语料库的时间线。因此,我使用的这套词汇由46个词组成。它们无一例外,都出现在两个多世纪期间对奥古斯丁皈依的德语翻译中文本中。有意思的是,小说在这项测试中的平均得分同样较高,而且10部得分最高的小说中有7部的作者是女性,表明女性小说家与皈依词汇之间也许存在某种相关性。

2 比较小说和自传的词汇得到结果如下:自传平均值=0.014 353 36,小说平均值=0.016 617 57, p值=6.628e−13。线性回归模型的结果如下:调整后的R平方值为0.037 62,p值斜率为0.009 92。

3 用方差测试分析,F统计量是4.589,p值为0.033 8。此外,10部得分最高的小说中有7部作者为女性。

4 我为小说中每一个在全部小说的至少60%中出现的词(共计3 141个)算出z得分,然后以降序排列。目的是寻找那些在所有小说中经常出现,且在某一部小说中使用频率高出工常水平的词。

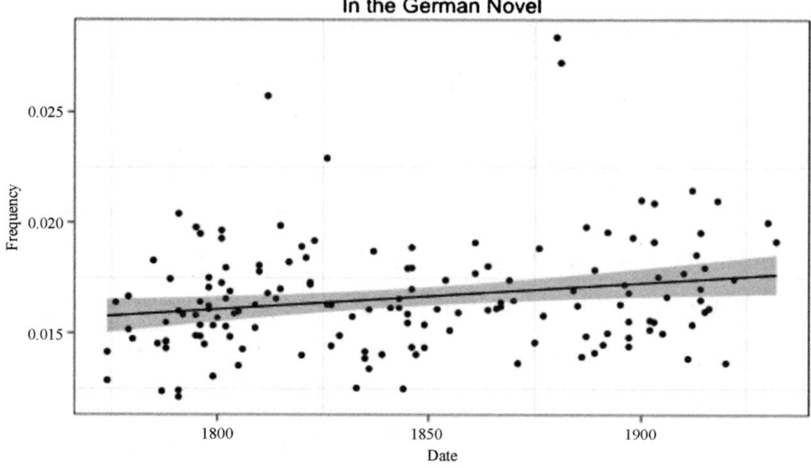

图6 《忏悔录》第8卷第12节的皈依场景中，奥古斯丁所使用词汇的出现频率及其在德语小说中出现频率的对比。此词汇表来自五种跨度为一个半世纪的、不同的奥古斯丁作品德语译本，且仅保留在所有五种译文里都出现的词语，一共44个。

志着她回家和回归上帝的开端。当被问到海蒂是否可以保留她的第一本书的时候，她的祖母回答："当然，当然，现在它属于你了。""永远吗？即使当我回家的时候？"海蒂问。"当然是永远了！……明天我们就开始读书。"祖母说。[1]拥有这本书并可以抓握住它成为皈依链的前提条件，而小说正是以皈依结尾的。在小说结尾，这是一天晚上，在小海蒂睡着的时候，祖父盯着孩子交叠的双手，随后就发生了他自身的皈依，相当引人注目。这是因为书和孩子的身体姿势共同作用，带来了精神上的转化。这一场景明显是奥古斯丁自己的触觉皈依理论（haptic theory of conversion）的回响，既有其最为重要的叠句重复，又有其作为手册指南的迫切："拿走它，去读。拿走它，去读。"

如果说海蒂的故事在某种意义上是关于将文化引入自然使之成为根本变化的前提，杰克·伦敦的《白牙》——一个关于一只驯化的狼的流行故事——中，则是一个相反的过程。我们从这个用动物视角讲述的故事得到的教益是如何掌握社会生存的铁律。正如叙述者在小说进

1 Johanna Spyri, *Heidis Lehr-und Wanderjahre*, Zürich: Diogenes, 2000, p. 154. 除非特别注明，本文中所有的译文（德–英）都是我自己翻译的。

行到一半的时候用自由间接引语所表达的："对［白牙］而言，对人的效忠似乎是比对自由和同胞的爱更重要的存在法则。"[1]白牙的母亲是半狗半狼，小说讲述的就是他渐渐融入社会的故事。与海蒂的故事一样，这部小说也是充斥着二元结构，如南方和北方之间，人和动物之间，野蛮和文明之间，野外世界和其他一切之间。白牙最后将拯救它的收养者及其家人的性命，这种交换式的报答在小说里被称为"正义"。"对于白牙而言，这是开始也是结束——结束了它原来的生活，结束了仇恨在生命中的统治地位。一种新的、无法言喻的更美好生活正在拉开序幕"。白牙的皈依在小说的结尾处实现了——他与当地狗柯丽生下了小狗。柯丽是牧羊犬，在所有地方都是狼群的大敌，现在却是白牙孩子的母亲。

假设1：皈依小说由自然/文化的二分法定义，其中自然是神性的代表。我们基于这些小说创建两份词汇表（一份是代表"文化"的词，如文明、正义、阅读等，另一份是代表"自然"的词，如阿尔卑斯山、树木、荒野等），并测量这些词语的使用强度。这两份词汇表的强度越高，就可以认为小说的皈依性越强。

外太空，或无法沟通

如果在19世纪晚期的成长小说里，自然是外部因素而文化是内部因素的话，在新兴的科幻小说体裁中，"空间"将提供另一个更极端的二元对立。[2] H. G. 韦尔斯的（H. G. Wells）《时间机器》（*Time Machine*, 1895）、儒勒·凡尔纳（Jules Verne）的《从地球到月球》（*De la Terre á la Lune*, 1865），以及保罗·施尔巴特（Paul Scheerbart）的《勒撒本迪欧》（*Lesabéndio*）（1913）都代表了科幻小说依赖于强烈对立模型的方式，就好像成长小说中的自然-文化对立被转引进入一个文化-科技坐标系。外太空和科技成为与地球生活和日常生活相对立的极端，超越地球成了它们的首要叙事推动力。《从地球到月球》从本质上是一个弹道学故事，椭圆弧代表人类逃离自身的欲望。在小说中，巴尔的摩有一个"大

1 Jack London, *The Call of the Wild, White Fang, and To Build a Fire*, New York: The Modern Library,1998, p. 169.

2 Wolfgang Braunart, Gotthart Fuchs, Manfred Koch, *Ästhetische und religiöse Erfahrungen der Jahrhundertwende, II: Um 1900*, München: Schöningh, 1998.

炮俱乐部”，从事对理想中的大炮和抛射体进行完善的工作，作者对这些进行了大量描述——这些完善工作旨在确定实现逃逸速度的地球技术条件（从炮弹的合适厚度，到大炮的长度，到需要的火药量）。随后，当一个（来自法国的）愿意乘坐炮弹前往月球的人类志愿者出现时，小说发生了戏剧性的转折：这名志愿者最终说服大炮的发明者——他的主要对手——与他一起出发。小说的弧线不是自然融入文化——比如那只被驯化的半狼半狗身上发生的故事——而是人在物理意义上被技术封装。

保罗·施尔巴特的《勒撒本迪欧》是瓦尔特·本雅明（Walter Benjamin）最喜爱的小说之一。它同样在过程上花费了大量篇幅。然而，它关注的不是上一故事中的完美抛射物，而是一座星际高塔的建造，讲述了一个带有现代色彩的巴别塔故事。建塔的目的是与那个被称为拥有“大个子”（德语：das Größere）这个含混代号的星体结为一体。再一次，与另一类的全面结合（德语：Ergebenheit ）清晰地成为小说的目标：“勒撒本迪欧一心思索着他的归附理论（德语：Ergebenheitstheorie），同时沿螺旋线旋转，慢慢消失在宇宙深处。”[1]小说以勒撒本迪欧升入外太空结束，这一上升显然是浮士德式的。与浮士德一样，勒撒本迪欧一路盲目探索，听见了各种隐喻的话语。他的旅程以大笑开场，却以极度的痛苦结束。这种经验被描述为一种激烈的对感官的重新定位。对行星的超越被表现为一种深刻的生理断裂，然而它在最后也被描述为一种沉默。“但是勒撒**什么都没说**。”与此类似，凡尔纳的《从地球到月球》中也出现了一个意想不到的转折：火箭没能在月球上着陆，因此与留在后面的人或已经出发的人进行交流的梦想无法实现。这些科幻小说表现出的皈依难题是沟通问题：怎样才能把这新发现的知识传回给没有这种经历的人？怎样才能与那些留在原星球的人实现沟通？

对于奥古斯丁，皈依是更广阔的交流形式的前提。与语言进入了丰满话语境地的奥古斯丁不同，在施尔巴特那里，皈依被表现为交流的极限，是不可言说之物。这部小说的一个重要特征就是它的两

1 Paul Scheerbart, *Lesábendio. Ein Asteroiden-Roman*, Hamburg: tredition, 2006, p. 86.

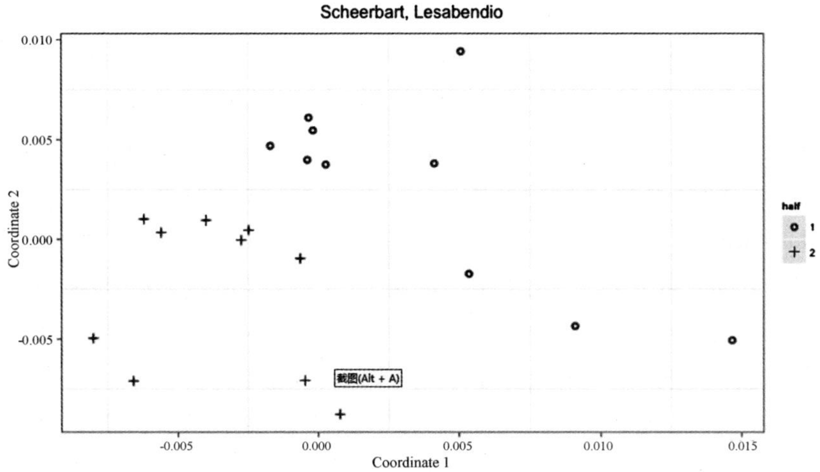

图7　关于施尔巴特的《勒撒本迪欧》的多维尺度(MDS)测量表。图中的点分属小说的两半,因此用不同的符号标记。

半部之间的半内距离为明显的负数,意味着小说的前半部比后半部表现出了更大的语言变化幅度(图7)。奥古斯丁的皈依被看作是向丰满话语的转折,勒撒本迪欧的皈依却被看作是一种语言限制,一种话语的窄化。相应地,小说最后一句中的“新生”——皈依的终极比喻——将以假设句的形式出现:“绿色的太阳如此闪耀——似乎它上面也有一个新生命在苏生。”(德语:Und die grüne Sonne strahlte so hell auf — als wäre auch auf ihr ein neues Leben erwacht。)皈依的沟通和新生的联结——即皈依体验从一个人传递到另一个人,或者从一个行星体传到另一个行星体的可能性——最终被标记为一种诠释过程,为补完小说的开篇假设而做的总结性假设。这一点将由凡尔纳笔下那趟没有归程的月球之旅开启。皈依是局外人的解读,而非局内人所表达。这就是现代皈依的“外太空”,是它不可言说的残留。

假设2:皈依小说的定义来自不可沟通性这一传统主题。它会创造一些语句来表达交流中的无路可走,比如:a)虚拟语气语句如德语中的als ware或“即使+动词”;或者b)说过+否定(如“什么都没说”“没有说”“说不出口”等等)。较高的条件性和否定性应该与更强的皈依性和皈依的不可沟通性相关联。

双重婚姻，或多义现象

如果说我迄今描述的小说都有很强的地理差异标记，比如月亮、双行星、阿尔卑斯山和荒野，那么玛丽·威尔金斯·弗里曼（Mary Wilkins Freeman）的《彭布罗克》(*Pembroke*)、特奥多尔·冯塔纳（Theodor Fontane）的《混乱与迷惘》(*Irrungen, Wirrungen*)，或是儒勒·列那尔（Jules Renard）的《胡萝卜须》(*Poil de Carrotte*)在尺度上则要微观得多。它们中每一部作品都有关不幸的婚姻、二元结构的社会关系，以及日常生活的压迫限制。冯塔纳关心的是贵族博托男爵和工人阶级的莱娜之间的恋爱。两人在小说大约进行到一半的时候将会分手，之后分别与社会地位更相配的对象结婚，从而保存了威廉时期柏林的阶级分层。弗里曼关心的是巴纳巴斯·塞耶和夏洛特·巴纳德失败的婚姻[我们可以看出巴纳巴斯-巴纳德（Barnabas-Barnard）]这样的取名习惯本身就包含着小说暗含的轨迹）。纵观我们在此研究的150年中出现在小说中的婚姻情节，这两部小说看起来最全面地建立在差异的基础上。我们没有纳入英国作家简·奥斯丁，原因不言自明：评论家对奥斯丁的认可的前提就是她的叙事模式从不基于大幅情感波动，而是基于语言的连续性，以及因而产生的某种需要阐释的微妙感。奥斯丁小说的正统性、经典性也使得她的几部小说之间较为统一，在显著的特点方面较为模糊。

我们先来看弗里曼。这部小说的中心事件是巴纳巴斯在一次与未来岳父的争吵之后无心"回归"。小说对某人明确的不愿"掉转"(turning around)进行了抨击。对于弗里曼，这部小说是一项关于人类意志以及意志需要用爱来治愈的研究。"我写作《彭布罗克》的原本意图是，"弗里曼写道，"通过研究几个新英格兰的人物，他们历经疾病和非健康发展的不同阶段，来研究人类意志，以此证明——尤其是在最显著的情况下——下面这一理论的真实性：那就是，人类意志的治愈良方完全在于个人的爱的能力——它可以高于一切对自身的考虑。"[1]一次又一次，巴纳巴斯会说出"我不能"。这是那个名字与他的名字押韵的前辈巴特比[2]常用的"我宁愿不"的回响。与其说这部小说是关于抵抗，

1 Mary Wilkins Freeman, *Pembroke*, New York: Bibliobazaar, 2007, p. 7.

2 美国19世纪作家赫尔曼·梅尔维尔发表于1853年的中篇小说《巴特比抄写员：华尔街故事一则》中的主人公。——译者注

不如说它是关于人的无能，即一个人想做自己从情感上无法接受的事时会是什么样。这部小说里许多其他失败的关系也将与巴纳巴斯和夏洛特的问题形成映射，如丽贝卡·塞耶的未婚先孕及她与威廉·巴里的结合、理查德·阿尔杰将老处女西尔维娅·克雷因抛弃，还有巴纳巴斯病恹恹的弟弟伊弗雷姆那令人揪心的死。伊弗雷姆的死既由于他在一天晚上乘着月光偷偷地坐雪橇（“他一生里第一次也是唯一一次感到快乐”），也由于随后遭到母亲殴打。从19世纪末的眼光看来，19世纪中叶的新英格兰根本就没有足够的爱存在。在小说的发展过程中巴纳巴斯会变得越来越驼背，这是一个竖直方向上的隐喻，他生活在两个家庭房子之间的一座未完工小屋里，这则是这个隐喻在水平方向上的映射。最终，在小说结尾处，在两人最初分手十年以后，身患重病的巴纳巴斯醒悟了，回到夏洛特身边。“他在走，他像任何人一样挺直了走！……夏洛特走上前。他用一只胳膊搂着她，然后越过她的头顶看着她父亲说：‘我回来了，’他说。”巴纳巴斯在身体、动作和精神上的皈依由此完成。

冯塔纳的小说在情节上也是惊人的相似，也有两个家庭的二元结构，也有一个关于接受的更大主题。正如博托在小说的决定性转折使用主题词“放弃”（Ergebung）时所说的那样：“放弃毫无疑问是最佳方案（德语：Ergebung ist überhaupt das Beste）。”[1]空间上的双重性伴随着——或者不如说成为其背景——的是为某种比自身更伟大的事物而放弃自我的个人经历。冯塔纳的小说——以及他的普遍作品——常以其高度的对话性（即对话优先于叙事）和因对话性产生的语言多样性（他的小说在方言和阶层上投入甚多）而为人留意。批评家们认为，《混乱与迷惘》是19世纪最能代表巴赫金众声喧哗理论（heteroglossia）的作品之一。[2]

1 Theodor Fontane, *Irrungen, Wirrungen*, Stuttgart: Suhrkamp, 2006, p. 101.

2 关于这部小说的复调，参见 Ingrid Mittenzwei, *Die Sprache als Thema: Untersuchungen zu Fontanes Gesellschaftsromanen*, Bad Homburg: Gehlen, 1970；Horst Schmidt-Brümmer, *Formen des perspektivischen Erzählens: Fontanes Irrungen, Wirrungen*, München: Fink, 1971；Norbert Mecklenburg, *Theodor Fontane: Romankunst der Vielstimmigkeit*, Frankfurt/Main: Suhrkamp, 1998；更新的研究参见 Gerhard Neumann, *Theodor Fontane: Romankunst als Gespräch*, Freiburg: Rombach, 2011。

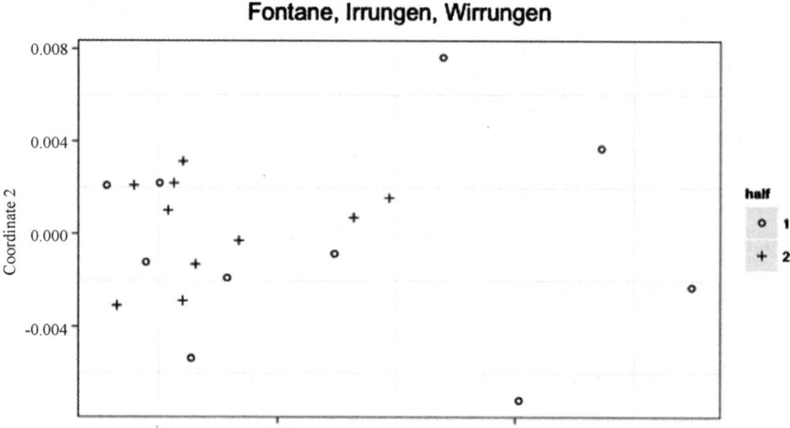

图8　冯塔纳的《混乱与迷惘》多维尺度(MDS)表。此表说明小说前半部的大规模离散如何在后半部缩减到一个局促得多的空间。

然而,我在此希望证明的是:这样的复调在这部小说中不是静态的,而是沿着一条轨迹前进。这条轨迹对于我们理解这部小说致力产生的各种语言皈依至关重要。关于冯塔纳的小说,皈依性测试告诉我们的最重要的几点之一就是:在我的德语小说库里,这部小说因其前后两半之间的语言差异(半内距离)最大而被标记出来(图7)。这并非因为冯塔纳在小说的发展过程中显著地改变了他的词汇,而是因为这部小说在走向结尾时发生了语言**窄化**(linguistic *narrowing*)——这一点比德语传统中的其他作品更显著。婚姻和阶级的社会限制都通过说话时的词汇限制反映了出来。小说前半部分中存在着引人注目的复调——阶级和方言的复调正是冯塔纳所著名的地方,也启发了许许多多研究冯塔纳的学者——然而这种复调的存在不过是为它在后来的丧失做铺垫。

然而,这种词汇限制的一个明显特点是:它为**语义**上的开放性所弥补。小说在空间上显著的二重性成为思考语言本质的背景。此小说最怪诞的特征之一是将博托的新妻子凯特变成了滑稽和大笑的代名词。“简直太可笑了(Es ist doch zu komisch)”,凯特又一次说道。这一说法又被经常重复:“啊,那太好笑了(Ach, das ist zu komisch)”;“你能想到比那更好笑的事情吗?(Kannst du dir was Komischeres denken)”;或者“情书，太好笑了（Liebesbriefe, zu komisch）”。“情书”当然没什么好笑的，更别说这部小说了。在德语里“好笑”（“Komisch”）一词也可以是“奇怪”的意思，而我认为冯塔纳想要捕捉的正是这种好笑的奇怪性。在社会化过程中出现的交流有其非字面的一面，即意义的内化。符号学意义上的语言扩张弥补了小说整体上的词汇缩减特征——多义性，而非复调，变成了小说的目的。

这种二重性将在阳台一幕找到理想的场景关联——博托和凯特之间的最终对话大部分发生在阳台上。阳台被乔纳森·克拉里（Jonathan Crary）视为一个典型的现代性边缘受限空间，这一点在画家马奈的作品中尤为重要。[1]这部小说对非人介词（impersonal preposition）的使用具有统计上的独特性。而这种二重性正是在这些介词中得到了词汇表达。这些介词包括“在那边”，“在……后面”，“在……之间”及“在……之外”（德语：“drüben”、“dahinter”、“dazwischen”或“draußen”），等等，构成对符号学上别处的众多重复表达。对于冯塔纳来说，皈依不是一种身体上或精神上远离或朝向某个目标的运动。小说的皈依更应被理解为一种语义的内化过程，是语言内部意义强度的增加。

假设3a：皈依小说在结构上有着强烈的地理二元性，以不同的说话方式为标志。我们是否能用对命名实体的识别来找到将名字纳入不同的词汇群的归集方法？一部小说中二者之间的对立越强烈（区别越明显），就可以说是更具有皈依性。

假说3b：皈依小说以小说发展过程中多义性的增加为标志。词汇的缩减对应的是语义的复杂化。我们能否创造一个量表来解释一个文本在语义上的模糊性？即确定一个词的特定意义何以变得越来越难？我们可以使用一系列工具，如词性标识（speech tagging）、机器翻译（machine translation），并观察它们的失败程度。模糊性应该与自动化处理的难度增大成正相关，而且这些数值应该随着小说的进展而相应地增加。

1 Jonathan Crary, *Suspensions of Perception: Attention, Spectacle, and Modern Culture*, Cambridge: MIT Press, 1999.

卡夫卡,或递归性

我的最后一个例子既是最明显的,同时也是最让人迷惑的情况。一方面,从神学角度讨论卡夫卡进入了文学学者最熟悉的领域之一。很少有现代作家在超越超验问题方面受到的解读比卡夫卡更多。这些关注也的确经常与皈依的问题挂钩,不论是将之理解为身体的变化(如《变形记》)还是深度信仰(如《在流放地》)。[1]寻找发生在主人公身上的、与某种极为难以把握的东西的共融,这是卡夫卡小说的标志性特征之一。

然而,他未发表的小说初看上去似乎排斥这样的联系,这不同于卡夫卡那些生前发表的、明确围绕着皈依问题的故事。既作为小说也作为小说中物理存在的"城堡"能让我们皈依何物?奥古斯丁相信他接近了上帝,这种接近打开了一个全新的语言世界,也开启了全新的知识范畴——比如时间和永恒。卡夫卡《城堡》中的K.,与奥古斯丁不同,他相信城堡是可以进入的,这种信仰将他带往比城堡更远的地方——而且应当加一句——带向一个不断消减的词汇世界(如同冯塔纳和施尔巴特的小说,《城堡》具有强烈的语言窄化特征)。因此,宣称卡夫卡的《城堡》是德语文学历史上最奥古斯丁式的,也就是最具皈依性的小说之一,是一种相当奇怪的主张。[2]

但是,我们越看得仔细,就越能从《城堡》中看到一种对奥古斯丁主义的模仿在起作用。这一点据我所知之前还没有学者提出过。在德语小说样本库中,有三部小说的前后两半与其各部分的词汇聚类几乎完全重合,而卡夫卡的《城堡》仅是其中之一(图9)。就一部小说的词

1 卡夫卡作品的这种皈依性的核心是一个基本的二元结构,那是他的许多小说的基础,而我们在这部分的其他小说里也明显地看到了。关于卡夫卡的空间二元性,参见Manuela Günter, "Tierische T/Räume. Zu Kafkas Heterotopien," *Raumkonstruktionen in der Moderne. Kultur-Literatur-Film*, ed. Sigrid Lange (Bielefeld: Aesthesis, 2001) 49–74。

2 与我的数据集相符合的卡夫卡《城堡》版本是Franz Kafka, *Das Schloß* (Frankfurt/Main: Fischer, 1967)。关于卡夫卡作品版本的作者意图还有很大争议。我的目的不是参与到这些争议中,而是对最主流的通行读者版本进行处理。本文讨论的分层聚类分析为采用这个版本提供了进一步支持:该分析表明《城堡》中词汇聚类为两组,与其两半部分的划分正相一致,是德语小说样本库中呈现这种特色的3部小说之一。

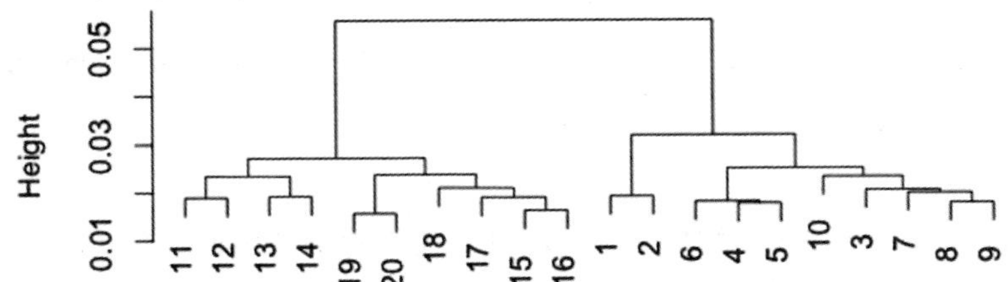

图9 使用沃德（Joe H. Ward Jr.）的分层聚类法（Ward's hierarchical clustering method）为卡夫卡的《城堡》绘制树状图。这张图将小说的前后两半归成两个不同的分枝。德语小说样本库里仅有三部小说的聚类间词汇分界与小说前后两半分割完美匹配（没有任何第二部分的片段出现在第一部分的聚类里，反之亦然），《城堡》即是其中之一。另两部小说之一就是施尔巴特的《勒撒本迪欧》。

汇分界线正好与其量化分割相匹配这种理想情况而言，《城堡》为我们提供了一个罕见的范例。这为马科斯·布洛德（Max Brod）对卡夫卡死后留下的残篇所做的安排提供了大量逻辑支撑。[1]

第二点，这部小说有一种可辨识的词汇纵向定位特征——通过在那些具有统计重要性的词中使用“auf”这个前缀（如Auftrag, aufnehmen, Aufrecht, Aufmerksam, aufgeben, aufgeschoben），小说隐隐有了一种超越意味。然而，小说中也明显存在对奥古斯丁式经验的象征性共鸣，比如村庄和城堡之间第一次电话通话那个著名场景：

> 从听筒（Hörmuschel）里传来一阵嗡嗡声（ein Summen），这种声音K.以前打电话的时候从未听到过。在嗡嗡声中似乎可以听出无数童稚的声音——可这嗡嗡声甚至都不是嗡嗡的，而是遥远的，

1 马科斯·布洛德（1884–1968），德语犹太作家，卡夫卡的密友。卡夫卡生前留下遗嘱，要布洛德在他死后将他的全部作品烧毁，但布洛德没有执行这一遗嘱。相反，他将卡夫卡的作品一一作序出版，并写了不少卡夫卡的评传，还将卡夫卡的作品改编为戏剧。——译者注

最遥远的声音的合唱——，好像从这个嗡嗡声中不可思议地组合出一个单一的强烈高音。这声音在耳朵里猛烈震动，仿佛只要它想，就能钻入更深之处，穿透那可怜的听觉器官（das armselige Gehör）。

唱歌儿童的声音在《忏悔录》中是奥古斯丁皈依的序曲，在《城堡》中却通过电话的媒介出现［但电话也隐喻着贝壳（Muschel）——当你把贝壳拿到耳旁，可以制造出一种与远方通话的幻觉，听到一种似乎具有重要象征性的嗡嗡声］。奥古斯丁那里无法区分性别的儿童在卡夫卡这里被复制为声音在量上的无法辨别（“无数童稚的声音”），以量上的复多替换了性别的二元。相似的是，奥古斯丁描述了从未听过的童谣的重复吟唱（这些吟唱最终引出了那一句“拿走它，去读。拿走它，去读”。），在卡夫卡这里无法辨识的嗡嗡声（Summen）变成了一首歌（Gesang），后者是对前者模式上的复制。最后，在奥古斯丁那里，神性的间接存在贯穿于幼童的口头表达和成人的书籍中，到卡夫卡这里变成了电话中那以“不可思议”的方式组合出的单一、高昂和强烈的声音。这声音超越了“可怜的耳朵”的承受限度，要求进入听者身体的更深处。超越感官以寻找一种更深刻的东西，以寻找一种亚感官知识（sub-sensory）是一种明显的卡夫卡式关切。它将奥古斯丁对神性向外和向上的追寻变成了面向自身的追寻。

奥古斯丁的皈依体验基于一种信念：一种单一的、超越的声音仍能通过媒介、机会和意志的结合找到我们。这一模版很可能在卡夫卡这里抵达了它的讽刺性结局。那个超验的电话里的声音（或众多声音）实际上可能只是噪声——只是贝壳状的听筒引起的幻觉，是自然要的花招。我们仍然可以根据卡夫卡来想象这些皈依阅读的经历，但是我们所经历的不是这种经历的完成，而是对它们的想象性的认识。在这些意义上，卡夫卡将会是奥古斯丁式皈依的否定形式——他将我们引入一个后皈依的（post-conversional）阅读世界。在这个世界中仍有希望，却不是给我们的。

许多关于卡夫卡的早期评论在他的作品中看到了神学追求，特奥多尔·阿多诺（Theodor Adorno）却与他们针锋相对——他谈到了卡夫卡的“反神学”（inverse theology）。[1]卡夫卡之所以重要，其秘密不在于奥古斯丁式的语义充足，不在于某种更高或更深的东西的可能性，而在于字面，在于对意义的绝对限制。然而，如果注意力完全聚焦于卡夫卡的散文体中的限制性和幽闭恐惧，就忽视了他的文字的强度和其中内嵌的运动类型。卡夫卡的小说宇宙最主要关注的是工作的世界。这个世界是对皈依小说中用以取代上帝的宏大能指（master-signifiers）——自然、外太空和婚姻——的一个补充。工作的存在即卡夫卡所谓的Arbeitersein，其特征并非意义的缺失，并非阿多诺认为的纯粹否定，而是一种抽空、撤离的经验，是一种回归式的（regressive）否定，关于纯粹意义上的运动崩塌于其自身之上的否定。[2]《城堡》没有推进，而是一直重演对角色彼此之间联系的讲述，以致每一次对于小说的社会宇宙的叙述都包含在前一次叙述之内。《城堡》不会回归或者打开——那是奥古斯丁开启的皈依体验的两种可能性。相反，它会进行重述。[3]《城堡》以一种无限的螺旋形态朝向自身内部开放。正如芝诺的悖论，小说越长，就越难抵达任何地方。我们看不到行动，只有一份长长的、关于何为递归体验的讲述，即面向自身展开的重复。卡夫卡认为，没有运动性的运动是阅读停滞的悖论性承诺。这就是卡夫卡宇宙的皈依信仰状态，是对限制的无限依恋。

假设4：皈依小说是递归的。它们在推进的过程中重述自身，在向内扩张的同时放慢节奏。这是一种重叠式的皈依（我们无法从中逃离）。因此，叙事层次——即叙事中的叙事——应该随着小说的发展而增加。此处还有一个社会网络分析角度：对新角色的介绍会延

1 Theodor W. Adorno, “Aufzeichnungen zu Kafka,” in Rolf Tiedemann (ed.), *Gesammelte Schriften*, Vol. 10.1, Darmstadt, 1998, pp. 254–287.

2 这也是为了区别于许多将介入（mediation）和沟通（*Verkehr*）强调卡夫卡小说两大最主要的关切的学术研究。对卡夫卡而言，重要的并不是某一媒介甚或媒介性（mediality），而是这样的现代体系让真实性的退场在无限递归中成为可能。关于卡夫卡的媒介性有两部著作的观点最为鲜明，参见Wolf Kittler (ed.), *Franz Kafka: Schriftverkehr*, Freiburg: Rombach, 1990和Stanley Corngold and Benno Wagner, *Franz Kafka: The Ghosts in the Machine*, Evanston: Northwestern, 2011, pp. 109–132。

3 参见Stanley Corngold, “Kafka's Double Helix,” *Franz Kafka: The Necessity of Form*, Ithaca: Cornell University Press, 1988, p. 134。

缓而非推进叙事的发展。角色的增加和内故事叙事层（intra-diegetic narration）的增长与情节变缓之间是否存在某种相关性呢？

三、重新建模（结语）

本文尝试为我们对小说作为体裁的重要性的思考提供一个新的角度。这个角度较少依赖某种形式的批评陌生化，更多依赖于某种明显的转变经验。它通过显著地改变分析的规模和范围来达到这个目的：首先对三种语言的几百部小说进行考察，随后对这些小说中超出我们的传统细读方法规模的语言转换进行检视。这种大规模语言转换看起来的确像是一种词汇基础建设构造——不同种类的皈依叙事在它的基础上建立起来。以这种方式，在这样的多重价值层面上进行阅读，可以揭示出一幅迄今一直未能为我们的批评叙事所捕捉到的小说这种文体的肖像。在词汇变化、语义限制、地理对立、主题极化，甚至叙事的重复（如卡夫卡作品所示）等层次上，小说以及小说文体下的某个类别似乎都倾向于某些明显的分离模式。尽管"皈依小说"不属于传统文学史所接受的批评范畴，但本文使用的计算模型及定性阅读都表明它应该属于这一范畴。无论对这些小说的归类初看上去多么随意——海蒂、勒撒本迪欧、白牙、安佩·巴比康、巴纳巴斯·索耶、胡萝卜须以及K.之间有什么共同点呢？——但是这些小说的关注点确有内在的一致性。这种一致性不仅在于它们都关注深层变化的问题，还在于它们似乎都反映了一种深刻的奥古斯丁式关切。别的不论，这些小说至少应该让我们停下来重新思索卢卡奇（Lukacs）的论文——他认为小说是关心"被上帝抛弃的世界"的最重要的文学体裁。小说在何种程度上是一种通过其语言和形式使人产生信仰的体裁，我们现在应该能看得更清楚了。

在更加理论化的层次上，本文还尝试对最近围绕远读模型与细读模型以及我们的批评实践的显著二元性发生的争论做出回应。我试图说明这两种阅读方法能通过一种重复性更高的"建模"过程被结合起来，可以被用来证实和拓展彼此的洞见。我这种做法的目的在于表明计算机辅助阅读本身所具有的皈依性程度。这种阅读方法涉及一个环形或是螺旋状的、经由一种在疏离与依附之间的震荡朝向一个无法抵达的终结目标（“小说本身”）的永恒接近过程。我希望指出的是，这些方法将不可避免地改变我们作为读者的虔诚姿态，并代替掉那种被文献书目激发出来的、关于确认或揭露的强烈信念。这些信念已经在我们这一行中留下了深深的烙印。取而代之的是这样的体验：它们由那些越来越具临时性的系列工作义务所确定，也同样地涉及世界的建构和世界的消解。我们关于小说的信念将会发生改变。这不是简单地由于这种新技术产生的新事实，而是因为新技术对我们的情感的新的影响方式。这也许是计算解释学的第三法则：技术影响论题，不仅仅在于它产生的新事实，更在于它改变我们与我们阅读的文本间的情感联系的方式。

社会网络分析与“《大波》三部曲”的人物功能

赵　薇*

摘　要：本文从信息传播和文学社会学的角度入手，借助于“数字人文”(Digital Humanities)中一种支柱性的研究方法“社会网络分析”(Social Network Analysis)，对中国现代小说家李劼人的代表作“《大波》三部曲”前后两个版本、共五个长篇小说文本中的人物关系和社会网络进行了适用性分析、数据挖掘、中心性计算和可视化呈现以及结果阐释分析等工作，就加权网络中最高中介中心性节点所提示的关键人物的叙事功能进行了深入探讨，希望以此能够直观地还原小说家对20世纪初由立宪派主导的保路风潮所引发的共和革命的复杂态度，让其历史小说写作的真正价值公之于世。

关键词：社会网络分析；“《大波》三部曲”；信息；中心性；对话

李劼人(1891—1962)是中国现当代文学史上杰出的大作家、文学翻译家和社会活动家，他并不短暂的一生跨越了两次中国社会政治文化的大转型。在中国现、当代文学短短一百年的历程中，有他这样经历的作家少之又少，而更为稀少的是，他还十分自觉地承担起了在第二次社会转型中重新叙写和解释第一次“转型”的文化使命，这一史诗般的改写、重写计划贯穿李劼人的后半生，直到其离世前的最后一刻。近几十年来，针对作家的接受和研究状况，学界一直可以听到这样一种呼

* **作者简介：**赵薇，首都师范大学文学院博士后，中国社会科学研究院文学所助理研究员，芝加哥大学Textual Optics Lab研究员，研究方向为比较文学与20世纪中国文学、数字人文。

声：李劼人的作品自从问世以来，在接受上便遭遇"冷遇"的局面。[1]为此，郭沫若早在1937年便曾发出疑问：

> 然而，事情却有点奇怪。中国的文坛上，喊着写实主义，喊着大众文学，喊着大众语运动，喊着伟大的作品已经有好几年，像李劼人这样写实的大众文学家，用着大众语写着相当伟大的作品的作家，**却好像很受着一般的冷落**。[2]

这篇有名的《中国左拉之待望》多少有些为老同学摇旗呐喊的意思，却也道出了一种实情，在研究界，另一个屡被援引的说法是李劼人的作品"被各种权威史志刻意遗忘"，1980年代以前几乎没有被任何一本现代文学史提到，更不要说专门性研究。[3]凡此种种，似乎都和小说家毕其一生蔚为大观的著述状况及其应获得的文学史地位并不相符，由此甚至引发了困扰学界的"李劼人难题""李劼人接受之谜"的相关说法。[4]

事实上，从备受冷落到逐渐引起一些关注，尽管李劼人作品的接受自"新时期"以来便经历了一个逐步升温的过程，[5]长篇处女作《死水微

1 这一说法最初来自日本著名汉学家竹内实。1960年5月，竹内实在《文学界》发表了《被埋没的作家》，《李劼人研究：2007》，成都市文学艺术联合会，李劼人研究学会编，成都：巴蜀书社，2008年，第458页。

2 郭沫若：《中国左拉之待望》，《中国文艺》1937年第1卷第2期。

3 伍加仑，王锦厚：《解放以来的李劼人研究简介》，《当代文坛》1986年第2期。

4 陈思广：《认同与思辨——1976—2010年李劼人"大河小说"的接受研究》，《李劼人研究：2011》，成都：四川文艺出版社，2011年，第200页。白浩：《"然而，事情却有点奇怪"——李劼人小说的市民文化精神与接受之谜》，《李劼人研究：2011》，成都：四川文艺出版社，2011年，第212—234页。

5 1979年，周扬在全国第四次文代会上的报告中，将李劼人的小说与鲁迅的作品、茅盾的《子夜》、巴金的《家》、老舍的《骆驼祥子》等并提，称其为"脍炙人口的作品"，在全国产生了一定影响。1960—1970年代，一些海外翻译家和研究者曾率先将目光投向李劼人。1979年出版的唐弢和严家炎先生主编《中国现代文学史》中，论者以600余字中肯评价了李劼人三部曲的艺术得失。杨义先生也在三卷本的《中国现代小说史》中以一节篇幅专门介绍、评价了李劼人的创作。参见周扬：《继往开来，繁荣社会主义（转下页）

澜》已成现代文学史上的经典，1996年以来，随着李劼人研究学会的成立，先后有六本研究论文集、一本专著出版，[1]严家炎先生主编的《二十世纪中国文学史》也辟专节论述其创作成就，[2]香港学者吴国坤于2016年出版了他的英文专著，[3]但即便如此，人们仍然倾向于认为李劼人的影响更多还局限在成都及四川范围内，很多数情况下依旧被作为一个“地方作家”而得到谈论，至今缺乏与其“重要性”相称的研讨氛围，其知名度和“热度”更远逊于张爱玲、沈从文、钱锺书这些纷纷被耕出历史地表、重新“发现”的现代小说家，其文学意义和成就，也很难被纳入现有的文学史叙述脉络中……至于为什么会如此，这本身就构成一个值得深思的问题。

本文的讨论对象是李劼人的代表作“《大波》三部曲”（《死水微澜》（1935）、《暴风雨前》（1936、1956）、《大波》（1937、1957—1962）中的社会信息网络与人物功能。作为“联络小说”或“大河小说”的“《大波》三部曲”同时也是历史小说，素有“小说的近代的《华阳国志》”之称，[4]详细揭示了从清末（1894）至辛亥年间（1911），随着帝国主义的入侵，风起云涌的社会运动给川中各阶层民众日常生活带来的深刻影响——从“死水微澜”到终于掀起“轩然大波”，社会舆论不断

（接上页）新时期的文艺——一九七九年十一月一日在中国文学艺术工作者第四次代表大会上的报告》，人民日报，1979.11.20；蒋林欣，张叹凤：《一经品题，便作佳士：英语世界的李劼人研究成果及现象》，《中外文论与文化》第24辑，成都：四川大学出版社，2013年；唐弢主编：《中国现代文学史（二）》，北京：人民文学出版社，1979年，第274页；杨义：《中国现代小说史（第二卷）》，北京：人民文学出版社，1988年，第425—447页。

1 分别为：《李劼人的生平和创作》，成都：四川省社会科学院，1986年；《李劼人作品的思想与艺术》，北京：中国文联出版社，1989年；《李劼人小说的史诗性追求》，成都：成都出版社，1992年；《李劼人研究》，成都：四川大学出版社，1996年；《李劼人的人品与文品》，成都：四川大学出版社，2001年：《李劼人研究：2007》，成都：巴蜀书社，2008年；《李劼人研究：2011》，成都：四川文艺出版社，2011年。

2 严家炎主编：《二十世纪中国文学史（中）》，北京：高等教育出版社，2010年，第1—15页。

3 Kenny Kwok-kwan Ng. *The lost geopoetic horizon of Li Jieren: the crisis of writing Chengdu in revolutionary China*, Leiden, Boston: Brill, 2015.

4 郭沫若：《中国左拉之待望》，《中国文艺》1937年第1卷第2期。

发酵，各方势力间的矛盾斗争激化，成都市民社会显形，持续半年之久的争路风波终至成为辛亥革命的导火索。就其小说的“历史叙事”而言，在整个现代中国文学史上，李劼人的出现都是罕见的，他的三部曲在某种程度上模糊了历史记录、社会调研和文艺写作的边界，最后一部《大波》既可以作为小说解读，又可以当作保路运动的历史、社会文献来对待，常被视为“文史互证”的典型。[1]关于这一点，此前的研究虽屡有触及，但大多是在“地方志”书写的意义上予以展开的。[2]应该看到，尽管作者对蜀地史志的兴趣无不从各类文章中流露出来，但在“《大波》三部曲”(而由其是前两部《死水微澜》《暴风雨前》)中，历史叙事仍旧要以“故事”讲述的形态道出。到了《大波》，历史叙述编织在世情悲欢的故事脚本中，时而潜成背景，时而走向前台，将这二者紧密联系在一起的，恰是贯穿三部曲始终的社会信息观念。由此，三部曲绝不仅仅是一次史志编纂类的写作，它更是一组雄心勃勃、架构恢弘、持之有据的社会政治小说，在“历史”的表皮之下，小说家更想以晚清新小说连缀“故事”和“话柄”的结构手法，来传递现时代鱼龙混杂、泥沙俱下的海量社会信息，以此有机地反映动荡剧变中的社会现实和错综复杂的人际关系，最终弄清楚这场社会政治革命的来龙去脉。因而不难看到，一些重大的近代史问题在文本中都有表征，像近代的地方自治与宪政问题，帝国主义与民族主义问题，官僚政治的解体、城市的近代化、革命的发生学等等，皆被以一种包罗万象的杂语形式维系起来，即作为信息传播载体的小说话语。也正因此，“四川交通和信息的近代化”这一问题本身在很大程度上已构成了《大波》三部曲想要探讨的一个重要主题，也就是说，很多时候，李劼人都

1 李劼人一向以近乎史官的严肃态度写作《大波》。据载，1954年为确保重写本《大波》素材的真实，李劼人即与戴执礼等多有往来，借阅还未出版的《四川保路运动史料》全部稿件。而学者们编纂《四川近代史》时，竟也从李劼人作品中摄取史料。参见李劼人，彭光烈：《谈话节略》，《李劼人研究：2011》，成都：四川文艺出版社，2011年。

2 详见《李劼人作品的思想与艺术》，北京：中国文联出版社，1989年；《李劼人小说的史诗性追求》，成都：成都出版社，1992年；《李劼人的人品与文品》，成都：四川大学出版社，2001年；《李劼人研究：2007》，成都：巴蜀书社，2008年；《李劼人研究：2011》，成都：四川文艺出版社，2011年等出版物中的相关文章。

是以社会学家的气魄和态度来写小说的。然而，即便在以茅盾为代表的"社会剖析派"小说崛起的1930年代，[1]像李劼人这样的作品也不能不说是一个异数，它的出现为批评界带来了诸多解读和阐释上的难题，近百年来，它始终在呼唤一种真正"对路"的批评方法和研究视角。这一关乎小说价值实现的关键性角度也是此前研究所欠缺的。某种意义上，正是这一欠缺，决定了本文所选取的总体视角将是文学社会学的。[2]

在《艺术的法则》中，法国社会学家布尔迪厄(Pierre Bourdieu)成功运用关系主义的原则，对福楼拜的长篇小说《情感教育》中的文学空间进行了经典的结构性分析，勾画出作为"中间人"的小资产阶级主人公阿尔弗雷德摇摆于大银行家、大资产者集团和波希米亚群体之间的行动轨迹。近一二十年来，这种以"场域"理论(field theory)和社会权力分析为代表的文学社会学思路对现代文学研究的渗透力之强已毋庸置疑，几乎成为一种无处不在的思考角度、一种前提性的理论素养，而尤其体现在文学社团和文化政治的研究方面，汉学家贺麦晓(Michel Hockx)、学者陈建华、倪伟等都曾做出过卓有成绩的研究。但同时，应该看到的是，由于这类研究大都绕过了文学研究中一个最重要的中介性环节——文学语言，而很少有能力将社会分析深入真正的文学文本层面，更多仍旧停留在了"外部研究"的阶段。

事实上，无论是"文学场"还是"社会资本"，其根底都来自马克思主义的关系主义方法论，即马克思所谓真正作为现实性而存在的各种

1 严家炎：《中国现代小说流派史》，武汉：长江文艺出版社，2009年，第175—204页。

2 到目前为止，注意到这一点的有浙江大学传媒学院的李思屈(李杰)教授和四川商务职业学院的谢天开主编。前者曾从舆情危机的角度将《大波》中的保路运动视为社会危机的先兆，后者则将李劼人的小说作为史料对待，以之印证清季四川的铁路、水运与电报电话的发展状况。两篇文章都启发了本文从信息传播的角度去揭示《大波》三部曲是如何以小说话语的形式建构起特定时期的社会历史空间的。也就是说，三部曲所再现的特定历史内容不仅决定了小说形式，更决定了本文所选取的总体视角无疑将是文学社会学的。见李思屈(李杰)：《〈大波〉：历史的情感记忆与传播》，《李劼人研究：2011》，成都：四川文艺出版社，2011年，第59页。

社会关系，是在各种关系中发生的复杂的社会联系，一种主客相互作用的存在。布尔迪厄曾指出，此种“社会学的目的在于揭示构成社会空间的不同人群的最深层的结构，以及倾向确保社会空间的再生产或‘变革’的机制”，[1]可见，这也是一种深层的社会结构分析，用以发现不同社群之间的关系和相对位置，探索社会结构的延续和变更的因由。所以从微观上讲，也可将“场域”视为某种社会网络（social network）的理论表征。“社会网络”的概念来自于网络理论，它将人类社会的不同活动层面都揭示成关系网。社会成员或集团之间通过信息交流、互动，和对社会资本的占有、创生和再生产改变着网络自身的结构及其资源配置状况。一般认为，“布尔迪厄把自己的社会理论解释为网络理论，一方面说明他的理论受到了网络结构理论的深刻影响，另一方面也说明他的理论可看作网络结构理论的重要内容之一。”[2]由此可见，本文所用到的社会网络分析（Social Network Analysis）的观念和方法其实是由传统的文学艺术社会学伸展出来的量化分支，在此基础上又吸纳了数据统计分析和可视化分析的崭新手段。同时，考虑到小说从本质上说仍是一种语言艺术，“写小说就是写语言”（汪曾祺），所以本研究将以小说对话语言为主要分析变量，力求将量化文学社会学与传统的文本细读更加巧妙、精确、深入地结合起来，以此去发现现代长篇小说文体形成期的李劼人小说独特的叙述形态及其所能够提供的文化价值。

一、社会网络分析与汉语小说情节分析

近年来，在结构社会学和信息网络科学的强势渗透影响下，社会网分析（Social Network Analysis，简称SNA）成为颇受瞩目的一门交叉学科。社会网络分析将社会关系看作节点（node）和边（tie）组成的网络（network）。节点表示网络内的独立行动者（actor），网络则用来表示行

1 P.布尔迪厄:《国家精英》,杨亚平译,北京：商务印书馆,2004年,第1页。

2 刘少杰:《后现代西方社会学理论》,北京：北京大学出版社,2014年,第152页。

动者之间的交往关系(interaction)。[1]通过数据提取、分析和输出图像几个步骤,逐步得出关于网络的结构特征,如中心性、直径、平均度、聚类系数、平均路径长度等社会学方面的指标,继而从数量上和形态上来把握网络的整体特征,找出网络中的关键性节点和结构组件。尽管社会网分析的方法在社会科学诸分支领域中已经大展身手,但在人文研究特别是文学研究中仍处在起步阶段,而为本文所关心的小说研究,能见到的更属罕见。仅就目前视野而言,文学研究界比较有代表性的有斯坦福大学比较文学系Franco Moretti(弗兰科·莫雷蒂)教授创建的语言实验室(Literary Lab)近十年来做过的大量试验性研究,他本人所提倡的"远读"(Distant Reading)概念,与传统文学研究的"细读"(Close Reading)相对,建立在对巨量文本数据的收集和统计分析基础上,在欧美学界广为人知,也已经引起一些汉语学界小说研究者的注意。[2]

当今时代,数字人文(Digital Humanities)无疑是一门基于一定规模的数据处理、呼唤跨学科合作才能开展的前卫研究。然而,诚如以史诗性长篇小说(modern epic)研究起家的莫雷蒂所言,对于个人能量有限的人文学者,大规模的数据分析是困难的,其所最擅长的细读本领便很可能让他在最初回避掉量化分析,转而选择质化研究的情节分析(Plot Analysis)。这一转移,便将关注点拉向了对文本中的空间与时间、网络社群集团的划分、核心人物的发现等与小说叙事研究倏忽相关的几个方面上。在此,莫雷蒂实际上涉及情节分析与传统叙事性文本研究的对接之处:一张网络结构图,可以带来情节的"可视化",即把随时间发展的"情节流"用一个二维的符号系统共时性地呈现出来,简化和抽象为本文中诸多图例所示的、由"边"和"节点"组成的人物关系网——既是关系网,又是情节结构,就如同X光的成像图,通过对小说

1 "行动者主体可以是个体、组织或国家;同样,也可能是人际关系、组织关系与国家关系;从实质来讲,可以是一般意义的血缘、宗亲或社交关系,也可以是经济、政治关系,可以是现实生活中实际存在的,也可以是虚构想象的拟态世界。如果说传统回归分析等统计技术关心的是个体层面各类属性的统计技术,那么社会网络分析则致力于分析关系数据。"引自Tsvetovat Maksim, Kouznetsov Alexander:《社会网分析:方法与实践》,王薇等译,北京:机械工业出版社,2013年,译者序。

2 商伟,杨彬:《小说研究的路径与方法》,《文艺研究》2013年第7期。

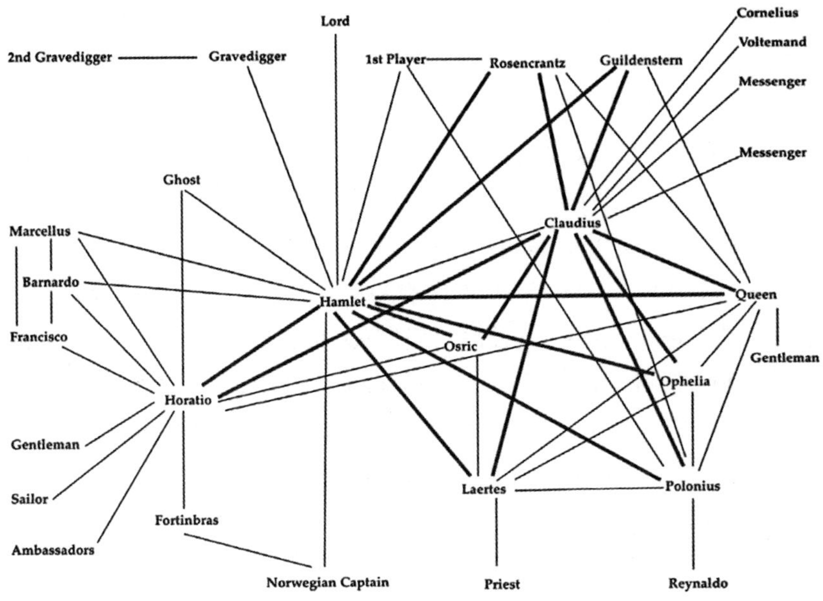

图1 《哈姆雷特》中的人物关系——由粗线边连接起来的人物角色在剧中都死去了，在莫雷蒂看来，“全部的悲剧都发生在这里”。（引自Moretti, 2012）

人物关系的呈现，我们可以在瞬间对故事情节一目了然。

然而，一张图即便包含了文本的全部信息，也并不意味着什么，对于人文学者来说，他们的本职任务更在于分析和解释。阐释高手莫雷蒂正是从一张《哈姆雷特》的人物关系图出发（图1），看到了所谓悲剧的本质，再从关键人物Horatio的网络空间出发，就莎士比亚悲剧的主题“对君权正统性的维护”再次做出精彩诠释。而经由Horatio所勾连起的市民社会的存在，也正提示了以宫廷秘政所代表的英国王权统治向官僚政体的转化之必然。值得注意的是，莫雷蒂所谓情节分析，实际上就是社会网络的可视化与文本细读相结合的产物，他对文本的阐释主要建立在对网络中的关键节点，亦即对核心人物（关键人物）的发现之上。[1]

在此需要指出的是，莫雷蒂借助社会网研究中最重要的“中心性”（centrality）概念，申明了人物系统中等级秩序的存在，这对叙事性文本

1 Franco Moretti, “Network Theory, Plot Analysis,” in *Distant Reading*, London: Verso, 2012.

的人物研究意义重大。也就是说，在一场戏剧中，有的人物是“中心人物”，有的人物是“边缘人物”。按照传统的人物观，人们习惯上会将最重要的中心人物认定为我们称之为“主角”的人物，然而在很多现代文本中，事实并非如此。真正的关键性人物之所以不可或缺，并非因为他有什么本质化的属性或角色认定，而是由于通过精密的观察和计算会发现，他的“位置”（position）对整个网络结构的稳定性具有至关重要的作用，换句话说，他的存在对于网络而言更是功能性（functional）的，他的风格（style），无论是言辞风格还是人格特征，都关乎文本主题的揭示和阐发。在《哈姆雷特》的整个行动空间中，次要人物Horatio之所以重要，是因为在戏剧中，情节的关键信息是靠哈姆雷特的这个老朋友送向宫外的，Horatio无疑成为联结宫廷与更广大的市民空间的重要节点，[1]因而很可能在剧本中具有最高的“中介中心性”（Betweenness Centrality）。尽管在*Distant Reading*中，莫雷蒂并没有明确使用“中介中心性”这一统计概念，也没有将情节分析与社会网络分析联系起来，但这种针对网络映射结构所做出的文学社会学分析无疑是令人信服的。也正是在这一意义上，网络理论可以帮我们颠覆和重建传统人物理论中的等级秩序，从大容量、多人物文本中发现真正具有叙事潜能的关键角色。总之，核心人物的发掘应该是人们借助网络所做的情节–文体（plot-style）研究中一以贯之的焦点，这为后续研究开启了可能的方向。

如果说，莫雷蒂还仅仅是为小说情节分析提供了初步构想和质化研究的方向，那么，接下来的工作则要求人们将其推向具体的量化实践。这无疑是一项十分诱人却颇具挑战性的工作，其主要难度，首先在于应如何界定节点（文本中任意两个人物）之间的“关系”，也就是说，如何确定两点间**可以**“连线”？继而，如果两者之间有关系的话，关系的“深浅”又如何？如何衡量加权网络（weighted degree）中每条边的权重？[2]我们看到，在莫雷蒂关于“远读”的一些研究中，作图时的“连线”

1 在戏剧中，Horatio与哈姆雷特只交换了一个句子，但是他所在的网络区域，却具有远低于哈姆雷特的叔父Claudis的聚类化程度（Clustering）而成为他自身世界的重要“网关”（gateway，“门户”或“守门人”）。

2 所谓“加权网络”（weighted degree network），即以具体的测量数值为网络中的每条边赋予权重，以此表示两个节点（人物）间关系的程度“深浅”。

标准是两个角色是否同时出场，并产生了言语交流。也就是说，凡是在一场“戏”中同时登台，并有对话发生的两个人物角色之间就可以连线。至于每条边的“权重”(weight)，即以具体的数值（“边”的粗细）来表示人物间关系的程度，由于莫雷蒂还没有引入更精确的量化测量手段，故而无法统计表示出来。所以，图1只是一张十分简易的人物网络关系示意图，而非加权网络（weighted degree network）图。但是，在我们关于长篇小说的长卷本研究中，两个人物的关系到底如何，仅仅以是否同时出场并且“说过话”为标准是不够的，如此统计手法实在太过简略，还需引入更多的测量变量，如对话字数、对话频次和是否为主要信息交流者等等。而且，与戏剧剧本不同，戏剧中的对话行为几乎就代表了戏剧行为的全部，但在小说文本中，对话（discourse，即直接引语部分）却并非叙事的全部，此外，还有一定量的间接引语的存在（或者说“转述体”），也能提示人物关系的程度。但好在对一些特定类型的小说来说，言语信息（直接引语）的交流，占据了情节的绝大部分，这便诱使人们以相类似的方式来从中提取信息。目前在英语世界中可以看到的零星研究大多采取了共现词频（co-occurrence）的统计方法来界定人物角色之间的关系程度，但诸如此类的提取结果在很大程度上仍然囿于自然语言处理（Natural Language Processing）等手段技术的限制。[1]

如果回到汉语文本和中国长篇小说（Chinese Novel）的研究中，必须提到的是台湾大学电机资讯学院网络与多媒体所廖儁凡的论文《中国古典白话小说中的社会网路关系：以〈儒林外史〉为例》(2010)为此类研究开辟出的崭新路径。在该文中，作者延续了前辈研究者的思路，从网络聊天室使用成员的对话模式得到启发，开发出一种可用于描绘戏剧角色关系网络的会话模式。[2]廖儁凡在他的论文中将其用于《儒

1 例如，Andrew Piper（安德鲁·派博）的此类研究便需要统计两个人物名字出现在同一叙述性语句中的频次，以此反映两者关系的“深浅”，这不失为一种测量手段。但问题可能是，当人物名字同时出现的时候，也许仅仅基于偶然，而并非一定产生了我们所认定的叙事学意义上的“社会关系”。反之，人物和人物相遇或者说发生联系的时候，也不一定会以实名出现。

2 P. Mutton, “Inferring and visualizing social networks on Internet relay chat,” in *Information Visualisation*, IV, 2004.

林外史》人物网络的数据提取和演算，并为这些人物的关系（边）设计出一套算法来计算其权重。具体说来，即以“会话”为单元切分小说中所有的对话，如果两个人物角色同时参与一场会话，则可视为“有关系”，而关系的深浅（边的“带宽”）如何，则由对话字数、对话情形（分为说话者-主要听众、说话者-次要听众、听众-听众三种情形）和会话总量几个变量来决定赋值情况。这一专门针对汉语长篇小说的算法设计极具开创性，作者在此基础上不仅做出了以小说中所有人物为节点、以其对话关系为边的关系网络，还获取了关系最“深”的角色对子排序，找到了网络中的“重要人物”，发现了《儒林外史》的社团分布情况等等。[1]

廖儁凡为小说网络研究贡献出他的专长，一举完成了从数据抓取、算法开发到最后的网络绘制及主要特征计算等一系列工作，但由于这篇论文将关注点放在了用SNA建构小说人物关系网的可能性上，几乎毫无前例可本，所以作者的视野和考虑大多还局限在技术层面，而未能就方法的适用性和准确性，以及目前所存在的问题做更深入的甄别和探讨。例如，从适用性方面察之，纵然大规模的写实作品从明、清二代开始即长盛不衰，但长篇章回体大都结构松散，缺乏一以贯之的主要剧情，也没有贯穿全篇的主角，《儒林外史》中实际出现的角色即达七百多位，人物连续上场，并在退场时带出下一组人物，可谓“连环短篇，如集诸碎锦，合为帖子”，[2]近来学界亦有所谓“故事集缀型”章回小说之称，[3]因而，这种靠集缀而成的长篇，便很可能为社会网的建构带来不共时的问题。将社会网分析用于这一类小说，可能并不合适，其所计算出来的指标，也未必能提供一定的叙事学意义并具有相当的解释力。此外，作者更无意去挖掘它为文学社会学及小说研究带来的新意义，这便为后来者留下了进一步探索的空间。

1 廖儁凡：《中国古典白话小说中的社会网路关系：以〈儒林外史〉为例》，硕士学位论文，台湾大学，2010。

2 鲁迅：“清之讽刺小说”，《中国小说史略》，上海：上海古籍出版社，1998年，第154页。

3 张蕾：《“故事集缀”型章回体小说研究》，北京：北京大学出版社，2012年。

二、适用性问题:《大波》三部曲中的信息传播

从比较的角度来看,作为“联络小说”的《大波》三部曲,不仅与欧洲19世纪所谓“大河小说”在体式和规模上有颇多形似之处,还继承了中国近代长篇章回小说在人物设置上的一般特点,以及晚清“新小说”以人物话语连缀起诸多传闻轶事、社会信息的布局之法。这种出现于1930年代的多卷本小说洋洋数百万言,具有人物众多(重写本和1937年版《大波》中的出场人物皆达到数百个,分别为570和204个,而字数近130万字的《战争与和平》,人物才一百多号)、对话容量巨大、社会场景分布广泛且无所不包,涉及重大历史事件层出不穷等特点。从体量上看,和明末兴起的长篇章回体世情小说如《金瓶梅》《儒林外史》,乃至晚清掊击社会时弊的“谴责小说”传统一脉相承,可以等观,在人物塑造和环境描写上又初步具备了“典型性”的时代特征。

因此,引入SNA的第一个重要缘由便在于小说的叙述形态和主题内容。李劼人在这一系列小说写作中所秉持的基本观念,决定了将社会网分析引入作品研究将是适用的。我们知道,“《大波》三部曲”以讲述辛亥四川保路运动的《大波》为最终鹄的,《大波》其实是关于共和革命在四川的“起源叙述”。那么,李劼人对“革命”性质和起因的理解在某种程度上构成了三部曲历史叙述的重要动因。从全书命意上看,作者早期似乎倾向于认为是由海外传导而来的维新改良运动为封闭的川中盆地带来了暴风骤雨般的洗礼。“革命”的来袭,从最难惊动的天外小镇写起(《死水微澜》),才见微知著,继而才有省城中“山雨欲来风满楼”的预感(《暴风雨前》),最后是掀起全省上下的轩然大波(《大波》),才愈发显示出一方日渐开化的长江中上游社会被动受到影响的历时性过程。在这个过程中,任何细小的风吹草动,都源自外界信息的传入:

> 当义和团、红灯教、董福祥,攻打使馆的消息,潮到成都来时,这安定得有如死水般的古城,虽然也如清风拂过水面,微微起了

一点涟漪，但是官场里首先不惊惶，做生的仍是做生意，居家、行乐、吃鸦片烟的，仍是居他的家，行他的乐，吃他的鸦片烟，而消息传布，又不很快；所以各处人心依然是微澜以下的死水，没有一点动象。[1]

这一以"水波"喻"消息"的原喻贯穿整个三部曲，"事件"或者说有关天下大势的消息是一点点"潮到"成都腹地的。在某种意义上小说所着意描绘的正是事态和"新闻"经由人们的舆论传播影响于整个地方社会的过程，这趋势越往后期表现得越明显。如果说在前两部作品中，"故事"还成其为讲述重心，"消息"传布的后果充其量只如死水中泛起波澜，袍哥、红灯教的活动，以及官场自身一点点溃败掉的内情，都像新闻消息一样穿插到主人公的生活中来——到了1937年的《大波》，或者说从《暴风雨前》的后半部开始，作者已开始尝试新的情节连缀方式，亲历者对重大事件的感知遂成为占据主导的叙述动力。为了更加鞭辟入里地将本质揭出，李劼人尤其把注意力放到了市民社会的兴起和演变上。当帝国势力不断入侵，在中央集权分崩离析、官僚政体的基础被动摇之际，由士绅阶层发起的保路废约倡举带动了包括官、绅、军、民在内的最大范围的社会动员，然而局面的旋即失控却全然超出立宪派人士的意料，用李劼人自己的话说，"民气"一旦燃起，便如火山炽焰，如滔滔江水不可遏制。为了表现"民气"不可违逆的大势，信息的生产，信息在公共空间的传布便成为最重要的叙述线索，可以说，全部故事情节的发展几乎都是靠此向前推进的。在旧本《大波》中，散见于叙述中的诰文、告示、传电、奏折文书等文件交代了历史事件的每一个起承转合，而叙述者除了津津乐道于各种新兴媒体和舆论渠道的出现，如报业的影响、茶馆成为市民的议事厅，最常见的叙述模式即所谓"摆龙门阵"——通过"口耳相传"的古老方式，一个人把时局动向告给另一个人，再付之以各种议论，情节单元就算完成了，信息由此流散下去。于是大量的史实以"对话"的形式进入故事主角的感受和意识，充塞于人们的日常生活，让人们透过虚构主人公视角去认清"形

1 李劼人：《李劼人全集》(第一卷《死水微澜》)，成都：四川文艺出版社，2011年，第171页。

势”，指点江山——到了重写版中，则进一步发展为叙述人基本退出，全面依赖对话来完成情节，作者甚至会为了信息的传递来专门安插人物。例如，为了将朝中斗争情况传于川中，特别安插了郝达三、葛寰中一线人脉。这样，便将旧版中道听途说、假语村言的叙述方式全部“情节化”和“对话化”，因而比旧版更显自然和真实。如此，故事情节甚至已退居后台，而他们交换的“信息”本身更为读者所注意，《大波》中的人物关系网在某种意义上也可以被视为信息传播网络了。

> 所以这角色（指《暴风雨前》中的伍平，笔者注）对历史的认知，建基于一团团的道听途说。历史由是演绎成一块公共网络，由各种对话和各种消息（和误传）织成。这样的历史织网操控了角色的行动[1]。

对信息传播的极度敏感和重视，使得承载消息的人物对话在李劼人的文本中有了一层绝然不同以往的意义，这一认识可谓洞见。但稍感遗憾的是，吴国坤教授并没有就对话和消息如何成就了“历史织网”的本质做进一步探究。事实上，李劼人以消息传播推动故事情节的写法使长篇小说必将像古典叙事文本一样，连篇累牍的对话携带异常丰沛的信息，数以百计的人物如走马灯一样上场、下场……这些体式上的特点为社会网络分析方法的应用提供了必要基础。

那么，李劼人的长篇写作对“对话描写”究竟依赖到什么程度呢？在《暴风雨前》中，像“打四圣祠教堂”这么关键的情节单元，都是通过直接引语交代出来的。所以很多时候读者甚至会有一种直接阅读对话，或者说直接读“剧本”的感觉。[2]既然在李劼人的小说文本中，“对话”已形同于“台词”，为了进一步聚焦于李劼人小说的人物

1 吴国坤：《大鸟吃小蝇——地方记忆及对李劼人〈暴风雨前〉的另类读法》，《现代中文学刊》2015年第1期。

2 实际上，李劼人小说中另一种广泛存在的引语形式是间接引语，表现为频繁转述他人言语或事情经过的“转述体”。关于转述体如何成就了李劼人长篇小说重要的修辞特征，继而决定了他的文体价值和意义，关系着晚清长篇小说叙述语体的转型问题，这需要另一篇文章来深入辨析和讨论。

关系网络，接下来便可以用探究社会联系的社会网络分析来对文本进行分析，以对话来衡量小说中任何两个人物角色关系的"深浅"。具体说来，便是以三部曲中发生的人物对话为基础，建立各个文本的数据库，提炼出五部小说中虚构人物的关系网，再借助于几种特征性算法，求取每个网络中具有最大度中心性(Degree Centrality)、中介中心性(Betweenness Centrality)，以及特征向量中心性(Eigenvector Centrality)的角色人物和他们的社群化(Modularity)情况，以便发现小说中的重要角色及其阶层流动状况，以及这种流动性所对应的群体特征、所提供的叙事功能，及其和历史事件的关联等等。这是一个完全经由对话引语建构起来的"文本中的社会空间"。当然，这样做的依据首先须是：和《儒林外史》相似，李劼人的小说依然依靠大量的对话描写来推进情节，对话在文本中占有相当大的比重和主导性地位——这一点从对话字数占全篇总字数的比例上不难看出：

表1　三部曲中对话所占比例

	直接引语字数	对话字数(含提示语部分)	总字数	直接引语比重	对话比重(含提示语部分)
《死水微澜》	39 268	68 561	164 000	24%	42%
《暴风雨前》(1936)	63 188	73 164	190 000	33%	39%
《暴风雨前》(1956)	84 826	106 290	229 000	37%	46%
《大波》(1937)	152 713	186 034	545 000	28%	34%
《大波》(重写本)	316 534	544 313	983 000	32%	55%

在三部曲中，除《死水微澜》的对话较精练(直接引语占总字数24%)，各个文本的直接引语部分都占到了全本字数的四分之一以上，《暴风雨前》更是超过了三分之一；而如若把直接引语前面的提示语部分也算作"对话描写"的部分，则所有文本的对话比重都在三分之一以上。值得注意的是，建国后的两个重写文本中，《大波》(重写本)的对话描写超过全文字数的半数以上(55%)，而《暴风雨前》(1956)的对话部分也接近全文的二分之一(46%)，从中尤其可以看到1950年代的李劼人由早期写作的直接引语为主、"转述体"(间接引语和转述他人言语)

为辅，向后期的全面诉诸直接对话描写这一大转变。从总体上看，“对话”是作者极易倚重的描写方式，这使得李劼人的历史小说成为一部部活在人物对话中的历史写作，从传承关系上看，这也是清末以来求维新启蒙之功的社会小说“用少许结构，以对话叙述方式出之”的议政传统使然。[1]

三、方法与步骤概述

具体而言，本文完成了以下几步工作：

1. 以半人工的手法提取对话角色

抽取全部对话片段，切分对话节句，将每一节句的说话者、主要听众、次要听众等角色分别提取出来，[2]如下图所示：

	1	2	3	4	5	6	7	8
1	会话编号	对话节句编	对话节句内容	说话者	主要听众	次要听众	对话节句字数	
2		1.1.1	“一个人的变化，真想不到像李老幺这个人，十年之前，不过是一个很平常的了，以前的保爷们，谁见了他不就远远的躲开！不料如今居然红了起来！嗓子那么的好！又清楚，又婉转，又有韵味，而且又响亮，尽唱尽是那样。单以嗓子而论，不说现在川班上这般出名的旦角，如像杨素兰，邓少怀，湘裙，小平等，没一个赶得上，就是以往的永春儿，安安等人，也未必能及。倒是浣沙圆毙那个丑东西，庶可与之颉颃，但是圆毙儿太粗，	黄澜生		楚子才	365	
3		1.1.2	“月色太好了！我们喝一杯酒去，好不好？”	黄澜生	楚子才		20	
4		1.1.3	“好嘛！表叔打算在那里喝呢？”	楚子才	黄澜生		15	
5		1.1.4	“这时卖允丰正绍酒的自仙楼，怕已不行？只好到锦江春去，将就喝点鸿仪号的眉州仿绍罢！”	黄澜生	楚子才		42	
6		1.1.5	“劝业场里的吗？怕已快关门了！”	楚子才	黄澜生		16	
7	1	1.1.6	“不，青石桥的，稍为转一点，也不妨，有月亮！”	黄澜生	楚子才		23	
8		1.2.1	“子材还没有睡吗？”	黄澜生	楚子才		10	
9		1.2.2	“没有哩，表叔也没有吗？”	楚子才	黄澜生		13	
10		1.2.3	“难得遇见恁好的月亮，真不想睡！这几天局里的事情也闲，明早去晏点，倒不妨的。”	黄澜生	楚子才		39	
11		1.2.4	“你们进过学堂的，天文与人事的关系，大概是不相信的罢？”	黄澜生	楚子才		26	
12		1.2.5	“或者有关系的罢……”	楚子才	黄澜生		11	

图2 《大波》(1937)中的对话关系数据表

2. 用Matlab计算出人物关系权重

根据权重公式设计命令，计算出每一对可能有关系的边的权重。权重的赋值公式如下：

1 阿英：“晚清小说的繁荣”，《晚清小说史》，南京：江苏文艺出版社，2009年。

2 此处之所以放弃一种全自动的角色提取法——“词夹子演算法”而采取这种半自动模式，是为了避免抓取听众时候的错误。诚如廖儁凡所意识到的，由于辨认谁是主要听众，谁是次要听众的工作，对于研究者本人尚且困难，更不要说机器识别了。所以本文暂且绕过语言学，没有涉及自然语言处理（NLP）的技术手段。

$$W(r_{xy}) = \left[\sqrt{C_{xy}} \times \sum_{t \in D_{xy}} T_t \times \sqrt{S_t}\right]^1$$

在此，按照此算法公式，决定两人物节点之间边关系如何（即x与y关系）的主要是二人的历次会话情形（以求和函数$\sum Ti$来表示，Ti表示每次由不同对话情形决定的赋分类型，D_{xy}则为二者间的所有对话）、对话节句的字数（以Si表示）以及会话发生的总次数（以C_{xy}表示）。在三种会话情景中：两者一为说话者、一为主要听众时，赋值最高（即Ti=5）；其次则是一为说话者、一为次要听众的情况（即Ti=3）；二者同为次要听众时赋值最低（Ti=1）。这是因为，我们认为在一次多人参与的会话中，角色和其主要说话听众的关系，要比和次要听众的关系"深"，而且三百个字的发言亦比二十个字的发言重要，而一般认为，出现于同一会话场景中的总次数多，两个人便也越"有关系"。将Matlab的计算结果导出，发现四部小说全部的人物关系中最"深"的前三组为：

表2　三部曲中关系最深的前三对人物

《死水微澜》	人物1	人物2	权重值	《大波》（1937）	人物1	人物2	权重值
1	罗歪嘴	蔡大嫂	13 550	1	黄澜生	黄太太	77 621
2	罗歪嘴	刘三金	6 214	2	黄澜生	楚子才	73 336
3	顾天成	钟幺嫂	5 026	3	楚子才	黄太太	61 639
《暴风雨前》（1936）	人物1	人物2	权重值	《大波》重写本	人物1	人物2	权重值
1	郝又三	尤铁民	19 523	1	黄澜生	黄太太	107 815
2	郝又三	田志士	18 691	2	楚子才	黄太太	78 614
3	郝又三	郝香芸	14 995	3	楚子才	黄澜生	41 455

3. 将所有人物关系的权重数值导入软件，使用R语言包Tnet（R-package Tnet）计算出四个加权网络的各种特征值。[2]

1 此处所据，来源于廖儁凡论文中为权重赋值的公式，但在使用Metlab计算的过程中又做了改进处理。廖儁凡：《中国古典白话小说中的社会网络关系：以〈儒林外史〉为例》，第32页。

2 由于在同一部文本中每一对关系权重天差地别（从1—100 000不等），例如在重写版《大波》中最大的边权重为107 815，而最小的权重仅有1，所以在后续的（转下页）

4. 将所有人物关系的权重数值导入Gephi，绘制四个文本的网络图，计算出网络的各种统计特征值（如各种中心性）加以比较分析，就结果所提示的叙事学含义进行阐发。

四、中心性计算与关键人物的发现

中心性的计算对于小说人物网络分析之所以意义重大，通常是因为它提示了关键节点（人物）的发现。在图论和网络分析中，中心性（Centrality）是一个由社会网分析发展出来的关键概念。这一个体结构指标标示着网络中最重要节点的存在，评价一个人或组织的影响力，衡量其地位的关键性或特权性，以及社会声望等常会采用这一指标。[1]中心性的形式可以分为程度中心性（Degree Centrality，或度中心性）、接近中心性（Closeness Centrality）、中介中心性（Betweenness Centrality）以及特征向量中心性（Eigenvector Centrality）等等。就目前研究而言，理

（接上页）特征值计算时，本应使用Tore Opsahl等人针对加权网络（weighted network）而设计的算法。这一改进对于小说人物关系网络的准确建构来说至关重要，也是廖儁凡关于《儒林外史》的研究中所忽视的一点。Tore Opsahl等人在Gephi软件所采用的Brandes算法基础上对以往非加权网络的度中心性（degree centrality）和中介中心性（betweenness centrality）算法做了改进，为将边数和边关系的权重对于结果的影响同时考虑进来，他特别添加了一个α参数，以便在计算各种中心性指标时，可以自由调节边数和边权重两种影响因子的比例。经本研究验证，这两种算法的确存在一定偏差，但在排序的前三名上体现得并不显著。其原因将在下文的中介中心性分析中进一步说明。参见Opsahl, T., Agneessens, F. & Skvoretz, J., “Node centrality in weighted networks: Generalizing degree and shortest paths,” in *Social Networks*, Vol. 32, No. 3, pp.245–251, 2010. Brandes Ulrik, “A faster algorithm for betweennes centrality,” in *The Journal of Mathematical Sociology*, Vol. 25, No. 2, pp.163–177, 2001。

1 L. C. Freeman, “Centrality in social networks conceptual clarification,” in *Social Networks*, Vol. 1, No. 3, pp.215–239, 1979. S.P.Borgatti, “Centrality and network flow,” in *Social Networks*, Vol. 27, No. 1, pp.55–71, 2005. Borgatti, S. P., Carley, K. M. & Krackhardt, D, “On the robustness of centrality measures under conditions of imperfect data,” in *Social Networks*, Vol. 28, No. 2, pp.124–136, 2006. P. Bonacich, “Power and centrality: A family of measures,” in *American journal of sociology*, pp.1170–1182, 1987. 罗家德：《社会网分析讲义》（第二版），北京：社会科学文献出版社，2012年，第187页。

应得到小说研究者高度关注的是程度中心性和中介中心性，当然，这并不是说其他中心性就不重要。

（一）度中心性与小说“主人公”“半真人”形象与重要历史人物的“虚构”

在几种中心性中，程度中心性是最基本、最常见的用于衡量谁是社团中心人物的结构指标。社会网中，度中心性可以理解为一个节点的关系数量的加和，即一个人连出的边越多，他的度中心性则越高，对于整个网络来说他也就越重要。程度中心性最直观地体现了一个节点“受欢迎”的程度，即拥有最多的直接连结关系的人，故事中的他/她会与最多的人建立起“关系”。在李劼人五个文本的网络分析中，度中心性最高的人物是指在各部小说的全部对话场景中，与其谋面（处于同一会话场景中）的不同人物总数最多的一位。在某些情况下，人们很可能将这样的人物认作小说的“主角”或者说“主人公”（protagonist）。然而，与最多的人“谋面”，并不一定意味着与最多的人有最多的语言交流，发生了最深的交往关系。在加权网（weighted network）中，程度中心性的计算还需同时将边的权重（即两个人物历次对话发生的具体情形）考虑进来，而不仅仅是把曾经与其出现在同一会话中的人物总数加和。所以加权网一般采用的是带权重的度中心性指标，也可以用加权度数（weighted degree）来近似性地代替。[1]实际上，从所有现有指标来看，小说人物网络中最符合“主人公”特征的中心性，正应该是加权中心性，或者说加权度数。[2]在本研究的四部作品中，度数（度中心性）和加权度数最高的前三个人物排名分别是：

1 即在计算节点的中心性时，同时将由它连出的每一条边的权重也考虑进来，而不仅仅是看一个节点能够连接多少条边。也就是说，在计算一个人物角色的中心程度时，不仅仅单纯看他/她与多少人有关系，还要将这些关系的程度（深浅）经过加权平均后考虑进来，得到一个综合的结果。

2 此处省略了接近中心性的情况。在一些研究中，人们把接近中心性最高的人物当作主人公。例如在前述《哈姆雷特》的例子中，哈姆雷特到所有节点的平均距离是1.45，理所当然成为核心人物。然而遗憾的是，这个指标的计算要求却很高，在网络中，必须是完全相连的图形才能计算接近中心性。

表3　度数（degree）/加权度（weighted degree）排名前三的人物

	《死水微澜》		《暴风雨前》（1936）		《大波》（1937）		《大波》（重写本）	
	度	加权度	度	加权度	度	加权度	度	加权度
1	顾天成 30	蔡大嫂 29 814	郝又三 39	郝又三 94 150	**楚子才 40**	**黄澜生 280 175**	楚子才 67	黄澜生 271 030
2	蔡大嫂 26	罗歪嘴 26 799	郝香芸 21	尤铁民 40 452	**王文炳 29**	**楚子才 227 781**	郝又三 54	黄太太 251 780
3	罗歪嘴 16	顾天成 17 445	郝达三 16	田志士 36 102	**黄澜生 27**	**黄太太 195 474**	罗伦 53	楚子才 236 411

显然，加权度数的排序更符合我们对故事“主角”的期待和认定，在这一点上，最明显的莫过于旧版《大波》了。如果刨除一场又一场的政治运动不计，而纯粹从世情叙述的线索来看，《大波》（1937）讲述的是一个偷情的故事，一个侄、婶之间日复一日陷入家庭内部不伦关系的故事。作者花了近一半的笔墨来写叔侄议政、婶侄调情，以及夫妇间的龃龉斗嘴，这些随处可见的琐碎对话使得黄澜生、楚子才和黄太太之间的三角关系成为网络中最醒目的标识（图3）。相比之下，楚子才的同学、供职于保路同志会的王文炳固然拥有最大的度中心性，在罗、蒲、邓等士绅领导耳边提出了“罢课罢市”的关键主张，适时地充当了“引爆信管”的重要角色，四通八达的人脉让他成为沟联黄家和罗伦集团乃至军方（吴凤梧）的重要节点，甚至加权度在他之上的黄澜生本人还要通过他来获取同志会的消息——但是我们依然很难将他视为整个故事的“主人公”，这是因为和前三者相比，他参与的有效对话和关于他的笔墨还是太少了。

接下来，如果以此为判断依据的话，兴许会发现仅凭阅读印象而来的某些似是而非的成见并不可靠。例如，评论界一种较有代表性的意见认为重写本《大波》的主角不再是1937年《大波》所着力刻画的近在眼前的平凡人物，那些“直接参与变革历史面貌的人却担任了小说的主角”，[1]继而得出建国初期李劼人的“英雄史观”主导了1950年代《大波》的重写行为。那么，不妨再来看一下数据结果（表4）。实际上，并

1　张大民：《精细的描写与史诗的概括》，《李劼人小说的史诗追求》，成都：成都出版社，1992年，第18页。

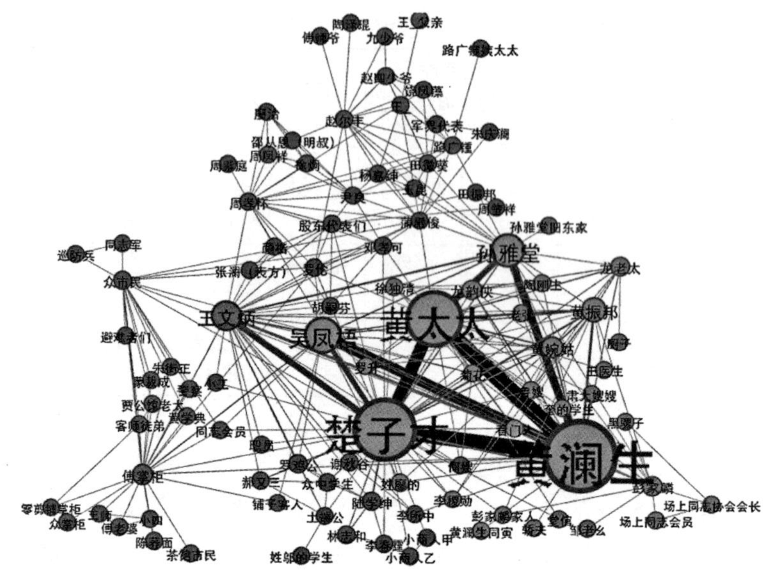

图3 《大波》(1937)中的人物关系网:按加权度(Weighted Degree)排序并作社团化分割(Modularity)(节点越大表示加权度越高,连线越粗表示关系权重越大)

没有任何一位真名实姓的历史人物进入了前十,连发起运动的中坚力量、呼风唤雨的立宪派领袖罗伦都排在了第11位(35 921)。

表4 《大波》(重写本)加权度排名前十的人物

人　　物	度　　数	加权度 (Weighted Degree)
黄澜生	45	271 030
黄太太	33	251 780
楚子才	67	236 411
郝又三	54	93 697
葛寰中	25	58 189
周宏道	25	56 900
吴凤梧	52	56 230
郝达三	33	54 660
王文炳	26	45 826
孙雅堂	27	37 543

那么，能不能就此说历史人物在李劼人的小说中仅仅充当了浓墨重彩的背景而已呢？实际上，这一计算结果的出现又与《大波》三部曲整体上的人物设计观念密切相关。1961年底，重写过《大波》(第三部)的李劼人在面对关于出场人物过多、“东露一鳞，西露一爪”的质疑时，曾以一种很重要的人物塑造方法为自己辩解，那便是“陪衬人”的手法：

> “说到中国的古典长篇，如《三国演义》、《水浒传》、《红楼梦》、《金瓶梅》无论已，即如清末吴趼人的《二十年目睹之怪现状》，因为要把千奇百怪的世相反映出来，若只光光生生写少数几个人物的形象与其活动，这怎么能够呢？何况中国一句常言：“牡丹虽好，还要绿叶扶持。”所谓扶持，即陪衬是也，即烘托是也。**而且我写《大波》，因为一半是真人，真人局限性大，的确不好写，为了写得透彻，写得全面，有时必须要创造几个人来，从旁发挥，笔在于此，而意却在于彼，分而观之，是两人或数人，合而观之，固一人也。**比如龙泉驿兵变中，夏之时、林绍泉、魏楚藩几个是真人，其余都是创造的。假使不创造那一些人，不但夏之时“不期然而然”的行为，无法讲清楚，而且兵变的情况，也容易写来落套。再如葛寰中这个人，谁也看得出有一部分就是周善培的影子，吴凤梧这个人，许多熟悉成都故事的朋友，都晓得他身上包含有孙兆鸾的成分(孙兆鸾要在第四部分中才露面)。[1]

在三部曲中，为了将重要历史人物及其所处身的整个阶级的历史面貌如实而逼真地展现出来，李劼人还塑造了大量像吴凤梧、葛寰中这类甘当“绿叶”、起“陪衬”作用的“半真人”形象，他们实乃小说家最为用心的构造物。例如，充当周善培的“陪衬人”的半官半绅人物葛寰中就是此类代表，也是三部曲中不易为人注意，其作用却不容忽视的一个关键角色。作为一名从日本考察归来、在西南一隅掀起维新浪潮的

1 李劼人：《〈大波〉第三部书后》，《李劼人全集》(第四卷大波重写本下)，第1163页。

风云人物，历史上的周培善饱受争议。对于李劼人来说，这便意味着对当世之人进行直接刻画和评判将是困难的。所以作者选择正面着笔处极少，大多以“道听途说”和将其分作“两半”的办法——通过塑造周善培的“影子”葛寰中来窥视周善培的内心和意识，以达到写其本人的目的。在1936年的《暴风雨前》中，葛寰中既是乡绅，又是议员，出洋归来后供职于发审局，成了老上司周观察（周善培）忠心耿耿的拥趸，不仅日用起居全副东洋派头，言谈中更是三句话离不开日本。然而，如此唯“新”是举的人物，待人接物却世故圆滑，很有些旧官派，见好于维新志士和官府两面，处理起公务来滴水不漏，其内心世界，几乎无人猜得透。

葛寰中究竟是不是丁未年成都革命党起义失败事件的告密者？可谓1936年版本的《暴风雨前》留给读者的一大悬念和疑点。在旧版中，几乎全部似有心或无意留下的叙事线索都指向了葛寰中。在李劼人心中，对这一问题的揭示在某种程度上甚至关乎改写工作的成败。改写版《暴风雨前》（1956）中，葛寰中这一反面角色由暗及明，分量明显加重，从加权度排序的变化上可以很清楚地看出：

表5 两个版本《暴风雨前》的加权度排序

	《暴风雨前》（1936）	加权度（weighted degree）	《暴风雨前》（1956）	加权度（weighted degree）
1	郝又三	94 150	郝又三	150 965
2	尤铁民	40 452	尤铁民	55 130
3	田志士	36 102	田志士	54 209
4	郝香芸	29 880	郝香芸	50 092
5	郝达三	16 194	郝达三	37 566
6	伍大嫂	14 541	**葛寰中**	**20 382**
7	吴　鸿	14 181	郝香荃	20 228
8	郝香荃	13 216	姨太太	17 404
9	**葛寰中**	**13 139**	吴鸿	15 170

可以看出，葛寰中的加权度从旧版中的第九名（13 139）跃升至新版中的第6名（20 382），成为仅次于主角们的一个重要配角，是“戏份”增加最多的一个角色，足以见出这位分有了周善培最多特点，甚

至与之难分彼此的葛寰中是李劼人十分感兴趣，也十分想写好的一个政治人物。在改写版中，这种难以掩饰的兴趣除了以当时的民议为基础，更建立在颇下功夫的历史调查之上。为了弄清丁未疑案的来踪去脉，李劼人翻查了数十万字的文件，采访了十几位当事人，搜集了大量证据。[1]改写本借田志士和同样供职于发审局的黄澜生之口，交代了王琰、葛寰中二人为夺头彩，私下较量，抢抓革命党人的事，基本采纳了当事人江问山将吕定芳认定为叛徒的说法，[2]还加进一名张孝先，并将此二人明确指认为被王棪派去革命党内部做眼线的间谍。如此，葛寰中、王棪“一府两县”的争锋便被落实了，也就是基本否定了当时流行的政治小说《成都血》中王琰以革命者的血染红顶子的说法，[3]以及1936年版《暴风雨前》中葛寰中告密的猜测，力图展现出在葛（所代表的警察局）和王（代表的成都知府）新旧两种势力斗法背景下王琰的最终失利。而此案最终会“松”下来，“六君子”得以轻判，既得益于维新气正盛的地方学界的倾力相助和江问山一家的私人人情，更有赖于周善培深藏不露的“手腕”，这一点被下属葛寰中看得十分透彻：

> 这有甚么难懂。上宪的意思，首先，是不要彰明较著地闹到京里知道该管地方也有了革命党人起事；其次，革命党人不比土匪，大抵都是上等阶级的人，同地方绅士多多少少都有一些渊源，顶好的办法，是拿着就黑办，当成土匪办，设若要卖人情，那就只好光打炸雷，可别下雨。上回由于我们不懂妙窍，几乎弄得劳而无功，后来看见周观察的手腕，我才领会到上宪的用意，果然比我们当属员

1 李劼人：《谈创作经验》，《李劼人全集》（第九卷），成都：四川文艺出版社，第249页。

2 参看萧仲伦：《忆乙巳至辛亥时期四川的武装起义》，《内江文史：“辛亥革命”与内江专辑》（第28辑），第44页。

3 载《四川》1908年第三期，署名“恶恶”，作者不可考。此前的现代文学研究对此篇政治小说屡有提及，但真正切中其主题和影射之本事的却还未见到。事实上，对辛亥前期的成都时政稍有了解便会知道，小说中的“王壳子”是成都府知县王棪的诨名，小说所写的正是丁未年（1907）间成都留日革命党人起义失败，被王棪所抓，“六君子”遇难之事。

的高明。[1]

此案中，周善培因案首谢持恰为自己的门生和手下文案，而被置于十分尴尬的境地。但是按葛寰中的解释，识时务的周善培却一面就坡下驴，暗示门生一走了之，一面故意不领王琰的情，以放走主盟者为由将责任全部推到王琰身上，吓得王不得不见风转舵烧起了"六君子"之首杨维的"冷灶"。李劼人对这样的周善培很是熟悉，曾向好友张颐坦言："秃公之脚踩两只船，是有所师承。翁统观我写其人前后（从《暴风雨前》起）便可审之"。[2]历史上的能吏周善培"两面人"的形象，就这样在葛寰中的表演和"转述"中一步一步地立体、丰满了起来。

葛寰中是一个贯穿三部曲始终的人物，也是一个"通天接地"、不断将清廷和外界消息传播至川中士绅阶层的"链接性角色"（linkage），或者说"中介性角色"。[3]在清末厉行新政时期（1901—1911）的地方舞台上，这一兼具旧乡宦和新议员身份的群体是地方变革的隐匿主角，其做派和行状都与周观察们如出一辙。《大波》问世后，周善培为了洗清自己在辛亥四川事变中的历史形象，迅速出版了一系列自辩性的回忆文章。[4]但是他可能不知道，小说家塑造出的角色，除了明面上人人得以见到的周善培，还有他的"马甲"，那个颇有意味的葛寰中的形象在暗中帮衬，而后者却是周善培无力也无从反驳的，这正是善于避实就虚的小说家高人一等的地方。实际上，在三部曲蔚为壮观的人物长卷中，像葛寰中一样，既对历史人物的塑造起支撑作用，又从多方位呈现了阶级风貌和历史进程的关键角色还有很多，作者对他们的重视，已然超过了小说主角，其功用无不关乎小说主旨的表达。借助

1 李劼人：《暴风雨前》，北京：作家出版社，1956年，第291页。

2 此处秃公即指"周秃子"周善培。"师承"指其老师周紫庭亦极善此道。见《李劼人晚年书信集增补本1950—1962》，王嘉陵主编，成都：四川大学出版社，第236页。

3 王汎森认为，近代几个大变动时期的地方变革，都缺不了这类"链接性"角色，他们使得核心区和中央舞台的活动和信息能够扩散到小地方，改变着一地一区的政治意识，成为在地化的"传讯系统"中的重要一极。见王汎森：《"儒家文化的不安定层"——对"地方的近代史"的若干思考》，《近代史研究》2015年第6期。

4 周善培：《辛亥四川事变之我》，1938年。

于对小说人物中介中心性的计算和讨论，我们可以更清晰地看到这一点。

（二）中介中心性与中介者

对小说社会网研究来说，中介中心性（betweenness centrality，介数中心性，居间性）可谓最有意味的一种中介性概念。[1]它关注的是某点“介于”其他两者之间、筛获两点间信息的“能力”。以信息网络为例，流经最高中介中心性人物的消息最多，这种人一般能够控制其他人物之间消息的传递，构成了两个群组之间的重要传播“桥梁”。按社会学的说法，这种人物通常能够凭借其位置获取相当大的调控权，他们不一定是一部小说的“主人公”，却十分活跃，在社交行动中扮演类似“交际花”的角色，拥有更多的“社会资本”，是名副其实的“中间人”。（broker，掮客）[2]本研究中，在综合了中介中心性的定义以及关系的权重公式的基础上，中介中心性测量的是一个人物共同出现在其他两个人物的会话场景中的能力，可以说反映的还是在整个叙述时空中这个人物的流动性和活跃程度。值得注意的是，以对话情境为基础计算出的中介中心性所表明的还不是纯粹社会学意义上的交往居间能力，其深意更指向叙事行为和叙述意图层面，这是尤其值得我们探究的部分。

如图4所示，在第二部《暴风雨前》的故事中，郝又三之所以重要，不仅因为他是加权度最高的主人公，更因为他位于所有人物节点的中间，恰好也拥有最大的中介中心性，是唯一一个将故事中的四个社群全部关联起来的人物，而这四个社群正好对应了文本中形态各异的四个阶层空间。小说叙述即以他的经历为线索串起了丁未年间种种具有典型意义的社会场景：从败落离散，主仆矛盾激化的官绅之家出来，来到吸纳各式维新志士的“文明合作社”，结识了尤铁民、苏星煌等潜在的革命分子，却尊父母之命娶了自己不爱的表妹。在妹妹郝香芸的不断

1 中介中心性用于评估一个节点在其他节点之间路径上的分布程度。与其他中心性不同，中介中心性并不是为了描述一个节点在网络中的连通状况，而是为了测量一个点“介于”其他节点之间的能力和程度。

2 纽曼（M. E. J.）：《网络科学引论》，郭世泽，陈哲译，北京：电子工业出版社，2014年。

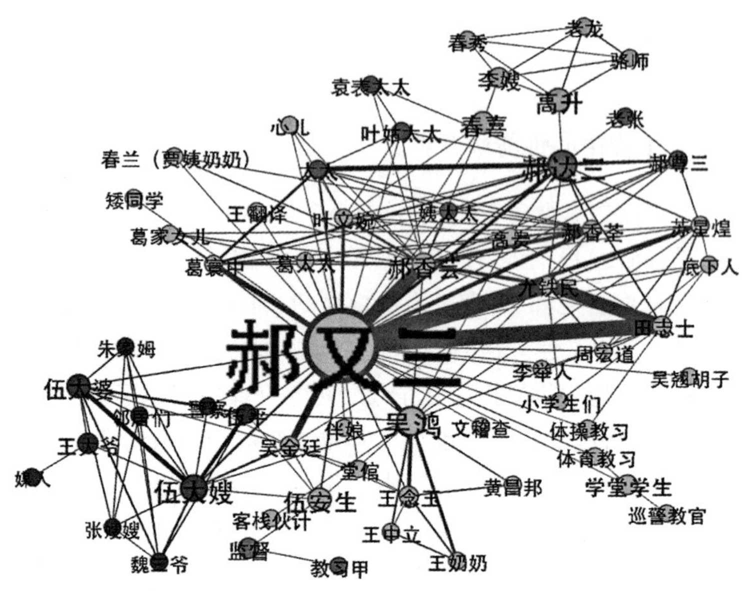

图4 《暴风雨前》的人物关系网：按中介中心性（Betweenness Centrality）排序并作模块化分割（Modularity），节点越大表明中介中心性越高

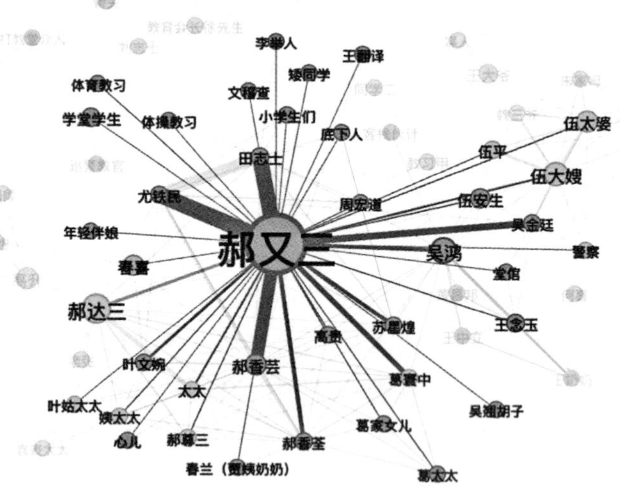

图5 郝又三的网络：按中介中心性排序

鼓舞下进入崇尚新学、革命风气正盛的高等学堂后，竟被皮条客吴金廷拉进了伍大嫂生活的下莲池底层社会。在故事最后，这段姻缘最终因伍大嫂的丈夫伍平的归家而无疾而终，郝又三也回归了自己的旧处境。这样一个没有根底，凡事要靠“推手”才能成行的纨绔子弟，正好成为网络当之无愧的“中心”，由他生发出的人际关系近似于一个自我中心的“星形网”（图5）。[1]

接下来，如果分别以Opsahl（2010）算法（即专门针对加权网络设计出的算法，简称O算法）和Brandes（2001）算法（Gephi所采用的经典算法，简称B算法）计算三部曲人物的中介中心性并做排序，会得到以下结果：

表6　中介中心性最高的前五个人物：分别根据Brandes（2001）和Opsahl（2010）（α=0.5）两种算法所得

文本 / B\O算法	《死水微澜》		《暴风雨前》		《大波》（1937）		《大波》（重写本）	
	O算法	B算法	O算法	B算法	O算法	B算法	O算法	B算法
1	**顾天成 1 301**	**顾天成 893**	郝又三 1 485	郝又三 991	楚子才 1 985	楚子才 1 380	楚子才 14 225	**吴凤梧 13 135**
2	蔡大嫂 947	蔡大嫂 557	**郝达三 316**	**郝达三 289**	**傅掌柜 1 596**	傅掌柜 940	**吴凤梧 12 157**	楚子才 9 218
3	招弟（春秀）841	招弟（春秀）446	**吴鸿 277**	**吴鸿 213**	黄澜生 1 587	王文炳 771	**罗伦 6 630**	**朱之洪 6 182**
4	郝太太 552	郝太太 275	伍大嫂 264	伍大嫂 175	王文炳 1 327	孙雅堂 740	**朱之洪 6 504**	罗伦 5 687
5	罗歪嘴 281	三个混混 240	郝香芸 220	高升 125	吴凤梧 1 219	黄澜生 589	赵尔丰 5 520	郝又三 5 445

1 由于其余最短路径上都会有中心顶点，所以在可能的范围内，星形图的中心节点达到了中介中心性的最大值。也正是在这一点上，郝又三的角色和福楼拜《情感教育》中的男主角弗雷德里克非常接近，这也是李劼人的第二部长篇小说《暴风雨前》常常会让人们想起福楼拜的这另一部重要长篇的原因。参见布尔迪厄的相关论述：皮埃尔·布尔迪厄：《艺术的法则：文学场的生成与结构》，刘晖译，北京：中央编译出版社，2011年，第9页。

可以看到，从前三名的排序来看，两种算法得出了相差并不显著的结论。[1]在此不妨再结合表3关于加权度的排序（把其中排名前三的人物视为“主角”）加以比较，那么兴许不难发现：尽管在大多数文本中，这些加权度最高的“主角”们因享有对话描写上的绝对优势，也普遍会成为最高中介中间性的角色（如《暴风雨前》的郝又三、两个版本《大波》中的楚子才），但是不该忽略的是，**像吴凤梧、顾天成、吴鸿、傅掌柜、朱之洪乃至王文炳**这一类不那么引人注意的次要角色，却无疑成为除主角之外拥有最高居间性的人物，而且在某种程度上，这一系列中介者形象的活动轨迹和命运设计很可能提供了比主角更大的叙事意义，暗示了叙述的潜在意图，更应引起我们的重视。

（三）中介者形象序列和地方变革的本质：以顾天成和吴凤梧为例

从第一部开始，如果比较主角蔡大嫂和具有最高中介中心性的顾天成这两个人物（表6），会发现虽然身为第一主角的蔡大嫂拥有更高的加权度，她的形象在整个故事中也相当的光彩夺目，但是顾天成的地位仍然特殊，这体现在如果将其“拿去”的话，网络可能出现的变化，即图6和图7的差异：

顾天成的位置之所以重要，乃是因为他的功能更是结构性的。将故事情节和人物关系可视化后可以看出，去掉顾天成的局部网络，几乎

1 由于Opsahl在专门针对加权网络的算法中加入了 α 参数，更科学地考虑到了边关系权重对中介中心性的影响（在本个案中，我们将 α 设置为0.5，即权重和边数的影响因子各占一半），我们得出的结果便与Gephi软件所采用的Brandes（2001）算法略有偏差。然而，三部曲的文本特点又使得这变化并不至于过大，至少从前三名看来如此。从第一名来看，除了重写本《大波》中由经典算法算出吴凤梧的中介中心性要高于主人公楚子才外，其他文本中的两者都是一致的，微小的变化更出现于第2—5名。而总的说来，这也仅是一定范围内的位序调整而已。在我们用两种算法分别计算第四个文本之后，第一名之所以发生了变化，很可能是由于重写本《大波》的字数陡增（全本字数987 300，是1937年版的两倍），主角的对话分量加重，随之边的权重自然变重所导致的。可见对话字数的绝对增加很大程度上影响了O算法的结果，这种趋势在前三个文本结果中也不难见出。但是，即便在这样的强势影响之下，吴凤梧仍然排到了第二名，这说明在重写本中他仍是一个相当关键的中介者形象。

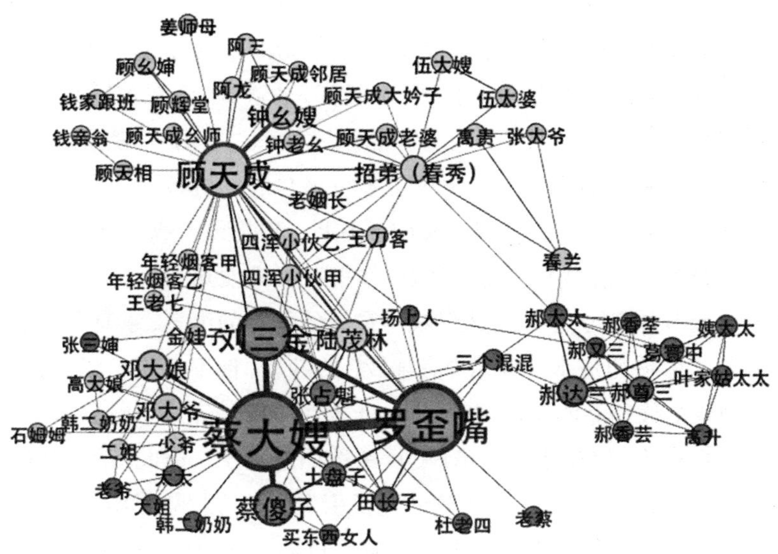

图6 《死水微澜》的人物关系网络：按加权度排序，模块化分割节点

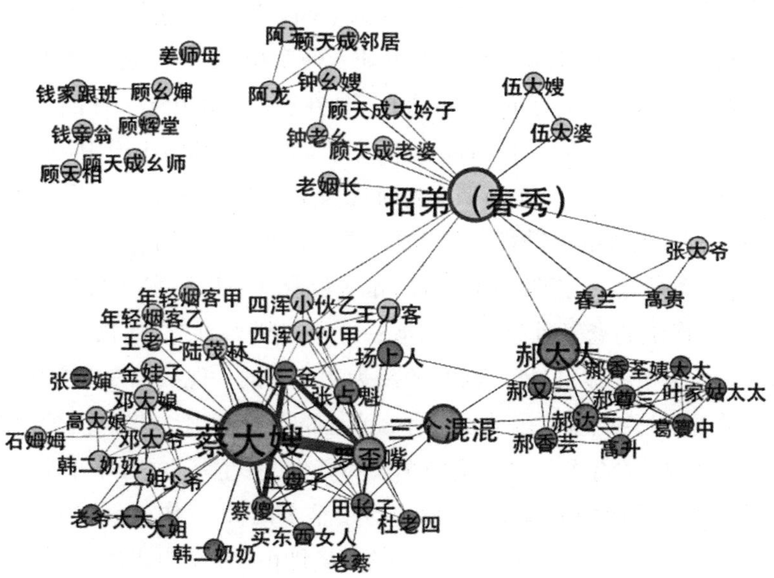

图7 去掉顾天成的人物关系网：按中介中心性排序，模块化分割节点

变成几个无法相联的部分，顾天成左侧包括钟幺嫂、顾辉堂、曾师母在内的亲族邻人群体完全解体，和右侧故事的发生地天回镇之间的联系，便只能靠走失的闺女招弟来建立了。我们知道，在故事的后半截，走失的招弟被伍大嫂一家卖至郝家，化身郝家下人春秀，天真而近似痴愚的孩童视角让郝府上下诸多不可告人的私情关系"无意间"暴露出来，可见这一脉线索也的确为叙述贡献了不可多得的玄机妙门，招弟的中介中心性因此仅居蔡大嫂其后（表6）。在此，其父顾天成之所以举足轻重，乃是因其后来攀上洋人的势力，在第一时间便知悉了"八国联军逼走了皇太后和皇帝"、洋人必将获得官府的保护的消息，掌有了报复袍哥头领罗歪嘴的资本。凭借"信息战"的胜利，他不仅赶走了罗歪嘴，还娶回象征战利品的罗歪嘴的女人，土财主成功地完成了阶层跃迁，变身为有钱有势、信洋教的大粮户，后来的团防头子。由此，顾天成的命运轨迹，成功地表征了由中央朝政危机引发的地方权势格局的变迁，他本人也成为庚子年成都平原上真实发生过的一系列"打教堂、杀教民"等历史事件和"蔡大嫂偷情、改嫁"故事的联结枢纽。

吴凤梧也是《大波》中至关重要的中间人物。重写本中，吴凤梧的分量超过了旧本中中元节惨案的见证者傅掌柜，成为除楚子才和黄澜生之外具有最高居间性的角色（表6），处在和楚子才几乎一样四通八达的网络中（图8、图9）。在这部全景式再现保路风潮的小说中，吴凤梧是来自军界的代表，一个新旧交替时代渴望出头、到处钻营的军管带和旧幕僚。吴凤梧的流动性是惊人的，闯荡江湖的兵痞生涯令他同立宪派头领、革命党人、新军政府头目、市民群众代表以及富绅们都攀上交情，他性格中的老于世故表明这是一个名副其实的"交际花"、变色龙形象。吴凤梧的能量是巨大的、不易为人察觉的。他虽无太多文化，却在关键时刻站对了队，虽然没有什么真正的革命意识，却混成了调领同志军的统领，掌有了可以出头的军权和资本，在重写本中，一个吴凤梧竟然策划了周鸿勋的叛变，从而逆转了整个局势。[1]作为《大波》雏形的《梦痕——辛亥忆旧中的几缕》[2]的开场即由"一个由川边丢了差事，

1 李劼人：《李劼人全集》(见第4卷《大波》重写本)，成都：四川文艺出版社，2011年，第536页。

2《国论月刊》1936年第11期。

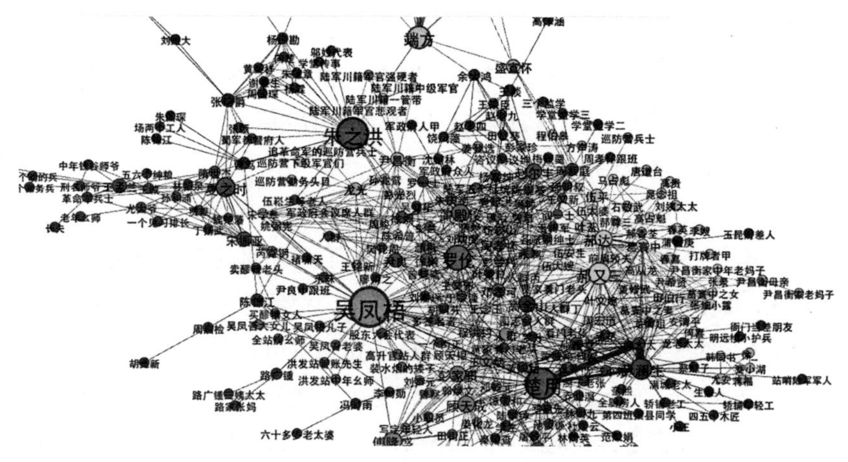

图8　《大波》(重写版)人物关系网：按中介中心性排序，模块化分割节点

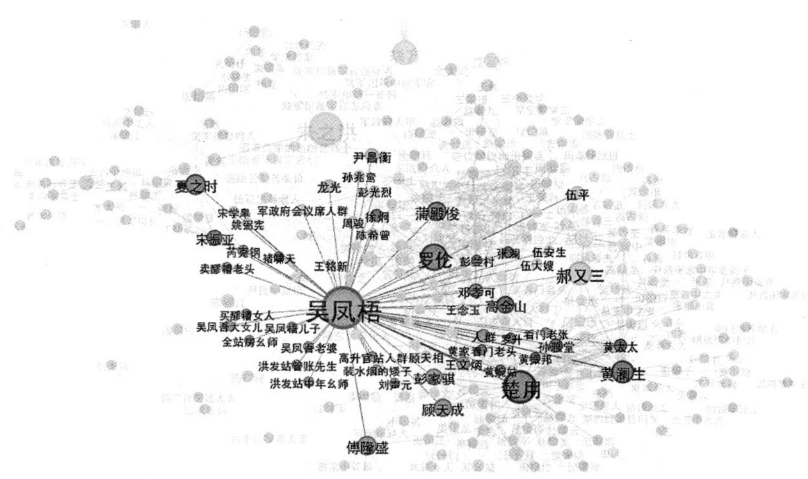

图9　重写本《大波》中吴凤梧的网络：按中介中心性排序，模块化分割节点

回到成都的管带”讲起，而整个故事也是以吴凤梧的“一人得道”，黄家“鸡犬升天”来结尾的。重写本中亦加入了一些以这个人物为聚焦的重大历史事件，如著名的“龙泉驿兵变”就是在吴凤梧的个人感知中发生的。可见这是一个贯穿《大波》始终的长线人物。在未能完成的重写本《大波》中，他的不可预测的未来应该还有更多重头戏。李劼人为什么对这样一个角色保持了自始至终的强烈兴趣？事实上，这里涉及一个对“革命”本质的理解问题。吴凤梧是历史上真实存在的四川军阀孙兆鸾的“陪衬人”，小说中又一个重要的“半真人”形象。一个

名不见经传的跑滩匠在反正后的新军政府中摇身变作都督尹昌衡手下的一标之统，吴凤梧这一类集袍哥、旧军人和底层游民等身份为一体的“造反者”的发迹史，某种程度上正反映了所谓“革命”何以发生又何以含有太多未竟之志的根本原因。

从这一角度看，1937年《大波》中真正有觉悟有意识的革命主体形象是缺位的，人们没能从小说叙事中发现任何正面的革命性力量。像吴凤梧、吴鸿、王文炳、孙雅堂、傅隆盛……大都属于李劼人所创造的“半真人”的中间人物序列，与行动轨迹相对保守的主人公郝又三、黄澜生、黄太太，乃至楚子才等人相比，这些尚有一息“主体意志”留存的“小人物”，在争路大潮的冲击下纷纷出离了自己的“本分”，奔波往返于革命前后真实的历史人物和虚构主人公的生活世界之间，本该具有一定的能动性和“革命潜能”。然而，小说中吴凤梧的政治意识和觉悟却和其真正的对位性角色——那位善于弄权的交际花黄太太不差上下。在小说中，黄太太的私情关系只是她的政治意识的隐喻。只要自家安稳享乐，管他世上洪水滔天，是这位由闺阁进入客厅的“西太后”的保身大法。对于吴凤梧这一类不停游蹿于各个势力集团之间，没有丝毫定见和操守的政治流民来说，“革命”不过是四处逢迎、适时站队和玩弄手段的“把戏”。

除了黄太太，在旧版《大波》中，吴凤梧还与中心性较高的王文炳和孙雅堂构成了信息的铁三角，成为网络中重要的消息源（图10、

图10 《大波》（1937）（按度中心性排序）

表6)。小说前半段,立宪派人士的全部活动需王文炳“泄露”出来,而赵尔丰府中的内幕,则要靠孙雅堂辗转传递出来。临近结尾的天下大乱之际,交代东校场兵变内情的任务,则落到了吴凤梧身上。结合当时的政治情形,此三人其实正代表了革命前夕上蹿下跳、左右逢源的三种政治势力:以孙雅堂为代表的地方旧幕僚,以王文炳为代表的“假绷革命党分子”,以及吴凤梧所代表的新军武备系军阀的前身。事实上,这三类人正是共和革命后霸据四川历史舞台长达二十五年之久的主角。在这个沉渣泛起的时刻,吴凤梧、王文炳、孙雅堂等中介者角色和小说主角黄太太一起占据了虚位以待的“革命主体”的位置,其经历和行止最形象地展现出由各地叛乱和起义仓促草成的1911年革命的“大妥协”性。[1]

(四)重写《大波》的中介者形象序列和“革命网络”的发现

在重写版《大波》和《暴风雨前》中,像吴凤梧这样中心性较高的中介者形象还有很多,除了真实的革命党人朱之洪外(表6),还有王文炳、汪子宜、尤铁民等等从外界潜入成都的革命党形象,这些人物都似有原型,他们的行事动机构成了另一个重要序列。某种程度上,1950年代的重写工作想要展示的,正是他们的地下关系网。

旧版《大波》中,尽管作者已经意识到了革命党人的存在,但他们的活动在叙述者口中,一直是一条隐而未发的暗线,人们能够直观看到的,除了神出鬼没的尤铁民,就只有那无比向往革命的王文炳不停地出入于谘议局和股东会,像没头苍蝇一样忙里忙外。李劼人对于革命派的作用,心中是了然的,之所以显得不以为然,很可能由于作者当时对这个问题本身还不甚有把握,材料也未必掌握得全。而事实上,关于革命党人在保路运动中发挥的实际作用,至今仍未成定论。[2]1950年代的李劼人依旧选择用写小说的方式来呈现和探索这个问题。

从总体上看,重写本一大变化是重识1911年的革命形势,“端正”了对革命党人的态度。这绝不仅仅是增删几个人物那么简单的事情。在

1 关于1911年革命的妥协性和连续性问题,参看汪晖:《革命、妥协于连续性的创制(代序言)》,章永乐:《旧帮新造》,北京:北京大学出版社,2011年,第1—27页。

2 苏全有、邹保钢:《近三十年来四川保路运动研究综述——纪念四川保路运动100周年》,《重庆交通大学学报》2010年第10期。

重写本中，作者把重庆方面的情况作为重要的革命推动力量写进小说。

表7 《大波》(1937)与《大波》(重写本)中人物的中介中心性排名(前五)

	《大波》(1937)	《大波》(重写本)
1	楚子才 1 380	吴凤梧 13 135
2	傅掌柜 940	楚子才 9 218
3	王文炳 771	朱之洪 6 182
4	孙雅堂 740	罗伦 5 687
5	黄澜生 589	郝又三 5 445

在小说中，来自重庆的朱之洪看起来不起眼，出场不到十次，不了解四川革命的人可能不大会注意他，而他此前也并未引起小说研究者的注意。然而他在重写版中的中介中心性却十分高，紧随吴凤梧和主人公楚用之后而位居第三(表7)，说明此人在网络中占据要津。事实上，当时重庆方面由于地处长江下游，与外界息息相通，革命形势好于成都。成都的革命党人自丁未年之后，便已涣散无闻，和重庆相比，丝毫看不出什么名堂来，于是，来自重庆方面的朱之洪显然成了革命党在“台面上”的代表人物。小说中，以他为代表的几个“半真人”形象穿起了最重要的叙事机关，成都的军、学、商界在李劼人笔下显得暗潮涌动。

按吴玉章的说法，重庆固然是革命重镇，“但重庆的革命党人却没有大举起事的图谋。他们只派了朱之洪为铁路股东代表，到成都去做些合法的斗争”。[1]朱之洪是最早以股东身份潜入保路运动中心的人。据熊克武等人回忆：“朱之洪以重庆股东代表至省，与曹笃、方潮珍、肖参、曾昭鲁、张颐、刘裕光、王殿飏、杨伯谦、刘泳闿、龙鸣剑、刘永年等及新军中党人密议，谓争路者日与政府言法律辨是非，政府终不悔悟，不如激扬民气，导以革命。”[2]小说的责任在于将这些干巴巴的信息情节化、网络化。(图11)于是在“这才叫风潮”等章中，朱之洪果然身兼重任。这一次，他是谁，目的何在，一贯饶舌的叙述者并没有明言，人们看到的是朱之洪

1 吴玉章:《辛亥革命》,北京：中国人民大学出版社，第120页。

2 熊克武等:《辛亥革命纪事》,戴执礼编:《四川保路运动史料汇纂》(上卷),中央研究院近代史研究所，1994年，第499页。

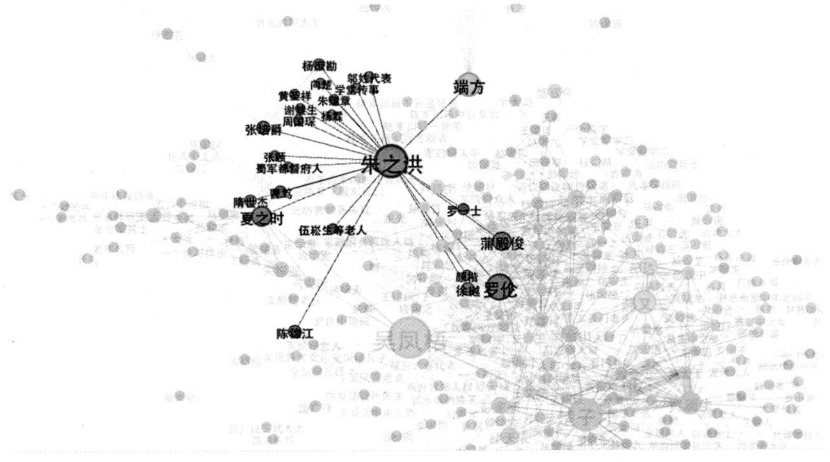

图11　重写本《大波》中朱之洪的网络：按中介中心性排序，模块化分割

（叔痴）和汪子宜在股东大会的会场上配合默契，掀起了股东对端方和朝廷的怒火，此举不仅搅黄了立宪派的计划，还令他们全然不知所措：

> 朱叔痴一下跳到台上大声喊道：“诸君，也听我说两句！……周大人劝我们宽待两三天，我说，只要能够做到把路权路款还给我们股东，莫说两三天，就叫我们等候二三十天，我们股东也可等待。现在，我要请问周大人，还有胡大人、徐大人，你们有什么方法，能够担保把路权路款原封原样还给我们股东？如其你们不能担保，我说，不如恳求赵大帅发驾到这里来，向我们股东当面交待，岂不比你们间接传话好得多！”
>
> 全场都拍起巴掌来，闹得比适才还厉害。
>
> ……
>
> 蒲伯英打断他的话路道：“那就更僵了。不能这样搞啊。君子见机而作，到不得已时，梓青该站出来说几句话，不能再让朱叔痴去鼓动了。我看今天会场上，要没有他，是很能掌握，绝不至于弄成这种僵局。”[1]

1　李劼人：《李劼人全集》（见第4卷《大波》重写本），成都：四川文艺出版社，2011年，第252页。

等到立宪派首领蒲、罗等人回过味来，一切已经晚了，官商矛盾、官民矛盾以及官官之间的矛盾都被闹到了不可收拾的地步，更大的风潮来了。这一段叙述和《保路同志会报告》中的记载趋同。[1]隗瀛涛在《四川保路运动史》中也认为，朱之洪的这一通电文实际上挑起了端、赵二人的矛盾，可谓“别有用心”，“给端、赵二人矛盾埋下了伏笔”。[2]

在小说中，有同盟会背景的重庆革命党人纷纷潜入成都，在学界和军界间建立起网络组织，暗中因势利导，推波助澜，一张真正的革命网络呼之欲出。在这个由中间角色的形象序列组成的网络中，与朱之洪的功能相类似的，还有更不起眼的汪子宜和一直作为“正牌”革命党人士活跃在李劼人笔下的尤铁民，以及身份始终未能勘破的王文炳等。可以说正是他们在几个关节点上将“有序争路”巧妙地推向了武装斗争。小说如何从浩如烟海的史料中搜集证据，通过增设他们的活动线索，来暗示党人对革命的组织作用，正是重写本《大波》不该为人们所忽略的看点之一。

结　论

本文是将社会网络分析应用于现代汉语长篇小说研究的初步尝试，这一探索在目前大陆的文学研究中尚属首例。通过适用性考察、数据挖掘、计算和统计分析，还有最后的文本阐释这几个环节——从莫瑞提式的“情节分析”到本研究中长篇小说的社会网络分析，我们完成了从质化描述到量化分析，从一般网络到加权网的进步，让初识网络分析的人文研究者们皆可凭借“远读”之法，去做“细读”的事情。

就先行者莫瑞提而言，他的研究基本都建立在“大数据”的基础上，还少有浸入文学内部研究的个案，尽管后者才更有可能引起传统文学研究者们的兴趣。在此须强调的是，固然人们对大数据的追求已成为普遍心理，但是社会网络分析却并不一定要有大数据作为支撑。正如前文所提到的，社会网络分析的着眼点更在于对“关系型数据”的提

1 四川保路同志会：《四川保路同志会报告》，第31号。

2 隗瀛涛：《四川保路运动史》，成都：四川人民出版社，1981年，第255页。

取和统计分析，对网络整体结构特征的描绘，以及对关键节点的发现。将其引入小说研究，一是为了可视化的呈现，二是为了能有所发现。在经典的文本细读的路径下，当然可以发现问题，有所成就，辅以这种方式，是希望可以更确凿和理性地去印证我们凭借文学阅读和审美直觉捕获到的感触和认识。在大数据时代，文学研究所面临的处境和变化某种程度上也可看作整个人文研究正面临的机遇与挑战，“远读”式的小说研究自有它的用武之地，它应该像一盏明灯，烛照细读的方向，它最终是要从一个更高的层次上重新回到细读上来，如此才能够不丧斯文。

具体说来，“《大波》三部曲”五个文本中人物通讯的社会网络，建立在容量巨大的人物对话基础上。通过计算比较常见的两种中心性，可有助于发现小说叙事中的一些关键性人物角色。例如，“加权度数”与通常意义上小说“主人公”的概念更相适合。而在主人公之外，现代小说中具有较高“中介中心性”的人物角色通常暗示了文本潜在的叙事意图，对这一类人物功能的探讨，往往有助于作品主题的揭示。在计算这个指标时，应该使用针对加权网路设计的Opsahl（2010）演算法，而非Gephi等软件所采取的Brandes（2001）算法，但是在进入具体阐释环节时，还应根据每一个文本的特征对方法进行选择，对结果进行取舍，方能独辟蹊径，在更深的层次上为叙事性作品提供意义。

在加权网中，中介中心性最高人物的功能和叙事学意义是什么？按照此种文本挖掘方式，在古典小说中具有最大居间性的人物，可能仅仅是个负责“串场”的角色，如《儒林外史》中的金东崖（廖儁凡，2010）。但是，在现代小说，尤其是带有浓重写实色彩的历史小说中，他/她可能是一个在性格塑造和叙述功能双重层次上都占据重要地位的人物角色，这一角色的存在提示着文本的深层叙述意图。“《大波》三部曲”中，像楚子才、黄澜生、郝又三，甚至黄太太等这些在行动中延宕摇摆的主人公，他们的性格很难说是发展着的，从出场到结局，并没有太大变化，而故事情节不过是就他们性格的某一方面反复敷衍而成，诸如黄澜生的软弱犹疑，楚子才的耽溺情欲，郝又三反复受制于他人……相较之下，跟随中介中心性计算结果和可视化呈现的提示，我们会发现，无论是捐官不成反失女、为报私仇而奉教，最后竟失而复得的土粮主顾天成，还是机关算尽想要跻身上流的吴鸿、游窜于各个社群之间的吴凤梧，乃至被民众运动启蒙的傅掌柜、为最后的革命成功铤而走险的朱之洪、尤铁民，甚或是身份暧昧的王文炳、孙雅堂，他们是小说里为数不多的“小人物”，本该埋没于各类人群中，却常常担当了隐秘关系和重大事件的发现者和目击者，成为一个个把控重要消息的“关口”。他们的性格塑造虽未及主人公丰满，但是大都极不安分，不甘于自己的处境和命运是他们的共性，他们的进阶和升迁的遭际因而显得格外耐人寻味。在这一意义上，李劼人是想延续《儒林外史》和晚清小说之笔触，勾勒出动荡社会中这些中间阶层的行迹，以之心、眼来观察崇高历史的形成。在革命的波澜席卷一切之际，在中国近代社会由帝制向共和转型的短暂进程中，他们的运命浮沉似乎预示着谁将成为历史的主角，类似黑格尔所说的“平民史诗”，他们的风格更能代表市民社会的本色。

回到李劼人小说的文本形态和文化价值上，由于这些重要的中间人物同时也是不可忽视的信息传播者，叙事对他们的重视某种程度上正体现了小说家对这一段最动荡的历史所抱有的总体认识。而尤其在1930年代的李劼人的认识中，这更是一场由外界传导而来的“革命”——辛亥革命“被动”发生的历史本质使得“信息”或者说消息的传播成为三部曲的真正主角，由此诞生了李劼人小说独特的叙述形式：小说叙事即信息的“传述”(transmit)过程，信息量巨大的对话引语和以“转述体”形式出现的反讽修辞，使晚清“新小说”中单纯的拟话本形迹，演化为意味复杂的现实表征。

《盗墓笔记》与《鬼吹灯》的计量风格学研究

涂梦纯　刘　颖*

摘　要： 本文从计量风格学的角度，对《鬼吹灯》《盗墓笔记》这两部同一题材的网络小说进行对比。出版十余年来，这两部同样有关盗墓、探险的作品一直被读者们进行比较，而与传统文学评论不同，计量风格学通过客观的数据统计和分析，而不是主观的阅读感受对文本的风格进行研究。本文选取段落、句子、词汇等不同级别的特征量，运用频率分布、假设检验、文本聚类等方法分析这两部小说的不同，并结合具体文本定性分析数据背后所代表的作品风格，力求得到真实全面、客观可靠的结论。

关键词： 计量风格；《鬼吹灯》；《盗墓笔记》；层次聚类

引　言

《鬼吹灯》和《盗墓笔记》均是风靡一时的网络小说，以其新奇的题材和远超出普通"快餐文学"的文学素养脱颖而出，先后被改编成游戏、电视剧、电影等多种形式，在出版十余年的今天依旧拥有极强的号召力。由于题材相同，自两部作品面世以来，读者一直热衷于将它们相互比较，甚至评判高下。事实上，两部作品的确风格迥异——一般认为《鬼吹灯》的文学价值较高，而《盗墓笔记》在背景架构、人物塑造上更有独到之处。但对于两人作品的评价也仅止于此了，"粉丝"评论的偏

* **作者简介：** 涂梦纯，清华大学中文系硕士，主要研究方向为语料库语言学；刘颖，中国科学院计算技术研究所博士，清华大学中文系教授，博士生导师。主要研究方向为语料库语言学和计算语言学。

向性也很难再进一步提供更加客观的信息。

为了进行客观、有效的作品风格对比，本文选择以计量风格学为切入点进行详细分析。计量风格学区别于传统风格学，不以个人阅读体验为依据，而转向统计学方法来分析写作风格：假设每个作者都有独特的写作风格，并不自觉地表现在行文中，而这些特征是可以被量化的，这就是计量风格学的理论基础。

因此计量风格学的研究有两个重点：选择哪些特征量进行统计，以及如何处理所得到的统计数据。通常来说，这些可量化的、能够代表语言风格的特征被分为以下几个类别：

字符级，包括大小写字母、数字、标点、空格等[1]；

词汇级，包括平均词长、词长分布[2]、词汇丰富度、功能词、高频词、单现词[3]等；

短语级，通常指n元文法，其对象除了词汇以外，还可以是字符、词类、分句长等[4]；

句子级，包括句长及分句长的平均值及其分布等[5]；

段落级，与句子级类似，主要指段落的平均值及其分布等[6]；

1 R. Zheng, J. Li, H. Chen, et al., "A framework for authorship identification of online messages: Writing-style features and classification techniques," in *Journal of the American Society for Information Science & Technology*, Vol. 57, No. 3, 2006, pp. 378–393.

2 C. B. Williams, "Mendenhall's Studies of Word-length Distribution in the Works of Shakespeare and Bacon," *Biometrika*, Vol. 62, 1975, pp. 207–212.

3 Y. H. Kerner, O. Margaliot, "AUTHORSHIP ATTRIBUTION OF RESPONSA USING CLUSTERING," in *Cybernetics & Systems*, Vol. 45, No. 6, 2014, pp. 530–545.

4 U. Sapkota, S. Bethard, M. Montes, et al., "Not All Character N-grams Are Created Equal: A Study in Authorship Attribution," *Proceedings of the Conference of the North American Chapter of the Association for Computational Linguistics: Human Language Technologies, 2015.*

5 J. Grieve, "Quantitative Authorship Attribution: An Evaluation of Techniques," in *Literary and Linguistic Computing*, Vol. 22, No. 3, pp. 251–270.

6 R. Zheng, J. Li, H. Chen, et al., "A framework for authorship identification of online messages: Writing-style features and classification techniques," in *Journal of the American Society for Information Science & Technology*, Vol. 57, No. 3, 2006, pp. 378–393.

语法级,包括词类、依存语法和重写规则等[1];

语义级,除了词汇的次范畴化信息和语义修饰关系,还可以通过词典网络对文本进行处理等[2];

语音级,通常是对字母语言的元音和辅音、单元音和双元音、塞音和响音等进行分析[3]。

本文以《盗墓笔记》和《鬼吹灯》正文共17部小说为主要研究对象,在预处理阶段去掉其章节名并使用ICTCLA软件进行词性标注。同时,由于《盗墓笔记》系列出版物对小说章节做了跨卷的拆分、合并,在数据处理时对其采用了以卷名为准的划分方式,基本统计数据如表1。

表1 《鬼吹灯》与《盗墓笔记》的基本数据统计

天下霸唱:鬼吹灯系列				南派三叔:盗墓笔记系列			
书序	卷名	字数	词数	书序	卷名	字数	词数
1	精绝古城	208 690	148 866	1	七星鲁王	79 625	59 856
2	龙岭迷窟	174 601	124 660	2	怒海潜沙	119 721	87 850
3	云南虫谷	253 910	180 015	3	秦岭神木	149 611	109 135
4	昆仑神宫	232 632	166 172	4	云顶天宫	203 447	147 203
5	黄皮子坟	223 476	163 513	5	蛇沼鬼蜮	304 101	218 526
6	南海归墟	231 536	165 960	6	谜海归巢	57 238	42 011
7	怒晴湘西	224 165	164 152	7	阴山古楼	162 855	116 712
8	巫峡棺山	314 030	226 039	8	邛笼石影	154 143	111 290
				9	大结局	221 230	160 898
总计		1 863 040	1 339 377	总计		1 230 741	892 583

由于这17卷小说名称较为复杂、对于不熟悉的读者较易混淆,在

1 O. Abramov, A. Mehler, "Automatic Language Classification by means of Syntactic Dependency Networks," in *Quantitative Linguistics*, Vol. 18, No. 4, pp. 291–336.

2 M. Gamon, "Linguistic correlates of style: authorship classification with deep linguistic analysis features," *Proceedings of the 20th International Conference on Computational Linguistics, 2004*, pp. 611–617.

3 T. Berg, "On the Relationship between Type and Token Frequency," in *Quantitative Linguistics*, Vol. 21, No. 3, 2014, pp. 199–222.

之后使用的图表中，为了便于观察和分析，统一使用“系列名+书序”的方式对小说重新命名。例如《鬼吹灯之精绝古城》命名为《鬼吹灯1》，《盗墓笔记之七星鲁王》命名为《盗墓笔记1》，以此类推。在接下来的正文中，本文选择以词汇、句子、段落和词组级别为主的特征量进行统计，同时，每一组定量数据的分析后都会举出对应的例子、做出定性分析，以求让人更加清晰地感觉到两个作者风格的不同。这样排除读者的主观情绪、从客观的数据和统计中得到证据，再反过来结合原始文本，分析数据背后所代表的具体作品风格，结论会更加全面、客观、可靠。

一、层次聚类[1]

聚类（clustering）取“物以类聚”之意，根据某一组特征量的值将多个样本划分为不同的类。而文本聚类，顾名思义，则是聚类技术在文本分析领域的一种运用。对文本进行聚类的重要依据是文本之间的距离，在不单独注明的情况下，文本聚类通常使用这种欧氏距离来计算文本之间的距离：

设样本共有n个——如本文的17本书，其中每个样本选取一组m个参量，这$n \times m$个量组成了一个m维的空间。记第i个样本在第k维空间的取值是x_{ik}，则样本i和样本j转换为m维空间中的向量$i(x_{i1}, \cdots, x_{im})^T$和$j(x_{j1}, \cdots, x_{jm})^T$，它们的距离为：

$$d_{ij} = \sqrt{\sum_{k=1}^{m} (x_{ik} - x_{jk})^2} \tag{1}$$

得到的d_{ij}就是文本之间的欧氏距离。

本文选择文本聚类中的层次聚类进行图表的绘制，距离的计算则选择最短距离法，也叫作单连接（single linkage）或最近邻连接（nearest neighbor linkage）：在聚类过程中，首先计算每个样本之间的距离，将距离最小的归为一类；再重新计算新类与旧类之间的距离，再将距离最近的聚为一类；如此迭代，直到所有的样本都成为一个大类。通过计算机算法绘制出的层次聚类距离图简单明了，不仅能衡量样本和样本距离，

1 刘颖：《统计语言学》，北京：清华大学出版社，2014年。

还能表示类与类的距离，从整体上观察类别之间的差异，可以说是最常用的文本聚类方法。

二、基于词汇的风格对比

首先对词汇进行层次聚类，结果如图1：

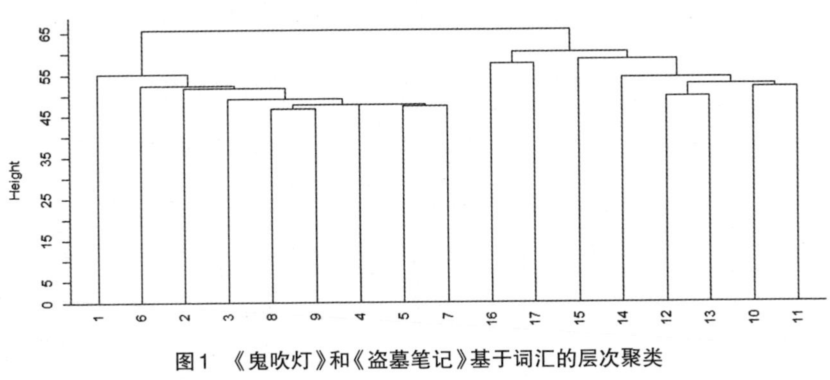

图1 《鬼吹灯》和《盗墓笔记》基于词汇的层次聚类

1—8为《鬼吹灯》，9—17为《盗墓笔记》，选择前2 328维的数据进行聚类，可以看到两个系列在层次聚类的结果上被完全区分，即这两部作品在前2 328个词汇（按从高到低的频率排列）的使用上是完全不同的，具有显著差异，因此使用词汇作为区分风格的特征量是有效的。接下来则需分析两者在词汇上的差异具体体现在何处。

（一）词汇丰富度

1. 类符形符比[1]

类符形符比是考察文本的词汇丰富程度的参量之一。所谓类符（type）是文本中所有不同的词，相同的词记为1个；形符（token）是文本出现的全部词，即总词数。因此，类符形符比（TTR，Type Token Ratio）的公式为：

1 陆芸：《词汇丰富性测量方法及计算机程序开发：回顾与展望》，《南京工业大学学报：社会科学版》2012年第11卷第2期，第104—108页。

$$TTR = Types/Tokens \times 100\% \quad (2)$$

但需要注意的是，一个作者在写作时使用的词类（Type）是一定的，但随着文本的增长，词形（Token）是一定在增加的，所以文本越长，对TTR的结果影响越大。因此，我们需要对TTR的公式做修正，尽量减少文本长度对结果的影响，这里采用Guitaud提出的公式：

$$\sqrt{TTR} = Types/\sqrt{Tokens} \quad (3)$$

而《鬼吹灯》和《盗墓笔记》的类符形符数据如下表2：

表2 《鬼吹灯》与《盗墓笔记》的类符、形符、单现词统计

鬼吹灯	类符	形符	单现词	盗墓笔记	类符	形符	单现词
1	12 817	148 866	5 039	1	5 405	59 856	2 357
2	11 042	124 660	4 477	2	6 959	87 850	2 840
3	13 801	180 015	5 144	3	8 121	109 135	3 275
4	13 318	166 172	5 089	4	9 773	147 203	3 810
5	13 624	163 513	5 116	5	11 669	218 526	4 419
6	13 740	165 960	4 989	6	4 632	42 011	2 026
7	14 769	164 152	5 527	7	9 150	116 712	3 835
8	16 059	226 039	5 785	8	8 948	111 290	3 828
				9	10 185	160 898	4 112
总数	34 732	1 339 377	24 340	总数	24 978	1 053 481	18 110

对上表数据进行处理，得到数据见图2：

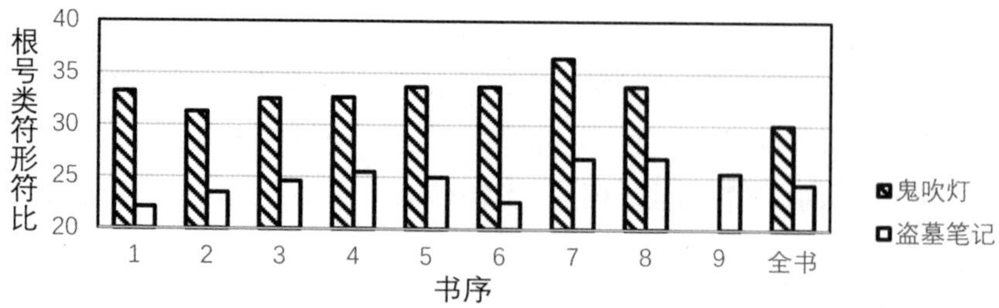

图2 《鬼吹灯》《盗墓笔记》的修正类符形符比

可以观察到，表2中《鬼吹灯》的类符均在10 000以上，而《盗墓笔记》除第5部和第9部在10 000以上，其他均小于10 000。图2中则显示了全部文本的TTR对比，每一组数据中，《鬼吹灯》的根号TTR都明显大于《盗墓笔记》，说明前者的用词比后者更丰富，文学性——在本文中主要指可欣赏的空间——更强。

2. 单现词与独现词

单现词即文本中仅出现过一次的词，单现词数与形符数之比是能反映文本词汇丰富程度的另一个参量。为了排除文本长度的影响，同样对分母，即形符数开平方，得到数据如图2：

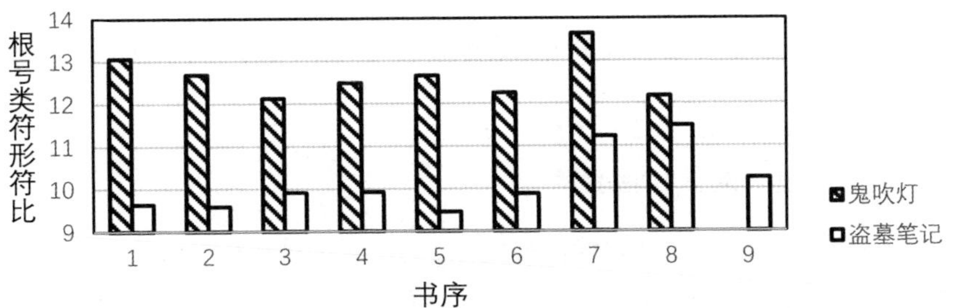

图3 《鬼吹灯》《盗墓笔记》单现词的修正类符形符比

得到的对比结果与图3：《鬼吹灯》的单现词比例远大于《盗墓笔记》，说明它的用词更加丰富多样。

根据分词结果，列出《鬼吹灯》和《盗墓笔记》的词汇表，再将列表中重复的词汇删去，可以发现仅出现在《鬼吹灯》中的词汇是仅出现在《盗墓笔记》中词汇的两倍——姑且将这种仅出现于一位作者文本中而未被另一作者使用的词汇命名为独现词，其中大部分是名词。

事实上，仅统计类符，《鬼吹灯》比《盗墓笔记》多9 755个。这些词语难以一一列举，但我们可以大体的观察一下：除了现实生活中也有的"辩证唯物主义""布尔什维克""第三世界""四旧""黑水城""瓦岗寨""禅宗""玛雅"等等，天下霸唱还创造了诸如"尸香魔芋""轮回宗""雮尘珠""刀齿蝰鱼""食罪巴鲁""虚数空间""锦鳞蚺"等概念。作者运用了天南地北、古今中外的很多事物，甚至创造了很多专有名词为自己的剧情服务。

从这些独现词中，也能看出两部作品之间的区别。例如"布尔什维克”“第三世界”“四旧”等词语，表现出了《鬼吹灯》独特的时代特点、至少是作者想要为我们展示的时代特点，而这在《盗墓笔记》是完全不存在。而像“黑水城”“瓦岗寨”“禅宗”“玛雅”等，则说明了《鬼吹灯》的作者运用天马行空的想象力将小说中的情节和悬念与很多历史、宗教概念联系在一起：传说中埋藏了一国财富的西夏都城，被掩盖在中美洲密林深处的古老文明，这些现实中存在的神秘遗迹让作者的虚构不再是空中楼阁而显得有迹可循，让悬念更加真实，惊悚也就更加的惊悚了。

由于都是带有虚构色彩的小说，两位作者都自创了很多不存在的生物和词汇，这一类单现词的对比缺乏实际意义，因此在此不做过多说明。

从词汇丰富度的角度来看，通过数据对比得到的“文学性”高低的评价，的确是实至名归的。

（二）虚词的秩和检验[1]

不同的小说记叙了不同的故事、描写了不同的人物，所以每一部小说所使用的实词都是不尽相同的——对此，上一小节已经有了简单的说明和列举。因此在剥离每一部小说的独特内容之后，不表达实际含义的虚词反而更加能够体现作者的风格特点。在此使用秩和检验的方法来寻找《盗墓笔记》和《鬼吹灯》中虚词的使用差异。

秩和检验是假设检验的一种。所谓假设检验，就是对某一命题的做出假设，若检验结果与假设矛盾则拒绝假设，反之则接受假设，即证明假设是正确的。假设检验是统计推定中的重要部分，而在语言学研究中，常需要比较两个对象之间的差异是否显著、这种差异是否只是随机的这种情况，因此又称为显著性检验。其中，秩和检验的方法由Wilcoxon在1945年建立，是非参数性检验的一种，通过检验样本的位置参数来对样本差异的显著性进行考察。

秩和检验是这样进行的：有X和Y两个对象，分别有x_1，…，x_m，y_1，…，y_n个样本，将它们从小到大排序，得到一列新的数组，分别对应1，…，$m+n$的序号，这些序号也就是它们的“秩”。若Y中样本对应的秩

1 茆诗松，程依明，濮晓龙：《概率论与数理统计》，北京：高等教育出版社，2011年。

为$R_1, \cdots, R_n$, Y的秩之和为：

$$W_Y = \sum_{i=1}^{n} R_i \tag{4}$$

设显著性水平为α，则其拒绝域为：

$$W = \{W \leqslant W_{\propto/2}(m, n) \text{ 或 } W \geqslant W_{1-\propto/2}(m, n)\} \tag{5}$$

W关于α、m、n的临界值可以查询秩和表得到。以“被”举例，假设《鬼吹灯》和《盗墓笔记》在介词“被”的使用上没有显著差异。则将每卷书“被”的使用频率从小到大排列在并赋秩，具体情况详见表3。

因此，“被”在《鬼吹灯》系列中的秩和为W被=8+10+11+13+14+15+16+17=104——需要说明的是，当两个或以上样本的某一参数相同时，秩不取序数而取均值。例如某一组数据中，$x_p=y_q=0$，若对应的秩$R_p=1$而$R_q=2$，则W_x和W_y产生了1的差，反之则产生−1的差，这种±1的误差是不必要的、可以规避的，规避方法则是在保证其总和相同的情况下赋相等的秩，即$R_p=R_q=1.5$。

当显著性水平α取0.05时，查表可知$W_{0.025}(9, 8)=51$，而两个样本的W之和满足：

$$W_1+W_2=1+2+\cdots+(m+n)=(m+n)(m+n+1)/2 \tag{6}$$

因此对应的$W_{0.075}(9, 8)=(9+8)\times(9+8+1)\div 2-51=102$，则当$W\leqslant 51$或$W\geqslant 102$时，拒绝原假设。而$W_{被}=104>102$，即《鬼吹灯》和《盗墓笔记》在“被”的使用上无显著性差异的假设是错误的，两个作者对“被”的使用是有不容忽略的差异的。

表3 《鬼吹灯》《盗墓笔记》“被”的使用频率排序

小说	词频	秩	小说	词频	秩
盗墓笔记4	0.000 496	1	盗墓笔记2	0.001 604	5
盗墓笔记3	0.000 588	2	盗墓笔记8	0.001 804	6
盗墓笔记5	0.001 174	3	盗墓笔记9	0.001 835	7
盗墓笔记1	0.001 532	4	鬼吹灯8	0.001 904	8

（续表）

小　说	词　频	秩	小　说	词　频	秩
盗墓笔记6	0.001 957	9	鬼吹灯1	0.002 214	13
鬼吹灯2	0.001 987	10	鬼吹灯7	0.002 333	14
鬼吹灯4	0.002 098	11	鬼吹灯6	0.002 907	15
盗墓笔记7	0.002 192	12	鬼吹灯5	0.002 931	16
			鬼吹灯3	0.002 977	17

根据以上公式和方法，找到了39个在两部小说中存在显著频率差异的虚词：

介词（p）8个：被，为，于，同，与，比，给，和；

助词（u）3个：之，着，了；

语气词（y）7个：也，罢，吧，呢，了，嘛，难道；

副词（d）15个：尚，皆，再，尤其，其实，极其，非常，很，竟然，就，没有，不，不可，已经，可能；

连词（c）5个：或，或者，其次，但是，可是；

后缀（k）1个：者。

将这39个虚词的秩和绘入图4中：

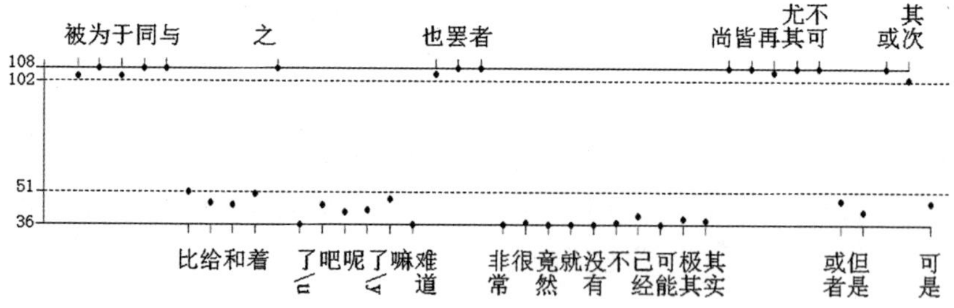

图4　《鬼吹灯》《盗墓笔记》39个虚词的秩和检验结果

此图中，两条虚线对应的51和102是W的临界值，边界的36和108是W可能的最小和最大值——因为36=1+2+⋯+8，而108=10+11+⋯+17。这39个虚词均落在拒绝域内，说明《鬼吹灯》和《盗墓笔记》在这39个虚词的使用上均有差异。

那么，不同的虚词使用习惯背后有什么深意呢？

观察图5中的39个代表性虚词，注意到那些落在上边界实线上的数据点："为""同""之""者""罢""尚""皆""或""与""不可""尤其"落在y=108上，说明《鬼吹灯》对这些虚词的用量很大——当然，这个很大是相对于《盗墓笔记》而言——《鬼吹灯》系列中词频最低的一卷也比《盗墓笔记》系列词频最高的一卷频率大，而落在y=36的"难道""非常""竟然""没有""可能""就""了(助词)"则正好相反。

这时我们注意到，"之""于""者""罢""尚""皆""不可"都是现代口语中非常少用的词，它们更偏向于书面语甚至文言用词。首先看"之""于"：

> 卸岭盗墓皆是聚众行事，盗取古冢，历涉险阻危厄，并非仅凭矫捷身手与群盗之力，盗亦有术，卸岭之术流传近两千年，引出许多冠绝古今的奇事，然天下事物兴衰有数，卸岭力士始于汉代，鼎盛于唐宋，末落于明清，至民国时期，终于销声匿迹，就此绝了。(《鬼吹灯7怒晴湘西》引言)

在北京大学出版社出版的《现代汉语虚词词典》中，对"之""于"都开宗明义地解释为用于书面的文言词[1]。再来看"罢"和"不可"：

> 我挥起"康熙宝刀"，一刀削断拴住老军马的缰绳，老马身得自由，纵声长嘶，但并没有立刻冲出包围圈，而是围着鼠窟打转，不肯舍主逃生，我对它用刀一指林外："自己逃罢。"(《鬼吹灯5黄皮子坡》第17章)
>
> 此山乃白蚁停聚之处，万万不可建造阳宅，否则容易出事故伤人。(《鬼吹灯4昆仑神宫》第4章)

"罢"和"不可"这两个虚词在《盗墓笔记》中一例也没有出现，完全不见使用。其中"罢"是一个特别少见，因此能够作为鉴别特征的用法，多见于近现代等早期作品[2]。至于"不可"，也是一个偏向书面的用

1 侯学超：《现代汉语虚词词典》，北京：北京大学出版社，1998年。

2 同上。

法，通常和其他词一起组成四字短语或成语，如这里的“万万不可”等。与上述几个虚词类似，“者”“尚”“皆”也是如此：

这些玉饰都是活动的，使用的时候，配戴面具者可以把这些青白玉从黄金面具上取下来。（《鬼吹灯3云南虫谷》第十三章）

之所以尚可发光，是因为那近似女子人头的鱼首口中向外张开，嘴里露出半颗领着的明珠，珠气纵横，映得金鳞玉翅月华四溢，使人不可逼视。（《鬼吹灯6南海归墟》第23章）

只是“九宫螭虎锁”根据布置不同，皆有变化。（《鬼吹灯8巫峡棺山》第22章）

这些虚词的使用，可以让读者很明显地感觉到《鬼吹灯》的行文富于书面气息和文言色彩。另外，《鬼吹灯》和《盗墓笔记》中还有几组数据差异明显的近义虚词：同为介词，“与”在《鬼吹灯》中频率高而《盗墓笔记》多用“和”；连词“或”多出现在《鬼吹灯》中而“或者”多用在《盗墓笔记》中。

在“与”“和”这一组中，前者带有明显的书面、文言色彩[1]，较后者给人的感觉更为正式，因此很少用在口语中，而“和”则是书面语、口语都经常使用。

“或”和“或者”的用法稍有区别，前者是单音节词、后者是双音节词，后者的口语色彩更加浓厚、节奏感更强。根据这一点，再看图5中的39个虚词，《鬼吹灯》的优势词中有13个单音节词、双音节词仅3个，而《盗墓笔记》的优势词中单音节的有12个，虽然看起来也不少，但双音节词有11个，占了总数的几乎一半。我们知道，从单音节词过渡到双音节词是古代汉语向现代汉语演化的重要特征，也能说明《鬼吹灯》更为强烈的书面、文言色彩。

若对以上39个虚词的使用频率进行层次聚类，结果也是显然的：

1 张斌：《现代汉语虚词词典》，北京：商务印书馆，2005年。

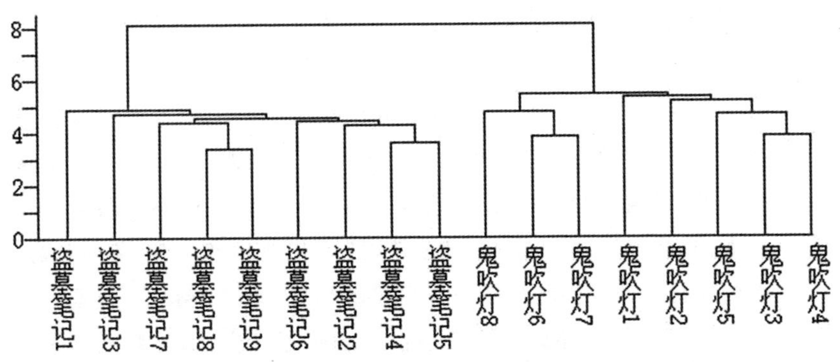

图5 《鬼吹灯》《盗墓笔记》中39个虚词的使用情况层次聚类

三、基于段落、句子的风格对比

(一) 平均段长及其离散度

通常认为,段落越长、阅读越困难,文本复杂性随之升高,反之段落越短、阅读越容易,文本复杂性则下降。因此,以文本总字数为分子、文本总段落数为分母,得到的平均段落长度就是反映文本可读性的重要指标。同时,段落长度也与文本排版直接相关,可以从侧面反映作者私人的写作习惯。

图6给出了两个系列17本书的平均段落长度折线图,可以看出,虽然每本书的平均段长都不尽相同,但《鬼吹灯》系列的长度明显大于《盗墓笔记》系列,说明前者的文本复杂性强于后者。举例说明,《鬼吹

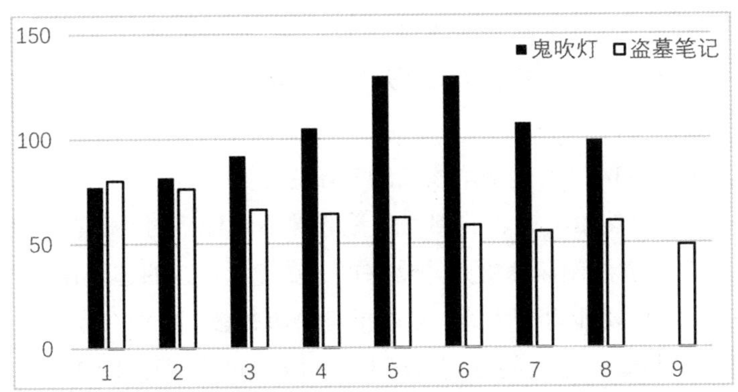

图6 《鬼吹灯》《盗墓笔记》平均段落长度的对比

灯》系列第5卷的平均段长达到了最大，选取其中最长的段落：

> 就凭着这卷奇书，我做起了倒斗的摸金校尉，其间发生了许多事，也遇到了许多人，这几年的经历对我来说，可谓是："九死南荒吾不恨，兹游奇绝冠平生。"回首来路，血雨腥风，好在踏遍青山人未老，现在我即将告别了"摸金校尉"的职业生涯，去往美国之前，我整理行囊的时候找到了一本从前的相册，我随手翻了翻，见到有一张我同几个伙伴的合影混杂在众多的老照片里面，照片背景是广袤的内蒙古草原，照片上的人里面有我和胖子，有些记忆不会被时间杀死，我还清楚地记得这张照片是我参军入伍前拍的，我们那时候的样子还是歪带帽子斜挎军包，以现在的眼光看有些可笑，不过当时我倒没那种感觉，还觉得这形象挺时髦，拍照留念后，我和照片上的这些同伴进入了大草原的深处，我还清楚地记得，我们那是要去漠北寻找一条黑色的妖龙……(《鬼吹灯5黄皮子坟》引言)

这一段记标点共有335字，是该卷平均段长的2倍有余。而折线图中，《盗墓笔记》系列第9卷的平均段长最小，同样选择其中最长的段落：

> 那个姑娘说，这张面具，可以不需要任何保养使用四个星期，但在这期间，即使我想撕也撕不下来。中国的易容术，其实是一种发展非常成熟的化妆术，和现在的塑化化妆非常相像，但是因为目的不同，所以面具的成本比塑化化妆要高得多，不可能在现实中大量推广——只有真正掌握了技术的人，或者是有非常重要目的的人，才会使用。(《盗墓笔记9大结局》第1章)

记标点共147字，是平均段长的3倍左右。

这两个自然段给读者的阅读感受非常不一样。对于偏向娱乐性的小说文本，读者的阅读速度是非常快的，《盗墓笔记》的选段在快速阅读时扫一眼几乎就能得到大意，文本相对简单很多，而《鬼吹灯》的选段很长、逗号与逗号之间的分句也较长，一眼看过去很难得到大意，读者只能提着一口气、不停地沿着作者的描述往下阅读。同时需要注意的是，两部作品都是在网络上首发阅读的小说，以电脑或手机屏幕为阅读载体，与纸质文本相比，更长的段落长度无疑会降低更多的舒适性。

因此，从数据直接得出的“文本复杂度”甚至“文学性”的高低，并不意味着作者水平的优劣，更多的是用以描述小说给读者带来的不同阅读体验，只有结合原始文本做出定性分析，才能得到更加真实可靠的结论。

另一方面，还可以求出段落长度的离散度、即标准差绘制图7：

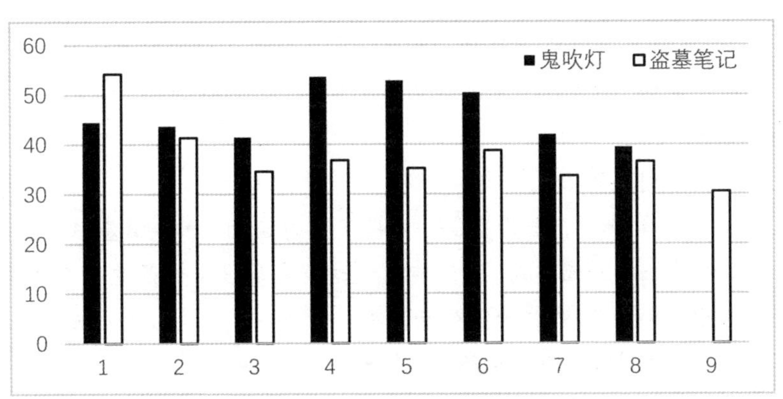

图7 《鬼吹灯》《盗墓笔记》段长离散度对比

从数据中得到的结论是：《鬼吹灯》系列的错落感较强。如果我们计算两系列总的平均段落长度及标准差，得到的数据会更加直观（图7）——需要注意，这里的平均段落长度不是每一卷的平均段长的算术平均数，而是加权平均数，即系列文本的总字数除以总段数得到的结果，段长离散度也一样。由此得到的两组不同的数据，《鬼吹灯》均大于《盗墓笔记》，因此前者文本更复杂、阅读更困难，相对可读性则较低。

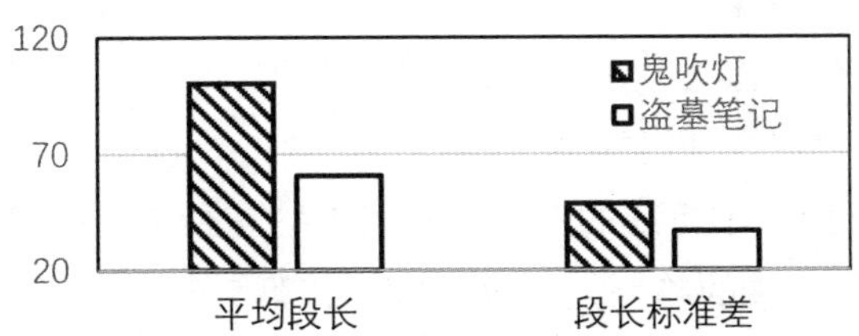

图8 《鬼吹灯》《盗墓笔记》总平均段长与离散度

更仔细地观察图8,《鬼吹灯》和《盗墓笔记》在平均段落长度上的差异非常明显,前者接近后者的两倍,但在标准差上的差异就相对小很多。这说明,虽然数据上有所差异,在具体阅读时"段长离散度"给读者带来的体验差异并不明显。《鬼吹灯》和《盗墓笔记》都有几百字的长段落,但也都有十几字甚至几个字的短段落,视觉上都不会给人过于整齐的僵硬感觉。由于《鬼吹灯》的段落整体偏长,在这里仅引用《盗墓笔记》中的一小段,同样出自第9卷:

> "我只是给你一张皮,这张面具除了戴在你的脸上,还需要你自己戴到你的心上。"她临走的时候,淡淡地看着我,说了这么一句话。
>
> 戴到我的心上?
>
> 我看着镜子里的"三叔",摸了摸自己的心口,想着当年解连环戴上三叔的面具时,有没有也被这样教诲过。但是这么多年来,他真的戴上了,戴在脸上的面具能撕下来,戴在心上,又会如何?
>
> (《盗墓笔记9大结局》第1章)

中间一段仅有短短的6个字,插在两个较长、较为复杂的段落中,视觉效果非常突出,让人一眼就能注意到它。此外,这短短的一句话是主角的心理活动,当读者将注意力集中在这一段时,能够更深入的体会人物的心情与境遇,甚至会对这样可怕的"戴面具"产生些微的恐惧感,其所带来的阅读体验、那种韵律上的错落感,并不是在数据上的差异能够抹消的。

(二)句子及分句

段落由句子组成。句子以句号(。)、问号(?)、感叹号(!)、省略号(……)等标点作为结束符号,与段落类似,其平均长度与离散度越大,文本理解越困难、可读性越低。

可以看到图8中折线的变化趋势与平均句长类似:《盗墓笔记》的数据点主要呈下降的趋势,而《鬼吹灯》在第5部左右达到峰值。依旧以上一节列举的《鬼吹灯5》片段为例,我们注意到,这一自然段只有两

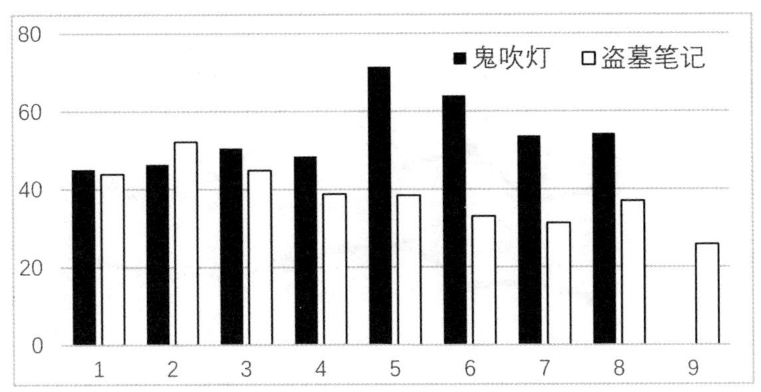

图9 《鬼吹灯》《盗墓笔记》平均句子长度的对比

句话，而第二句话非常长，这一个复杂的长句是所谓“一逗到底”的形式，其实是一种不够规范的用法，这种“不规范”大大增加了句子长度，也让读者阅读起来非常吃力——因此，这种意义上的“文本复杂度”高带来了文本可读性、阅读舒适感的降低。另一方面，这种“不规范”是作者个人的选择、其写作习惯的体现，能够很好的代表个人风格。

此外，中文与英文的不同在于，它不需要严格的遵守主谓宾的语法规律、没有硬性规定必须在哪里结束句子，因此句子的长度——段落长度也一样——非常随机，这种随机有一部分作者写作风格的原因、也有一部分是兴之所至，所以我们看到，虽然总体来说《鬼吹灯》和《盗墓笔记》在段落和句子长度方面有差异，在折线图上互有相交，并不绝对，这也导致在中文小说中，仅仅考虑段落和句子还不够。

因此，我们还需要引入“分句”的概念。中文的不重视语法给了“一逗到底”类句子生存的环境，但组成句子的分句则不同。中文注重节奏，即使在小说这样几乎不考虑韵律的文体中，分句或者说断句的方式，可以说与作者的语言习惯直接相关。因此，在确定句子结束的句号（。）、问号（？）、感叹号（！）、省略号（……）等标点符号之外，加入表示断句的逗号（，）、顿号（、）、分号（；）、冒号（：）进行统计，而引号（“或”等）、书名号（《或》等）由于不引起断句和阅读的停顿，所以不计入统计。同时，由于人类固有的生理习性，这一特征量不会太长或太短——人不可能习惯于一口气说很长的句子而不换气；不同人之间的差异不会非常巨大。统计结果如下：

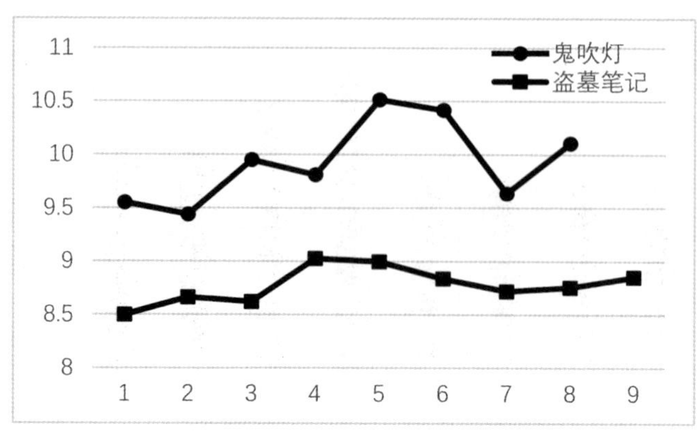

图10 《鬼吹灯》《盗墓笔记》平均分句长度的对比

图10中的两条折线完全分离了，说明对《鬼吹灯》及《盗墓笔记》来说，分句是一组能够有效区分作者风格的特征量。《鬼吹灯》中，一个分句平均字数在9到10左右，而《盗墓笔记》的分句平均长度在8左右，两者之间差了1到2个字，虽然平均值的差异较小，但这并不意味着读者在阅读时就感觉不到差异了。

仍然以前文引用过的《鬼吹灯》第5卷片段为例，这个复杂的长句子中也有很多较长的分句："我整理行囊的时候找到了一本从前的相册"，"见到有一张我同几个伙伴的合影混杂在众多的老照片里面"，"我还清楚得记得这张照片是我参军入伍前拍的"，"我们那时候的样子还是歪戴帽子斜挎军包"，"我和照片上的这些同伴进入了大草原的深处"，等等，每个分句都在18字以上，是平均数的2倍，而且这些长分句都非常集中，长分句之间稍短的分句长度也大多在平均长度以上——当然了，这说明《鬼吹灯》中也会有短分句集中的情况。

同样，再看本章第一小节所引《盗墓笔记9》的例子："可以不需要任何保养使用四个星期""其实是一种发展非常成熟的化妆术""所以面具的成本比塑化化妆要高得多"这几个分句较长，字数在15字左右，没有超过平均分句长度的两倍；而这几个长分句比较分散，分句之间也插入了很多较短的分句，字数从几个字到十多个字，分句零散、均匀，阅读起来非常容易，可读性极强。

（三）小结

基于段落长度、句子长度和分句长度，能够很容易地得出两个量：平均每段的句子数和平均每句的分句数：

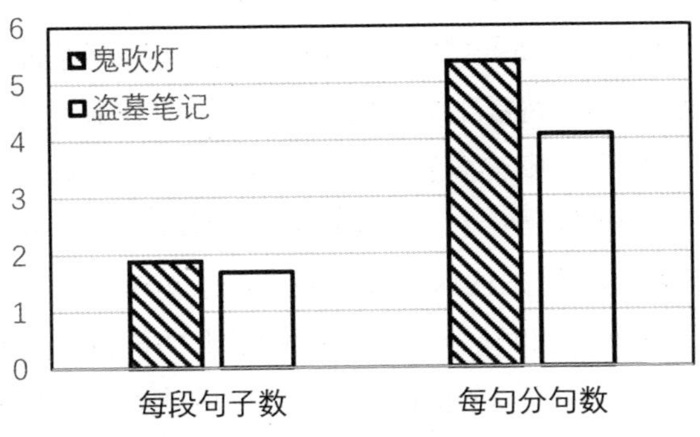

图11 《鬼吹灯》《盗墓笔记》的段落–句子–分句比例

首先注意到，《鬼吹灯》和《盗墓笔记》每段的句子数非常接近——因此平均段落长度和平均句子长度的折线趋势相同。两部小说均采用短段落的方式，每自然段的句子平均不会超过两句，这种情况在流行小说，尤其是网络小说及其出版物中非常常见。通常，网络小说的作者们不仅会让段落中的句子数尽可能少，还会在段落之间空行，就为了读者们阅读起来更轻松，就以两部小说的开头部分举例：

> 舅舅一听感动得老泪纵横，这个不肖的外甥总算是办件正事，要是娶个贤惠的媳妇好好管管他，收收他的心，说不定日后就能学好了。
>
> 于是给他拿了二十块大洋，嘱咐他娶个媳妇好好过日子，千万别再沾染那些福寿膏了，过几天得空，还要亲自去胡国华家看看外甥媳妇。
>
> （《鬼吹灯1精绝古城》第一章）
>
> 四个土夫子正蹲在一个土丘上，所有人都不说话，直勾勾地盯着地上那把洛阳铲。
>
> 铲子头上带着刚从地下带出的旧土，离奇的是，这一坯土正不

停地向外渗着鲜红的液体，就像刚刚在血液里蘸过一样。

（《盗墓笔记1七星鲁王》第一章）

以上这两个例子，每一自然段都只有一句话，而若两段合成一段也并无不可，甚至意思还更加连贯。而作者处于什么样的考虑这样分段呢？个人认为，其中最主要的原因就是网络小说不同于传统小说的阅读方式。电脑屏幕通常比书页宽得多，这使得连载小说的一行字比出版小说的一行字要多得多、阅读起来也更费时间，而竖立的屏幕上的文字本来就比纸面上的更容易让读者产生视觉疲劳，所以尽量断开句子，减少大段文本带来的压抑感和疲惫感。就笔者个人的阅读体验而言，阅读在线小说的时候，看到三五行以上的段落就会有很明显的烦躁感，通常匆匆扫过甚至直接跳过，而如果整本书都是这样的长段落，除非对剧情发展本身抱有期待，否则会直接舍弃，因为笔者不想在休闲小说上花费太多的时间和精力，而网络小说可以选择的余地太多了。

再看第二组数据，《鬼吹灯》和《盗墓笔记》每个句子中的分句数有明显差异，因此可以得到结论，《鬼吹灯》较长的段长是由较多的分句数和较长的分句导致的——这样的结论也被上文所引用的例子证明——而这两点原因正是作者风格的体现：《鬼吹灯》的作者天下霸唱倾向于较长的分句和较多的分句数，使《鬼吹灯》的文本复杂性增加、提高了读者的阅读难度。对于小说等艺术形式来说，增加阅读难度就增加了阅读时间，从而延长了欣赏艺术的过程，因此可以说《鬼吹灯》的文学性更高。

但同时，文本复杂度的增加带来了文本可读性的减少，这两者之间如何平衡呢？更进一步，《鬼吹灯》虽然同样使用短段落（特指段落中句子数少）增加阅读舒适感，但长分句的使用又与之相矛盾；同时，作为一本休闲娱乐性质的非严肃文学作品，《鬼吹灯》这样增加的文本复杂性其实与读者的期待背道而驰。与之相对的，《盗墓笔记》阅读起来更加轻松、但也不会因为语言的简单就降低阅读感受，甚至于有时候短句子给读者带来的干脆利落的震撼感是丝毫不弱的，或者长短句掺杂的风格更接近日常语言，特别有代入感。在剧情同样精彩的情况下，选择更加容易阅读的文本是可以预见的，因为阅读速度更快、单位时间内能够获得的阅读快感也更多——事实上，在读者群的分布上，《盗墓笔记》的确在年轻人中受众更广。

四、基于词类的风格对比

词类是词汇在语法上的分类，同样的词类在不同的文本中所占的不同比例，是区分写作风格的重要标准。例如，通常来说日常对话中人们多使用名词而小说等记叙文中动词、形容词的比例则很高。

本章节中，根据文本的额分词结果选取名词（n）、代词（r）、动词（v）、形容词（a）、副词（d）、连词（c）、方位词（f）、数词（m）、介词（p）、助词（u）这10个不同的词类，对《鬼吹灯》《盗墓笔记》两系列的文本进行统计分析，计算每一种词类中词数占总词数的比例，并对数据进行层次聚类：

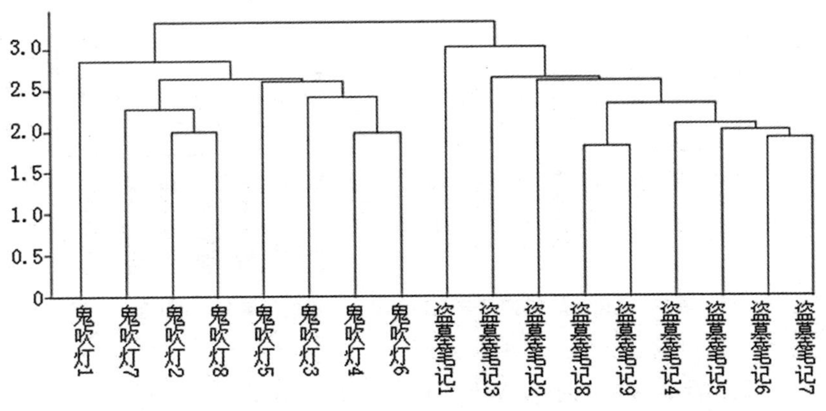

图12 《鬼吹灯》《盗墓笔记》中十大词类的使用情况层次聚类

和图1与图2类似，图12中《鬼吹灯》系列和《盗墓笔记》系列完美的聚成了两类，证明使用词类区分这两位作者的文本是有效的。图11

的结果显示，17本小说中距离最近的是《盗墓笔记》的第8卷和第9卷，其次是同系列的第6卷和第7卷、《鬼吹灯2》和《鬼吹灯8》、《鬼吹灯4》和《鬼吹灯6》；两个系列中，均存在第1卷与其他各卷距离最远的情况。

在证明了两部作品在词类的选用上的确存在差异之后，需要考察具体是哪些词类的差异导致两者在层次聚类上完全分开。

（一）词类的频率分布

首先考察此10个词类的频率分布情况。为了便于观察，将10种词类绘制在坐标纵轴间距不同的两个表中如图13：

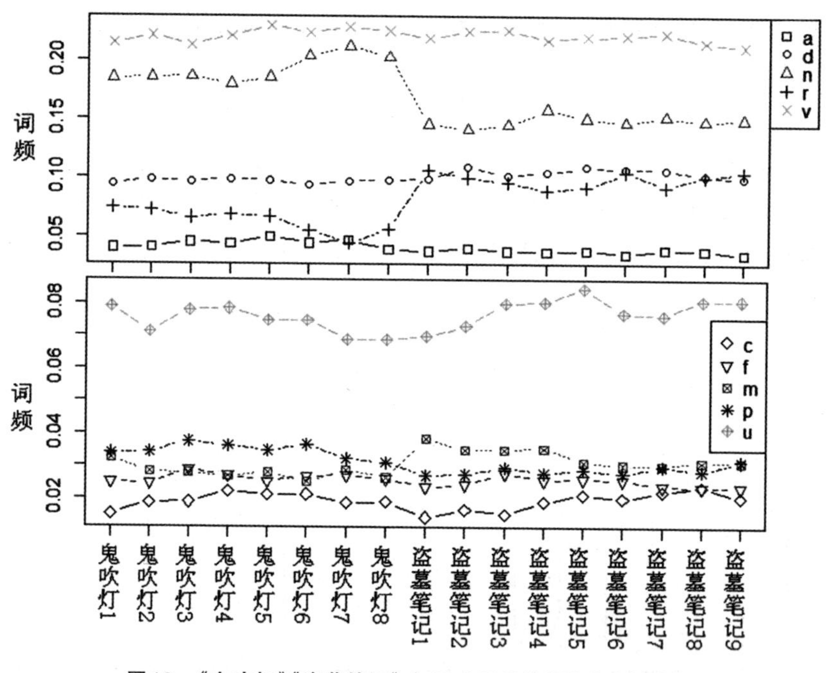

图13 《鬼吹灯》《盗墓笔记》中10大词类的频率分布的比例

可以看到，图13中横坐标《鬼吹灯8》和《盗墓笔记》1处，名词（n）、代词（r）和数词（m）的折线存在突变，且突变前和突变后的折线在纵坐标上存在显著差异：《鬼吹灯》的名词比例远大于《盗墓笔记》，而代词正好相反，数词的情况则与代词类似。

首先看名词和代词的情况。名词方面《鬼吹灯》的优势在上文单现词部分的考察中可见一斑，此小结不再赘述；而代词用于指代前文已经提到过的人或物，所以在使用时有互补关系、数量也是此消彼长的。《盗墓笔记》的代词频率比《鬼吹灯》高，也就能推断出前者的名词频率比《鬼吹灯》低。同时，两部小说都是第一人称的叙事，“我”的频率均很高，但《盗墓笔记》中“他”字的使用要远远多于《鬼吹灯》：

他呵呵地笑起来，上面的人听到，以为出了什么事情，绳子停了一下，他马上往上打了信号，让他们继续放绳。

四周很快就一片漆黑，因为这里太过狭窄，连头都没法抬，所以除了黑眼镜的手电，我什么也看不见。好在是下降，如果爬上来更累。

我看着他还是戴着黑眼镜，就忍不住问他道：“你戴着那玩意能看得见吗？”

他朝我笑笑：“戴比不戴看得清楚。”

我不知道他是什么意思，不过他不想解释，也就不再问什么。（《盗墓笔记6谜海归巢》第二章）

上面的引文中，代词“他”反复出现，这种情况在《鬼吹灯》中是很少见的。但“他”只是一个例子，可以从一方面解释为什么《盗墓笔记》中代词的频率高于《鬼吹灯》。除此之外，还有一个重要的原因已经在3.2.2节提过了：《鬼吹灯》中出现了大量《盗墓笔记》中没有的名词，这使《鬼吹灯》的名词比例升高，代词比例自然就下降了。

再看数词：

这时我身后的石壁轰的一声巨响，吓了我一跳，回头向后边一看，只见身后的山体，正在向后塌陷，整个扎格拉玛山裂成了两半，鬼洞上巨大的圆弧顶壁承受不住，正不断地塌落，把安放女王棺木的石梁，连同尸香魔芋，以及无数的财宝、巨瞳石人像，都砸落进了无底的鬼洞。鬼洞中正流出一股股的黑水，掉进去的东西立刻便被黑水淹没，黑色的山体，漆黑的洞穴，身后的大地像是魔鬼张开了黑洞洞的大嘴，正在吞噬着山腹中的一切。（《鬼吹灯1精绝古城》第33章）

我忙上去帮手，胖子一个人劲就很大，再加上我，竟然也只能和这细细的手臂打个平手，眼看我们快坚持不住了，潘子一扬手，把军刀扔给胖子，胖子骂了一句，刀子从下往上狠命一割，从那手上刮下一块皮来。那手突然放开，狂甩着逃进了黑暗中，那动静，我竟然觉得非常像一条蛇。这一下子我和胖子双双吃不到力，都摔了个四脚朝天。(《盗墓笔记1七星鲁王宫》第16章)

在这两段选文中，我们不仅可以看到两位作者对于数词的使用，还可以大略看到两部作品中的动词情况。动词也是描写情节场景中的重要组成部分，尤其是对于连贯的动作场面的刻画更是必不可少。《鬼吹灯》和《盗墓笔记》均被打上了“冒险”的标签，在动词的使用频率上势均力敌，书中主角们因此也要面对各种各样惊心动魄的诡异状况。至于数词也能看出一些端倪：《盗墓笔记》在描绘场景和动作时大量的使用“一”字，它可以接名词描绘事物，也能够与动词联动，例如“劈了一下”“一扬手”“骂了一句”“狠命一割”等等，使动作具有很强的画面感和节奏感，让本就惊悚的冒险情节更具冲击性和力量感。

(二) 词类的t检验[1]

但是，两部小说是否只有在这3个词类上才存在差异呢？此处使用参数假设检验的方法，来试图找到剩下7种词类中肉眼难以分辨的差异。

首先简单介绍本次使用的t检验。同为假设检验，t检验的步骤与上文已使用的Wilcoxon检验类似，都是通过观察结果是否拒绝和接受原假设来判断原假设是否正确；与之不同的是，参数假设检验预设数据符合正态分布，再通过计算其检验统计量t来判断数据之间是否存在显著性差异。检验统计量t的公式为：

$$t = \frac{\bar{X} - \bar{Y}}{\sqrt{\left(\frac{1}{n_1} + \frac{1}{n_2}\right) S^2}} \tag{7}$$

其中，

1 刘颖：《统计语言学》，北京：清华大学出版社，2014年。

$$S^2 = \frac{(n_1 - 1)S_1^2 + (n_2 - 1)S_2^2}{n_1 + n_2 - 2} \tag{8}$$

公式(7)中的$\overline{X}$和$\overline{Y}$分别为两部作品对应数据的均值，n_1和n_2为数据的数量；公式(8)中的S_1和S_2为两个样本的方差，计算记过需要通过查表来判断是否拒绝原假设。而在具体的实验过程中，使用R语言的t.test函数来计算两组数据的显著性水平，通常认为输出结果中p-value小于0.05时，两组数据存在显著性差异，反之则不存在。10种词类计算的p值如下表4：

表4 《鬼吹灯》《盗墓笔记》中10大词类的p值

词　　类	p-value	显著差异
形容词	0.001 429	√
副词	0.000 723	√
名词	4.17E-06	√
代词	2.84E-06	√
动词	0.307 4	×
连词	0.875 6	×
方位词	0.062 22	×
数词	0.000 89	√
介词	3.73E-05	√
助词	0.091 11	×

根据表4，除动词、连词、方位词和助词以外，其余6大词类在使用频率上均存在差异。其中名词、代词和数词的情况已在上一小节论述：它们在两部作品中频率分布上的巨大差异是肉眼可见的；反之，在t检验中发现的形容词、副词和介词的频率差异并不明显，其数据上存在的“显著差异”是通过大数据的语料库实现的。在此，采用对比独现类符数的方式来说明词类的差异。

表5 《盗墓笔记》《鬼吹灯》的独现类符数对比

词类		盗墓笔记	鬼吹灯	差率
实词	a	583	1 184	2.03
	d	153	384	2.51
虚词	c	14	44	3.14
全		8 412	18 166	2.16

独现词和类符的概念在前文均有提及：出现过的词语种类即为类符，出现在一个作者的文本中而不见另一作者使用的词汇为独现词。先分别统计《鬼吹灯》《盗墓笔记》的独现词列表，并根据词类分类，统计相关数据如上表5。对于通过t检验的方法新找出的具有显著差异的词类形容词、副词和动词，可以看到两部作品的独现词方面都有明显的差异：《鬼吹灯》的类符数均在《盗墓笔记》的两倍左右，其中副词和连词均高于整体的均值。

五、基于n元词串的风格对比[1]

N元文法，即n-gram，也叫n元语法，是从符号串的最前面开始取n个符号为单位进行统计，每统计一次向右平移一个符号，直至符号串最右。例如，对于字符串“从符号串的最前面开始”进行n元文法统计：

N=1时，为：从 符 号 串 的 最 前 面 开 始

N=2时，为：从符 符号 号串 串的 的最 最前 前面 面开 开始

N=3时，为：从符号 符号串 号串的 串的最 的最前 最前面 前面开 面开始

……

事实上，在本文第二章节基于词汇的层次聚类中，所使用的就是n=1时的词串进行聚类。而当n＞1时，由于将词汇与词汇的组合作为特征量，也被认为是基于词组（统计意义上）的层次聚类。

1 刘颖：《统计语言学》，北京：清华大学出版社，2014年。

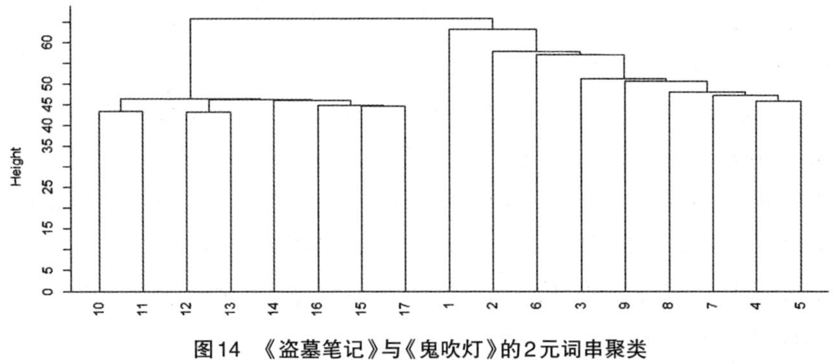

图14　《盗墓笔记》与《鬼吹灯》的2元词串聚类

N=2时，取前2 190维进行统计。如图14所示，1—9代表的《盗墓笔记》系列和10—17代表的《鬼吹灯》系列完全分开，即在前2 190个统计词组上，两部作品存在显著的差异。同时可以注意到，《鬼吹灯》系列作品的距离较近，在45左右，而《盗墓笔记》系列作品之间的距离较远，其最近的《盗墓笔记4》和《盗墓笔记5》的距离甚至略大于《鬼吹灯》系列最远的距离：由《鬼吹灯1》和《鬼吹灯12》所聚成的类别与其他4部《鬼吹灯》的距离；其最远的《盗墓笔记1》与其他8部《盗墓笔记》的距离之远，与《盗墓笔记》系列和《鬼吹灯》系列的整体距离相似，均在65左右。

结　论

本文通过定量和定性分析结合的方式，对《鬼吹灯》《盗墓笔记》在词汇、句子、段落等方面进行了详细的对比。首先通过层次聚类的方式说明两部作者在整体上的差异，再深入找寻具体的差异所在，并联系文本，说明了这些特征数据背后所代表的含义，客观地阐明了这两部相同题材的人气作品在写作风格方面的区别。具体表现为：

平均段落长度、句子长度和分句长度方面，《鬼吹灯》均大于《盗墓笔记》，说明前者阅读起来更加困难、文本复杂度更高；同时，段长、句长和每句中的分句数，也呈现出前者明显大于后者的结果，可以同样得到《鬼吹灯》文学性较强、可读性较弱的结论。但需要注意的是，我们

———————

虽然通过对段落、句子长度数据的比较得出《鬼吹灯》文学性更强的结论，但并不说明平均段落、句子较其稍短的《盗墓笔记》文学性就不强了：通过正文中所举的例子可以看出，《盗墓笔记》的文笔也相当出色，非常引人入胜，在气氛、情节、人物等方面并没有明显的短板。甚至于对于网络小说这一新兴的小说形式而言，文本可读性是比文本复杂度权重更大的评价因素——读者倾向于选择更容易阅读的文本，以求在更短的时间获得更多的阅读快感，甚至仅仅是用以避免在电脑屏幕上阅读产生的视觉疲劳。

词汇方面，《鬼吹灯》和《盗墓笔记》在名词和代词在功能上此消彼长也带来了《盗墓笔记》在代词词频上的突出表现，动词加上数词则充分描绘了故事情节的紧张、人物动作的惊险，都带给了读者强烈的阅读体验。另外，《鬼吹灯》使用了许多《盗墓笔记》中没有的专有名词和具有文言色彩的虚词，使文本带有了天马行空的想象力和浓厚的时代气息。

不同于通常文学比较或文学评论所使用的深入阅读、主观内省的方法，本文采用定量分析作为切入点来判别两个作品的不同风格，并将对比结果通过表格、柱形图、折线图、假设检验和文本聚类等方式呈现出来，得到的论据更加可靠、论点也更加客观；同时再将客观数据和主观阅读感受相结合，以防仅由数据分析得到的结果过于武断，最终得到了全面的结论，规避了不必要的偏差。

女性的友谊与诗
——从顾太清交游网络分析看“秋红吟社”的变迁

严　程*

摘　要：顾太清和她的“秋红吟社”，历来作为道光年间女性诗社的代表，而顾太清本人的词作成就也早已为词坛所肯定。本文以数字人文手段处理顾太清与沈善宝等十余位诗友的往来诗作，将文献中涉及的人物、时间和事件信息转换成变动的人际网络，由此发现以顾太清为中心的女性诗人交游群体在诗社存续期间的两次重大结构变化。在此基础上，析出诗社的建立、波折、聚散等时间节点，试图破解这一满汉融合闺秀诗社的兴衰变迁之谜，以期为深入考察有清一代知识女性提供新的视角。

关键字：数字人文；清代女性；顾太清；秋红吟社；诗可以群

一、以顾太清为中心的闺秀诗坛图谱

活跃在道咸年间的满洲闺秀诗人顾太清，历来为学界所关注。她与钱、阮、许氏诸名流女眷的交谊以及同《名媛诗话》作者沈善宝的往来，也成为考察道光间北京满、汉闺秀诗坛的重要线索。她们交往最为活跃的十年，几乎涵盖了顾太清创作生涯中的重大节点。因此，在讨论具体问题之前，首先将道光十五年至道光二十五年的顾太清及其闺友著作编年，并提取关系人，可以借助数字手段更清晰地分析她们之间的交往轨迹。通过Excel输入她们唱酬诗中涉及的顾太清（西林春）、沈湘佩（善宝）、许云林（延礽）、许云姜（延锦）、石珊枝、李纫兰（介祉）、钱伯

---

* **作者简介**：严程，女，清华大学人文学院文艺学博士，师从张海明教授，主要研究方向为古代文论、清代女性文学文献、数字人文。

芳(继芬)、陈素安(瑞)、余季瑛(庭璧)、张佩吉(祥)等关系人共计855条人物-作品信息,导出至Gephi,就生成了顾太清及其闺友的关系图示。以明显的分布变化作为节点,可以将总表切割为以下几组图示:

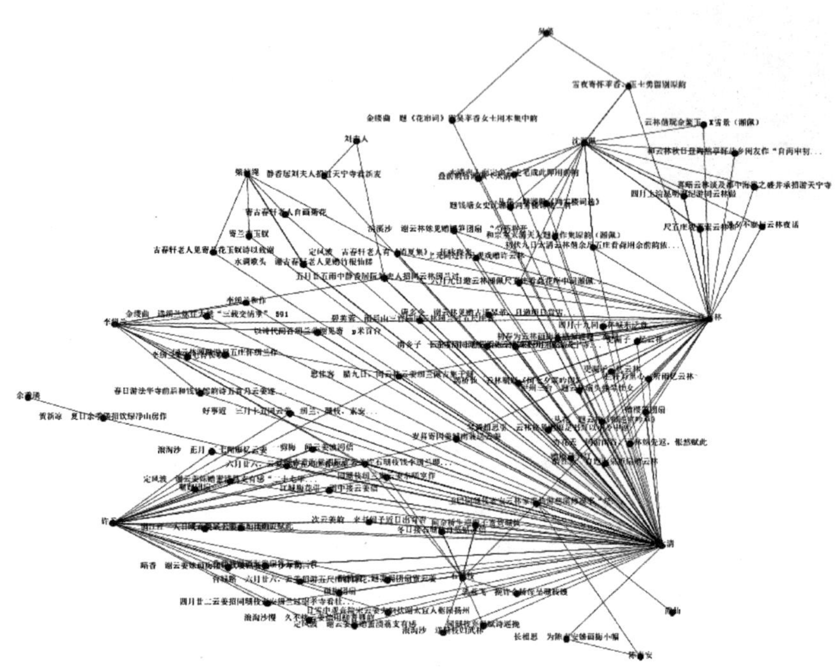

图1　道光十五年到道光十八年,顾太清与闺友往来示意图

这一时期是顾太清与江南闺秀的初见阶段,主要的交往对象大多通过阮元子妇许云姜(延锦)等拓展。而与许云姜夫妇的相识,则有赖于奕绘与阮福的熟稔。因此,顾太清与闺秀缔交的最初阶段,仍是通过男性亲属(奕绘)的社会关系获得交谊。此后,通过与许氏姊妹等闺友的,顾太清渐渐拥有了被她称为"城南诸姊妹"的闺秀诗人交往圈。这一状况一直持续到道光十八年奕绘辞世。

道光十九年,经历痛失所天、骨肉不偕、颠沛流离的顾太清终于安定下来。此时,诗不再是她打发闲情的偶吟,而成为慰藉痛楚的良方。正是在这一年,顾太清与沈湘佩(善宝)、许云林(延礽)、许云姜(延锦)、钱伯芳(继芬)、陈素安(瑞)等缔结"秋红吟社",并频邀社课。

值得注意的是,道光十九年的频繁社课只持续了不足一年,便很快

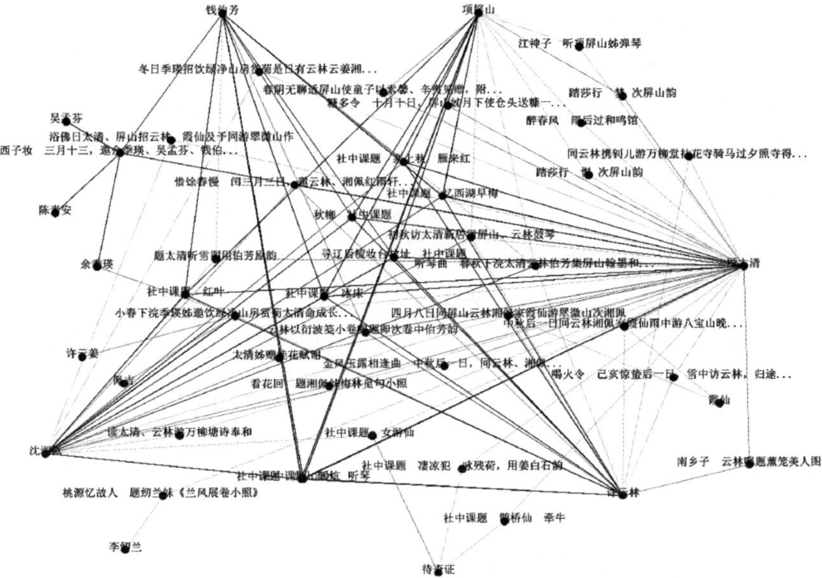

图2　道光十九年到道光二十二年，顾太清与闺友往来示意图

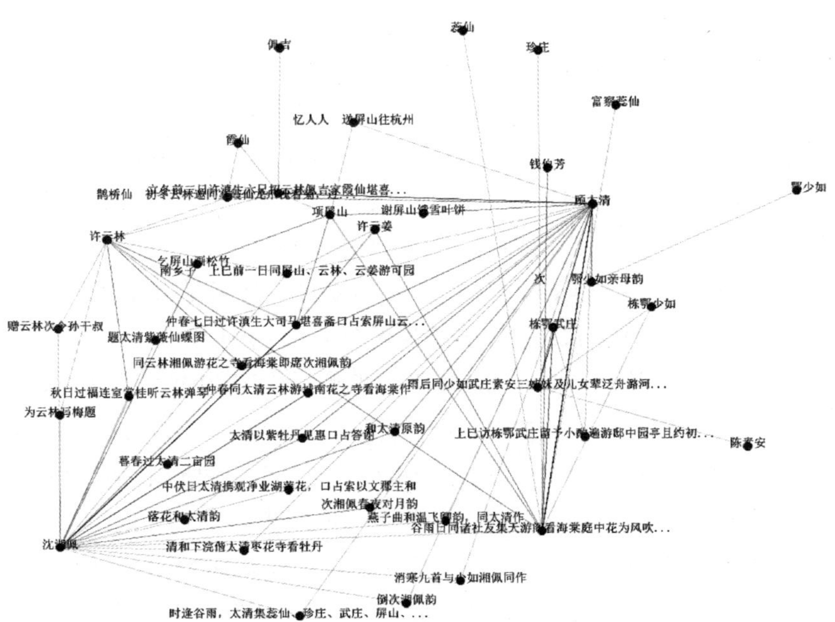

图3　道光二十二年到道光二十五年，顾太清与闺友往来示意图

沉寂下来。因此，在图2中展示的大部分顾太清-沈善宝的关联节点，都集中在较早的阶段。此后，二人虽各自表现出非常活跃的特征，却在两年间少有联结。这一关系分布在道光二十二年的秋红社课重聚中，再一次发生改变，并持续到道光二十五年，也即顾太清口中诸闺友“星流云散”时。此后，虽然诸人仍有诗札往来，但以顾太清为中心的北京满汉闺秀诗坛，已经不复往日的热闹繁盛。

在数字图表所展示的作品-人物布局变化中，可以清楚地观察顾太清不同阶段与闺友交往的形态，并特别能够见出其关系网络生长的趋势。如图1所示，最初在法源寺“邂逅江南秀”时，奕绘、顾太清夫妇与阮福、许延礽夫妇相遇，此后的一段时间里，顾太清谨慎地同阮氏、钱氏贵戚女眷相结交，并声明自己对于“诗名”的淡泊。这时，她的社会关系尚处于不自主的依附阶段，而诸闺友也多以官宦女眷的身份相与缔交。在这个阶段的最后，顾太清的“城南诸姊妹”吟咏圈，事实上成为一种自发的“拟家庭社会关系”，显现出女性交往由附庸、模拟的家庭关系向真正的社会关系转变的趋势。重大的转折发生在沈善宝出现之后，亦即图2所展现的情况。杭州闺秀沈善宝入都并通过许延礽（云林）与顾太清相结交，孤身北上的沈善宝并非名宦之后，仅凭新刻的诗集拜谒名流，意欲扬名京师，这与顾太清先前所交往的闺秀在身份和自我认识上都有相当的不同。且沈善宝与顾太清的结识，有赖以许延礽为代表的杭州闺秀圈的引荐，已然摆脱了作为男性亲属关系附庸的交往模式。然而，这一关系所包含的潜在矛盾，亦即自觉求名的知识女性与相对保守的贵戚命妇之间对于“名”的不同认识，也在她们此后的交往中暴露出来，并于秋红吟社的密集聚会与陈文述伪作的揭露事件中被放大，导致了诗友网络的骤然塌陷。在顾太清创作生涯的后半期，其满洲命妇的身份由于子女嫁娶和缔结姻亲获得凸显，遂得与著名的满州诗礼名门相往来；同时，沈善宝操觚月旦的《名媛诗话》也初具规模，握有人物品评权柄的沈氏在北京闺秀诗坛地位重获重视；联结顾、沈两端的许云姜（延锦）北归，也为故友重聚创造了重要的条件。因此，道光二十二年，北京闺秀诗坛迎来了当时满汉诗媛颇具规模的一次诗会，亦即秋红末社的天游阁海棠诗会。图3所展现的，就是在这次齐聚之后，满汉闺秀诗友相邀、往来唱和的情形。虽然此后各为家事所累，再未聚集如此规模的诗会，但诗友之间的交谊却得以延续。这时，诗歌真正成为女性友谊的媒介与载体，并为她们创造了精神上赖以栖息的“公共空间”。下文即以图示所展现的阶段作为划分依据，对其中涉及的史实和交游活动分别加以考察，借由数字方法所提供的线索，揭示顾太清等闺秀诗人社会交往形态及其阶段。

二、满洲命妇与江南闺秀

道光十五年的春天，太清与奕绘同往法源寺赏海棠。往名刹古寺游览，本是奕绘夫妇的日常。奕绘诗里“日昨看花侣，新诗满寺传”颇有些自得的情景，想必也不少见。然而在那里遇见寓居京城的江南闺秀许云姜、石珊枝、李纫兰，却不经意成了太清结交闺中诗友的开端。在《法源寺看海棠遇阮许云姜许石珊枝钱李纫兰即次壁刻百福老人诗韵二首赠之》[1]里，太清写道：“邂逅江南秀，檀乐法界烟。题诗寄同好，问询绮窗前。”

果然，“日暮来青鸟，惊人丽句传”，太清不久便收到了云姜回赠的诗柬。欣喜的她再次答赠《叠前韵题画海棠扇答云姜三首》，接连写下三首诗并一幅海棠画扇回赠。“何幸城南寺，相逢十日前”，这已是距法源寺赏花十日以后的事了，可是太清的热情却丝毫未减。奕绘《金错刀·题太清画碧桃海棠团扇》[2]词里有“一双翠鸟花间宿，同类相亲本不奇”之句，似乎与太清回赠诗里“梵宇逢仙侣”相应，却也不经意道出了太清与云姜一见如故的个中缘故——同类相亲。不久，新的和诗又成，题如小序：“春日游法华寺前后和钱侍郎韵诗五首，乃云姜遂和至六首，纫兰和诗至七首并又篆书七言长歌送来，余不获已复次前韵三章答之。”“娓娓佳章至，煌煌秦篆传”“何期闺阁辈，杰出欲空前”“二子真知我，相期雅颂前”——此时的太清，与这一双来自江南的闺阁才女，已然

1 顾太清：《法源寺看海棠遇阮许云姜许石珊枝钱李纫兰即次壁刻百福老人诗韵二首赠之》，金适、金启孮校笺《顾太清集校笺》，中华书局，2012年，第107页。

2 奕绘：《金错刀·题太清画碧桃海棠团扇》，金适、金启孮校笺《顾太清集校笺》，中华书局，2012年，第440页。

笔墨订交、倾盖如故。

于是，很快又有了再次相约赏花。这一次，太清记道：四月廿二云姜招同珊枝、素安、纫兰过崇孝寺看牡丹，遇陆秀卿、汪佩之。是日云姜以摺扇嘱写，归来画折枝梅，遂书于扇头。看海棠不过月余，太清已结识了许云姜、石珊枝、李纫兰、陈素安、陆韵梅、汪佩之诸江南名媛。许云姜名延锦，钱塘人，是江南文坛名媛梁德绳与学林名儒许宗彦之女。梁德绳晚号古春轩老人，是当时江南名擅一时的闺阁翘楚，兼擅格律与弹词，不但育有云姜、云林（一年后亦北上京师）两姊妹，还是教养才女汪端长大的姨母[1]，后亦与太清诗柬往来、多有酬赠。云姜系阮元子阮福室，有《鱼听轩诗》[2]，随夫寓居京城。石珊枝是独学老人石蕴玉之女，许乃普兄许乃嘉妻[3]，此钱塘许氏与许云姜家联谱，素来亲厚。李纫兰是当朝名儒显宦钱仪吉的儿媳，不但善诗，兼工篆书。陈素安[4]名瑞，元和人，晚岁依太清教授二女。汪佩之名纫兰，吴县人，内阁侍读潘曾绶妻，集名《睡香花室诗钞》夫妇皆有诗名[5]。汪佩之姒陆韵梅，侍郎潘曾莹妻，亦有与夫同名诗集《小鸥波馆诗钞》[6]。

太清兼善诗词书画，从此与江南诗媛官眷往来不断，仍以云姜、珊枝、纫兰为最密。不久先有《复用韵题听松楼遗稿》一律，这听松楼遗稿，正是李纫兰的丈夫钱宝惠（子万）之嫡母。复又为悼念许云姜甥女、许云林之女的《昙影梦痕图》题诗、词各一首，因此再与云姜之妹云林、母梁楚生结下不解之缘。再因云姜惠赠，有《谢云姜惠普洱茶用来韵》《再用韵》两首，并有“来诗索钱野塘山水，予以壁间四幅画解赠之。先以画倩题，不意今为鱼听轩有也”之序，语似嗔怪，实则亲昵；不日又有

1 梁德绳：《小韫甥女于归吴门以其爱诗为吟五百八十字送之即书明湖饮饯图后》自注“伯父学士公念小韫孤独每属余护视”，《古春轩诗集》二卷，[清]道光刻本卷一，第17页。

2 胡文楷：《历代妇女著作考》清代九，上海古籍出版社，2008年，第560页。

3 徐雁平：《清代文学世家姻亲谱系》，凤凰出版社，2010年，第273页。

4 沈善宝：《名媛诗话》卷六，载王英志编《清代闺秀诗话丛刊》，凤凰出版社，2010年，第447页。

5 胡文楷：《历代妇女著作考》清代九，上海古籍出版社，2008年，第352页。

6 同上，第620页。

《次日云姜书来告我四幅云山尽为纫兰移去奈何云云予复以野堂紫薇水月一轴相赠遂倒压前韵成诗五首》一题，云姜索去的画又被纫兰移走，谓之奈何云云，太清果然无奈再赠一幅，于才结识几个月的三人而言，这番光景倒像是闺中嬉戏了多年的姊妹一般。不多时，太清的《向云姜乞姜梅戏成二律》中，一句“为问甕中馀几许，数枚乞我醒诗脾”也仿佛小儿女情态，在闺友面前尽显娇嗔可爱。之后的两年时光，太清与她们同游共赏、往来唱和，甚至寒冬时节也要赏雪西山、集会室内，或次韵或同题，好不热闹。直到道光十六岁暮，云姜夫妇将扶柩回扬州，归期已定，太清与闺友集于珊枝斋中，有《思佳客》小令，记曰：“腊九日，同云林、云姜、纫兰、佩吉集于珊枝斋中，时云姜行有日矣，佩吉鼓《阳关三叠》，尽一日欢。归途，城门将阖，车中口占。”这里又有了新闺友云林、佩吉的加入。佩吉姓张名祥，徐夔典室，工琴善画[1]。云林是云姜的姐姐，名延礽，集名《福连室吟草》。太清曾在为云林集写下的题词里说“知名彼此情先熟”，这无疑是云姜的介绍；又说“新诗示我妙无加，词调更堪夸”。工诗善词的太清，对云林的赞美溢于言表。不久，同样通晓音律的云林又赠太清古玉琴帚，这一次，太清在次韵《唐多令》里写下“愿得一生常聚首，丝竹事，乐中年”的答语，清真语挚。这一年是道光十七年，太清三十九岁。

果然不负她的期待，不久后雪中与诸姊妹分韵作《飞雪满群山》，于太清词中见“花光照眼、花香染袖、花底醉游人”“云笺佳句，朱弦法曲，何输桃李春园”句，可知闺友相聚时的欢喜。此后更携霞仙与城南诸姊妹，上巳修禊、仲春泛舟、南谷同游、新麦共赏，自不必说。是年春夏，太清的闺友里又添了集名《绿净山房诗钞》的才女余季瑛，集名《鸿雪楼诗词集》的沈善宝。季瑛是许乃安妻，石珊枝媳。是夏在季瑛的绿净山房“倒清尊、群贤咸集，骋怀游目”一集之后，这里便又成了太清与闺友们的一处雅集之所。与钱塘沈善宝的见面则是在岁暮，善宝字湘佩，与云林素厚，甫一抵京，便同太清相晤，往来《一丛花·题湘佩鸿雪楼词选》《题钱塘女史沈湘佩鸿雪楼诗集二首》《和宗室太清夫人题拙

1 沈善宝：《名媛诗话》卷六，载王英志编《清代闺秀诗话丛刊》，凤凰出版社，2010年，第453页。

作集原韵》[1]《叠前韵答湘佩》《太清夫人面定金兰走笔成此即用前韵》[2]几度次韵相叠，一个赞“彩笔一支，新诗千首，名重浙西东”，一个称“大罗天上霓裳曲，羞煞人间咏絮才”，可见才女相惜。这一年亦有闺友离散，先是珊枝子早逝后旋归杭州，不久纫兰亦随宦大梁，太清在送别纫兰的《金缕曲》中写道，“年来送客愁相踵”，不禁有“聚散本来无定数”之叹。不出半年，珊枝弃世，再没能回到北京，却应了送别时“也知欲见真无日，水远山长尽此生”之谶。此时已是道光十八年，太清四十初度。这一年注定不平静，春日云林招游三官庙，太清未能赴约时，发出“人事不清闲，再到花时又一年”的感慨。这一年，太清与闺友只得六月尺五庄看荷花之聚。

三、秋红吟社中断疑案

道光十八年七月初七，奕绘辞世。四十岁的太清痛失所天的同时，还“亡肉含冤”被迫携幼子仓促搬离王府，一度赁居养马营。后鬻金凤钗才勉强购得一处住宅。此后太清一度生活窘迫，零星的记事诗中记录了许滇生、项屏山夫妇除夕送银鱼螃蟹、春日送花，甚至使仓头送糠饲猪，又及园中种竹笋事，不可谓不凄凉困苦。屏山姓项氏，是许滇生继室、词人项鸿祚（莲生）姊，精于诗词，通晓音律，善于鼓琴，很快成为太清的知己好友。道光十九年秋红雨轩定居后，太清检索零落诗篇，重聚旧日闺友，结秋红吟社，不到一年间聚为社课十余次，社中课题如：《咏残荷》《牵牛》《听琴》《秋柳》《寻辽后梳妆台故址》《红叶》《忆西湖早梅》《雁来红》《冰床》《暖炕》《女游仙》等。

参照湘佩所记，前后参与者有许云林、钱伯芳、项屏山、许云姜等。余季瑛、吴孟芬、陈素安、张佩吉亦曾参与集会。闺友雅集，座中分韵、次第相邀，十分热络。然而自十九年初秋至二十年春末，持续了不足期年的诗社又忽地没了下文。使诗社戛然而止的原因，恐怕也要从太清

1 沈善宝：《和宗室太清夫人题拙作集原韵》，珊丹校注《鸿雪楼诗词集校注》，中国社会科学出版社，2012年，第174页。

2 同上，第176页。

当时写下的一首言辞激烈的诗说起。《女游仙》一课之后，太清于陈文述柬云林信中见到冒名自己的和诗，十分气愤，用其韵作诗讽之。诗前记曰："钱塘陈叟字云伯者，以仙人自居，著有《碧城仙馆词钞》，中多绮语，更有碧城女弟子十馀人代为吹嘘。去秋曾托云林以莲花筏一卷、墨二锭见赠，予因鄙其为人，避而不受。今见彼寄云林信中有《西林太清题其春明新咏一律》并自和原韵一律，此事殊属荒唐，尤觉可笑。不知彼太清此太清是一是二？遂用其韵以记其事。"诗曰："含沙小技太玲珑，野鹜安知澡雪鸿。绮语永沉黑暗狱，庸夫空望上清宫。碧城行列休添我，人海从来鄙此公。任尔乱言成一笑，浮云不碍日头红。"观其诗及小序，有几层意思：一曰陈文述确曾托云林投赠，太清鄙其人不受。二曰陈文述寄云林诗中有假冒太清题咏，且自为和诗。其三鄙薄陈文述的"含沙小技"，并诅咒其"绮语"。其四自谓不愿与"碧城行列"相瓜葛。其五重申此事如浮云掠日，不妨碍自己的清誉。先说对陈文述的鄙薄，陈本阮元门生，太清与其子妇汪端亦有诗柬往来，早前还曾为"碧城行列"的《生香馆遗集》题词，不至于无端鄙薄远在钱塘的陈云伯。然而联系奕绘去世前后太清诗词间"炎凉随气候，何必更疑猜""报遗憾，讹言颠倒"等语，加之奕绘身后太清"亡肉含冤"的遭遇、"乱蝉声里拂吟鞭"的心境，可见那时的太清对声誉之敏感，已是惊弓之鸟。虽不知陈文述曾有何种作为，但当时文人对他网罗一众碧城女弟子的行为是颇有微词的，太清不愿与这样的声名为伍，亦属当然。可怪的是，既然知道云林与太清交好，陈文述为何还要将假冒的诗出示云林呢？太清说，这里的假冒另有玄机，谓之"含沙小技"。既然云林的路线未通，与陈文述有联系、又有能力说动太清题诗的人还有谁呢？检索社课以来，在沈善宝的集中，《红叶》一社之后，赫然有《陈云伯大令文述以各著见示索题》[1]一组题诗，并于最末一首自注"秋红社此课劳君鉴定以拙作冠场"。《鸿雪楼集》编年齐整，次序井然，可以想见"此课"正是红叶一课，在太清社课诗中亦有此题。这与太清所说的"去秋"托运林投赠之时日，相去不远。因而太清的"含沙"颇可能指向陈文述借湘佩之名索题未果，做了手脚。且陈文述若明知题诗是假冒，为何又出示云

1 沈善宝：《陈云伯大令以各著作见示索题》，珊丹校注《鸿雪楼诗词集校注》，中国社会科学出版社，2012年，第212页。

林，似乎亦难解释，所以疑惑更可能导向其时恰在瓜田李下的湘佩。若这样说来，由鄙薄陈文述进而波及“碧城行列”，亦可能指向与碧城早有瓜葛的湘佩。

此后诗课一度骤停。太清于《四月八日同屏山云林湘佩家霞仙游翠微山次湘佩韵》中与湘佩同游次韵，又有“壮游聊可散烦襟”一句明指此事，继而道“千岩苍翠疑风雨，万木婆娑认浅深”，表示事态不明而有所怀疑。后文更有“略径斜通石路曲，远村遥指夕阳沈。相期更约看红叶，敢负同来此日心”句，文意似诘，又暗嵌“沈相期”三字，更在春游时重提“红叶”（即湘佩请陈文述评鉴的社课题目）事，不知是否含有对湘佩相欺的猜疑诘问。此后两人唱和骤减，再次相遇已是这年初冬。在这次余季瑛招饮绿净山房的赏菊会上，除了太清、湘佩，还有云林、云姜、佩吉诸姊妹在座。太清借口为城门所阻，提早离去，到家便次湘佩韵写下了“自愧题诗输沈约，吟成七步竟消闲”的诗句。联系前文提到陈文述评湘佩为社课之冠时，湘佩自矜“一集秋红新夺锦，漫劳刮目沈东阳”之句，太清的“沈约”明指此事，似褒实讽。如此说来，“七步”看似称赞湘佩走笔立成的快诗，其实也暗含“香煎”的诘责了。这段日子里，太清愁苦卧病，虽然笔墨无多，却在《踏莎行·恨·次屏山韵》里留下“待安排处费安排，旁人错解成闲话”之句，又在随后的《踏莎行·遣闷》里发出“敢将沦落怨天公，虚名多为文章误”“但求无事是安居”的感慨。

四、海棠末社之后

第二年春润三月时，同往年一样，太清与闺友们再赏海棠，又集于红雨轩中。这一次，太清在《惜余春慢·闰三月三日邀云林湘佩红雨轩赏海棠座中分咏》中写道，“旧事休题且拚，共倒芳罇”。只是不再提起，却并没有忘记。此后两年间，太清忙于安排子女嫁娶家事，又多与宗室往来，终于在时任宗人府令定郡王载銓等人的帮助下得以昭雪前冤。这期间，太清因为载钊娶妻秀塘而与亲母栋鄂少如（珍庄）和其妹修篁武庄订交。对珍庄、武庄的家学，湘佩《名媛诗话》有一则记录：

"宁古塔如亭夫人，字竹轩，有《如亭诗钞》，为铁冶亭尚书保淑配。工诗、善草书兰竹，兼能骑射，识见过人。诗致清峭。"幸运的是，儿媳秀塘、女儿叔文、以文及亲母少如皆能诗，太清有诗题《暮春闲吟讲得四局值秀塘媳叔文以文两女姑嫂学诗倩予代写遂足成此律》，惬意之情溢于言表。又有《次栋鄂少如亲母韵》，句曰："妙论多君情最雅，佳章示我句尤清"。于是转眼到了道光二十三年，由《上巳访栋鄂武庄留予小酌遍游邸中园亭且约初十日过予天游阁看海棠归来赋此（自注曰：武庄为辅国公祥竹轩夫人）》一诗与武庄相约海棠社，果然又有了谷雨日海棠一社。重回天游阁的太清心情大好，虽然海棠为风吹散仅存两盆，却不减起社兴致，在诗题中记曰："谷雨日同诸社友集天游阁看海棠，庭中花为风吹损，只妙香室所藏二盆尚娇艳怡人，遂以为题各赋七言四绝句"。湘佩集中记这次社课有太清、富察蕊仙、栋鄂珍庄（少如）、修篁武庄、项屏山、许云林、许仲绚（云姜）、钱伯等数人[1]，中断已久的诗社重开，海棠一社可谓盛况空前。此时的太清，因为尽扫前事阴霾，儿女和乐、闺友咸集，终于又有了往日的欢颜。湘佩诗末句"笑依眼福真修到，来看重台命妇花"，写尽当日雍容喜乐。此时旧日闺友重聚，太清《倒次湘佩韵》"误人最是笔头花，乐事无多恨转赊"，算是对前情一笔带过，重又"晓窗欣诵故人诗"；湘佩随后的《落花和太清韵》，也以"有客天涯多感慨，凄莺恨蝶莫相猜"解开心结，转而"又见风光转惠兰"。此后的两年间，太清与云林、云姜、湘佩、屏山相聚偕游，与少如、武庄、素安舟中次韵，很是悠然，虽不似初遇闺友时那样往来相接，也不似困顿中以社课自慰那般寄情笔墨，却更多几分人到中年的惬意，少了些为儿女辈的担忧、为蜚短流长的烦恼。

然而，二十五年屏山暂归杭州，二十八年云林就养维扬，至咸丰间沈湘佩途经扬州南下时有留别云林、云姜、伯芳诗[2]，可见太清的社中姊妹到此时大半离京。此后咸同以降，时事动荡，吟红诸姊妹亦随宦天涯、修短各异，即便湘佩、屏山、云林皆一度重回帝京，却再难齐聚太清惦念的每一位诗友。咸丰七年，云林长途北上不久，在北京去世。太清

1 沈善宝著、珊丹校注：《鸿雪楼诗词集校注》，中国社会科学出版社，2012年，第242页。

2 同上，第369页。

挽词记离别十年后相见的场景，却是“说离乱兵荒”。咸丰十年，英法联军入侵，之后又发生了举国震惊的火烧圆明园事件，太清接到湘佩说要来避乱的信后杳无音信，霞仙也失了消息。后湘佩辗转到京，于同治元年六月十一下世。太清为湘佩所作的挽诗中，记下她离世前十日二人相见的场景，有“与君世世为兄弟”之约，令人动容。湘佩离去后的长夏，太清独坐雨窗，再检旧章，在《雨窗感旧》的诗序里记道：“同治元年长夏，红雨轩乱书中捡得《咏盆中海棠》诸作。旧游胜事，竟成天际浮云；暮景羸躯，有若花间晓露。海棠堆案，红雨轩争咏盆花；柳絮翻阶，天游阁分题佳句。今许云姜随任湖北，钱伯芳随任四川，栋阿少如就养甘肃，富察蕊仙、栋阿武庄、许云林、沈湘佩已作泉下人。社中诸姊妹惟项屏山与春二人矣。二十年来星流云散，得不伤心耶。”同治八年，在京的最后一个闺友项屏山扶柩回杭州，太清送至通州，夜话舟中，再订“来生作姊妹弟兄”之盟，归来不久却得到屏山殁于临清道中的消息。至此，从三十七岁那年天宁寺看海棠偶遇云姜、珊枝、纫兰，到七十一岁的太清送别最后一个在北京的闺友项屏山，三十余年间在诗中结下的友谊与在友谊中留下的诗篇，使得今天的我们仍能循着字纸间的痕迹，勾连出一百五十年前，十几位身负诗才、雅擅文字的女子，在我们脚下这片帝京的土地上，一段诗社常邀、花笺频寄的诗友生涯。

《围城》"像型"比喻的提取与研究

范楚琳　刘　颖*

摘　要：该文提取《围城》一书中所有的"像型"比喻，按照本体、喻体、喻点等要素的数量及顺序加以分类；重点讨论了仅由本体和喻体构成的比喻，对其进行句法分析和结构分类，结合修辞学探讨不同的句法形式造成的审美效果，并总结出五种修辞效果较好的句法类型。

关键词：《围城》；比喻；本体；喻体

引　言

比喻是汉语语言文学修辞手法的重要一种。传统汉语修辞学如陈望道[1]，将比喻分为明喻、隐喻、借喻三类，其区别分别是"像""似""如同"等类似喻词的有无及被比喻的对象即本体的有无。其后学界又有明喻暗喻、正喻暗喻、博喻约喻等分类标准和名称不一。西方认知语言学又有隐喻一说，并视之为语言的本质和起源，胡壮麟[2]定义为"两个概念的对比，一个概念识解另一概念"，包括目标域即"隐喻所描述的经验"和源域即"人们用来描述经验的方法"，而汉语修辞意义上的比喻只不过是其中的一小部分。本文依据汉语修辞界对比喻的划分，拟以

---

* **作者简介**：范楚琳，清华大学中文系硕士，主要研究方向为语料库语言学；刘颖，中国科学院计算技术研究所博士，清华大学中文系教授，博士生导师。主要研究方向为语料库语言学和计算语言学。

1 陈望道：《修辞学发凡》，上海：上海教育出版社，2006年，第68页。

2 胡壮麟：《语言学教程第3版中文本》，北京：北京大学出版社，2007年，第146页。

"A像B一样C"的"像型"比喻句为研究对象，以钱锺书《围城》为语料，对其比喻类型与审美效果作出探讨。

学界对《围城》一书中比喻类型的划分，大致集中在基于比喻结构中本体、喻体、喻点、喻词各要素的有无、数量、顺序、句法关系、语义关系等标准。彭育波[1]将本体记为S，喻体记为O，根据二者的数量、排列和显隐列出《围城》的比喻结构体系：S、O、SO、OS、SO_1O_2、S_1S_2O、SOOS共七种类型，每种类型又有下位若干。王定芳[2]按本体、喻体及喻词的有无及喻词的语义特征将《围城》中出现的比喻分为明喻、暗喻、引喻、借喻四个大类，又另分反喻、博喻、较喻、回喻四种作为比喻的变式单独归为一类。张会[3]按"本体+（像义动词）+喻体+（比况助词）+相似点"、"本体+（像义动词）+喻体+（比况助词）"等六种标准对书中所有比喻句进行描写式统计，内部又按单复句、句法结构进一步划分。毕小红[4]从比喻造成的陌生化效果出发，将书中所有比喻分为喻体为具体事物或抽象事物、变式比喻和同一喻体多种特性四个大类，其下又按本喻体的具体抽象、句法结构关系等分为若干子类。钱钟书善用生僻设喻，通过"喻体的反常表达，本体与喻体的远分与暗合"增加比喻的感染力。综上可知，《围城》比喻使用的丰富性和层次性已是不争的事实，而基于相似性的显隐（喻点的有无）、本喻体的语义等关系作出的划分则鲜明地突出了钱锺书用喻的新奇性和创造力。

学界对比喻审美张力研究所持的共同观点为：本体与喻体的距离越远，喻点越曲折甚至于消失时，比喻的审美张力越大，如刘英凯、廖艳

1 彭育波：《从〈围城〉看比喻的结构体系》，《修辞学习》1997年第4期，第26—27页。

2 王定芳：《比喻手法之集大成——〈围城〉各类比喻综览》，南宁职业技术学院学报2002年第2期，第46—50页。

3 张会：《〈围城〉比喻的句法结构分析》，载陈理主编：《中央民族大学本科生优秀论文集》，北京：中央民族大学出版社，2008年，第262—275页。

4 毕小红：《〈围城〉中比喻和别解的陌生化特征》，《甘肃社会科学》2010年第4期，第139—143页。

平[1]。除此之外，秦旭卿、谭兰东[2]认为喻体或本体越多时，比喻的修辞效果越好。冯广艺、加晓昕[3]认为喻体越繁丰，相似性的作者主观性越强、数量越多，喻词缺失时，比喻的审美张力越大，并将比喻四元素对审美张力的影响拟成数学函数公式，即：审美张力 = 本体喻体距离 × 喻体的形象丰满度 × 喻核（相似性）潜隐度（∑主观相似，喻核数量，喻核隐藏度）/ 比喻词。通过文学作品总结出的比喻大致涵盖了以下几个因素：喻点的曲直有无（越小越好）、本喻体客观距离（越大越好）、本喻体主观距离（越小越好），另有喻词的有无、本体喻体的数量及丰满度尚需进一步探究。

本文将对《围城》比喻的分类与审美效果的研究相结合，提取书中所有的“像型”比喻按照本体、喻体、喻点等要素的数量及顺序加以分类，而重点讨论仅由本体和喻体组成的比喻，对其进行句法分析和结构分类，结合修辞学界的研究成果探讨不同句法形式所能造成的比喻效果。

一、比喻义的“像”字句截取

笔者在提取《围城》中所有带“像”明喻句的过程中，发现有大量非比喻义的“像”字句，兹列部分如下：

描写同一类事物或人，用“像”表示推测。如：

1. 忽听得轻快的脚步声，像从鲍小姐卧舱那面来的。

在两类事物之间对比，用“像”表示举例。如：

2. 女学生像苏小姐才算替中国争面子，人又美，又是博士，这样的人哪里去找呢？

---

1 刘英凯，廖艳平：《概念整合理论对〈围城〉比喻的解释能力》，《深圳大学学报（人文社会科学版）》2008 年第 1 期，第 144—148 页。

2 秦旭卿，谭兰东：《钱锺书先生的修辞理论与实践》，载中国华东修辞学会编：《修辞学研究第 7 辑》，南京：南京大学出版社，1997 年，第 36—38 页。

3 冯广艺，加晓昕：《谈比喻辞格四元素对审美张力的影响》，《海南师范大学学报：社会科学版》2008 年第 6 期，第 145 页。

盛若菁[1]将本体、喻体之间的关系描述为"两类差别大、距离远的事物，具有相似之处，可构成比喻；两类差别小、距离近或同类的事物，存在区别性语义特征，且在区别性语义特征作比，亦可构成比喻"。因此，倘若本体与喻体过于相近以至无法构成区别性语义特征，便无法构成比喻。如：

3. 气头上虽然以吵嘴为快，吵完了，他们都觉得疲乏和空虚，像戏散场和酒醒后的心理。

4. 可是方鸿渐也许像这几天报上战事消息所说的，"保持实力，作战略上的撤退。"

描写心理心绪、衣着打扮和"战略上的撤退"，都是以另一种几乎等同的事物来说明，而鲜有区别性语义特征，故不予以比喻收录。"像"字句除用于比喻外，还可大量用于拟人、夸张、通感等等其他修辞手法中，由于无法从字面上提取出明确的本体与喻体，本文亦不将之视作比喻。另有喻体可见而本体难以提取、比喻句中含"像"而并非喻词等均不予收录。

二、比喻句截取与标注说明

《围城》一书中的比喻，通常是嵌在一个较长的句子中作为其一部分而存在，故"像型"比喻句亦需要从整句中截取而得。前文已有所述，本文拟以"A像B一样C"的比喻句作为主要研究对象，A、B分别为本体、喻体必须出现，C为确立二者相似之处的喻点可选择出现[2]，故截取的原则是保证以上诸要素（若存在）的完整——各要素前后可以不在一句话中，但必须是一个完整一体的表意单位。譬如以下一句：

5. 苏小姐双颊涂的淡胭脂下面忽然晕出红来，像纸上沁的油渍，顷刻布到满脸，腼腆得迷人。

"顷刻布到满脸，腼腆得迷人"尽管不属于本体喻体的内容，前一小

1 盛若菁：《比喻构成中的类与语义区别》，《修辞学习》2002年第6期，第23—24页。

2 黄国营：《基于大规模真实语料汉语词汇联想意义网络的构建——纪念吕叔湘先生百年诞辰》，清华大学学报（哲学社会科学版）2004年第5期，第37—41页。

句进一步说明比喻对象的状态，后一小句总结比喻对象的效果，故均将其作为比喻句的一部分收录。再譬如下句：

6. 方鸿渐给鲍小姐一眼看得自尊心像泄尽气的橡皮车胎。

“方鸿渐给鲍小姐一眼看得”尽管也不属于本喻体的内容，却是造成二者得以成立的缘由；倘若将其删去，会使比喻失去存在的情境，也降低了其蕴含的讽刺意味，故也将其作为比喻整体的一部分收录。

本文将“像型”比喻句标注分为本体、喻体、相似点、本延体四个部分。

（一）本体

《围城》比喻中的本体常常是一段较长的单位，甚至由好几个小句构成；既有各式结构修饰的名词性单位，又有表示状态的一连串动作描绘，甚至还有表达转折、让步、递进等意义的复句，但凡属于被比喻对象内涵的一部分，本文一概将其共同作为一个完整的本体标注。如：

7. 月光不到的阴黑处，一点萤火忽明，像夏夜的一只微绿的小眼睛。

“月光不到的阴黑处，一点萤火忽明”共同作为喻体“夏夜的一只微绿的小眼睛”的本体被标注，倘若分而截之，均不能作为一个完整的表意单位而被喻：萤火忽明，只有在月光不到的阴黑处才能达到夏夜里微绿的小眼睛这样的比喻效果。

（二）喻体

同理本体，但凡属于比喻内涵的一部分，均将其共同作为一个完整的喻体标注。如：

8. 一片无话可说的空白时间，像白漫漫一片水，直向开足马达的汽车迎上来，望着发急而又无处躲避。

该句的本体是“一片无话可说的空白时间”，喻体是“白漫漫一片水，直向开足马达的汽车迎上来，望着发急而又无处躲避”，后者共同作为一个完整的表意单位用以形容无话可说的空白时间：就像“白漫漫一片水”迎上来给人带来的焦急而无从躲避感。倘若只有事物没有感受则不足以传达出比喻本体的完整涵义，故将其一并截为喻体。

（三）喻点

喻点即确立本体、喻体相似之处的部分。如：

9. 从此他们俩的交情像热带植物那样飞快的生长。

“飞快的生长”即为喻点，习惯上称为“相似点”。本文将但凡属于被比喻内涵的一部分均作为一个完整的喻体的标注，然而在对本体的划分中，出现了新的成分。如：

10. 今天苏小姐起身我都不知道，睡得像木头。

上句本体为“睡得”，喻体为“木头”，然而“今天苏小姐起身我都不知道”作为“睡得像木头”的表现和结果，两者是互相照应的，共同组成了一个比喻单位传达出“睡得像木头”的完整意义。倘若删去前者，这个比喻便失去了作用的效果和存在的情境，故本文亦将其列入比喻的一部分，称之为“本延体”，其特点是从本体从延展出来表述本体的情况而不再涉及喻体的内容，却和本体、喻体等要素共同构成比喻，作为其前提、场所、效果等因素存在。如：

11. 一件是讲书。这好像衣料的尺寸不够而硬要做成称身的衣服。自以为预备的材料很充分，到上课才发现自己讲得收缩不住地快。

上句中本体为“讲书”，喻体为“衣料的尺寸不够而硬要做成称身的衣服”，本延体便为“自以为预备的材料很充分，到上课才发现自己讲得收缩不住地快”，作为用“做衣服”比喻“讲书”后对“讲书”的进一步说明，使本体何以具备喻体的特征得到更为明确的阐释，比喻的表达也更易懂合理。

由此可见，“本延体”既能出现在本体之前，又可出现在本体之后，我们说其不是被比喻的对象，而是作为比喻的前提、场所、效果等等的一部分存在，其实也存在着问题。倘若作为比喻的前提、场所，何不将其放在本体的范围之内？譬如第10句的本体变为“我睡得今天苏小姐起身我都不知道”像“木头”；倘若出现在喻体之后进一步说明本体，何不将其与本体合并在一起，变为“一件是讲书，自以为预备的材料……收缩不住地快”像“衣料的尺寸不够而硬要做成称身的衣服”？其实无论是多长的本延体，只要我们对句子结构加以改动，都是可以放在本体和喻体的内容之内的。但是这毕竟需要对句子作出较大的改变，倘若我们在今后要采取自动处理的方式对比喻进行分类时，这种预处理毕竟为计算机增加了难度；而当一个成分要经过改造才能成为本体时，毕竟与不用改动之间存在区别。我们这里采取一种较为简单的方式来对本体和本延体进行区分：当其出现在喻体之后时，由于和本体之间出现了喻体的中断，我们将其作为本延体处理；当其出现在本体之前，且和本体不在一句话之内，既当我们截取本体时出现了两个以上的句子时，我们仅将其中最核心的一句作为本体，而其他一律算作本延体。

三、"像型"比喻总表

我们根据上段比喻句截取和标注的原则，共截取《围城》中共203个"像型"比喻，并将其分成12类。每类的构成成分、数量及各章分布情况见表1、图1、表2、图2：

表1 "像型"比喻类型及数量

A	本体+像+喻体	82
B	本体+像+喻体+相似点	38
C	本延体+本体+像+喻体	29
D	本体+相似点+像+喻体	21
E	本体+像+喻体+本延体	16
F	本延体+本体+像+喻体+相似点	4
G	本体+像+喻体+相似点+本延体	3
H	本延体+本体+像+喻体+本延体	4
I	本体+喻体（本体+喻体）	2
J	本延体+本体+相似点+像+喻体	2
K	本延体+本体+像+喻体+相似点+本延体	1
L	本体+像+喻体+本延体+相似点	1

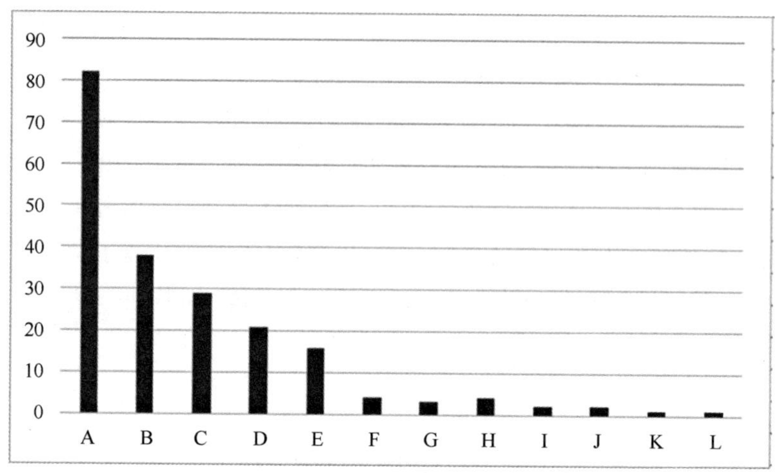

图1 “像型”比喻各类型数量分布

表2 “像型”比喻各类型各章分布情况

	一	二	三	四	五	六	七	八	九
A	3	6	21	6	20	10	5	4	7
B	5	2	5	1	6	6	4	4	5
C	2	0	5	0	8	3	1	6	4
D	1	0	2	0	11	1	3	1	2
E	1	1	1	1	3	3	2	1	3
F	1	0	0	0	2	0	0	1	0
G	0	0	0	0	0	0	0	1	2
H	0	0	1	0	2	0	0	1	0
I	0	0	1	0	1	0	0	0	0
J	0	0	0	0	0	0	1	0	1
K	0	0	0	1	0	0	0	0	0
L	0	0	0	0	1	0	0	0	0

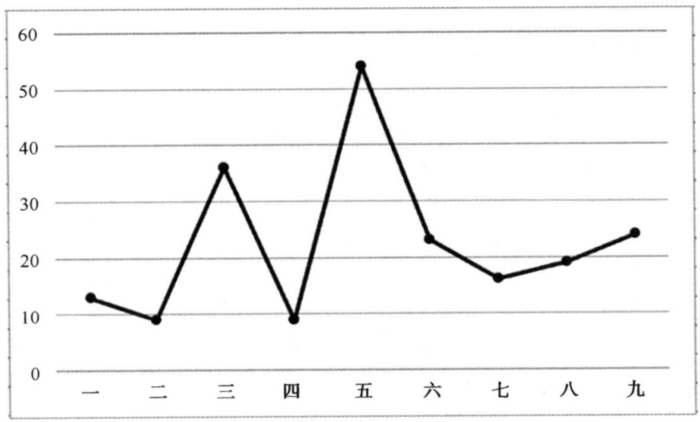

图2 "像型"比喻各章数量分布

四、A类"像型"比喻研究

在比喻中由于喻体作为被比喻的对象，和书中所描述的现实世界不处在一个空间中，通常可以较为明确地判定提取。故我们将82个A类"像型"比喻按照喻体的句法结构进行分类，类型及数量、所占比重分别如下：

表3 A类"像型"比喻喻体句法类型及分布

喻 体 类 型	数量（个）	比重（%）
的字定中结构（名词性结构）	30	36.6
动词作谓语的主谓结构	23	28.0
名词性结构+说明性分句	13	15.9
简单名词/名词短语、简单动词/动词短语	8	9.8
动词作谓语的主谓结构+说明性分句	5	6.1
主语缺省，动词作谓语的主谓结构（动词性结构）	3	3.7

（一）喻体为名词性结构

表4 喻体为名词性结构的A类“像型”比喻

类型	本 体	喻体	示 例
a	名词性结构	名词性结构	曹元朗脸上一圈圈的笑痕，像投了石子的水面
b	形容词作谓语的主谓结构		这男人油头滑面，像浸油的枇杷核
c	动词作谓语的主谓结构		柔嘉脸上不露任何表情，像下了百叶窗的窗子
d	主语缺省，动词作谓语的主谓结构		忽然笑不知去向，只余个空脸，像电影开映前的布幕

在以上30个喻体对应的本体中，名词性结构[1]占9个，包括名词、“的”字缺省及完整的定中结构，我们称之为a类，将名词与名词作比，恐怕是最符合常人直觉感知的比喻形式了。再看“的”字定中喻体所对应的16个动词作谓语的主谓结构，何以一个主谓结构能够与名词结构构成比喻呢？观察这16个本体，其中大部分都是描述主语正在进行某项行为，而这种行为的影响施加于主语身上，使主语最终呈现出对应名词性喻体的状态，譬如“柔嘉脸上不露任何表情”“呈文，牢牢地贴在他意识里”，倘如将其变为“脸上不露任何表情的柔嘉”和“牢牢地贴在他意识里的呈文”，本体和比喻的表意均未变化，而变成了上述名词性本体对应喻体的情况。

与之不同者有三例，第一是“你叫我前辈”像“史前原人的遗骸”，喻体所对应的本体实际上是宾语“前辈”而不是主语“你”，然而我们依然把整个句子成分算作本体，是因为“你叫我”是对“前辈”的限定，“前辈”之所以像“史前原人的遗骸”，是在“你叫我”的前提下产生的。而在“教育消息栏里印着两张小照，铜版模糊”像“乩坛上拍的鬼魂照相”中，尽管实际是“小照”像“鬼魂照相”，本喻体中的其他成分对前者进行修饰的形式，实际上另有一组“教育消息栏”像“乩坛”的比喻隐藏于其中。第二是“赵辛楣眼里仍没有方鸿渐，但又提防着他”像“慰问害传染病者的

1 我们将喻体分为名词性结构和简单名词/名词短语，前者即为“的”字定中结构；而在本体中将前两者均视为名词性结构。我们从喻体入手研究比喻，故而采取比本体更为细致的分类标准。

人对细菌的态度”，实际上是本体未言明但通过一系列描写所传达出的“态度”和喻体“……的态度”作比，本体是一个隐含喻体中心名词的主谓句，同时又暗含了将“赵辛楣”比作“慰问害传染病者”、“方鸿渐”比作“细菌”的讽刺性效果，可谓是一举三得。第三是“头脑里，情思弥漫纷乱”像“北风飘雪片的天空”，尽管从句法上讲本体中“头脑里”作主谓结构“情思弥漫纷乱”的状语，本体实际上应当被还原成上述名词性的“情思弥漫纷乱的头脑”，因为喻体“……的天空”所对应的成分是“头脑”，而“北风飘雪片”对应“情思弥漫纷乱”，而作者有意想让一个带状语的主谓句来作一个名词性喻体的本体，且状语中的中心语才是名词性喻体中的中心语，而主谓结构“情思纷乱”所对应的定语“飘雪片”又实际上是“雪片飘”的倒述，短短17个字内，句法纷致错落，仿佛毫不相干的句式却齐齐被放置在比喻天平的两端，超人意料之外却又在情理之中。

“的”字定中喻体对应3个形容词作谓语的主谓结构，与动词作谓语的普遍情况一致，形容词用以描述主语所处的某种状态，而这种状态的主语正好与定中结构的喻体表意一致，主谓结构的本体只需调换名词和形容词的顺序即可被还原成定中结构。2个定中喻体的本体为主语缺省的主谓结构，与动词作谓语的主谓结构的第一种例外一致。

在喻体为名词性结构的30个比喻中，我们将本体为形容词作谓语的主谓结构的情况称为b类，其较a类比喻新奇，以主谓结构和名词性结构对比，尽管前者是形容词作谓语，最终的落脚点还是在主语名词本身，加之后者也是形容词作名词的定语，二者的句法距离仍然较近，却平添了一种句法错落的美感。我们将主谓结构中动词作谓语的普遍情况划入c1，与b类相似，变成了动词作谓语，而落脚点同样在名词，尤其是“贫民区逐渐蔓延”像“市容上生的一块癣”这一句，有一种动静交错的生动感。我们将第一种例外即主谓结构中主语或宾语为喻体对应的实际内容而其他成分均为其修饰的情况称为c2，如“在肉面的尘垢上划了一条乌光油润的痕迹”像“新浇的柏油路”，“一条乌光油润的痕迹”即作前一分句的宾语又作后一分句的隐含主语，造成一种首尾前后粘连的效果；将第二种例外即主谓结构隐含通过一连串动作传达而出的实际对应喻体的中心名词的情况称为c3，本体中隐含了中心名词，而通过一连串动作让读者去猜测想象，本体和喻体的相似点需要激发联想才能获得，容易造就传统修辞意义上质量较高的比喻；将第三种例外即本体中修饰主谓结构的状语中心语对应喻体中被定语修饰的名词中心语、喻体中的定语才是本体中主谓结构的对应内容的情况称为c4，全书仅见一例，句法可谓是经历了一次大逆转，而表面读来却通畅至极、毫无滞涩之感，反复仔细回味方觉妙趣无穷，仿若本体与喻体之间作镜像翻转、古典的对称美。主谓结构中动词作谓语而主语省略的情况基本和不省略时一致，假如四种情况齐备的话，我们不妨亦以d1、d2、d3、d4分别称之，只是目前只出现了d2罢了。

除以上由本喻体的句法关系造成的比喻效果之外，增加单位比喻内比喻数量和本喻体内部的超常搭配同样可以提高比喻的质量。我们截取“像”型明喻句是以一个“像”字为单位，截取前后所能包含在比喻结构中的所有成分，并以此作为一个比喻句。然而从上文我们已经可以看到，这样的一个比喻句中可能暗含了一个以上的比喻，譬如喻体为“慰问害传染病者的人对细菌的态度”“北风飘雪片的天空”“乩坛上拍的鬼魂照相”的像型比喻句分别包括3、2、2个比喻，而无论从字数还是句式结构同其他比喻无甚分别，可谓是精妙之极，我们在后文还将碰到。另有较为特殊的一例数量名结构“一个躬背高额，大眼睛，苍白脸，戴夹鼻金丝眼镜，穿的西装袖口遮没手指，光光的脸，没胡子也没皱纹”，“一个”后本应出现的名词被替换为一连串对哲学家褚慎明本人各种身上特征的描述，徒见数量而不见其中，这种“不合理”的语法反而寓含一种讽刺意味于其中，再看其后的喻体为“幼稚的老太婆”和“上了年纪的小孩子”，则更是看似有别常理，可见作者辛辣又传神的笔力。

表5　c类比喻的3则例外

类型	例 外 情 形	示　　例
c2	本体中的宾语对应喻体	方鸿渐看唐小姐不笑的时候，脸上还依恋着笑意，像音乐停止后袅袅空中的余音
c3	本体隐含核心名词	眼里仍没有方鸿渐，但又提防着他，恰像慰问害传染病者的人对细菌的态度
c4	本体中的状语中心语对应喻体名词，本体中的主谓结构对应喻体修饰语	头脑里，情思弥漫纷乱像个北风飘雪片的天空

(二)喻体为简单名词/名词短语、简单动词/动词短语

表6　喻体为简单名词/名词短语、简单动词/动词短语的A类“像型”比喻

类型	本　体	喻　体	示　例
x	简单名词/名词短语、简单动词/动词短语		泪渍的脸像死灰
y	形容词作谓语的主谓结构		他身大而心不大，像个空心大萝卜
z	动词作谓语的主谓结构	简单名词/名词短语、简单动词/动词短语	男人跟男人在一起像一群刺猬

我们遵循以上基本的框架再来看8个简单名词、动词或短语作喻体的A类比喻，其中3个本喻体的结构、词性相同，皆为简单结构、同为名词或同为动词。3个本体为形容词作谓语的主谓结构，1个对应名词短语2个对应动词短语喻体；3个本体为动词作谓语的主谓结构皆对应名词短语喻体。这种句式的比喻以本喻体之间强烈的字数落差而造成一种讽刺的效果，譬如“他身大而心不大”像“空心大萝卜”、“面烧得太烂了，又腻又粘”像“一碗浆糊”，作者常常一针见血地将真相说出，寥寥数字揭开了世人虚伪的面具，仿佛语言不过是对简单事实的虚妄装裹。

(三)喻体为名词性结构＋说明性分句

表7　喻体为名词性结构＋说明性分句的A类“像型”比喻

类型	本　体	喻体	示　例
a′	名词性结构	名词性结构＋说明性分句	捺不下的好奇心和希冀像火炉上烧滚的水，勃勃地掀动壶盖
c1′	动词作谓语的主谓结构		失望、遭欺骗的情欲、被损伤的骄傲，都不肯平伏，像不倒翁，捺下去又竖起来，反而摇摆得利害
c2′	动词作谓语的主谓结构，本体中的宾语对应喻体		子潇听话中有因，像黄泥里的竹笋，尖端微露
e	名词性结构＋说明性分句		幸亏年轻女人的眼泪还不是秋冬的雨点，不致把自己的脸摧毁得衰败，只像清明时节的梦雨，浸肿了地面，添了些泥

A类比喻中存在13个喻体这样的比喻：通常由两个以上的分句组成，第一个分句为名词性结构，而逗号后面的内容都是对这个名词的解释性说明。譬如当喻体为“不倒翁，捺下去又竖起来，反而摇摆得利害”，当作者将本体比作“不倒翁”时，这个比喻实际上已经足够，而“捺下去又竖起来，反而摇摆得利害”是对本体何以能够像“不倒翁”的进一步说明，仿佛在“不倒翁”和其后的部分插入了一句“为什么？”的设问。在名词后面加入进一步说明的分句，不仅可以起到解释作用，更是将喻体何以能为喻体的特点活灵活现地描绘了出来，从而引导我们进一步去体会本体与喻体之间的相通之处。6个该类喻体对应的本体为名词性结构，将其比作对应的名词后又对其进行生动详细地书写，妙趣横生、令人连连赞同，我们称为a′类。6个该类喻体对应的本体为动词作谓语的主谓结构，4例为普遍情况，我们称为c1′类。在这种情况中，本体和喻体从句式上看虽皆为主谓结构，主语和谓语之间的关系却大为不同，本体中的谓语表达主语正在进行某项行为，这种行为在主语身上施加了某种影响而最终呈现出某种特定状态下的主语；喻体中的谓语只是主语的一部分，所有谓语已经包含在了主语的普遍情形之中，而受主语的管辖。故比喻前后便是某种特定状态下的主语比作另一种普遍情形下的主语，谓语在前者起约束作用而在后者起解释作用。1例特殊情况——“话中有因”像“黄泥里的竹笋，尖端微露”——与c2类似，我们称为c2′类。2例本体的句式结构与喻体相同，我们称为e类，比喻的两端句式对称，同a类比喻一样看似最合常理，然而在“年轻女人的眼泪还不是秋冬的雨点，不致把自己的脸摧毁得衰败”像“清明时节的梦雨，浸肿了地面，添了些泥”中，本喻体间不仅含蓄已极；作为本喻体中主语解释性说明的两个谓语更是呈一种相反关系，正反两面的相似性使本喻体间的相似维度增加、联想空间扩大，同样是一个上乘的比喻。

（四）喻体为动词作谓语的主谓结构

23个A类比喻的喻体为动词作谓语的主谓结构，其中11个本体的结构与之相同。相同的句式作比，我们通常可以看到主语、谓语在“像”

表8 喻体为动词作谓语的主谓结构的A类“像型”比喻

<table>
<tr><th>类型</th><th>本　体</th><th>喻体</th><th>示　例</th></tr>
<tr><td>f</td><td>动词作谓语的主谓结构</td><td rowspan="4">动词作谓语的主谓结构</td><td>同路的人,一到目的地,就分散了,好像是一个波浪里的水打到岸边,就四面溅开</td></tr>
<tr><td>g</td><td>主语缺省,动词作谓语的主谓结构</td><td>仗外国文来跟唐小姐亲爱,正像政治犯躲在外国租界里活动</td></tr>
<tr><td>h</td><td>形容词作谓语的主谓结构</td><td>韩学愈似乎脸色微红,像阴天忽透太阳</td></tr>
<tr><td>i</td><td>名词性结构</td><td>鸿渐像落水的人,捉到绳子的一头,全力挂住</td></tr>
</table>

字前后的对应。譬如将“同路的人,一到目的地,就分散了”比作“一个波浪里的水打到岸边,就四面溅开”,“同路的人”与“一个波浪里的水”相对,“……就分散了”和“……就四面溅开”相对,最符合读者的直觉感知,我们称为f1类,共有9例。其余2例,1例为本体中的宾语作喻体中的主语,也即c2类比喻的情形,我们称作f2类,该比喻被镶嵌在了一个结构为“把伤心像……”的把字句之中,使喻词“像”的动词性更强、由本体自身出发,比喻具有了自主的色彩;1例本喻体的谓语之间的联系则相对没有那么强烈,譬如“鸿渐先听她有‘讨厌话’相劝”像“箭猪碰见仇敌,毛根根竖直”,“鸿渐”之后的部分并没有将鸿渐的情况言明,而通过喻体“箭猪”之后的部分呈现,让人去联想被比作“箭猪碰见仇敌”之后的鸿渐究竟是何样貌,这种本体与喻体之间的落差而非全然对应,相似性不见于字面而只能通过言外之意获得,能够造就比喻联想空间的扩大,本喻体间的主观距离小、客观距离大,是在传统修辞学意义上质量较高的比喻,我们称为f3类。3例喻体对应的本体为主语省略的主谓结构,承前省略的主语实际就是喻体中的主语,而与本喻体均为主谓结构的情况类似,我们称为g1类,同f1相似。

2例喻体对应的本体为形容词作谓语的主谓结构,然而均为特殊情况。在“韩学愈似乎脸色微红”像“阴天忽透太阳”中,本体中的谓语才是整个喻体的实际对应内容,一个表示状态的“微红”用“忽透太阳”来比喻,将“忽透”这一表示动作迅速的属性悄无声息地添加到了本体当中,使得静态的形容词传达出动态的信息;在“气概飞扬,鼻子直而高，侧望”像“脸上斜搁了一张梯”中，本体中的主谓结构“鼻子直而高”实际只是对应喻体谓语中的宾语“一张梯”，类似于b类比喻的情形；而我们将“脸上斜搁了”亦作为喻体的一部分，是因其说明了比喻存在的场所和状态，是“梯”不可分割的一部分。且脸上何以能够斜搁一张梯？这种字面上的不合理恰恰能够在比喻中成立，而使得比喻的真实感更强，讽刺意味更重。尽管在阅读这个比喻时本体中的主语和喻体中的宾语才是我们要把握的内容，然而喻体中的谓语动词给我们带来的语义冲击恐怕才是作者不循常规用此句式的用意所在。在喻体为形容词作谓语的主谓结构中，我们暂且假设存在一种本体和喻体两两相对的普遍情况称作h1类，而将本体谓语对应整个喻体、整个本体对应喻体宾语的例外分别称为h2、h3类。假设h1类比喻存在，是一个将形容词作谓语的主谓结构比作动词作谓语的主谓结构的过程，用动词来描绘静态的形容词，使得动态性的信息被添加到了本体之中，比喻刻画生动而传神；h2类比喻本体中的谓语对应整个喻体，相当于“脸色微红”成为了喻体“阴天忽透太阳”中的隐含主语，首尾相连、环环相扣；h3类比喻喻体中的宾语称为主谓结构本体的实际对应内容，通过操作喻体中的谓语动词，我们可以达到意想不到的效果。

7个该类喻体对应的本体为名词性结构，将一个名词比作另一个名词正在进行某项动作，通常都是为了传达出这个名词的某种特定状态，7个名词性本体中有5个是如此，譬如“鸿渐”像“落水的人，捉到绳子的一头，全力挂住”，落水的人后的一系列行为就是鸿渐此刻的状态，我们称为i1类。其他2例本体虽亦为名词性结构，本体和喻体之间的关系却要含蓄得多，譬如将“孙小姐的怒容”比作“一星火落在一盆汽油面上”，不言及后果如何，而将星火及孙小姐的情况均留待人想象，将激烈的场面用克制的笔法叙述，反而更能衬托出前者之重，我们称为i2类。i1类比喻将一个名词性结构比为主谓结构，用以说明主语正在进行的某项行为或体现的某种状态，本应出现的谓语被一个“像”字比喻所替代，以造成联想空间，设想主语本身所经历的动态历程。i2类比喻则有意将本体和喻体中谓语的关系变得模糊，如在i1类比喻中，喻体中谓语较易和本体形成搭配，从而使我们很容易构想本体所处的行为或状态。而在i2类比喻中，由于喻体中谓语和本体主语难以搭配使这种联想变得困难，通常是喻体中谓语所产生的某种后果使得我们将其与本体联系起来，本体喻体间的客观距离大，通常较之i1类更加优异。

除以上由本喻体的句法关系造成的比喻效果之外，我们还看到了增加单位比喻内的比喻个数和喻体中的超常搭配等形成的效果。譬如在“(方鸿渐)仗外国文来跟唐小姐亲爱”像“政治犯躲在外国租界里活动”中，本体和喻体的谓语既在表面上有相似之处——“外国文”和“外国租界”，语义内部亦有——两者均表达了自由而又受限制的矛盾之感——但未予以言明，以造成本喻体之间相近又疏离又相近的迭代效果、值得玩味，我们将其看作是一个比喻单位内包含两个比喻的情形亦未尝不可。而在“冬蛰的冷血动物，给顾先生当众恭维得春气入身，蠕蠕欲活”和“脸上斜搁了一张梯”中，两者在语义上本都是不能成立的，动物何以能够被恭维？脸上何以能够斜搁梯？然而由于在比喻中将人比作动物、鼻比作梯才得以使然。以非人之物喻人，本已极具讽刺效果；然而在喻体中却又将本属于人之特性放置在了非人之物上，实则虚之、虚则实之，一来造成一种扭曲新奇却又合于情理的效果，二来在喻体这样的“他者”中添加了“主体”的内容，使本来虚幻的喻体距离真实不再遥远，比喻的虚拟度降低而逐步向客观真实的描绘过渡。

表9　f、h、i类比喻的小类

类型	具体情形	示　　例
f1	两个主谓结构——相对	鬼的存在的确有时间性的，好像春天有的花，到夏天就没有
f2	本体中的宾语对应喻体	有人失恋了，会把他们的伤心立刻像叫化子的烂腿，血淋淋地公开展览，博人怜悯，或者事过境迁，像战士的金疮旧斑，脱衣指示，使人惊佩
f3	本体和喻体的谓语不对应	鸿渐先听她有“讨厌话”相劝，早像箭猪碰见仇敌，毛根根竖直
h2	本体中的宾语对应喻体	韩学愈似乎脸色微红，像阴天忽透太阳
h3	本体对应喻体中的宾语	一个气概飞扬，鼻子直而高，侧望像脸上斜搁了一张梯
i1	本体能够和喻体谓语搭配	风里的雨线像水鞭子正侧横斜地抽他漠无反应的身体
i2	本体不能和喻体谓语搭配	半空里轰隆隆一声回答，像天宫的地板上滚着几十面铜鼓

(五) 喻体为动词作谓语的主谓结构+说明性分句

表10　喻体为动词作谓语的主谓结构+说明性分句的A类“像型”比喻

类型	本　　体	喻体	示　　　例
f1′	动词作谓语的主谓结构	动词作谓语的主谓结构+说明性分句	老头子恋爱听说像老房子着了火,烧起来没有救的
i1′	名词性结构		方鸿渐像鱼吞了饵,一钓就上

A类比喻中存在5个喻体这样的比喻:通常由两个以上的分句组成,第一个分句为动词作谓语的主谓结构,逗号后面的内容都是前一分句的解释性说明,相当于在两个分句之间插入一个“为什么?”的设问。当作者将本体比作第一个主谓结构时,实际上这个比喻的成分实际已经足具,后一分句的加入一来能够揭示前一主谓结构的特点,帮助我们更好地理解喻体和本体之间的相通之处,二来常常能够构成一组名言警句,譬如“半生的东西回锅,要煮一会才熟”,展示作者对现实世界的巧妙批判。4个喻体对应的本体为名词性结构,1个为动词作谓语的主谓结构。我们不妨将名词性本体的比喻称为i1′类,同i1类比喻不同之处在于,作者常常选取类似“时间”“意义”这样的抽象名词作本体,而尽管是动词为谓语的主谓结构作喻体,本体与其的相似之处常常不在于动作本身而在于其后所传达的结果或意义,因此喻体中第二分句的存在在表意上通常是必不可少的。我们将本体为主谓结构的比喻称作f1′类,譬如“老头子恋爱”像“老房子着了火……”,除了省略号之后的内容外与f1类并无二致。尽管在主谓结构加另一分句为喻体的比喻中,本体和喻体的相似之处通常在于动作的结果、意义而非动作本身,在喻体的选取中作者亦常常选择同本体在字面上构成“形似”,譬如“一片无话可说的空白时间”像“白漫漫一片水……”,“老头子恋爱”与“老房子着了火”,这样本喻体中的两个名词似乎也能构成一种比喻,我们亦可看作是一个比喻单位中包含两个比喻的情形。

（六）喻体为动词性结构

表11　喻体为动词性结构的A类“像型”比喻

<table>
<tr><th>类型</th><th>本　体</th><th>喻体</th><th>示　例</th></tr>
<tr><td>j</td><td>动词性结构</td><td rowspan="2">动词性结构</td><td>拼命追忆，只像把筛子去盛水</td></tr>
<tr><td>k</td><td>名词性结构</td><td>鸿渐的心那一跳的沉重，就好像货车卸货时把包裹向地下一掼</td></tr>
</table>

3个A类比喻的喻体为主语省略、动词作谓语的主谓结构。我们一一说明。“拼命追忆”像“把筛子去盛水”是纯粹的一个动作像另一个动作的比喻，82个A类比喻中仅见这一例。两个动作之间的客观距离大，主观距离小，设置巧妙、并给人一种凝练干净的美感。“握她的手”像“捏着冷血的鱼翅”为两个动宾结构之间的比喻，不仅“手”“鱼翅”，“握”和“捏”也构成一组对比，表现两个名词不同的持有方式。由于“把”“握”之间距离较近，我们视其为比较而非比喻，而真正构成比喻的对象是“手”和“鱼翅”。在“鸿渐的心那一跳的沉重”像“货车卸货时把包裹向地下一掼”，本体是名词性结构，并没有直接同动词结构的喻体作比，而是由喻体这个动作所传达出的“沉重感”形成比喻。在这个比喻中，作者并没有点明喻体何以能够对比本体而只是描绘出一个动作让读者去揣摩；而本体中的定语“心跳”又和喻体“把包裹向地下一掼”两个动作在视觉上构成近似，倘若我们将“的沉重”删去而让两个动作形成比喻似乎也可以成立，只是不够明晰罢了。这又是一个比喻句之中包含双重比喻的例子了。我们将本喻体均为动词性结构的比喻称为j类，即以上第一、第二个比喻；将本体为名词性结构时称作k类，即第三个比喻。显然同本喻体均为名词性结构的比喻相比，同为动词的情况少之又少，且就算本喻体同为两个动作，作者想要强调的内容也可能是动词后的宾语，这可能是相对于名词，选取两个相似而又有一定距离的动作更加困难的缘故，这也足见将“拼命追忆”比作“把筛子去盛水”是多么精彩而难得了。而在k类比喻中作者将一个名词比作一个动词，实际上和i2类及删除喻体中后一分句的i1′类比喻十分相似，是将名词和动词产生的名词性后果或意义进行对比的情形，而只见

动作而留言外之意供读者去揣测比喻内涵，自然是一种比较高明的手法了。而若在动词喻体的选取上和本体构成“形似”，让喻体即能和本体本身形成比喻又能和本体中的定语修饰语形成比喻，即一个喻体能在两个不同维度上和本体构成比喻，更不用说浓缩在这短短23字之内和k类比喻本身的特点了。钱锺书将“心那一跳的沉重”比作“货车卸货时把包裹向地下一掼”，可谓是神来之笔。

（七）A类“像型”比喻句法形式造成的比喻效果总结

表12　不同句法类型的A类“像型”比喻所产生的比喻效果总表

比喻类型		比喻效果	数量
a		符合常理	9
a'		增加生动描述	6
b		句法错落	3
c	c1	动静交错	11
	c2	首尾前后粘连	3
	c3	激发联想空间	1
	c4	句法逆转、镜像对称	1
c'	c1'	描述生动	4
	c2'	描述生动、首尾粘连	1
d	d2	首尾粘连	2
e		符合常理	2
x		符合常理	3
y		字数落差	3
z		字数落差	2
f	f1	符合常理	9
	f2	比喻由本体自身发出	1
	f3	激发联想空间	1
f'	f1'	喻体构成名言警句	1
g		符合常理	3
h	h2	增加本体动态感、首尾粘连	1
	h3	增加本体动态感、巧设喻体谓语	1

（续表）

比 喻 类 型		比 喻 效 果	数量
i	i1	激发对本体的联想	5
	i2	激发联想空间	2
i'	i1'	喻体构成名言警句	4
j		符合常理	2
k		激发联想空间	1

表 13 A 类“像型”比喻其他句法形式造成的比喻效果

句法形式	示 例	比喻效果
数量名结构异常	一个躬背高额，大眼睛……光光的眼没胡子也没皱纹	意料之外情理之中、增加讽刺效果
主语和谓语构成超常搭配	脸上斜搁了一张梯	意料之外情理之中、增加真实度和讽刺效果
一个比喻包括正反两个维度	年轻女人的眼泪还不是秋冬的雨点，不至于把自己的脸摧毁得衰败，只像……	扩大联想空间
一个比喻单位内包含多重比喻	赵辛楣眼里仍没有方鸿渐，但又提防着他，恰像慰问害传染病者的人对细菌的态度	扩大联想空间、巧妙精致
一个喻体在两个维度上构成比喻	鸿渐的心那一跳的沉重，就好像货车卸货时把包裹向地下一掼	扩大联想空间、巧妙精致

综上，我们穷尽82个《围城》中的A类比喻，将其本体、喻体的句法情况一一刻画而加以分类，以探究不同类型中本体和喻体间的客观距离发生了怎样的变化、造成了怎样的比喻效果。我们在表中标出了5种效果较好的句法类型，另将由其他句法形式所造成的比喻效果总结成一表。

结论与展望

本文提取了《围城》中所有的“像型”比喻，并按本体、喻体、喻点等要素的数量及顺序加以分类；重点讨论了仅由本体和喻体组成的A类比喻，结合修辞学研究总结了不同句法形式的本喻体所能造成的比喻效果，以用于当下的修辞研究与写作中。今后还可继续进行其他类型的“像型”比喻研究。

自我重复与东亚文学现代性：1900—1930

霍伊特·朗（Hoyt Long）
戴安德（Anatoly Detwyler）
朱远骋*
汪蘅 译

摘　要：信息论能否给东亚文学现代性发展中写作的白话与心理内在性之间的关系带来新启迪？本文测量了涵盖中国新文化时期浪漫主义小说和日本私小说、通俗历史小说和侦探故事等类型文本的熵。我们的结果显示，自认的“现代”文学在中国和日本都有显著的增强的语言重复倾向，这一倾向在叙述心理内在性的篇章中尤其普遍。这意外的结果又促使我们批判性地反思测量重复的历史，特别是在心理语言学领域，其中增强的重复长久以来都和心理反常相关。无论这种新的重复风格在中国和日本的文学史上激发了愉悦还是焦虑，它对于构建从心理角度解释的叙事自我都起了重要作用，而这在此之前很大程度上被文学评论家们忽略了。

关键词：现代文学；创造社；私小说；信息论；熵；重复；文体学；白话

东亚文学现代性的历史往往作为叙事自我（narrative self）的史学

---

* **作者简介：**霍伊特·朗（Hoyt Long），美国芝加哥大学东亚系副教授，研究方向为日本近代文学、媒体历史、文学社会学与数字人文；戴安德（Anatoly Detwyler），美国威斯康星大学麦迪逊校区亚洲语言与文化系助理教授，主要研究方向为中国现代文学和数字人文；朱远骋，美国宾夕法尼亚大学沃顿商学院研究员，研究方向为统计学。

译者简介：汪蘅，自由译者。

原文信息说明：Hoyt Long, Anatoly Detwyler, and Yuancheng Zhu, “Self-Repetition and East Asian Literary Modernity, 1900–1930,” *The Journal of Cultural Analytics*, May 21, 2018. *DOI: 10.22148/16.022*. Translated and reprinted with permission of the authors and *The Journal of Cultural Analytics*.

(historiographies)开始。对某些学者而言，20世纪初出现的明确自我指涉(self-referential)的小说模式是界定此种现代性的重要部分。[1]日本有“私小说”(I-novel); 在中国是浪漫主义小说(Romantic fiction)。二者被认为是基础类型(foundational genres)，采用狭窄的自传体焦点、冗长的心理叙述和新的白话写作风格，将自己同之前的小说区分开。同时，其他人则力求以更精确的风格或形式术语界定这些类型。爱德华·富勒谈及私小说时曾说“关于【它】的写作不是不像追逐沙漠绿洲……评论家已就此争论远超半世纪而未能提出可行定义，这种形式该如何分析?”[2]中国浪漫主义小说情况相仿，自夏志清和李欧梵的研究以来，人们照例以其社会环境而非一组一致的类型性质(generic qualities)来定义它。[3]

定义上的模糊对文学学者如何理解类型必不可少：任何文本的

1 中国方面参见 Robert Hegel and Richard Hessney (eds.), *Expressions of Self in Chinese Literature*, New York: Columbia University Press, 1985, 尤其是Leo Oufan Lee, “The Solitary Traveler: Images of the Self in Modern Chinese Literature” , pp. 282–307; Jaroslav Průšek, *The Lyrical and the Epic: Studies of Modern Chinese Literature*, Bloomington: Indiana University Press, 1980; 以及Lydia Liu, *Translingual Practice: Literature, National Culture, and Translated Modernity—China, 1900–1937*, Stanford: Stanford University Press, 1995。日本方面参见Karatani Kōjin, *Origins of Modern Japanese Literature*, ed. Brett de Bary, Durham, NC: Duke University Press, 1993; James Fujii, *Complicit Fictions: The Subject in the Modern Japanese Prose Narrative*, Berkeley: University of California Press, 1993; 以及Janet Walker, *The Japanese Novel of the Meiji Period and the Ideal of Individualism*, Princeton, NJ: Princeton University Press, 1979。

2 Edward Fowler, *The Rhetoric of Confession: Shishōsetsu in Early Twentieth-Century Japanese Fiction*, Berkeley: University of California Press, 1988, p. 3.

3 夏志清认为，除了少数代表性作家的作品，浪漫主义唯一突出特质是“一味狂放……作品没有丝毫规矩绳墨，言过其实”。【译文摘自刘绍铭等译《中国现代文学史》，中文大学出版社，2001年，第82页】(“maudlin sentimentality. . . completely deficient in restraint and objectivity.”)见C. T. Hsia, *A History of Modern Chinese Fiction*, Second Ed. New Haven and London: Yale University Press, 1971, p. 95。同样，李欧梵也断定浪漫主义很大程度上是借助丛书(group libraries)和性格冲突得以界定。参见Leo Ou-fan Lee, *The Romantic Generation of Modern Chinese Writers*, Cambridge, MA: Harvard University Press, 1973, p. 22。

身份识别总是多元决定(overdetermined)的。同样重要的还有这样一种观念，认为几组文本能够通过将自己与其他文本区分开而保持一致。本文中我们使用计算方法，认为对于现在列在“私小说”和浪漫主义文学标志下的叙事实践，词汇重复(lexical repetition)的加强趋势是个显著的一致点(point of coherence)。我们所说的趋势比所有自我指涉的作品都有的基本特征弱，但比仅有少量作品才有的次要特征强。这一趋势在两种文化语境中都存在，这促使我们思考重复在文学风格中的作用，以及重复作为文学风格的作用。一方面，我们认为重复指明了与私小说和浪漫主义文学都相关的具体的形式转化：写作的白话化(vernacularization)和对西式语法结构的采纳。另一方面，我们认为重复也与内容层面上的变化有关，尤其和重视叙述心理现实主义和精神失常有关。在这方面，作为风格的重复是一种表面现象，辨识了在自我的智识成形(figuration)和确定的语言战略之间发生的一组更深刻复杂的相互作用。我们认为，透过计算察看这个表面，开启了新的比较框架，可分析东亚文学现代性的空间内这些相互作用的效用。

我们的论证分为三部分。第一部分，我们建立理论基础，将重复性(repetitiveness)与学者早先归于日本私小说和中国浪漫主义小说的一组定性特征(qualitative traits)相联系。在收集了一组可测量的、抓住了语言中不同重复种类的语言特点后，我们测试了这些特点和同时期小说作品相比在多大程度上是这些类型的典型特征。第二部分，过去在审美、社会语言学和心理学方面对重复的学术研究认为重复对意义构建十分重要，我们借鉴这方面的研究，讨论了我们的实验发现。通过评估文学评论家和语言学家如何尝试为语言中的重复建立模型、对比定性和定量建立模型的不同优势，我们赋予定量模型历史意义，并表明它已经与之前从语言表面解读反常心理过程症状的努力紧密相关。第三部分，我们转向几个在分析中确认的重复最多的段落，思考如何从文本表面解读作为风格的重复。我们确信有多种解读方式：作为风格趋势，连接跨越文化和语言边界的文学关系；作为出于不同审美目的而由作者激活的趋势；最后，作为建立在语义意义或意识形态基础上的比较框架的补充。

一、 作为趋势的重复

在日本，文学的自我塑造（self-fashioning）这一现代事业是在世纪之交后严肃开启并于1910年代繁荣起来的。这种写作追溯性地集合在“私小说”（shishōsetsu）标签下，其中许多将自然主义的具象逻辑（representational logic）转化为痴迷于记录自我的内心思想和日常经验，无论有多令人震惊或庸常。在一位日本评论家1909年所称的这个“自白的年代”，中国“五四”一代作家中有许多以学生身份居住在日本。[1]其中一些回国后，1921年组成了创造社，如今这个文学群体与考察并探索个人主体性的浪漫主义兴趣紧密相连。私小说和浪漫主义作家一起产生了形形色色的自我指涉写作，对日本和中国现代小说史极为重要。

但是正典产生了一致性问题，这些归类也一样。数十年来对这些作家的学术研究表明，没有什么单一因素能界定其小说。评论家分离出贯穿其中的诸多意识形态趋势，质疑其时间内聚性（temporal cohesion），并将其叙事小说的地位问题化，以此对文本一致性提出争议。[2]私小说和浪漫主义小说是否是有意义的类型标签依然模糊，这甚至导致了极端的相对主义主张，全然否认存在一致的形式或类型，其声称这些标签只是不着边际的话语和意识形态范式，可通过它阅读任何文本。[3]有的学者虽然没有否认此类文学中存在变化，却从相反的假设出发，将私小说和浪漫主义小说看作有明确形式或实证模式的类型。他们关注叙事结构、修辞风格或社会和媒介语境，试图分离出一套能维

1 Shimamura Hōgetsu, “Jo ni kaete jinseikanjō no shizenshugi o ronzu” [By Way of a Preface: On Naturalism and my *Weltanschauung*]. Cited in Fowler, p. 100.

2 对这一评论的透彻分析，尤其对伊藤整（Ito Sei）、平野谦（Hirano Ken）和小林秀雄（Kobayashi Hiedeo）的贡献，见Fowler, chapter 3; 以及Irmela Hijiya-Kirschnereit, *Rituals of Self-Revelation: Shishōsetsu as Literary Genre and Socio-cultural Phenomenon*, Cambridge, MA: Council on East Asian Studies, Harvard University, 1996, chapter 9。

3 参见Tomi Suzuki, *Narrating the Self: Fictions of Japanese Modernity*, Stanford, CA: Stanford University Press, 1996, pp. 5–6。

系这些文本的特征。[1]

我们在本文中的目标并非要统辖这一持续的类型辩论，这样做会有失我们作为评论家的角色。没有解决这一争论的单一途径，因为对这些类型标签本体论现实（ontological reality）的辩护或反对都建立在对比较单位（unit of comparison）的不同假设上。是作者吗？理想的读者？文本的某些方面？在这里，我们明确将注意力集中于共同的语言模式。它们提供了比较的范围，包含数以千计文本和多种语言语境。它们也提供了粒度（granularity）层面，可通过它观察汇聚一起的风格趋势，它们以实例说明作为文学建构的现代自我。或者借用弗兰克·莫雷蒂对布尔乔亚风格的分析，作为由“无意识的语法模式和语义联合、而非清晰明确的观念”组成的“精神状态”。[2]我们需要回答的第一个问题是：分组在“私小说”和“浪漫主义”标签下的小说中是否存在任何这种的精神状态。

最初提到，有几个高阶现象（higher order phenomena）表现了这组小说的特点。学者们早已注意到它的兴起分别与日本的“言文一致”（genbun-itchi）和中国的白话文运动影响下现代书面白话文的强化密切相连。还有人指出与白话化同时发生的对舶来的叙事技巧和欧化语法的广泛实验，但与前者迥然不同。[3]一方面，这些舶来品包括自由间接引

1 中国的情况参见Edward Gunn, *Rewriting Chinese: Style and Innovation in Twentieth-Century Chinese Prose*, Stanford: Stanford University Press, 1991; Liu, *Translingual Practice*; Haiyan Lee, *Revolution of the Heart: A Genealogy of Love in China, 1900–1950*, Stanford: Stanford University Press, 2007; 及Raymond Hsu, *The Style of Lu Hsun: Vocabulary and Usage*, Hong Kong: Centre of Asian Studies, University of Hong Kong Press, 1979。日本的情况参见Fowler, *Rhetoric of Confession*; Hijiya-Kerschnereit, *Rituals of Self-Revelation*; 和Barbara Mito Reed, “Language, Narrative Structure, and the *Shōsetsu*,” diss.Princeton University, 1988。

2 Moretti, *The Bourgeois: Between History and Literature*, London: Verso, 2013, p. 19.

3 中国的情况参见Liu and Gunn。日本的情况参见 Kisaka Motoi, *Kindai bunshō seiritsu no shosō*［Various Aspects of the Formation of Modern Style］, Osaka: Wazumi shoin, 1988, Chapter 3。书面日本语的方言风格和概念结构及语法结构转移之间的辨别，见Karatani, 49–51。通常认为这两者是“言文一致”（*genbun itchi*）的新文学语言的发展中既有差异又有联系的两个运动。

语、漫长的内心独白、拒绝情节设置等。[1]另一方面，也包括使用人称代词、物做主语、西式句法和对主/宾关系夸张的说明等。确实，日语和汉语作为非屈折语，传统上对于句子中是否具有语法上的主语有很大灵活性，很多人关注在创造新的自我叙述结构的同时，这两种语言是否会被施加影响并改变外形。在日语的情况中，有人认为这种灵活性使得叙事权能（narratorial authority）和人物视角间发生滑移（slippage），模糊了私小说作为现实主义小说的地位。[2]

虽然这些复杂的文学语言发展为理解自我指涉小说的独特性提供了重要基础，但它们作为特征并不能很好地做出衡量，也不一定能将此类小说同其他也采用相仿的白话风格或西式语法结构的当代类型分隔开。因此我们的目标是找到一组定量测量方法，能让我们比较数百个文本，同时有可能在自我指涉小说中挑出能指示这些高阶现象的语言趋势。这些现象曾经捕获了其对文学语言影响的某些方面，现在实际意味着我们要为它们创造有效的指标（proxy）。从情节和叙事的角度，我们推断，相比情节驱动的作品及其更动态的叙事焦点，这些文本更强烈的心理学焦点可能更适于语义场的收缩和更小的词汇多样性。换句话说，私小说和浪漫主义小说是否倾向于将词汇焦点集中在更小的词汇表上？另外，从风格的角度我们推测，向白话文写作转移的一个结果可能是语言中重复和冗余增加。采用西式语法特征，尤其是每句话中指明主语和宾语这一倾向可能只会进一步加剧这种趋势。

虽然有些推断只是合理的直觉，但是在与书面词语相关的情况下如何理解口述性这方面，我们对白话文写作的假设有很长历史。如果

1 情节化方面，私小说曾被形容为“沉闷乏味”的描述，除了“某人的生活别无他物”（Yasuoka Shōtarō, 25）；“片段、短促”（Yokomitsu Ri’ichi, 52），或者个人体验的“随机”记叙（Kume Masao, 46）；“用于私人表达的媒介，受损于对结构太关注”（Ito Sei, 63）；还有，“一串印象主义的沉思”（Uno Koji, 7）。上述引文全部引自Fowler。中国方面，郁达夫的作品被单挑出来用于强调“不完整的、无目地的、充满不确定的”旅程。引自Liu, 149。郭沫若对他一部作品的初期批评的著名回应：“将他的作品看作有开始、高潮和结尾的简单叙述是错误的——他是在试图以梦的象征主义的形式表现无意识。”引自Liu, 131。

2 参见Reed, 144–169; Fowler, Chapter 2; and Liu, 153–154。

我们将冗余理解为某些语言单位（即字母、音素、语素）的重复，要么因为它们在语境上彼此依赖，要么因为它们强化了信息的可信性，那么所有的自然语言本质上都是冗余的。[1]它们建立于其上的规则和惯例允许我们预测——例如——跟在另一个单词或一系列单词后的那个词，并因此能够省去上下文暗示的词。许多人认为这种内置的语言冗余一般在口语和口头文化中更为极端。瓦尔特·翁（Walter Ong）在米尔曼·帕里（Milman Parry）关于当代南斯拉夫口传史诗的研究基础上认为，固定套话表达和重复有助于口头文化里的记忆，在口头讲述的话语里，“大脑必须前进得更慢，紧跟注意焦点，其中大部分是它已经处理过的内容。冗余，即重复刚说过的话，保证说话人和听者在轨道上”。[2]研究对话的语言学家指出“重复不仅位于特定话语如何被创造【在说话者之间】的核心，而且位于话语本身如何被创造的核心”；这个观念也被文学学者采用，以确定西式文本中口语风格的语言标记（markers）。[3]我们想知道，在何种程度上，口述性的这种重复特质在日语和汉语文学新的白话风格中显明自己？

幸运的是，语言学家对重复的持续兴趣产生了大量定量测量，以捕捉冗余和词汇多样性的各个方面。其中许多测量方法，尤其单词为主要分析单位的测量，其共同来源是1930年代到1950年代间在美国和欧洲研究的心理语言学领域，这段时间的特点是人们对用于教学或临床评估的词汇多样性测量方法的开发的广泛兴趣。研究人员想知道，考虑到特定的写作或言语样本，是相同单词以更高频率重复得更多、还是

1 实际上有人辩称冗余的水平甚至在所有语言中都很稳定。参见Marcelo A. Montemurro and Damián H. Zanette, “Universal Entropy of Word Ordering Across Linguistic Families,” In *PLoS ONE* 6(5): e19875。

2 Walter Ong, *Orality and Literacy: The Technologizing of the Word* [1982], 1991, pp. 35–40.

3 Deborah Tannen, *Talking Voices: Repetition, Dialogue, and Imagery in Conversational Discourse*, Cambridge: Cambridge University Press, 2007, p. 49. 最近一篇对文学中重复和口语风格研究的概述文章见Marissa Gemma, Frédéric Glorieux, and Jean-Gabriel Ganascia, “Operationalizing the Colloquial Style: Repetition in 19th-Century American Fiction,” in *Digital Scholarship in the Humanities* 2015 fqv066 (doi: 10.1093/llc/fqv066)，本文也是对这一工作进行定量扩展的极为出色的尝试。

许多不同单词以较低频率使用？1935年，乔治·齐普夫阐述了以他名字命名的法则，声明在给定的自然语言样本中，词频排名的分布遵循幂定律，因此任何单词的频率与其在频率表上的排名成反比（也就是说，最常见的词出现的次数是排名第二的常见词的2倍，以此类推）。1938年，约翰·B. 卡罗尔开发了多样性测量方法，其基础是观察到单词多样性随着文本规模的增长必然接近极限。他的测量关注的是常见词在一篇文章中倾向于重复的频率，他断言这样的测量方式有助于评估人的言语行为（verbal behavior）与语言规范间的相对遵循度。[1]第二年，温德尔·约翰逊引入了类符—型符比（TTR）：文本中独特的单词的数量除以总单词量。他猜想这个比例可以作为“窘迫或迷失程度的测量方式”起作用，而且可以帮助定量“一根筋”或者“偏执狂”现象。[2]1940年代见证了更多建立在这些基础性测量方法上的尝试，以便评估给定文本片段中的词汇有多重复、统一或集中。简单来说，其中有些测量方法拥有对文本长度变化较不敏感的优势，能够减弱或忽略罕见词的影响。

引人注目的是，它们还和一种在1950年代变得非常有影响的测量方式共享数理关系：熵，它代表了从另一角度解决重复问题的测量方法。有些心理语言学家追随克劳德·香农和华伦·韦弗在贝尔实验室的研究，开始用更基于概率的（probabilistic）方法处理重复，不仅分析使用的单词的多样性，还分析单词先后顺序的可预测性，也称为“转移概率”（transitional probabilities）。他们通过冗余和信息的双透镜重新聚焦了有关重复的观念。在一个信息论文本中，一条消息（message）的冗余量（它的熵）反映了其中的“信息”量。此处信息指基于所有可用组成单位基础上的消息的可能性，也是在统辖所有组成单位排列方式的现存规则或模式条件下、所有的单位组合方式的可能性。简单说，信息代表了初始限制条件下，一条消息能以多少种不同方式构建。那么，信息极其丰富的语言也许就是其中任何给定单词都有均等机会出现在彼

1 John Carroll, “Analysis of Verbal Behavior,” in *Psychological Review* , Vol. 51, 1944, pp. 102–119.

2 Wendell Johnson, *Language and Speech Hygiene: An Application of General Semantics, Outline of a Course*, Chicago: Chicago Institute of General Semantics, 1939, p. 11.

此旁边的语言。这种人造语言中，每条消息都携带新信息，因为每条消息都和它之前那条同样随机、不可预测。这些消息也将完全无法理解，这也是为什么所有自然语言都有某些内置的冗余。

尽管熵证明对许多心理语言学家而言是理论上富有成效的概念，但是要用任何整体方法测量它也确实非常棘手。它不仅随着测量中的文本长度变化，还随着研究中的序列（sequence）长度和分析单位变化。序列变长时，用于预测本序列中下一项目随机性的潜在组合的数量也会变大。因此，熵会随文本或语料库被测部分的多少而发生偏向，也会随着单位数量及其潜在组合数量的增加而越来越难以处理。从实践中看，这意味着初期将熵用于文本受限于较小的分析单位（即字母、音节），因为人们可能期待在给定的部分文本中看到更完整的潜在组合的区间（range）。[1]这也意味着焦点保持在个体的词或词对上，就像古斯塔夫·赫尔丹用熵推断作家在写作中如何操纵表达法的可变性以避免不恰当的重复。[2]受限于个体单词层面时，熵仅仅捕捉样本全部单词在该样本中可用的不同单词中的分布（spread）。这种情况下，熵最低的段落就是每个单词都独特、不同的段落；熵最高的段落中每个词都相同，因此高度冗余。[3]

测量词汇多样性和熵的不同方法虽有局限，但也确实提供了量化文本重复量的基线。用这个基线，我们首先确定了与同时期写作的其他小说相比，私小说或浪漫主义小说是否显示了夸张的重复倾向。白话风格、西式语法结构和心理聚焦相结合，是否转化为更狭窄的单词范围并重复得更多？为了回答这个问题，我们首先为每种语言构建了语

1 可参见Wilhem Fucks的研究，他在1952年尝试将信息论用于文体测算，并比较了散文和诗歌中音节的熵。参见“On the Mathematical Analysis of Style,” in *Biometrika*, Vol. 39, No. 9, 1952, pp. 122–129。

2 Gustav Herdan, *Language as Choice and Chance* (Groningen: P. Noordhoff, 1956), 167.

3 其他关于熵作为有效的词汇丰富性测量方法的评论文章，可参见P. Thoiron, “Diversity Index and Entropy as Measures of Lexical Richness,” in *Computers and the Humanities*, Vol. 20, No. 3, 1986, pp. 197–202；以及 David Hoover, “Another Perspective on Vocabulary Richness,” in *Computers and the Humanities*, Vol. 37, No. 2, 2003, pp. 151–178。

料库。在日本文学方面，我们收集了学者专门指定或解读为私小说类型的约65种文本。我们还收入了自我指涉或心理作品，其作者与此种类型有关或只暂时以此种写作模式做实验。作品大部分出版于1910年代和1920年代，代表约30位作者。之后我们收集了规模相仿的通俗语料库，我们期待它们在内容和叙事焦点层面明显偏离，但在文学语言层面并不如此。它主要是1920年代和1930年代由现代白话风格写就的高度情节化的历史小说和侦探小说。[1]

因为缺乏对等的通俗类型小说语料库，我们对中国文学采取了略为不同的方法。首先，我们确定了与创造社密切相关的主要五四作家的100多个浪漫主义文本，包括郁达夫、郭沫若和张资平等的1920年代作品。不过我们的控制组是一组100本同时代通俗文学作品，例如历史演义小说和"鸳鸯蝴蝶派"故事。[2]虽然选择这些作品是因其高度情节

1 私小说语料库通过非原始的英文和日文来源创建，包括Fowler; Hasegawa Izumi, "Meijiã · Taishōã · Shōwa shishōsetsu sanjūgo sen" [A Selection of 35 I-Novels from Meiji, Taishō, and Shōwa], in *Kokubungaku: kaishaku to kanshō*, Vol. 27, No. 14, 1962; *Wataskushi shōsetsu handobukku* [The I-Novel Handbook], Akiyama Shun and Katsumata Hiroshi, eds., Bensei shuppan, 2014。与私小说有关的作者的其他文本的选择是通过*Nihon kindai bungaku daijiten* [Encyclopedia of Modern Japanese Literature，日本现代文学百科全书] 辨识，基于其自传性内容的程度来选择。最后，还收入了几部标志性的自然主义风格文本，但并不被认为是私小说，例如德田秋声（Tokuda Shūsei'）的《粗暴》（*Arakure*）和有岛武郎（Arishima Takeo）的《某个女人》（*Aru onna*）。文本来自青空文库（Aozora Bunko）（日本的古登堡计划）或由我们自己数字化。通俗作品语料库从青空文库建立，包括类型作者的作品，如海野十三（Unno Jūza）、甲贺三郎（Kōga Saburō）、吉川英治（Yoshikawa Eiji）、中里介山（Nakazato Kaizan）和野村胡堂（Nomura Kodō）。可在本文所附的Dataverse找到语料库作品标题完整列表和有关元数据。需要注意，为与中文的情况对等，我们用在本次实验中的比较语料库的种类因此受限。未来用同时期纯粹的现实主义小说与私小说做比较将很重要。还为本项目创建了一个无产阶级小说语料库，但为了简化分析，不得不丢弃不用。

2 浪漫主义语料库的核心是郑伯奇为影响深远的《中国新文学大系》第五集创造社文学卷所写的导论中提到的文本和作者：《中国新文学大系》，第五集，郑伯奇编辑，上海：良友图书印刷公司，1981年。在这部经典文集中，我们主要关注1925年之前的作品，以避免与五卅惨案后郭沫若开始提倡的远为政治化的、倾向大众的作品混杂。控制组语料库的核心基于"鸳鸯蝴蝶派文学"重要作品列表，魏绍昌编辑的《鸳鸯蝴蝶（转下页）

化的特质以及缺乏心理聚焦，这和日本的情况一样，但其中大多数也以旧白话风格写作，这同浪漫派作家发展出的白话文模式显著不同。所以这种情况下是从内容和语言风格方面做比较。尽管有此差异，我们在两种情况下的目标都是要明确，对重复和冗余的各种测量方法是否足以界定私小说和浪漫主义小说有类型上与众不同的倾向，超越了纸页上字词的意义。

因此下一步是应用这些测量方法。因为像TTR和熵这样的测量方法往往与所测段落的长度高度相关，所以对它们的应用要使结果独立于文本长度。尤其对这两种方法，这意味着将文本分为1 000字片段；测量这批片段的TTR和熵，包括停用词（stopwords）；再计算文本所有片段的平均值、标准差和累计和（方程1）。

Suppose that in the chunk of length n there are m distinct words, $w_1, \ldots, w_m$, each appearing for $n_1, \ldots, n_m$ times. Therefore, we should have $n_1 + \cdots + n_m = n$. Let

$$\hat{p}_i = n_i/n, \quad i = 1, \ldots, m$$

be the proportion of appearance for word w_i. Our sample entropy of the word is calculated by

$$\widehat{\text{entropy}} = -\sum_{i=1}^{m} \hat{p}_i \log \hat{p}_i.$$

标准差告诉我们所有语块（chunks）TTR和熵的波动，累计和告诉我们数值趋于比均值高或低多少。我们意识到我们的熵值测量法与个体词的边际分布相关，考虑到其序列本质，也在词的联合分布基础上计算了熵。借自伊奥阿尼斯·孔托伊阿尼斯的这个方法采取非参数角

（接上页）派研究资料》卷二，上海：上海文艺出版社，1962年。尽管如此，许多文本可能不是严格意义上的“鸳蝴派”派作品，而是更通俗的（商业上成功的）《三国演义》风格的历史演义小说。最初我们的项目目的是比较1930年代的浪漫主义小说、通俗小说和社会主义现实主义小说。但最后这个语料库证明难以根据重复的脉络与浪漫主义加以辨别。部分原因是1930年代的社会主义现实主义的文学风格受到“五四”时期风格发展的深刻影响。我们希望避免历时比较引起的影响问题，我们将社会主义现实主义语料库丢弃不用。将来研究中文类型相互作用的项目将包括这个社会主义现实主义语料库，还有鲁迅（其早期小说与浪漫主义同期）的作品、1920年代末和1930年代初所谓新感觉派的自恋体小说。

度，捕捉词序或字序间的远程关系（long-range dependencies）。[1]这里我们选择关注个体音标（phonetic）和汉字的序列，这样一来，较低熵值就说明相同字序列的重复更多。虽然用于找到配对序列的窗口的规模依然取决于我们最短文本的长度，使得到的熵估计（entropy estimates）有所偏差，但估计值本身与文本长度无关。

我们担心仅有TTR和熵给重复提供的窗口太窄，另外应用了两个数理上与熵有关但原本作为词汇多样性指标而创造的特征。第一个是乔治·尤尔的"特征K"，于1944年开发出来测量文本中词汇重复性或一致性。它依靠词序（word rank）和频率做计算，将所有词频之和与特定频率单词的数量相关联，尤尔的设计使之独立于样本规模。[2]它还预设特定文本样本中词的发生遵循泊松分布（Poisson distribution），将词作为任何间隔（即样本长度）中以已知平均比率发生的固定事件（fixed event）处理。赫尔丹后来校正了这一推测，开发了调整后的K，在60年代被广泛用作词汇集中度的风格测量方法，包括尝试分析精神分裂语言。[3]我们纳入的另一个特征是词汇集中度指标，也是在1944年，由法国语言学家皮埃尔·吉罗开发的众所周知的"吉罗的C"，表示文本累积词频的比例由文本中最常见的50个"实义"词（content words）所占据（take up）。高指标值表示"作者将注意力集中在相对狭窄的、具有

1 I. Kontoyiannis, "The Complexity and Entropy of Literary Styles," in *NSF Technical Report*, No. 97 (June 1996–October 1997): 1–15. 这种情况下它是非参数性的，因为没有和马尔科夫模型为基础的熵测量的较小的语境（一元模型、二元模型等）绑定。因此，对文本的单位（我们的研究里就是单独的字）序列中每个位置i来说，这个方法寻找始于位置i、不存在于i之前的最长序列。例如，在i=100的位置，它将寻找之前100个字当中出现的最长的字序列。不同的i的长度用于估计整个文本的熵。

2 参见George Yule, *The Statistical Study of Literary Vocabulary* [1944], Hamden, CT: Archon Books, 1968。测量计算如下：$10\,000 \times (M_2-M_1)/(M_1 \times M_1)$。$M_1$是单词类符的数量。给定序号频率上的单词数乘以序号的平方（例如，所有出现2次的词乘以2^2），然后所有数值相加得到M_2。

3 Juhan Tuldava, "Stylistics, Author Identification," in Reinhard Köhler, et al. (eds.), *Quantitative Linguistics: An International Handbook*, Berlin: Walter de Gruyter, 2005, p. 374. 另见Arthur Holstein, "A Statistical Analysis of Schizophrenic Language," in *Statistical Methods in Linguistics*, Vol. 4, 1965, pp. 10, 14。

完全意义的单词范围内”，反过来也证明了“主题的紧凑、主旨的集中，【和】某些情况下的现成句子”。[1]这个测量方法比尤尔的K对文本长度敏感，因此解释力较弱，但它的解释更直观。两者都有无需将文本分为小块的益处。重要的是，两者都和熵类似，依赖相对词频之和。[2]

我们逐一检查了这些测量方法，发现几乎所有方法都擅长将私小说和浪漫主义小说与同时期通俗作品区分开。日语语料库平均TTR和熵的分布表明，私小说一般在两者的计数中得分都较低，表明词汇多样性较低、重复较多。整体上，我们发现多数测量方法表明这种小说模式有更多重复性，而且令人惊讶地指出这个趋势似乎跨语言成立。[3]数据行与指定的类型标签呼应，数据列与预测的类型标签呼应。在汉语作品方面，分离也差不多地明显（图1）。

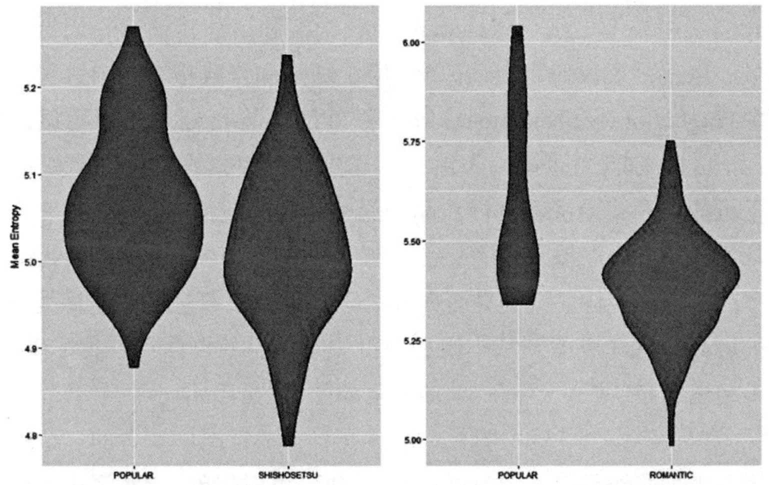

图1　平均熵按类型分布的小提琴图。宽度代表一个类型中有特定平均熵的文本的相对比例。日本的情况（左），我们看到熵低于通俗作品的私小说的段宽（band）更窄。中国的情况（右），我们看到熵低于通俗作品的浪漫主义小说的比例大得多。

1 Tuldava, 375. 吉罗的C是将最常用的50个词的频率相加再除以单词总数。

2 关于尤尔的K和熵值测量方法的关系，参见Kumiko Tanaka-Ishii and Shunsuke Aihara, “Computational Constancy Measures of Texts,” in *Association for Computational Linguistics*, Vol. 41, No. 3, 2015, pp. 481–502。

3 我们用成对的t检验和邦费罗尼校正来确定每个特征分布间的显著性。显著性表明比较的两个样本中每个特征的均值并不相等。显著性在p<=.05 水平上评定。

尤尔的K和吉罗的C也揭示出两种情况在统计学上的显著差异，反映出自我指涉小说词汇一致性和紧密型的倾向。[1]有趣的是，自我指涉小说也倾向于有更多重复性的极端波动，它们的TTR和熵的标准差更高也表明这点。这些文本平均来说更为重复，但也显示出在较少重复的段落和较多重复的段落之间更剧烈的转换。有个测量方法没有显示范畴间明显差异，即孔托伊阿尼斯的熵测量法，这表明没有哪个文本组比其他组有明显更广泛的依赖性。不过，与其他特征联合分析时，它确实有助于确认某些以词为基础的测量方式无法捕捉其重复方式的自我指涉文本，后面我们将回到这点。我们惊讶地发现，整体而言大多数测量方法都指向此种小说模式中更多的重复性，而且重要的是这一趋势似乎跨语言成立。

因为仅凭这些方法无法解释引起重复增加的可能原因，所以下一步我们就用粒度更细（finer-grained）的词汇和语法特征给它们做三角测量。也就是说我们为白话风格、语法结构和自我指涉的内容等高阶现象（higher order phenomena）寻求额外的测算指标。包括明显的事物，如叙事模式（是否第一人称）、与思想感情相关的动词的比率。[2]也包括可能与西式语法和翻译作品的影响相关的特征：第一或第三人称代词的比率；标点符号比率；仅有句号的比率；语法功能词（停用词）比率。所有这些特征就本身而言，除了叙事模式，都证明是整体类型差异的可靠指标。考虑到私小说和浪漫主义小说的自白和唯我本质，我们推测代词和“思想/感情”动词都是如此，但是停用词（这些作品中更常见）和标点（较少）就不明显。至少在日本的情况中后者的一个可能原因在于这些作品包含的对话更少。[3]我们可以想象，自我沉思不会留给闲聊多少时间。比照我们对重复性的测量，将这些粒度更细的特征绘图，最有趣的发现是熵和表达沉思、感情和精神注意力的动词比率间

1 中文情况中这两个测量方法不那么可靠，原因在于两者和长度更相关。这可能与中文语料库文本长度的变化大有关系，语料库包括一些非常短的文本和一些特别长的文本。

2 我们计入的日语词如下：思，感じ，考え，心持，気分，心配，気持，考へ。我们计入的中文词如下：想，觉得，知道，心里，晓得，精神，想起，感到，觉，感觉，思想，感情。

3 我们在中文情况中无法确定这点，因为有些通俗文本的OCR结果不太可靠。需要进一步校对，保证标点精确反映原始文本。

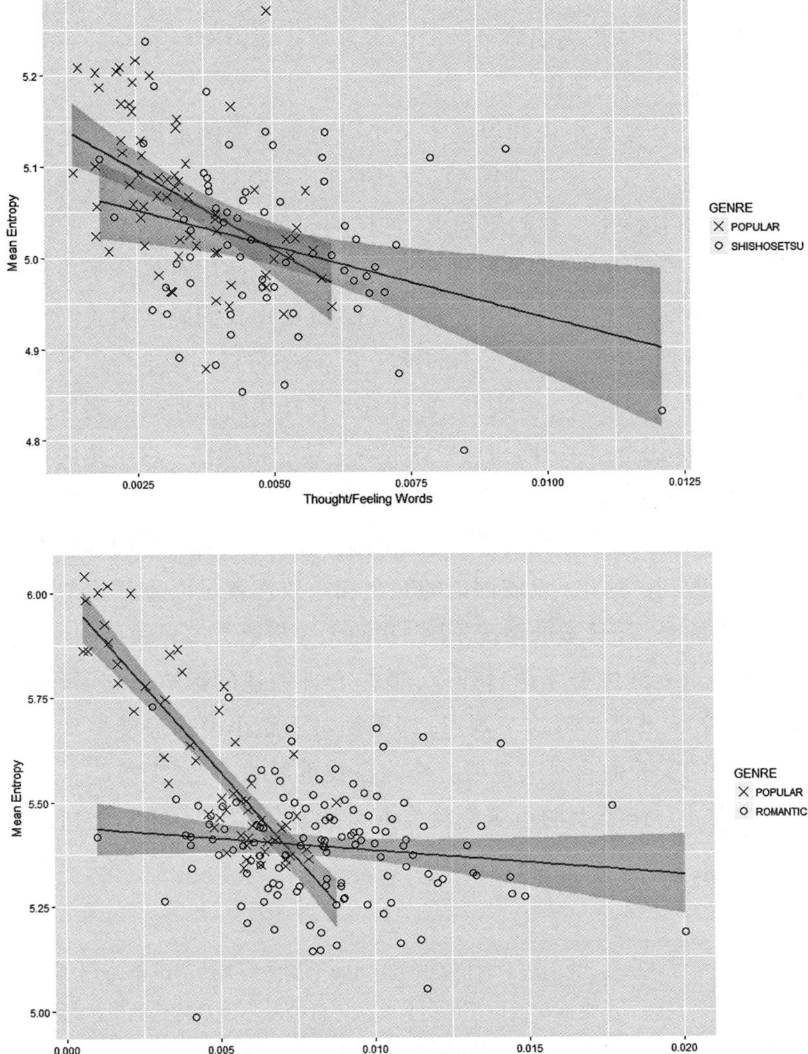

图2　比照日本和中国的平均熵绘制的“思想/感情”词比率图，线性回归线按类型适配。两种情况下我们都能观察到，随着“思想/感情”词比率增加（横轴），文本平均熵下降（纵轴），表明更多词汇重复。

存在相关。这个关系对日本和中国都成立，无论作品是第一人称还是第三人称，在每个类型内也成立（图2）。

比较私小说和浪漫主义小说文本中最冗余的100个段落和最不冗

余的100个段落，揭示出最为冗余的段落中有些“思想/感情”动词尤其明显。[1]这些结果表明简单的词汇重复和认知表现（representation of recognition）之间的强相关。

确认重复是私小说和浪漫主义小说明确倾向的最后一步是将所有个体特征合为一个单独模型，以评估它们在区分这部小说和通俗作品时的相对权重。我们想知道，这样的模型，只靠熵、TTR、“思想/感情”词等测量方法，能多好地预测文本类型。使用有最佳子集选择（subset selection）的逻辑回归分类符（classifier），我们确认了我们在个体特征上看到的情况。[2]在日本的情况里，分类符猜到文本指定类型的准确率为样本的80%。事实上，它只需要孔托伊阿尼斯熵的测量法和思想/动作词比率、停用词和句号就实现了这一精确性。这不是说其他特征就没有辨别力，只是说明没有它们分类符也能表现得一样好。在中国这边，模型几乎每次都猜到正确类型（表1），只需要平均熵和尤尔的K就可做到。这里，只需词汇的冗余和一致性就足以分开两个语料库。不幸的是，和日本的情况不同，我们无法为语言差异做控制，这就很难确定重复性主要是语言效应，或是心理叙述的影响也起了作用。不过，两个结果都支持这个观点，即重复对于私小说和浪漫主义小说作家所做的实验而言至关重要。作为自我重复的冲动，汇集起来产生了自我指涉写作类型的审美潮流看起来明显跨越了不同文化和语言语境。

1 为了确立特殊性，我们用卡方检验比较了100个熵能最高的语块和100个熵能最低的语块中的词频。出现四次或以下的词被排除。低熵私小说最特殊的思想/感情词是：考え（思考）和几个思う（思考）的词性变化，而浪漫主义篇章中它们是心（心/脑）和知道（知道）。卡方测试值确认这些都位于前5%最特殊的词当中。

2 逻辑回归分类器使用一套独立变量（此处即特征），从范畴上决定作品的类别（或类型）。它考虑这些特征在语料库子集中的分布，并确认它们在不同类型中是否差异显著。最佳子集挑选会尝试特征的每种组合可能性，以界定两组文本中最具区分性的组合。虽然在计算上难以处理十个以上的特征（即1 000个组合），但我们还是得到了一个相对较小的特征集。我们用了一组不同的起始特征多次运行分类，“最佳”特征几乎总是相同，从而让我们对这一程序的可靠性有了信心。分类器用这些特征来确定之前未见过的作品的范畴。

日语语料库			
		通俗小说	私小说
	通俗小说	5.1	1.9
	私小说	0.9	5.
汉语语料库			
		通俗小说	浪漫主义小说
	通俗小说	12.3	0.1
	浪漫主义小说	0.1	5.6

表1　我们的逻辑回归分类符的混淆矩阵。这些矩阵用10倍交叉验证做出，表示分类符平均多久预测一次设定分类标签。中文的情况里，我们看到"通俗"作品几乎完全没有被分类为"浪漫主义"作品，反之亦然。在日文情况里，"通俗"作品从"私小说"区分开略为困难。

二、 解读重复

在20世纪早期自我指涉小说中的这个冲动被识别后，尚未明了这种趋势在风格层面或在产生新"精神状态"种类这方面的意义。考虑到我们使用的重复的定义受到限制，此趋势需要与其他方式做比对，对重复的意义划界并解读。我们的测量方法正好捕捉到千字窗口中作家重复同一组有限单词的相对程度。他或她在给定文本的诸多窗口中这么做得越多，文本整体越重复。我们的目标是弄明白这种持续的词汇压缩是否符合特定语言模式、叙事情境或题材，以及是否它产生特定审美效果。

当然了，读者不会以零散的千字语块来阅读文本。我们测量的重复代表了可能会让文学学者感兴趣的诸多种类重复中的细小碎片。J·希利斯·米勒在《小说与重复》中编目了其他选项："小范围内，有言语要素（verbal elements）的重复：单词，修辞格，形状或手势，或者更微妙地，如隐喻般行事的隐秘的重复……较大范围内，事件或场景可在文本内复制……一个人物可重复之前的世代，或者历史或神话人物……最后，作者可以在一部小说中重复来自他其他小说的母体、主题、人物或事件。"[1]米勒继续说明，我们部分地通过觉察到这些重现来阐

1 J. Hillis Miller, *Fiction and Repetition: Seven English Novels*, Cambridge, MA: Harvard University Press, 1982, pp. 1–2.

释小说，因为“任何小说都是由重复和重复中的重复、或以链条方式与其他重复相连的重复构成的复杂组织。”[1]当然，问题就藏在觉察中。如吉尔·德勒兹所言，某些事物或事件的重复对于它在人的心里获得固定身份必不可少——读者的心也是如此——但重复得以安置（posit）的方式是抽象的，这个身份总是虚置的（virtual）。我们概括出一件事的发生与下一次之间的无尽变化，让重复的概念成为可能。[2]作为读者，我们对文学文本中重复的觉察总是要基于某种限定重复边界并遏制无穷维度的方法，沿着这些维度，事物或事件的任何两个事例都可能不同。

如果研究个体文本或关注较小的分析单位，如音素或词，这个方法容易说清楚。对诗歌头韵、排比或押韵的研究是这方面的典型。但如果这些单位变得复杂，研究者试图在不止少数几个文本中追踪这种重复，就比较困难了。例如，为了追踪一个主题或母体的重复，需要显著抽象方能在诸多实例中确定主题或母题的身份。抽象中的一致性越少，就越难以肯定同样的事情正在重复，也越难以对重复提供定量解释，既然只有某些内容比可能预期的重复得更多（或更少）时重复才有意义。研究重复的语言学家尤其适应这一事实，因而特别小心，要把计数的对象和计数从中获得重要性的背景都表达清楚。例如最近的一个方法论调查就列出了不少于十个重复可以采取的形式，包括绝对重复（单频）；位置重复（文本中给定位置上预期之外的偏高或偏低频率）；关联重复（给定框架内的两件事同时发生得比预期更频繁）；数据块中的重复（一个事物根据文本数据块的合法分布而重复）。[3]重要的是每种情况都假定重复只在与现有用法模式相关时才有定量的意义，无论就这件事本身而言，还是它与某些语境有关的用法，或者与时间有关的用法。[4]

1 Miller, *Fiction and Repetition*, 2.

2 James Williams, *Gilles Deleuze's Difference and Repetition: A Critical Introduction and Guide*, Edinburgh:Edinburgh University Press, 2013, pp. 11–12.

3 完整列表参见 Gabriel Altmann and Reinhard Köhler, *Forms and Degrees of Repetition in Texts*, Berlin: De Gruyter, 2015, pp. 5–6.

4 Deborah Tannen称这些重复的多重语境为“固定性维度”（dimensions of fixity），提出虽然“所有的表达都形式相对固定，但还是无法不注意到有些语言例证比其他的更固定。这可被视为反映了这些维度的几个连续体。首先，有形式上相对（转下页）

这种严格的假设也许限制了我们能计数的事物的种类，但相对定性方法，优势在于我们得以增强分析并推断大量文本中重复的相对程度。

与此同时，这个优势并不会让对重复的定量方法变得在德勒兹的意义上更不"虚置"（virtual），也不会有助于解释此种重复的语言功能或象征效果。语言学家们自己也很小心地指出，重复的发生有许多原因。当然存在外在的结构因素，例如语法或一种语言词汇量施加的自然限制。也可以为了建立主题联系、提供修辞重点、达到风格效果、甚至为了控制信息流而有目的、有策略地使用重复。在粒度更细的层面，它用来在对话中辅助理解；通过为新信息提供框架而提高效率；增强对话的共同参与感并因此强化社会纽带。甚至可能是无意识的，例如说话者重复正在说的内容并有瞬间延迟，或者模仿其他人的言语。当模仿变成强迫性的或自动的，而非被外界刺激激发，那么对重复的解释会偏离，朝心理学和精神或神经疾病的方向去。[1]考虑到许多研究材料明显的心理学倾向，这最后一种解读尤其与我们的研究相关。

弗洛伊德是最早严密思考重复的心理学功能的人之一，将重复发生的行为阐释为心灵机制面对不愉快的、被压抑的记忆时的抵抗。[2]他在《超越快乐原则》（1920）一书中充分探讨了这个题目，并深究了对重复冲动的不同解释，分别将之归因于病人试图赢得对情境的把控、病人自我（ego）中对压抑的表达，以及"死亡冲动"，一种植根于细胞层面、要返回前有机状态的冲动。尽管他对语言在精神病理学中的作用很关注，但这位"谈话疗法"的奠基人却在很大程度上忽略了重复在言语或散文中的具体行为，反而关注梦、游戏和其他外在表现或压抑的形式。

随着1940年代和1950年代心理语言学的兴起，语言重复重要性的讨论获得推动，对重复的解释作为窥探人类心理的窗口发生了强烈的定量转向。如威廉·莱维尔特（William Levelt）在他写的该领域的通史

（接上页）固定性的连续体，然后有语境上相对固定性的连续体，以及第三个，时间上的"。参见其*Talking Voices: Repetition, Dialogue, and Imagery in Conversational Discourse*, Cambridge: Cambridge University Press, 2007, p. 55。

1 对重复的更广泛的阐释可能，参见Altmann and Köhler, 2–3；以及Tannen, chapter 3。

2 Freud, "Remembering, Repeating, and Working-Through"［1914］, in *Standard Edition* Vol. 12, pp. 145–157.

中提出，“突然有可能定量在发出者和接收者之间传播的信息量了，其冗余、传播率和频道噪音，诸如此类。”[1]乔治·齐普夫（George Zipf）对词频的研究是这一转变的先驱，他那如今广为人知的法则即由他对大脑的一种深刻特质的信念所激发，他称之为“省力原则”。他从一套交流模型中得到这一性质。在这样的模型中，说话者将【他们的】词汇规模减至单个词而获益，而听者则更愿意“增加词汇规模，直到每个不同的意思都有个明显不同的词”[2]。交流中这两种力生出的平衡产生了他的定律描述的平滑的序号—频率关系（rank-frequency relation）。不过这个规范却是由观察到的对它的偏离而确定的。具体说，齐普夫分析了他记录的自闭症和精神分裂患者的言语，认为序号—频率关系中一个较为急剧的负斜率（negative slope）说明较小的一组词过载了较大的一组意义，表明这些病患不太会根据共同文化词汇来调校自己的个人语言。[3]

词汇重复和多样性作为偏离社会规范的指标也吸引了约翰·卡罗尔（John Carroll）和温德尔·约翰逊（Wendell Johnson）等早期心理语言学家。约翰逊在1940年代初参加了几个研究，在其他方法之外，也用到他的TTR测量方法来比较成人和儿童、不同的年龄组、不同IQ组、不同性别、精神分裂症患者和普通成年人之间的言语和书写。[4]研究发现，更高的IQ与更高的词汇多样性和更高的TTR相关；大学新生的TTR比精神分裂症患者略高；电话讲话比精神分裂症患者更重复。认为更低的用词多样性和更多重复意味着某种反常情况（例如教育程度较低、向他人倾诉的能力更低、或极端口述性），这对早期心理语言学家有关语言和认知的看法起了重要作用。后来，熵及其伴随着的冗余也

1 Levelt, *A History of Psycholinguistics: The Pre-Chomskyan Era*, Oxford: Oxford University Press, 2013, p. 5.

2 George Zipf, *Human Behavior and the Principle of Least Effort*, Cambridge, MA: Addison-Wesley Press, 1949, p. 21. 本文论最初阐述于 *The Psycho-Biology of Language: An Introduction to Dynamic Philology*, Boston: Houghton Mifflin Company, 1935。对其理论的总结参见Levelt, 453。

3 Zipf (1949): 285–287.

4 Levelt, *A History of Psycholinguistics*, 456.

成了令人信服的框架，用于思考语言的心理学，无论是罗曼·雅各布森(Roman Jakobson)对语言作为符号的深思，认为其惯例在内在的、情感的语言(倾向于更多冗余)与外化的、智识的语言之间有区别，还是安东尼·韦尔登(Anthony Wilden)用冗余重新解释弗洛伊德对以多元决定方式显露的多种心灵症状的描述。他认为，重复冲动的确是抵御内心噪音的保障。[1]

因此，重复的形式帮助界定甚至建构了现代的心理学主体。这段简史为丰富的解释空间增加了又一关键维度，通过它重复能被解读。如我们所见，它提供了一个范围，可凭借它想象口头与书写、内在语言与外化言语、精神分裂等隔离的心理状态与有社会意识的常规主体性之间的差异。通过量化私小说和浪漫主义小说的重复趋势，我们得以进入这个数百文本范围的空间。我们的测量方法也有助于在空间内沿连续体为文本定位。我们能做到这点是通过其相对冗余，也考虑到测得的特征作为复合体与某种类型中观察到的特征相符的程度，而非其他类型。下图展现了由我们的分类器和模型中的特征判断的最有可能是“私小说”的日语文本(图3)。一部作品在图中位置越高，分类器就越有信心认为该作品也有语料库其他“私小说”中观察到的定量趋势。

虽然沿着此类连续体为文本重新定位产生新的比较机会，还是需要靠我们在重复的解释空间里航行。能否仅仅以对口语风格的欲望或采用外国语法，就能解释我们所测量到的重复？我们能否从中看到将重复性与内在精神过程和可能的精神崩溃相联系的策略？我们曾经说过重复作为风格是所有这些事情的附带现象，但只有通过察看个体文本，我们才能理解它们如何跨越不同文化和语言语境同特定的文学主体性模型互动。这一步很关键，还因为像我们测量的那样，如果只有重复，那么几乎不能捕捉到将自我指涉小说与其他写作模式分隔开的那

1 Roman Jakobson, “Langue and Parole: Code and Message,” in Linda R. Waugh and Monique Monville-Burston (eds.), *On Language*, Cambridge, MA: Harvard University Press, 1990, pp. 97–98; Anthony Wilden, *System and Structure: Essays in Communication and Exchange*, London: Tavistock Publications Limited, 1972, pp. 35–37.最近，斯坦福文学实验室在对通俗和经典小说差异的研究中经过TTR测量后提示重复和创伤叙述之间存在潜在关联。见Mark Algee-Hewitt, et al., “Canon/Archive,” 2015, pp. 9–10。

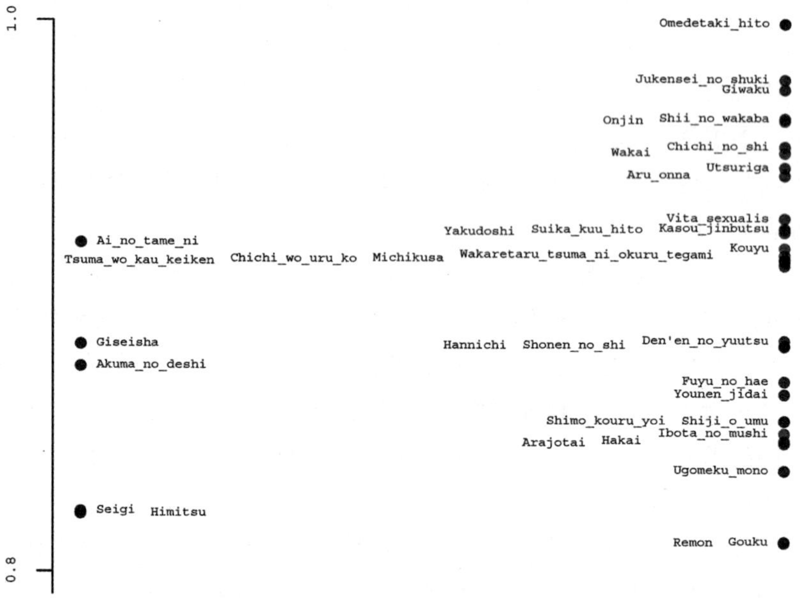

图3 基于我们分类模型的最像“私小说”的标题。右侧文本原本标签为“私小说”。左侧文本是“通俗”作品。标题越接近1.0，根据之前从语料库学到的内容，模型就越会认为这是一部私小说。

些差异。我们的测量结果表明，有些私小说和浪漫主义小说相对而言不重复(un-repetitive)，而少数通俗作品(在日本，这大多是侦探小说)重复性接近最自我冗余的作品。探索这些例外对未来的研究很重要，但这里我们将考虑推动重复趋势至极端的文本。它们有助于加强比较分析的焦点，即作为风格的重复规定了重复置于其上的具体美学用法，并让我们通过测量得以观察这些方法。

三、 作为风格的重复

在这更窄的透镜里，图3顶端的作品被认为最像“私小说”，原因是对重复和某些词汇和比喻条目(即思考词，停用词，句号)的倾向。其中几个证实了将重复视为文学语言转变和尝试叙述心理内在性和精神错乱相结合后的表面效应。例如，葛西善藏(Kasai Zenzō)的后期作品

《柯树叶》(椎の若葉)就值得注意,因为这是在12小时时段内口授给书记员的。[1]爱德华·富勒评论道,这赋予作品一种口述性,"断然而重复地表明了自己",尤其因为葛西拒绝审阅自己口授的内容。这让他如同一个漫谈的讲故事的人,不断通过选择性记忆重提自己之前的话语,导致"越来越冗余的概括……【和】狂乱而近乎公式化的对精神错乱的冥想"[2]。结果是高度"不连贯的"叙事风格不规则地从一桩轶事转换至下一桩,即使是在相同的精神场地猛烈翻腾。被评论家平野谦(Hirano Ken)授予日本第一部"真正的"私小说称号的《疑惑》(*Giwaku*)中,如富勒所言向我们呈现出类似的"幽闭恐惧症"[3]。小说作者近松秋江(Chikamatsu Shūkō)因为展现了"对私生活短视的心事重重"和纵情于"自我生成的疑虑"的主角而闻名,制造了一种"孤立的(相对于个性化的)意识",几乎全然隔绝于政治、社会和家庭关切,并反复停留在作者生平的某段时期。[4]《疑惑》便是如此,这些时期通常涉及被旧情人抛弃以及在主角梳理记忆、搜寻过去的欺骗证据时随之而来的恶心、狂怒和绝望的感受。但这里我们所得的只有这些感受。小说的全部行为发生在叙事者脑内,起首几句就暗示了这一事实:"大多是裹上被子后脑袋里就开始描写杀你,以及我坐牢时的光景,再重写,描写再重写。想着你嫁到了何处,想着把你找出来,心情窒息得每天每天只有不停地想象着同样的东西。"[5]

《疑惑》出现的时期,关于精神崩溃的叙述被某些人视为文学价值的标志。作家舟木重雄(Funaki Shigeo)在《疑惑》出版当年评论道,如今正在产生的最高质量的作品中,"没有哪个不在某种程度上承认神经

1 该作者由于饮酒过度,后期时常长期卧床,口授是出版商唯一能从他那儿发掘材料的办法。见Fowler, 272–273。

2 Fowler, *Rhetoric of Confession*, 274.

3 Ibid., 151. 平野在其著作《艺术与私生活》(1964)中做出这一评论。转引自Fowler, 150–151。

4 Fowler, *Rhetoric of Confession*, 151–152.

5 译自《近松秋江：文集》[Chikamatsu Shūkō: An Anthology], ed. Hirano Ken, in *Nihon bungaku zenshu*, Vol. 14, Shūeisha, 1974, p. 100。

(shinkei)的运作”[1]。舟木本人就撰写被称为“神经衰弱小说”的这种自我指涉子类型(sub-genre)小说,这也强化了认为心理退化和精神痛苦是现代艺术正当来源和主题的看法。[2] 欧洲自然主义写作有些种类亦有此看法。夏尔・巴古利(Charles Baguley)对法国自然主义作品的研究认为,虽然自然主义小说在范围上太笼统,无法引发具体的主题决定因素,但他们有一种典型运动是朝着“瓦解和困惑的方向”;“从秩序向无序,从精神稳定向歇斯底里和疯狂”[3]。作为风格的重复是一种方式,葛西和近松等作家通过它能将这种运动朝向精神崩溃方向写作,所用的正是用来描述它的语言。

我们语料库里最像“私小说”的文本是武者小路实笃(Mushanokōji Saneatsu)1910年的《天真的人》。虽然在评论史上不算成功,但武者小路本人在1920年代追溯既往时认可这本书为私小说奠基之作。小说家宇野浩二(Uno Kōji)说,他“出众的风格”为书面语改革结合了真正的口语风格,是“某种意义上私小说的起源。”[4]确实,像武者小路这样的自然主义作家,作为一个群体,与口语语言的发展及西式句法和表达法的采纳都紧密相连。[5]本类型公认奠基者之一的一部作品—— 以来自作

1 见Hibi Yoshitaka, *'Jiko hyōsho' no bungaku-shi* [A Literary History of Self Representation], Tokyo: Kanrin shobō, 2002, p. 228。这句话的语境是对志贺直哉(Shiga Naoya)近期作品的评论,后者后来成为这个时代最获认可的私小说作家。

2 Hibi, 228–234. 另见Christopher Hill, “Exhausted by their Battles with the World: Neurasthenia and Civilization Critique in Early Twentieth-Century Japan,” in Nina Cornyetz and Keith Vincent (eds.), *Perversion and Modern Japan*, London: Routledge, 2009; 及Pau Pitarch-Fernandez, “Cultivated Madness: Aesthetics, Psychology and the Value of the Author in Early 20th-Century Japan.” PhD dissertation, Columbia University, 2015。

3 David Baguley, *Naturalist Fiction: The Entropic Vision*, Cambridge: Cambridge University Press, 1990, p. 207.

4 宇野浩二的论文《对私小说的个人看法》(“Watakushi shōsetsu shiken”) [Personal View of the I-novel],转引自 Lippit, 29。

5 Kisaka, 382–383. 铃木登美(Tomi Suzuki)提到,谷崎润一郎(Tanizaki Jun'ichirō)在一篇1929年的论文中也曾做出此种联系,他在文中说,“对现代白话风格的西化和人造性贡献最多的是日本自然主义运动中的作家,”其中多数继续朝书面语的西化发展。Suzuki, 176。

者的留言开头："我相信存在一种自私的文学，为自我的文学"——作为最像"私小说"的作品出现，这给了我们信心：重复正在这个类型里获得确凿的趋势。

《天真的人》如何处理精神崩溃表现了主题的另一变化，值得更详细地分析。这部中篇小说对疯狂的描绘又是既偏执又自恋，内心思想的重复和冗余驱动着这部作品的许多心理描写。甚至达到令读者发自肺腑地感到文本重复性的程度。在对一个男人可怜巴巴试图吸引一个女孩注意的描写中，在第一页我们就五次被叙述者告知"我渴求女人"。每次他都几乎逐字重复这句。头几页中还很明显的是过度使用第一人称代词"自分"(jibun)，几乎每隔一句话就用来表示主语，语法上全无必要。好像叙述者感到每一刻都被迫不着边际地重申他的自我的在场，以免读者忘了谁在叙述。这种冲动在搪塞的时刻变得尤其严重，一再反复地推迟与他迷恋的女子阿鹤(Tsuru)真正邂逅。

> 我听说星期五是西洋人忌讳的日子。因此两三年前即使想和她见面也尽量避免在星期五出门。但是有时觉得这种迷信不好而故意出门。但是感觉一点儿不好。她搬家后见面就得去更远。所以更讨厌在星期五特意出门了。但是那是迷信，有时觉得迷信不好也会刻意出门。那时竟会想不碰上反而更好一些。况且将近一年没有遇上鹤了，却还是不喜欢特意在星期五出门去见她。但是好想见面。这种时候，觉得反正之前从没遇见过，不遇见到底是好还是不好怎么着都行。这样慢慢就停止去遇见了。[1]

此处及整个文本里，阿鹤只是块屏幕，用来反射叙述者复杂难懂的内心斟酌，他对她的欲望似乎毫无驱动的缘由，他越是想方设法避开与她实际遇见，欲望就越发强烈。她成了异想天开的借口，让叙述者思索肉欲的本质、自我的本质以及假如他找到法子和她结婚的话他本身自我迷恋的可能后果。无须说，这样的婚姻没有发生。他们仅有的一次确实相见是火车上偶遇，叙述者再次未能将思想转为行动。

1 Mushanokōji Mushanokōji, "Omedetaki hito," *Gendai Nihon bungaku zenshū*, Vol. 40, ChikumaShobō, 1973, pp. 7–8.

快到四谷的时候我站了起来。看向鹤的方向。鹤迎上了我的目光。鹤马上移开了视线。我痛定思痛决心从鹤的前面走过去。电车即将停止，鹤却没有站起来。朝我背过脸去。电车哐当停了下来。我正要从鹤的前面经过。这时鹤忽然站了起来。我暗喜。我的手碰到了鹤的后背。我决定跟在鹤的后面下车。就在这时，车门旁一位带着孩子的人站了起来。我没有勇气厚着脸拨开那个男人去紧跟着鹤。我让那两人插进了我和鹤的中间。[1]

重复不仅表示内心混乱，还起到减缓行动的作用，将每一步与下一步连接，同时保存单一的关注感。当叙述者最终鼓起勇气喊出她的名字，她回应以一句粗率的“我能帮你吗？”，接着朝另一个方向走开。虽然所有迹象都相反，他却将此看作她对他爱的信号，尽管这是我们最后一次看到她。但是，这却是必须如此，如果阿鹤作为活生生的、呼吸着的角色进入故事，只会让叙述者的单轨思路脱轨。重复和冗余的风格在这里并未引发疯狂本身，而是日本小说中前所未有的极为自我中心的叙事模式。

在中国这边的浪漫主义文学语料库里，我们再次发现高重复率（high repetition）与过度思想（excessive thought）的交汇处有许多自我迷恋的作品（图4）。奇怪的是大多数极端离群值属于同一个作者：叶灵凤。叶在中国现代文学史的位置总是在变化，没有定论。叶在浪漫主义写作的图景中出现得相对较晚，他于1925年加入创造社时，该社团已经从沉溺的自我叙述转向到有政治倾向的民族认同和阶级意识兴趣。叶渴望在快速发展的现代文学领域占据一个位置，他将自己包装成花花公子和反传统者，以写作撩人的三角恋、城市的颓废和弗洛伊德式的性欲描绘为特色的小说很快获得成功，并以意在“达到精神混乱”的方式将关注放在身体和心理的“反常”（从手淫、阉割和同性恋到双性恋、自杀和乱伦）上。[2]这样的叙述会在1930年代由穆时英、刘呐鸥和施蛰存等所谓“新感觉派”作家推动的现代派文学高峰期为他赢

1 Saneatsu, “Omedetaki hito,” 25.

2 Yingjin Zhang, *The City in Modern Chinese Literature and Film: Configurations of Space, Time, and Gender*, Stanford: Stanford University Press, 1996, p. 211.

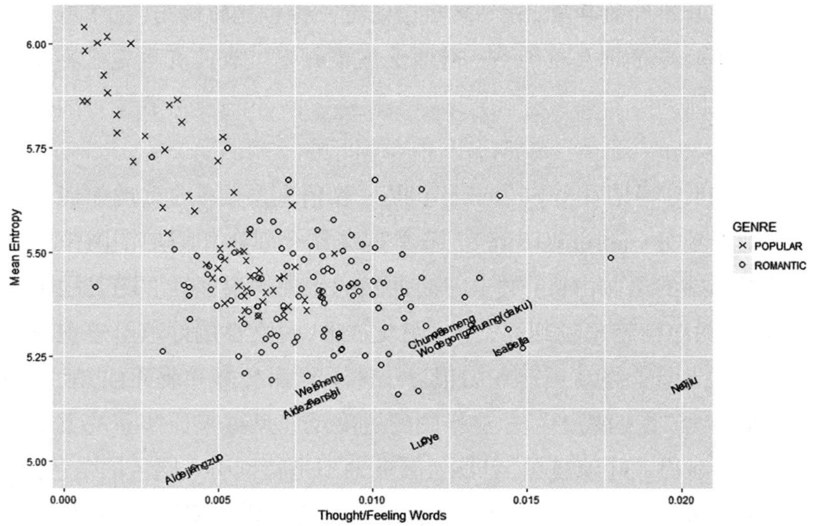

图4　对照中文文本平均熵绘制的“思想/感觉”词的比率，某些离群作品标明书名加以突出。

得中心地位。但在1920年代，他的作品依然和浪漫主义结盟，让叶得到“第二代浪漫主义者”的地位。其阈限性（liminality）使得叶在自己的时代难以划分范畴，直到今天，在学术研究中他还是一位研究不足的人物。[1]

叶1928年的故事《爱的战士》是他最为重复的文本之一，这是个以城市青年三角恋为特色的代表性篇章。叙事在年轻女作者莎菲和她花言巧语的情郎小萍之间转换视角，后者幻想自己是爱神国里的拿破仑。每一部分极少对话或角色互动，基本是关于角色内心状态的孤立沉思。故事开端是莎菲在写日记，渴望着小萍：

> 我不相信这是春天。低的，低的，这是一块已经低得要压到我的头上的一块灰布。我不相信这上面曾经有过金红的太阳，我不相信这上面曾经有过镜子样的月亮。不会有这些。这都是梦中的事，这都是幸福的人骗着不幸的人的话。你相信么？你相信这下面会

1 叶在学术研究中的边缘化也因为他在1920年代后期对鲁迅的攻击，以及他在1930年代的政治情况。参见Zhang, 208。

有一片油绿的草地，青的溪水旁边有一株粉红的桃花，花下有一位青年的男子正在抱着——什么？我不相信。我没有勇气能再写下去。[1]

仔细看，容易看出如“低的”“我”“相信”这些词的重现如何最终得到低熵值分（entropy score）。节奏贯穿整个叙述并增加了两位叙事者过度伤感的语调，赋予文本一剂强烈的想象的内在性。随着故事发展，莎菲对恋情越来越幻灭，小萍则反过来，对女性的好色追逐愈发大胆。故事黑暗地终结于莎菲为报复小萍不忠而灌醉并刺死他，胜利地宣称自己为“爱的战士”。[2]这暴烈的过度反应反过来让莎菲的重复性写作风格显得危险地怪异、狂躁。莎菲并不是特别引人同情的角色，故事也不该被解读为一个女权主义者对父权的控诉。相反，重复从风格上增强了叶对耸人听闻之事的嗜好，有学者认为这是典型的“刻奇的”（kitschy）夸示行为。[3]这种刻奇的媚俗可以理解为尝试将现代自我的修辞推到过分的地步，建立并放大浪漫主义先驱们特有的心理叙述的重复风格。

强化的重复是否有助于解释叶在文学领域的离群位置？或者反过来？两种解释都有可能。但我们更重要的观点是，这种相关表明，当此类型在大转型边缘时，创造社浪漫主义的语言倾向如何被推到极致。[4]

1 叶灵凤：叶灵凤小说全编（上），上海：学林出版社，1998年，第168页。

2 这个结局突出了叶受到奥斯卡·王尔德《莎乐美》及其对以爱之名杀人的蛇蝎美人描绘的影响。参见 Xiaoyi Zhou, “Salome in China: The Aesthetic Art of Dying,” in Joseph Bristow (ed.), *Wilde Writings: Contextual Conditions*, Toronto: University of Toronto Press, 2003, pp. 295–316。

3 虽然叶灵凤的小说包含了“新颖性”和实验，但他显然决定媚俗，也就是说重复、平庸、老套……[他的故事]既先锋又为大众文化乐于接受。参见 Jianmei Liu, “Shanghai Variations on ‘evolution Plus Love’,” in *Modern Chinese Literature and Culture*, Vol. 14, No. 1, 2002, pp. 82, 84。

4 史书美（Shu-mei Shih）形容1920年代叶的新兴的文学团体将“郭沫若的‘自我的爆发’和郁达夫的自我沉溺推到极端，不顾一切限制性规范，夸大自我，颂扬性行为而没有困扰五四前辈的那种焦虑”。见 *Lure of the Modern: Writing Modernism in Semicolonial China, 1917–1937*, Berkeley: University of California Press, 2001, p. 255。

位于自我指涉浪漫派写作边缘的一位作家成为最极端的例证，而不是日本那样位于起源处的作家，这表明我们的测量也许捕捉到了这些写作模式相对轨迹中的不同时刻。此处，叶令人吃惊的突出程度提出了新的问题：词汇冗余与1920年代上海“五四”文学商业生存能力之间的关系，以及文学运动的追随者会将该运动始创者发展的风格趋势夸张到何等程度。[1]

虽然叶的故事平均而言最为重复，我们察看其他高度冗余的篇章时，浪漫主义运动的一些重要人物也显现出来。例如郁达夫的《街灯》(1926)和郭沫若的小说《落叶》(1925)就包含一些极为重复的段落。整体上这些作品与叶的故事有几个共同特点，例如以现在时写就，情节极简。[2]它们也都倾向于采用强调呼语(direct address)的叙事模式，要么以信件和日记的框架设置，要么以冗长的间接引语语块的形式。孔托伊阿尼斯测量方式确定的低熵值的作品中，这种白话文风格和大量间接引语同样突出显现，上述方法捕捉到较长词序的重复而不只是个体词(表2)。

Genre	Author	Title	Chinese Title	Entropy Score
Popular	张恨水	Tixiaoyinyuanxuji	啼笑因缘续集	1.315 763
Popular	尤泣红	Bimenghen	碧梦痕	2.796 662
Romantic	叶灵凤	Aidejiangzuo	爱的讲座	3.579 148
Romantic	叶灵凤	Luoyan	落雁	3.947 289
Romantic	成仿吾	Bei'aideange'er	悲哀的安哥儿	4.212 046
Romantic	郭沫若	Yeluotizhimu	叶罗提之墓	4.264 046
Romantic	郭沫若	Shizijia	十字架	4.290 531
Romantic	腾　固	Baizuchong	百足虫	4.317 347

1 随着创造社的政治化，浪漫主义文学类型在1920年代后期迅速衰落，所以我们的语料库没有超过1928年。因而需要做更多工作去测量叶后期作品中重复的进化，或者将他同1930年代的同时代人进行比较。

2 并不是说叙述者不会追忆过去。在《后悔》(郭沫若)、《菊子夫人》(叶灵凤)和《落叶》中，缅怀往事的叙述者对回忆和他们在其中记录叙事的假定的当下(putative presence)之间的时间差距非常自觉。

（续表）

Genre	Author	Title	Chinese Title	Entropy Score
Romantic	郁达夫	Jiedeng	街灯	4.485 555
Romantic	陶晶孙	Muxi	木犀	4.485 555
Romantic	叶灵凤	Kouhong	口红	4.544 576
Romantic	叶灵凤	Mingtian	明天	4.574 672
Romantic	张资平	Aizhijiaodian	爱之焦点	4.605 17
Romantic	叶灵凤	Jiulvmei	鸠绿媚	4.605 17
Romantic	郭沫若	Tingzijianzhong	亭子间中	4.632 607 7

表2　非参数熵值测量基础上熵最低的15部中文语料库文本。按这个测量方法，最高熵值在7.1到8.4之间，因此是2倍冗余。每个类型的中线值是5.7。

我们在这里也看到了叶灵凤作品，但也有几个郭沫若的浪漫主义短篇小说：《十字架》(1924)、《叶罗提之墓》(1924)和《亭子间中》(1925)。后面这些文本突出的重复对于人类读者来说更为明显，无论是频繁的感叹或强调状语，例如“十分细心地细心地……轻轻地轻轻地”(《亭子间中》)，或者近乎逐字复制句子：“看护妇把手伸去替他省脉，意识昏迷的他却在叫道：——‘啊，多谢你呀，嫂嫂。’看护妇又把手伸前去插体温表在他的右胁窝下，他又在叫道：——‘啊，多谢你呀，嫂嫂。’”(《叶罗提之墓》)从郭沫若这样的经典作家笔下出来的这种过度重复的风格往往被视为那个时期白话文写作的标志。

然而，尽管郭沫若的故事全都引发挫败的“五四”时期个人(以及，碰巧，刻画死亡主题)特有的强烈伤感氛围，但许多重复率最高的中文文本不限于唤起创伤或痛苦。事实上，我们发现唤起“苦闷”——一种暗示痛苦/绝望的有影响的情绪——的词，和“思想/感觉”词不同，和低熵之间没有富于意义的关联。相反，如我们在叶灵凤的作品里所见的，冗余也是性挑动、感伤和自由恋爱的重要资源(或效果)。这种重复起作用的方向与弗洛伊德的死亡冲动相反，倒是符合一种快乐原则。[1]

1　弗洛伊德在此处出现特别有理由，因为叶灵凤自己就是弗洛伊德心理学的狂热崇拜者。参见Jingyuan Zhang, *Psychoanalysis in China: Literary Transformations 1919–1949*, Ithaca: Cornell University Press, 1992。

这种快乐也许是寻欢作乐的、有罪的、自恋的、力比多的，或狂躁的，表明重复、内在性和感伤之间非常复杂的关系，有助于界定浪漫主义小说中的文学主体性。[1]不过，更为彻底地探索重复与具体的弗洛伊德式心理机制的关系，或与一般感伤的关系，则不在本文范围内。

结 论

作为风格的重复观念有什么可以提供给东亚文学现代性的历史？如最初所言，这些历史交替地维护了一批自我指涉文学的一致性，这些文学将语言的转变与心理学叙述相连，也强调了不可能将其贬低为一套单一的形式特征。我们这篇论文的目标在于拿起一些与这种文学相关的一贯性，将其置换至定量语域，继而创造一个框架，用于探究类型的一致与类型的模糊之间的差距。这个框架在利用学者们对这种文学已有知识的同时，也意在应用可使用的计算功能，将这知识扩展到迄今尚未开拓的比较方向上。

学者已然知晓的是日本私小说作者和中国浪漫主义作家在1920年代早期围绕着一种新的语法心态（grammatical mentality）相交于此，这种语法心态综合了语言变化和对心理自我的痴迷。因此，一方面武者小路和叶灵凤等作者的作品阐释了将书面语口语化和采纳西式语法概念及结构相结合的风格革命。自然主义作家逐渐成为这种革命在日本的典范，在中国则是“五四”一代作家（包括浪漫主义作家），他们倡导汉语写作的口语化和欧化。这样的语言实验旨在提供一种与现代个体的主体性相称的写作模型，实际则提供了自我“发现”的条件。柄谷行人和刘禾等学者已经表明，在日本和中国文学史上内化的现代主体（modern interiorized subject）的发展中，白话写作都是生成式的（generative），而非反应式的（reactive）：新的文学语言与其说是对表达

1 关于感伤，参见Haiyan Lee关于中国现代文学“情感的结构”的说法：“现代的主体首先是感伤的主体。” *Revolution of the Heart: A Genealogy of Love in China, 1900–1950*, Stanford: Stanford University Press, 2007, p. 7。

心理内在的新欲望的反应，不如说是使这些表达得以可能的条件。[1]了解到中国浪漫主义作家直接从日本同行那里吸取灵感，私小说在此时期广泛译为中文，只会强化共同的审美和意识形态工程的感受，突破了空间、语言和文化的差异（division）。

也许，存在着一种比较方法说明这些歧异如何以无数方式将个体文本中更广泛的语言转变和心理叙事潮流的征象具体化。此处，我们采取了另一种思路，尝试归纳地界定将跨越不同个体表达的这些潮流互动联系起来的特征。我们在比较语境中大规模察看私小说和浪漫主义文学，并发现了它们的重复趋势。诚然，对于本时期文学写作更为广泛复杂的转变来说，我们的重复定量模型只是一个松散的指标。但是我们的初步结果表明，它捕捉到了这些潮流互动里的某些东西，识别了来自这种互动的语法心态的代表性作品。另外，正因为重复不等同于这些潮流或与之并存，我们的模型才提供了新的、不熟悉的工具，对自我指涉的作品彼此比较和关联。武者小路和叶灵凤的文本从未共同出现在东亚文学现代性的比较史上，但难以忽视它们作为性欲和幻想叙事的交叠。这交叠并非我们设计模型时要捕捉的。它只知道这些文本倾向于更多重复，重复又和与认知有关的词松散相关。但是通过将重复作为风格特征分离出来，我们得以审视这种更为抽象的文本语域——布罗代尔所说的“无意识历史”的范围——将熟悉与不熟悉的作品置于新的比较语境。[2]这个语境同时挑出了武者小路和叶灵凤（或者近松和郭沫若）这样独特的作者，他们特意采取了服务于自我发现的极端重复风格。同时，它揭示出这一选择是由来自内部的心理压力和来自外部的社会语言学压力所驱动的变化中的语法心态的共同征象。它让我们得以检视东亚文学现代性的文本面（textual surface），并思考在此之下发生的更深的系统转变所激起的那些更宽泛的波动。

1 Karatani, 61.

2 参见 “History and the Social Sciences: The *Longue Durée*,” trans. Sarah Matthews, in *On History*, Chicago: University of Chicago Press, 1980, pp. 25–54。

第三部分

学者访谈

人文研究中的数字：弗兰科·莫雷蒂访谈[1]

梅丽莎·丁斯曼（Melissa Dinsman）
弗兰科·莫雷蒂（Franco Moretti）*
向　俊　译

在过去至少十年时间里，“数字人文”这一术语在美国各高校掀起了追捧和批评的浪潮。该领域结合了计算机科学和阐释学，其支持者将之奉为改革和发展传统文学阐释方法所亟须的良药。对于多数态度鲜明的批评者而言，这只不过是侵蚀美国高等教育的新自由主义精于计算的象征，是一个新的研究热潮，持续不了多长时间。尽管态度迥异，但研究者们做了大量工作，在人文研究的过程中利用数字工具开展各种研究，并对其进行批判性的审视。该领域十分广博，即便是从事其研究的学者们也越来越难对其做出界定。事实上，对于一个既涵盖了计算研究、数字阅读与写作平台、数字教学、开放式发行、增强文本及文学数据库，又囊括了传媒考古学和网络、游戏、硬件及软件理论的领域而言，“数字人文”似乎是一个极不相称的说法。正如弗兰科·莫雷蒂在访谈中提到的，“‘数字人文’研究没有‘意义’。”

莫雷蒂系《图表、地图、树型》及《远读》这两本被奉为数字人文研究正典的著作的作者。我们往往会流于字面来理解其定论，但数字人

* **人物简介**：梅丽莎·丁斯曼（Melissa Dinsman），美国圣母大学视觉研究数据管理中心博士后研究员，主要研究方向为现代主义文学与传播美学，著有《扩音器前的现代主义：二战期间的广播、宣传及文学美学》（2015）；弗兰科·莫雷蒂，斯坦福大学人文学院教授，创建了小说研究中心和文学实验室，著有《图表、地图、树型》（2005）、《资产阶级：历史与文学》（2013）、《远读》（2013）等专著。

译者简介：向俊，毕业于北京大学英语系，中国科学院大学外语系教师。

1 原文题为“The Digital in the Humanities: An Interview with Franco Moretti, Melissa Dinsman interviews Franco Moretti”。

文研究所要做的正是要“超越字面”。在长达一年的时间里，本系列访谈将通过对话该领域前沿学者及对其人文研究的影响提出质疑的批评者，来探讨数字人文研究以及数字在人文研究中的作用。这些访谈既展示了迥异观点不可调和的一面，也揭示了二者某些出人意料的共通之处。但从本质上而言，本系列访谈是要探讨数字与人文学科的交集，以及二者的结合对于科研与教学、美国高等教育及精英研究机构的象牙塔与公众之间日渐疏离的关系的影响。

第一位接受专访的是数字领域的前沿学者弗兰科·莫雷蒂。莫雷蒂系斯坦福大学人文学院教授，获达尼利·C.与罗拉·路易斯·贝尔教授荣誉（The Danily C. and Laura Louise Bell Professor），创立了著名的文学实验室。其研究工作深刻体现了他所说的两种学术相结合并非是二者的合二为一。他的大量著作都体现了这一观点。在过去的二十年间，莫雷蒂发表了诸多著作，既有《现代史诗》《欧洲小说地图集 1800—1900》《资产阶级：历史与文学》等较为“传统”的作品，也有《图表、地图、树型》和《远读》这样偏向量化分析的论著。虽然莫雷蒂似乎还不能泰然接受自己学术研究的这种多重性质，但他也十分坚定地认为这种区分是有必要的。在本次访谈及其著作中，这种张力无处不在。正因为如此，尽管莫雷蒂在传统人文和数字人文研究领域都备受推崇，但他的计算研究却颇受争议，即便是在《洛杉矶书评》上也是如此。正是因为传统与数字、细读与远读——即便是在远读研究时，莫雷蒂也总是最细致的读者——之间的这种对立，莫雷蒂的学术研究就显得尤为重要，对21世纪的人文研究影响深远。

丁斯曼：您和我一样，都是文学出身。那么您是怎样踏入这个我们在此大致称为“数字领域”的研究领域的？

莫雷蒂：自20世纪80年代后期从事文学中的进化论写作起，我就已经对利用科学方法进行文学研究深感兴趣了。此后，我转向地理学，写就了《欧洲小说地图集》。在从事地理研究的过程中，我意识到计量研究方法在地图绘制中的重要作用。就这样，我开始将计量研究方法应用于各类历史研究。2000—2001年前后，我在加州大学伯克利分校开展了系列讲座，对这些研究进行了梳理，后来集结成书，即《图表、地图、树型》。幸运的是，技术专家马特·约克斯（Matt Jockers）此时来到了斯坦福。我们见了面，并开始合作研究。因此，对我而言，数字人文研究就像是漫长的研究过程中的一个阶段，第四或是第五阶段吧。一些研究者将它视为一个新事物，但我不这样认为。在我看来，数字人文研究本质上是数字时代研究文学史和文化史的一种方法，是科学方法、解读方法、实证方法、理性主义方法等各种研究方法的一种形式。

丁斯曼：这倒是很有意思。听您说来，您进入这个领域就好像是一个十分自然的过程，它一直就是您研究领域的一部分。就目前而言，您认为数字在您的研究中扮演了什么样的角色？您使用了“数字人文”这一表述。那么，您是否将自己的研究视为数字人文研究的一部分？抑或是您认为您的研究是大于数字人文研究的？

莫雷蒂：首先，“数字人文”这一术语没有“意义”。“计算批评”更准确些，但现在人们都这样用，我也不例外。我的研究大概有一半是关于数字人文的，这个没法确切地界定。但是，在出版《远读》和《资产阶级》时，我说服了出版商——当然，颇费了一番周折——将两本书安排在同一天发行，因为这两本书之于我的研究，就好比是一枚硬币的两个面。而且有意思的是，这两种学术相结合并非是二者的合二为一。这一点极具研究潜力。我采用《远读》中的研究方法所进行的研究，完全不同于采用《资产阶级》中的研究方法所开展的研究。在写作《资产阶级》这种完全或是几乎没有数字人文方面内容的著作时，我发现自己根本无法运用计量研究的方法。如何界定这两种研究？二者是否互不相容？在这些问题上，我还没有理清思绪。但对我而言，在接下来的一些年月里，这将是一个“问题”，因为在我眼里，这两种研究不分伯仲，不可偏废。

丁斯曼：那么，这两种研究并没有自然地合二为一，仍具有很大的独立性？

莫雷蒂：没错。我有一个初步设想，就悲剧形式写一部作品，尝试将二者结合起来。谁知道呢。这只是一个计划而已。做个计划很容易，但真正实施起来就不一样了。

丁斯曼：在您看来，是否有某个特定的数字或是传媒领域对人文研究的贡献大于其他领域？如果有的话，为什么？

莫雷蒂：我并不这样认为。我倒是觉得思考计量研究的方法在文学、历史和艺术史研究中的不同结果、不同命运更有意思，因为数字人文研究在这三个领域所起的作用显然大相径庭。为什么会有这么大的差异？你的诸多问题都与宽泛意义上的人文研究有关，倒是一个有意思的切入点，可以探讨数字人文的研究方法为何在文学研究中产生的成果远远多于另外两个研究领域。这并不意味着我们已经取得了什么重大成果，而是说英语系的研究者们在该领域所做的工作显然比其他系的要多。事实上，如你所知，我目前正在瑞士。这里有多所高校已经开始思考这一问题，组织史学家、文学批评家和艺术史家进行探讨。在我看来，与数字文学领域的琐碎研究相比，这样将范围放大会更富成效。我们这个领域有些封闭，需要将范围放大。

丁斯曼：您在讨论跨学科合作时似乎提到了物理空间的问题。这很有意思，但不免有些讽刺，因为在一个研究机构中，数字项目仍有相当大块不动产的需求。尽管这些项目都依托于网络平台，但目前有关人文研究中数字的讨论还涉及有形场所。那么数字研究的未来何在？是出自某个院系，还是图书馆？您对数字研究理想的有形场所有何看法？对未来数字研究在高校中的作用而言，这意味着什么？

莫雷蒂：从实证的角度来看，当然是图书馆发展迅猛。只消看看招聘岗位就会发现，大量岗位都与图书馆或是类似环境相关。但我还是创建了自己的文学实验室，而且我认为很有必要。在我看来，数字研究有赖于一个依附于某个院系的实验室。这个院系只是供其挂靠，而不是一个确切意义上的机构。实验室有自主权。这种处境显然十分微妙，我们只需联系科学研究中二者的关系就能明白，就像一个生物实验室和生物系的关系那样。我认为这些实验室是挂靠于院系的，并非院系的衍生物或是附属物。

丁斯曼：那么，独立的实验室又如何实现您所提出的“全景”人文研究呢？

莫雷蒂：我们在斯坦福的文学实验室有三个项目，其中一个从事历史研究。但不知何故，英语系的研究生要远远多于历史系的，因此并没有产生真正意义上的增效作用。有效运行的实验室在现实中仍寥寥无几。有许多机构都自称实验室，但它们大部分都不从事实验室性质的研究，也不发表研究成果。所以，事情会如何演变？我们将拭目以待。

丁斯曼： 让我们来谈论一下在更大的机构——而非具体院系——语境下数字人文研究的重要性。人们通常将数字研究——尤其是数字人文研究——视为提高21世纪高校中人文学科重要性的手段。在您看来，这种说法是否能公正地评价数字研究及其目的？对人文学科而言，将数字人文研究视为其救赎者这样做是否有失公允？

莫雷蒂： 这种说法并不能公正地评价数字研究及其目的，而且将数字人文研究视为人文学科救赎者的做法也有失公允。人文学科需要自我救赎。这不仅是因为大学学费畸高，学生们都选择攻读商学、医学、经济学等专业，以便尽早收回投资。尽管这也是一个不容忽视的原因，但问题不止于此。在20世纪，自然科学在物理学、遗传学及生物学领域形成了诸多绝妙的理论。而人文学科却没有产出类似成果。文学和艺术领域倒是生产了一些极有意思的作品。在某种意义上，连政治领域也发生了不少影响深远的可怕事件。但对于这些领域的研究，即文学研究、历史研究等人文学科，却远远滞后。人文研究在理论想象和魄力方面都落在了后面。我完全可以理解为什么一个20来岁的年轻人不愿意学习文学，而要选择天体物理学。光从智力挑战上获得的快感来看，天体物理学在诸多方面都要有趣得多。这就是人文学科需要致力改变的。

丁斯曼： 跨学科研究是人们通常为人文学科提出的另一条出路。数字人文研究似乎很自然地就顺应了这种要求。

莫雷蒂： 跨学科研究并不能解决问题。它甚至比学科研究还要困难。偶然和随机的因素更大。你必须超级幸运，因为你就像是在黑暗中摸索一样。那么，数字人文研究在理论和高层次的概念化方面，是否提高了整个人文学科，或是文学研究的重要性？答案是否定的，至少现在是这样。我所关注的是理论和高层次的概念化，不是人文研究的论文里面是否都有柱形图，就像《金融时报》那样。在我看来，一份报纸里面应该有柱形图，但文学研究的论文里却未必。要提高人文学科的重要性，我们所需要的远不只是数字人文研究。人文学科亟须宏大的理论和大胆的概念。

丁斯曼： 批评者们往往还认为数字人文研究标志着学术机构新自由主义的滋长。例如，在一份题为“数字人文研究的黑暗一面”的C21

海报上，传媒研究学者理查德·格鲁森（Richard Grusin）列举了数字人文研究的兴起与“新自由主义和高等教育企业化”的联系。您认为这样比较合理吗？数字人文研究对成果的追求是否就是新自由主义思想的体现？

莫雷蒂：数字人文研究并不比宽泛意义上的人文研究多产。所以这种说法肯定是不对的。高校确实遭到了新自由主义的侵蚀，一个很重要的原因就是实际上越来越多的研究部门都需要从外界筹集资金。数字人文研究获得了大量资金，因此在这个新时代看上去好像还发展不错。但是，数字人文研究并非新自由主义的一部分。它只是得益于资助机构的政策，遭受新自由主义的侵蚀少一些而已。我并不认为数字人文研究有任何与新自由主义结盟的政治诉求。有一点足以说明问题：数字人文研究促使人文学科内部有条不紊地分工合作。有人会说，分工合作实际上违背了高校所特有的个人主义精神，是在不惜一切地竞争。那么，这是否意味着数字人文研究具有社会主义倾向？当然不是。这只是说分工合作是数字人文研究的必要方式。格鲁森的文章有其价值，但数字人文研究与大型技术公司为伍这一总体思路是有误的。

丁斯曼：那么，我们就来谈谈资金问题吧。要组建一个实力雄厚的数字人文研究团队需要大量资金。一般而言，这些资金都从何获得？在大规模削减支出的背景下，高校愿意资助数字人文项目吗？抑或是主要依靠外部资金来源？

莫雷蒂：老实说，我并不知道如何筹集资金。你得去问其他受访者了。我可以告诉你的是，在组建实验室的最初两年，我们从斯坦福获得了两万美元的资助。我们得用这笔钱购买所有用品，包括电脑、屏幕等，还要支付其他一切费用。我们后来又筹集了更多的资金，一部分来自斯坦福，一部分来自外部资助，通常是国外的资助。但是，你知道吗，六年过去了，我们的团队仍然没有程序员，也没有图书档案管理员，半个都没有。我们的一个研究生和英语系的一位年轻教员在程序设计方面都非常棒，但是我们还是缺少一名专业的程序员。我们已经从高校及外界获得了一些资金，将来还会有更多的资金注入。我耗费了大量时间筹集资金来维系这个实验室。我相信，我们并非最艰难的，也并非做得最出色的。但是，我所说的只能代表斯坦福的情况。

丁斯曼： 我觉得我们有必要讨论一下不同机构是如何以不同方式来处理资金问题的。以我的经验来看，不同机构就如何资助或安置数字实验室和数字中心这一问题似乎并没有达成共识。决策者们通常都好像没有什么长远规划，包括决定资助项目的问题。我们现在转换一下话题，来谈谈编码吧。在过去，数字人文研究者中既有会编码的，也有不会编码的。您是否认为编程是数字人文研究的一项必备技能？如果是的话，文科学生是否都应该具备这项技能？

莫雷蒂： 我不会编码。如果有人要说我不属于这个新的领域的话，我只能请求他对我宽容点，我已经老了，学不会编码。不过我能理解他为什么这样说。这不只是"得了吧，把我算在里面。我为这个领域做出了巨大贡献"这么简单。我在年轻的研究生和同事身上看到，编码赋予了他们一种我所不具备的，而且将来也不可能获得的智慧和直觉。这种智慧体现在脚本编写上。但是，在编写脚本的过程中，某个概念也会逐渐成形。虽然这个概念往往不会以概念的形式呈现，但是你能够看到它就隐藏在编写的脚本里。文学实验室的一个最佳例子恐怕是《手册4》了。这本手册是两个研究生写的，他们编写了自己的脚本程序。我很羡慕他们，我永远都不会拥有这样的智慧。而且我也很欣赏这种智慧。在我看来，未来诸多最具价值的成果实际上都会由脚本产生。这些脚本一半是脚本程序，一半是文化、文学、历史概念。因此，我认为开展数字人文研究项目的高校，不管这些项目是大是小，都应该确保每个人都有机会获得这种智慧。

丁斯曼： 我是代表《洛杉矶书评》来采访您的。这个杂志的受众并不局限于严格意义上的学术群体。我很好奇，在您的印象中，公众是如何理解"数字人文"这一术语的？或者更宽泛地说，如果他们了解的话，他们是如何看待人文学科中的数字研究的？如果您在飞机上，和您身边的乘客说"我在斯坦福大学从事数字人文研究"，对方是否会一脸茫然地看着您？您觉得他们了解数字人文研究吗？他们是否应该对人文研究中这一日渐兴起的领域或趋势有所认识？

莫雷蒂： 如果有必要的话，他们会了解的。但这不是我可以决定的。这得由你们来决定，而且你们也认为应该通过某种形式让他们有所认识了。与历史研究相比，我所说的更适用于文学和艺术研究。公众了解文学研究或是文学的方式仍十分规范，比如说阅读报纸。人们会看评论，对一本书、一部电影或是一个艺术展的好坏做出评判。数字人文研究在文学领域中是与标准相去最远的。它更倾向于给出说明。因此，要让公众对它感兴趣，媒体探讨文学的方式就需要一场重大变革。这样的变革会发生吗？不会。这样的变革是否有必要？我也不确定。我一直致力做的都是给出说明，而不是做价值评判。另一方面，我也不确定对于整个社会、整个世界而言，说明是否比价值评判更重要。我想，对于那些致力于认识事物是如何运作的人而言，说明更重要。其实，与公众相比，报刊对我的研究或是数字人文研究的误会更大。

丁斯曼：您为什么认为报刊理解错了呢？

莫雷蒂：各类报刊都有大量优秀的撰稿人来写书评、影评、剧评等。而英语系的一群书呆子却在做着一些看似毫不相干的计算。我想，这可能就是问题所在。问题可能就是这样。这样做似乎有些莫名其妙，是在浪费时间。但我不想妄自揣度撰稿人的心思。

丁斯曼：这么说，可能是那些通常都写些书评和影评的撰稿人对数字人文研究太陌生了。

莫雷蒂：这种说法可能比较合适。

丁斯曼：您为采访临时安排了一个问题。在此之前，我还想再问您最后一个问题。我想从公共知识分子的角度来继续探讨公众与学术之间通过数字研究所形成的关系。尼古拉斯·克里斯托弗（Nicholas Kristof）去年在《纽约时报》上称，我们生活在一个公众知识分子潮流减退的年代。您认为数字研究的作用何在？数字人文研究（或是人文研究中的数字）是否就是学术与公众之间所亟须的桥梁？对于一门学科而言，这是否有些期望过高？

莫雷蒂：25年前离开意大利来到美国时，我已经40岁了，从事研究也已经一些年月，出版了一些专著，还断断续续为一些报刊撰写了些文章。我觉得当时的我可以算是一个知识分子。但现在的我就称不上了。当然，我是一名教授，也就意味着我更多的是关注自己的专业领域。而且与15年前相比，我觉得自己是一名更加名副其实的教授了。这都得益于数字人文研究，因为它促使我坚持积累技术知识，不断和同行进行学术交流。我认为数字人文研究在短期内并不能重新掀起公共知识分子的潮流。如果政治复兴的话，公共知识分子也就会复苏了。毫不夸张地说，在美国和欧洲实际上都没有什么政治复兴的迹象。

现在该我问你一个问题了。你提问时的措辞很有意思。你用到了“能够”“应该”“可能”“将来”“目的”等表述，几乎没有提及“过去”。即便提到，也是很偶然的情况。你压根都没有问过“数字人文研究取得了什么成果”这样的问题。且先不说它将来能够做些什么，它已经做了哪些呢？我觉得这很有意思。不知何故，数字人文研究给人留下了这样一种一直还处于发展初期的印象，前景总是一片光明。当然，数字人文研究所赖以生存的资助文化在很大程度上也反映了这一点。资助就是关于让人承诺在接下来的3年时间里他要做些什么。这无异于花钱请人用花言巧语来欺骗自己，鼓励的是自我推销，是一种扭曲的价值评判。我们应该评判的是“已经做过什么”，而不是对未来的某种承诺。我们可以给承诺留一定的空间，但只是很小的一点空间。现在来回答我刚才提出的这个问题——如果你觉得有必要的话，你也可以问问其他人……

丁斯曼：我想我会的。这是我对数字在人文研究中如何定位的认识的一个盲点。

莫雷蒂：……到目前为止，数字人文研究的成果要低于预期。该领域当下确实仍处于起步阶段。诚然，大部分科学研究都是所谓的一般意义上的科学研究，传统文学批评也没有每天都碰撞出火花。这些都是实情，但也都无关紧要，因为数字人文研究自称是一大新的研究领域，而且我觉得到目前为止，我还没有拿出什么证据来证明这一点。我不想说得太过，不想说就完全没有证据，因为这很复杂。证据可以是各种形式的，可以是对概念的完善，也可以是确证的事实。后者是一种很重要的证据，但在人文研究中往往会被忽视。在下一阶段，数字人文研究应该着眼诸多紧迫问题，其中之一恐怕就是其研究成果的性质问题，该如何评价这些成果。如果有必要，还要思考为什么这么多人才投入了大量精力、借助了各种工具还难以取得重大成果。我认为我们本可以做得更好。我相信这一领域持相同看法的不止我一人。

丁斯曼：我倒是觉得，总是认为“本可以做得更好”可以不断鞭策自己。在我看来，这就是一个成长中的领域的标志。而且它让我们能够聚焦未来,为建设这门学科不断努力,使之日臻完善、精确。

莫雷蒂: 我同意这一点。"使之日臻完善"这个表述很巧妙,它使用的是比较级:以前就很好,现在更好了。不过,人文研究基本上都不是这样的。它往往带有更多的争辩性质,是一种是与否的模式,一场阐释的争论。就好比说"你真傻,认为《哈姆雷特》的主角是哈姆雷特。奥斯里克才是主角"。数字人文研究不遵从这种模式。我认为它这样做有其成熟、冷静的一面。但,尤其是对我这样老一辈的研究者而言,它也总有其遗憾之处,即数字人文研究缺乏自由精神——传统人文研究中的那种蓬勃生机。

人文研究中的数字：苏真访谈[1]

梅丽莎·丁斯曼（Melissa Dinsman）
苏真（Richard Jean So）*
向 俊 译

在过去至少十年时间里，"数字人文"这一术语在美国各高校掀起了追捧和批评的浪潮。该领域结合了计算机科学和阐释学，其支持者将之奉为改革和发展传统文学阐释方法所亟须的良药。对于多数态度鲜明的批评者而言，这只不过是侵蚀美国高等教育的新自由主义精于计算的象征，是一个新的研究热潮，持续不了多长时间。尽管态度迥异，但研究者们做了大量工作，在人文研究的过程中利用数字工具开展各种研究，并对其进行批判性的审视。该领域十分广博，即便是从事其研究的学者们也越来越难对其做出界定。事实上，对于一个既涵盖了计算研究、数字阅读与写作平台、数字教学、开放式发行、增强文本及文学数据库，又囊括了传媒考古学和网络、游戏、硬件及软件理论的领域而言，"数字人文"似乎是一个极不相称的说法。正如本系列专访的第一位受访者弗兰科·莫雷蒂（Franco Moretti）在访谈中提到的，"'数字人

---

* **人物简介**：梅丽莎·丁斯曼（Melissa Dinsman），美国圣母大学视觉研究数据管理中心博士后研究员，主要研究方向为现代主义文学与传播美学，著有《扩音器前的现代主义：二战期间的广播、宣传及文学美学》(2015)；苏真，美国芝加哥大学英文系助理教授，主要研究方向为美国现代与当代文化和文学、美国亚裔以及跨太平洋文学文化、数字人文，著有 *Transpacific Community: America, China and the Rise and Fall of a Global Cultural Network* (2016)。

译者简介：向俊，毕业于北京大学英语系，中国科学院大学外语系教师。

1 原文题为 "The Digital in the Humanities: An Interview with Richard Jean So, Melissa Dinsman interviews Richard Jean So"。

文’研究没有‘意义’。”[1]

苏真系美国芝加哥大学助理教授，其研究方向为美国现代与当代文化、美国亚裔以及跨太平洋文学文化。他对莫雷蒂的观点十分认同，与同行一道，不懈努力地推动数字人文研究的发展。尽管苏真从事数字人文研究的时间不长，但他已经赢得了较大影响力，在《边界2》（*boundary 2*）、《表征》（*Representations*）、《批评探索》（*Critical Inquiry*）等杂志上都有发表。我首次接触苏真关于种族、语言及权力平衡的计算研究是在一篇内部会议论文上——不过该论文还是突破了限制，被广泛传阅。苏真的研究在数字人文研究中仍属一个新的领域，为本系列访谈提供了独特的视角。本系列访谈将通过对话该领域前沿学者及对其人文研究的影响提出质疑的批评者，来展示迥异观点不可调和的一面，并揭示二者某些出人意料的共通之处。但从本质上而言，本系列访谈是要探讨数字与人文学科的交集，以及二者的结合对于科研与教学、美国高等教育及精英研究机构的象牙塔与公众之间日渐疏离的关系的影响。

苏真在访谈中的视角是基于他对后殖民研究与少数族裔研究的专业见解，以及他对计量研究方法的认识。他运用该方法重新探讨了文化跨国主义、种族与表征、少数族裔话语的问题。其研究结果极大地挑战了学界对美国少数族裔文学的认识，突破了所谓的数字人文研究仅针对已故的白人男性作者的局囿。这种拓展性的研究还涉及建立一个权威的20世纪美国小说语料库，是一项极其耗费精力的工作。该语料库将有助于数字人文研究者们运用计算方法研究更多的文学作品。在我们的谈话中，苏真对数字工具和数字方法的热爱溢于言表。但他也时刻表现出一名后殖民主义批评家的理性。哥伦比亚大学出版社出版了他的第一部专著《跨太平洋共同体》（*Transpacific Community*）。该书是他所受的后殖民研究学术训练的体现。苏真采用的研究方法不拘一格，既有计算的、文化的、政治的，也有文档的。有时这些方法之间也会彼此冲突，但它们的结合为数字人文研究及其学术前景提供了一些新的视角。

1 参见“数字人文：观其大较”专栏第二期，《人文研究中的数字：弗兰克·莫雷蒂访谈》，《山东社会科学》2017年第9期，第32—37页。

丁斯曼：您是如何踏入这个我将在此大致称为“数字领域”的研究领域的？

苏真：我最初的兴趣点在于后殖民研究、种族与族裔研究，所受的学术训练也是这些方面的。我去了哥伦比亚大学的研究生院，加入了爱德华·萨伊德(Edward Said)、高莉·维斯瓦纳丹(Gauri Viswanathan)等人的研究。他们的研究结合了细读的理论问题、理论框架、文档材料及文档证据，深深地吸引了我。我发现这种研究方法很有意思，好奇他们如何从历史的角度构绘他们所说的文化体系。例如：萨伊德通常称“东方主义”为一种模式或是系统。因此，我的博士论文和第一部专著遵循的基本上都是这种模式。我把它当作是在同后殖民研究对话。在从事第一部专著的写作过程中，我开始意识到这种方式在细读，甚至文档能提供什么样的证据这一层面的局限性。它们存在某些限制因素。我想要寻求更多的证据来支持更大范围内的文化系统性的观点。因此，我从事的数字研究实际上是我原来接受的学术训练和学术兴趣的一个分支。这种学术训练可谓“萨伊德式的”或是后殖民研究的。但是数字研究提供了新类型的证据，支持了这些领域的核心观点。

丁斯曼：您的计算研究是始于什么时候？

苏真：那是在2012年，我在芝加哥大学工作的第二个年头，已经比泰德·安德伍德(Ted Underwood)、本·施密特(Ben Schmidt)等研究者晚了近15年。完成了核心训练和第一部专著后，我就感觉到自己有必要扩大研究领域，学习新的技能。这并不是说我已经掌握了细读理论或是文档分析，而是说我意识到自己到了该学习如何做一些新的事情的阶段了。

丁斯曼：您的研究具有高度的计算性质，那么您是否愿意将其定性为“数字人文”研究？您在乎这样的标签吗？

苏真：我其实并不会用“数字”这一术语来形容自己的研究。我并不是要标新立异，而是觉得这个术语有些模糊。我会用“计量的”和“计算的”来形容我的研究中与数字相关的一些工作。我使用了大量数据——基本上是数字数据，运用实证方法对其建模、分析。这算是“数字人文”研究吗？如果将使用计算机进行的研究都笼统地称为数字人文研究的话，我想这就算是吧，算是数字人文研究的一种形式。我会将自己归为运用计算方法解答、探讨或是思索人文问题的研究者。我想，我的同行中大部分人都不会关心如何形容或是归类我们的研究工作。我们一般将自己定义为从事历史研究和批评研究的英语教授或是文学教授。如果将这定性为“数字”的话，对我们而言没有多大意义。所以，我其实并不在乎“数字人文”这个标签。

丁斯曼：这种不在乎的态度是否与职位有关？如果您所处的不是英语文学研究的职位，而是数字人文研究的职位，您是否会更在意这个标签？

苏真：这个问题很有意义，因为越来越多的研究者受聘的都是数字人文研究的岗位。我对此有一种十分世俗的解读。通常，如果你觉得自己可以从这个标签中获得某种利益，你就会认同它。我的众多同行都已经在文学研究领域取得了一定成就。因此，即便这个标签代表了什么荣誉，我们也不需要它。我们更愿意让自己的研究来自证其价值，而不是靠某个标签来成长、发展。我明白你的意思。如果你受聘的是数字人文研究的职位，并且想获得该领域的终身职位的话，数字人文研究者的身份可能会给你某种职业优势。我觉得我并不需要从这个新发展的领域获得什么职业上或是学术上的利益。因此，我并不在乎人们是否认为我与之相关。

丁斯曼：尽管您不完全认同这个标签，您是否认为有某个特定的数字或是传媒领域对人文研究的贡献大于其他领域？如果有的话，为什么？

苏真：这个问题具有很大的争议性。我不会说某个领域的贡献大于其他领域，因为这相当于是说这个领域处于领导地位。不过我会说，应用计算研究和批评传媒研究在齐头并进。这一点令人振奋。我觉得目前这两个领域之间存在某种隔阂。研究者们纷纷站队，彼此充满敌意。在我看来，这种对立状态对二者而言终归是有利于学术发展的。两个领域不可或缺。我们需要有人运用技术从事新形式的文化研究，我们也需要人对这种研究和这些技术进行批判，二者缺一不可。两个领域的发展同步并非偶然，既有利于二者的成长，也有利于我们目前的研究，无论我们将之称为“数字人文”与否。

丁斯曼：人们通常将数字研究——尤其是数字人文研究——视为提高21世纪高校中人文学科重要性的手段。在您看来，这种说法是否能公正地评价数字研究及其目的？这样做对人文学科是否有失公允？

苏真：你这个问题已经假定人文学科在某种程度上是不重要的，或者说是越来越不重要了。但我不接受这种说法。那些极度热衷数字人文研究的人可能会这样认为，即人文学科的重要性在不断下降，数字人文研究将是其拯救者。我绝不会支持这种看法。我认为这种观点十分幼稚。人文学科中有智识、有思想的计算研究者都不认为人文学科的重要性在日趋下降，也不觉得自己是在拯救它。因此，我不会这样来给自己和同行的工作定性。我想要消除这种观念。在我看来，这种说法对应用数字人文研究和整个人文学科都有失公允。

丁斯曼：我们来讨论另一具有争议性的观点吧。该观点是由传媒研究学者理查德·格鲁森（Richard Grusin）在一篇题为《数字人文研究的黑暗一面》的文章中提出的。[1]格鲁森列举了数字人文研究的兴起与"新自由主义和高等教育企业化"的联系。您认为这样比较合理吗？数字人文研究对成果的追求是否就是新自由主义思想的体现？

苏真：关于这个问题，我有很多话要说。格鲁森说得没错，我认同他的观点。我认识的大部分应用计算研究者都这样认为。这只是一个评论，我们不会就此争论什么。但是，我个人认为这种批评有些一概而论，过于抽象。我不大确定该如何看待这种批评本身。我更感兴趣的是它要求我们接下来该做什么。如果这种批评是要所有利用计算机进行研究的人都中道而止，回归细读研究和历史主义，并只专注于此的话，我就不认同了。因为这样的话，前提就成了数字人文研究的问题在于我们获得了大量资金，我们使用的是计算机和数字，因此不会产生什么好成果。在这种逻辑下，自然科学和社会科学都不会产生好的成果。这显然是错误的。如果这种批评是要提高我们的意识，是要教导我们，那么我对此表示赞同。我认为，我的同行们都认识到了这一点，并且都十分重视。不过，对我们而言，问题就变成了"我们该如何对待这种批评"。我们该如何开展对新自由主义和高等教育企业化而言都至关重

1 "The Dark Side of the Digital Humanities—Part 2" by Richard Grusin.

要的科学的应用人文研究？我认为这是我们发展的方向。我们运用这些新自由主义中也会用到的新方法来批评性别不平等、种族不平等等问题。我不确定这些观点是否真的带有敌意。总之，这个领域中我认识的以及共过事的研究者们都知道这种批评，而且大体上都表示认同。但是，我们要做的是该如何利用这一批评实际产生新的知识。

丁斯曼：您刚才所谈已经涉及我们下一个问题的内容，是关于数字人文项目的资金问题。可以说要组建一个实力雄厚的数字人文研究团队需要大量资金。一般而言，这些资金都从何获得？在大规模削减支出的背景下，高校愿意资助数字人文项目吗？抑或是主要依靠外部资金来源？

苏真：回答这个问题时我得十分谨慎，因为很容易就招致新自由主义的指责。首先，捐赠人、校友、高校、联邦拨款机构、美国学术团体协会（American Council of Learned Society）、美国国家人文基金（National Endowment for the Humanities）等对资助数字人文研究或是人文研究中的计算研究表现出了极大的热情。不过我想说明的是，我知道这种情况可能会被冠以“新自由主义”之名，因为数字人文研究参与推动了研究知识的科学化。我对资金并非来者不拒。只是对我而言，问题在于对数字人文研究的资金提出批评的人是否意在让我们退回资金，从而在该领域无所作为。我相信我们能够利用这些精力和资金开展一些有益于社会的重要工作。这也是我们致力实现的。我们所处的环境并不理想。我承认，哲学、古典文学等院系获得的资助减少了，这部分资金又有一部分被拨发给了数字人文类的研究。但是就此说我们不应该接受这笔资金来开展哲学性质或批评性质的计算研究就大错特错了。资金问题也不完全是由高校的财力决定的。实际上，内布拉斯加和佛罗里达这样的州立大学反而建立了更多的数字人文研究中心。因此，在我看来，认为数字人文研究只是财力雄厚的私立大学的专利的观念也有误。数字人文研究获得的支持更多的是来自州立大学。但有一点要指出来的是，这样做确实影响了一些小规模的人文学院和社区大学。所以说，确实存在某种贫富的动态变化。但这和你想象的不同。引领资助的实际上是那些被归为研究型的州立学校。

丁斯曼：财力和资金分化的问题我们暂且谈到这里。数字人文研究还涉及另一种分化，即研究者中既有会编码的，也有不会编码的。您是否认为编程是数字人文研究的一项必备技能？如果是的话，文科学生是否都应该具备这项技能？

苏真：编码与否取决于你的项目。如果你设计的项目是要对媒体进行批评，是评论和阐释性质的，那么你就不需要知道如何编码。如果你的项目具有计算的性质，我想学会编码会让你受益无穷。就人文学者编码这个问题，我有几点想要谈谈。首先，如果想要分析或引用数据的话，仅是雇用统计科学或计算机科学的某个人，或是与之合作是不可取的。在我看来，这实际上有悖人文研究的精神，因为你并不明白自己在做什么。这就好比你聘请某个人去替你研究文档。要开展批评性的应用数字人文研究，你应该学会如何编码。这并不是因为编码是一项实用技能，而是因为人文研究一贯要求研究者理解研究资料，以及这些资料是如何形成的。其次，我的同行中没有人说过编码应该取代外语，成为一项必备技能。这种观点是错误的。我所认识的研究者中从没有人说过这样的话。编码与学习外语实际上有很大的差异。就我个人而言，我从事的研究的一部分是比较文学研究，是中国文学的比较研究。我花费了七年时间学习中文，而且我认为每个学生都应该学习一门外语。编码是一种不同类型的语言习得，但是我认为除了外语之外，我们还可以学习编码。目前世界上有很多人都在使用这种语言。因此，我觉得抵制学习编码的做法有问题。我们应该鼓励学生尽可能学习多种语言，既要学习自然语言，也要学习人工语言，越多越好。因为这样可以提高我们的研究能力。我们希望学生能够理解世界是如何运转的。如果世界有90%是由计算机和技术控制的，那么就智力而言，学习编码也不会是一件坏事。

丁斯曼：我们换个话题，来谈谈技术领域——包括数字人文领域在内——一个十分普遍的问题，即女性和少数族裔边缘化这一不容忽视的问题。我知道，您的研究涉及该问题，探讨了数字人文领域研究者和研究对象中女性和少数族裔数量较少的问题。如何解决这个问题呢？您在这方面取得了哪些成绩？

苏真：我想说，事情从一开始就糟糕透了，让人无法接受，简直就是一场灾难。从事应用研究的同行们都强烈地意识到了这个问题，对此难以容忍。如果有人认为数字人文研究者们对该问题置若罔闻或是漠不关心的话，那么他就大错特错了。我们处于一种恶性循环之中，这个领域由白人男性主导，产生的研究结果也带有某种性质，这反过来又降低了其对少数族裔和女性研究者的吸引力。包括泰德·安德伍德、安德鲁·派博（Andrew Piper）、马克·埃尔基—休伊特（Mark Algee-Hewitt）、霍伊特·朗（Hoyt Long）和我自己在内的一些研究者基本上都认为，该领域可以通过合作和教学实现多元化。我们在芝加哥大学开设的“人文研究中的编程入门”这门课上，女生和少数族裔学生实际上占多数。问题是我们该如何维持这些学生的兴趣。在教学层面上，少数族裔学生和女生的兴趣水平相当高。因此，我对此还是十分乐观的。在合作层面上，有不少女性和少数族裔研究者都对数字人文研究的未来充满信心，但是他们不愿把所有的时间都用于接受新的学术训练上。

从短期来看，要解决这个问题，我们必须培养具有不同背景的学生，并且开始各种合作。实际上，我的一个项目可以为该问题提供一种长远的解决方案。我们正在同堪萨斯大学负责黑人文学史项目的玛丽爱玛·格拉哈姆（Maryemma Graham）合作，在芝加哥大学建立一个美国小说数据库。格拉哈姆是一名研究美国黑人文学的杰出学者。她满腔热情地同我们合作，扩充了数据库中种族研究的语料，扩大了研究的范围。因此，我认同关于女性和少数族裔边缘化的批评，它促使我们增加合作。但是如果这种评论是要指责我们的工作毫无意义或是一无是处，那我就不认同了。这种说法既狭隘，又有失公允，而且实际上还会打击女性和少数族裔学习编码的积极性。“这个领域具有种族歧视的性质，离它远点”这样的话语实际上剥夺了学生选择的权利。如果你希望这个领域日臻完善的话，你应该鼓励具有不同背景的学生加入其中。

丁斯曼：您能否谈谈您的计算研究与少数族裔文学是如何相互影响的？

苏真：可以。谢谢你提出这个问题。质疑者批评的没错，数字人文研究过于关注白人男性文学，例如在英国维多利亚文学研究方面。目前的问题在于20世纪文学项目的数据库还在筹建过程中。我的研究以及我建立的语料库所针对的正是这一问题。不过，我也只是在不久前才获得这些数据，开始探索各种可能性。实际上，我认为计算的方法非常适于种族和性别批评。尤其是如果你想要探索不平等和权力差异，实证研究——大规模的研究——能够真正使这些受权力制约和不平等的叙事具体化。例如，“百分之一”[1]的标语实际上是一种量化描述。也正因为此，我认为它在某种程度上非常强大。计算的方法完全可以用于社会批评和权力批评。

丁斯曼：在最后几个问题里，我想谈谈公众与学术的关系。首先，在您看来，公众是如何理解“数字人文”这一术语的？或者更宽泛地说，如果他们了解的话，他们是如何看待人文学科中的数字研究的？

苏真：我想说的是，公众对它的了解可能主要还是通过媒体获得的。但是这也很不幸，因为数字人文研究在很大程度上已经成为人文学科转型的一种象征。公众围绕数字人文研究的讨论十分单一。因为，媒体撰稿人对数字人文研究的态度只有两种，要么宣称它是人文学科的拯救者，要么指责它会危害人文科学。这两种态度都没有真实全面地反映学界的发展变化。这同20世纪80年代报纸上关于解构主义的文章幼稚、过分简化的描述类似。令我烦恼的是，学界也开始附和媒体的观点。我觉得那些批评数字人文研究的人不一定都真正理解包括安德鲁·派博、玛丽莎·嘉玛（Marissa Gemma）[2]和我自己在内的研究者所做的工作。他们实际上是在对媒体报道，而非该领域的研究工作做出反应。公众认为数字人文研究代表了人文学科的现状。如果学者们也将其视为自己支持技术和计算机与否的象征，那么这将会是极其危险的。

丁斯曼：您的回答似乎向我们提出了公共知识分子与学术的问题。这正好也是我要问的下一个问题。诸多学者和媒体撰稿人都认为，我们生活在一个公众知识分子潮流减退的年代。尼古拉斯·克里斯托弗（Nicholas Kristof）去年在《纽约时报》上就表达了此类观点。您认为数字研究的作用何在？数字人文研究（或是人文研究中的数字）是否就是学术与公众之间所亟须的桥梁？对于一门学科而言，这是否有些期望

1 “The one percent”指美国在经济收入和社会地位方面居于顶层的社会阶层。——译者注

2 Marissa Gemma，斯坦福大学英文系博士生，与苏真教授在数字人文与文学研究方面进行合作。——译者注

过高？

苏真：首先，我想要说明的是在公共写作或是参与公共事务的问题上，我们应该摆脱非好即坏的思维。有些人认为公共写作削减了学术价值，是一种迎合公众的行为。我不认同这种看法。在我看来，巧妙地通过报纸和媒体撰稿人将学术传播给更多的受众是有益的。其次，我确实认为，尤其是在文学研究领域，我们同公众的交流太少，他们对我们的了解不足、有误。人文研究或是文学研究同公众的关系疏远，但是可以改进的。我相信我们能够逐步改进这种关系，而且这样做也是值得的。实际上，我同安德鲁·派博已经开展了一个名为"计算与文化"的公众写作项目，向公众普及我们的学术研究。我们已经成功遴选了一些优秀文章，发表在《评论》[1]《新共和》等杂志上。《大西洋月刊》也即将刊出我们的文章。编辑们对这种结合了学术批评和量化证据的公共写作倍感兴趣，态度十分开明，这也出乎我们的意料。有些人可能会认为这是在迎合公众。但是，我发现公众基本上都具有一定的智慧和判断力，与之对话本身并非一件坏事。我们并不认为这项工作的意义只是为了与公众对话。但是，我们觉得学术研究的兴趣可以更广泛些。我们是在将与文化相关的复杂观点传播给更广泛的受众，与更多的人对话。而让更多的人加入这种对话并非坏事。

丁斯曼：还有最后一个问题。弗兰科·莫雷蒂在接受采访时十分敏锐地指出，我提出的所有问题都是围绕数字人文研究的未来的。也许这是我对数字人文研究前景乐观的体现，也许这也反映了媒体和该领域对未来的某种期盼。然而，我的最后一个问题是想让您回顾过去，谈谈数字人文研究到目前为止取得的成就。

苏真：我在这个领域算是比较年轻的研究者，并不喜欢"回头看"。我觉得对别人说"看，我的领域取得了这些成就，它真了不起"，以此来为某个领域辩解，这样做是有问题的。如果你所在的领域取得的成果不足以证明其价值，那么你就任重而道远了。一再重申"看看我们所做过的"是潜在的软弱和缺乏安全感的表现。回顾过去当然是可以的，但在努力推动一个领域发展的过程中，利用回顾过往成果来为自己辩解

1 *Slate* 是美国一份涉及政治、商业、技术与艺术方面的通俗性杂志。——译者注

的话，就存在问题了。如果外界不能立即认同我们的工作和成果的话，我们就更需加倍努力。因此，我可以十分肯定地说自己更多的是着眼未来。数字人文研究是否能长久地发展下去还尚未确定。所以我们不应该抱有“看看我们所做过的”心理来对待批评，而应该回归书本和电脑，加倍努力地工作，直到我们无须再回答这样的问题来证明数字人文研究的意义。

NovelTM：安德鲁·派博访谈

安德鲁·派博（Andrew Piper）*

问：

您能给我们讲一下您的学术背景吗？您是怎么进入数字人文研究的？您在这个过程之中面临过什么样的挑战？或者说，您本来的学术背景在您进入数字人文的时候给了您什么样的优势？

我本来的学术训练是德语文学和欧洲文学，尤其在书籍史这方面。我之前的工作是关于在长达几个世纪的历史过程里，书籍如何影响了它的读者。所以，现在来理解计算机如何影响了我们的阅读，这也可以算是我之前工作的一个自然的延伸。最大的挑战是适应做量化分析的要求，这样的工作远远比写程序复杂得多，我发现快速使用量化的数据很有挑战性，而同时也很激动人心。我们能从其他学科已经做过的事情那里学习到许多，我们也可以带着自己的价值参与到这些讨论中。

---

* **人物简介：**安德鲁·派博（Andrew Piper），美国哥伦比亚大学博士，加拿大麦吉尔（McGill）大学德语及欧洲文学副教授。他的研究兴趣是自18世纪以来欧美文学及其阅读技术，集中在文学拓扑学与网络的历史、文本流传及跨文本实践、文学量化。其著作包括多次获奖的《书中梦：浪漫主义时代文献想象力的形成》（*Dreaming in Books: The Making of the Bibliographic Imagination in the Romantic Age*, University of Chicago Press, 2009），以及《曾经为书：电子时代的阅读》（*Book Was There: Reading in Electronic Times*, University of Chicago Press, 2012）。派博教授是大型学术项目"小说文本数据库挖掘"（NovelTM）的主任，这是历史上第一次大规模以量化的方法研究小说史的学术项目。他还是2016年北美新成立的数字人文研究期刊《文化分析刊物》（*CA: Journal of Cultural Analytics*）的主任编辑。

对于人文研究来说，历史偏向的和主观偏向的学术更有价值。我看到这样的人文研究理想可以影响到目前正在发展的、用于学习研究语言和文化的分析模型类型，很激动。

最近的数字人文研究中，大多依赖新形式的合作模式，或者是某种“实验室”的形式，或者是不同专家学者之间的远程协作。您能谈谈自己在这种不同情况下的学术研究方面的经历吗？您与其他学者合作吗？

我现在大多数工作都是与人合作展开的。我还有一些项目主要由自己来完成，但我越来越多的工作是与其他同事一起完成，也涉及和学生们的合作。有时候，我与计算机科学的人合作，许多情况下也跟其他人文研究者合作。这跟所谈研究的社会属性有关系，如果是要理解大规模的人类社会行为，就会与其他人合作展开。如果研究的是形式方面和美学方面的问题，我就倾向于以较为个人的形式开展。看起来是所研究问题的属性使得我有兴趣与别人合作。

我发现跟学生一起工作最让人享受。我现在跟学生合作更密切了。我们一起展开某些观点，在这个过程中，他们也学会了如何做研究。他们其实更能说拥有这些研究。我发现这样做给了学生许多力量，对作为导师的我也很有启发。这样也并不总是利他性质的，因为这意味着我可以比单独一个人的时候展开更多的研究项目。

一个更有关联的问题：您能跟我们的中国读者讲一讲“小说文本数据库挖掘”（NovelTM）这个项目吗？这个项目涉及来自许多学者间的合作，这有什么意义？它在宽泛意义上的学科内是如何定位自身的？而且，您能简单地介绍一下数字人文的新期刊《文化分析学》（*CA: Journal of Cultural Analytics*）吗？

NovelTM涉及北美14位来自不同机构的研究者，还有三位合作者并无学院的背景。这项研究的目标是产生出历史上第一部大规模的、涉及多个文化的、量化的小说史。与非学院背景人员合作，因为这会迫使我们思考我们的工作如何能在学院之外产生更大的影响。与其他学院派研究人员合作则会带来真正多元的思考模式，我们一起来思考如何重新理解小说史。我们主要的贡献会是开启一场如何从计算角度思考复杂文学文本的谈话。我们该更努力一些，发展出一个跨文化的方法。

《文化分析学》是一个致力于以计算的方法来研究文化的期刊，它是开源的，以网络为主。我们的目标是推出这样新类型的学术：认真思考文化研究的问题，但是使用计算来产生关于文化的新的认识。我曾经写过一篇简单的介绍（题为《这里会有数字》“There will be numbers”），那里的描述更有深度一些。我谈了为什么我觉得计算可以对文化研究有许多的贡献（以及为什么文化研究也会影响计算模型的发展）。这个期刊并不仅仅只对计算机科学家和社会科学家有用，而是优先考虑那些针对人文研究的论题。

我们来谈谈刊登在本期的您最近的一篇文章《小说信仰：皈依阅读，计算，及现代小说》（“Novel Devotions: Conversional Reading, Computational Modeling, and the Modern Novel”），在这篇文章中，您谈到“细读”和“远读”之间的辩证方案，可以让我们以新的更有生产性的方法，来思考技术是如何促使某些新的阅读方法的产生。您是如何想到这个方案的？您觉得，在我们目前日益多媒体的环境中，这个方案是如何在变化着的？

“阐释学的循环”这个观念非常古老。将其应用于计算分析，这看起来很合适。这个辩论目前为止也很二元对立。二元对立的模式并不存在于我自己的方法之中，我的方法本质上是很循环式的。我们不能只赋予某一类别的阅读特权，相反，我们应该欢迎不同的、互为补充的观察。阅读这项活动总是比学院派倾向于认为的更多元。你提的这个问题很有意思，因为不同类型的媒体决定不同的模式。这在某种程度上是这样的。但是，更重要的是集中在“实践”这个方面，即我阅读的时候我究竟是在做什么，这与所阅读材料的媒介材料无关。最后，我们需要在“发生效果”（“validation”）方面做更多的研究，我们需要努力理解我们建立的模型在告诉我们什么事情。你所谈到的这篇我写的文章中，建立了那个图表，我那样做的动力在这里。我觉得那是一项新的激动人心的研究领域，希望看到有人会在这方面做更多探索。

如何进入数字人文研究：霍伊特·朗访谈

霍伊特·朗（Hoyt Long）*
赵　薇　译

问：

可以稍微谈谈你的背景吗？你是怎么进入到数字人文领域来的呢？

我原本的学术训练是在日本近现代文学领域，主要集中在20世纪早期这个历史时段。尽管本科时我也拿到了一个计算机专业的副学位，但计算和量化的研究方法并非我研究生时期专业训练中的一部分，我博士论文中也没有采取计算与量化的方法，后来我的博士论文成为我的第一部学术出版物，是关于诗人、作家宫泽贤治（Miyazawa Kenji）的。我第一次接触到数字人文方法时还是一名助理教授，当时参加了一个由国家人文基金会（NEH）组织的为期两周的工作坊，内容是关于网络分析及其在人文领域中的应用的。由于我的早期工作，我对探索艺术家工作网络的形成与发展发生了兴趣，特别是诗人与诗歌流传的

* **人物简介**：霍伊特·朗（Hoyt Long），美国哥伦比亚大学东亚语言和文化系博士，美国芝加哥大学东亚语言与文明系副教授。主要研究对象为近现代日本，集中在媒体和传播史、计算人文、地域文学、出版史、文学社会学及环境史。已出版学术专著《不平的地面：宫泽贤治与近现代日本地方概念的形成》（*On Uneven Ground: Miyazawa Kenji and the Making of Place in Modern Japan*, Stanford University Press, 2011），目前在完成一项"媒体社会化：日本文字与信息社会的成型，1880—1930"的研究计划。与芝加哥大学英语系苏真（Richard Jean So）教授共同领导"芝加哥文本实验室"（Chicago Text Lab），并同时参与芝加哥大学的"知识实验室"（"Knowledge Lab"）以及加拿大麦吉尔大学的"小说文本数据挖掘计划"（"NovelTM"）。

译者简介：赵薇，中国社会科学研究院文学所助理研究员。

网络。在这个工作坊期间，我学会了如何将这些网络可视化和进行分析，此后，我使用这些方法开始了一项关于二战战前日本现代主义诗歌期刊的研究。

最初吸引我转向这项工作的是，掌握大量信息的技能，这些信息是关于诗歌的出版时间和出版地的，以及在此基础上去发现诗人间合作和社会区分的模式，这涉及的规模之大，是我之前没有想到的。一个拥有几千名诗人和近十万首诗歌的数据库，可以让我以全新的方式去探索这些档案，开始以单个文本和作者的方式来提问。转换了分析的单元和规模之后，潜藏在历史材料中的模式浮现出来，这促进了新的研究问题的产生，以及对艺术生产中社会过程的新理解。自从参加了2010年的工作坊后，我在学习计算机方法方面投入了越来越多的研究时间，尤其是那些用于发现和分析大体积文学文本模式的技能方面。我现在正写的一本书就用到了这些方法，从量化的视角来考虑日本近现代文学史。

您接受的训练是成为日本研究专家，曾对日文和中文文本做过数字人文方面的研究工作。和您相似的做亚洲研究的学者们在使用数字人文工具时会面临哪些挑战？或者说：您能谈谈关于数字人文在北美日本研究中的现状吗，或者它在日本本国的日本研究中的情形，以及这和它在北美及欧洲学界的情况有什么不同？

在这方面，学者们面临的最大挑战是技术上的，这很大程度上和分析非字母脚本（non-alphabetic scripts）时遇到的困难相关，在这些脚本中，词与词之间没有界限。很多计算工具是以单词为单元进行分析处理的，你想分析的任何文本必须事先是切分（或标记）好的。尽管现在有大量程序可以做这个切分的工作了，却没有一个程序可以达到百分百准确，而且大部分工具都偏向于处理当代语言。这意味着，能够处理20世纪晚期日文文本的程序，在处理20世纪早期文本时可能就没有那么准确，而且肯定无法应付任何日本口语白话文定型之前的文本。鉴于这一情况，对中日语言由古典向白话转变关键历史时期的研究，如果以这种大型、量化的方法来进行，就不可能了；或者这种情况至少使得采取大型量化的分析不那么容易了。而这种语言转变的历史时期正是界定日本和中国近现代文学的时间点。除了文本分割之外，一个更重要的挑战来自于如何运用光学字符识别软件（optical character recognition，即OCR）来将文本数字化。尽管这个领域的技术已经取得了许多进步，可是在识别亚洲文字中产生的困难情形，尤其是年代越久远的亚洲文字越难识别，这使得大型数字语料库的建设速度减慢。这一情况正在有所改观，大量的工作已经做了起来，尤其是在处理前近代时期文本方面，但毫无疑问，与那些面对字母书写文字（alphabetic scripts）的研究相比，我们慢了几十年。需要更多的学者来做数字化的工作，更多的学者愿意去创建和分享数字语料库，这样才能赶上去。

就日本研究来说，这些技术障碍已经减慢了北美和日本学者们采用数字方法的步伐。开始进入数字研究的门槛看起来似乎太高了，特别是对于老一代的研究日本的学者来说。几位北美日本研究学者，包括我自己在内，已经开始组织工作坊，创造探索分析工具，借此改变现状，但这毕竟是少数。对于我们从事近现代文学的人来说，一个有利条件是"青空文库（Aozora bunko）"，它收集了超过一万两千个无版权约束的20世纪初文本，这些都是以众包的形式手动输入的。这便给予我们一个非常重要的起点，来做大规模的现近代文学分析工作。然而，这个数据库里存在着关键性的漏洞和一些不符合规范的地方，这使得它并不那么能代表近现代文学生产。而且这个数据库覆盖的范围也非常小。相比之下，制作精良的数据库，在英语文学研究者们手里，已经用了一段时间了，它们涵盖了18世纪晚期到今天的文学作品。日本文学研究者想要用上这样长时段的数据库，恐怕还要很多年。

有趣的是，正是前近代领域的学者们在引领人们开拓这方面的研究方法，这种情况在日本尤其如此。比如，早期的一些数字工作是由一些宗教学者们完成的，他们投入了大量的经历和时间来制作升级版的数字化佛经。古典时期的学者也发现，他们更易于采用数字方法，一部分原因是他们的语料库更小也更易于数字化。早期近代视觉文化的数字化工作也取得了很大进步。同时，也是由于大部分的工作已经做了几十年了，人们也不会经常同北美和欧洲最前沿的理论和计算技术对话交流。我认为，这一沟壑阻碍了数字人文在日本近现代学者中的流行，因为他们看不到这项技术进步可以带来的知识上的帮助。我知道只有非常少数的学者在将计算方法运用于近现代文本的研究，而且他们中的大多数还是语言学领域的。我希望，随着越来越多的人可以使用相关工具，可以使用语料库，会有更多的日本学者能看到这个领域可以带来的效能。最近，弗朗科·莫瑞蒂《远读》(*Distant Reading*)一书被翻译为日文，这很可能产生重要影响，也许会有助于复苏日本文学批评中的量化思路，这一思路可以追溯到夏目漱石。

假设一名中国的文学研究者想要使用计算机去探索分析100个中文文本，为此，他愿意接受某种培训（例如，某种程序语言），那么他该做些什么呢，如果可以拿出六个月或两三年的时间？

如果一个人只有六个月的时间，我会建议他首先阅读一些该领域内领先学者们的文章和书籍，这有助于他弄清哪些类别的分析可以（或不可以）采用计算机方法来进行。这可能包括马修·约克斯（Matthew Jockers）比较基础性的著作《大分析》(*Macroanalysis*)、杰弗里·洛克维尔（Geoffrey Rockwell）和斯蒂芬·辛克莱（Stephan Sinclair）的《诠释学》(*Hermeneutica*)，以及安德鲁·派博（Andrew Piper）、泰德·安德伍德（Ted Underwood）、马修·威尔肯斯（Matthew Wilkens），还有其他很多学者等的学术作品。看过这些后，他有可能想要阅读一些关于统计学和自然语言处理方面的介绍性材料。就编程来说，这真的取决于他之前的经验。但是如果之前完全没有背景，我会建议从一种叫作“旅行者”(*Voyant*)的线上工具 开始，它可以对单个文本做多种分析，也可以用于小批量文本的处理。如果有更大的雄心的话，我推荐去读一下马修·约克斯的《文学学者如何使用R语言进行文本分析》(*Text Analysis with R for Students of Literature*)，这是一本非常简单易懂的书。人们在重新为中文文本编码时很可能会遇上一些难题，但我怀疑这些问题都可以参考R语言的编程书来解决，或者参考一些为中文使用者所写的在线指导。我也建议去参加数字人文年会，例如数字人文组织联盟（ADHO）的年会，或者其他会议中的相关专题研讨及工作坊。这将便于你熟悉该领域业已存在的学术环境，也会让你接触到一些当下的讨论和问题。

如果可以投入两至三年的时间，我建议参加一些编程的课程学习(甚至可以是在线课程),学习一些Python和(或者)R语言的基础知识。也可以通过一些指导性的教科书来自学。这样的话,我推荐一些专门的教科书,诸如《使用Python的自然语言编程》(*Natural Language Processing with Python*)。Python和R都是用途极为广泛的编程语言,他们可以用于数字人文中的其他方面,包括社会网络和空间分析。我也建议与老师和(或者)学生展开跨学科合作(例如语言学的、社会科学的),他们已经对这些方法相当熟悉了,可以更有效地为你提供资源。他们自己在使用工具时可能会有不同的目的,但是可以提供许多帮助,使你学到基础知识。对于那些想要做网络和空间分析的人来说,也有大量的指导资源。这取决于他们拥有什么样的方法和工具,以及你在开始前对现存的文献资料有多熟悉。

我们对量化的文本分析如何能够挑战文学史的现有结论很感兴趣。你能谈谈数字人文如何确认或定义新的文学类型吗,或者数字人文如何扩张现有文学体裁的边界?

这是一个相当宽泛的问题,我希望你去读一些我发表的文章,里面描述了我认为比较新的量化分析,以及它将会为文学史研究带来什么。简单地说,我认为与其说这种分析在界定新的文学类型方面做出了贡献,还不如说它更能够促使我们去批评和重审现有的文学体裁定义。也就是说,这迫使我们去思考,我们如今的定义是如何被某种规模的分析,以及关于文学文本如何起作用的那些不太明显的假设和模型所规定的。数字方法的关键并非是为了要使这些模型以及从中派生出来的解释无效。而是要将这些模型放置在与不同模型和规模分析的比较中,这样我们才有可能丰富我们的总体视野。数字人文最有前景的方面不在于它可以让我们脱离文学基本问题,而在于让我们能够从新的有利角度回到这些问题,从而使这些概念的讨论可以再度热起来。它迫使我们重新认识诸如文体、叙事、情节、人物以及话语等全部概念。但也刺激着我们去重审"细读"和其他解释实践,这些解释实践处于具体的历史和意识形态中,充满了偏见和未经审视的假设。

关于数字人文是如何转变大学教育和研究使命的，我们想听听你的思考。简言之，有人指责数字人文的兴起正是高校新自由主义化的表征，你对此作何感想？

我当然理解这一看法。向量化的靠拢、采取似乎科学的方法，给人一种感觉，似乎我们将很大地盘割让给了侵蚀人文研究领域的经济和社会权力。这在日本是尤其现实的，那里的政府努力重建大学体系（以及取消人文科学的项目），为的是使这个体系更直接地与当下的劳动力市场匹配。所以人们对这种威胁的体会非常真实，而且看上去数字人文不过是顺其道行之的。但是，我认为这种观点是非常短视的，它忽视了数字人文领域的学者们实际上真正从事的工作。如果认为只有人文学领域受到了大学新自由主义化的不利影响，进而对此作出的反应不过是对无论任何形式的数字人文研究都拒绝，且毫无旁顾地继续做我们学术界一直做的那种类型的研究，那都是非常错误的。对于我来说，这种心态既反智也误入歧途，因为它为我们现存体系之外设置了一个批评空间。但这从来未曾发生过。人文学者从来就是在大学的行政体系和经济结构之内工作的，而且在并不久远的过去，他们还十分愿意从事跨学科的工作呢。实际上，人文和文化研究与科学研究相悖的思想是相当晚近的发明。在我们为现存的人文学科形式丧失而哀吊之前，我们应该始终记住更长时段的人文学科史。

的确，人文科学和自然科学当然蕴含了不同的认识论以及解释学假设，我们不能指望文化现象可以像生物或物理过程那样被量化和抽象化。但是，认为所有形式的量化研究都不适用于人文学科就不够坦诚了，这忽略了艺术与科学之间长久的交流史。如果新自由主义化正在逼迫人文学者去与科学领域之中发生的谈话，以及其他看待世界的模式之间再次沟通对话，那这便未必是一桩坏事 。如果对话是单边的，那将带来问题，但这也正是为什么人文学者应该多去参与其他科学领域发展。越是自绝于其他领域，我们将越是无法展开真正的对话，也无法为人文研究的独特性做辩护。保存我们的相关性并不是要拒绝曾经引引过我们研究的问题和对象，而是要在数字技术全面渗透的今天，重新思考这些问题和对象的处境。我们需要全面参与到这些技术中去，不仅为了帮我们把我们的问题和对象转换到这新的数字时代，同时也让我们以一种明智的、知情的方式去质询这转变带来的得失。我们作为人文学者，应积极为这种讨论贡献力量，但如果我们只是继续自言自语下去，那终将无济于事。

第四部分

历史分析与反思

文化的数字丈量

——“数字人文”下的人文学科[1]

格哈德·劳尔(Gerhard Lauer)[*]

庞娜娜 译

摘　要: 格哈德·劳尔(Gerhard Lauer)教授是德国哥廷根大学数字人文中心的创始人,哥廷根大学德语语言文学教授。在这篇文章中,劳尔教授立足于欧美数字人文研究,梳理了“数字人文”这一概念的起源与变迁,并探讨了数字人文与传统学科的关系,数字人文的研究范畴与研究方法,以及这一新兴研究方法面临的问题与挑战。

关键词: 数字人文;语文学;人文学;人文计算

导　论

如果说变革的意义在于改变生活,那么数字化就是这样一场变革,它急剧地改变了我们生活的方方面面,而且风头正劲。数字化也改变了人文学科,这场变革以“数字人文”为标签,但“数字人文”这一概念正如同许多学科名称一样尚不精确。20世纪60年代,电脑被运用于人文学科研究中,人们将其暂称作“人文计算”。直到世纪之交,随着互联网的广泛传播与应用,人们才把这种依靠电脑进行研究的人文学科称作“数字人文”。这一领域出版物的名称也随之相应发

---

* **作者简介:** 格哈德·劳尔(Gerhard Lauer),德国哥廷根大学德国研究主席,哥廷根数字人文中心创始人,主要研究认知诗学、数字人文学科和德国文学史。

译者简介: 庞娜娜,南京大学与哥廷根大学联合培养博士。

1 人文学科(Geisteswissenschaften),在德语中,这一概念大致包括四十个单独学科,这些学科涉及文化、思想、媒体、社会、历史、政治、宗教等科目。——译者注

生变化：早在20世纪80年代，该领域出版物尚称为《人文计算年鉴》(*The Humanities Computing Yearbook*)，到了2000年已更名为《数字人文手册》(*A Companion to Digital Humanities*)。随着名字的变更，这一领域涵盖的学科也更加广泛，它不仅涵盖纯粹的文字学科，也包括历史学、考古学、音乐学和艺术学等学科。在欧洲，这一领域相关学术协会的名字也发生了变化，由"文学和语言学计算协会"(Association for Literary and Linguistic Computing)更名为"欧洲数字人文协会"(The European Association for Digital Humanities)。这一领域内的杂志也与协会同步，纷纷更名。数字人文专家威廉·麦卡蒂(Willard McCarty)[1]与马修·柯申博姆(Matthew Kirschenbaum)[2]认为，"数字人文"已经超越了人文学科原本的研究范畴，并且在人文学科中变得越来越显性[3]。

名字的变更并不仅仅意味着人文学科的下一个"转向"，人们更关注的问题还是文化学科的价值等级(Wertehierarchie)，即人文学科一直探讨的什么在人文研究中更重要的问题。长期以来，人文学科普遍认为，研究对象比研究方法更为重要。因此，"计算"一直以来都不属于人文学科的研究方法，并且研究方法的创新在人文学科一直未得到应有的重视。在自然科学和生命科学领域，人们对计算机的使用颇为普遍，对一些以计算机为依托的学科如计算物理学、生物信息学、地理信息学等早已司空见惯。1986年诺贝尔物理学奖将奖项授予格尔德·宾宁(Gerd Binnig)和海因里希·罗勒(Heinrich Rohrer)，以表彰他们对扫描

1 威廉·麦卡蒂是英国伦敦国王学院数字人文系教授，《人文计算》一书由他编纂，此外他还在数字人文领域发表了许多学术文章。2013年，他获得数字人文学科终身成就将Roberto Busa奖。——译者注

2 马修·柯申博姆是马里兰大学副教授、马里兰人文技术研究所(MITH)副主任。2006年他出版了《机制：新媒体和法医想象》(*Mechanisms: New Media and the Forensic Imagination*)一书；2010年他与人合著《数字取证和文化遗产中的原生数字内容》(*Digital Forensics and Born-Digital Content in Cultural Heritage Collections*)一书。——译者注

3 Kirschenbaum, Matthew (2010), "What is digital humanities and what's it doing in English Departments?", in *ADE Bulletin* 150, S. 1–7.

隧道显微镜(scanning tunneling microscope)[1]做出的发展。这也体现了这些学科对研究方法创新的高度重视。

然而,在人文学科,这一情况却截然相反。人文学科历史、阐释性的研究路径源自古希腊的文本批评与14至16世纪的人文主义。它可以追溯到以克里斯蒂安·戈特洛布·埃内(Christian Gottob Heyne)[2]和弗里德里希·奥古斯特·沃尔夫(Friedrich Augustus Wolf)[3]为代表的古语言学及19世纪以语言学家威廉·狄尔泰(Wilhelm Dilthey)[4]为代表的语言学。一直以来,这一传统统治着人文学科。虽然有时人文学者也有对现代化和创新的愿望,但这种愿望的实现也仅停留在对人文学科表层转向的满足。他们认为,文化评判是温暖的、充满人文关怀的,与冷酷的科技文明截然不同。

基于计算的人文学科就是在这样的背景下作为一种矛盾体出现的。"计算"这种方法并不能立即被人文学科作为研究方法采纳,因为这一研究路径超越了定性阐释的研究范畴,因此数字人文是一个便利的标签。这一概念的不确定性与广阔性解决了这一学科在研究方法和学科认识上的适应困难。这就是"数字人文":它是人文学科研究方法的补充,这一方法基于对电脑和互联网的运用,是一种更广阔意义上的"计算"[5]。对提出的问题采用不同的研究方法并研究一些目前尚未解决

1 扫描隧道显微镜作为一种扫描探针显微术工具,可以让科学家观察和定位单个原子,它具有比它的同类原子力显微镜更加高的分辨率。此外扫描隧道显微镜在低温下可以利用探针尖端精确操纵原子,因此它对于纳米科技既是重要的测量工具又是加工工具。——译者注

2 克里斯蒂安·戈特洛布·埃内是德国古典学者,奠定了德国古典文学、历史学、考古学的根基。——译者注

3 弗里德里希·奥古斯特·沃尔夫是德国考古学家、语文学家。他与威廉·洪堡特、歌德、席勒等合作创建了新人文主义准则,即存在的终极目的是教育与个性化。——译者注

4 威廉·狄尔泰,德国哲学家、历史学家、心理学家、社会学家。他曾研究黑格尔青年时期的手稿,最初属于新康德主义,后转向生命哲学,致力于所谓历史理性的批判,认为哲学的中心问题是生命。——译者注

5 Peter Lunenfeld, Anne Burdick, Johanna Drucker, Todd Presner, Jeffrey Schnapp, *Digital Humanities*, Cambridge: MIT Press, 2012.

的问题，这构成了“数字人文”。“数字人文”并非属于计算机学科的转向，它更多的属于人文学科。数字人文的论坛“人文主义”、“德语区的数字人文”以及这一学科的专家达恩·科昂（Dan Cohen）和马丁·米勒（Martin Mueller）都认为："数字人文”是人文学科一种谦虚的说法，与语文学一直以来谦逊的传统有关[1]。

一、 数字人文与语文学的渊源

这种相对谦虚的自我表达与数字人文起源于语文学的传统有关。语文学开始于阐释前，也就是收集数据（数据可能是文本或者是待研究物），然后将数据区分、分类、对比、关联、整理。这种基本的研究方法构成了人文学科的基础[2]。这种方法的运用体现在特奥多尔·蒙森（Theoder Mommsen）对全部罗马帝国铭文的搜集上，他按照各个省份对这些铭文进行了分类整理。1853年，在蒙森开始这一里程碑式的项目时他并没有提出具体的研究问题，只是想让这一数据可以供后来的研究者使用。如今，拉丁铭文集数据库已经涵盖超过十八万则铭文。这一数据库的建立标志着科学史向新时期的转变：这是一种新形式的处理数据的方式。历史学家洛兰·达斯顿（Lorraine Daston）[3]展示了如何在现代化的技术支持下对异国珍品进行可调控精度的观察，这些艺术品原本只会出现在艺术典藏室或拍卖场上。正是这些创举，而非阐释学让科学，也让语文学变得现代化。数字人文将对这些路径继续使用与调整。

蒙森并不是唯一一个运用这种方法收集数据的学者。差不多同

1 人文学科一直以来都认为，研究对象是重要的，而非自己的研究成果和研究方法。如某位文学评论家对歌德的作品进行阐释，那么人文学科学者认为，歌德的作品是最重要的，评论家的阐释仅仅是对作品的阐释而已。——译者注

2 Unsworth, John, “Scholarly primitives: what methods do humanities researchers have in common, and how might our tools reflect this?” .

3 Lorraine Daston and Kacharine Park, *Wunder, Beweise und Tatsachen. Zur Geschichte der Rationalität*, Frankfurt am Main: Fischer, 2002.

时，英国数学家奥古斯特·德摩根（Augustus de Morgan）产生了一种思路：通过计算音节数量来区分作家写作风格。德摩根想要考察圣经中的一些信件是不是真的由使徒保罗（Paulus）所撰写。为了判断这些信件的作者，他没有运用传统阐释学的路径，而是确定每封信中词的平均长度。他的预设很简单：一位作者在信中运用的词长应该与别的作者运用的词长有所区别。几年之后，美国气象学家兼狂热的莎士比亚迷托马斯·科温·门登霍尔（Thomas Corwin Mendenhall）尝试描绘英国作家的写作特征。门登霍尔并不考察文本中的词长，而是研究均匀划分的段落中词汇出现的频率。他的这一研究理清了莎士比亚与他同时代的作家培根之间写作风格的区别。后来，门登霍尔又用这一研究方法对狄更斯、萨克雷与密尔的作品的文体特征进行了研究。与德摩根和门登霍尔的研究不同，19世纪末，波兰古语文学家、哲学家温切蒂·卢托斯劳斯基（Wincenty Lautoslawski）尝试将有争议的柏拉图的作品年限表进行界定，他通过计算统计不同形式的文本特性来达到这一研究目的。卢托斯劳斯基从这种假设出发，即作家作品形式的特征是逐渐发展而来的，因此在大致时间内产生的文章应该会在形式特征上显示出极大的相似性。卢托斯劳斯基甚至认为，人们可以判定文体计量的模式（Stilometrische Muster），并通过这种模式区分作家，而不是通过传统阐释学的路径。[1]这些相似的考察作家文体特征的研究不仅出现在19世纪语文学的传统中，也出现在俄国的文学研究中、法国的结构主义中。今天，这一研究方法依旧发挥着重要的作用。比如，在判定作品作者的研究中的应用，在法医、刑侦方面的运用，以及在注重调查的新闻业和国家安全方面的应用。[2]

虽然这些语文学领域的研究与数学关系紧密，但其中的一些研究已经可以归为语文学的核心事件——文本的版本问题。1949年，当仅有少数的文学研究者知道有一种东西叫电脑时，神父罗伯托·布萨（Roberto Busa）在他的文章中阐释圣托马斯存在这一概念时就谈

1 参见Peter Grzvbek (Hg.) (2007), *Contributions to the Science of Text and Language. Word Length Studies and Related Issues*, Dordrecht: Springer。

2 Joula, Patrick, *Authorship Attribution*, Boston/Delft: Now, 2008.

道：电脑也许是一个有用的工具，可以用来了解这个几乎没法了解的大块头作品《*Thomisticum*》中转换概念的运用，比如确定两个词共同出现的情况、展示他们平行出现的位置（Parallelstellen）等。布萨的研究问题和研究方法并不新颖，但是在这一研究中他对电脑的运用却是革命性的。布萨神父成功地让IBM的创始人托马斯·沃森（Thomas J. Watson）对他开创性的研究理念感到惊奇。在IBM的合力帮助下产生了第一个穿孔卡片上的电子版本的《Thomisticum》数据库。它以一种全新的方式解析作品，是一部文化历史意义重大的作品，如今已经有56卷纸版和电子版供读者参阅。20世纪60年代出现了第一个电子版本的"现代语言协会国际书目"（Modern Language Association International Bibliography），它囊括了现代语言学各个阶段的专业书目。研究者可以通过用于数据传输的电话网络进行检索。这个数据库中包含了很多作品，如格林兄弟的《德语大词典》、历史词典Krünitz及一些地区性方言词典。谁想查阅某个概念的使用，无论这个概念是"灵魂"（Seele）、"大脑"（Gehirn）、"土耳其"（Türkei）还是"宙斯"（Zeus）、"啤酒乳清"（Biermolke）、"透翅蛾科"（Glasflügler），都可以登录Woerterbuchnetz.de这个网站，在上面可以查到这个词的近义词、反义词、词源等信息。虽然这是人文学科几百年来一直使用的基本操作方法，但电子词典和电子目录正使人文学科向不可预测的广度和深度发展。数码世界扩展和加深了"博学"（Gelehrsamkeit）这一概念的内涵。

许多关于文学作品的数据库随后逐渐产生，从古斯塔夫·福拜楼的小说到沃尔特·惠特曼的诗歌，女性文学、16世纪的印刷品、爱尔兰家族谱系表，甚至到中世纪流传下来的没有印刷版的Parzival[1]手稿。这些项目构成了近三十年数字人文的研究的主要内容。当然这些研究中的很多可以与文化经典的电子化与电子编辑挂钩。古语言学家格雷戈里·克兰（Gregory Crane）建立了玻耳修斯数码图书馆供研究使用，这是一个集古希腊、古罗马艺术品的电子库；1999年由卡尔·埃布（Karl Eibl）和福提斯·雅内蒂斯（Fotis Jannidis）出版的第一个数字人文专业

1 Parzival是德国中世纪宫廷文学的一部诗体小说，大约产生于1200年至1210年间。这部作品包含了两万五千个诗行，在当代被分成16卷出版。——译者注

杂志以“计算机语文学年鉴”为标题；谷歌开始对书籍进行大规模的数字化转换。历史上还从来没有这么多关涉语文学的研究，这要归功于数字人文这一学科的持久影响力。

数字化版本一直是这一领域的核心议题。近年来也出现了越来越多数字化的文化实体。玻耳修斯图书馆展览着数千件如古币、花瓶、雕塑等珍贵的古代艺术珍品。图画和音乐作品也被列为数字化的对象，比较著名的有和惠普公司合作的莫扎特数字音乐库（Mozart-Ausgabe），还有艺术史学家马丁·肯普（Martin Kemp）的“广博的达芬奇”（Universal Leonardo）项目。达芬奇项目中包含了达芬奇艺术品和科技品的电子版。这些作品的电子版不仅能够提供任何一个实体博物馆都不能提供的高分辨率，而且可以通过X射线、红外线等技术使研究者的观察更加深入化[1]。这些电子版对研究的益处是显而易见的：莫扎特电子音乐数据库每天被全世界的爱好者使用。艺术品的鉴赏基础发生了改变，因为现在任何一个高年级的学生都可以在数据库中浏览文艺复兴时期的珍贵手稿；任何一个本科生都可以在写论文时使用这些原来对他们而言遥不可及的珍贵图片。文化这一概念正在悄然发生变化，因特网上的文化产品正在觉醒[2]。

二、 数字人文的研究范畴

数字人文和数码编辑能够成功的一个重要前提就是数据和元数据的标准化。在文本编码计划（Text Encoding Initiative）框架下，人们费时几十年研发了一组标准数码标记词汇表，这套标准对不同语言中的不同文本类型和文献形式统一适用，它使文本不再受制于各个软、硬件的不同赋码标准。其他学科也紧随这一趋势，音乐学科研发了统一赋码标准MEI（Music Encoding Initiative）。图书馆、数据中心、万维网联盟（W3C）为了能够将这些电子版本纳入他们的目录与服务器，对这些

1 Kohle, Hubertus, *Digitale Bildwissenschaft*, Glückstadt: Hülsbusch, 2013.

2 Dieter Uckelmann, Mark Harrison, and Florian Michahelles, *Architecting the Internet of Things*, Heidelberg/New York/Dordrecht/London: Springer, 2011.

元数据尤其重视。数据标准化和多个机构的协同合作是数字人文学科的典型特征。甚至可以这样说：数字人文必然是国际化的。

虽然取得了不俗的成果，然而，近年来，数字人文颇遭诟病，研究过于保守。数字人文研究总是以单个文本或者文本电子化为导向，并未脱离历史阐释学的传统[1]，美国文学批评家约翰·克劳·兰瑟姆（John Crowe Ransom）把这一模式称为“细读”（close reading）。细读指的是将作品中的词汇组合、词义等逐句、逐段详细分析。人文学者总是固守于经典作品中故事展开的特殊艺术模式，对关涉文本意义的上下文、语用信息甚至文化、历史信息都抛诸脑后。也许没有人比美国比较文学家佛朗哥·莫瑞蒂（Franco Moretti）对这一传统的研究路径批评得更为中肯。2000年，他在《新左派评论》（*New Left Review*）杂志上发表了名为《对世界文学的猜想》（“Conjectures on world literature”）的文章，引发了广泛的讨论。在该文中，莫瑞蒂关注的不是解决数字人文的概念问题，而是寻找他所在领域的研究方法。没有人能够读完所有作品，也不可能有人理解世界上的所有语言，那么在这种情况下，人们又该如何撰写世界文学史呢？作为对这一问题的回答，他提出了“远读”（distant reading）的概念。莫瑞蒂在文章中写道：文学史将很快脱离现在的样子，发生改变。它将变成“二手”的文学史，将成为由不同学者的研究成果构成的“拼贴品”（Patchwork），更确切地说文学史中“不再会出现单一文学作品中的读物。”莫瑞蒂的这一说法要比“世界文学”（Weltliteratur）的概念走得更远，他将研究项目的雄心与文本的距离直接相连：研究项目的雄心越大，那么与文本的距离就越远。[2]

莫瑞蒂的这一提法与传统文学研究彻底分道扬镳，他的同事斯坦利·菲什（Stanley Fish）[3]对他这个雄心勃勃的“远读”的计划颇有微词。[4]

1 Manfred Thaller (Hg.), *Controversies Around the Digital Humanities, Sonderheft der Zeitschrift Historical Social Research*, Vol. 37, No. 3, 2012.

2 Franco Moretti, “Conjectures on world literature,” in *New Left Review I*, S. 54–68.

3 斯坦利·菲什，美国文学理论家，法学家，作家。——译者注

4 参见Matt Erlin, Lynne Tatlock (Hg.), *Distant Readings. Descriptive Turns. Topologies of German Culrure in the Long Nineteenth Century*, Rochester: Camden, 2013.

但莫瑞蒂的这一提法却迅速传播开来，因为它很好地概括了数字时代下我们面临的挑战：我们现在面临着成百万、上千万的图书。数字人文原来迫不得已只能研究单个经典作品，因为那时候大规模的历史性作品尚未被存储。甚至到20世纪末，《格林大词典》还受制于CD的限制。但是随着因特网的发展，存储空间的降价以及电子化工具的增加，人文学科中的大数据已经不仅仅只是一种隐喻了。根据谷歌推断，全世界大约有一亿三千万册已经出版的图书。谷歌已经成功将其中的两千万册数据化。当谷歌2004年启动这一计划时，没有人会想到，仅仅是过了十多年的时间，人们现在用鼠标轻轻一点就能检索到如此数量的书籍。在其他的数据库中，如在线的“早期英语图书”（Early English Books）、Evans、Gallica、德国文本档案（Deutsches Textarchiv）、TextGrid Repositorium等数据库中都有数百万计的图片、印刷品和书籍。谁想要找18世纪人类学第二版的一个小册子，或者是一份波斯手稿、手写成绩单、16世纪米歇尔·德·蒙田（Michel de Montaigne）的肖像，几秒钟就能在这些数据库中找到。科学家、政治家和民众将日本海啸灾难留下的所有媒体痕迹如图片、推特、新闻报道等汇总到“2011年日本灾难电子档案”中，通过这种方式建立了一个流动性的世界性事件的电子档案。

数字人文学家以一种新的方式丈量文化。考古学给出了很好的例子：原来科学家发现一个雕塑的某个部分，会先用石膏建模，然后带着这个石膏模型去世界各个博物馆考察，看这个头或者那条胳膊属于哪一尊雕像。如今这一工作通过3D扫描机就可以完成。之前必须周游各大洲才能完成的工作，如今运用因特网就可以完成。激光扫描仪可以将地形扫描并以一种从未有过的精准度制图。达米安·埃文斯（Damian Evans）和让-巴蒂斯特-塞尔文斯（Jean-Baptiste Chevance）用这种方法在柬埔寨吴哥窟以北40公里处发现了千年古城马尔的瓦帕瓦塔（Mahendraparvata）。那个地方肉眼看上去就是一片热带丛林，但是电脑显示了地下岩石层和储水情况。历史学家也开始运用数字手段进行研究。比如欧洲大屠杀研究中心（EHRI）致力于用波兰收税单、德国人驱逐名单、影像资料等证据来还原在二战期间被屠杀的六百万犹太人的姓名。目前，通过这种方法，他们已经还原了三分之一的姓名。不同来源的数据会被处理，然后以可检索的方式存储在数据库中。这些数据的处理和存储都需要运用电脑。上述这些数字人文项目不仅仅是人文学科的延展,它也开启了一个新的研究世界。

三、 数字人文的发展与面临的挑战

人文学科当下的转型较少涉及文化研究借助新的研究方法所能达到的深度,而是更多涉及其广度。以前文化的存储量是有限的,人们只能局限于对经典作品的研究。如今,数字时代几乎使一切文化都触手可及。如果我们对数字人文接下来的发展方向做出预测的话,我们认为:这将是一场文化革命。借助数字方法,我们现在突然能够理解制陶技术能够在不同时代、不同的文化中广泛传播的原因。我们可以发现,它的传播是否与传染病的传播路数相近、是否沿着贸易道路进行。荷兰文化史学家乔普·莱尔森(Joep Leersen)想要了解,19世纪民族国家这一概念是以何种方式传播的,有多少人曾参与其中。他采用研究几个人物的书信往来及信件交汇点的方法,并把研究结果用图表可视化,发现欧洲北端的爱丁堡与南端的萨拉热窝都被涵盖进网络中。文学批评家约翰·伯罗斯(John Burrows)、朱莉娅·佛兰德斯(Julia Flanders)、大卫·胡佛(David Hoover)、福提斯·雅内蒂斯(Fotis Jannidis)、马修·约克斯(Matthew Jockers)[1]等致力于研究如下问题:时代印象仅仅是由历史图像构建的吗?爱尔兰移民文学何时开始向美国迁移的? 19世纪出现了哪些新的主题?性别对于作家的写作风格究竟有哪些影响?克莱斯特(Heinrich von Kleist, 1777—1811)与他同时代的古典主义和浪漫主义时期的作家的写作风格完全不同吗?对这些问题的回答建立在大量的数据基础、统计学的计算、可视化的图表之上。或者我们可以把这一过程称之为“事实挖掘”(Reality-Mining)。所有这一切都大大扩展了人文学科研究的可能性。

然而,数字人文学者在进行研究时是以历史性、阐释性的知识为前提的,他们需要理论模型,因为单纯的数据并不能作为研究思路和技

1 Matthew L. Jockers, *Macroanalysis. Digital Methods and Literary History*, Urbana/Chicago/Springfield: University of Illinois Press, 2013.

术来运用。数据尚不是信息，信息需要有结构，而这一结构又必须从数据中推导而来。因此，“数字人文”这一学科目前急需一种能够将文化各方面的研究和语义实体方面的各项成果都涵盖进来的理论。欧洲数字图书馆（Europeana）的欧洲数据模型及万维网联盟（W3C）的资源描述框架（RDF）都是建立在语义网络标准上的，无以计数的文化和理论知识都存在于这一标准中。如果人们想将这些数据化的文化体联系起来，那么就要考虑他们出现的语境：比如，这个文件来源于这个文化空间、并且与读者群相关；这幅画与中国的义和团运动相关；阿弗·贝恩（Aphra Behn，1640—1689）是第一位英国职业作家；殖民主义和近东的现代冲突之间存在着关联等等——我们永远也无法罗列尽这其中涉及的理论与知识。数据处理技术变得日益重要，微软研发部的吉姆·格雷（Jim Grey）和托尼·海恩（Tony Hey）已经提到了与数据处理相关的第四个范式——数据密集型科学。这一范式在经验、理论、模拟之后[1]，这一领域的方法论与理论模型变得越来越重要，数据越多，需要的理论、知识和方法论就越多。

对人文学科的数据现代化而言，方法论与理论的批判总是一个算法的问题，是一个计算的路径[2]。新的研究方法不是由计算机来发展的，它也不会从材料中自己产生。我们该如何测量文本之间的距离？是用约翰·布罗斯（John F. Burrows）的德尔塔理论（Delta）[3]还是欧几里得算法？生物学中哪些种系测量法最适合检测族系的历史文化趋势？在描述文化亲缘关系时，SplitsTree[4]和Dendrogram[5]两种表格各有哪些优点？所有这些方法论和理论上的问题都是人文学科面临的问题。人文

1 Tony Hey, Stewart Tansley, and Kristin Tolle (Hg.), *The Fourth Paradigm. Data-lntensive Scientific Discovery*, Seattle: Microsoft Research, 2010.

2 Stephen Ramsay, *Reading Machines. Towards an Algorithmic Criticism*, Urbana/Chicago/Springfield: Universiry of Illinois Press, 2011.

3 这一理论由约翰·布罗斯提出，它可以检测两篇文章之间的差异，可以解决作者归属问题（authorship attribution problems）。——译者注

4 SplitsTree是一种流行的程序，用于从各种类型的数据（如序列比对、距离矩阵）推断系统发育树或更一般的系统发育网络。——译者注

5 Dendrogram是一种树图，经常用于说明通过分层聚类生成的集群排列。它通常用在计算生物学中来说明基因或样品的聚类。——译者注

学科需要理论。对数学算法的探讨仅仅只是数据现代化中众多问题的一个。这还与另一情况相关，即数字人文学者能够接触并掌握数据，只有这样数字人文才能成为可能。谁想研究达尔文主义的前史，将艾玛·达尔文[1]（Emma Darwin）的日记与约翰·弗里德里希·布卢门巴赫[2]（Johann Friedrich Blumenbach）书中的豪猪刺相联系，谁想研究早期犹太教堂的建造技术并想探究油画配色在欧洲艺术史中的改变，就必须先接触到这些数据[3]。我们需要的是文化，而不是现在占支配地位的商业化和垄断主义。谷歌图书就是一个例子。虽然，该公司掌握着大量的数据化、机器可读的图书，但是这个图书馆却存在各种不同的秘密协定。如果人们要使用博物馆的藏品，就要交入馆费；如果人们要研究出版社的书籍或文章，也要向图书馆缴纳高昂费用，而且出版社禁止图书馆提供这些文章或书籍的电子版；国家也寻求对其文化遗产的数据高解读性与掌控性。就连一些科学界人士在这方面表现的也不尽如人意[4]。虽然新知识在世界各个角落层出不穷，知识科技经历着新的模式[5]，但数据却被日渐封闭起来。关键词如"拥挤科学"（Crowd Science）或者"公民科学"（Citizen Science）[6]仅仅只是美好的愿景，各个"数据小联邦"让文化数据受到各种限制。文化和科技政策将来也会涉及数据，数字人文必须要与一些如开放获取路径（Open Access）和共同创意（Creative Commons）的行动相关联[7]。理论上来讲，中世纪的日本小说

1 艾玛·达尔文是达尔文的表姐与妻子。——译者注

2 约翰·弗里德里希·布卢门巴赫是一位德国医学家、生理学家、人类学家。他是首先把人类当作自然史研究对象的人之一，他用比较解剖学的方法，将人类种族分为五类（蒙古人种、尼格罗人种、高加索人种、马来人种、印第安人种）。——译者注

3 Mingquan Zhou, Guohua Geng, and Zhongke Wu, *Digital Preservation Technology for Cultural Heritage*, Heidelberg/New York/Dordrecht/London: Springer, 2012.

4 参见 Lauer Gerhard (2011), "Bibliothek aus Daten," in *Kodex I*, 2011, pp. 79–85。

5 Luciano Floridi, "Internet. which future for organized knowledge, Frankenstein or Pygmalion?", in *International Journal of Hunm-Computer Studies*, Vol. 43, No. 2, 1995, pp. 267–274.

6 Tobias Blanke, *The Ecosystem of Digital Assets, Crowds and Clouds*, Oxford: Chandos, 2014.

7 Lawrence Lessig, *Freie Kultur. Wesen und Zukunft der Kreativität*, München: Open Source Press, 2006.

距离我们很近，只需点击鼠标，机器人就可以把它翻译成各种文字；数学算法也可以解密很多文化相关性，然而这些数据却不是每个研究者都可及的。数字社会的封建主义结构与数字人文开放的学科特性背道而驰。然而，对文化的数字丈量已经开始，可以说，我们正在路上。

神圣阅读：从奥古斯丁到数字人文主义者

查德·魏尔蒙（Chad Wellmon）*
曾　毅　译

马克斯·韦伯（Max Weber）在1917年提出世界已被祛魅时，他的意思是：要理解现代性，最好的途径是理解“通过计算控制一切”的“技术手段”的扩张。[1]这些手段的真正力量并不在于技术的方法和体系本身，而在于其使用者的倾向，在于他们对下述判断不可动摇的信心：无法被计算和控制的“神秘而不可计算的力量”原则上“不存在”。这样的技术理性取代了前现代人类用以取悦诸神和灵魂的“巫术手段”。根据韦伯那既哀伤又傲然的陈述，当“技术”取代了“巫术”，奇迹也就从世界上消失了。自信而长于计算的科学家是现代世界的智力英雄。他不会感到“惊奇”，也对“启示”免疫。没有什么能让他震惊，也没有什么可以对他揭示。

* **作者简介**：查德·魏尔蒙（Chad Wellmon），美国弗吉尼亚大学（University of Virginia）德国研究教授，研究领域包括欧洲思想及技术、媒介和社会理论研究史、知识生成历史等，著作包括（with Paul Reitter）Permanent Crisis: Humanities in a Disenchanted Age（University of Chicago Press, 2021），Organizing Enlightenment: Information Overload and the Invention of the Modern Research University（Johns Hopkins University Press, 2015），Becoming Human: Romantic Anthropology and the Embodiment of Freedom（Penn State University Press, 2010）等。

译者简介：曾毅，自由译者。

原文信息说明：Chad Wellmon, “Sacred Reading: From Augustine to the Digital Humanists,” in The Hedgehog Review: Vol. 17, No. 3, 2015. Translated and reprinted in Chinese with permission of The Hedgehog Review and Professor Chad Wellmon.

1 Max Weber, *Wissenschaft als Beruf*［Science as a vocation］, Stuttgart, Germany: Reclam, 1995. Originally published 1919.

征服了一切其他事物之后，计算不停的现代性机器开始对我们的书籍下手了——至少这是《纽约客》、《洛杉矶书评》和《新共和》那些焦虑的作者在警告我们数字人文研究将带来文化崩溃时的说法。[1]这些批评家几乎从不谈及大部分学者用数字工具所做的工作，比如标记、注释、视觉化，以及在我们的文本库逐步从印刷形态向数字形态转化时进行文本收集。他们反而将注意力集中在弗兰科·莫雷蒂（Franco Moretti）的宏大宣言上。莫雷蒂是斯坦福大学的一位文学教授，也是该大学文学实验室的创始人。"细读的问题在于，"莫雷蒂声称，"它不可避免地依赖于一个极小的经典文本库……就其本质而言，细读不过是一种神学行为，即以极为郑重的态度对待一批数量极少又被高度重视的文本。"[2]针对"细读"，莫雷蒂提出一种"远读"方法，通过从计算机和量化手段到海量文本分析等手段，对文学史上逐步出现并长时间存在的模式进行研究。在数字人文研究的批评者眼中，莫雷蒂代表了所有那些使用各种计算机和量化手段来建立小说结构模型，分析文学时期，绘制隐喻图表，追索词汇变迁，当然还有进行文本阅读的人文学者。[3]

聊举一例。小说家斯蒂芬·马奇（Stephen Marche）在《洛杉矶书评》上发表文章，提出这些新式的计算机阅读方式并非某些误入歧途的英文教授偶然的异想天开。[4]他认为这代表着某种更大规模的文化悲剧，而这场悲剧始于谷歌图书项目和大象信托（Hathi Trust）在21世纪初开始的对数以百万计印刷图书的数字化。对书籍的数据化意味着一场"何为书籍"乃至"何为阅读"意义上的文化转向。马奇对文学数字化带来的均化效果感到哀伤，声称这种将书籍转为数据的行为在对待所有文学作品

1 参见Adam Kirsch, "Technology Is Taking Over English Departments: The False Promise of the Digital Humanities," *New Republic* online, May 2, 2014。

2 Franco Moretti, "Conjectures on World Literature," in *New Left Review*, Vol. 1, 2000, p. 57.

3 参见Matthew Jockers, *Macroanalysis: Digital Methods in Literary History*, Champaign, IL: University of Illinois Press, 2013; Ted Underwood, *Why Literary Periods Mattered*, Palo Alto, CA: Stanford University Press, 2013; Brad Pasanek, *Metaphors of the Mind*, Baltimore, Maryland: The Johns Hopkins Press, 2015; Andrew Piper, "Conversional Novel," in *New Literary History*, Vol. 46, No. 1, 2015, pp. 63–93。

4 Stephen Marche, "Literature Is Not Data: Against Digital Humanities," in *Los Angeles Review of Books*, October 28, 2012.

时“一视同仁。对小说和对报纸文章的算法分析不可避免地受到还原主义(*reductivism*)的限制。将文学作品转为数据的过程同时也抹除了差异性本身。它抹除了品味。它从文学批评中抹除了一切高雅”。

由于他们对机器阅读的反对,马奇和与他同道的批评家们加入了忧郁的现代主义者的行列:这些人以类似的方式哀悼那种连贯而完整的生活形态的消亡。在弗里德里希·尼采(Friedrich Nietzsche)的“最后的人”、马克斯·韦伯的祛魅,以及汉斯-格奥尔格·伽达默尔(Hans-Georg Gadamer)对消失的“生命经验的世界”(*Lebenswelt*)的哀叹之后,我们如今还可以加上“文学”的沦丧以及阅读被降低为一种理性化、由技术决定,并被剥夺了意义的过程。

韦伯对那个失去的魅化世界的挽歌预设了某种特定形态的知识。同样的,对“远读”的批评也预设了某种特定形式的阅读。正如韦伯的祛魅的现代性需要一个魅化的前现代一样,马奇口中的“远读”也需要一个与之对应的“细读”。然而,以如此的投入阅读寥寥几本书,到底神圣在哪里,又庄严在哪里呢?如果细读是莫雷蒂所谓的“神学行为”,那“远读”又是一种什么实践?

根据那些反对莫雷蒂及其同道的哀叹,“远读”是一种渎神的、祛魅的实践,是一种对伦理实践的技术侵犯。在阅读时,我们的眼睛应当珍惜每一行受人热爱的字句,应当珍惜每一页宝贵的篇章。唯有通过这种沉浸式的个人化阅读,我们才有可能在情感和智力上获得改变自己的认识体验。远读则将书籍视为一个平平无奇、受规律支配的自然秩序中的元素,视为可以被计算、被量度的粒子。

辩论的另一方,即远读的支持者们中包括麦吉尔大学的安德鲁·派博(Andrew Piper)。派博所谓的“拓扑式”阅读的目的并非开启某种个人转变,而是在数以十计、百计乃至千计而不是寥寥几本书籍中发现模式和审视联系。在现代细读传统中,读者的阅读是句法式的,是逐字逐句的。他们将词语和句子视为权威的“密钥”,拥有转化的力量,能将处于卑微的无知状态和疏远的好奇状态的读者变成拥有优越的明晰视野和批评洞察力的读者。[1]

1 Andrew Piper, “Reading’s Refrain,” in *ELH*, Vol. 80, 2013, pp. 373–399.

派博在进行拓扑式阅读时则与这样的读者相反。他使用计算机手段来确定多个文本中多种元素（比如语义、语素和音素）和类别（比如体裁、格式、出版信息）之间的关系。在他的表述中，与其说阅读是一种确定意义（x表示y）的行为，不如说是一种对构成和联结文本的各种比率的发现行为。拓扑式阅读回避了传统阅读对句子的情有独钟，转而拥抱语言本身的栅格式结构。派博不去寻求为歌德的《少年维特之烦恼》中的“爱”寻找一个词义，而是直接声称“爱……占比为0.001 09（它出现的次数在整本小说所有单词中所占的百分比），而在《浮士德》中则为0.000 65”。这种阅读方式消解了对个别书籍的依附，也消解了关于这些书籍能以某种方式改变读者的期待。派博寻找的对象是模式，而不是一个更好的自我。他这样写道：以数字的方式阅读“优先挖掘显而易见的词汇……背后所隐藏的东西。在历史上，所有这些词汇由于过度常见，由于在场，由于过度容易使用而逃过了我们的注意”。[1]计算机阅读揭示了一种“词义无意识”。每一张新的图表和示意图都是一种独特的“整体性”的一部分，也是一种对待文学整体的新方式的一部分。

因此，“远读”在其批评者们眼中是一种亵渎：它不把独立的书籍当做值得起阅读这种奉献行为的宝贵对象。然而，这种将阅读视为拥有转变能力，乃至将之视为圣礼的概念来自何处呢？而“远读”真的是与这种概念的激进决裂吗？

一、 阅读之为上升

当希波的奥古斯丁（Augustine of Hippo）在公元398年的《忏悔录》中回忆自己的皈依时，他对古代关于写作的含混态度发出了挑战，并将阅读与自我转变紧密联结起来。在《忏悔录》的第8卷中，因内心的意志冲突而心烦意乱、饱受折磨的奥古斯丁将他的朋友阿利比乌斯（Alypius）留在米兰的一张花园长凳上，到一株无花果树下去寻求独处。在那里哭泣和向上帝哀告之际，奥古斯丁听到一个看不见的孩子不断重复一句话。这句话的回响超出了米兰的那座花园，贯穿了整个西方

1 Andrew Piper, “Reading’s Refrain,” in *ELH*, Vol. 80, 2013, pp. 373–399.

阅读史："拿起它，去读。拿起它，去读。"[1]这个小孩反复的话语在奥古斯丁心中激起了其他一系列关于因书籍而皈依的记忆。他瞬间回想起另一名基督徒在阅读《圣安东尼传》时是如何"震惊而激情澎湃"。奥古斯丁是从他的朋友蓬提齐亚努斯（Ponticianus）那里听到这个皈依故事的，而蓬提齐亚努斯的陈述则开始于他拿起一本《圣经》——他发现这本书正好翻到使徒保罗的书信中的一篇。[2]那个看不见的孩子的反复劝喻让奥古斯丁回想起各种关于阅读的难忘场景，最终促使他将这种反复理解为一个神圣的命令："打开那本书。"

奥古斯丁连忙回到他的朋友阿利比乌斯身旁，拿起了他的《圣经》。"我将它抓住，然后打开，静静阅读落入我眼帘的第一段。"奥古斯丁写道。他读到的是《罗马书》第13章第13—14节。在这一段里保罗劝诫他的罗马兄弟姊妹告别他们过去纵欲放荡的生活，追求新生："披戴主耶稣基督。"[3]这次短暂一瞥的阅读开始于文本中部，仅仅持续片刻，却永远地改变了奥古斯丁。这次阅读让奥古斯丁将注意力转向独立于外部世界的内心国度，让他得以被一束来自他自己和文本之外的"光芒"照耀。当他打开《圣经》翻动书页之际，他也打开了自己的灵魂，让自己臣服。他的阅读是一次暴露自己的脆弱的行动。一个词，一段诗篇，一页书，都拥有了转化的力量。

奥古斯丁的自传同时也是一部索引。[4]他通过对一系列事件的记述来回忆自己的皈依过程：他曾在阅读维吉尔的《埃涅阿斯纪》时为狄多而哭泣，曾在沉浸于西塞罗的《荷尔登休斯》时为之叹服，曾在钻研新柏拉图学派时达到新的智识高度，最终在阅读《圣经》时成为一名基督徒。奥古斯丁将阅读理解为一个认同的过程。在这个

1 Augustine, *Confessions*, trans. Henry Chadwick, Oxford, England: Oxford University Press, 2001, 152; see also Andrew Piper, *Book Was There: Reading in Electric Times*, Chicago, IL: University of Chicago Press, 2012, pp. 1–25.

2 Augustine, *Confessions*, 143.

3 Ibid., 153.

4 Charles Mathewes, "Theology as a Kind of Reading" (unpublished manuscript, Summer 2015), Microsoft Word file; see also Paul Griffiths, *Religious Reading: The Place of Reading in the Practice of Reading*, New York, NY: Oxford University Press, 1999, p. 53.

过程中，读者会见证自己在故事事件中和别人生命中的行动，并被迫改变自己的生活。叙事是神启的行动，让某种自我变得可能。[1]在奥古斯丁最终在米兰花园中拿起圣经之际，阅读已经改变过他许多次。这也解释了他为何希望《忏悔录》成为类似的让读者自我转变的场所。

然而，是什么让奥古斯丁对阅读的转变之力如此坚信？在《斐德罗篇》中，苏格拉底表达了他对写作——因而也对阅读——的深深怀疑：由于写作的“混乱”本质，作者永远无法掌握他的语词将被如何散播，以及对谁散播。[2]然而，对奥古斯丁而言，语词是神赋予所有人的礼物，无须刻意节制：“我们所有的，哪样不是得自赐予呢？如果我们所有的皆得自赐予，我们又为何要自矜得如同它不是得自赐予一样？”[3]奥古斯丁认为口中说出的语词“一接触到空气就消失无踪”，[4]而记录于文本中的语词却能长存，让神与人的意图都在其中留下印记。一切文本——尤其是《圣经》——都包含着意图与目的。无论它们有多么不完善，偏离了多远，它们都是神的意志的记录，以叙事的面目出现。

如奥古斯丁在《忏悔录》中所述，在花园中皈依之前，他已经经历过堪称“读者皈依”的过程。当他还受到摩尼教对《旧约》合法性的怀疑的影响之时，奥古斯丁曾长期认为基督教信仰在面对那些基于常识的反驳时“毫无招架之力”——这些反驳指出了《旧约》与《新约》之间那些难以抹杀的对立和矛盾。直到那位促成了奥古斯丁皈依的《圣经》学者、米兰主教安波罗修（Ambrose）教诲他：这样艰深的篇章只能“以比喻的方式来理解”，也就是说阅读不能是字面的（*ad litteram*），而应当是“精神的”（*spiritaliter*），奥古斯丁才成为我们在《忏悔录》中所

1 关于奥古斯丁和转变式阅读的更多细节，见Brian Stock, *Augustine the Reader*, Cambridge, MA: Harvard University Press, 1996, pp.243–280。我在此处和下一段中对他的论述多有参考。

2 John Durham Peters, *Speaking into the Air*, Chicago: University of Chicago Press, 1999, p. 47.

3 Augustine, *On Christian Doctrine*, Oxford, England: Oxford University Press, 1997, 6.

4 Ibid., 32.

遇见的那个成熟的读者。[1]

只要上帝愿意——奥古斯丁写道——他可以"直接把福音传给人，甚至无须人类作者或人类中间人的帮助"。[2]但上帝没有这样做。奥古斯丁对人与天使之间的本质差别做出了解释，指出他们与书籍的不同关系以及他们不同的阅读方式。与他们凡间的亲族不同，天使在阅读时无须媒介。他们的阅读——奥古斯丁说——无须"要耗费时间来发音的音节。他们在你永恒的意志指引下阅读……他们的经文从不收起，他们的书本也从不合上"。[3]与之相对，凡人的书籍却总是关闭，彼此孤立，并且往往字迹模糊。不过，书籍仍旧是上帝用以显示自身的媒介，而阅读则是一种目的明确的有意行为。在阅读中，人与神之间的鸿沟可以被逐渐甚至完全弥合。

奥古斯丁关于阅读的陈述与韦伯关于祛魅的优雅表述并不相符。人类并非生而为读者，也并非被神力改造为读者——或者用韦伯的话来说："神秘地"成为读者。阅读是人们所遵循的一种理性的、讲究方法的、包含七个步骤的技术，是人们被归于其中的一种秩序。比如，在《论基督教教义》中，奥古斯丁首先对那些会对阅读和解释《圣经》的"规则"的必要性发出质疑的人进行了回应——他认为阅读和解释《圣经》应以这样的认识为出发点："关于这些篇章中难点的一切有价值启示都可以来自上帝的特别恩赐。"[4]对那种以为堕落的和有限的凡人可以不接受语言教育和不经过阅读实践就学会阅读的傲慢，奥古斯丁也发出了警告。"如果上帝表现得不愿通过凡间媒介来将他的话传给世人，"他写道，"那么凡人就将陷入悲惨的境地。"[5]奥古斯丁心目中的理想读者从顺从出发，经由爱和同情，经由真理，最终进入神圣的沉思。奥古斯丁式阅读实践的第一步就是"畏服上帝"，这会激发对人类的局限和短暂

1 Augustine, *Confessions*, 88. 另参见 Carol Everhart Quillen, *Rereading the Renaissance*, Ann Arbor: University of Michigan Press, 1998, pp. 46–47。

2 Augustine, *On Christian Doctrine*, 123.

3 Augustine, *Confessions*, 283.

4 Augustine, *On Christian Doctrine*, 3.

5 Ibid., 5.

性的反思。[1]一个奥古斯丁式的读者应当是卑微的，甚至在拿起书本之前就应当满怀惊奇。这种设想中的阅读通过一种神圣的力量来构造自我——这种力量正是以书本和阅读实践为媒介来发挥作用。

二、 奥古斯丁的遗产

奥古斯丁的阅读模型对西方世界有着长远的影响。在20世纪的巴黎，圣维克托的休（Hugh of Saint Victor）为巴黎的教堂学校学生写作了一本手册，内容是关于合宜学问的守则。他在手册中将阅读描述为一种由规则决定的技术方法，也描述为一种旨在恢复人类“与神的近似”的目的论行为。[2]只要实践得当——休写道——阅读就能“让灵魂远离尘嚣”，并为此生带来“永生的甜美滋味”。[3]阅读能让头脑得到操练，让它为沉思（或者休所描述的那种对“上帝的奇迹”的专注而长久的思考）做好准备。[4]

休将阅读当作一种必需的和拥有转变能力的技术来接受。然而，与在他之前的奥古斯丁一样，他坚持认为阅读总有一个超出阅读本身的目的。阅读的欲望甚至可能变得失去节制，成为一种对力量的渴求（*libido dominandi*），一种除了它自身之外无法被任何东西约束的欲望。休在手册中提到：世界上有一些人希望阅读一切。然而他又警告说：“不要与他们竞争，不要理会他们。是否读尽了所有书籍对你毫无意义。书籍的数量无有穷尽。不要去追求无穷！无法停歇的地方没有平静；而没有平静的地方，上帝不会降临。”[5]

休关于避免过量信息的建议有赖于为知识而阅读和为道德转变而阅读之间的差异。受到阅读一切的欲望刺激而在阅读中追求“无穷”

1 Augustine, *On Christian Doctrine*, 33.

2 Hugh of Saint Victor, *The Didascalicon of Hugh of Saint Victor*, trans. Jerome Taylor, New York, NY: Columbia University Press, 1991, p. 47.

3 Ibid., 93.

4 Ibid.

5 Ibid., 130.

的做法排除了个人转变的可能性，这是因为它将阅读变成了一种无休无止的行为，从而阻止了在冥思中开放心灵这一奥古斯丁传统的核心。只有当它服从于那超越了文本和阅读行为的欲望——与神圣相遇——时，阅读中对知识的追求才是有价值的。

然而，在接下来的许多世纪中，为知识而阅读或为阅读本身而阅读的做法逐渐让奥古斯丁的阅读概念变得黯然无光。这一渐进转变带来的一个不无吊诡的后果就是文本本身的神圣化。对奥古斯丁式的读者来说，书籍或文本总是指向外部，从来不会简单地指向它自身。书本的物质性本身就是对人与神之间差异的不断提醒。《圣经》之所以神圣，是因为它记载了上帝的神圣话语和神圣意志的线索，但它又只是一种有限的和含混的媒介。

1336年4月26日，意大利学者和诗人彼特拉克在写给博尔戈的神父弗朗切斯科·迪奥尼吉（Francesco Dionigi of Borgo）[1]的一封信中讲述了他登上法国南部旺图山的经历。至少从19世纪开始，彼特拉克的这封信就被视为“第一个真正意义上的现代人”的作品，一种现代“独立人格”的产物。[2]然而，彼特拉克的登临在阅读史上同样也是一次关键性的事件。它提到了上升、关于皈依的讨论、内心之眼，还有阅读在自我构建中的作用，[3]其中的奥古斯丁式回响清晰可辨。与《忏悔录》一样，彼特拉克的信是对一个与书籍共度并被阅读塑造的人生的写照。他在信中写道，他是在读了李维的《罗马史》后产生了攀登旺图山的念头，因为书中描述了马其顿国王腓力五世登临埃莫斯山的故事。信件的其余部分到处都是各种引文和引述，引用对象包括西塞罗、维吉尔、《马太福音》、《诗篇》、《约伯记》、奥维德，以及奥古斯丁的《忏悔录》。

1 博尔戈（Borgo）一词在意大利语中意为“村庄”。此处似应为博尔戈圣塞波尔克罗的神父弗朗切斯科·迪奥尼吉（Francesco Dionigi of Borgo San Sepolcro）。他曾是彼特拉克的告解神父。彼特拉克在写给他的信中记述了自己攀登旺图山的经历。——译者注

2 Jacob Burckhardt, *The Civilization of the Renaissance in Italy*, trans. S. G. C. Middlemore, New York, NY: Macmillan, 1904, p. 300.

3 参见Brian Stock, *Ethics through Literature: Ascetic and Aesthetic Reading in Western Culture*, Lebanon, NH: University Press of New England, 2007, pp. 26–29。

其中最著名的可能就是对《忏悔录》的引用。

与自信地拿起他的《圣经》的奥古斯丁相较，彼特拉克在打开《忏悔录》时心怀踌躇。他只“突然觉得”应该“信手”翻到哪一段就读哪一段。[1]他描述自己当时几乎是无意识地翻动书页。对奥古斯丁而言，阅读是与神圣意志所留下的线索相遇，阅读有着恰当而确定的目的。然而对彼特拉克来说，阅读似乎只不过是与“涌动的情感”和“模糊恍惚的思绪”相遇——这种情感与思绪来自一个充满矛盾的不确定自我。这场相遇的对象不是神圣，而是书籍中纯而又纯的人性。[2]

三、 从人文主义到现代文学

在接下来的几个世纪中，随着人文主义和现代学术批评实践的兴起，文本开始被视为意义需要被固定和被探索的物质对象，甚至被视为完全脱离了神圣的（或人类的）意图。学者们开始关注如何确定作者的意图和意思，以及如何确定文本的可靠性。用沃尔特·翁（Walter Ong）的话来说，书籍不再仅仅指向或重述事实，而是可能“像盒子一样封闭事实”。[3]追随彼特拉克的人文主义者将西塞罗的著作和其他古代经典看作“被阴影笼罩的窗户，需要恰当的处理才能重新变得透明，才能让它们的写作者显现出来”。[4]

关于阅读的目的，人文主义者提出了一个基本的问题：读者是应该首先关注“客观正确地理解文本”，还是像奥古斯丁可能会同意的

1 *Letters from Petrarch*, trans. Morris Bishop, Bloomington, IN: Indiana University Press, 1966, p. 49.

2 Ibid., 51.

3 Walter J. Ong, *Ramus: Method and the Decay of Dialogue*, Cambridge, MA: Harvard University Press, 1983, p. 313.

4 Anthony Grafton, *Defenders of the Text: The Traditions of Scholarship in an Age of Science, 1450–1800*, Cambridge, MA: Harvard University Press, 1991, p. 8. 另参见Grafton, “The Humanist as Reader,” in *A History of Reading in the West*, ed. Guglielmo Cavallo and Roger Chartier, Amherst, MA: University of Massachusetts Press, 1999, pp. 179–212。

那样，为了“得到所爱的东西”而使用文本？[1]他们的怀疑只会变得越来越强烈：阅读是否拥有沟通意志与世界的力量(从而对奥古斯丁认为存在于阅读和书籍核心中的意图及目的进行传播)？[2]然而，关于书籍构成某种秩序乃至构成它们自身世界的概念同样会变得越来越强。

人文主义者关于阅读和书籍的怀疑与假设在18世纪晚期的德国古典语文学中达到了某种意义上的顶峰。学者们将在《圣经》批评中淬炼出来的实践和技术转变为先进的方法，并将这些方法用于古代的异教文本。起初，他们假定现代语文学对技术掌握的要求可以与道德教育兼容。“通过对各种文本以及来自语法著作和注释的技术规则的掌握和批判，”18世纪德国最伟大的语文学家F. A. 沃尔夫(F. A. Wolf)在《荷马导论》中写道，“我们得以被召入比众多古代作家更久远的古代，并可以进入那些饱学的批评家的行列。”[3]根据已建立的方法传统对古代手稿、注释和评论进行细心研究让对古代世界的更好理解成为可能，而这样的理解又能帮助读者与古代的道德典范相遇。然而，这样的研究同时也会削弱古代文本的权威性，正如沃尔夫的结论所示：奥德赛并非是一个名叫荷马的作者的个人创作，而是长时间文本累积的产物。这一结论恰与《圣经》学者们关于《旧约》作者的结论相似。

当《圣经》语文学者和古典语文学者们还在为古代文本的权威性焦虑之际，新一代学者却开始对更晚近的文本提出类似的问题。让这些晚近文本陷入质疑的，是印刷传播文化造成的去稳定化效果。1803年，德国浪漫主义者、最早的纯粹意义上的文学学者之一威廉·施勒格尔(Wilhelm Schlegel)就曾哀叹德国阅读和写作的可悲状况，并提到了

1 Mary J. Caruthers, *The Book of Memory: A Study of Memory in Medieval Culture* Cambridge, England: Cambridge University Press, 1990, p. 156; Augustine, *On Christian Doctrine*, 9.

2 Stock, *Ethics through Literature*, 39.

3 F. A. Wolf, *Prolegomena to Homer*, trans. Anthony Grafton, Glenn W. Most, and James E. G. Zetzel, Princeton, NJ: Princeton University Press, 1985, pp. 55–56. Original work published 1795.

被他称为“纯文学”的范畴。[1]由于能轻易得到印刷的文本，德国读者们在阅读时“不再专注，却轻率地分散注意力”。为了改善这样的状况，施勒格尔将文学区别为一种独特的写作，一种从过量的所有印刷文本中过滤出来、拣选出来的写作。在他看来，文学不仅仅是“粗糙的书本堆积”，而是对某种*Geist*（精神）的显明表达，对某种共同生活状态的表达。正是这种共同的精神赋予文学整体性，使之成为“作为一个系统而完备自足的作品集合”。

像施勒格尔一样的批评家使阅读和文学成为一个文化问题。这个问题需要其自身的实践和仪轨。在一个媒介泛滥的时代，阅读不得不被重新界定为一种实践，而文学也不得不被组织起来并被确定为一个自足的、独特的系统。一整类教导人们如何阅读的书籍纷纷出现，散播关于要成为一个积极的读者（这样的读者在接触书籍时不是怀着畏惧和震惊，而是满怀信心，认为自己的真实任务是向作者提供“帮助”）应当读些什么和怎样去读的建议。[2]

与积极读者对应的概念是批评式的编辑。如德国民俗学家、语文学家雅各布·格里姆（Jacob Grimm）所述，这种编辑的角色在于恢复文本的“实质”并将之“净化”，使文本脱去由时间带来的“污秽和腐坏”——即在文本传播过程中不可避免的退化。[3]语文学确定了文学的边界的谱系，使之成为一种值得郑重、投入和细致地阅读的客体。在一次关于《尼伯龙根之歌》复杂而碎片化的手稿传统的讨论中，卡尔·拉赫曼（Carl Lachmann）曾指出：这些学者型的编辑所追求的是创造一个“权威的”文本——一个洗净所有腐坏成分和抄写错误的批评家版本。

让这个语文学工程得以运转的是如下预设：文学是第二个自然，拥

1 Wilhelm Schlegel, “Vorlesungen über schöne Literatur und Kunst [Lectures on Literature and Art],” in Ernst Behler (ed.), *Vorlesungen über Ästhetik I* (1798–1803), Paderborn, Germany: Ferdinand Schöningh, 1989, p. 484.

2 Johann Adam Bergk, *Die Kunst Bücher zu lesen: Nebst Bemerkungen über Schriften und Schriftsteller* [The Art of Reading Books: With Observations on Writings and Authors], Jena, Germany: Hempelsche Buchhandlung, 1799, p. 66.

3 Jacob Grimm, “Rede auf Lachmann [Speech in Honor of Lachmann],” in *Kleinere Schriften*, Vol. 1, Berlin, Germany: Ferd. Dümmler, 1864, p. 151.

有其自身的法则、模式和秩序。在奥古斯丁的末世论阅读中，对神的智慧的体验被推迟到阅读自身和文本之外的某个时刻，一个属于智慧和对神圣性的沉思的时刻。然而，与奥古斯丁不同，语文学家们将这种饱含意义的可能性注入文本本身。批评式的阅读和编辑并非始于惊奇，却以惊奇作为结束。

不过，对一部分人来说，现代语文学中那种恢复失落文学的欲望缺乏节制，让语文学（以及更普遍意义上的阅读）沦为为一种掉书袋式的方法论行为。随着语文学脱离它的对象，脱离我们究竟为何应该阅读这样的问题——伟大的德国语文学家乌尔里希·冯·维拉莫维茨-默伦多夫（Ulrich von Wilamowitz-Moellendorff）写道——现代语文学的"共同方法"就取代了知识和文化的整体性。[1]现代的读者不再与书籍乃至对书籍的热情绑定，而是与技术方法绑定。这些方法的应用对象是可以被替代的，甚至是随机的。

四、 新批评、新历史主义，以及两者之间

在20世纪40年代和50年代，学界中的"文学与方法"派呈现为一种新的形态，即"新批评"。这是一场形式主义者的文学研究运动，认为文学作品的意义与价值主要来自一种形式上的整体性，而这种整体性是伟大文学的固有本质。约翰·克罗·兰塞姆（John Crowe Ramsom）于1937年发表了他的新批评宣言。在宣言中他讽刺当时大学中的文学教师们"徒有学识，却无批评精神"，认为文学研究已被这些人降格为"道德研究"。[2]兰塞姆仿照当时文学教授群体谴责非学者型读者的模式，猛烈攻击了那些将文学变成各种伦理选择大杂烩并鼓励读者将自己轻率代入文本的观点。反过来，兰塞姆和与他同道的新批评鼓吹者们则被指责将文学研究变成一种科学。这种指控通常表示被指控者否

1 Ulrich von Wilamowitz-Moellendorff, *Reden und Vorträge* [Speeches and Lectures], Berlin, Germany: Weidmannsche Buchhandlung, 1901, p. 132.

2 John Crowe Ransom, "Criticism, Inc.," in *Virginia Quarterly Review*, Vol. 13, No. 4, 1937.

定文学的主体性和道德改造能力。[1]

面对这样的指责，新批评派毫无所惧。[2]他们的动力来自新批评与文本之间的特殊关系以及新批评关于何为阅读的概念。新批评派认为，为了诗歌或小说中的伦理内容而阅读，就好像为了寻求道德指引而研究自然。这样的阅读最终往往不过是将读者的个人偏见以一种自我中心的方式强加于文本。兰塞姆明确指出：为了约束当下这种消费式阅读的欲望，批评家

> 应当将诗歌完全视为一种决绝的本体论或形而上学操作。在创作的痛苦中，诗人自身的劳作也具有这样的意味。他在诗作中让某种存在秩序得以不朽——当他在现实生活中触摸这种秩序时，它总是一触即溃。他的诗歌的歌颂对象是真实的、独特的，在本质上也是永恒的。[3]

惊奇的对象正是整饬有序的文学对象本身，然而这一点只能如专注于文学有机秩序阅读的批评家的工作所呈现。

文学批评在20世纪中从新批评转向结构主义，转向解构，再转向新历史主义，但有一点预设始终保持一致：文学有其自身的内在结构；这种结构需要一个独立的研究领域，也需要一个积极的、富有批判精神的读者。当雅克·德里达（Jacques Derrida）及他那些解构主义追随者以其不同常规的方式阅读时，他们声称自己找到了替代与隐喻背后潜藏的逻辑，揭示了文学如何掩盖其与外部现实之间的关系。他们对文本进行了去神圣化，却神圣化了阅读：阅读——尤其是由聪明读者进行的阅读——本身就是启示。

21世纪的学者们不断修补和改进他们的方法的同时，另一派读者

1 在她于2015年5月6日在哥伦比亚大学所做的演讲“What Was Close Reading? A Century of Method in Literary Studies”中，Barbara Herrnstein Smith关注了这种模式是如何在新批评运动中整体兴起的，也对兰塞姆进行了特别讨论，令我获益不少。

2 参见James Wood在*The Nearest Thing to Life*, Lebanon, NH: University Press of New England, 2015第77页对新批评和更广泛意义上的学术文学批评的表述。

3 Ransom, “Criticism, Inc.”

却总是哀号“异端”的到来，并指责他们的学术界近亲是在对文学进行活体解剖，是要把阅读降格为理论或者科学。这一派大体上由公共知识分子构成，主张一种更为现实的批评。每一种新方法与新理论的兴衰过程中，都有一帮批评家指责文学学者“以科学的方式”阅读，并长篇大论地教育他们什么才是真正的阅读。批评家爱德华·门德尔松（Peter Mendelson）就是一例。他断言文学创作不是为了“被客观地或是不带情感地阅读，似乎读者是什么非人类智能一样”。[1]他在这里使用“非人类智能”的说法，指的是技术的方法和体系，即一切不基于个人体验的阅读方式。在门德尔松看来，解读一部小说的最好办法就是“从个人视角出发，而不是从历史、主题和分析的角度出发”。[2]

这些面向公众的批评家强调阅读对人的转变能力，由此响应了阅读史上的一个关键的概念化过程。这一过程上起奥古斯丁，下至19世纪初的新人文主义者。然而在其当代版本中，这种阅读观念被门德尔松及与他立场相似的众多批评家表述为一种以自我发现为最终目的的行为——尽管我们几乎可以肯定这种自我发现并非通过奥古斯丁式与神圣相遇的方式实现。不过，这些批评家中的最杰出者自己［包括门德尔松和詹姆斯·伍德（James Wood）在内］的随笔风格都基于一种不变的怀疑主义：阅读是否有确保哪怕是这样的自我发现的力量？更不用说是否能成为一个完全可靠的伦理反思和伦理判断的基础。[3]“虚构作品，”伍德曾写道，“就是一种关于不完全的游戏。”[4]他们的怀疑对象不仅是虚构作品，在更广泛的意义上还包括语言在内。在这样的怀疑中，他们踏上了散文文体创始人蒙田（Montaigne）的道路。

与写作一样，如果阅读不能保证读者成就智慧或者启示，那么它所拥有的与其说是改变的力量，不如说是一种治疗手段。在这种将阅读视为治疗和自我发现的观念背后，是一种非常现代的人类学主张。门德尔松就曾明确承认这一点：“关于人类在知识上和道德上最一贯的思

1 Edward Mendelson, *The Things That Matter*, New York, NY: Pantheon, 2006, p. xii.

2 Ibid.

3 Stock, *Ethics through Literature*, 36–37.

4 Wood, *The Nearest Thing to Life*, 87.

考方式就是将他们视为自主的个人。”[1]如伍德所言，阅读是一种神圣仪式行为的“世俗版本”，其揭示的不是某位神祇，也不是什么不可思议的东西，而是一种竭力平息自身焦虑，塑造自己生活的人类本性。

这种阅读方式是对奥古斯丁式阅读实践的完全倒置——奥古斯丁式阅读的第一步就是让自我在威严的上帝面前匍匐下来。用更现代的说法来表述的话，阅读要求这样一种认识：**个人体验**不足以使人良好地阅读。读者需要的，是在面对某种超出自我和文本之外的东西时将自我完全打开。这样的认识和做法需要实践，也需要方法和理论：在任何具体的阅读经验成为可能之前，需要这些东西来构成读者。如果没有蒙田（或者说伍德）那种有原则的怀疑主义，面向公众的阅读就可能变成一种道德消费主义，而文学在这种消费主义中会沦为仅仅是一种提高认同的手段。文学不再是一个被阴影笼罩的、关于怀疑和“如果”的王国，而是会变成批评家马克·埃德蒙森（Mark Edmundson）所谑称的关于生活方式选择的“主要文化来源”。[2]如此一来，在上帝死后，文学就成了我们的“世俗重生”的唯一希望。去读柏拉图，读耶稣，读惠特曼，然后选择你想成为什么样的人吧。

五、 数字时代的惊奇

在某些方面，计算机阅读是一种令人振奋的矫正，其矫正的对象则是那种视阅读为仪轨、让阅读背负它无法承担的重负的现代倾向。反过来，这也正是机器阅读那些最激烈的批评者将它视为异端的原因。当派博、特德·安德伍德（Ted Underwood）、塔尼娅·克莱门特（Tanya Clement）或马修·乔克斯（Matthew Jockers）等学者使用数字方法阅读时，他们松开了阅读与某本特定书籍之间的绑定关系，由此也松开了我们与阅读书籍必须改变生活这样的观念之间的“情感联系”。[3]某些面

1 Mendelson, *The Things That Matter*, xv.

2 Wood, *The Nearest Thing to Life*, 13; Mark Edmundson, *Why Read?*, New York, NY: Bloomsbury, 2004, pp. 2–3.

3 Piper, “Reading’s Refrain.”

对“远读”的夸张反应正好帮助揭示了文学在部分读者心中仍保有的神秘地位。

不过,“远读”派的读者也倒向了另一种现代的执念。当施莱格尔和兰塞姆提到文学的自主性时,他们主张文学应当拥有它自己的本体地位。文学不再是一种呈现神圣意图或文化历史线索的媒介,而是堪与自然相侔的一种独特秩序,值得某种现代式的惊奇。

与那些满脑子都是方法论的19世纪语文学界和20世纪文学理论学界的前辈一样,探索文学文本研究中的计算机方法和量化分析潜力的学者们继续改变着惊奇的对象。在奥古斯丁那里,阅读始于惊奇;在数字人文主义者那里,阅读则终于惊奇:只是兴趣和惊奇的对象与其说是某个特定文本,更可能是使用某种方法生成的视觉或图表的一致性。[1]这种一致性并非当然,而是通过由技术支撑的集合揭示出来。惊奇从阅读开端向阅读结束的这种移位也许可以解释许多基于计算机手段的研究对图表、地图和示意图的偏爱:它们能让曾经隐藏的信息变得视觉化。远读中的“距离”并不仅仅是一种机器功能,而是这些参与到文学阅读中的新式示意图和图表的功能。它们本身就是文本,可以被阅读,可以被解释,也可以成为惊奇的对象。

当读者遇见派博、安德伍德、乔克斯或克莱门特这样的数字人文主义者的作品时,他们感到震惊并非因为奥古斯丁的威严上帝,也不是因为遭遇了某种过往文化的精神,而是因为那种揭示了洛兰·达斯顿(Lorraine Daston)所谓“表面杂多性背后的深层统一性”的过程。[2]对远读派的批评者而言,这听起来像是一种异端,然而它同时也是一种现代魅化的象征。对知识的好奇追寻压倒对超越的渴望是西方世界的一个悠久传统,而计算机阅读正是这一传统的顶点。人类对那些看似极度个别和散乱的材料的组织、揭示和解释能力令我们自己叹服。我们所揭示的,是一种由个别书籍释放出来的秩序,是派博所谓的“对文献

1 此处我将Lorraine Daston和Katharine Park对早期现代自然科学中的惊奇的论证延伸到了人文阅读的诸现代概念中。参见Daston and Park, *Wonders and the Order of Nature, 1150–1750*, Boston, MA: Zone Books, 1998。

2 Lorraine Daston, “Wonder and the Ends of Inquiry,” *The Point*, Vol. 8, 2014, pp. 105–111.

阅读的……乡愁”。[1]文学神奇性的更好的诠释者不是拿起他的《圣经》的奥古斯丁，而是发掘并解释那种超越文献的秩序的学者。这种秩序与自然同样有规律，同样普遍，也同样美妙。与人类那种不可遏抑的追求广泛性的欲望结合之后，对阅读个别珍贵书籍的怀疑主义就提供了一种非人类的可能性。如派博所说，不受任何个别书籍“物理限制”的阅读，就是像奥古斯丁笔下所谓“经文从不收起”的天使那样阅读。

1 Piper, “Reading’s Refrain.”

正典/档案：文学场域大型动力学

马克·阿尔吉–休伊特(Mark Algee-Hewitt)
莎拉·阿里森(Sarah Allison)
玛丽莎·杰玛(Marissa Gemma)
莱恩·霍伊舍(Ryan Heuser)
弗兰科·莫雷蒂(Franco Moretti)
汉娜·瓦尔塞(Hannah Walser)
汪 蘅 译

I. 社会学指标

1. 嫁妆与蔬菜

文学研究数字化所引进的新事物中，档案规模也许最具戏剧性：以前我们研究一两百本19世纪小说，现在我们能够分析数千本、数万本，以后会有数十万本。对于量化文学史而言这是狂喜的时刻：就像拥有了一部望远镜，能让你看到全新星系。这也是真理的时刻：这样一来，数字化天空是否揭示了什么，改变了我们对文学的认识？

这并非修辞性反问。费尔南·布罗代尔(Fernand Braudel)在其1958年的著名论文中欢呼“计量史学的降临”将“打破19世纪史学的传统形式”，他提到“人口进程，薪酬变动，利率变化[……]生产率[……]货币供求”，都是计量史学的典型材料。[1]显然这些都是可量化项目；同立法、军事战役、政治内阁、外交等方面的研究相比，也是全新

译者简介：汪蘅，自由译者。

原文信息说明：本项目由巴黎人文科学中心及梅隆基金会资助，与索邦大学OBVIL卓越实验室计划团队合作进行。Mark Algee-Hewitt, Sarah Allison, Marissa, Gemma, Ryan Heuser, Franco Moretti, Hannah Walser, “Canon/Archive. Large-scale Dynamics in the Literary Field,” Translated and reprinted in Chinese with permission of Stanford Literary Lab and Mark Algee-Hewitt.

1 Fernand Braudel, “History and the Social Sciences: The Longue Durée,” in *On History*, Chicago: University of Chicago Press, 1980, p.29.

的研究目标。正是这一**双重**转移改变了史学实践；不仅是量化本身。但是我们这里并没有材料的转移：最终可能会研究20万本小说，而不是200本；但依然是小说。新意何在？

199 000本从没研究过的书——这是标准答案——怎么可能**没有**新意？这是文学史的全新维度。

“我们更了解人们出于声望的原因交换货物，而不太了解那些每天都在进行的交换，”在布罗代尔的论文发表几年后，安德烈·勒鲁瓦-古昂（André Leroi-Gourham）在《手势与言语》（*Gesture and Speech*）一书中写道，“更了解嫁妆钱的流转而不太了解蔬菜的销售……”[1]嫁妆与蔬菜：完美对照。二者都很重要，但原因相反：嫁妆重要，因为一生只有一次；蔬菜重要，因为我们每天都吃。乍一看，这同200本和20万本小说极其相似。但只要深入看待这件事，复杂性就浮现了。例如1814年出版的两本历史小说：沃尔特·司各特（Walter Scott）的《威弗莱》（*Waverley*）和詹姆斯·布鲁尔（James Brewer）的《英格兰的菲尔迪南爵士》（*Sir Ferdinand of England*）。人们本能地把《威弗莱》同嫁妆的显赫联系起来，把菲尔迪南爵士同不起眼的角色菊苣联系起来。事实上司各特的小说既是形式上的伟大突破，**也是**欧洲人人都看的书：嫁妆和蔬菜，合二为一。但如果是这样，数字档案中那些菲尔迪南爵士又能有何不同？过去我们对其一无所知，现在有所了解。不错。这有什么要紧吗？[2]

我们用自己的一项研究发现来阐明问题：莱恩·霍伊舍（Ryan

1 André Leroi-Gourham, *Gesture and Speech*, Cambridge: MIT Press, 1993, p.148.

2 也许不会。在即将发表于MLQ特刊的一篇关于“量表与值”的论文中，詹姆斯·英格利什（James English）令人信服地指出，“根据‘每部新小说都必须在分析中有同样价值’这个原则收集的样本”——也就是说，和我们的“档案”非常类似的样本——其实并不很“适合于文学生产的社会学，这里理解的‘生产’不只是（甚至不主要是）作者对某种文本的生产，而是由社会体系产生某种价值，其行为人包括读者和评论家，编辑和书商，教授和教师，以及文学的制度机器中所有部件。”这本手册本来要研究档案，结果却几乎完全在关注“某种文本的生产”，这似乎清楚印证了英格利什的论点。另一方面，只要“社会体系”创造“价值”的手段不仅是将价值指定给某些作者或文本，还包括*否认*其他作者或文本的价值（“尤其当事关品味时，所有决定都是否定判断；品味或许首先就是嫌恶”：布尔迪厄，《区分》/*Distinction*），那么读者和“文学的制度机器”里的其他人就会出现在我们的叙事中——但总是只扮演毁灭性角色。

Heuser，本文作者之一）和龙莱克（Long Le-Khac）在《2958本19世纪英国小说的计量文学史：语义群方法》（“A Quantitative Literary History of 2,958 Nineteenth-Century British Novels: The Semantic Cohort Method”）（**图1.1**）中描述了“抽象价值”——“谦逊”“尊重”“德行”等词语——语义场的衰落。2 958这个一丝不苟的数字表明，霍伊舍和莱克认为档案的宽度是其研究的关键。如果他们研究的是更狭窄陈旧的正典，结论会否不同？**图1.2**提供了答案。不会。正典比档案先出现15—20年，但历史轨迹一样。

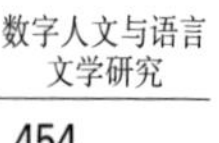

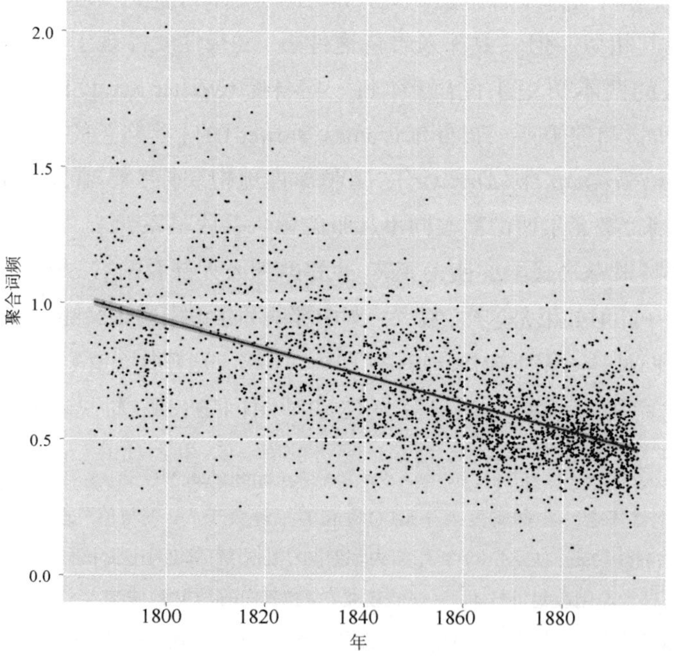

图1.1　英国小说中的抽象价值，1785—1900

Ryan Heuser and Long Le-Khac, “A Quantitative Literary History of 2,958 Nineteenth-Century British Novels: The Semantic Cohort Method”, Literary Lab Pamphlet 4, 2012, p.18.

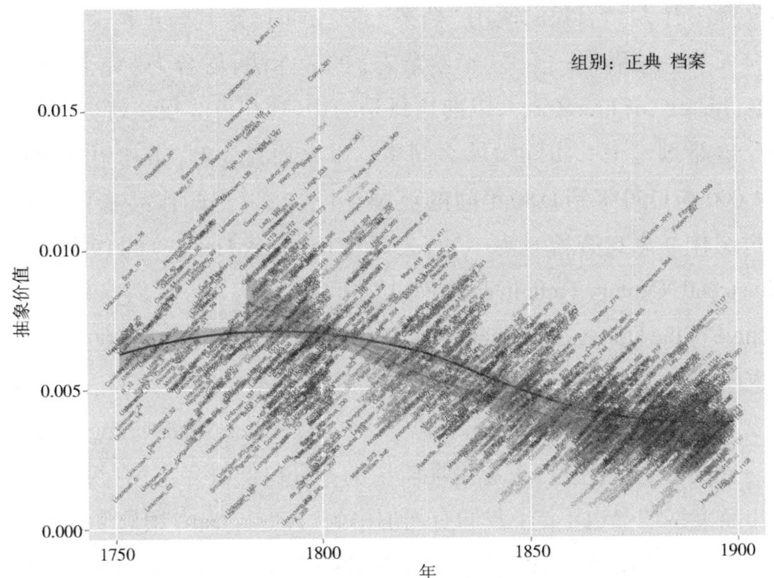

图1.2　英国小说中的抽象价值、正典与档案，1750—1900

本图中，正典包括250本小说，原由查德威克-希利19世纪小说文集收录。我们在以下的第三节解释了为何选择查德威克-希利。

这并不意味着新档案没有新信息；而是意味着我们仍要学习提出正确的问题。但在此之前，有些情况需要澄清。正典与档案：这两个词是什么意思？

2. 档案偏差

我们从三个基本概念开始：出版物（the published），档案（archive），语料库（corpus）。第一个很简单：所有已出版书籍的总和（已上演的喜剧，已背诵的诗歌，诸如此类）。这些已经"公开"的文献是一切量化工作的基本范围（虽然其边界肯定是模糊的，可以包括已经写就但仍放在抽屉里的书，或者被出版商拒绝的书，等等）。档案则是出版文献中保存在图书馆等地的部分，正越来越数字化。语料库是出于某种原因从档案中选出的部分，供具体研究项目使用。因此语料库小于档案，档案小于出版物：就像三个俄罗斯套娃，依次套好。但有了数字技术，这三个层面间的关系变了：一个项目的语料库现在（几乎）可以轻易和档案一样大，而档案本身也变得——至少在当代——（几乎）和所有出版文献一样大。当我们使用“档案”这个词时，想到的正是这种三个层面合而为一的潜力；借用《年鉴杂志》的表达法，融合为“完全文学史”(total history of literature)，以前这只是幻想，现在可能很快就会实现。

这是理论上。实际没那么简单。以本项目为例，最初语料库包含约4 000本1750年到1880年间的英国小说；18世纪的作品来自ECCO；19世纪作品来自查德威克-希利公司(Chadwyck-Healey)的19世纪小说(Nineteenth Century Fiction)语料库以及伊利诺伊大学互联网档案(Internet Archive of the University of Illinois)。[1]以旧的文学史标准看，4 000本小说是很大的语料库了；但实际涵盖的内容却很不均衡。例如1770—1830这个阶段，我们有雷文—加赛德—薛维灵(Raven-Garside-Schöwerling)书目[2]大约三分之一条目；但19世纪晚期阶段的百分比低得多，只有约10%。不同作品类型情况也不同：我们有阿伯格姆(Adburgham)银匙小说书目的96%，但只有加拉赫(Gallagher)工业小说的77%，史蒂文斯(Stevens)的司各特之前历史小说的53%，和佩拉齐尼(Perazzini)哥特书目的35%。[3]

很明显，这些统计学领域不易把握。和少数公认经典的文本相比，我们的190本哥特小说数量很大了，因此很容易受到诱惑，要将其**简单**(*tout court*)等同于档案；但它们是否真能代表整个英国哥特风格的“总体”(population)？几乎肯定不能；简单说，从特定总体中随机挑选的样本是有代表性的，但这190本小说肯定**不是**这样挑选出来的。这些书基本上来自少数几个大图书馆，而图书馆买书不是为了拥有代表性样本，它们想要自己认为值得保存的书籍。**好**书。好的标准则很可能和形成正典的标准相似。虽然我们的语料库比传统正典大20倍，但其挑选标

1 ECCO(十八世纪作品在线)是18世纪数字资料集，分两部分，建立于英语简称目录(ESTC)基础上，并将一些英美图书馆作为资料来源；ECCO的第二部分是更新部分，包括原始ECCO发行时尚未出现的文本或版本。

2 即牛津大学出版社The English Novel 1770—1829, A Bibliographical Survey of Prose Fiction Published in the British Isles。——译者注

3 Alison Adburgham, *Silver Fork Society*, London: Constable 1983; Catherine Gallagher, *The Industrial Reformation of English Fiction*, Chicago: University Chicago Press, 1985; Anne H. Stevens, *British Historical Fiction Before Scott*, London: Macmillan, 2010; Federica Perazzini, *Il Gotico @ Distanza*, Roma: Nuova Cultura, 2013.

准完全可能**让语料库整体上更像正典，而不像档案**。这是个问题。[1]

我们希望结果可靠，因此生成了一个本领域随机样本以供研究：**简单**选取507本1750年到1836年间的小说，82本哥特小说，85本司各特前的历史小说。[2]一共674本小说，在数字年代这用不了多久。

2014年6月学年结束时生成了样本，接着去自己的数据库中寻找，在雷—加赛德书目中找到了82本哥特小说中的35本，85本历史小说中的35本，以及507本小说中的145本。7月初，我们将尚未找到的约460本书目名单交给斯坦福图书馆的格伦·沃尔塞（Glen Worthey）和丽贝卡·温菲尔德（Rebecca Wingfield），他们迅速将其分解为几个大包。HathiTrust数字图书馆和Gale数据库（其中的NCCO 和ECCOII）拥有约300种（差不多每家各半）。[3]另有30种则收入文集中，或以不同版本存在，或隐藏在略有不同的标题后，或在微缩胶片里，不一而足。大约100种只有印刷本，有10种小说没有存世版本。8月，我们向Hathi和Gale发出请求，希望获取他们那300本书。斯坦福同这两家机构都有长期财政协议。只有印刷版本的那100本小说中，大约一半由大英图书馆收藏，几个月前该馆已经从其馆藏中好意提供了65 000册数字图书给文学实验室，不幸的是要找的书全都不在。加州大学洛杉矶分校

1 更复杂的是，不同作品类型有不同正典/档案比：尽管书信和银匙小说的档案相对较大而正典相对较小，工业小说和成长小说则相反，两者都吸引了许多维多利亚时代主要作家；而哥特小说和历史小说这两个大类则位于两极之间。这一点上以及许多其他地方，我们还需要更大量的实证证据。

2 最后这组不是随机样本：既然安·斯蒂文斯（Anne Stevens）的书目只包括了85部司各特之前的历史小说，我们决定寻找全部。

3 HathiTrust是大型研究型图书馆之间的合作项目，一个电子数据存储库，包括作为谷歌项目和互联网档案一部分的扫描卷册，以及其他小型本地项目。Gale的NCCO（十九世纪作品在线）是19世纪资料的数字文库，通常以主要文库作为资料来源，涵盖各专业领域（文学、科技、摄影等）。到目前为止，NCCO有12个部分，其中一部分包括Corvey小说文库；NCCO与ECCO不同，并非建立于领域内标准书录基础上，因此难以预测新增内容。

Gale是以营利性企业方式运营的信息与教育服务大公司，向图书馆销售内容和服务；出版印刷品（参考书和小说）和电子文库（ECCO、NCCO及其他）。其母公司是圣智学习集团（Cengage Learning），自身定位为“为全球高等教育和中小学教育（K–12），以及职业和图书馆市场提供教育内容、技术和服务的领先企业”。

(UCLA)和哈佛的特藏有其中的50种左右。他们发来一系列报价，根据原版图书的状况以及可能极费人力的拍照要求，每本书收费1 000美元到20 000美元不等，价格相当合理。最后，有6本书由欧美论文全文数据库（ProQuest）收藏，尽管他们慷慨给出半价，还是可能花费我们每本书147 000美元或者25 000美元。[1]

记住：这一搜寻过程包括了位于伦敦、剑桥、洛杉矶以及——当然——斯坦福在内的许多优秀图书馆；出动了文学实验室6位研究人员以及Hathi和Gale等地的人员。我们寻找的图书仅仅两百年历史，印数至少750到1 000本，而且位于当时已经拥有有效图书馆的地区。文学实验室也有一些研究资金（不过别弄错，不是**那**种钱）。换句话说，不能指望更好的资源了。但仍然费时6个月才收到Hathi和Gale的文本，这些文本本来应该让随机样本从最初的30%增进到70%—80%，[2]这一

1 这些数字上还应加上斯坦福图书馆付给ECCO、ECCCO II以及NCCO的初始费用：算上常见的慷慨折扣，为这三个文库大概支付100万美元。ProQuest也是营利性企业，提供教育服务，产品包括历史报刊系列（Historical Newspaper series）、文学在线（Literature Online）、论文提要（Dissertation Abstract）等。其母公司是剑桥信息集团（Cambridge Information Group）。

2 “**应该**让”是因为从文库接收一个文本不等同于能够研读该文本。许多来自查德威克-希利和ECCO I的资料之前都是以磁带形式发送，格式所需的驱动很难找到，也很难用；更“便利”的数据传送（例如互联网数据传送或者外接硬盘）也有本身的问题：莫测的邮件系统，怪异的防火墙不兼容，反常的文件协议要求。（例如，斯坦福图书馆大多数许可协议的文本挖掘或图书馆馆藏结构的馆外分享主题都非常模糊；过去五年以来，图书馆都明确坚持将文本挖掘包括在目前的许可中，但之前的协议则是灰色地带。）

最后，从无穷尽的磁带或硬盘中挖掘资料，元数据不充分或者不正确，又没有数据库支持，这是地道的拜占庭式过程。例如，图书馆会用Gale的搜索界面在ECCO数据库中搜寻，并根据界面指示引用其URL。但是如果图书馆为实验室找到一份原始文件，他们需要仔细搜寻一两个硬盘（或磁带），其中包含数十万目录，目录名仅仅是系列随机数字；而Gale发送这些原始文件时的元数据“清单”包含在大约十个word文档中，格式看起来要打印似的：两栏，作者名用黑体，非常基础的目录数据，一个文件ID，ESTC ID，以及一个目录路径。这些文件数量庞大：ECCO II，文学与语言模块，作者L-Z——大约是ECCO II发送内容的十分之一——一共2 750页文件。第二，里面的ID数字*不是*你在Gale界面上看到的那些，而是看不见的内部数字。因此，尽管实验室在使用ECCO数据库时费工夫识别过来源，也标注了Gale的官方ID数字，图书馆仍然不得不根据作者或者书名（转下页）

数字很可能会让许多研究结果变得可疑，因为几乎能肯定，缺失的那20%—30%距离能想到的所有正典化（canonization）形式都最为遥远。

显然，要说数字化让一切变得唾手可得且廉价——还别说“免费”——就是个神话。我们一点点认识到这一事实，决定从已有的语料库挑选材料，开始工作：一个包含1 117部著作的数据库，其中263部来自查德威克-希利，854部来自不同档案来源。最初的结果将我们迅速引到一个方向。新发现增添了新势头，等到（近乎）随机的样本（几乎）都收集到手，研究工作已十分深入，无法再从零开始。我们呈现的并非理想的研究模式，同时也认识到之前的决定导致研究结果偏弱。但集体作品有其自身的临时性，尤其是在某种“组织间隙”式（interstitial）的制度空间中进行的研究，而我们的空间依然如此：等待数月研究才开始，这能毁掉任何项目。也许以后我们会提前一年派出一名侦察员寻找样本。或者继续拿手头的资料研究，承认资料的局限和缺陷。脏手胜过空手（Dirty hands are better than empty）。

3. 从正典到文学场域

如果选择档案是由历史上的图书馆实践决定的（哪些小说上架？哪些容易数字化？），那么选择正典就事关批判性判断——虽然并非由我们自己判断。本项目中我们最先求助的正典是查德威克-希利19世纪小说集（Nineteenth-Century Fiction Collection），由丹尼·卡林（Danny Karlin）和汤姆·基默尔（Tom Keymer）二人编辑部设计，[1]包含约250本小说，入选原因是其特别值得珍藏，对学者尤为可贵，各图书馆会愿意付费获取电子版本。

19世纪小说集选编于20世纪90年代，其后有新小说加入。推广材料宣称本选集“代表了维多利亚时代经典的伟大成就，反映了这一时期的标志性作品”，同时还覆盖了“许多被人忽略或不为人知的作品，其中多已绝版或难以寻觅”。例如从1794年起，选集包括了安·拉德

（接上页）重新搜索（re-search）每个条目，以便找到要复制的文件名：Gale的ID数字*根本*没有包括在文档清单中。“我的教训，”一位全程协助我们的研究型馆员的结论如下：“是这样，就算已经找到你们需要的文档，其实仍然还没有真正*找到*文档。”

1 与史蒂凡·霍尔（Stevan Hall）直接交流后得知，编辑们选择文本没有限制。

克里夫(Ann Radcliffe)的《尤多尔佛之谜》(*Mysteries of Udolpho*)和威廉·戈德温(William Godwin)的《凯莱布·威廉斯》(*Caleb Williams*),也有简·奥斯汀(Jane Austen)的《苏珊太太》(*Lady Susan*)(这本很短的小说很可能写于那段时期前后,但出版于作者身后的1871年)和托马斯·霍尔克罗夫特(Thomas Holcroft)不同凡响的《休·特雷弗历险记》(*Adventures of Hugh Trevor*)。前面两本入选顺理成章,另外两本理由则不太明显。看起来,选择250个文本为评论上和历史上不怎么重要、不为人所知的小说留下了空间:不只是奥斯汀的六部主要作品,还包括《苏珊太太》;不只是戈德温,还有霍尔克罗夫特。只要我们认为"正典"意味着精选出相对较少的经典化文本以做精细研究,那么查德威克–希利作为当今研究者可即时进入的大型可检索文集[1]就不算是糟糕的代理。

但它仍然是代理。我们认识到,对于正典这样多面且难以捉摸的概念,依赖单一来源是对这一概念的误解。马克·阿尔吉–休伊特(Mark Algee-Hewitt,本文作者之一)和马克·麦克格尔(Mark McGurl)撰写的《正典与语料库之间:六种视角看二十世纪小说》("Between Canon and Corpus: Six Perspectives on 20th-Century Novels")(文学实验室手册第8期,2015)谈到了类似问题,列出了差异很大的群体选出的几种"20世纪最佳小说"名单,分析了其间不同的接近程度。我们路径不同,并被这一路径从查德威克–希利的简短书目引到两份很长的作者名单上:《英国人物传记辞典》(*Dictionary of National Biography*, *DNB*)中提及的书,以及MLA资料库索引中收录的20世纪学术文章的"基本科目作者"(primary subject author)名单。在一个横向项目中,我们还添加了最近30年斯坦福博士考试列表里包括的文本。这么做既不是在寻找正典的"正确"定义(以上都不是正典定义),也没有指望*DNB*、MLA和斯坦福会彼此认可(他们也没这么做)。[2]相反,不同的测量方式

1 也就是说,假设上述研究者所在机构拥有必要资源。据一所大学的ProQuest代表说,全世界只有"超过600所"大学订阅了文学在线(LION)数据库。

2 即使不算斯坦福博士考试的代表性,*DNB*和MLA以作者为中心的方法也将司各特的《危险城堡》(*Castle Dangerous*)或者萨克雷(William Thackeray)的《凯瑟琳》(*Catherine*)放在同《威弗利》和《名利场》(*Vanity Fair*)同一个平面上,这不可能对头。但其他标准也有类似的缺陷,或者耗时无数。

意在复制正典这个观念的多重位面：国家文化(*DNB*)以一种方式下定义，国际学术界(MLA)的定义有所不同；正典可以看作是一系列人物(*DNB*和MLA)，或是文本集(博士列表)。具体的选择依然可疑——当然了！——但我们遵循的标准多样、明确、可测量。这就是新意。

我们也认识到，小说场域的其他特性(feature)也可以进入等式。例如，雷文和加赛德在自己编辑的目录列出了1770年到1830年间在英伦三岛重印过或者译成法语和德语的小说；将来的研究也可以设想类似的数据——从印数(print run)到流通图书馆存本数及其他。这种情况下，标准也是多样、明确且可测量的，但和*DNB*和MLA有较大差异。重印和翻译测量的是小说通过文学市场机制对“普通”读者的吸引力，*DNB*和MLA则聚焦“专业”读者和高等教育机构。一个测量的是小说的“流行”，另一个测量的是其“声望”。[1]

1 流行度测自19世纪数据而声望度来自20世纪的资料，这自然是个问题。20世纪研究在这方面要更好一些，例如在《成为你自己：接受的来生》(“Becoming Yourself: the Afterlife of Reception”)(文学实验室手册3，2011年)一文中，艾德·芬(Ed Finn)将美国文学场域中当代作家的地位做成图表，使用了两个范畴：“消费”和“对话”，两者都属于同一时间框架：“消费”来源于亚马逊网站(amazon.com)的“一起购买”(also bought)数据，“对话”来自当代评论。有趣的是，“消费”和“对话”同我们的“流行”和“声望”比较一致；阿尔吉-休伊特和麦克格尔讨论的六个“正典”也是一方面围绕着市场的成功，另一方面围绕着更“合格”的文化选择。

如果后续研究尝试纠正19世纪和20世纪数据的偏差，可以扩大声望指标，纳入学校课本和文集(就像 Martine Jey在法国做的那样)、奖项(詹姆斯·英格利士，《声望经济学》/*The Economy of Prestige*)、18世纪和19世纪期刊评论，或者早期小说集，例如巴包德(Barbauld's)、巴兰坦(Ballantyne's)和本特利(Bentley's)小说集。不过，当然了，那些文集和评论也不能确定应该被看作声望指标，而不仅仅是小说市场发展中的小小齿轮；在最近一篇有趣的论文中，迈克尔·盖默(Michael Gamer)说明了两种可能性，表达为既有进正典的野心，也在商业市场竞争。可参见“A Select Collection: Barbauld, Scott, and the Rise of the (Reprinted) Novel”, in Jillian Heydt-Stevenson and Charlotte Sussman, eds., *Recognizing the Romantic Novel*, Liverpool: University of Liverpool Press, 2008。威廉·圣克莱尔(William St Clair)则对评论的作用表达了毫不含糊的怀疑[“大致上，不论当时还是后世的作家看起来都夸大了评论的影响(……)我在评论、声誉和销量之间看不到什么联系”]，他也质疑了19世纪早期小说声望的概念：“就浪漫主义时期小说而言，当时并没有公认的正典。实际上，在大多数小说都匿名发表的时代，整个有关正典的观念没什么意义。(转下页)

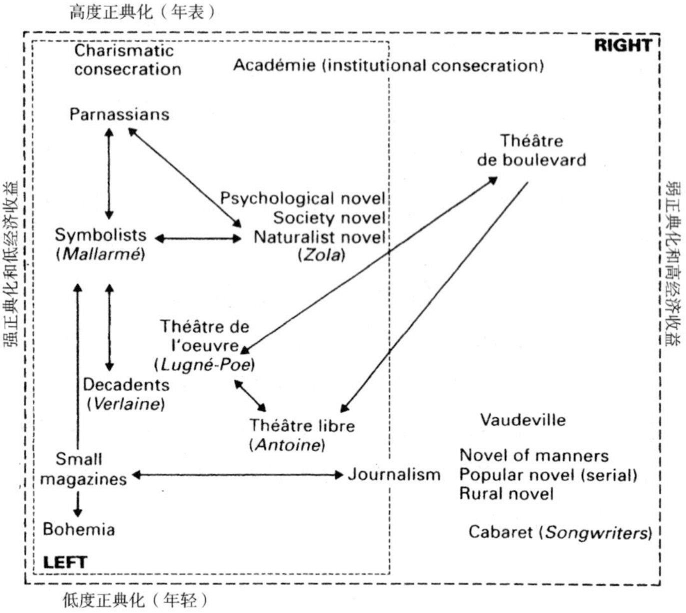

图3.1　19世纪末期的法国文学场域

布尔迪厄的文学场域图虽然含义丰富，但没有为各种文学类型和运动的具体位置提供经验证据。尽管他的图表优雅且影响广泛，却一直没有成为真正的研究工具，被其他学者复制和使用，原因可能就在于图表缺乏显明且可测量的标准。图中难以置信的分布规律迥异于图3.2和3.3以及布尔迪厄自己的区分图表，可能这规律性本身*就是*图表以思辨为基础的结果。Pierre Bourdieu, *The Rules of Art: Genesis and Structure of the Literary Field,* 1992, Stanford 1996, p. 122.

流行和声望。项目研究带着这对概念进入了和布尔迪厄开创性的法国文学场域图表相同的地带（**图3.1**）。将流行数据放在横轴（经济效

（接上页）有一位作者，‘《威弗莱》的作者’，主宰了时代，但直到19世纪20年代中期大家才知道作者是著名诗人沃尔特·司各特爵士。”见William St Clair, *The Reading Nation in the Romantic Period*, Cambridge: Cambridge University Press, 2004, p.189。

另一方面，泰德·安德伍德（Ted Underwood）和乔丹·赛勒斯（Jordan Sellers）最近发表文章《文学标准变得有多快？》（“How Quickly Do Literary Standards Change?”），令人信服地提出评论与声誉之间确实存在关系。安德伍德和赛勒斯研究诗歌而非小说，从1820年开始调查，但圣克莱尔的书和我们自己的语料库到那时多少已经终结；目标和时间框架间的不匹配太多，无法直接比较。但我们慢慢接近了可以成功对比和整合独立研究中各种证据的时刻。

益高/低)，声望数据沿着纵轴(神圣化高/低)，就能提供一幅布尔迪厄图表的“英国”版本，目前仅仅涵盖了一种文学类型和数十年范围，但到此时，实证的(empirical)文学场域绘图法不再是白日梦(**图3.2**)。

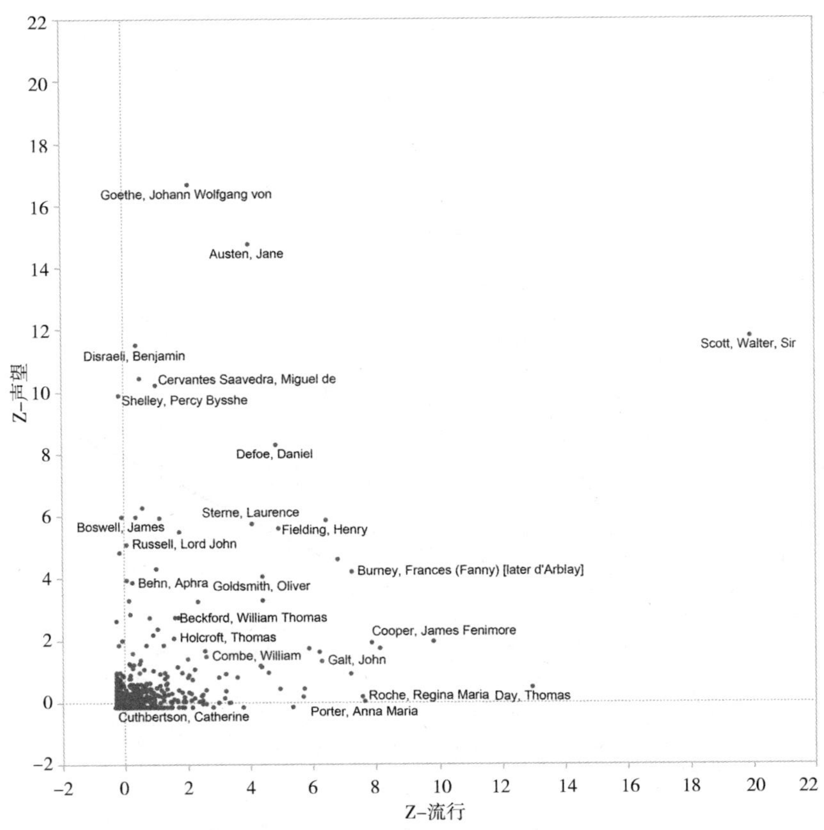

图3.2　英国小说场域，1770—1830

流行轴结果的基础是重印数(在英伦三岛)和翻译数(译为法语和德语)；声望轴结果的基础是MLA书目中作为“基本科目作家”被提及的次数以及DNB条目的长度。

作家的位置取决于他们在场域均值以上标准方差的数量，例如约翰·高尔特(John Galt)在流行轴均值以上7.5个标准方差，声望轴均值以上1个标准方差；另一个极端是波西·雪莱(Percy Shelley)，他位于声望均值以上10个标准方差，却略低于场域的流行均值。

在**图3.2**中，所有数字都被沃尔特·司各特不可思议的分数比下去了——只有两位小说家在声望轴上略微高过他(歌德和奥斯汀)，而论流行，他一骑绝尘。流行轴上紧随其后的作家托马斯·戴(Thomas

Day)是卢梭式畅销书《桑德福和莫顿的历史》(*The History of Sandford and Merton*)(1789)的作者,在司各特下7个标准方差。[1]不过,一旦把“《威弗莱》的作者”不合比例的结果从图表中移除,英国小说的三分格局就十分清楚了(图3.3)。

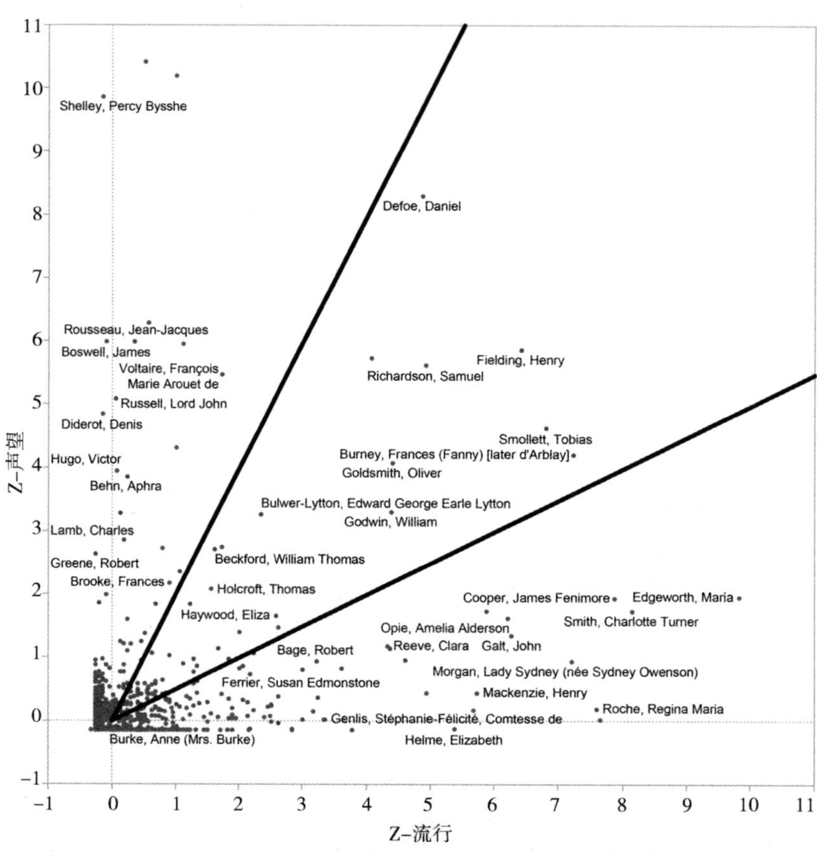

图3.3 英国小说场域的三个区域,1770—1830

图中三个区域表现了流行和声望之间的多变关系。靠近纵轴的区域,其声望分值至少是流行分值的两倍;靠近横轴的区域是其镜像,流行值至少是声望值的两倍;中央区域两套测量值趋于平衡。

目前,文学实验室正在宽得多的时间范围内研究流行与声望,项目由J.D. 波特(J.D. Porter)领导。数据由算法和米卡·西格尔(Micah Siegel)带领的本科研究者同时收集。

1 既然我们不是在测算印数,这个表格实际上低估了司各特的流行度:虽然大多数同时代小说的第一次印数都是1 000本,但三部《威弗莱》小说的起始印数分别是6 000、8 000和10 000本。

我们从靠近水平轴的那一组开始看：流行分值高的作家——均值以上5，8，10，13个标准方差——声望值却相当低，至多一两个标准方差，通常只有一个或更少。包括麦肯齐（MacKenzie）的感伤作品《多情的人》(*Man of Feeling*)以及戴的教育性畅销书；常带感伤情绪的哥特作品：拉德克里夫（Radcliffe），里弗（Reeve），罗奇（Roch），赫尔默（Helme），马丘林（Maturin）；雅各宾（Jacobin）及反雅各宾（anti-Jacobin）小说：夏洛特·斯密斯（Charlotte Smith），欧佩（Opi）；民族传奇（national tales）：埃齐沃思（Edgeworth），摩根（Morgan）；以及历史小说的新霸权形式：高尔特（Galt），让利斯（Genlis），贺拉斯·史密斯（Horace Smith），波特（Porter），库珀（Cooper）。在**所有**文类的意义上说，可称之为类型空间。"这部"小说就像拥有各种独特形式的家族般展开，其易于辨认的习俗（conventions）铺平了通往市场成功之路。《威弗莱》开头一章全是各种头衔典故，就是此种情况的典型症状。

从这一区域"朝上"移动到图表中央，就进入了非常困难的领域。如果谁能理由充分地直接说："这里就是正典"，那必然如此了：笛福（Defoe），理查森（Richardson），菲尔丁（Fielding），斯特恩（Sterne），戈德斯密（Goldsmith），斯摩莱特（Smollett），伯尼（Burney），戈德温……都聚集在完美平衡的区域里（比流行均值高4—7个标准方差，比声望均值高3—8个标准方差），在这里，公式化小说的广大读者和高雅文化的认可无缝连接。看着这片中央区域，你就"看到"了正典形成的过程，即两种同时发生的过程的结合：流行值随着时间过去沿着水平轴缓慢缩水——在这方面，大多数18世纪的巨人都远远低于罗奇、波特、夏洛特·斯密斯和欧佩——但声望值则沿着纵轴上升。[1]很明显，成为经典作家的道路不止一条，[2]但图表的主要内涵在于正典并非布尔迪厄的

1 在流行度缩减方面，奥斯汀及其同代人提供了完美的案例研究：如**图3.2**所示，大约25位作者（其中三分之一来自18世纪）在图表覆盖的60年中比奥斯汀更流行。等19世纪小说目录更可靠时，我们就能看到一两代之后有多少人依然比她流行（19世纪30年代和40年代的初始结果显示：除了司各特，再无旁人）。

2 司各特一夜成名**且**广受欢迎，这与奥斯汀慢得多的节奏不同。另外一些作家，因为作品的最初读者（卡罗尔/Carroll）或类型（拉德克里夫，多伊尔/Doyle）的（转下页）

自治(autonomous)文学场域公式的"经济世界的调转"(the economic world reversed);正典——至少**这个**正典——作者最初成功后过了两三代人,其商业出版商依然期待盈利。声望这方面也不见得与流行度**相对立**;此处看来反而是从流行中获得的声望,从经济回报中"提取"出更无形但更持久的事物。[1]

图3.3"高声望"区域情况则不同,明显由外国作家(塞万提斯,伏尔泰,狄德罗,卢梭,歌德,席勒,雨果……)主宰,或者那些虽然写过至少一部、甚至好几部小说,却很难被看作"职业"小说家的英国作者。其中有百科全书式的人物塞缪尔·约翰逊(Samuel Johnson)以及差不多同样多才多艺的贺拉斯·沃波尔(Horace Walpole);诗人,例如波西·雪莱(Percy Shelley),以及稍往下一些的托马斯·"安那克里昂"·摩尔(Thomas "Anacreon" Moor)以及詹姆斯·霍格(James Hogg);身兼小说家及政治家的迪斯累利(Disraeli)和纯粹的政治家罗素爵士(Lord Russell),他在1822年出版了不可思议的《阿罗卡的修女》(*Nun of Arrouca*);散文家,如詹姆斯·鲍斯韦尔(James Boswell)和查尔斯·兰姆(Charles Lamb)。声望值更低一些的区域有音乐家兼剧作家查尔斯·迪布丁(Charles Dibdin),剧作家兼演员夏洛特·西波尔·查尔凯(Charlotte Cibber Chalke),经济学家兼游记作家亚瑟·杨(Arthur Young)。在少数纯粹的小说家当中,政治的影响特别有力:除了罗素和迪斯累利,还有《千禧圣殿》(*Millennium Hall*)和《戴斯蒙》(*Desmond*)的作者才女莎拉·司各特(Sarah Scott),玛丽·雪莱(Mary Shelley)和汉娜·莫尔(Hannah More)——她的小说《卡勒布寻妻记》(*Coelebs in Search of a Wife*)据说是维多利亚女王唯一完全赞同的小说。

有了声望/流行图,本项目的第一部分自然得出结论。和最

(接上页)缘故,长期受限于某种定位,地位暧昧,司各特跟他们也不同。当然了,还有一切正典通论的复仇女神——《白鲸》(*Moby Dick*)。

1 虽然我们的结果和布尔迪厄的法国文学场域理念完全不同,但也未必证明了他论点有误,我们只研究了小说(完全没有涉及诗歌、戏剧、杂志等),所研究的国家和时代也不同。说实话,我们需要许多不同文化和时代的实证的文学场域地图(复数),才能让"文学场域"(单数)成为可靠的历史概念。

初的意向相反，我们远远没有形成档案，[1]但对正典概念的操作化（operationalization）既令人惊讶也让人满意：它将正典概念落到实处，将其还原为更简单的流行和声望因素——或者更直白地说，市场和学校的因素。这些新坐标中，正典依然可见，**但失去了概念自治**（conceptual autonomy），成了相反力量遭遇的偶然结果（contingent outcome）。如果想要更多地了解正典，**这些力量**值得进一步研究。[2]未来的研究可以轻易地将印数和流通图书馆存本数加入流行指标，将课本选段或者非虚构档案中的记载加入声望指标。[3]每增加一项，就能更好地理解正典的复合性——对其**历史**本质也会更了解。1770—1830年间的正典（我们猜测之后七八十年内也是一样）是欧洲资产阶级幸福时代的产物，当时，必不可少的成功和教育还被看作是互相兼容的，对于资产阶级这个历史上首次在学校和市场都如鱼得水的统治阶级也是合适的。让这些19世纪正典的双重本质直觉“可见”，就是这些初始部分

1 在图3.2—图3.3中，其分界点是场域平均值以上2或3个标准方差，其中所有高声望值作者和位于中间位置的作者，以及大约一半位于高流行度位置的作者都能看成正典作者。如果下降得“更低”，场域的三分格局还能存在一会儿，然后就消失了。接下来发生了什么，这是很令人着迷的问题——等着下一个研究。

2 **或者更精确地说：如果想把正典的概念分解为两个根本因素：流行度和声誉度。**这里，值得比较一下本项目最初的认知论选择，以及阿尔吉-休伊特和麦克格尔的《正典与语料库之间》（“Between Canon and Corpus”）。主要区别不在于研究文本（《正典与语料库之间》）还是作者（正典/档案）——这一点很容易理解——而在于其中一个分析建立在网络基础上，而另一个建立在笛卡尔式的图表基础上。网络在调研独立的节点（图3中的超级正典集群，《愤怒的葡萄》突出的中心地位，畅销书和其他组别的分离）之间的关系方面更胜一筹，**但无法将节点同网络外的任何事物联系起来。**而笛卡尔式图表，就本身而言，**将“外界”嵌入了自己的坐标**（就像这里的流行度和声望度），但不可避免地**放松了数据点之间的关系**（在图表中不存在网络边缘和集群测量的等价物）。显然，这并不是说哪种策略“优于”另一种，而是不同研究项目针对系统不同方面展开调查，并选择了相应的分析方法。

3 不用说，有些测量可能不连续、难以获得（例如印数），而其他数据（例如课本）测量则可能要等晚得多的时候才会开始。不过，如果文学场域的观念确定有助于理解不同时代和国家，那么依靠迥然不同的历史指标也就不可避免；不要指望——空想的——资料同质性，我们应该学着让异质的数据在概念上可以互相比较。

的成果。[1]

II. 形态学特征

4. 测量冗余

以上图表与布尔迪厄的图表有诸多不同，但与他的主要方法论前提亦有相同之处：其基础是社会学而非文学的。[2]要制作**图3.3**，不需要翻开哪怕一本小说。但作为文学史家，我们**想要**翻开小说，看其社会命运——流行，声望，都有或都无……——是否与其形态学特征有关联。因此，在制作文学场域图表时，我们也关注了查德威克-希利以及更大档案样本的内部结构。第一步包括测量语料库的冗余量和信息量。有个广为接受的观点认为读者更喜欢信息丰富的文本，不喜欢冗长文本，所以前者会持续重印而后者注定消亡，我们想要验证这个观点。马克·阿尔吉—休伊特从信息论里得到线索，改进了香农的信息负荷测量（Shannon's measure of information load），通过评估词对词转换（word-to-word transition）的可预见性来确定文本的信息内容，并在给定可能的转换范围后，以此测量了“二阶冗余”（second order redundancy）（单词层面上的可预测性）。例如，既然“the”跟在“of ”后面的情况远远多于“no”在“of ”后面，那么“of no”这个组合就难以预料得多，因此比“of the”更有信息量。[3]**图4.1**和**图4.2**总结了阿尔吉-休伊特的研究。

1《正典与语料库之间》显示从那时起变化很大：在20世纪，正典都被描述为“即使不是艺术和商业价值间的系统性矛盾，也是系统性差异”。**图3.3**的“正典”区域却恰恰缺乏这种差异/矛盾。

2 “我建议，所谓正典形成的问题，”约翰·基洛利（John Guillory）以同样的风格写道，“最好理解为文化资本的构成和分配问题，或者更具体而言，是如何得到文学生产和消费手段的问题。”John Guillory, *Cultural Capital: The Problem of Literary Canon Formation,* Chicago: University of Chicago Press, 1995, p. ix.

3 整个手册中，我们几乎是交替使用“冗余”（redundancy）和“重复”（repetition），将其与“信息”和“多样性”对照；虽然这是简单化了，但我们不认为会影响这一研究的水准，也不会影响研究结果的类型。类似地，信息与冗余间的关系市场被说成是“熵”；我们选择了不同的定义，以尽量能够比较这一研究的不同方面。

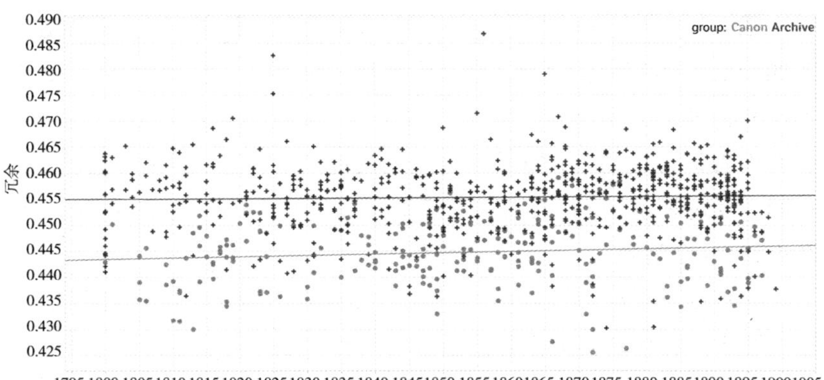

图 4.1　测量冗余度，1800—1900
• 表示档案小说，+ 表示正典小说。

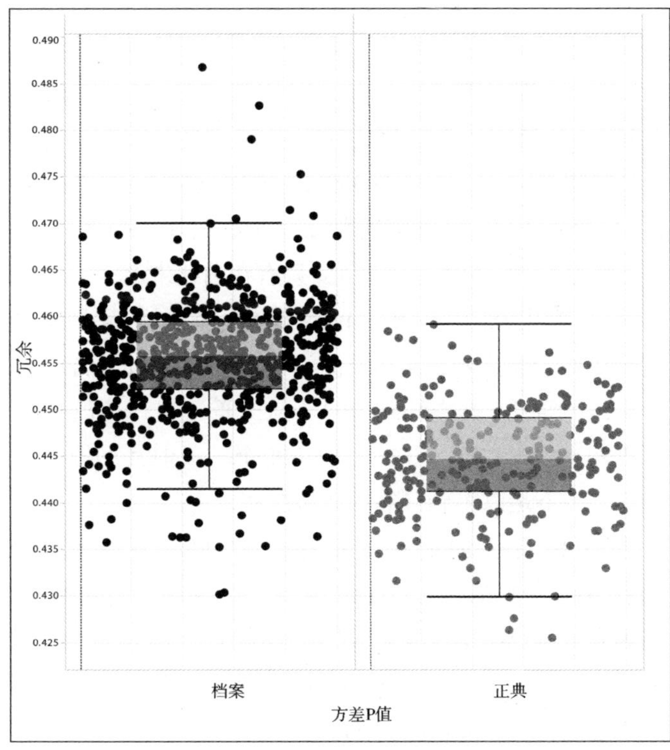

图 4.2　19 世纪的冗余度：综合图
本图将图 4.1 里的数据合为正典和档案两个子集。每个“盒子”包括本组的两个核心四分位值，分界线表示该组的中位值；从盒子里冒出来的“胡须”代表两个极端四分位值，外围由圆点表示。

图4.2尤为令人震惊：查德威克-希利文集四分之三的内容要比档案四分之三内容更少冗余，这是比预计中强得多的分离（separation）。不过我们并不完全满意。对比很清楚，但只是确认了常见观点：被遗忘的作者语言更冗余；如果一直没人读他们的作品，那说明他们不*值得*读。反过来说，我们依然喜欢读奥斯汀，因为她是信息的典范，细看**图4.3**就完全清楚。

并不令人兴奋，只是确认了一个常见观点。[1]接着，第二个问题。虽然阿尔吉—休伊特使冗余概念变得可操作（operationalized），产生了令人震惊的量化结果，但仍然不清楚我们能够如何拆解全部数值、如何看待结果，明确哪些具体的词组持续重现，——或从未重现。我们成功地测量了冗余，但还不能真正**分析**它：从项目开始时起，定量测量和定性阐释之间的相互作用（interplay）就是研究工作的一个常量，而现在它出现了令人不安的背离（departure）。此处统计学上的显著性似乎无法得出评论上的意义：从语料库的每本小说中都抽出了100个最常见的二元词组（bigram），形成了包含超过10万个单元的电子表格“文本”，不可能“读取”（**图4.4**）。有个更技术性的方法：追踪最常见结构的衰减曲线，但同样得不到结论。很常见的二元词组（“there is”，“I am”，“to the”）在所有文本中的频率非常相似，只有在曲线末端才有细微的变化痕迹。另外，每本小说的二元语言模型**如此之多**，其效果是通过数量巨大而极其微小的变化显示出来的：例如，在66 500个词的较短文本中，有66 499个二元词组，其中约40 000个从未重复出现。虽然两个文本共享的词语相当多——至少3 000到4 000个——但共享的二元词组往往少于1 000个，不足以得到可靠的比较分析。

我们似乎给自己创造了个本地产的（home-grown）测不准原理——冗余测量得越精确，就越难以确定冗余到底“在哪里”。冗余运作的范围无孔不入，看起来对书籍的命运有决定性作用。但整个过程发生在有意识阅读层面下很深的地方，基本看不见。在未来，甚至有可能在比较近的将来，这个问题可以通过实验心理学解决；同时，我们转向词汇变化的标准语言学测量方法，也就是类符/形符比（type token

1 这已是第二次了：在**图1.2**中，正典通常领先档案15到20年，似乎“证明了”另一公认观点：伟大作家开路，其他人跟上。

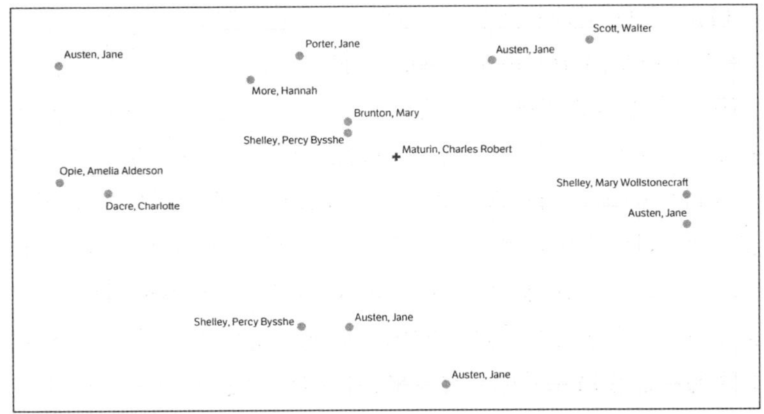

图4.3　19世纪早期的极低冗余

一个字也不重复的小说，其冗余为0而信息度100%——但这“信息”没有价值，因为它会迅速变得无法理解。意义总是依靠重复和新意相结合：因此这些图表内的数字会在相当狭窄的区域内震荡。但这个区域*内*的区别持久而显著，这张对图4.1左下角区域的放大图能够说明情况。

f_the_1441	in_the_672	to_the_634	of_his_341	of_a_333	a
f_the_1148	in_the_578	to_the_521	of_his_309	of_a_308	t
f_the_266	in_the_99	to_the_95	on_the_86	of_his_69	b
f_the_942	in_the_404	to_the_365	of_his_245	to_be_197	a
f_the_1486	in_the_781	to_the_633	of_his_365	of_a_364	a
f_the_746	to_be_616	in_the_574	it_was_389	she_had_365	c
f_the_679	in_the_401	sir_ulick_348	to_the_330	to_be_298	h
f_the_702	in_the_494	of_her_440	to_the_404	to_be_387	l
f_the_359	said_i_236	in_the_212	to_the_191	i_am_181	c
f_the_389	in_the_295	to_be_271	of_her_194	i_am_183	t
f_the_459	to_be_428	in_the_382	i_am_297	of_her_264	t
f_the_226	in_the_143	mr_glowry_84	and_the_71	of_a_69	t
f_the_161	in_the_91	to_be_85	to_the_52	i_am_40	c
f_the_342	to_the_246	the_marquis_215	in_the_214	of_his_212	a
f_the_245	to_the_196	in_the_184	mrs_villars_126	of_her_115	s
f_the_648	in_the_419	to_the_338	i_have_280	it_is_262	i
f_the_607	in_the_471	to_the_332	to_be_247	of_her_225	h
f_the_603	to_the_321	in_the_290	of_his_234	to_be_208	h
f_the_425	to_the_304	in_the_289	said_i_264	of_a_210	a
f_the_383	in_the_194	on_the_153	and_the_135	to_the_125	c
f_the_1627	in_the_1325	of_her_1315	to_the_1286	to_her_975	c
f_the_1004	in_the_626	to_the_573	he_had_441	he_was_389	t
f_the_751	in_the_452	to_the_412	he_had_399	she_had_350	t
f_the_4794	in_the_3327	to_the_2510	to_be_2195	of_her_2146	s
f_the_1169	to_the_724	in_the_676	to_her_512	of_her_490	t
f_the_1681	to_the_703	in_the_653	said_the_525	and_the_403	c
f_the_1302	in_the_589	to_the_586	of_his_369	and_the_318	c
f_the_1632	in_the_688	to_the_649	the_earl_408	of_his_385	a
f_the_1465	to_the_555	in_the_525	said_the_379	of_his_358	[illegible]

图4.4　解读二元词组：数据的0.000 03%

图4.1—图4.2数据计算的电子表格的一部分。虽然二元词组本身能完全确认，但几乎不可能“阐释”其意义，除非以统计学方式。这方面，瓦尔塞和阿尔吉-休伊特认为，二元词组可与布罗代尔的“人口进程”和“利率变化”相比：都是无法在段落水平上理解的现象，而我们通常都是在这个层面进行解读。

ratio, TTR)。[1]我们推断,文本冗余越低,多样性必然越高:凸面对凹面。我们会得到一幅图,正好是**图4.2**掉转。因此我们开始计算,结果就是**图4.5**。

图4.2和**图4.5**并排,产生如下悖论:从词对(word pairs)角度查看全文(entire text),正典的重复远远低于档案(因此也更多样);从单个词(single words)的角度查看一千个词,则正典的多样性低于档案(因此也更重复)。从现象本身来说,文本规模不同、表现也不同,这并不意外:之前的两个手册("Style at the Scale of the Sentence"和"On Paragraphs")恰好关注了这个问题。但那些案例中,不同的规模**和完全不同的特征相联系**:句子同风格,段落同主题(themes),诸如此类。而此处所测量的特征则关系紧密。从两个词到一千个,测量结果是怎么自己调转的?此处的"怎么"表达的就是本意,并非绝望的呼号:具体而言,怎样的文本机制能够把第一种结果转为第二种?

阿尔吉-休伊特处理这个问题的方式是把所有的词"翻译"成词性,这样就以二元词组的**范畴**而不是独立单元重新表示冗余。例如"clever little"和"first cruel",都变成了"形容词—形容词",而"a condition"和"the kitchen"都成了"限定词—名词",等等。用"语法冗余"重新计算,就可能确定哪些二元词组在正典中最突出,哪些在档案中最突出(**图4.6—图4.7**)。[2]

1 这是《朗文英语口语与笔语语法》(*Longman Grammar of Written and Spoken English*)定义的类符/形符比:"不同词形或词的**类型**数目同词量或*词次*之间的关系,称为**类符/形符比(或TTR)**。类符/形符比是一个百分比,等于类型/词次 × 100。"见Biber, Johansson, Leech, Conrad, Finegan, *Longman Grammar of Spoken and Written English*, Harlow, 1999, pp.52–53。

《朗文语法》研究了四种语域(对话,学术文章,小说,新闻)中的类符/形符比变化和三个样本长度(100字、1 000字10 000字)。100字的片段,结果如下:对话63;学术文章70;小说73;新闻75。1 000字的片段:对话30;学术文章40;小说46;新闻50。10 000字的片段:对话13;学术文章19;小说22;新闻28。注意,语域间的区别随着片段长度的增加而急剧增强。到了10 000字,新闻的类符/形符比超过对话一倍以上,而在100字片段中仅仅高16%。我们选择了10 000字的片段,这个长度既足以采集大量变化,也足够短,可以直接分析。

2 这部分工作中,阿尔吉-休伊特使用了斯坦福的词性标志器;括号里的缩写(IN_NNP等)则是宾夕法尼亚大学Treebank项目使用的那些。

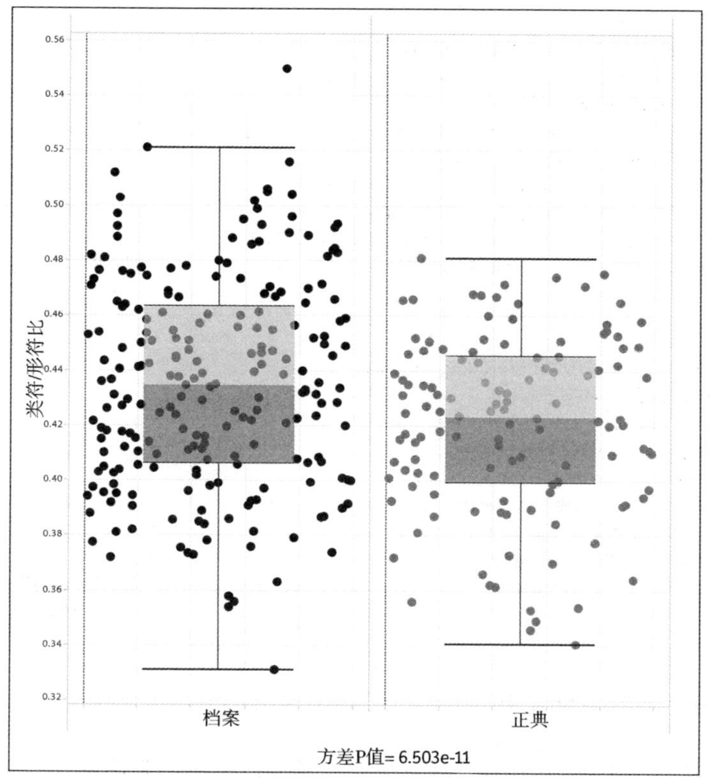

图4.5 测量多样性：类符/形符比综合图

虽然此处两个子集的区别比图4.2要小得多，结果却更惊人：4.2完全印证了我们对正典和档案的预期，这个表却完全否定了预期：正典的词汇量并不比档案更多样，反倒少得多。（第11页中下一节开头的脚注②说明了确定类符/形符比的程序。）

这一次，这两个子语料库重心迥异：档案由名词主导，正典则分布着大量功能词（连词，限定词，介词）。档案对头衔津津乐道（count Goldstein, uncle Gerard），对地点和人物吹毛求疵（in Ireland, to Shelley），对专有名词则通常很宽容（Hector's lodgings, Shelburne upon），终于提供了解释其高冗余的线索："count Goldstein" 和 "Shelburne upon" 可能不常出现在小说中，——但如果出现，这两个词可能会再次同时出现，增加了文本的冗余；"iron will" 和 "color tints" 等附加名词这种结构也是一样。这并没有为所有问题都给出答案，但这是个开始。接着，为了解决悖论的另一面，我们转向了类符/形符比。

Preposition-proper noun (IN_NNP): to Shirley; in Ireland
Adjective-adjective (JJ_JJ): young happy; first cruel
Noun-adjective (NN_JJ): child incapable; nomenclature peculiar
Noun-noun (NN_NN): iron will; evening sky
Noun- proper noun (NN_NNP): count Goldstein; uncle Gerard
Noun-plural noun (NN_NNS): iron bars; autumn tints
Proper noun-preposition (NNP_IN): Alps of; Shelburne upon
Proper noun-noun (NNP_NN): Agnes' wedding; Manchester cotton
Proper noun-plural noun (NNP_NNS): Cumberland coasts, Hector's lodgings
Noun-pronoun (NN_PRP): tail itself, driver himself.

图4.6 最突出的语法二元词组：档案

Conjunction-gerund (CC_VBG): and walking; and taking
Determiner-adjective (DT_JJ): the silly; an eventful
Determiner-noun (DT_NN): a condition; the kitchen
Determiner-plural noun (DT_NNS): the environs; the travelers
Preposition-determiner (IN_DT): at the; in a
Adjective-plural noun (JJ_NNS): folded arms; harsh features
Noun-preposition (NN_IN): account of; sense of
Plural noun-preposition (NNS_IN): grains of; years of
Possessive pronoun-plural noun (PRP$_NNS): their excursions; our girls

图4.7 最突出的语法二元词组：正典

5. "但我不能走开"

要使用类符/形符比，第一件事是确定适于本语料库的分析模式：库中大多数小说重印于一两个世纪前，难以光学识别，很可能令所有后续计算无效。在项目早期阶段，莱恩·霍伊舍最早将大家的注意力引到类符/形符比上，他也找到了办法，能同样可靠地测量质量参差不齐的文本。[1]一旦结果进来，我们首先注意低类符/形符比，看它具体的重

1 霍伊舍首先创建了一个大型的小说英语词典——232 845个不同词汇——又将所有文本裁剪为1 000个"字典词汇"片段。(实际的片段将在1 000到1 500个字的区间内，具体字数取决于其中有多少个"非字典"词汇——OCR，一次频词/*hapax legomena*等。)既然形符的数量固定在1 000个，那么，区分每个1 000字片段的类符数量就产生了以片段为基础的分数，其平均值能给出文本的类符/形符比。

函数用两个参数写出来："语言切片"(slice_len)[片段长度(设为1 000)]和"强制英文"(force English)[是否包括大型英语词典中未收录的词(设为False)]。设置"强制英文"，也就是排除所有非"英语"词汇，这个参数背后的逻辑在于，如果没有这个参数，由于坏OCR，档案将会有更高的类符/形符比。反过来，*对*强制英语的担心在于，同样的坏OCR会产生更低的类符/形符比：如果片段必须超过1 500个"真正的"词汇以(转下页)

复类别如何同阿尔吉–休伊特所计算的冗余比较。我们从**图4.6**得知，低词汇变化通常与正典文本相关；确实，查德威克–希利文集整个语料库的频率大概在20%，而类符/形符比最低的500条片段中，频率升到50%（尽管最高的500条也只有3.2）。得分最低的50个文本中，约一半来自查德威克–希利，其中有几本儿童书籍，包括《爱丽丝镜中奇遇记》（*Alice, Through the Looking Glass*）、《水孩子》（*The Water Babies*）、《黑美人》（*Black Beauty*）、《小爵爷方特洛伊》（*Little Lord Fauntleroy*）、《小岛之夜的娱乐》（*Island's Night's Entertainments*）等；10本特罗洛普（Trollope）的小说，包括《巴塞特的最后纪事》（*The Last Chronicle of Barset*）、《爱尔兰人菲尼阿斯·芬》（*Phineas Finn the Irish Member*）、《你能原谅她吗？》（*Can you Forgive Her*）、《尤斯达斯的钻石》（*The Eustace Diamonds*）等；以及2本爱尔兰小说：埃奇沃思（Edgeworth）的《拉特伦特古堡》（*Castle Rackrent*）和塞缪尔·弗格森（Samuel Ferguson）的《汤姆神父与教皇》（*Father Tom and the Pope*），《缺席者》（*The Absentee*）则相距不远。这么混杂的书目并不特别能代表正典（不管这个词是什么意思）；更显著的发现似乎是查德威克–希利的数值在整个世纪中一直很低（**图5.1**），这趋势还包括一些最伟大的19世纪文体家：奥斯汀所有作品都低于语料库均值（《劝导》、《理智与情感》、《曼斯菲尔德公园》位于最低的20%）；狄更斯（Dickens）所有作品低于均值（《小杜丽》、《双城记》、《大卫·科波菲尔》、《我们共同的朋友》、《荒凉山庄》和《远大前程》位于最低的20%）；乔治·艾略特（George Eliot）所有作品低于均值——而《亚当·贝德》有一段，其类符/形符比是整个世纪中最低的。

《亚当·贝德》得到这个结果比较奇怪，因为本书包含了艾略特对荷兰绘画的著名反思：一篇关于审美精确与多变的宣言，**写得**特别精确而多变（**图5.2**）。

这一段落头100个单词的类符/形符比是79：比《朗文语法》讨论的任何篇章都高，不论语域。但在小说的后面，艾略特的风格转向另一个极端（图5.3）。

（接上页）便发现1 000个英语词汇，那么就可能偏向更短、更容易拼出的OCR词汇，同时也是语言中最常见的词汇，这样就会降低类符/形符比。在这个项目中，这两种不想要的结果似乎相互抵消了。

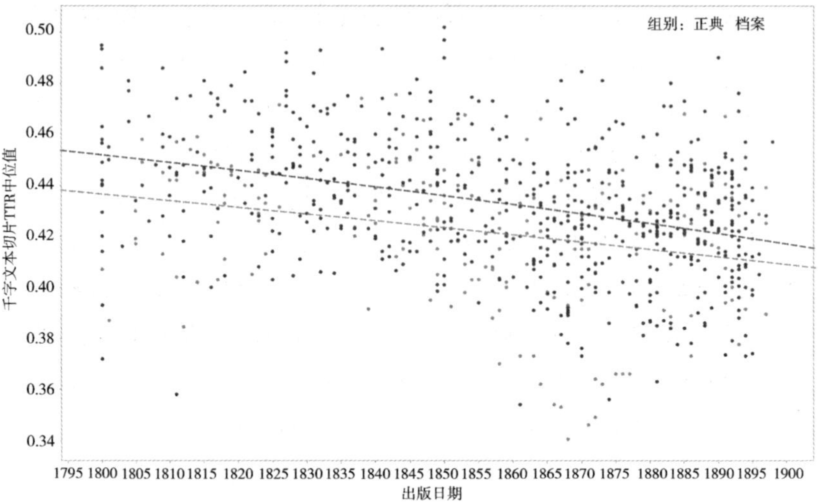

组别：正典 档案

千字文本切片TTR中位值

0.50 0.48 0.46 0.44 0.42 0.40 0.38 0.36 0.34

1795 1800 1805 1810 1815 1820 1825 1830 1835 1840 1845 1850 1855 1860 1865 1870 1875 1880 1885 1890 1895 1900

出版日期

图5.1 类符/形符比,1800—1900

1860年到1880年间,儿童读物较为明显地趋向低类符/形符比;但一般而言,正典和档案的类符/形符比在整个19世纪都相当稳定。

It is for this rare, precious quality of truthfulness that I delight in many Dutch paintings, which lofty-minded people despise. I find a source of delicious sympathy in these faithful pictures of a monotonous homely existence, which has been the fate of so many more among my fellow-mortals than a life of pomp or of absolute indigence, of tragic suffering or of world-stirring actions. I turn, without shrinking, from cloud-borne angels, from prophets, sibyls, and heroic warriors, to an old woman bending over her flower-pot, or eating her solitary dinner, while the noonday light, softened perhaps by a screen of leaves, falls on her mob-cap, and just touches the rim of her spinning-wheel, and her stone jug, and all those cheap common things which are the precious necessaries of life to her—or I turn to that village wedding, kept between four brown walls, where an awkward bridegroom opens the dance with a high-shouldered, broad-faced bride, while elderly and middle-aged friends look on, with very irregular noses and lips, and probably with quart-pots in their hands, but with an expression of unmistakable contentment and goodwill. "Foh!" says my idealistic friend, "what vulgar details!"

图5.2 “这稀少而珍贵的真实性特质”

came all of a sudden, as I was lying in the bed, and it got stronger and# stronger#... I# longed so to go back again... I# could n't* bear being so# lonely, and# coming to# beg for want. And# it# gave me strength and# resolution to# get up and# dress myself. I# felt I# must do it#... I# did n't* know how... I# thought I#'d find a# pool, if I# could#, like that other, in# the# corner of# the# field, in# the# dark. And# when the# woman went out, I# felt# as# if# I# was# strong enough to# do# anything... I# thought# I# should get# rid of# all# my misery, and# go# back# home, and# never let'em know# why I# ran away. I# put on my# bonnet and# shawl, and# went# out# into the# dark# street, with the# baby under my# cloak; and# I# walked fast till I# got# into# a# street# a# good way off, and# there was# a# public, and# I# got# some warm stuff to# drink and# some# bread. And# I# walked# on# and# on#, and# I# hardly felt# the# ground I# trod on#; and# it# got# lighter, for# there# came# the# moon-- O, Dinah, it# frightened me# when# it# first looked at me# out# o#' the# clouds-- it# never# looked# so# before; and# I# turned out# of# the# road into# the# fields, for# I# was# afraid o#' meeting anybody with# the# moon# shining on# me#. And# I# came# to# a# haystack, where I# thought# I# could# lie down and# keep myself# warm# all# night. There# was# a# place cut into# it#, where# I# could# make me# a# bed#; and# I# lay comfortable, and# the# baby# was# warm# against me#; and# I# must# have gone to# sleep for# a# good# while, for# when# I# woke it# was# morning, but not very light, and# the# baby# was# crying. And# I# saw a# wood a# little way# off#... I# thought# there#'d perhaps be a# ditch or a# pond there#... and# it# was# so# early I# thought# I# could# hide the# child there#, and# get# a# long way# off# before# folks was# up#. And# then I# thought# I#'d go# home#-- I#'d get# rides in# carts and# go# home#, and# tell'em I#'d been to# try and# see for# a# place#, and# could# n't* get# one. I# longed# so# for# it#, Dinah#-- I# longed# so# to# be# safe at# home#. I# do# n't* know# how# I# felt# about the# baby#. I# seemed to# hate it#-- it# was# like# a# heavy weight hanging round my# neck; and# yet its crying# went# through me#, and# I# dared n't* look at# its# little# hands and# face. But# I# went# on# to# the# wood#, and# I# walked# about#, but# there# was# no water"... Hetty shuddered. She was# silent for# some# moments, and# when# she# began again#, it# was# in# a# whisper.`` I# came# to# a# place# where# there# was# lots of# chips and# turf, and# I# sat down# on# the# trunk of# a# tree to# think what I# should# do#. And# all# of# a# sudden# I# saw# a# hole under# the# nut-tree*, like# a# little# grave. And# it# darted into# me# like# lightning-- I#'d lay# the# baby# there#, and# cover it# with# the# grass and# the# chips#. I# could# n't* kill it# any other# way#. And# I#'d done it# in# a# minute; and#, O#, it# cried so#, Dinah#-- I# could# n't* cover# it# quite up#-- I# thought# perhaps# somebody `ud* come and# take care of# it#, and# then# it# would n't* die. And# I# made haste out# of# the# wood#, but# I# could# hear it# crying# all# the# while#; and# when# I# got# out# into# the# fields#, it# was# as# if# I# was# held fast#-- I# could# n't* go# away#, for# all# I# wanted so# to# go#. And# I# sat# against# the# haystack# to# watch if# anybody# `ud* come#: I# was# very# hungry, and# I#'d only a# bit of# bread# left; but# I# could# n't* go# away#. And# after ever such a# while#-- hours and# hours#-- the# man came#-- him in# a# smock-frock*, and# he looked# at# me# so#, I# was# frightened#, and# I# made# haste# and# went# on#. I# thought# he# was# going to# the# wood#, and# would# perhaps# find# the# baby#. And# I# went# right on#, till# I# came# to# a# village, a# long# way# off# from the# wood#; and# I# was# very# sick, and# faint, and# hungry#. I# got# something to# eat there#, and# bought a# loaf. But# I# was# frightened# to# stay. I# heard the# baby# crying#, and# thought# the# other# folks# heard# it# too,-- and# I# went# on#. But# I# was# so# tried, and# it# was# getting towards dark#. And# at# last, by the# roadside there# was# a# barn-- ever# such# a# way# off# any# house-- like# the# barn# in# Abbot's Close; and# I# thought# I# could# go# in# there# and# hide# myself# among the# hay and# straw, and# nobody `ud* be# likely to# come#. I# went# in#, and# it# was# half full o#' trusses of# straw#, and# there# was# some# hay#, too#. And# I# made# myself# a# bed#, ever# so# far behind, where# nobody# could# find# me#; and# I# was# so# tired and# weak, I# went# to# sleep#.... But# oh, the# baby#'s crying# kept waking me#; and# I# thought# that# man# as# looked# at# me# so# was# come# and# laying hold of# me#. But# I# must# have# slept a# long#

图5.3 19世纪最重复的段落:《亚当·贝德》中海蒂的忏悔

井号表示特定段落中有一个单词被重复,星号表示用于计算的“词典”之外的单词。这一段以及其他段落有些怪异之处,是斯坦福的解析器造成的,例如它会将否定词缩写,比如“couldn't”末尾的“n't”,当作单独的词。

And# I# made haste out# of# the# wood#, but# I# could# hear it# crying# all# the# while#; and# when# I# got# out# into# the# fields#, it# was# as# if# I# was# held fast#-- I# could# n't* go# away#, for# all# I# wanted so# to# go#. And# I# sat# against# the# haystack# to# watch if# anybody# `ud* come#: I# was# very# hungry, and# I#'d only a# bit of# bread# left; but# I# could# n't* go# away#.

图5.4 “但是我一直都能听见它哭”

艾略特的这个段落包括海蒂（Hetty）对黛娜（Dinah）的忏悔：回忆起在林中丢弃孩子，等待“它”死去（用她自己用的代词）。但“等待”是个错误的词（**图5.4**）。

语法上来说，这些句子最引人注目的地方在于海蒂作主语的屈折动词形式（inflected verb forms）潮水般涌来：I made haste ... I could not hear ... I got out ... I was held fast ... I couldn’t go away ... I wanted ... I sat ... I was ... I had ... I couldn’t ... 在叙事分析中，动词形式通常被看作是“动作”的指标——这很好理解。此处，语法和句法间存在刺耳的不和谐声，这些动词却象征着瘫痪（paralysis）：海蒂绝望地想要“走开”——但是不能。就像她无法离开事件的物理环境，她也不能放弃描述这一事件的**词语**。她无法**忘记**：这就是重复的来源。更好的说法是：她既不能忘记，**也不能真正说出发生了什么**。这是教科书般的“重复”与“消解”（working through）对立的例子，她一再反复地说着同样的内容，因为她无法让自己说出真正重要的事：“死”这个词**从没**重复，仅仅在章节末尾拐弯抹角、令人误导的结构里出现了一次。[1]

为何重复？因为重创（trauma）已经发生，重复是用语言来表达这种创痛的很好的方法：囚禁于自己的话语，而话语神秘的力量解释了为什么尽管艾略特热爱分析性的细节，却能够写出整个世纪中最具重复性的段落。其次，海蒂的忏悔也揭示了类符/形符比在本质上**口语**（oral）的成分。紧随艾略特的两段词汇密度最低的片段也是忏悔：埃

1 “But it was morning, for it kept getting lighter, and I turned back the way I’d come. I couldn’t help it, Dinah; it was the baby’s crying made me go—and yet I was frightened to death. I thought that man in the smock-frock’ud see me and know I put the baby there.” 注意，“死”如何指涉海蒂而非她的孩子。

奇沃思《倦怠》(*Ennui*)中换婴儿一段[1]以及特罗洛普《巴塞特的最后纪事》中爱的忏悔。[2]同样的低密度范围内我们还找到了一些章节，出自儿童故事(其叙事者通常栩栩如生)，爱尔兰小说(专长模仿讲话)，和特罗洛普的无数小资产阶级简短对白的例子。[3]以及审判的场景:《理查德·费瑞弗尔的磨难》(*The Ordeal of Richard Feverel*)，《中洛锡安之心》(*The Heart of Mid-Lothian*)，威廉·斯卡吉尔(William Scargill)的《无人委托的律师故事集》(*Tales of a Briefless Barrister*)，意识形态的冲撞:《享乐主义者马利乌斯》(*Marius the Epicurean*)，"快乐共产主义"的狂喜愿景:玛丽·克里斯蒂(Mary Christie)的《劳拉女士》(*Lady Laura*)，[4]以及对金钱的长篇谩骂:托马斯·彭伯顿(Thomas Pemberton)的《一个很老的问题》(*A Very Old Question*)。[5]有的角色因为想要恳切

1 "I thought, how happy he would be if he had such a fine babby as you; dear; and you was a fine babby to be sure; and then I thought, how happy it would be for you, if you was in the place of the little lord: and then it came into my head, just like a shot, where would be the harm to change you?"

2 "You are so good and so true, and so excellent, — such a dear, dear, dear friend, that I will tell you everything, so that you may read my heart. I will tell you as I tell mamma, — you and her and no one else; — for you are the choice friend of my heart. I can not be your wife because of the love I bear for another man."

3 "Do you think that I am in earnest?" "Yes, I think you are in earnest." "And do you believe that I love you with all my heart and all my strength and all my soul?" "Oh, John!" "But do you?" "I think you love me." "Think!"

4 "All are not equally happy; all can not be equally happy. But there is a sort of communism possible in happiness. The unhappy have a claim upon the happy; the happy have a debt towards the unhappy." "But how can one share one's happiness with others? It seems to me impossible. It is what I have most wished to do, but I see no way in which it can be done." "In one sense certainly you can not share your happiness, and you can not give it away. It is essentially your own, a development of your being, a part of yourself that you may not alienate."

5 "Money!" she cried derisively. "Money! What is money to the trouble which has torn my heart ever since I have been married! What is money to those who thirst for love! I never wanted money; without money I was strong and happy; since I have had it I have been weak and miserable. Money broke down my poor father, and it was for money that Percy married, deceived, and has forsaken fine. Thank God that the wretched money has gone."

热情而太过唠叨（《爱玛》），或是因为需要反复演练证据，例如《德拉库拉》（*Dracula*）中的范·海尔辛（Val Helsing）。阿里森（Alison，本文作者之一）和杰玛（Gemma，本文作者之一）的结论是，评分最低的（很多都属于正典）千字片段和《朗文语法》中的对话**正好**属于同一个区间，这很难说是偶然：朗文区间内均值30，我们的500个最低得分的片段均值在27—33之间。

我们转向类符/形符比是希望能引导我们回到某种文本分析中，我们没有失望：低分值抓住了叙事结构的关键方面，示意创痛、强度和口头形态。那么高分值呢？

6. "炮眼里震动的大口径加农炮"

图6.1显示了语料库中类符/形符比最高的10本小说；**图6.2**是分值最高的篇章，摘自爱德华·霍克（Edward Hawker）的《亚瑟·蒙塔古，又名孤身泛海》（*Arthur Montague, or, An Only Son at Sea*）。

Edward Duros, *Otterbourne; A Story of the English Marches*, 1832
Edward Hawker, *Arthur Montague, or, An Only Son at sea*, 1850
Emma Robinson, *The Armourer's Daughter: or, The Border Riders*, 1850
William Lennox, *Compton Audley; or, Hands Not Hearts*, 1841
Mary Anne Cursham, *Norman Abbey: A Tale of Sherwood Forest*, 1832
William Maginn, *Whitehall; or, The Days of George IV*, 1827
Thomas Surr, *The Mask of Fashion; A Plain Tale, with Anecdotes Foreign and Domestic*, 1807
James Grant, *The Scottish Cavalier: An Historical Romance*, 1850
Cecil Clarke, *Love's Loyalty*, 1890
Jane West, *Ringrove, or Old Fashioned Notions*, 1827

图6.1　高类符/形符比，或档案的胜利

如果正典优越的社会地位总是和语言上的优越相关联——1997年诺贝尔文学家得主达里奥·福写过一部剧，名叫《工人认识300字，老板认识1 000字，所以他是老板》——那么正典作家的语言应该比被遗忘的作家更富变化。然而，根据类符/形符比测量的词汇丰富性，情况正相反。"全部审美语言就包含在对**肤浅**的根本性拒绝中，"布尔迪厄写道："'粗俗的'作品［……］以勾引的手法引发反感和

then cut through some acres of refreshing greensward, studded with the oak, walnut, and hawthorn, ascended a knoll, skirted an expansive sheet of# water; afterwards entering an# avenue of# noble elms, always tenanted* by a# countless host of# cawing* rooks, whose clamorous conclaves* interrupted the# stillness that reigned around, and# whose# visits to adjacent cornfields* of# inviting aspect raised the# ire and# outcry of# the# yelling VOL. I. C urchins employed to# guard them from depredation. Emerging from# this arched vista, a# near view was obtained of# the# mansion, approached through# a# thick luxuriant shrubbery of# full-grown* evergreens. It was# a# straggling stone structure of# considerable size and# doubtful architecture, having on either side an# ornamental wing, surmounted by# glazed cupolas*, and# indented below with# niches containing statues and# vases alternate. The# front face of# the# building displayed a# row of# fine Corinthian pillars-- their capitals screened by# wire-work* shields, to# defend them# from# the# injurious intrusions of# the# feathery tril*> e, who ever chirped* and# hovered about the# forbidden spots, coveting the# shelter denied them#. In the# vicinity of# the# house was# a# spacious flower-garden*, encompassed by# a# protecting plantation of# bay, holly, augustines*, arbutus, laburnum, yellow and# red Barbary, lilac, and# Guelder-rose*, ever# melodious with# the# shy, wary blackbird's whistle, the# sweet notes of# the# secreted thrush, and# the# varied carols of# their# fellow-choristers*, all conspiring to# give motion as well as# life to# their# leafy concealment. To# the# right, was# a# rich, park-like* prospect, sprinkled with# deer, grazing beneath clumps of# commingled oaks and# chestnuts or pulling acorns from# the# low, overhanging? branches of# some# solitary venerable stout-trinket* tree, whose# outspread limbs bent downwards to# the# earth from# whence their# life# was# drawn, as# if in# thankfulness for the# nourishment received. In# an# opposite direction stretched forth undulating woodland scenery, bordering on# an# open furzy down, which was# frequently occupied by# the# moveable* abodes* of# those houseless rovers-- the# hardy, spoliating*, mendacious tribe, whose# forefathers Selim*, on# (continued on page 13)

图6.2 19世纪重复最少的篇章

亚瑟·霍克的风景描写，类符/形符比为60，远超《朗文语法》报告的相同长度片段的分数（小说为46，新闻为50）。

嫌恶。”[1] 肤浅，霍克的语言？勾引？要说起来，正好相反。这种粗俗/优雅的二分法永远无法解释档案和高类符/形符比之间的联系。我们必须往别处看。

我们在语料库语言学（corpus linguistics）里找到一个答案，这一研究中经常发生这种事。这一次是“语域”（register）这个概念：道格拉斯·比伯（Douglas Biber）和苏珊·康纳德（Susan Conrad）在《语域，类型和风格》（*Register, Genre, and Style*）中描述过的信息（message）的“交际目标和情景语境”（communicative purposes and situational

1 Pierre Bourdieu, *Distinction: A social critique of the judgment of taste*, Cambridge: Harvard University Press, 1984, p.486.

contexts)。[1]在语域研究中，口头和书面存在根本对立，公认英语中后者的类符/形符比远高于前者。如果档案的词汇比正典丰富，原因在于**档案比正典更倾向于"书面"语域**(照我们在之前部分看到的，正典对于"口头"传统要自如得多)。并不是说档案中高类符/形符比的小说里口语(oral)段落(对话，演说，感叹，等等)比较少；杰玛关于口语话语(colloquial discourse)进展的著作显示，它们甚至可能包含更多此类段落。问题在于其"口语"(spoken)段落具有明显的"书面"(written)特质。简·韦斯特(Jane West)的《环游》(*Ringrove*)一书中有许多从排版上看是"言语"(speech)的语言，但是经常包含了正式的长篇大论，听上去更接近书面专题报告而不是口头交流。[2]

语言学上的保守肯定是许多档案作品具有"书面"特质的一个原因。威廉·诺思(Willian North)的《伪装者》(*Impostor*)里有一段——其类符/形符比差不多位于语料库的前1%——对这一点表达得很好：

> "近年来，除了上述**自诩的**(*soi-disant*)时髦垃圾，还有一股对低俗生活、俚语和各种粗鄙词语的强烈嗜好混进了我们的**美文**(*belles lettres*)。狄更斯和恩斯沃思(Ainsworth)领头，大群人跟随其后……让我们努力重建纯粹的古典品味吧。"

让我们努力重建……安德伍德(Underwood)和赛勒斯(Sellers)在对声望和风格的研究中发现，许多无名的书籍"位于[模型]名单最底部……是怀着鼓舞人心或劝人为善的目的的"。[3]这里也是如此：口语语域常见的"俚语和粗鄙词语"冒犯了"纯粹的古典品味"，而**图6.1**里面那群作者则予以反击，"提升"话语的语调，具有书面语一样的正式和严肃：许

1 Douglas Biber and Susan Conrad, *Register, Genre, and Style*, Cambridge University Press, 2009, p.2.

2 此处有一例，是对拜伦误用其诗歌天赋的评论："There is a deep condensation of thought, an appropriateness of diction, an elegance of sentiment, and an original glow of poetical imagery; ever happy in illustrating objects, or deepening impressions; — which so fascinate our fancy and bewilder our judgment, that we lose sight of the nature of the deeds he narrates, and the real character of the actors."

3 Underwood and Sellers, p.14

多名词,许多形容词,尽量少的屈折动词形式(**图6.3—图6.4—图6.5**)。[1]

到现在为止,我们解释了高类符/形符比与书面语域间的密切关系,不严格地说,这种关系是风格和意识形态选择的结果。但其关联还存在更中立的"功能性"原因。在语料库语言学的发现当中,词汇丰富最大化总是同新闻相联系:《朗文语法》指出,这种话语需要"极高的名词要素密度"(density of nominal elements)以便"指涉各种任务、地点、物体、事件等"。新闻的丰富词汇有双重来源:第一,每条具体新闻内在的必然独特性;第二,条目与条目**之间**完全隔断:每篇文章或通讯开始时,重复就被"重置为"近乎为零,而类符/形符比就此上升。这一双重逻辑返回虚构文本,带来高类符/形符比:它们包括足够的迥然相异的材料,并通过使用多种类型形式(generic forms)进一步强化其多样性。有6本简·韦斯特小说,其类符/形符比在语料库的前3%,在她的24个分值最高的片段中,有17个引用了诗句。没有诗句的情况下,她使用繁复的隐喻("期待可怕的暴风雨来临,它将清理不健康的树枝"),甚至模仿(pastiche)。[2]威廉·诺斯给《伪装者》写的前言半是文

1 名词和形容词的高频率把我们带回第四部分结尾讨论过的"语法二元词组":"形容词—形容词"、"名词—形容词"词组。把那些结果和这一部分出现的情况相结合,我们最终就能在二元词组的层次解决高冗余文本的悖论,并在类符/形符比的层次上解决高多样性文本的悖论。"count Goldstein"和"uncle Gerard"这样的二元词组的"贴标签"功能以及"iron will:"和"clever little"这样喋喋不休的陈词滥调,很容易在小说中自我重复,因而提高了**在这个范围内**测到的冗余度;但是,即使是平庸的作者也不太可能在1 000个单词的窗口中重复"clever little",因而能保持较高的类符/形符比。正典文本中常见的"限定性名词"或者"前置限定词"二元词组的情况则相反:"the"是英文中最常见的词,不可避免地会在1 000字片段中重复数十遍,因此降低了其词汇多样性;但是既然紧跟这个冠词的名词会很容易变化,二元词组层次上冗余也就维持相对较低。

2 "First, Venus, queen of gentle devices! taught her prototype, lady Arabella, the use of feigned sighs, artificial tears, and Studied fainting: while Aesculapius descended from Olympus, and, assuming the form of a smart physician, stepped out of an elegant chariot, and on viewing the patient, after three sagacious nods, whispered to the trembling aunt, that the young lady's disorder, being purely mental, was beyond the power of the healing art. Reduced to the dire alternative of resigning the fair sufferer to a husband or to the grave, the relenting lady Madelina did not long hesitate." (Jane West, *A Tale of the Times*, 1799.)

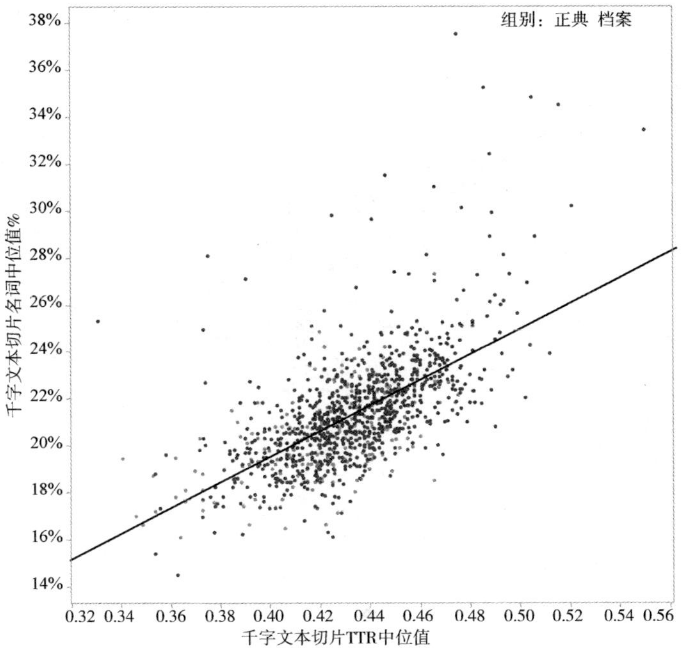

图6.3 类符/形符比和名词

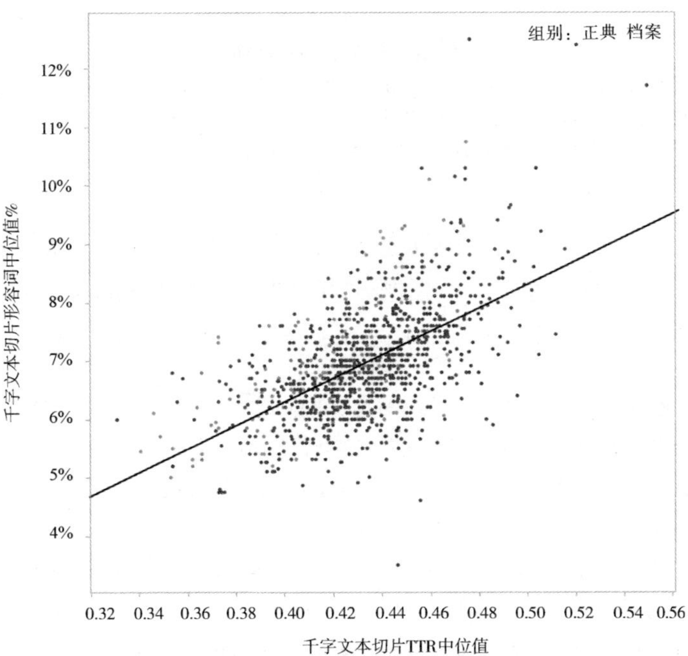

图6.4 类符/形符比和形容词

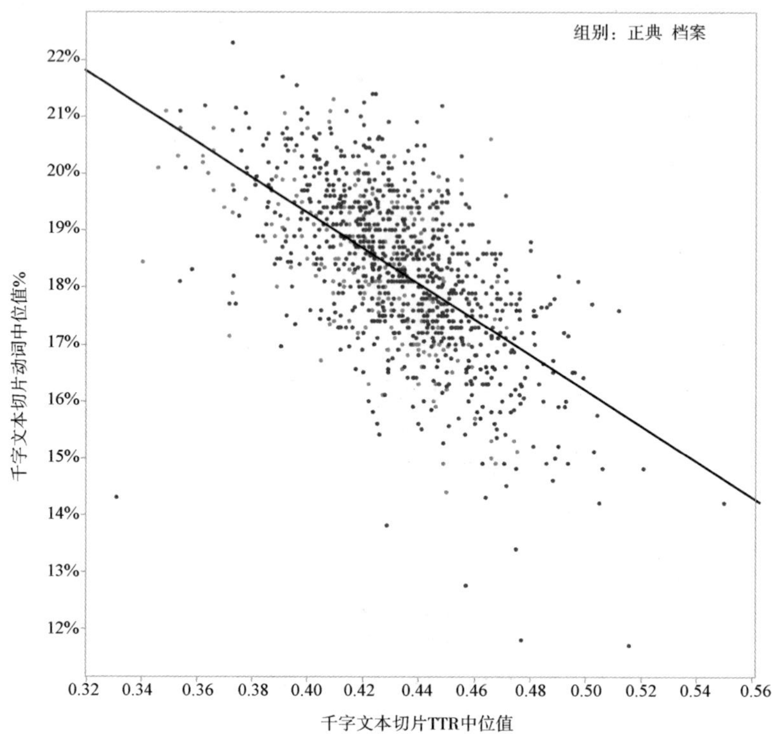

图6.5　类符/形符比和动词

图6.2所示霍克的直布罗陀片段相比19世纪小说平均水平，其形容词（和分词）频率是后者的3倍，屈折动词的频率是后者的五分之一到四分之一。相反，图5.4中《亚当·贝德》片段有75个单词，仅有4个名词和1个形容词："hungry"。

学批评，半是书面辩解，涉猎极广，还包括一个附录，收入了决定塞到自己所作"罗曼司"里的广泛话题。[1]托马斯·霍普（Thomas Hope）则转向政治预言，[2]刘易斯·温菲尔德（Lewis Wingfield）转向半戏仿的建筑

1 "通过引入文学评论、对政治和社会邪恶的嘲讽以及对有趣的科学事实的大众阐释，我希望增加罗曼司的趣味，我相信其中不会缺乏探险、情节和精心设置的人物。但时髦小说的日子已经过去了。现在的时代是实用的，就算是小说家（当代的诗人）也必须符合这个模式。"

2 "The time is at hand when all the tottering monuments of ignorance, credulity, and superstition, no longer protected by the foolish awe which they formerly inspired, shall strew the earth with their wrecks! Every where the young shoots of reason and liberty, starting from between the rents and crevices of the worn-out* fabrics of feudalism, are （转下页）

学题外话，[1]爱德华·杜罗斯（Edward Duros）转向博学的古物研究，[2]爱德华·霍克转向自然主义的教导……

不过例子已经够多。该做最后的反思了。

III. 文学场域大型动力学

给已经偏离最初目标很远的项目“下结论”，这不容易。起初正典和档案是研究目标，冗余和类符/形符比是调研手段；但是后来手段和目的的关系默默调转：正典和档案移到讨论边缘，冗余和类符/形符比越来越占据了中央位置。这一转换不在计划内；有很长一段时间我们甚至没有意识到这已经发生。我们一直成月地琢磨二元词组究竟“意

（接上页）becoming too vigorous any longer to be checked: they soon will burst asunder the baseless edifices* of self-interest* and prejudice, which have so long impeded their growth. Religious inquisition, judicial torture, monastic seclusion, tyranny, oppression, fanaticism, and all the other relics of barbarism, are to be driven from the globe." (Thomas Hope, *Anastasius, or, Memoirs of a Greek*, 1819.)

1 "a stately entrance hall in the most fashionable quarter of the metropolis, embellished with lofty Ionic columns of sham Sienna marble; in front of each a magnificent bust of sham bronze by Mr. NoUekins* on a pedestal of scagliola. From a heavily stuccoed* ceiling, wrought in the classic manner, depend six enormous lanterns in the Pagoda style, wreathed with gaping serpents. Along three sides there are rows of 'em pire*' benches, covered with amber damask, on which are lolling a regiment of drowsy myrmidons in rich liveries*. Passing these glorious athletes, you enter an ante-room choked with chairs, sofas, settees*, whose florid gilding is heightened by scarlet cushions. Very beautiful." (Lewis Wingfield, *Abigel Rowe. A Chronicle of the Regency*, 1883.)

2 "The shield, slung to his neck, bore no emblazonry, and his open baronet and pennonless* lance argued him neither to have undergone the clapham, or knightly box on the ear (!); nor the osculum pads, which more gently signified the chivalric brotherhood. He was, however, well mounted and perfectly armed. Judging from his simple habergeon, and a silver crescent which he bore, more in the way of cognizance than as his own device, he might be pronounced a superior retainer in the service of some great feudatory." (Edward Duros, *Otterbourne; A Story of the English Marches*, 1832.)

味着”什么，到底为何它们能区分我们的文本；后来，阿里森和杰玛引进了口头与书面语域的问题后，我们甚至花费了更多时间在类符/形符比上，阅读从未听说过的小说的片段，里面充满了井号、星号和诸如“倾斜”（acclivities）、“金链花”（laburnum）和“混合”（commingling）这样的词。怪哉。

为什么这么做？因为我们感到，研究类符/形符比能让我们对“内在”力量——与第三部分讨论的“外部”力量不同——有所理解，它们塑造了文学场域。这是研究目标的又一次滑移：预设的正典和档案的分界——斜线还在标题里——失去了不少关注，被重新纳入大得多的视野中。有分寸地说，这还是与四十年前布尔迪厄的轨迹有些相似之处：当时，他从对《感伤教育》（*Sentimental Education*）及福楼拜（Flaubert）在19世纪法国文学的地位研究开始，开发出一个常规框架，福楼拜依然在场，但只是许多因素中的一个。这里也如此：正典和档案依然“在”图片里，有不同颜色标记；但现在，图表的意义存在于加强对文学场域作为整体的了解。艾略特和霍克的例子显示了风格上的截然对立，但已经不再让我们想到正典和档案，而是想到“口头”和“书面”语域。焦点已经转移。

但我们和布尔迪厄的研究依然存在重大区别。对我们来说，文学场域的社会学**不能仅仅停留在社会学上**：它需要强大的形态学成分。这就是为什么冗余和（尤其是）类符/形符比变得如此重要：它们混合了定量和定性，这对于小说（fiction）的形态社会学十分完美，而后者正是我们的终极目标。回头看，我们必须承认，目标已不可及——虽然靠近了一些。不可及，意思是当形态学与社会命运之间的联系最强时——在冗余的情况中——二元词组的形态单位本性难以把握，因果链难以建立；但相反的是，当这特质允许做出丰富而显明的分析时——在类符/形符比的情况中——关联就减弱了，只有在极端案例中才确定无疑。同时，极端案例附近出现的两种可见现象——得分最低的案例中角色声音的强度以及另一极高分案例中叙述者文字话题的庞杂——打开了新的探寻路线，定量—定性的连续体清楚再现，直接引向巴赫金（Bakhtin）小说理论的两个关键概念：复调（polyphony）和杂语（heteroglossia）（综合的文学外话语的“其他语言”，如政治，审美，地理，建筑，等等。）通常，这两个概念被认为是紧密联系的（巴赫金自己似乎也这样认为）；但是瓦尔塞（Walser，作本文者之一）在最后一轮讨论中指出，我们的发现揭示出，**它们其实位于小说语域的相反区域**：复调倾向于同正典文本相关联，而杂语同被遗忘的小说相关联。杂语和失败之间的接近尤为引人注目。对巴赫金而言，当小说与其他话语接触，便创造性地转变了后者，夺取其力量，强化了自己在文化体系中的核心地位。似乎用杂语不会出错。但这恰好是小小的被遗忘作者军团遭遇的事：同其他话语的遭遇有使之瘫痪的效果，产生了非虚构散文的死气沉沉的复制品，取代了对话体的生命力。只要事关能否留在英国文学体系中，这是非常糟糕的选择。

那么是否说杂语是小说叙事结构的潜在病态表现？“没有什么事实……本身是病态的，”乔治·岗居朗（Georges Canguilhem）在他关于19世纪“常态”观念的名作中写道，“异常或突变本身并不病态，只是表现出生命的其他可能形态。”[1]如果这一说法正确，那么使得霍克、诺思和杜罗斯注定无名的并非由于选择杂语**本身**是个错误，而是因为杂语发生的国家和时代——生态系统——中，**小说的形式正朝相反方向转移**：拧紧了内在的叙事螺栓，而不是朝外部话语寻求灵感（在其他国家依然如此）。狄更斯尽管写过大量关于议会的文字，其小说依然有出色的“口述性”（orality）。是这一具体的历史机缘使得杂语的“其他语言”对生存不利。

这一点上，回顾更久远的历史会有帮助。一段时间以前，古典学家尼可拉斯·霍茨伯格（Niklas Holzberg）写了篇论文，其关键认知隐喻——“边缘”（Fringe）——给古典小说研究领域留下了深刻的印记。[2]霍茨伯格用这个说法，意思是希腊和拉丁语“真正的小说”（novels proper）这个极小的群体周边存在着大得多的文本群体，小说叙事的痕迹混杂着其他话语元素（史学，游记，哲学，政治教育，色情文学……），因而扩展了小说能达到的范围。之后的20世纪中，“真正的”小说生产力提高，形式多样化，在一般文化中地位提升“边缘”的角色也相应收

1 Georges Canguilhem, *The Normal and the Pathological*, New York: Zone Books, 1989, p.144.

2 Niklas Holzberg, “The Genre: Novels proper and the Fringe,” in Gareth Schmeling (ed.), *The Novel in the Ancient World*, Boston, Leiden: Brill, 2003.

缩。现代文学的学者们几乎从来不曾费神想过这些。但事实上，边缘从未消失：**图6.1**中的作家就是其现代版本，他们话题泛滥，颇为怪异，这就是作品处于小说和其他话语之间边界位置的典型征象。真正的问题在于，与此同时，边界的形态学功能——为小说与其他话语之间的相遇提供良好地带 ——变得更不确定。更早一个世纪，如果一部小说谈到精神自传的细微差别，书信写作的机制，或者“知觉”的中断，仍有可能成为杰作，并且能产生次文类（subgenre）：《天路历程》（*Pilgrim's Progress*），《帕梅拉》（*Pamela*），《项狄传》（*Tristram Shandy*），甚至可能包括《威弗莱》，都有明显的类似边缘的痕迹。但是在19世纪发展过程中——也许是脑力劳动分工的后果，扩大了虚构和社会科学之间的距离，并使得二者的语言越来越难以互通（translatable）——杂语在小说叙事形式发展内的角色变得成问题。这就是决定被遗忘的作家命运的因素。[1]

无论这是否也回答了最初的问题——关于档案改变了我们对文学的认识——不由我们来说。能说的是，研究工作进行时，我们发现自己投入越来越多的时间给《环游》、《伪装者》以及《亚瑟·蒙塔古》；在少数幸运的时刻，我们感到，例如，《亚当·贝德》永远无法提出的问题，这些书能提出。**少数**幸运时刻：要一直保持注意力在档案上，这不容易。某种程度上，是那些著名作家——那些你已经知道的事情——拖着你回到常规。某种程度上，是被遗忘的作者们令人烦恼的本质迫使你面对：野心勃勃的理想的巨大残骸，与文学史家习惯研究的风景截然不同。学习心无傲慢地凝视残骸——但同样也并不怀着恭敬——这是新的数字档案要求我们做到的；长期看，这也许是比计量本身更大的变化。

1 同样原因，从那一刻起，《白鲸》和《尤利西斯》这样的杂语巨著不得不越来越快地远离小说叙事发展的主轴，对非学院读者的吸引力越来越低。

缺席的图像：档案沉默、数据视觉化和詹姆斯·赫明斯[1]

劳伦·克莱因(Lauren Klein)*

宋迎春　译

摘　要：本文以《托马斯·杰斐逊文件数字版》为主要档案，以杰斐逊总统与其奴隶赫明斯的关系为研究对象，以数字方法为工具，努力从关于奴隶制档案的研究材料的空白处辨识并发掘非洲裔美国人的历史声音，展示了我们可以如何利用计算语言学和数据视觉化领域的技术，帮助我们理解历史档案中的沉默和断裂，反思人文历史研究中的权力和伦理关系。数字人文最伟大的贡献之一就在于它唤起对批评者所选择的方法背后的伦理、情感和认识论意义的注意，提醒我们审视那些内嵌于人文研究者所使用的研究方法、数据库结构和展示模式底层的预设和偏见。这是让文化批评重新回到数字人文研究的一种尝试。

关键词：档案；数字化；视觉化；奴隶制；杰斐逊

1801年2月22日，托马斯·杰斐逊在桌前坐下来，给一位在巴尔的摩的朋友写一封短信。他这位名叫威廉·埃文斯(William Evans)的朋友在那里开着一间旅馆，以印第安女王为徽记。这间旅馆也是东海岸邮路上的一个主要中转站。在这个邮件网络里，埃文斯处于核心位置。

---

* **作者简介：**劳伦·克莱因(Lauren Klein)，美国埃默里大学英文系副教授，主要研究方向为早期美国文学、媒体研究与数字人文。

译者简介：宋迎春，四川大学外国语学院讲师。

1 Lauren Klein, “The Image of Absence: Archival Silence, Data Visualization, and James Hemmings,” in *American Literature*, Vol. 85, No. 4, pp.661–688.

杰斐逊希望埃文斯因此可以帮自己当面传达一条消息，因此他在信中提出了一个看似无伤大雅的请求：

> 你我在此地交谈时，你曾说起有时会见到我从前的仆人詹姆斯，还说他曾保证自己随时都有空来见我。所以，我是否能劳烦你派人去找他，并且告诉他：只要他能到我这里来，我会很乐意接待？[1]

在就任总统之前不到两个星期（就职典礼于当年3月4日举行），杰斐逊为自己的请求劳烦了埃文斯而致歉。他这样写道："事实是，我自己实在拙于将一家人（household, 原文如此）管理得井井有条，正如我拙于良好地治理我们的国家。"[2]他在信上签下了自己的名字，放下了笔，然后润湿了一张专门从伦敦进口来的复印纸。他将复印纸盖在鞣酸铁墨水尚未干透的原稿上，再将这两页纸用胶纸（一种表面涂蜡或油以防止墨水蒸发的纸）封起来，然后把这一整叠放入他那台特制的复印机。接下来，他转动安装在机器侧面的曲柄；曲柄带动了一个滚筒。来自滚筒的压力让墨水穿透多孔的复印纸，生成了原稿的一份复印件。这种复印件在干燥后便可以翻过面来，从背面阅读。杰斐逊对这份复印件很满意，唤来秘书，让他将复印件存档，并将原件邮寄给埃文斯。出于某些当时在复杂程度和悲剧性上远远超出他的认知的原因，杰斐逊很快就会更深切地体会到将自己"从前的仆人"召入白宫团队的难度。不过，就此时而言，他的工作已经完成了。[3]

我之所以在此详细讲述杰斐逊的写信过程，有几个原因。最明显的自然是为了证明他与自己所写信件的物质性之间的紧密联系，以

1 参见 Thomas Jefferson, *The Papers of Thomas Jefferson Digital Edition*, edited by Barbara B. Oberg and J. Jefferson Looney, 2009 , Vol. 33, p. 38。

2 同上，第39页。

3 我对复印机（the copying press）操作方法的描述主要参考了泰特斯的文章，参见Sonja Titus et al., "The Copying Press Process: History and Technology, Part 1," in *Restaurator*, Vol. 27, No. 2, 2006, pp. 90–102。

及他对当时最先进的印刷技术的运用。[1]也许同样明显的，是杰斐逊对自己的生平记录的保存努力。事实上，众多学者已经讨论过杰斐逊对自己的历史遗产的关切，也讨论过他希望通过自己记录、编辑和保存下来的文件来影响这种遗产的愿望。[2]杰斐逊写给埃文斯的信还可以用于解释档案从印刷形态向数字形态对学术的冲击。因为，我第一次见到这封信时，看见的既非笔墨书写的原件，也不是复印件，而是《托马斯·杰斐逊文件数字版》(*Papers of Thomas Jefferson Digital Edition*)中的版本。通过这部档案，人们可以(通过付费订阅)在线访问杰斐逊书写并复印的约18 000份文件中的近三分之二，此外还可以看到他在漫长的一生中收到(然后存档)的25 000封信件中的很大一部分。[3]

这部档案的数字化被埃德·福尔瑟姆誉为"史诗级的转化"[4]，其特色不仅体现在可访问内容的增长，还体现在内容浏览路径的多种多样——这些路径得到该数字档案的底层数据库结构的支持。然而这

1 杰斐逊不仅是技术的积极使用者，也是技术的早期引入者。他在1783年就设法获得了"一台这种复印机"，那时他刚刚知道这种机器的存在。1804年，他又成为第一批复写机的购买者。这种复写机体现了新一代复印技术Thomas Jefferson, *The Papers of Thomas Jefferson Digital Edition*, edited by Barbara B. Oberg and J. Jefferson Looney, 2009 , Vol. 15, p. 585。若要详细了解杰斐逊与这种特定技术之间的联系，可参见Silvio A Bedini, *Thomas Jefferson and His Copying Machines*, Charlottesville: University of Virginia Press, 1984。

2 贝迪尼曾评论过杰斐逊自大学时代起就表现出来的"保存记录的热情"。弗朗西斯·科利亚诺则更明确地指出：出于对"作为历史写作之基础的第一手材料的重要性"的认识，杰斐逊"仔细编辑并保存自己的海量个人文件"；并且，正因为如此，我们可以说他在"塑造自己的生平和所处时代的历史"方面表现出了一种刻意的努力，参见Francis Cogliano, *Thomas Jefferson: Reputation and Legacy*, Charlottesville: University of Virginia Press, 2008。

3 Ed Folsom, "Database as Genre: The Epic Transformation of Archives," in *PMLA*, Vol. 122, No. 5, 2007, p. 1571.

4 若要更详细地了解这一档案库的范围及其完成时间表，可参见Jessica Pellien, "Rotunda Launches a Digital Edition of *The Papers, of Thomas Jefferson*," in Princeton University Press blog, April 9, 2009.

并未解决档案沉默——或者说档案记录中的空白——这一难题。米歇尔-罗尔夫·特鲁约描述了这种沉默进入档案的四个关键时刻:"事实的创造(制造**第一手材料**)、事实的整合(制造**档案**)、事实的取用(制造**叙事**),最后一种则是意义的追溯(制造**历史**)。"[1]特鲁约关注的是海地革命的历史叙事。然而,他关于进入那个故事并改变其面貌的沉默的种种形态同样适用于杰斐逊档案所讲述的故事,实际上也适用于作为一个整体的美国档案所讲述的故事。从这个意义上来说,杰斐逊写给埃文斯的信同样颇具启发性。这封信中提到的"从前的仆人詹姆斯"不是别人,正是詹姆斯·赫明斯(James Hemings),也就是萨莉·赫明斯(Sally Hemings)的哥哥,曾与杰斐逊和萨莉同赴法国,并在那里成为一位王公的主厨的学徒。赫明斯学会了上流的法式烹饪,后来成为杰斐逊的巴黎寓所的主厨。在她那本重要的赫明斯家族传记中,安妮特·戈登-里德注意到:詹姆斯·赫明斯的主厨身份"让他对这个外交官之家的某个关键组成部分的每一次成功和失败都负有责任"。事实上,后来当赫明斯向杰斐逊争取自由的时候(他于1796年获得解放),杰斐逊坚持要求赫明斯在解放之前将他的"烹饪之艺"传授给另一个人。[2]

然而,在本文开头提到的那封信里,杰斐逊并未明确描述赫明斯的身份,只是将他称为从前为自己服务的人。当我们以"詹姆斯·赫明斯"为关键词来检索时,这封信出现在检索结果中的唯一原因,就是《托马斯·杰斐逊文件》(*Papers of Thomas Jefferson*)的编辑留意到信中所说的"从前的仆人"指的是赫明斯,并将这一信息作为元数据加入了该文件的数字版。由于《数字版》(*Digital Edition*)中的关键词默认检索范围既包括文献中的文本内容,也包括这种文本之外的信息,研究者便无须对文本内容和编辑注加以区分。然而,如果研究者在搜索詹姆斯·赫明斯时最先使用的是作者或收信者"人名"搜索,那么就算搜索范围覆盖《数字版》目前包含的全部约25 000份文献,他/她也无法得到任何结果。

1 Michel-Rolph Trouillot, *Silencing the Past: Power and the Production of History*, Boston: Beacon, 1997, p. 26.

2 Annette Gordon-Reed, *The Hemingses of Monticello: An American Family*, New York: Norton, 2008, p. 227.

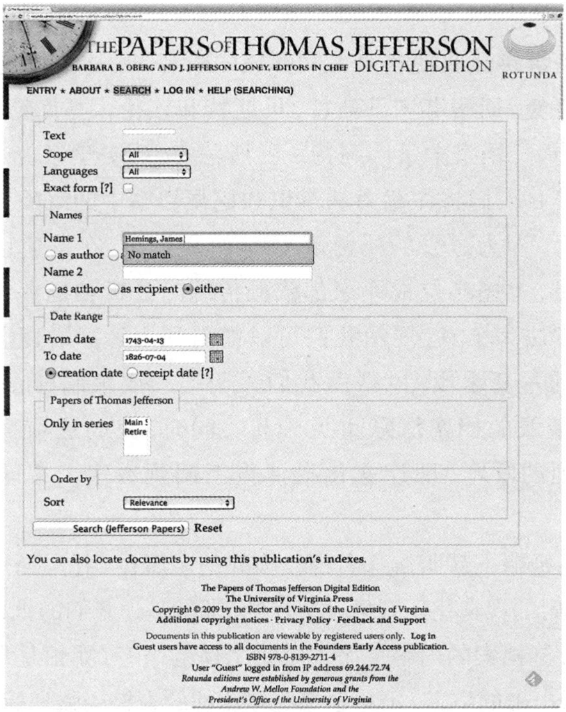

图1　对詹姆斯 · 赫明斯进行“人名”搜索时的页面截屏。来自《托马斯 · 杰斐逊文件数字版》(Jefferson 2008)，访问时间：2013年5月1日。rotunda.upress.virginia.edu/founders/default.xqy?keys=TSJN-info-search.

这个关于档案沉默的惊人案例凸显了那种贯穿美国内战前档案的担忧。将思想付诸纸笔的男女奴隶与那些编辑并发表他们的作品的改革者(大部分是白人)之间有种种联系。我们该如何解释在这种联系中起作用的权力关系？我们又该如何从关于奴隶制的档案(比如《托马斯 · 杰斐逊文件》中收录的信件、清单、账簿和销售收据)中辨识并发掘意义？用苏珊 · 斯科特 · 帕里什的话来说，我们必须努力让这些文献“意味更多东西”。[1]最后，在做到这一点时，我们又该如何避免强化那种有害的观念，即非洲裔美国人在解放之前的声音——并非仅仅是档案记录中的声音，而是他们自己的声音——已经变为沉默，已经无可

1 Susan Scott Parrish, “Rummaging/In and Out of Holds,” in *Early American Literature*, Vol. 45, No. 2, 2010, p. 265.

挽回地消失了。

这一关键挑战驱使各个人文领域的学者——包括文学批评家萨迪亚·哈特曼、斯蒂芬·贝斯特、贝斯特和莎伦·马库斯、社会学家阿韦里·戈登、档案学家珍妮特·巴斯蒂安、历史学家吉尔·莱波雷在内——号召人们将注意力从辨识和挖掘档案中的沉默转移到一个新的方向上，即为过去的秘密赋予生命。[1]然而，在构建这种关于秘密的意识时，上述各位批评家都依赖传统的分析和批评方法。本文则以数字方法为工具，展示我们可以如何利用计算语言学和数据视觉化领域的一套手段，以帮助我们关于动产奴隶制(chattel slavery)的理解中暗藏的档案沉默重见天日。同时，我的这项努力也响应了艾伦·刘的呼吁，即让文化批评重新回到数字人文研究的舞台中心。[2]

我对詹姆斯·赫明斯这名曾经为奴的主厨在《托马斯·杰斐逊文件》中的缺席的视觉化还有另一个目的，那就是让我们的批评注意力重新回到奴隶制档案的内容上来。尽管个体的声音(哪怕是那些因为缺席而被凸显出来的声音)仍然是那些被压抑的人格的强烈标志，它们却无法抵消被哈特曼描述为“大西洋奴隶贸易中难以弥补的暴力”的东西，也无法挽回贝斯特归之于动产奴隶制的那种后果，即其档案的根本

1 参见 Saidiya Hartman, “Venus in Two Acts,” in *Small Axe*, Vol. 12, No. 2, 2008, pp. 1–14; Stephen Best, “Neither Lost nor Found: Slavery and the Visual Archive,” in *Representations*, Vol. 113, No. 1, 2011, pp. 150–163; Stephen Best and Sharon Marcus, “Surface Reading: An Introduction,” in *Representations*, Vol. 108, No. 1, 2009, pp. 1–21; Avery Gordon, *Ghostly Matters: Haunting and the Sociological Imagination*, Minneapolis: University of Minnesota Press, 2008; Jeannette Bastian, “Whispers in the Archives: Finding the Voices of the Colonized in Records of the Colonizer,” in Margaret Proctor, Michael Cook, and Caroline M. Williams (eds.), *Political Pressure and the Archival Record*, Chicago: Society of American Archivists, 2005. Jill Lepore, *The Name of War: King Philip's War and the Origins of American Identity*, New York: Knopf, 1998。

2 Alan Liu, “Where Is Cultural Criticism in the Digital Humanities?” in Matthew K. Gold (ed.), *Debates in the Digital Humanities*, Minneapolis: University of Minnesota Press, 2012.

“变形”(deformation)。[1]我们必须转而注意那些人物和群体之间的连接渠道、这些男男女女所使用的交流网络，以及他们的劳动对各个方面造成的影响。通过数字手段来阐释这场运动，我们便可以将档案本身重构为一种行动场所，而非对确定性和缺失的记载。同时，对档案的这种重构也揭示了数字方法的局限——事实上是当下人们所构想的数字人文研究局限。作为一种往往从认识论可能性角度来构造的批评姿态，在面对奴隶制档案的独特需求时，数字人文反过来要求我们重新思考理解这一概念的真实含义。

缺席的视觉化：詹姆斯 · 赫明斯的隐藏故事

在致埃文斯的信中，杰斐逊请求对方“派人去找”赫明斯，“告诉他”自己很乐意接待他。正如这个请求所示，赫明斯几乎算不上(或者说根本算不上)杰斐逊和那些与他通信的白人们的直接写信对象。当然，杰斐逊档案中还有其他信件提到赫明斯，并且我们也可以用前文提到的那种办法，通过搜索档案的编辑注来找到这些信件。然而，这些信件虽然进入了搜索结果列表，却只不过是再次证明了詹姆斯 · 赫明斯在杰斐逊档案中的缺席。每封信的作者以红色粗体显示：“1786年8月25日致保罗 · 本塔鲁(Paul Bentalou)”、“1787年4月17日自菲利普 · 马塞(Philip Mazzei)”，而作为我们搜索的主题，詹姆斯 · 赫明斯却以小字体显示，往往还带有括号，因为赫明斯在被提及时大都是有名无姓。正如露西亚 · 斯坦顿所指出，这种做法是为了“增大主人与奴隶

1 Saidiya Hartman, “Venus in Two Acts,” in *Small Axe*, Vol. 12, No. 2, 2008, p. 12; Stephen Best, “Neither Lost nor Found: Slavery and the Visual Archive,” in *Representations*, Vol. 113, No. 1, 2011, pp. 150–163。值得注意的是，后殖民主义领域的研究同样回应了其档案的根本性不完善这一挑战。例如，阿明曾尝试对下层的声音和那些把它们记入档案的司法话语“之间的距离进行度量”，参见 Shahid Amin, *Event, Metaphor, Memory: Chauri Chaura, 1922–1992*, Berkeley and Los Angeles: University of California Press, 1995, p. 118。另一个例子则是高希。早在哈特曼之前，高希已经以叙事为工具，对构成奴隶档案的那些数字、人名和辅助记录进行了详尽分析，参见 Amitav Ghosh, “The Slave of MS. H.6,” in *The Imam and the Indian: Prose Pieces*, Delhi: Ravi Dayal, 2002, pp. 169–242。

之间的社会差距，以保护自己的道德观和原则”[1]。与其说这份搜索结果显示了赫明斯在杰斐逊档案中的存在，不如说它凸显了那种对赫明斯宣判社会死刑的制度的交易本质。

对这些信件的视觉化戏剧性地改变了档案的结构（图2）。具体而言，这种做法让学者们的注意力可以更加集中在对“事物表面”的考察所能得到的东西上。[2]这个借用自米歇尔·福柯的表达是斯蒂芬·贝斯特和莎伦·马库斯所提出的“表面阅读”（surface reading）概念的核心。[3]“表面阅读”指的是一整套批评方法，强调关注文本的物质性及其语言的结构，也强调关注批评者对目标作品所持的情感或伦理立场。贝斯特和马库斯相信这一视角可以用来平衡那种坚持挖掘深层意义和隐秘真相的症候阅读。关于表面阅读，他们的解释是：它让学者们得以窥见档案中如赫明斯一般“在场，而非缺席”的阴影，得以“让幽灵（ghost）保持幽灵的面目，而不是说出他们是什么的幽灵。”在贝斯特和马库斯以及其他许多学者看来，幽灵的作用就是成为缺席的象征。由于其处于探测阈限的地位，幽灵代表着被奴役者所经历的社会性死亡状态。以其阴影般的形态，幽灵可以捕捉到一丝我们能够觉察、却难以完全把握的气息。以其流连不去的存在，幽灵能够创造出一种当下被过去萦绕纠缠的感觉。从批评的角度来说，幽灵指向的是一个文本平面；它“要求我们审视它本身，而不是要求我们必须训练自己来看见它**背后的**东西”[4]。

幽灵这一形象，与表面这一概念一样，意味着某种可以觉察却又难以理解的东西。我从贝斯特和马库斯那里借用了这个概念模型，也借来了伴随它的那种批评立场：这个模型更多依靠呈现而非去神秘化来发挥作用；其作用方式更多的是解释，而非挪用（appropriation）或赋力（empowerment）。与此同时，我拒绝了将数字方法定性为与表面阅读对

1 Lucia Stanton, “Jefferson’s People: Slavery at Monticello,” in Frank Shuffelton (ed.), *The Cambridge Companion to Thomas Jefferson*, New York: Cambridge University Press, 2009, p. 84.

2 Michel Foucault, *Foucault Live: Interviews, 1961–84*, Edited by Sylvere Lotringer, Translated by John Johnston, New York: Semiotext(e), 1996, p. 58.

3 Stephen Best and Sharon Marcus, “Surface Reading: An Introduction,” in *Representations*, Vol. 108, No. 1, 2009, p. 13.

4 Ibid., 9.

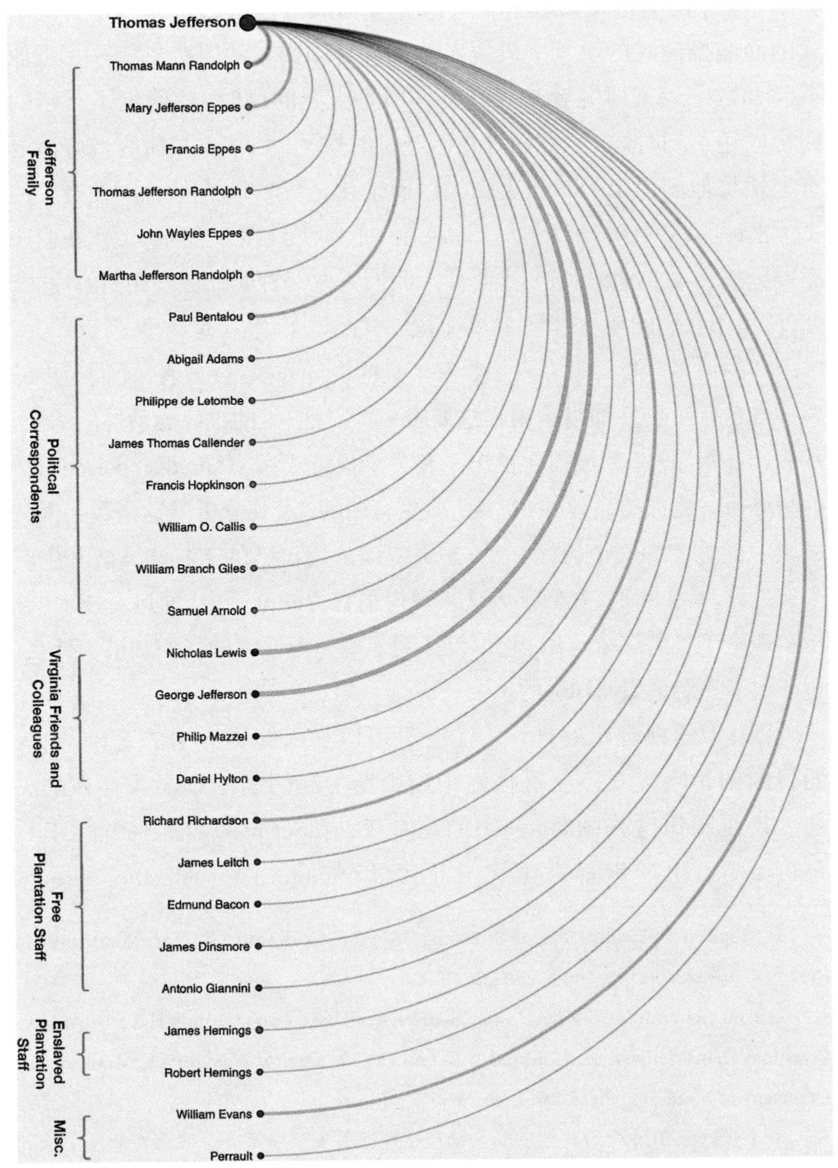

图2　杰斐逊关于詹姆斯·赫明斯的通信的视觉化。弧线的粗细代表通信频率的相对高低。作者制图。

立的做法，故意将自己局限于一种“批评能动性最小化的空间”之中。[1]在事实上，某些重要的数字人文研究者仍旧将他们的研究构建为探索式的而非推论式的。其中最著名的也许是汤姆·沙因费尔特——当他被问及数字人文研究者是否有责任回答人文问题时，他给出了截然的回答：“还不到时候。”[2]然而现在已经是时候了，数字人文研究者应该更有力地将他们提出的知识主张加以理论化。[3]和那些与表面阅读有关的文学批评实践一样，与数字人文联系在一起的工具和方法同样要求我们注意被分析文本的轮廓，事实上是要求我们采取一种明晰程度相似的模式。此外，由于它们的技术本质，这些手段同样凸显了读者，也凸显了读者与文本之间的关系。批评家介入了数字工具的设计和执行（或者，他们至少需要挑选这些工具并加以运用），这要求一种对他/她的批评能动性的承认。然而，与其说这一领域需要推出一套关于福特式潜力（Fordian potentiality）的修辞——比如更高效的“远读”或更有用的“宏观分析”（这是数字人文领域中最著名的两个目标）——它更应该运用自己的工具和方法来生产人文批评。[4]实际上，在数字人文表现得最有力的范例中，通过对技术、分析和理论工具的综合运用，它不仅证明了身为批评家的我们知道了**什么**，也证明了我们是**如何**知道的。

图2中的视觉化处理代表了一种可以引入此类方法的途径，引入的目的则是唤起对杰斐逊档案中詹姆斯·赫明斯的幽灵式存在的关注。我在制作这张图时，使用的是基于JavaScript的数据视觉化工具包Protovis，由斯坦福大学视觉化团队（Stanford Visualization Group）

1 Stephen Best and Sharon Marcus, “Surface Reading: An Introduction,” in *Representations*, Vol. 108, No. 1, 2009, p. 17.

2 Tom Scheinfeldt, “Where’s the Beef? Does Digital Humanities Have to Answer Questions?” In Matthew K. Gold (ed.), *Debates in the Digital Humanities*, Minneapolis: University of Minnesota Press, 2012, pp. 56–60.

3 主张探索和游戏的其他主要人物包括斯蒂芬·拉姆塞——我将在后文中谈到他——还有杰弗里·罗克韦尔和斯特凡·辛克莱。

4 关于远读的经典表述，参见Franco Moretti, *Graphs, Maps, Trees: Abstract Models for Literary History*. New York: Verso, 2007。关于宏观分析的最新表达，参见约克斯Matthew Jockers, *Macroanalysis: Digital Methods and Literary History*, Urbana: University of Illinois Press, 2013。

开发。Protovis支持多种社交网络数据的视觉化格式，其中也包括我选择的格式，即弧线图。与网络数据视觉化中更常用的力导向（force-directed）布局不同，弧线图清晰地呈现网络中的每个个体（或称“节点”），却又通过图中占主要地位的弧线（用网络术语来说，则是“边”）来表明节点之间的关系。[1]我运用前文描述过的扩展搜索方式，在档案内容和编辑注中搜索与赫明斯有关的信件，由此生成底层数据。将搜索生成的信息编入一份数据表之后，我用Python编程语言写了一个脚本，将搜索数据转为Protovis所要求的JSON格式。这个过程包括：将每个提到赫明斯的通信人确定为一个独立的节点；确定这些人提到赫明斯的信件的每个通信对象；然后计算出每对通信人之间往复信件的数量。哪怕只是在这个水平上（即档案的表层水平上），对提到赫明斯的信件的列举已经足以凸显他在档案中的存在。如果对这份图表执行一种强度更高的操作，甚至还有可能连回到那些被引用的信件，不过，类似Protovis这种无须考虑内容的视觉化工具已经为我们提供了一种新的方法，让我们认识到幽灵在档案中的存在。

弧线图还允许我们将成簇的节点归入节点群。在这个案例中，我按照各人与杰斐逊之间的关系，将在通信中提到赫明斯的人进行归类。从左向右读的话，这份图表分别列出了杰斐逊和他的家人、他的政治通信人（political correspondents）、他在法国和海外的通信人、他在弗吉尼亚的友人、他的种植园中的监工和自由民员工、他的奴隶，最后还有那些生平信息匮乏或完全不明的人。连接两个人名的弧线代表着两人之间的通信，而弧线的粗细表示两人通信的频率高低。这批数据都来自杰斐逊的个人档案，因此所有弧线不出意料都与他相连。最粗的弧线中，与杰斐逊相连的分别是他在弗吉尼亚的邻居尼古拉斯 · 刘易斯（Nicholas

1 网络图表那种经常让人难以理解的结构招致了越来越多的批评。批评者既有来自数据视觉化领域的，也有来自媒体研究领域的。要了解一种基于前一角度对当前网络视觉化技术提出的、颇有启发性的批评，可参见Martin Krzywinski et al., “Hive Plots—Rational Approach to Visualizing Networks,” in *Briefings in Bioinformatics*, Vol. 13, No. 5, 2012, pp. 627–644。关于这个所谓的“毛团”（hairball）问题，一种更偏向媒体批评的视角则来自加洛韦Alexander R. Galloway, “Are Some Things Unrepresentable?” in *The Interface Effect*, Malden, MA: Polity Press, 2012, pp. 78–100。

Lewis)、他在弗吉尼亚的代理人乔治·杰斐逊(George Jefferson)(尽管两人显然并非近亲),还有蒙蒂塞洛庄园的监工理查德·理查森(Richard Richardson)。我们可以猜测:杰斐逊和这几个人之间的通信与他对赫明斯的物质和服务要求有关——赫明斯需要为种植园的居民和客人提供他高超的烹饪服务。从这个意义上来说,对杰斐逊通信的表面审视也让我们认识到赫明斯的烹饪所涉及的范围:他的烹饪是厨房的核心,但也向外延伸至整个蒙蒂塞洛庄园——这种延伸通过他购买的食材、他制作的肴馔以及他的美味佳肴最终影响到的政治而得以实现。[1]

然而,图表中第四粗的弧线——也就是连接杰斐逊与埃文斯的那一条——却无法与赫明斯的厨房工作产生联系。事实上,这正是对档案的表面审视呈现给我们的一种洞察,而其呈现方式是传统研究方法(包括传统的数字研究方法)无法做到的。如前所述,因为身处印第安女王旅店,威廉·埃文斯成为了那张更为物质化,因此也更容易保存的邮件网络中的一个节点。由于这个原因,埃文斯在杰斐逊档案中的存在更容易被辨识出来。在对詹姆斯·赫明斯进行人名搜索时,我们得到的是令人心寒的空白。与之形成对照的是,如果对威廉·埃文斯进行人名搜索,我们却能得到一连串通信记录,并能通过这些记录辨识出赫明斯后来的命运。对这些通信记录的考察可以得到一个明显的结论:早在杰斐逊寻求埃文斯的帮助之前很久,赫明斯就已经被牵涉到关于他是否要受雇于杰斐逊的协商之中。赫明斯生命中的前25年是作为奴隶度过的,因此他明白提前确定雇佣条件的重要性。因此他[通过另一个熟人——弗朗西斯·塞伊(Francis Say)]提出请求,要杰斐逊"给他寄来一份聘书,并附上雇佣条件和(杰斐逊)愿意支付的薪水"[2]。他进一步明确表示,这份邀请应出自杰斐逊"手书"(own hand

1 在其关于内战前饮食文化的著作中,杰西卡·哈里斯将种植园中的厨房描述为那个时期的"权力中心之一"。她对此有如下解释:在厨房中,"厨师或是独自工作,或是与女主人合作,负责为主人一家提供饮食,往往也要负责监管整个种植园的伙食。在某些地位较高的种植园中,每天晚上可能有超过20位客人用餐"。参见 Jessica Harris, *High on the Hog: A Culinary Journey from Africa to America*, New York: Bloomsbury, 2011, p. 102。

2 Thomas Jefferson, *The Papers of Thomas Jefferson Digital Edition*, edited by Barbara B. Oberg and J. Jefferson Looney, 2009, Vol. 33, p.53.

wreiting，原文如此）。这表明了赫明斯了解书面文字的威力足以替代法律协议（特别是身为当选总统的杰斐逊本人手书的威力）。尽管他是自由的，但他的有色人种身份却让他从来无法完全利用法律协议的力量。

出于未知的原因，杰斐逊未能满足这一请求。档案中的下一封信是埃文斯写给杰斐逊的，信中提到了赫明斯的自信语气。我们并不知道赫明斯的原话，但埃文斯对杰斐逊是这样讲述的："（赫明斯）给我的答复是，除非（untill，原文如此）你亲笔写信给他，否则他不会去（华盛顿）。"[1]此处我们得到的是对赫明斯的读写能力、生意头脑和坚定立场的有力确认。尽管这封信颇为重要，它却没能出现在以詹姆斯 · 赫明斯为关键词的搜索结果中，因为编辑并未用他的名字标注这封信。至于埃文斯是否影响了这一局面的最终结果，杰斐逊档案并没有给出答案。赫明斯一直没能成为白宫的主厨。接下来，杰斐逊和埃文斯之间的通信联系出现了八个月的空白。档案中二人之间下一次通信（也是最后一次通信）发生在1801年11月，确认了赫明斯自杀之这一"令人悲哀的事件"[2]。

正如贝斯特与马库斯对我们的提醒，詹姆斯 · 赫明斯的幽灵无须代表其他什么东西。可以相当确定的是，赫明斯的幽灵本身的意义已经足够。身为学者的我们可能还想对赫明斯的生平加以更多探究，他的故事却不可能找回了。[3]哈特曼曾经解释说：每个在奴隶制档案中成形的故事都"基于不可能性，包括倾听未能说出的话、翻译被误解的词句、重塑被扭曲的生活；致力达成的则是不可能的目标——纠正那种制造出数字、密码和碎片的暴力。"[4]因此，哪怕只是在对杰斐逊档案里的"数字、密码和碎片"中可能得到的信息（此处通过数字方法来视觉化的信息）加以考察时，由于预先知道了赫明斯的自杀，我们仍会注意到：关于他的一生，我们真正可能了解到的信息是多么少。

---

1 Thomas Jefferson, *The Papers of Thomas Jefferson Digital Edition*, edited by Barbara B. Oberg and J. Jefferson Looney, 2009, Vol. 33, p. 91.

2 Ibid., Vol. 35, p. 542.

3 Ibid., Vol. 36, p. 20.

4 参见Saidiya Hartman, "Venus in Two Acts," in *Small Axe*, Vol. 12, No. 2, 2008, pp. 1–14。

对不可能性的视觉化：从故事到行动

是否有可能将赫明斯故事中的不可能性视觉化？这项工作是否有尝试的必要？一边是一部早已遭到扭曲变形的档案，另一边是一种同样以变形为名的数字人文批评方法——“变形批评”（deformative criticism）。两者之间看似难以成立的结合指向了一种也许可以富有成效地处理这一悖论（它既是伦理悖论，同时也是认识论意义上的悖论）的方法。在《阅读机器》（*Reading Machines*）中，斯蒂芬·拉姆塞描述了通过计算机手段“蓄意并真实”地更动文本的“图像及句法编码”[1]［他将这称为对文本的数字“变形”（deformance）[2]］将如何造成一种“通过其他手段难以取得的批评自我意识”。根据拉姆塞的说法，这种“批评自我意识”——或曰对文本的主动参与——使“意义潜力的解放”成为可能。[3]然而，在赫明斯这个例子里，辅以对文本的数字变形的主动参与反而暴露了意义的不可能性。这个结果不仅对我们理解奴隶制档案至关重要，同样对我们整体去理解数字人文研究至关重要。因为，尽管拉姆塞会坚称这一领域“具有革命性并非因为它提出了一种基本的阐释学流程之外的选项，而是因为它在新的尺度上重新设想了这种流程，赋予它新的速度，将它置于种种新的条件之中”[4]，但数字人文事实上代表着（批评意义上和技术意义上的）新的流程，而这些流程允许关于档案记录的其他理解得以呈现。事实上，数字人文最伟大的贡献之一就在于它突出了批评者本人相对于其所研究的档案的位置，并唤起对批评者所选择的方法背后的伦理、情感和认识论意义的注意。奴隶制档案这一特定语境同样能帮助数字人文研究者看到：他们的方法可以如

1 Stephen Ramsay, “The Hermeneutics of Screwing Around.” Paper presented at the Playing with Technology in History Conference. Niagara- on-the-Lake, Canada, April 29–30, 2010.

2 首先使用“变形”（*deformance*）这个词的是麦根和塞缪尔斯。

3 Ibid., 57.

4 Ibid., 31.

何延伸至文化研究和理论研究之中（事实上，这些方法可能已经进入了上述领域）。在此我指的并非工具构建这样的理论工作（尽管它当然也有其作用），而是那种让技术、档案和关于知识生产的普遍观念中的局限凸显出来的工作。

下一页中的视觉化便呈现了杰斐逊档案中这样一种具有批评意义的变形（图3）。[1]我并未将优先地位赋予写信人之间的关系，而是选择对作为档案基本单元的信件进行拆解，在相同的平面上考察信件内容中的每一个词。我使用的软件是“具名实体识别器”（named entity recognizer）。它源于计算语言学领域，可以在较长的文本中辨认或识别代表事物名字的一串单词，比如人名或地名。通过它，我可以自动确定杰斐逊档案中每一处提到某人名字的内容。被《杰斐逊文件》的编辑确认含有与赫明斯或其家人相关内容的信件共有51封，而我便将处理范围限制在这51封信之内。在这些文本上，我增加了我自己在搜索中找到的7封信件——它们提到了杰斐逊称之为“詹姆斯·赫明斯（James Hemmings，原文如此）的悲惨结局”的事件。[2]在得到XML格式的《杰斐逊文件》数字版并从文件中提取出这批信件的内容之后，我使用了斯坦福大学自然语言处理团队开发的具名实体识别器，用以辨识与赫明斯有关的信件中每个被提到名字的人。[3]我先用Python写了一个脚本，将具名实体识别器生成的结果解析为人类可以阅读的形式，之

1 当前，数字人文研究领域的核心地带存在着一种紧张状态，即对那种被娜塔莉亚·塞西尔（Natalia Cecire）定性为“本质上**不具推论性的**理论模式”的坚持。当置于奴隶制档案这一语境之中时，这种坚持就会被放大。除了塞西尔本人对这种紧张状态的尖锐批评，还可以参考她推荐的一系列文章。

2 Thomas Jefferson, *The Papers of Thomas Jefferson Digital Edition*, edited by Barbara B. Oberg and J. Jefferson Looney, 2009, Vol. 36, p. 20.

3 XML是一种“标记语言”，即一套允许个体以计算机可识别（或可“解析”）的方式来标注文件的公约标准。许多档案文件都以XML编码，以使写信人、收信人和写信日期等关键信息可以被轻易提取，然后得到处理和/或展示。在这个案例中，我接收到的《杰斐逊文件》是XML格式的，却被要求用斯坦福大学的具名实体识别器（NER）来提取信件内容以便使用。（我在一个单独的文件中记录了与每一封信件相关的附加信息。）由于NER返回的结果是XML格式的，我又需要另写一个脚本来提取其中的信息。之后我再将这部分信息合并到包含信件最初元数据的文件中。

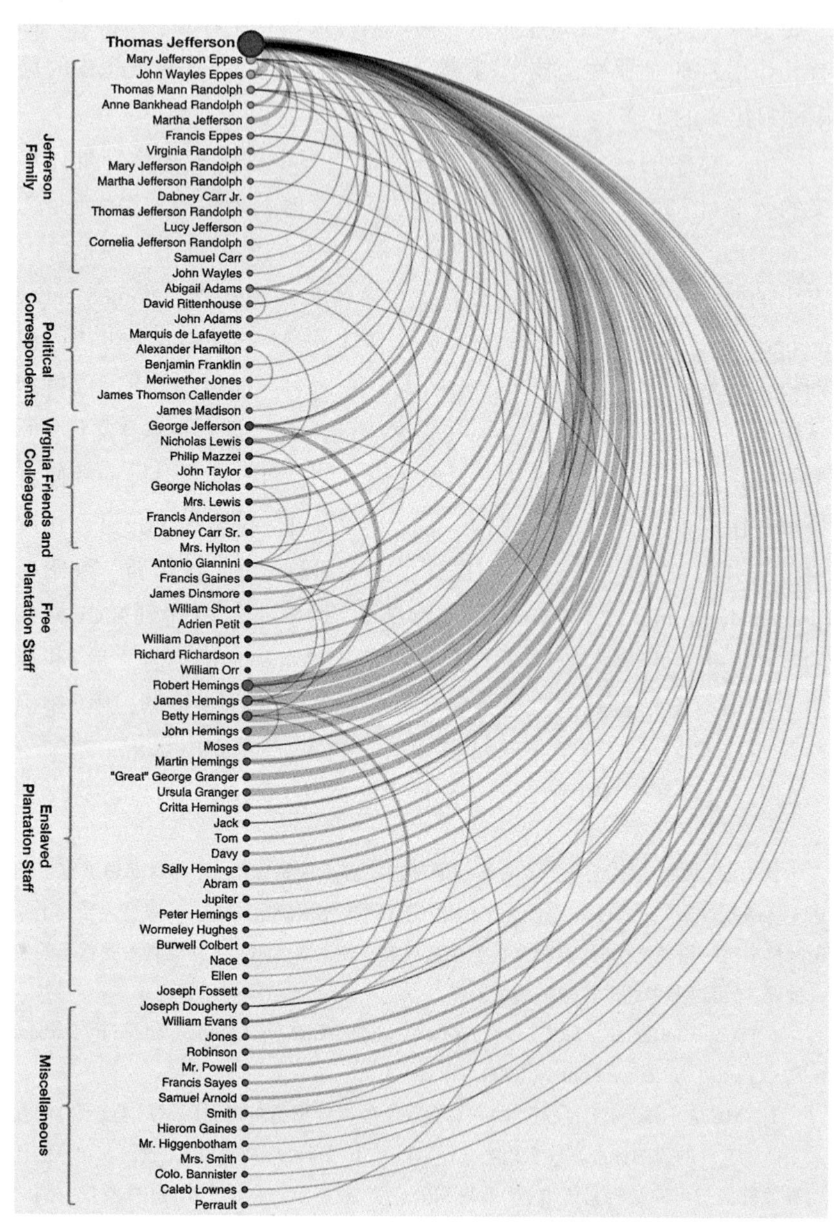

图3　对“赫明斯文件”中的关系网络的视觉化。弧线粗细代表通信频率的相对高低。作者制图。

后便制成一份人名列表，再对这份列表进行人工审核，以消除其中可辨识的错误和重复。前面的引文中提到的赫明斯的姓就是一个例子：它有时只包含一个m，有时则是两个（mm）。在提到他的男女奴隶时，杰斐逊几乎总是使用昵称，这同样增加了数据分析的复杂程度。例如，詹姆斯 · 赫明斯就会被称为詹米（Jamey）或吉姆（Jim），在法国时则被称为吉梅（Gimmé）。[1]在尽可能解决了这些偏差之后，我又写了所谓"共现分析"（co-appearance analysis）的第二个脚本，用的同样是Python语言，以确定每封信中哪些名字共同出现。最后，我将这些关系制成了文中弧线图所呈现的格式。

图中浮现出来的，是人际和社会群体之间关系复杂程度的证据。值得注意的是，将杰斐逊与他的男女奴隶连接起来的弧线要比他和亲友之间的弧线突出得多。这表明，在购买补给或销售产品等事务上，杰斐逊要想让自己的种种指令得以实现时有多么依赖他的种植园中的奴隶员工。因此，尽管这一视觉化图像无法重现这些人在对话中都说了什么、为了完成交易都去了哪些地方，以及他们真实的日常生活状态，杰斐逊对他的男女奴隶的一种依赖感却从中产生出来。

虽然这只是一幅单独的图像，但其中构成这一视觉化图像的重叠弧线也指向了杰斐逊档案中内嵌的多重权力网络。其中当然包含了关于奴隶制束缚的证据。这种束缚是一种资本主义"封装"（encapsulation），已被保罗 · 吉尔罗伊证明"为独特的经济、社会和政治关系网络提供了基础"[2]，而这种网络一直延续到今天。然而，连接赫明斯一家与种植园上其他男女奴隶的弧线同样在视觉上指向一种经济、社会和政治网络。这一网络的维持有赖于艾薇 · 威尔逊所说的"雷达盲区"中的交流系统，因此在今天的档案中被觉察到的难度要大得多。[3]

1 Annette Gordon-Reed, *The Hemingses of Monticello: An American Family*, New York: Norton, 2008, p. 553.

2 Paul Gilroy, *The Black Atlantic: Modernity and Double Consciousness*, Cambridge: Harvard University Press, 1993, p. 55.

3 Ivy Wilson, *Specters of Democracy: Blackness and the Aesthetics of Politics in the Antebellum United States*, New York: Oxford University Press, 2011, p. 29.

货物的交换或交易不会留下财务记录，通过口头交流的新闻不会留下书面痕迹，而以土语表达的政治修辞也不会形成有形的意识形态。然而，这一视觉化图像可以帮助我们觉察到《杰斐逊文件》中包含（如果不是明确记录下来）的其他强有力的网络。

将这一图像纳入视野之后，再回头考察档案中的文件，研究者的关注点便会发生根本性的变化。以杰斐逊写给埃文斯的信中第一封表明他知晓了赫明斯之死的信为例：

> 从我一个仆人认识的人那里传来了一条消息，说我从前的厨师詹姆斯·赫明斯已经自杀了。无论此事是真的还是有一定根据，都会让他的朋友们不安，所以还请你确认此事，并写信告诉我。[1]

正如哈特曼的有力断言，这封信完全可以称得上是一种象征，代表着那些“无法自主，只有在消失之际才会被人看见的生命”。[2]值得注意的是，在《托马斯·杰斐逊文件数字版》中，若以“詹姆斯·赫明斯”为关键词来搜索，这封信是搜索结果中的第一条，也是档案中仅有的两份同时提到他的姓氏和名字的文件。这封信的重要性还在于它所记录的口头“消息”（report）、它提到的杰斐逊的一个“仆人”所“认识的人”，还有信中那些不安地等待消息确认的“朋友们”。杰斐逊所使用的语言由此指向威尔逊所谓雷达盲区中的交流网络，也指向赫明斯依赖的社交网络，以及那些奴隶们在离开杰斐逊努力控制的种植园世界之后的流动（赫明斯也曾是这些奴隶中的一员）。要将这一运动（运动，而非静态或确定的记录）视觉化，意味着需要拒斥那种被贝斯特描述为“恢复的逻辑和伦理”的东西——这种逻辑和伦理将那些身体和声音再度钉上了“消失”的标签。[3]这一将缺席呈现出来的图像对我们批评家提出了挑战，要求我们让那些未被记录却被我们探察到的故事——那些

1 Thomas Jefferson, *The Papers of Thomas Jefferson Digital Edition*, edited by Barbara B. Oberg and J. Jefferson Looney, 2009, Vol. 35, p. 542.

2 Saidiya Hartman, “Venus in Two Acts,” in *Small Axe*, Vol. 12, No. 2, 2008, p. 12.

3 Stephen Best, “Neither Lost nor Found: Slavery and the Visual Archive,” in *Representations*, Vol. 113, No. 1, 2011, p. 157.

若非如此便可能被我们归于过去的故事——转而在运动和意义中得到扩展。

视觉化展示中的长弧线

在这个时代里，数据视觉化的运用越来越广泛。不仅在大众文化中如此，在学术研究中同样如此。不可避免地，此时我们同样有必要回顾漫长而内涵丰富的视觉呈现历史。颇具讽刺意味的是，这一历史传承直接途经杰斐逊的书写，而杰斐逊也自有以图像呈现信息的方法（有数据图、清单、示意图和表格等形式），并以此来推进他的经验主义世界观。正如I. 伯纳德 · 科恩的解释，这种“归纳式”的知识获取手段“暗示着一种对知识或体系的经验性测试，与科学中那种牛顿式的‘实验证明’同属一类真理标准，或者说是一种对批判式观察的依赖”。这种对“批判式观察”的依赖反过来又导致一种科学表达的新形式。这种形式可以有效地传达观察到的现象中的“事实性”（factual）本质。[1]

杰斐逊的观察手段（以及随之而来的视觉呈现手段）形成于他在威廉和玛丽学院（the College of William and Mary）读书的时候。他在这所学校中师从苏格兰数学家和自然哲学家威廉 · 斯莫尔（William Small）。在其自传中，杰斐逊将斯莫尔称为自己最重要的导师。“在与他的交谈中，”杰斐逊回忆道，“我第一次瞥见了科学的广阔，以及我们身处其中的事物体系的广阔。”[2]杰斐逊还提到斯莫尔后来回到了欧洲，但没有提到斯莫尔后来的职业生涯。事实上，斯莫尔后来成为苏格兰政治经济学家威廉 · 普莱费尔（William Playfair）的老师，而普莱费尔

1 I. Bernard Cohen, *Science and the Founding Fathers: Science in the Political Thought of Jefferson, Franklin, Adams, and Madison*, New York: Norton, 1997, p. 58.

2 Thomas Jefferson, *The Writings of Thomas Jefferson*, Vol. 1. *Memoir, Correspondence, and Miscellanies from the Papers of Thomas Jefferson*, Edited by Thomas Jefferson Randolph, Boston: Gray and Bowen, 1830, p. 2.

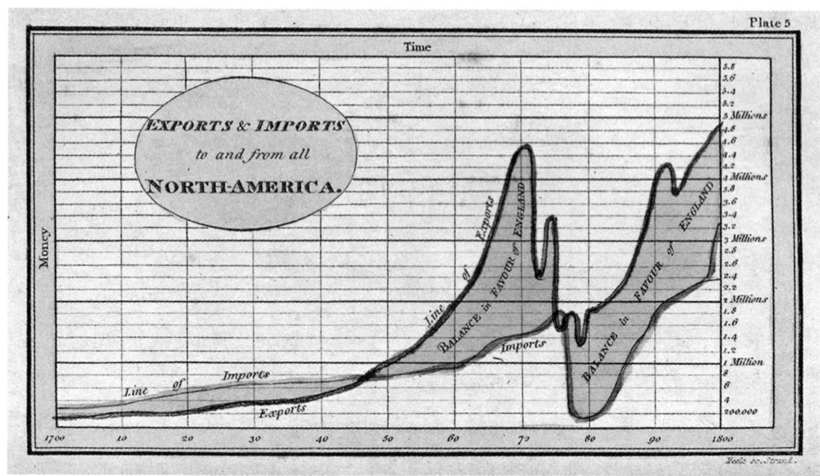

图4 《以整个北美为对象的出口与进口》，引自普莱费尔（Playfair 1801），蒙费城图书馆慷慨供图。

如今已被视为近代数据视觉化的主要先驱。[1]普莱费尔运用绘制不易的数据图和图像（这些数据图和图像是同类工具中最早的）来推进他关于大英帝国的经济和政治论证。在《以整个北美为对象的出口与进口》（*Exports & Imports to and from all North-America*）一文中，他有力地呈现了美国革命对英国的贸易平衡造成的冲击（图4）。与杰斐逊不同，普莱费尔并不能肯定革命（无论发生在国内还是国外）会导致任何积极的后果。正如他在《商业与政治地图》第三版的前言中的解释："欧洲正在发生一场剧变，而……我们无从猜测它最可能导致何种结局。"[2]他担忧新世纪可能会由"战乱和竞争"来定义，不过他在一个问题上与杰斐逊是一致的：他的数据图和表格所采用的视觉格式将确保后世的人们理解并且记住他的底层数据。[3]"只要仔细考察这些数据图中的任何一张，"他在导论中声称，"就能得到足够清晰的印象。这种印象可以长时

1 要进一步了解威廉·普莱费尔的生平，可参考Howard Wainer and Ian Spence, Introduction to the modern edition of William Playfair's *Commercial and Political Atlas and Statistical Breviary*, New York: Cambridge University Press, 2005, pp. 1–35。

2 Ibid., iii–iv.

3 Ibid., iv.

间保持不变，并且存留下来的观念也会是简洁和完整的。"[1]

《弗吉尼亚州笔记》(*Notes on the State of Virginia*)是杰斐逊对布丰伯爵(the Comte du Buffon)关于新世界更为低等的理论［或他所谓的"堕落"(degeneration)理论］的长篇回应。在这部作品中，杰斐逊展示了与普莱费尔同样的愿望，即呈现一种可以保持"简洁和完整"的观念。这部《笔记》被广泛认为是美国此类科学表达形式中最著名的范例。例如，其中包括了比较欧洲和美洲动物体型的表格，列出了美洲原生的蔬菜种类，还有一份篇幅甚长的弗吉尼亚鸟类名录(图5)。如布鲁斯·戴恩所指出，这些内容"被认为是单纯事实"，无须仰仗分析或解释，而杰斐逊对这些内容的视觉呈现意在"证明布丰关于新世界的环境更为低等的观念是荒谬的，代表着一种偏见、一种过度理论化的想象，大大偏离了事实。"[2]与普莱费尔一样，在杰斐逊看来，他对证据的视觉呈现让证据更贴近他的归纳式方法论，并为自己作为第一手观察者所看到的东西的事实基础提供了支撑(或者说为他对这一事实基础的信念提供了支撑)。

通过《笔记》一书中的视觉修辞，杰斐逊希望确定他所提供的证据的可靠性，但这种修辞的含义不限于此：他还尝试通过它来强化这本书的公民读者在反应上的一致性。在其关于分类法自然史中的政治维度的先驱之作中，克里斯托弗·卢比已经指出：在《笔记》一书中，"图像式的和二维的"呈现模式的主导地位(卢比将之描述为"总体上静态而同步的知识呈现")是有意为之，"意在促成"这本书的读者产生一种"观念上和情感上的统一性"。[3]这个国家的民主统治有赖于公民自己做出恰当的政治决定，因此让公民们学习养成一套统一的行为和信念就至关重要(或者说杰斐逊如此认为)。因此，在其图像呈现模式中，如那张比较欧洲和美洲的四足动物的表格(图5)所示，杰斐逊同时提出

1 Howard Wainer and Ian Spence, Introduction to the modern edition of William Playfair's *Commercial and Political Atlas and Statistical Breviary*, New York: Cambridge University Press, 2005, p. xiv.

2 Bruce Dain, *Hideous Monster of the Mind: American Race Theory in the Early Republic*, Cambridge: Harvard University Press, 2002, p. 28.

3 Christopher Looby, "The Constitution of Nature: Taxonomy as Politics in Jefferson, Peale, and Bartram," in *Early American Literature*, Vol. 22, No. 3, 1987, p. 265.

了一种新的、通过他的视觉展示来实现的政治控制形式。

当杰斐逊在那本被他称为《农场记录》[Farm-book(来源：杰斐逊手稿)]的皮面小册子中描画出行列和标线的时候，他心中并未想到公众读者。他在书中记录的是作为他的奴隶的那些男男女女和儿童们的名字、出生日期(如果知道的话)、家庭关系、当前处所和来源国家(图6)。类似《笔记》中的数据图和表格，杰斐逊用示意图来呈现蒙蒂塞洛居民们的这些信息，从而实现了一种不同形式的压制与管控，即将人简化为对象，将故事压缩成名字。与那个因其在杰斐逊档案中的缺席而得到讲述的詹姆斯·赫明斯故事形成对照，《农场记录》中的短短一行——“杰米. 1765”——则让我们想起那种可以通过视觉展现来实施的暴力。事实上，《农场记录》中对赫明斯的提及本身就造就了一个颇有警示意味的故事：它提醒我们审视那些内嵌于我们这些美国档案的研究者所使用的研究方法、数据库结构和展示模式底层的预设和偏见。

约翰娜·德鲁克在最近的文章《图像呈现的人文方法》中提醒道：人文学者必须拒绝图像视觉化中的“智识特洛伊木马”，因为“关于信息构成的预设……会隐藏在一套从经验科学的技术中整体搬运来的修辞之下，而这种修辞以一种熟悉感作为伪装，掩盖了这些技术中的认识论偏见。”[1]赫明斯在杰斐逊的《农场记录》中被视觉化了，而这个例子不仅提醒我们要提防经验主义的“认识论偏见”(一种将可观察的现象拔高为事实的理论)，也让我们注意到杰斐逊对自身的科学偏见和个人偏见缺乏理解。他将赫明斯作为一条“信息”记录在他的《农场记录》中，这表明他认为赫明斯可能仅仅成为经验知识的一个对象，而且通过可见的、可视觉化的事实，他就能控制这个对象，也可以理解他。

以这种方式，《农场记录》让我们对当前那种十分常见的、关于数据视觉化的实证主义修辞产生了疑问。这种修辞来源于杰斐逊和他的时代。批评家们最常关注的是杰斐逊在其《笔记》中表达的种族分类学观点，将之视为杰斐逊的经验主义科学的局限。这并非巧合。杰斐逊曾有这样的评价：“黑种人和红种人……迄今从未被我们视为自然历史

1 Johanna Drucker, “Humanities Approaches to Graphical Display,” in *Digital Humanities Quarterly*, Vol. 5, No. 1, 2011.

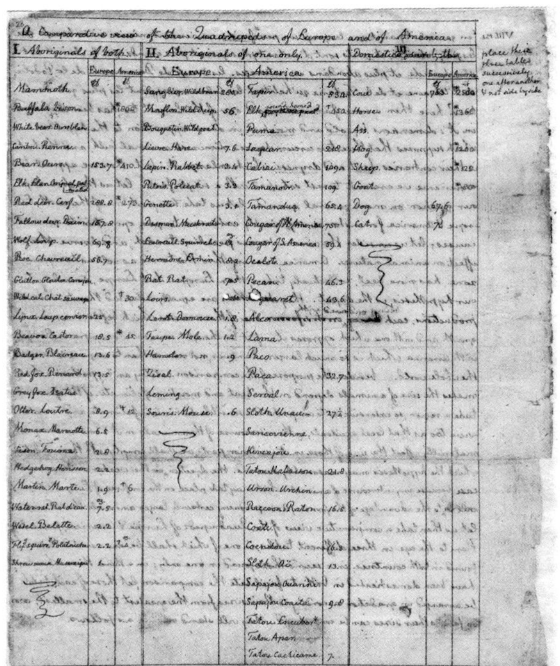

A Comparative view of the Quadrupeds of Europe and of America.

I. Aboriginals of both.	Europe	America	II. Aboriginals of one only. Europe.		America.		III. Domesticated	Europe	America
	lb	lb		lb		lb		lb	lb
Mammoth			Sanglier. Wild boar	280	Tapir	534	Cow	763	2500
Buffalo. Bison		*1800	Mouflon. Wild sheep	56	Elk, round horned	†450	Horse		*1366
White bear. Ours blanc			Bouquetin. Wild goat		Puma		Ass		
Caribou. Renne			Lievre. Hare	7.6	Jaguar	218	Hog		*1200
Bear. Ours	153.7	*410	Lapin. Rabbit	3.4	Cabiai	109	Sheep		*125
Elk. Elan. Original palmated			Putois. Polecat	3.3	Tamanoir	109	Goat		*80
Red deer. Cerf	288.8	*273	Genette	3.1	Tamandua	65.4	Dog	67.6	
Fallow deer. Daim	167.8		Desman. Muskrat		Cougar of N. America	75	Cat	7	
Wolf. Loup	69.8		Ecureuil. Squirrel		Cougar of S. America	59.4			
Roe. Chevreuil	56.7		Hermine. Ermin	.8	Ocelot				
Glutton. Glouton. Carcajou			Rat. Rat	.75	Pecari	46.3			
Wild cat. Chat sauvage		†30	Loir		Jaguaret	43.6			
Lynx. Loup cervier	25		Lerot. Dormouse	1.8	Alco				
Beaver. Castor	18.5	*45	Taupe. Mole	1.2	Lama				
Badger. Blaireau	13.6		Hamster	.9	Paco				
Red fox. Renard	13.5		Zisel		Paca	32.7			
Grey fox. Isatis			Leming		Serval				
Otter. Loutre	8.9	†12	Souris. Mouse	.6	Sloth. Unau	27¼			
Monax. Marmotte	6.5				Saricovienne				
Vison. Fouine	2.8				Kincajou				
Hedgehog. Herisson	2.2				Tatou Kabassou	21.8			
Martin. Marte	1.9	†6			Urson. Urchin				
Water rat. Rat d'eau	7.5				Raccoon. Raton	16.5			
Weasel. Belette	2.2				Coati				
Flying squirrel. Polatouche	2.2	†4			Coendou	16.3			
Shrew mouse. Musaraigne	1				Sloth. Aï	13			
					Sapajou Ouarini				
					Sapajou Coaita	9.8			
					Tatou Encubert				
					Tatou Apar				
					Tatou Cachicame	7			

place these three tables successively, one after another & not side by side

图5 “欧洲和美洲的四足动物之比较”，出自《弗吉尼亚州笔记》（手稿复印件，1781—1785），28。《杰斐逊手稿》。蒙马萨诸塞州历史学会慷慨供图。

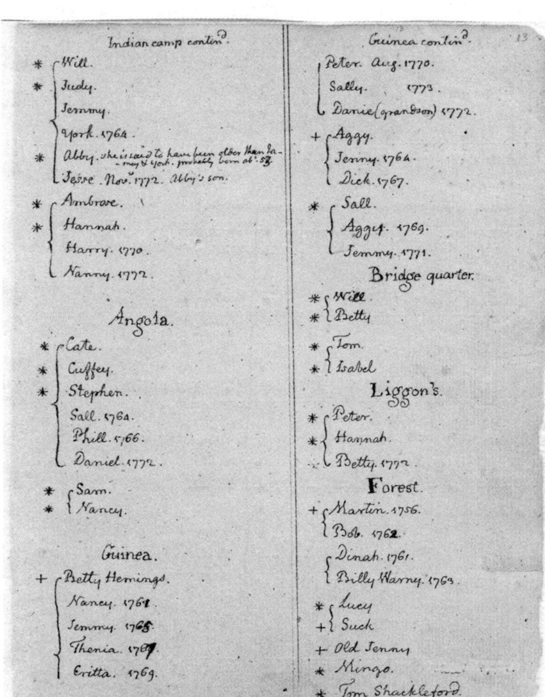

Indian camp contind.

* Will.
* Judy.
Jenny.
York. 1764.
* Abby. she is said to have been older than Jamey & York. probably born abt. 58.
Jesse. Nov. 1772. Abby's son.

* Ambrose.
* Hannah.
Harry. 1770.
Nanny. 1772.

Angola.

* Cate.
* Cuffey.
* Stephen.
Sall. 1764.
Phill. 1766.
Daniel. 1772.

* Sam.
* Nancy.

Guinea.

\+ Betty Hemings.
Nancy. 1761.
Jenny. 1765.
Thenia. 1767.
Critta. 1769.

Guinea contind.

Peter. Aug. 1770.
Sally. 1773.
Danie (grandson) 1772.

\+ Aggy.
Jenny. 1764.
Dick. 1767.

* Sall.
Aggy. 1769.
Jenny. 1771.

Bridge quarter.

* Will.
* Betty

* Tom.
* Isabel

Liggon's.

* Peter.
* Hannah.
Betty. 1772.

Forest.

\+ Martin. 1756.
Bob. 1762.
Dinah. 1761.
Billy Warny. 1763.

* Lucy
\+ Suck
\+ Old Jenny
* Mingo.
* Tom Shackleford.

图6 “杰米. 1765”，出自《农场记录》（手稿复印件，1774—1824），13。《杰斐逊手稿》。蒙马萨诸塞州历史学会慷慨供图。

的主体。”当然，正如蒂莫西·斯威特所指出，这样的评价表明杰斐逊未能“批判性地反思他自己的数据收集和推论过程，（以及）反思他的研究所运用的范式的更广泛意涵”。[1]如同福柯的做法，斯威特引用这些句子，作为“启蒙科学范式中的（经验主义）断裂”之一例，而正是这种范式推动了近代人类科学的出现。[2]因此，当德鲁克在其关于视觉化的文章中提出“人文视角的知识概念有赖于情景中的一个在场观察者与处于审视和阐释之下的对象或经验之间的相互作用”，我们也许便能更精确地确认：杰斐逊那种毫无反思的种族科学所暴露出来的断裂正是我们必须设法弥合的那一种，一如德鲁克的警告。

杰斐逊关于可见之物的认识论——即他置于可观察之物、可视觉化之物和真实之物之间的那种三方关系——还包含了一种种族观念。当他试图确认那些可以让他将非洲人和非洲裔美国人区分为“不同”种族群体的时候，这种观念便浮现出来。[3]这一种族观念被当做一种将可见的“身体迹象”和“猜想中的内在隐藏特征”连接起来的技术性“映射工具”。从这种观念出发，全喜卿断言：种族“因此让通常的视觉化和启示模式变成了疑问，同时让新的能动模式和因果模式成为可能”。[4]她的分析基于当代电影中的例子，但她关于对作为技术的种族加以考察可能带来“新的能动模式和因果模式”[5]的观点同样适用于视觉化，因为它是一种广泛的构想。全喜卿最后得出结论：

> 作为技术的种族既是施加一种控制网络，也是一种有生命的社会现实。在这种现实里，与技术之间的亲缘关系会具有价值。重要

1 Timothy Sweet, “Jefferson, Science, and the Enlightenment,” in Frank Shuffelton (ed.), *The Cambridge Companion to Thomas Jefferson*, New York: Cambridge University Press, 2009, p. 100.

2 Ibid., 110.

3 Thomas Jefferson, *Notes on the State of Virginia*, edited by Merrill D. Peterson, New York: Library of America, 1984, p. 270.

4 Wendy H. K. Chun, “Race and/as Technology,” in *Race after the Internet*, edited by Lisa Nakamura and Peter Chow-White, New York: Routledge, 2012, p. 40.

5 Ibid., 56.

> 的是，它取消了关于种族的本体论问题，即那种致力于将意识形态和真实割裂开来的、关于种族到底是什么和不是什么的争论，而代之以伦理问题：种族会建立起什么样的联系？如珍妮弗 · 冈萨雷斯（Jennifer Gonzalez）所主张：种族从根本上说是一个关于关系、遭遇和辨认的问题；它让某些行为成为可能，并禁止另一些行为。作为技术的种族的形成同样开启了这样一种可能性：尽管关于种族的观念和经验曾被用于种族主义的目的，但抗击种族主义的最佳方式也许并不是否认种族的存在，而是让种族来做一些另外的事。[1]

我在本文中所展示的詹姆斯 · 赫明斯的视觉化揭示了奴隶制中的"控制网络"（grid of control）。这种网络首先宣布了他的社会性死亡，然后又让他遭遇身体死亡。与此同时，这些图像也凸显了种植园生活中"有生命的社会现实，"这丰富地体现在社群、亲缘和相互支持之中。以一种抹杀这些关系的档案（以及意识形态）为语境，我尝试利用种族这种技术布鲁斯 · 戴恩将之描述为"为可见之物命名"[2]来反对这种技术本身。在利用视觉手段对档案加以变形之后，我揭示出某些被《托马斯 · 杰斐逊文件》本身所拒斥的辨识可能性。我还努力呈现了辨识（以及认知）的不可能性——这些不可能性对我们在今天理解奴隶制档案来说至关重要。

可见之外：詹姆斯 · 赫明斯的厨房工作与文化工作

尽管杰斐逊档案中关于赫明斯的许多东西仍处于不可见状态，但是我们仍可以通过传统的文学批评手段来探察他生活中的某些方面。杰斐逊用他的专用墨水写下了赫明斯的解放协议，用他的进口纸张将之封装，用他的复印机复制一份，然后再将这份协议置入自己的个人档

1 Wendy H. K. Chun, "Race and/as Technology," in *Race after the Internet*, edited by Lisa Nakamura and Peter Chow-White, New York: Routledge, 2012, p. 56, 57.

2 Bruce Dain, *Hideous Monster of the Mind: American Race Theory in the Early Republic*, Cambridge: Harvard University Press, 2002, p. 9.

案加以保存。这份协议表明，杰斐逊本人有时也不得不对他那种并不完善的、将赫明斯的一生归结为一行数据的逻辑有所体认（如果不是纠正的话）。这份正式但不具法律效力的文件（杰斐逊档案中提及赫明斯全名的两份文件中的第二份）记载了赫明斯最终获得解放所需要满足的先决条件。文件内容如下：

> 我曾为詹姆斯·赫明斯学习烹饪之艺而花费（expence，原文如此）不菲。为了帮助他，也为了尽量少地向他要求回报，我兹于此承诺并声明：接下来的冬天我将前往蒙蒂塞洛居住；如果此处提及之詹姆斯在接下来的冬天愿意随我前往，并留在该地，直到他将我为培训一名好厨师而安排给他的人员培训完毕，达成这一预设的条件，他便会获得自由，而届时我将履行他获得自由所需要的一切手续。[1]

杰斐逊的这份提议显然表明了作为主人的他无可置疑的权威，以及身为奴隶的赫明斯在这种权威之下的服从——赫明斯对此别无选择，只能同意。杰斐逊语气审慎，态度友善，将自己表现为一种支持自由的慈悲力量。然而，他对赫明斯的解放会导致的现实后果不无焦虑，这表明他对“烹饪之艺”的高度重视超过了他对给予赫明斯以应得的自由的兴趣。同时，杰斐逊坚持要求赫明斯在获得自由之前必须将另一个人培训为“一名好厨师”，这又成为他对赫明斯的技艺之了解的文本证据。面临着失去赫明斯这名主厨的前景，杰斐逊不得不第一次承认他强迫赫明斯从事的厨房劳动具有更大的影响力（以及价值）。

与那种杰斐逊在自己的《农场记录》中所记录的、被低估的劳动形成对比，赫明斯的劳动在此被描述为一种“艺术”［事实上是一种技艺（*techne*）］，正是杰斐逊本人最为推崇的经验性应用知识的精确形式。杰斐逊不仅使用复印机，还自行设计复印机，这正是一个典型的例子，证明他格外崇拜“机械艺术”（mechanic arts）（这个词在当时被用来

1 Thomas Jefferson, *The Papers of Thomas Jefferson Digital Edition*, edited by Barbara B. Oberg and J. Jefferson Looney, 2009, Vol. 27, p. 199.

描述技术知识），视之为与自己的经验主义世界观紧密相关。[1]然而，在杰斐逊的想象中，只要赫明斯培训出一名替代他的主厨，他在蒙蒂塞洛的缺席就不会造成影响。杰斐逊由此暴露了他的观察之眼的另一个局限：他对赫明斯的劳动中那些不易觉察的方面缺乏了解。在那份协议中，杰斐逊并没有承认赫明斯的认知工作，例如对某些可以呈现独特美洲风味的具体食材的挑选。杰斐逊也没有承认赫明斯的情感工作所具有的力量，即他准备和展示食物的独特方法在杰斐逊本人的共和主义价值观和理想形成过程中的影响力。当然，动产奴隶制的种种限制从根本上排除了赫明斯的厨房劳动与今天的劳动之间的任何对等性，然而，对以下这一点的思索当对我们不无启发：赫明斯的技艺（*techne*）里那些超出视野的维度如何可能转而凸显当前的数字工作中那些隐藏的方面。

于是，也许我们可以回到今天以数字形式与我们遭遇的杰斐逊档案上来。身为学者，我们并没有看见将手稿转为机器可识别的文本所涉及的劳动，也不会去思考那些对编码标准和数据库设计的发展有所贡献的讨论（这种讨论既是技术性的，也是理论性的）——正是这些标准和设计让我们得以执行自己的搜索请求。我们的训练中不包括对元数据和受控词表（controlled vocabularies）提出问题，而这正是档案学家和他们的技术团队每天都要提的问题。这样的数字劳动不仅仍然是不可见的，也仍然不为大多数人文学者所承认。[2]

有人认为，由于杰斐逊的国父地位、他在国会图书馆的成立中的作用，以及他本人所展现出来的德里达式的档案狂热，他可以被视为"美国档案的缩影"[3]。在这份清单中，我们还必须加上杰斐逊在将关于奴隶制的沉默注入美国文化中的个人责任。然而，正是因为詹姆斯·赫

1 Leo Marx, "What Is Technology?" in Merritt Roe Smith and Gregory K. Clancey (eds.), *Major Problems in the History of American Technology*, New York: Houghton Mifflin, 1997, p. 3.

2 关于对数字劳动的更详尽考察，以及这种劳动在人权、伦理、历史以及其他主题方面的意义，参见 Trebor Scholz (ed.), *Digital Labor: The Internet as Playground and Factory*, New York: Routledge, 2012。

3 Jonathan Elmer, "The Archive, the Native American, and Jefferson's Convulsions," in *Diacritics*, Vol. 28, No. 4, 1998, p. 23.

明斯的沉默，真实的美国档案才得以在今天进入我们的视野。这部档案覆盖了不可能性，有赖于学者、档案学家、技术专家和文本之间的相互作用。只有头脑中具备了这样的档案观念，我们才能进而理解规模更大的美国文化档案——不是将它理解为中立的知识库存，而是一种用来暴露我们的知识局限的工具。可以说，将让我们开始看见的，正是这些局限。

致谢

感谢《山东社会科学》杂志。杂志社从2016年开始刊出“数字人文:观其大较”专栏(由姜文涛、戴安德主持,陆晓芳策划编辑),这是国内首个数字人文文学研究学术专栏。这个专栏2022年已经刊出了九期,在数字人文及语言文学研究领域产生了广泛的影响。本书中的部分文章来自这个专栏。

感谢《澳门理工学报》,以及学报的桑海老师。学报在其2018年的第三期上刊发了本书中所收录的三篇关于数字人文“前史”方面的文章。感谢《文化研究》期刊,在其第33辑(2018年夏)刊发了本书中所收录的两篇。

感谢这三个杂志允许这些文章在此书中得以重印。

感谢本书中多篇文章的译者曾毅老师和汪蘅老师,及诸位其他老师。数字人文文学研究方面的文章多处涉及图表、技术术语等,曾老师和汪老师都处理得当,工作认真细致、一丝不苟。

感谢清华大学中文系王中忱教授。由于王老师的引荐,才有了《山东社会科学》上的“数字人文:观其大较”学术专栏。后来,又在王老师的支持下,于2017年6月份举办了清华大学中文系“数字人文与文学研究国际工作坊”。